民國風雲

楊天石　著

目

錄

Contents

〰〰〰〰〰〰〰〰〰〰〰〰〰〰〰〰〰〰〰〰〰〰〰〰〰〰〰〰〰〰〰〰〰

序言　汪朝光

第一部分 ——
民國初年　　　　　　　　　　　　　001

第五部分 ——
西安事變　　351

序言

　　楊天石先生將在三聯書店出版他的系列文集，囑我為其中的一本作序。這著實令我有些惶然，與卓然大家的楊先生相較，我不過是後生晚輩，俗話說得好，我們是楊先生一輩看著長大的，如何能僭越為之作序。惟推脫之下，楊先生仍堅囑，並謂學問之道，無分長幼，合適為當。楊先生既大度如此，我如再推脫便顯得似乎有點矯情了，於是恭敬不如從命，不揣冒昧，寫下這篇文字，供楊先生及學界同仁批評指正。

　　楊天石先生系列文集之本卷為《民國風雲》，主題和內容都與民國史有關。眾所周知，民國史研究作為一門學科之發端在中國社會科學院近代史研究所，以李新先生領銜的研究團隊，篳路藍縷，殫精竭慮，嚴謹為學，平實以論，使民國史研究從無到有，自小而大，不長時間內，便蔚然而成為引領歷史學研究風潮的一門新興學科，其中包括楊天石先生在內的第一代研究者的開路之功實不可沒！

　　何時何地第一次與楊天石先生相見相談，隨著時間的流逝，在個人的記憶中已有些模糊，但至少在我 1981 年冬踏進近代史研究所的大門前，已經讀過楊先生寫的書（他是 1981 年出版的民國史研究的奠基之作《中華民國史》第一卷的主要作者，這本書則是我當年報考中國社科院碩士研究生的主要參考著作）。1982 年春到社科院研究生院就讀後，因為當時的學生人數甚少（近代史所當屆就我一人），所以專業課也無所謂正規的開班授課，也就是每週一二次從研究生院借住的玉泉路十一學校（當時研究生院尚無自己的校舍），坐一個多小時的地鐵轉公車到東廠胡同的近代史所，與各位老師見面，聽他們說課，其實也就是聊天。現在習慣於正規大課課程的大學生們，大概再也想不到還有這樣的聊天式的授課方式，多少有趣的也是有用的歷史知識和認識便由此而出，而且特別有利於啟發學生的思考。也就是在那時，有了許多和楊先生單獨聊天聆教的機會。記得那時到楊先生的辦公室，先是驚訝於其中的書之多，天地之間，仿佛只剩下了書，於此提示歷史學的基礎所在，廣為搜羅史料的重要性。其次是楊先生很能聊，對諸多歷史事實娓娓道來，輔以必要的剖析佐證，可以幫助學生知曉歷史的多面相。說起來很有趣，當時我常見的民國史研究室的諸位先生，似乎大都能聊，並不如外界想像中的學者式的古板或木訥，也許這也有近代史與古代史之別吧，治近代史畢竟史料更豐富，離當下更近，所謂拾之可得的趣聞軼事也更多。再次是有感於楊先生挺平易，並不以我這樣的年輕學生的討教而為叨擾，總是耐心地解答我的疑問。說起來也令人感動，近代史所當年大家雲集，但我見過的這些大家，對人都是彬彬有禮，平易近人，並無所謂高高在上的官僚氣和學閥氣，平時見面，大家互稱的都是某某同志，或老張老李、小張小李，包括時任所長劉大年先生、副所長李新先生，大家的稱呼也都是，大年同志、李新同志，聽著就讓我們這些年輕人放鬆，這也是那個年代特有的風氣吧！

畢業後，我留在近代史所工作，一晃便是 32 年，其間與楊天石先生往還更多，因為他只要不外出都在辦公室工作，基本是每天必到，而且大概是到的最早、走的最晚的一位，與他相談，只要敲敲他的辦公室的門（在我辦公室隔壁的）便可。如此一來，便對他的研究有了更多的了解。我調到世界歷史研究所工作後，也還在一棟樓裏，樓上樓下，往來仍然方便。為寫這篇文字，我又重讀了楊天石先生的民國史論著，再結合本卷《民國風雲》所收篇章，談談自己的讀後感吧。

史學研究的基礎在史料，這是所有史家的共識。楊天石先生的民國史論著，其特點之一，便是史料運用的豐富，尤其注重運用那些基礎性的檔案文獻史料。與當下民國史研究史料之豐富有別的是，當民國史研究起步之時，研究者每每苦於史料不足，尤其是檔案文獻等"核心"史料不足。而楊先生當為發掘民國史料的開拓者，從最初的報刊史料，到後來的檔案史料，從中國大陸所藏的史料，到中國台灣所藏的史料，再到日本、美國等處所藏的史料，可謂盡力搜羅，發掘無遺。以《民國風雲》卷為例，便運用了以上提及的各處所藏史料，如南京中國第二歷史檔案館、台北中國國民黨史料館、日本國會圖書館、美國哈佛燕京學社、哥倫比亞大學圖書館等所藏史料。正是這些檔案文獻史料的運用，使楊先生的研究建立在扎實的史料基礎之上，並可解決不少過去研究所未解決的問題，也可拓寬對歷史的認知。如本卷中關於"西安事變"的篇章，便是這方面的例證。

史料運用並非單純的文字收錄，其中還存在對史料的考訂和辨析，體現著研究者的功力。例如，《民國風雲》中對胡漢民的研究，運用了哈佛燕京學社圖書館所藏的胡漢民檔案，而胡漢民檔案中出現的大量人名，由於當時胡漢民及通信者所處的特殊環境，用的多半都是隱語、密語、暗號等，如果不加解讀，讀者可能完全不知，其中的"不"、"不孤"指的是李宗仁，而要正確解讀這些文字，需要深厚的功力及對史實的諳熟。書中的不少篇章都有這方面的例證。只是因為種種原因（如不諳語言或搜集較難），楊天石先生的論著較少運用蘇聯（俄羅斯）所藏的檔案文獻史料（不止是楊先生的著作，民國史研究中運用蘇俄檔案文獻的論著也不多），這多少是有些遺憾的。以民國年間中國與蘇俄關係之廣泛、深入與複雜，不利用蘇俄的檔案文獻，其實不利於我們對民國史上許多問題的認識。

歷史是對過往發生的一切事物之探尋，凡過往發生之一切無不在歷史研究的範圍中。歷史的時間和空間既無限廣闊，歷史研究的主題亦然，可謂多彩多姿、無所不在，舉凡政治、經濟、軍事、外交、文化、教育、思想、社會、人物等等，甚或自然、氣候、環境、疾病等等，都在研究範圍之中。當然，具體到每個歷史研究者的研究而言，總是有所限制，有所強調，有所重點，但又不能太過局限。楊天石先生從事的是民國史研究，而民國的存在不過 38 年，但民國由何而來，為什麼民國取代了清朝，帝制變換為共和，革命勝過了改良，是需要從清末論起的；再就民國而言，又為什麼共和民主徒有虛名，軍閥當道，社會紛亂，又需要從北洋時代論起；再接續而觀，為什麼中華民族復興是近代所有中國人的夢想，中華民族為何能夠經由抗戰而浴火重生，重新確立世界大國地位，則不僅需要關注民國史，更需要關注中國共產黨的成立及其奮鬥和兩次國共合作的意義所在。這些方面的內容和研究，都不能僅僅局限在某個特定階段或特定人物，而需要前後上下廣為勾連，從歷史縱向的時間面和橫向的空間面綜合考察，方可得出更貼近歷史本來面目的論斷。由《民國風雲》卷可知，楊天石先生的研究，就時間而言，從晚清時期開始，中經北洋時代，再到國民黨統治時期，具有前後連貫性；就空間而言，從中央到地方，從中心到邊緣，既有對民國時期中央政權（如北京的北洋政府、南京的國民黨政府）的研究，也有對地方當政者（如兩廣當局和閻錫山晉系）的討論，還有對共產黨推動國共合作、聯合抗戰及宋慶齡等國民黨左派堅持抗戰的關注，乃至對一些跨界群體（如跨學界和政界的傅斯年、跨金融界和政界的陳光甫）的關注。正是從這樣廣闊的時空和多樣化的主題中，讀者可以更多地體認民國歷史的複雜性和多樣性。不過，楊天石先生的研究也帶有那個時代的特點，較為關注政治和高層，對經濟和下層的關注相對較少。其實，對這兩者的關注有分也有合，並不矛盾，關鍵在如何恰如其分地關注和結合。民國年間的歷史很難與政治脫鈎，而政治話語權和決策權多半掌握在高層手中，但經濟是基礎，而水能載舟亦能覆舟的名言，亦可說明下層的重要性。綜觀民國歷史的演進，或莫不如此。

歷史屬於人文學科，史著的特質首先在敘事，將歷史事實說清楚；其次在論述，發抒個人的分析判斷；再次為講求文字，平實可讀，所謂文史不分家也。"二十四史"之源頭《史記》是這幾方面結合的最佳範例。能夠將這些結合好的史著，方為受讀者歡迎也受學界認可的史著。楊天石先生的史著一向重視敘事和文字的結合，這方面的特點在《民國風雲》中得到淋漓盡致的表現，書中的不少篇章都是很好的歷史敘事讀本。如《潘佩珠與中國》，長不到一萬字，用了簡潔而暢快的筆墨，勾畫出越南革命志士潘佩珠的一生及其與中國的關係，讀之如見其人，如見其事。一本好的史書，從來都是好看的史書，也是能將事實說清楚的史書。

當然，注重敘事和文字，並不妨礙楊天石先生的論著對歷史作出必要的分析和評判，只是這種分析和評判，是植根於歷史敘事之中，而以合宜得當的文字表達，所謂文以載道也。例如，書中談到袁世凱當政時代的外交，用了"袁世凱政府一向搞的是奴才外交"的表述，一個"奴才"字樣，便將袁世凱時代外交的軟弱無力非常形象地形諸於文字之中。同時，書中還用了另一句話表達袁世凱的外交態度，"袁世凱政府所指望的中日'互助'"。"指望"，也就是說，這不過是袁世凱的自說自話、一廂情願而已，實際上，他哪裏能"指望"得到日本的"互助"呢？當然，流暢可讀的文字運用，不等於是文學色彩的文字運用，作為一門科學，歷史寫作中文字運用的準確性仍然是論者的必備之技。如書中論及五四時期的北洋外交時這樣寫道，"在人民群眾和列強的天平之間，北京政府是傾向於列強的。"這裏的"傾向"用的就很準確。當時的北京政府確實不敢得罪列強，不敢在巴黎和會上堅定地為中國爭取應有的權益，所以其內心可能是準備"倒向"列強的，但由於國內民眾的抗議呼聲高漲，直至發生了五四運動和六三運動，北京政府又不能不顧及民意，而不能完全"倒向"列強。所以，用"傾向"定義北京政府當時對列強"猶抱琵琶半遮面"的態度是相當準確的。於此亦可知，楊天石先生的歷史寫作雖然講求文字流暢可讀，但也注意文字的準確，儘量避免以文害意。當然，楊天石先生的研究可能更具人文學科的特質，而對於更講求分析性和闡釋性的社會科學研究方法和工具的關注可能相對少些，不過這大概也是國內史學界迄今為止的多數派吧。

　　《民國風雲》書中有這樣一段話："歷史和歷史人物的性格都極為豐富多彩，它所衍生的各種情節、細節、人物的語言和行為方式常常既有其普遍性，又有其獨特性；既有規律可尋，而又出人意表。"確實如此，歷史是複雜的，也是多面相的，歷史的評價往往也不是非此即彼、非白即黑的判然兩分。《民國風雲》的各個篇章，在不同層面反映了這種歷史的普遍性、獨特性、複雜性、多樣性。書中批判國民黨的對日妥協，肯定國民黨的聯共抗戰，國民黨的如此前後轉變，反映的就是這樣的複雜性和多樣性。書中在論及國民黨內部因對日妥協而造成的派系矛盾危機時這樣寫到，"蔣介石對外忍讓，對內強硬，企圖首先以武力削平其他政治、軍事派別，這樣，反蔣抗日便成為國民黨內外愛國民主派和若干實力集團的共同要求"。無疑這是歷史的事實，但作者的論述並未及於此，而是進一步論到，這“也就醞釀著新的分裂和新的內戰以及給予日寇以可乘之機的巨大危險。”這也體現了歷史演進的複雜性和歷史走向的多樣性。最終，“只是在盧溝橋事變，南京國民政府確定抗日方針之後，國民黨才實現了全黨的團結，中華民族也才實現了前所未有的團結。”於此讀者才可以深切理解，國家的統一，民族的團結，對於中華民族復興的重要意義。而從書中所述張學良於全國抗戰爆發後三次請纓參加抗戰而未成的悲劇性經歷，我們還可以體認國民黨當政者當年的偏執與狹隘，以及其最終失敗的必然性。

楊天石先生是在 1949 年以後接受的高等教育，也是在人民共和國的青春年代成長起來的新一代史家。與晚清時期受教的第一代史家和民國時期受教的第二代史家相比，楊先生的一代或可稱第三代史家。他們受過完整的高等教育，具備嫻熟的專業技能，持有學以致用的抱負，尤其是他們深受那個成長年代的影響，具有理想情懷，注重文以載道，以史為鑒，希望以自己的研究貢獻社會。這些也都在本書中得以反映，並可為後輩學習者。

《民國風雲》收錄的篇章，多半是從檔案文獻的運用和解讀出發，對民國史事件和人物的個案研究，反映出那個年代歷史的風雲變幻和跌宕起伏。所以，用“風雲”定義本卷的主題是甚為妥貼的。本卷收錄的篇章，多半已經發表過，甚而在多年前即已發表過，但至今讀來，仍不違歷史的真實，仍不失研究的價值，這也足見楊天石先生研究之成功所在——以史料為本，以史實為基，從實際出發，為客觀之論。

《民國風雲》是楊天石先生作為一個史家對那個“風雲”變幻年代的個人解讀，讀者諸君可能同意本卷的解讀，也可能不同意本卷的解讀，那也是百家爭鳴、百花齊放的題中應有之義，想亦為楊天石先生所歡迎者。以上所寫即為我讀了楊天石先生所著《民國風雲》後的一些感想，有以請益楊先生及該卷的讀者。

3 年前，我所在的世界歷史研究所和楊天石先生所在的近代史研究所，都搬入位於北京奧運中心區“鳥巢”附近的新處所，與早先兩所所在的東廠胡同，有了近一個小時的交通行程。住在東廠胡同的楊先生，因已退休而不必再遷往新處所，還可每天去原先保留的辦公室工作，但我們畢竟因不在一處而不能常見了。再加這兩年疫情時有起伏，我又古板守舊，不願用智能手機，外出不便，沒能向楊先生當面請益。最近一次見楊先生，還是 3 年前的 2019 年 4 月末的晚春時節，也是楊先生學生的王奇生兄，在北大宴請來訪的日本教授狹間直樹夫婦，楊天石先生出席，相談之下，才思敏銳，體健如常。倏忽又是 3 年過去，去年底我也到齡退休，與楊先生同列退休老同志的範疇了，但楊先生仍為我的師長，與民國史研究相關的問題，仍需時時向楊先生請益聆教。而楊天石先生將屆 "米" 壽之年，惟仍孜孜以求，勤為筆耕，而不有絲毫鬆懈，此誠可為我等晚生後輩所學習者。於此衷心祝願楊天石先生健康長壽！為學界和讀者奉上更多的精品佳作！

汪朝光

原中國社會科學院世界史研究所所長

2022 年春草於大郊亭宅中

第一部分

民國初年

黃興致井上馨函回譯及解讀 *
——讀日本井上馨文書

　　日本國會圖書館所藏井上馨文書中有黃興函兩通，其一中、日兩種文本俱全，日本彭澤周教授等已作過介紹，而另一通則由於僅存日文譯本，至今無人述及。推想起來，可能由於該譯文係日本文言文中的候文，艱深難解，又以草體書寫，筆跡潦亂，再加上年深日久，紙墨湮染，辨識困難之故。

　　我在 1985 年訪問東京時即讀到了這封信，當時茫然不知所云。10 年過去了，重展該函影本，反覆揣摩，漸有所得，又承日本友人狹間直樹、江田憲治、石川禎浩諸君及呂永清諸先生熱情相助，勘辨疑難，得以豁然貫通，因作回譯、解讀如次。

---

* 原載台北《國史館館刊》，復刊第 21 期，1996 年 12 月。錄自楊天石《國民黨人與前期中華民國》，中國人民大學出版社 2007 年版。

一、譯文原件影印

譯文原件共四頁，所用為東京三井物產株式會社的信箋。據此可知，信件當先由黃興交給該社，後由該社譯為候文，然後轉交井上馨，原文則留在該社，或在轉交井上之後失落了。原件見《海外訪史錄》，共三頁。

二、日文移寫

為了研究方便，並便於讀者審核，先將譯文原件移寫為日文通行楷體。鑒於原件以日文片假名書寫，但少數地方似也用平假名。為保持原狀，姑仍之。其中個別不易確定之處，加（？）號表示。

書寫格式一依原件，但根據我們的理解，略加標點。

　　井上侯爵閣下恭シク申上候。敝軍、事ヲ起シ候以來、常二貴國國士諸君ノ禦同情ト禦援助ヲ蒙リ居リ、深ク感銘在罷候。

　　目下、敝國東南一帶ノ大勢既二確定仕リ、人心モ悉ク漢族ノ文物ヲ典儀すと（？）想起シ、十四省（直隸、山東、陝西、河南ヲ除ケル他ノ十四省ヲ意味ス）ノ都市二ハ、革命軍ノ新國旗揚リ、人民皆歡喜シテ、再ビ漢族ノ政治ヲ見ル事ヲ幸福ト致居候、而シテ民軍ハ至ル處二歡迎ヲ受ケ、衣食住ノ供給ヲ得テ、人民ト兵士等トノ交情極メテ親密ニシテ、其ノ狀態ヲ賭〔睹〕、其ノ此二至レル心情ヲ忖度シテ、小生ハ私二流涕禁ジ難キ次第二候。

　　抑モ清政府ハ不仁ニシテ、到處二焚戮ヲ肆ニシ、諸民ノ恨骨二徹シ、我軍ノ到來ヲ希望スル事雲霓を望ムガ如キモノァリ、直隸、山東等ノ省人ノ請願書ヲ見ルニ何レモ民軍ノ早ク北伐セザルヲ恨事ト致居候、然シ小生共ハ清袁（？）ガ或ハ其非ヲ悔悟致ス事モアランカト存ジ、暫ク和議ノ相談二耳ヲ傾ケテ、休戰二應ズル事一ケ月二及ビ居リシガ、最早近日中二斷然新政府ヲ組織シテ、正式二列國二此儀通知致ス心組二有

之候。要スルニ和議ハ到底成立ノ見込無之、戰ヲ以テ事ヲ解決スルノ已
ムヲ得ザルニ立チ至ルベク、既ニ各軍ヲシテ一切ノ戰鬥準備ヲ為サシメ
申候右樣ノ次第ニ有之、愈新政府成立ノ日ニハ一重ニ閣下ノ禦同情ト禦
賢察ニ礎ケル禦贊助ヲ得度奉懇致候、幸ニ閣下ノ禦援助ニ據リテ能ク新
政府成立ノ志ヲ完成致スヲ得バ、我上下國民、凡テ閣下ノ禦高恩ヲ拜シ
テ喜躍此ノ事ト相感可申候。

　猶木敝政府ハ貴國三井森恪君ニ資金ノ調達ヲ依賴致居候間、何卒此
ノ點モ禦助聲ヲ賜リ度奉祈上候。

　右御覽迄敬ンデ如此候。頓首。

弟　黃興（判）

三、譯文

井上侯爵閣下：

　敬啟者。敝軍起事以來，常蒙貴國國士諸君之同情與援助，深為感銘。

　目下敝國東南一帶大勢既定，人心悉思以漢族之文物為儀型，十四省
（意為直隸、山東、陝西、河南以外之十四省）之城市飄揚革命軍之新國
旗，人民皆歡喜，以再見漢族之政治為幸福，且民軍到處受歡迎，得到衣
食住之供給，人民與兵士之交情極為親密。睹其狀態，忖度其心情，小生
暗自涕淚難禁。

　且清政府不仁，到處肆行焚戮，諸民恨之徹骨，望我軍之到來如望雲
霓。直隸、山東等省人之請願書均以民軍未能早日北伐為恨事。然小生等
以為清袁（？）或可悔悟其非，暫時傾聽和議之磋商，答應休戰達一月之
久，已於近日內斷然組織新政府，計議通告列國。要之，和議最終不能成
立，則不得不以戰爭解決。現已命各軍作一切之戰鬥準備。值此新政府終
於成立之際，深切懇請閣下於同情與明察之基礎上予以贊助。倘幸因閣下
之援助而得以完成新政府成立之志，則凡我上下國民皆拜領閣下之大恩，

定當喜躍感激矣！

此外，敝政府委託貴國三井之森恪君籌措資金一事，務祈賜以助聲。以上敬請大覽。

弟　黃興（印）

四、分析

本函未署年月，函云："暫時傾聽和議之磋商，答應休戰達一月之久，已於近日內斷然組織新政府，計議通告列國。"據此，知此函為 1912 年 1 月上旬之作，時在南京臨時政府成立之後不久。收信人井上馨，日本政界元老，三井財閥的總代表與總後台。歷任外相、農商務大臣、代理首相、大藏大臣等要職。自 1898 年起以元老身份參與國政。1906 年晉升侯爵，先後受命輔佐第二屆（1908 年）和和第三屆（1912 年）桂內閣。

武昌起義後，清政府被迫起用袁世凱。袁世凱最初藉故拖延，抬高出山價格；繼而看準時機，迅速派馮國璋等率軍南下，以武力鎮壓革命黨人，同時大肆燒殺，藉以立威。自 11 月 30 日起，清軍連續放火焚燒漢口，延燒三天三夜。據清資政院總裁李家駒奏摺稱："漢口附近一帶地方，官軍恣意殘殺，慘及婦孺，焚燒街市，綿亙十餘里，姦淫擄掠，無所不至。人心憤激，達於極點。"[1]本函稱："且清政府不仁，到處肆行焚戮，諸民恨之徹骨。"當指此類情事。

中國歷代統治者在鎮壓人民起義時，歷來是剿撫兼用，恩威並施。老於計謀的袁世凱自然深諳此道。他一面武力施威，在攻下漢口後又於 11 月 27 日攻下漢陽，動搖革命黨人的信心，一面則進行和平試探。自 10 月下旬起，他連續致函黎元洪等，提出"務宜設法和平了結"。[2]

革命黨人分析了袁世凱和滿族親貴之間的矛盾，企圖動員袁世凱起義，共同推翻清朝政府。11 月 9 日，黃興致函袁世凱，剖陳形勢，歷述滿洲貴族集團

1　中國史學會主編《辛亥革命》（五），第 339 頁。
2　《時報》，辛亥年九月二十四日。

對他的排擠與猜忌，勸袁早自為計。函稱："興思人才原有高下之分，起義斷無先後之別。明公之才能，高出興等萬萬，以拿破崙、華盛頓之資格，出而建拿破崙、華盛頓之事功，直搗黃龍，滅此虜而朝食，非但湘鄂人民戴明公為拿破崙、華盛頓，即南北各省當亦無有不拱手聽命者。"[1] 12 月 9 日，黃興在覆汪精衛電中表示："項城雄才英略，素負全國重望，能顧全大局，與民軍為一致之行動，令全國大勢早定，外人早日承認，此全國人人所仰望。中華民國大統領一位，斷舉項城無疑。"但是，黃興強調："惟項城舉事宜速，且須令中國為完全民國，不得令孤兒寡婦尚擁虛位。"[2] 宋教仁贊同意黃興的策略。11 月 11 日，袁世凱派代表到武昌談判時，宋教仁提出，如袁世凱"轉戈北征，驅逐建虜"，"我輩當敬之、愛之，將來自可被舉為大總統"。[3] 顯然，這是革命黨領導人的普遍主張。

漢陽為清軍馮國璋部攻陷後。黎元洪於 12 月 1 日逃出武昌。次日，南北雙方在武漢達成停戰協定，決定自 3 日起停戰三日。6 日，決定延期三日。9 日，展期十五日。自此，武漢方面即不再有戰事。12 月 18 日，南方代表伍廷芳與北方代表唐紹儀在上海英租界議政廳首次會議，開始議和談判。20 日，黃興委託江浙聯軍參謀長顧忠琛與段祺瑞的密使廖宇春密商和議條款。其主要內容為：確定共和政體；優待清皇室；先推覆清政府者為大總統等。[4]

袁世凱的新軍是當時清王朝最強的一支武裝力量。利用袁世凱和清王朝之間的矛盾，動員他倒戈一擊，加速清王朝的滅亡，不失為一項快速可行的克敵制勝的策略，但是，袁世凱是權欲薰心的陰謀家和野心家，應許他以"大統領"的地位，保證南北人民都將"拱手聽命"又是極為危險的。對此，革命黨人未必不了解，但是，由於革命黨人是弱小者，缺乏強大的實力為後盾，沒有和袁世凱討價的足夠本錢，因此只能寄希望於廉價的勝利和僥倖的勝利。

黃興一方面企圖通過談判，以和平的手段迅速達到推翻清朝統治，建立共和政體的目的，同時，也沒有放鬆戰爭準備。12 月 1 日，黃興一到上海，就對

---

1 《近代史資料》，1954 年第 1 期。
2 《黃興集》，中華書局 1981 年版，第 94 頁。
3 《民立報》，1911 年 11 月 20 日。
4 廖宇春《新中國武裝和平解決記》卷首。

《民立報》記者明確表示："此行目的，在速定北伐計劃，並謀政治之統一。"[1]次日，他與章太炎、宋教仁聯名致電林述慶，要求他進駐臨淮關，準備進攻開封。兩天後，黃興被各省駐滬代表公舉為大元帥，但他辭不肯就，表示願領兵北伐。他一面致電廣東都督胡漢民，要求增調援軍，會同北伐；一面與林述慶、柏文蔚商議，準備向黃河以南進攻，並派炸彈隊北上，擾亂敵人後方，相機奪取山東與河南兩省。[2] 12 月 29 日，他在同盟會本部歡迎孫中山大會上發表演說稱："據目下和議情形觀之，滿洲命運已將告終，然戰備不可少忽，以備進攻。"[3] 1 月 3 日，黃興就任陸軍總長後，立即制訂北伐計劃：1. 以湘鄂部隊為第一軍，由京漢路前進，在寧部隊為第二軍，由津浦路前進，二者匯合於開封、鄭州之間。2. 以淮揚部隊為第三軍，煙台部隊為第四軍，匯合於濟南與秦皇島。3. 以關外之兵為第五軍，山西、陝西之兵為第六軍，向北京前進。4. 第一、二、三、四軍達到第一目標後，與第五、第六軍匯合，"共撲清廷"。[4] 本函稱："要之，和議最終不能成立，則不得不以戰爭解決。現已命各軍作一切之戰鬥準備。"反映的正是這一情況。

南京臨時政府成立後，面臨兩大問題。一是盡快爭取各國承認，一是迅速與國外財團達成借款協議，取得為維持政府運作和北伐所必需的經費。黃興寫信給井上馨，目的就在於利用井上在日本政界和財界的地位，解決上述問題。信中提到的森恪，早年在中國上海、長沙等地工作，與中國南方人，特別是革命黨人陳其美、張靜江、上海商界領袖王一亭等素有來往。武昌起義爆發時，他正在三井物產株式會社紐約支店工作。三井財閥考慮到，中國革命黨人大都出生於南方，一旦組織共和政體，三井必將與南方人打交道。因此，特別將森恪調回東京本店任勤務。此後，森恪即頻繁地來往東京、上海、南京等地，充當日本財閥與中國革命黨人之間的連絡人。

革命黨人素無財源，完全缺乏對於勝利突然到來時所必需的財政準備。武昌起義後，各省革命黨人普遍感到經費窘迫，不得不以各種方式進行籌措。其

1 《民立報》，1911 年 12 月 2 日。

2 林述慶《江左用兵記》。

3 《民立報》，1912 年 12 月 30 日。

4 《臨時政府公報》第 2 號。

中重要的方式就是借外債。1911 年 12 月 12 日，黃興與宋教仁、陳其美聯名致電日人內田良平："請您以黃興、宋教仁、陳其美、伍廷芳、李平書等人名義，草簽一項從三井洋行借款 30 萬元、年利 7 分的臨時合同，並委您接受現款。"[1] 此項借款，由張謇擔保，並經森恪活動，於 1912 年 1 月 24 日達成協議。此外，孫中山、黃興還曾計劃以中日合辦漢冶萍公司等形式向日本借款，都必須利用森恪的力量。本函稱："敝政府委託貴國三井之森恪君籌措資金一事，務祈賜以助聲。"目的在希望井上對森恪予以支持。

此函發出後，1 月 19 日，黃興再發一函，分頭遞送井上馨與另一元老山縣有朋，希望他們"以鼎力扶助民國，早邀各國之承認。"[2] 然而，井上等並沒有給予黃興以急需的幫助。日本政府不肯承認南京臨時政府，日本財閥也不肯提供大筆資金。結果，孫中山、黃興不得不接受袁世凱的和平條件。

陳其美的"三次革命"設想 [*]
——讀日本外務省所藏陳其美致楊以均密函

一、密函及其來源

在日本外務省檔案中，保存著一通陳其美致楊志平的函簡，全文如下：

志平先生同志：

　　前由潘君月樵介紹，滬江戰事得蒙足下仗義疏財，接濟維持，已呈請岑大元帥註冊存案矣。金陵之役，同志血戰三星期，復為張賊奪去，非人

1　毛注青《黃興年譜長編》，中華書局 1991 年版，第 245—246 頁。

2　同上，第 279—280 頁。

*　原載台北《近代中國》第 131 期，1999 年 5 月。錄自楊天石《國民黨人與前期中華民國》，中國人民大學出版社 2007 年版。

謀之不臧，實天助袁逆、張賊也。可恨之極！總之，吾輩抱定宗旨，百折不回，現已由滬江同志議決，以一半往長崎赴會，聯合日人，籌餉購械，以台灣為根據，從閩、浙進行。復遣同志多人，赴大連聯絡鬍黨英傑，勾結宗社黨人，在北方定期起事。江浙方面概歸鄙人主持一切，將來仍請閣下召集洪門同志，共舉義旗，直搗金陵，先誅張賊，後討袁逆，以雪前恥，掃除專制惡毒，重立共和政體，吾黨幸甚！再者，以後往來信箚，總宜秘密，因郵局中人查檢甚嚴，恐有洩露，故此次特派心腹前來，與閣下當面接洽，如蒙允准，即望將回件賜交來人帶回。邇來南北偵探遍地，吾輩舉動切宜慎密，凡軍火文件皆存在日人行中。遵〔尊〕處係屬地，尤須謹防。倘再有疏虞，則一番心血又成畫餅。鐵君來常，事竣尚須往蘇、杭一行。倘有需款，即乞尊處點付可也。此頌台綏！

美啟

十三[1]

信末有楊以均手記："已據信照付鐵君洋五百元。此記。十五。"鐵君，不詳何人，當係陳其美的同志，到常熟、蘇州、杭州負有特別任務者。

此函原係北京政府外交部 1913 年 11 月 26 日致各國公使團照會的附件。該照會稱：

> 近日准江蘇省報告稱：前以亂黨匿居上海租界，潛謀暗殺，特派偵察得悉，亂黨起事時，有常熟人楊以均，曾受陳其美委任，為駐紮常州軍需長，有籌款接濟亂黨情事。現復查獲該逆之洪幫票布及陳其美親筆函件，並繕具楊逆助亂及現謀情形節略一紙等因。查陳其美等前在南省稱兵倡亂，罪狀昭彰。現又密謀不軌，不特擾害中國治安，即於外人生命財產，亦多危險。近據密探調查確實情形，該逆仍匿上海，以租界為逋逃藪，以圖再舉。既經查獲票布及親筆函件，證據確鑿，斷難姑容。[2]

1　日本外務省檔案，MT16141，3224-3225。
2　同上，MT16141，3222。

據此，知此函為江蘇省有關方面緝查所得，轉報北京政府外交部，外交部作為陳其美謀亂證據提供出來的。

當年 8 月 3 日，袁世凱政府曾限令陳其美自首，同時行文上海領事團，要求將陳其美等人驅離租界。次日，陳其美致函領事團，提出抗議。領事團沒有採取相應措施，於是，北京政府就將交涉升級，致函公使團，要求"訪拿"陳其美等人，交上海鎮守使鄭汝成等訊辦。北京政府特別寄希望於日本，因此，照會誣稱："據上海探報，亂黨秘計，已製軍衣千套，均仿北軍式樣，以焚害日本重要官商署屋，激成外釁為宗旨。"云云。

楊以均，據北京外交部附抄函件二，知道他號志平，綽號楊老書，常熟縣人，洪幫大頭目，又名老五。[1] 其他不詳。

本函不見於已刊的《陳英士先生文集》或紀念集。它為研究陳其美的"三次革命"設想提供了重要資料。

二、密函作於"二次革命"全軍覆沒之際

1913 年 7 月 12 日，李烈鈞佔領江西湖口炮台，以反對袁世凱為目標的"二次革命"爆發。15 日，黃興進入南京，宣佈獨立，被推為討袁軍總司令。16 日，陳其美被推為駐滬討袁軍總司令，18 日，宣佈上海獨立。"共圖討賊，保障共和"。22 日，陳其美集合所部，分四路出擊。23 日，進攻江南製造局、高昌廟、龍華等處。25 日，退守吳淞炮台。29 日，江蘇討袁軍失利，黃興離開南京。8 月 12 日，上海的袁世凱軍隊在海軍協助下進攻吳淞。次日，上海討袁軍失敗。函中所言"滬江戰事"，指此。從函中可知，此次上海討袁之役，曾得到楊以均的經濟支持。"岑大元帥"，指岑春煊。"二次革命"的實際領導者雖是孫中山，但名義上的"各省討袁軍大元帥"則是岑春煊。

黃興出走後，何海鳴迅即進入南京，並於 8 月 8 日佔領都督府，自任江蘇討袁軍臨時總司令，繼續抵抗袁世凱軍隊的進攻。8 月 14 日，袁軍張勳等部

1　日本外務省檔案，MT16141，3226。

攻佔天保城,但不久即被討袁軍奪回,張勳部慘敗。此後,為爭奪天保成,雙方多次反覆拉鋸,討袁軍英勇戰鬥,給了袁軍以嚴重殺傷。9月1日,張勳攻入南京,討袁軍與張勳部展開激烈巷戰。次日,終因寡不敵眾失敗。函中所言"金陵之役,同志血戰三星期,復為張賊奪去",指此,它是"二次革命"中最激烈、也是最英勇的一次保衛戰。

9月12日,重慶熊克武所率四川討袁軍被圍攻,潰散。至此,歷時兩個月,涉及江西、江蘇、廣東、福建、四川、安徽、湖南等省的"二次革命"全軍覆沒。

密函所署時間為"十三日"。根據日本外務省檔案,陳其美 1913 年到達東京會見孫中山的時間為 10 月 7 日,[1] 因此,密函的寫作時間應為當年 9 月 13 日,距張勳攻入南京 12 天,距"二次革命"全軍覆沒僅 1 天。

三、密函所反映的陳其美的"三次革命"設想

密函稱,南京為張勳攻陷後,上海和江蘇的革命黨人聯合議決,分三路進行:一路:以同志之半赴日本長崎,"聯合日人,籌餉購械,以台灣為根據,從閩、浙進行"。二路:派遣同志多人,"赴大連聯絡鬍黨英傑,勾結宗社黨人,在北方定期起事"。三路:江浙方面仍由陳其美主持,仍請楊以均"召集洪門同志,共舉義旗,直搗金陵,先誅張賊,後討袁逆,以雪前恥。"三路的總目的則是:"掃除專制惡毒,重立共和政體。"這是"二次革命"失敗後革命黨人最早制訂的"三次革命"計劃。

"二次革命"時,革命黨人動員了當時所可能動員的力量,準備與袁世凱進行殊死搏鬥,但是,不旋踵間,灰飛煙滅,孫中山、黃興等人紛紛出走,革命黨人中瀰漫著一片悲觀、失望的氣氛。黃興詩云:"黨人此後無完卵,民賊從茲

1　日本外務省檔案,甲秘第 182 號,MT16141,2336;乙秘第 1420 號。MT16141,2324。日本方面有情報稱:陳其美於 9 月 4 日到達長崎,5 日赴東京,甚至有 9 月 4 日赴東京之說,均誤。根據陳果夫回憶,9 月 26 日,陳其美尚在上海,曾回海寧路 10 號探家(見何仲簫編《陳英士先生紀念全集》,文海出版社《近代中國史料叢刊》第 57 輯,第 50 頁);而且,陳其美也不可能到達東京後 1 個多月不去見孫中山。從各種材料判斷,陳其美 1913 年赴日的時間應為 10 月初。

益恣兇"，[1] 這恰是當時許多革命黨人悲憤心情的寫照。此後，革命黨人中遂逐漸演化出緩進與急進兩派。緩進派認為，"二次革命"使黨人元氣大傷，"今無尺土一兵，安敢妄言激進"，[2] 主張暫停革命，長期準備；急進派則認為袁世凱實為孤家寡人，外強中乾，主張繼續推進反袁的武裝鬥爭，儘早推翻其專制統治。陳其美的密函反映出，"二次革命"雖已全軍覆沒，但他不僅沒有絲毫灰心，反而立即在上海召集會議，制訂出新的起事計劃，並且立即著手實施，既充分表現出他反對專制、擁護共和的堅定立場，也充分表現出他的不屈不撓、百折不回的革命意志。在中華革命黨時期，他得到孫中山的充分信任和重用，不是偶然的。

密函中，陳其美提出的閩浙一路，孫中山1900年惠州起義時有過近似的計劃。[3] 江浙一路，是1911年中同盟會的方略，而選擇東北，雖有1907年4月宋教仁遼東之行的前例，[4] 但主要是陳其美總結辛亥革命、"二次革命"失敗原因的結果。關於此，蔣介石回憶說：

> 陳公嘗謂辛亥、癸丑二役，皆不能貫徹革命黨之三民主義者，以東北各省之根基薄弱，不能直搗北京，以掃除專制惡魔之巢穴，自今以往，如徒注重南方，而於北方仍不稍加意，是由覆其轍而不自悟者也。且袁軍密佈於東南，防範壓制，不遺餘力，如不度勢量力，率意逕行，其無異於鄒與楚敵也，其不成也必矣。故謀第三次革命，當於東北數省培植根基，以為犁庭掃穴之計。[5]

辛亥革命和"二次革命"失敗的原因很複雜，但是，從軍事的角度觀察，南方蜂起，北方平靜，缺乏就近"犁庭掃穴"、"直搗北京"的力量，不能不是

1　《黃興集》，中華書局1981年版，第347頁。
2　《與陳炯明等聯名通電》，《黃興集》，第397頁。
3　參見拙作《跋日本政府有關惠州起義的電報》，《海外訪史錄》，社會科學文獻出版社1998年版，第63、65頁。
4　參見《宋教仁日記》，1907年4月9日，《宋教仁集》，中華書局1981年版，第726—728頁。
5　《陳英士先生癸丑後之革命計劃及事略》，中國國民黨黨史會編《陳英士先生紀念集》，台北1977年版，第8頁。

一個原因。陳其美的這一戰略思想，後來深刻地影響了蔣介石。[1]

革命當然需要基本力量，但是，這並不妨礙可以有臨時的同盟軍。陳其美密函中提到的要加以聯絡的"鬍黨英傑"，就是近代史上通常所說的"馬賊"；所說的"宗社黨人"則是以清朝貴族升允為代表的復辟力量。這兩支隊伍當然不能成為革命的依靠，但是，在反對袁世凱這一點上，雙方又可以在一定的條件下合作。密函表現出，陳其美不僅有反對專制，維護共和的堅定性，而且有某種策略的靈活性。

四、執行情況

陳其美密函中所提出的"三次革命"設想，除閩浙一路外，其他兩路後來都是部分地執行了的。

"二次革命"期間，陳其美即曾派人到東北，遊說張作霖等人，配合南方起事。[2]"二次革命"失敗後，原在上海的銀行家沈縵雲即遷居大連，多方聯絡各種力量，策劃舉義。據 1914 年 1 月 14 日日本方面情報稱：

> 正居留大連敷島町的沈萬〔縵〕雲，攜來相當資金，被推舉為亂黨之首，並令賊之魁首徐小虎負責鐵嶺、高〔溝〕幫子、鳳凰城方面，令彭春亭負責軍隊方面，令徐寶負責對旅順都督府做工作，令三谷末次郎運送武器，劉藝舟任臨時司令部總司令，指揮錦州方面的李東仇，並同關東都督府及伊藤保持聯絡。還同升允的部下顏興應在大連的中和棧聚會，組織"同心會"，正試圖通過升允和日本人的媒介共同舉事。[3]

日本人所描繪的這一圖景正是陳其美密函中所言聯絡"鬍黨英傑"與宗社

1 1923 年 8 月，蔣介石在《致蘇俄負責人意見書》中說："中國革命發源於南方，當時，革命黨不能應用其人民種族革命之心理，實行其黨魁直搗北京之計劃。"（台北"國史館"藏，蔣中正檔案）因此，他向蘇俄方面提出，在中國西北或蒙古庫侖建立根據地，以利進攻在北京的直系軍閥政府。參見拙作《蔣介石的赴蘇使命及其軍事計劃》，收入《蔣介石秘檔研究》，社會科學文獻出版社即出。
2 《乙秘第 289 號》，《孫中山在日活動密錄》，第 666 頁。
3 《山座公使致福田都督》，《孫中山在日活動密錄》，南開大學出版社 1990 年版，第 638 頁。

黨人，共同舉事的設想。沈縵雲原是陳其美任滬軍都督時的財政總長，是上海資本家中始終革命的少數人物之一。他在"二次革命"失敗後，不像其他人一樣亡命國外，而是遷居大連，顯然，應屬革命黨人的派遣。陳其美密函曾有"復遣同志多人"赴大連的計劃，沈縵雲應是這些"同志"中的一個。

在敘述了沈縵雲的活動之後，日本情報繼稱：

> 戴天仇、陳其美也來到大連，企圖和肅親王派宗社黨取得聯繫。還計劃派人到新義州方面，趁結冰期佔領安東縣。[1]

日方的這一檔案再清楚不過地表明了沈縵雲和陳其美二人之間活動的聯繫。陳、戴到大連後，迅即會見沈縵雲，了解情況，有所協商。[2]

關於陳其美的東北計劃，日本方面的檔案多有記載，如：

> 關於革命之策源地，尚不明了，但據傳，將以大連為據點，在奉天附近舉起革命大旗。同時在各省起義，一齊壓向袁政府。[3]

> 大連流亡者有三派，其數八十四名。此外還有宗社黨主要成員十數名，相互反目，但因第三次革命迫近，近來採取一致行動，與張作霖部下聯合，等待解冰期，計劃先在奉天城舉事。滿洲諸方面都有他們的人。從本地給陳其美發了電，要求陳其美、戴天仇來大連，研究有關上述計劃。[4]

> 舉事之際，首先佔領咽喉山海關，斷絕交通。然後派人率匪西下，由綏遠、張家口進襲，直達內地。南通山東、河南，西聯山西、陝西，糾合白匪，夾擊北京。[5]

這些記載表明，陳其美等東北計劃的目的在於佔據有利位置，從近處向北京的

---

1 《山座公使致福田都督》，《孫中山在日活動密錄》，南開大學出版社 1990 年版，第 638 頁。
2 《乙秘第 289 號》，同上書，第 676 頁。
3 《長崎縣知事李家隆介致外務大臣男爵牧野伸顯》，同上書，第 639 頁
4 《乙秘第 124 號》，同上書，第 640 頁。
5 《朝憲機第 180 號》，同上書，第 645 頁。

袁世凱政府進攻，實行革命黨人多年神往的"首都革命"。

當時，東北革命黨人急於起事，向陳其美報告，已經"預備完全"[1]。1914年1月19日，陳其美、戴季陶、山田純三郎離開日本，趕赴大連。舟中，陳其美致函陳果夫稱："今密往大連，審度情形，以期有為。究竟能否進行，尚難必也。叔當忠於國，願以身殉之無憾！"[2] 可見，他是懷著要做一番大事業的心情啟程的。不過，他在路上就得了感冒，胃腸病復發，這使他一到大連就住進了醫院。此後，他困於經費，難以作為。聯絡"鬍黨英傑"和宗社黨人，都需要鉅款，1月28日《致諸兄函》稱："仍以籌款為著手辦法，且俟第一著之成績如何，再定後路也。開辦費尚不敷，除申請中山先生撥濟外，已專函介石，迫老夫子速履行前約之數以濟眉急也。"[3] 此後，他不斷寫信，說明"無大款難補大局"，"此間費已用罄為慮也"。[4]

除經費困難外，當時統治旅順、大連的日本當局也多方阻撓。《致諸兄》函稱："此間事外交干涉日緊。前者所稱可以商酌之關東都督已受袁氏籠絡矣。不但拒不見面，而且已命其部屬將下逐客令矣。看來難望有為也。"[5] 這裏所說的"關東都督"，指日人福島安正。沈縵雲、陳其美雖然都寄希望於他，但實際上，自陳其美等踏上大連土地起，就一直處於日警的監視下。福島並讓大連民政署長轉告陳："不得使大連成為與革命黨有關的策源地。"[6] 2月3日，陳其美外出，日警居然拒絕他登車。這樣，陳其美不得不接受孫中山的意見，於3月15日離大連返日。

陳其美返日後，並沒有放棄他的東北計劃。同年6月，孫中山和陳其美派陳中孚到東北。9月4日，在本溪湖舉事，被日本警備隊鎮壓。[7] 陳其美做得有點聲色的是中部江浙方面。

陳其美赴日後，蔣介石受命留守上海法租界，策劃江浙起義。5月30日，

---

1 《致諸兄》，手跡，《陳英士先生紀念全集》，第50頁。
2 《在台中丸旅次致果夫函》，《陳英士先生文集》，黨史會1977年版，第27頁。
3 《致諸兄》，手跡，何仲蕭編《陳英士先生紀念全集》，第47頁。
4 《致周淡游等》，手跡，《陳英士先生紀念全集》，第58頁。
5 《陳英士先生紀念集》，第52—53頁。
6 《關東都督男爵福島安正致外務大臣男爵牧野伸顯閣下》，《孫中山在日活動密錄》，第664頁。
7 日本外務省檔案，乙秘第1879號、1912號、1951號；又，《中華革命黨黨員陳中孚之談話》、《中國流亡者陳中孚之談話》，均見《中國革命黨問題》，第14卷。

蔣介石計劃進攻閘北、真茹、滬寧火車站等處，傳檄討袁。不幸事機泄露，部屬陳喬蔭等被捕殺，蔣介石流亡日本。[1]陳其美的江浙討袁計劃再次受到挫折。

1914 年 7 月，第一次世界大戰爆發，中國革命黨人認為是個機會，躍躍欲動。8 月 28 日，孫中山、陳其美、蔣介石、戴季陶、山田純三郎等集議，決定將革命軍總司令部設在上海，派蔣介石等回國進行。[2]對此，蔣介石回憶說："當時歐戰已啟，青島開戰，時期不同，局勢一變。前之謀於東三省以養成潛勢力，使其一舉而成者，終以該地勢力薄弱，不能速舉，（英士）乃注全力於江浙二省，而以東三省作為繼起之區。請總理委任夏君爾嶼主持浙事，范君鴻仙主持滬事，吳君藻華主持蘇事，極力猛進。"[3]9 月 12 日，陳其美在東京樂觀地宣稱："經我等同志臥薪嘗膽，日夜奔走，第三次革命之準備已漸次就緒，計劃近日內在南方開始行動。此次行動遠非二三日前發生於本溪湖方面小規模行動可比。一旦革命開始，計劃在暫時之間取得一二省，達此目的後，孫文及我等立即回國。"[4]同月 20 日，范光啟（鴻仙）密謀進攻上海製造局，事泄被刺。10 月，杭州秘密機關被破壞，殉難數十人。江浙討袁計劃又一次受到挫折。

1915 年 2 月，陳其美以義無反顧的精神回到上海，親自領導江浙地區的討袁活動，先後策劃並領導刺殺鄭汝成、肇和兵艦起義、進攻江陰炮台等多方面的活動。一直到 1916 年 5 月被刺，陳其美始終在江浙地區堅持不懈地戰鬥著。

1915 年 9 月，陳其美到東京參加中華革命黨會議時，向孫中山建議說："時期急促，迫不及待，東南諸省，袁氏爪牙密佈，如不從西南方面蹈隙抵虛，則事難為也。"[5]這是陳其美對自己原擬"三次革命"計劃的修訂，這一修訂是正確的。3 個月之後，雲貴高原就飄起了討袁義旗。

附記：本文為 1999 年 4 月在湖州召開的陳英士生平與事業討論會而作。

1　中國第二歷史檔案館編《蔣介石年譜初稿》，檔案出版社 1992 年版，第 20—21 頁。

2　日本外務省檔案，乙秘第 1691 號。

3　《陳英士先生癸丑後之革命計劃及事略》，《陳英士先生紀念集》，第 8 頁。

4　《中國流亡者陳其美之談話》，《孫中山在日活動密錄》，第 690 頁。

5　蔣介石《陳英士先生癸丑後之革命計劃及事略》。

袁世凱政府指望的中日“互助”*

人有遺傳病，有時，政府之間也有遺傳病。前文談過，清政府得了“恐孫症”，多次要求日本當局驅逐孫中山；不幸，袁世凱政府也患上了此症。日本外務省檔案中有一份《節略》，中云：

> 本國此次內亂，實由孫文、黃興、胡漢民等煽惑主使，以致使本國民商損失產業甚鉅，即各國商民在長江流域者亦頗受影響，本國人民莫不痛心切齒於該亂黨等。現聞孫文、黃興、胡漢民等已赴貴國境內留寓。距本國一葦可航，難保不借為根據，再圖倡亂。在貴國篤念邦交，自當有防範之法。但本國人民必多憂慮猜疑，恐生誤會，應請貴大臣轉達貴政府，以東亞和平為念，務籌正當切實辦法，以弭禍亂，而息猜疑，固不徒本國人民之幸也。

從內容上看，這是袁世凱政府的外交部遞交日本駐華公使館的，時間當在1913 年 8 月，“二次革命”失敗，孫中山等流亡日本之後。由於是外交公文，所以話說得很婉轉，也很花了一點腦筋。你看，它不僅指控孫文等對“本國民商”的“危害”，而且特別指出，“即各國商民在長江流域者亦頗受影響”，企圖以此打動日本當局。至於應該怎麼辦，《節略》沒有明說，只是希望“務籌切實辦法”，結尾特別意味深長地點明：“固不徒本國人民之幸也”，那意思是清楚的：“處理”了孫中山等人，對日本帝國主義者也有好處。

無奈，日本政府這時仍持兩面政策，並未採取任何行動。孫中山仍然居留日本，並於 1914 年 6 月在東京成立中華革命黨，積極策劃反袁鬥爭。袁世凱政府坐不住了，於當年 9 月 9 日由駐日公使陸宗輿面交日本外務省一份照會，提

---

* 原載《團結報》，1988 年 1 月 2 日。錄自楊天石《國民黨人與前期中華民國》，中國人民大學出版社 2007 年版。

出三項條件：

（一）日本政府對於中國重要亂黨，如孫、黃、陳、李及曾有令指捕之人之寄居日本者，一概正式宣佈放逐，永遠不准居留日本境內，其正式退出日本者，不准再行登岸，未在日本者一概拒絕來日。

（二）日本政府對於亂黨之徒眾，如有在日本作反對中國之行為，經中國政府之請求，即應按律懲辦；其有犯刑事證據，經中國請求引渡者，日本應即引渡。

（三）不在日本之亂黨，如與日本人有秘密合謀舉動，日政府應嚴密取締，並按律懲治。日本人如有庇護或援助在日本或日本外之亂黨，日政府均應實行禁止。其遷居日本租界及租界地之亂黨，經中國請求引渡，日本政府即應交出。

這份照會不僅要求日本政府"放逐"孫中山、黃興、陳其美、李烈鈞等人，而且要求"引渡"；不僅要求"懲辦"中國之"亂黨"，而且要求禁止日本友好人士援助中國革命，口氣實在大得很，硬得很。

袁世凱政府一向搞的是奴才外交，是什麼原因使它腰板突然硬起來了呢？原來，這年8月，日本對德宣戰。駐華公使日置益面見袁政府外交總長孫寶琦，無理要求按1904年日俄戰爭先例，將山東省黃河以南劃為日本對德"作戰區域"，並撤退膠濟鐵路中國駐軍。同月30日，袁世凱政府通知陸宗輿轉告日本政府："膠濟路濰縣以東至青島一帶，日人可任便佈置"。於是，日軍第18師團2000餘人便於10月2日在山東黃縣登陸。這樣，袁世凱政府便覺得"有助"於日本政府了，要求"放逐"、"引渡"孫中山等人的照會正是在這一情況下提出的。

照會最後說：

以上三項內酌量實行，則於中政府此次助日，亦可表示日政府真誠互助之意。

這真是妙不可言的畫龍點睛之筆。中國讓出自己的一大片領土來任日軍廝殺，而日本政府則"逮捕"並"引渡"孫中山等"亂黨"——這就是袁世凱政府所指望的中日"互助"。

黃興與日本駐舊金山總領事的通訊 *
——讀日本外務省檔案之六

1914 年 9 月，黃興在美國加利福尼亞期間，曾因膠州灣問題致函日本駐舊金山總領事沼野安太郎。日本外務省存有該函的英文打字稿，國內外學人迄今尚未論及。現譯介如下：

親愛的先生：

我打算在幾天內離開這裏，這是很遺憾的。我渴望再次訪問您，而時間已經不允許了。當我重訪舊金山之際，各事叢集，偶有空暇，您又不能接見。這樣，我不得不放棄促進我們友誼進一步發展的榮幸。我仍然希望，在明年展覽會期間，我從遠東旅行回來，有朝一日，能因和您重敍舊誼而感到榮幸和愉快。

最令人遺憾的是，德國竟然放縱其帝國的擴張侵略政策。為了一個暴君的野心而犧牲許多人的生命，這實在是最不人道的。

如果人民的意志和聲音能在政府事務中有適當的地位，這樣的政策就不能實行。人們高興地看到，現在公眾輿論將不能容忍這種帝國的擴張，因而，許多公正無私的國家為了人道主義的事業，已被捲入其中。毫不懷疑，正義的事業最終將勝利；我認為，多年備戰的德國將要接受這種教

---

* 原載楊天石《近代中國史事鈎沉——海外訪史錄》，社會科學文獻出版社 1998 年版。

訓，以致使它在將來，在任意踐踏世界人民的幸福時，有更多的顧忌。貴國已經拿起武器反對這種全面的威脅；最使人欣慰和滿意的是，您的偉大的國家採取了寬宏而開明的政策。無疑，膠州歸還中國將鞏固正在增長的友情，密切我們兩國之間的現存關係。它將使世界相信，貴國對中國沒有隱秘不明的動機。儘管歐洲形勢紛亂，台端公務日增，祝您愉快健康。致以最熱誠的問候和良好的祝願。

您最忠誠的黃興敬上（簽名）

本函對德國帝國主義發動世界大戰進行譴責，表示了對正義事業終將勝利的信心，但其主旨則在婉轉而堅決地要求日本政府保證將膠州灣歸還中國。

膠州灣，一稱膠澳，地點約當今青島市及其附近地區。1897年11月，德國以兩個傳教士在山東巨野被殺為藉口，派兵強佔膠州灣。1898年3月，德國強迫清政府簽訂條約，"租借"膠州灣為軍港，時限99年。自此，膠州灣淪入德國帝國主義之手。但是，日本帝國主義也同時覬覦著這個優良的港口。1914年8月23日，日本對德宣戰。8月25日，日本政府藉第一次世界大戰之機，向德國政府提出最後通牒，要求它在9月15日以前，"將全部膠州租界地，無償無條件交付於日本官憲，以備將來交還中國"。日本政府所稱"將來交還中國"是假，企圖取代德國，佔而有之是真。因此，9月16日黃興寫了上述信件。

沼野安太郎收到黃興來信後，次日就作出答覆。其英文打字稿也存於日本外務省。譯文為：

親愛的先生：

我非常高興地收到了您本月16日謙和有禮的來信，請允許我十分誠懇地酬答您豐富的感情，並且自由地展望世界事務。

我特別愉快地得知，在現時貴我兩國人民注意的問題上，您對於日本的態度不抱懷疑。日本許諾，如果膠州作為戰利品落入它的手中，將和中國公正地處理，而且感覺到，這樣一種方針，在任何情況下都是明智和正確的。

無論是中國，還是日本，都經不起相互間的背信棄義，這樣做對他們也沒有好處。他們被上千種紐帶和需要加強友誼及好感的共同興趣聯繫在一起。如果日本獲得膠州，將歸還中國，因為她既沒有領土野心，也不被任何征服的貪欲所苦惱。我真誠地相信，將會再次榮幸地見到您，並請允許我向您保證，只要能有機會增進和加強我們之間幸福地萌發的友誼，我將總是非常高興的。

您最忠誠的沼野安太郎（簽名）

應該承認，沼野強調中日友好，表示兩國間有"上千種紐帶"、"被需要加強友誼及好感的共同興趣聯繫在一起"，聲明在獲得膠州後，"將歸還中國"，這是正確的。但是，當年 11 月日軍攻佔青島後，卻並不肯交還中國。直到 1922 年年末，才根據在華盛頓會議上簽訂的《解決山東懸案條約》由北京政府派人接管。

李大釗致佚名氏密箚試解 *
——近世名人未刊函電過眼錄

李大釗一生寫過很多信，但留下的很少。國民黨中央原上海環龍路檔案中藏有李氏未刊函箚一通，彌足珍貴。函云：

手示悉。以瑣務未暇即覆，伏乞鑒宥。所欲介紹於趙君之友，乃山西人梁伯強君，其住址在天津英租界電燈房北路東第一號喬公館，已將趙君姓字函告此君矣（此函用日本書留，當無他慮），乞即設法通知趙君為禱！

---

* 原載《光明日報史學版》，2003 年 5 月 14 日。錄自楊天石《國民黨人與前期中華民國》，中國人民大學出版社 2007 年版。

局勢一變，將來恐不能徹底澄清。民黨以後宜善自妥協，勿再授人以柄也，惟明達圖之。匆匆不多及。此問近佳！

　　付丙！

弟　張潤之　李大釗

　　此函不署年月，無收信人，環龍路檔案題作《張潤之、李大釗致某君書》，可知當年整理檔案時收信人已無考。函中有"付丙"二字，要求收信人閱後燒掉，可知此函為密箚，更加值得重視。

　　函中提及的趙君，不詳何人。梁伯強，指梁善濟，山西崞縣（今原平）人。山西大學堂教習。1903 年癸卯科中試，次年入翰林院任檢討。後赴日本，入法政大學速成科學習。歸國後，投入立憲運動，曾任山西諮議局議長。1913 年被選為眾議院議員。1914 年任教育部次長。1915 年 10 月辭職。據"此函用日本書留"一語，可知張潤之、李大釗時在日本，在寫作本函之前，還寫過一封給梁善濟的掛號信（書留）。李大釗於 1914 年 1 月赴日留學，1916 年 5 月歸國，本函必寫作於此一時區內。

　　時間大體清楚之後，接著需要研究的就是張潤之其人。他與李大釗連署，肯定關係密切，志同道合。經查，張潤之，字澤民，直隸武強人。與李大釗同齡，同為天津北洋政法專門學校同學，1913 年畢業後同時去日本留學。1914 年春，曾與李大釗共同翻譯日人今井嘉幸（政法專門學校時的老師）的博士論文《中國國際法》，在日出版。

　　張潤之與李大釗同富愛國思想。在日時，"談祖國政俗之衰，則相與唏噓感慨"。1915 年 9 月，袁世凱唆使楊度等成立籌安會，謀劃復辟帝制，李、張都積極投入反袁鬥爭。同年冬，李大釗組織中華學會，從事秘密反袁活動。1916 年 1 月，中華學會與湖南留學生組織的乙卯學會合併為神州學會，張潤之都是積極的支持者和參加者。

　　袁世凱的復辟受到以孫中山為首的革命黨人和以梁啟超為首的進步黨人的共同反對。1915 年 12 月 25 日，蔡鍔在雲南通電討袁，成立都督府、護國軍，各方紛紛響應。本函有"局勢一變"之語，則知此函當作於蔡鍔通電之後不久。

當時，袁世凱雖然遭到各方反對，但仍保有相當的控制力量，北京、天津等地仍在袁的嚴密統治之下，所以本函中表現出一種小心翼翼的謹慎心態，除要求"付丙"外，還特別說明，寫給天津梁伯強的信係用"日本書留"，"當無他慮"，正是秘密工作的特徵。

由於袁世凱的倒行逆施和各派反袁力量的聯合，袁的倒台為期已不遠。但是，張潤之、李大釗共同認為，袁的勢力仍然不可能徹底消滅，擁護共和的力量必須克服矛盾，進一步加強團結。以孫中山為首的革命黨人在 1913 年反袁的"二次革命"後分裂為兩派。一派為中華革命黨，一派為歐事研究會；一派主急進，一派主緩進。此際，兩派正醞釀重新合作中。張、李二人看到了這一趨勢，函稱："局勢一變，將來恐不能徹底澄清。民黨以後宜善自妥協，勿再授人以柄也。"這是對於當時政治形勢的清醒認識，也是對於"民黨"的語重心長的勸誡。

對抗與調和、鬥爭與妥協是矛盾的對立統一體。在人類社會生活中，不可能沒有對抗與鬥爭，也不可能沒有調和與妥協。在近代思想史上，李大釗比較早地看到了"調和"在自然與社會發展中的作用。他曾先後寫作《調和之美》、《調和之法則》等文，論證"宇宙間一切美尚之性品，美滿之境遇，罔不由異樣殊態相調和、相配稱之間蕩漾而出"。例如，美味，由苦、辛、酸、甜、鹹調和而成；美色，由青、黃、赤、白、黑調和而成；美音，由宮、商、角、徵、羽調和而成。本函中，李大釗主張"民黨以後宜善自妥協"，可以看作他的"調和"思想在政治上的運用。對於民初革命黨人中爭論不休、派系紛立的狀況無疑是一副有效的藥劑。

至此，本函的寫作時間、地點、內容已經大體明晰，還必須接著研究，此函的接受者是誰。

按，此函存於國民黨環龍路檔案中，它的接受者必然是孫中山系統的革命黨人。函中，張潤之、李大釗不僅對"民黨"的團結問題提出了具體建議，而且特別表示："惟明達圖之"，顯然，受信人是革命黨人中有地位、有影響的高級人員。又據函中所述為"趙君"介紹居住在天津的山西人梁伯強這一情況判斷，則受信人必然是一位關心北方革命運動的人士。查，環龍路檔案中共存有李大釗信三通，另兩通的受信者是張繼，則此函的接受者也可能仍是張繼，為出自同一來源的文物。

張繼，字溥泉，直隸滄州人，與李大釗、張潤之是大同鄉。他是同盟會的早期會員，辛亥革命後任河北支部長。1913年7月，參加"二次革命"，失敗後逃亡日本，繼赴歐美，發動華僑討袁。1915年11月回日本，致力於各派反袁力量的團結。李大釗1916年初有詩云："義聲起雲南，鼓聲動河北。絕域逢知交，慷慨道胸臆。"這位可以"道胸臆"的"知交"，很可能就是張繼。白堅武1916年5月1日日記云："候壽昌久不至，念極！聞與張溥泉同來，或亦不日可到。"壽昌，指李大釗。當時的上海是各派反袁活動的中心，白堅武是李大釗的密友，此際正在上海反袁人士間活動。上海反袁人士中既有李大釗與張繼同自日本回滬之說，則可證二人相熟，且有反袁活動方面的聯繫。此前，張潤之已先期抵滬，在進步黨領袖湯化龍、孫洪伊與革命黨人、雲南駐滬代表耿毅等人之間活動。5月1日，張繼隨孫中山到滬。不久，李大釗繼至。李到滬不久，即致函在日本的同志霍例白云：

> 此間自溥泉公來，各派意見消融無間，裨益大局匪淺顯也。昨濟公接川陳二庵電云，川決於篠日（廿一）宣佈獨立，湘亦不遠，而南京會議雖無結果，馮之態度仍有希望，其部下尤為鮮明。

濟公，指湯化龍；陳二庵，指四川巡按使陳宧；南京會議，指江蘇督軍馮國璋於5月18日在南京召開的15省代表會議，旨在討論袁撤銷帝制後的安排問題。此函顯示出，李大釗不僅充分了解張繼到滬後的活動，而且高度肯定張繼斡旋各派的功績，所云"各派意見消融無間"，正是上引密箚中張潤之、李大釗的主張"民黨以後宜善自妥協"的落實。因此，我們有理由相信：密箚的受信人是張繼，它反映出李大釗在反袁關鍵時期的主張，同時也可窺見李大釗在那個時期秘密活動的一個側面。

試解如上，不敢自以為是，謹以質之海內外研究李大釗的專家們。

"真革命黨員" 抨擊黃興等人的一份傳單 *

日本外務省檔案中，存有署名 "真革命黨員" 的傳單抄件一份，它是孫、黃兩派分裂後，孫派對黃興最猛烈的抨擊。全文如下：

> 黃克強君自癸丑失敗，逋逃日本以後，即志灰氣惰，謂民黨不能更以武力從事，宜從政治活動，以冀漸握政權，恇怯軍人，熱中政客，附和其說。熊希齡組織內閣之際，黃派日夜期望保皇妖黨，得與袁賊抗衡，而己則居中幹旋，冀博彼黨之歡，而分一杯之惠。《甲寅》雜誌醜詆民黨，貢媚熊、梁，實黃君授之意旨，章、胡（章行嚴、胡瑛）承其鼻息，迁謬之情已早為識者所竊笑。迫乎熊、梁失勢，彼等且自悟袁賊之兇頑，而黃派昏迷，迄未知政治之絕望。

> 孫中山先生自來三島，即懷恢復之心，糾合賢豪，冀達捲土之志，毅力宏識，血氣共欽。癸丑季秋，曾勸黃君之連袂；客歲仲夏，又曾三顧其草廬。情義殷殷，敦促不已。乃黃君平和之夢不破，緩進之說彌堅，始有樂不思蜀之心，終作乘桴浮海之計。若夫國力日削，文化日退，社會民生，日益凋敝而岌岌不可終日也，彼等不思拯救，袖手旁觀，以為國之貧弱，政之腐敗，猶可待十年徐圖匡救者。嗚乎！俟河之清，人壽幾何！天縱假彼以年，詎能久延病國之脈哉！

> 用是吾黨卓落之士，不謀苟合，一意孤行。國勢日益顛危，則吾人救國之志益銳；袁賊日益鞏固，則吾人革命之念益堅；人民日益厭亂，則吾人撥亂之心益切。誠以今日中國如患惡疽，當其根深蒂固之時，患者輒吝於一割，然而不割則生命愈危，故唯有不顧患者之苦痛，而一意操刀以施其手術而已。惜乎此不足以語於泥守方脈之庸醫也。

---

*　原載《檔案與史學》，1995 年第 1 期。錄自楊天石《國民黨人與前期中華民國》，中國人民大學出版社 2007 年版。

今者黃君與其同氣，發電國內，自明心跡，誓以不促革命，求諒於國人。內外同志，深為詫駭；其實固早在吾人意料之中，以為必將有此表示。綜觀全電，以生靈塗炭諱其不戰而逃，以寡眾不敵飾其無意恢復，詞固辯矣。然試問赫赫元勳，堂堂首領，既睹勝敗之數，胡舉烏合之師，是為不智；大難既發，旗鼓方張，師正報捷於淮、徐，將已遁逃於海外，負全黨之囑託，辜國民之期望，是為不忠。不智不忠，何以為□！若因即復戟兵，是乃仁術，試問吾黨敗後，塗炭幾何，惟以一逃，增其百禍，宋襄之仁，又何足取！不自引疚，徒逞辯詞，但求國人之見憐，不計立言之卑屈。觀其呶呶置辯，謂吾黨不致假藉外力，自取滅亡；又復委曲敷陳，極言袁氏罪惡，用心良苦，顧對牛彈琴，究竟何裨！

夫國人果能辨理，吾黨安有失敗之理由？國人苟知向上，袁賊安有存立之餘地？況也，自約法改，議會散，人民失法律之保障，飽專制之餘威，人格無存，自由久喪，奴隸而已，何言國民！吾人正宜立林肯釋奴之願，舉湯武弔民之師，救之水火之中，登於袵席之上。若夫假藉外力與否，國人實無判斷其是非之智能。吾黨既以二十餘年苦心孤詣，取亡之滿室二百六十餘年者歸之國人，亦當然不致復斷送於他族。國人不能拒慣於賣國之官僚，自無煩其諒吾人救國之本意。國人既深願袁賊之執政，又何必訴吾人不滿之襟懷！故以若所為，徒啟袁賊之輕侮，滋國人之謠啄，灰同志之志望，而失自己之人格而已。國人果能以一電感動者，黃君又何至有今日耶！

真革命黨員

鐵漢

李直壯

尚氣節

鍾廉恥

史不屈[1]

1　日本外務省檔案，MT16141，5563-5567。

1915 年 2 月 25 日，黃興與陳炯明、柏文蔚、鈕永建、李烈鈞等聯名致電國內各報館，闡述對時局的看法和主張。其中，黃興等自悔民初與袁世凱進行政治鬥爭時的"叫囂凌厲之氣"，自悔 1913 年"二次革命"的孟浪，聲言當時革命黨人連"二次革命"的條件都沒有，"今無尺土一兵，安敢妄言激進？"結論是：中國是否必須經由革命的道路才能獲得新生，還必須等著瞧。通電特別聲明自己不準備藉用外力來反對袁世凱政府。電稱："邇者國交頓挫，舉國驚迷，興等乞援思逞之謠，又見騰播中外。"又稱："至言假藉外力，尤為荒誕。興等固不肖，然亦安至國家大義蒙無所知？"[1] 本傳單即針對黃興等人上述電文而發。

1914 年 6 月，第一次世界大戰爆發。9 月，日本政府乘機出兵山東，先後佔領濰縣、青州、青島。當時，國內人士和國外華僑界都出現了放棄內爭，一致對外的呼籲，革命黨人中也出現了聯袁制日的主張。在上海的詹大悲、白逾桓等一批革命黨人即決議"決不利用外患劇烈之時機為革命活動"，"暫時力持鎮靜，使政府得以全力對外"[2]。1915 年初，日本向袁世凱政府提出 21 條，民族危機進一步加重，放棄內爭，一致對外的呼聲更為強烈。於是，何海鳴首先離日返國，宣稱"政府以穩健誠國人，國人以大任託政府"，"苟政府不加海鳴以不利，海鳴且以得正首丘於祖國為安"[3]。接著，林虎、熊克武、程潛、李根源等12 人聯名通電，聲稱："先國家而後政治，先政治而後黨派"，"政府苟能推誠明政，舉國傾心，即吾人客死他邦，亦所甚願"。[4] 何海鳴的行動和林虎等人的電文都表現了放棄反袁鬥爭的傾向。黃興等人的通電正是這一潮流中泛起的一個浪頭。

在中國革命黨人中，黃興擁有崇高的聲望，曾被譽為"革命黨中唯一之實行家"，是可以和孫中山"並駕齊驅"的大人物。[5]

黃興領銜發出了這樣一份通電，自然引起了巨大震動，也引起了主張堅持

1　《黃興集》，第 396—399 頁。
2　《中國最近恥辱記》，第 295—298 頁。
3　《申報》，1915 年 3 月 8 日。
4　日本外務省檔案，MT16141，5561-5562。
5　《革黨領袖黃興君事略》，《東京日日新聞》，轉引自《少年中國晨報》，1911 年 11 月 27 日。

反袁鬥爭的部分革命黨人的憤怒。3月10日，中華革命黨黨務部發出通告，內稱：

> 中日交涉事起，國人不明交涉之真相，實由夫己氏賣國而來，乃有與二次革命有關係者，藉此為舉國一致之美名，有迎機投降者，如何海鳴等之自首是也。有恐為夫己氏分謗而急欲自白者，如林虎等之通電各報館是也。有恐受借寇復仇之嫌疑而自供二次革命有罪（認革命有罪而不認私逃為罪），急向國人告哀者，如黃興等之通電宣言是也。[1]

但是，通告主要是為了說明中華革命黨的外交主張和對日態度，因此，對黃興等人的通電未加更多評論，或許也因為它以黨務部的名義發出，不能不有所克制，而傳單就不一樣了。它對黃興等人進行了猛烈的抨擊。"志灰氣惰"，"不忠不智"，"宋襄之仁"，"但求國人之見憐，不計立言之卑屈"云云，完全是鞭撻式的語言。至於"真革命黨員"及"鐵漢"、"李直壯"、"尚氣節"、"鍾廉恥"、"史不屈"等化名，更隱寓了對黃興等人的批評和嘲諷。

傳單相當全面地反映出"二次革命"後孫黃兩派的主要分歧：一是"二次革命"失敗的責任問題。1913年7月下旬，黃興在軍事形勢惡化和程德全的逼迫下，拋開南京反袁軍出走。傳單反映出，儘管事情已經過去了一年多，但孫派對此仍耿耿於懷。一是緩進與急進之爭，其中提及黃派和熊希齡內閣，以及和章士釗的《甲寅》雜誌的關係，都是其他文獻中缺少記載的。章士釗的《甲寅》雜誌一創刊就批評革命黨"鹵莽滅裂"，"行同無賴"，甚至比之為"黔之驢"[2]，孫派曾為此去砸過雜誌社，演出了一套全武行。[3]傳單認為章士釗的言論出於黃興"授意"，自然成為孫黃兩派矛盾中的一個重要因素。三是待袁制日和聯日反袁的分歧。這一分歧在黃興等人的通電和"真革命黨人"的傳單中都說得不很明朗，看來雙方都不願點明。

1　羅福惠等編《居正文集》，華中師範大學出版社版，第259頁。

2　秋桐《政本》，《甲寅》第1號。

3　章士釗《與黃克強相交始末》，《辛亥革命回憶錄》第2集，第147頁；參見章士釗《歐事研究會拾遺》，《文史資料選集》第24集，第265—266頁。

在反清鬥爭中，孫中山和黃興都企圖藉助日本的力量，這一點二人並無分歧，革命人中雖有人不很贊成，但並無大的異議。"二次革命"失敗後，孫中山繼續企圖藉助日本的力量反對袁世凱。1914 年 5 月 11 日，孫中山致函日本首相兼內務大臣大隈重信，要求日本政府抓住非常機會，"為非常之事，成非常之功"，幫助革命黨人"顛覆"袁世凱的統治。孫中山許以成功之後，"開放全國市場，以惠日本工商"。[1] 對此，黃興是不贊成的。他曾將孫函抄示別人，並注明本人並未列名。[2] 其後，書信的內容逐漸泄露，加之袁世凱政府製造了一些污衊孫中山與日本勾結的假材料[3]，這樣，反對意見也隨之發展起來了。

1915 年初，劉師培發表《告舊中國同盟會諸同志書》，中云："然據最近傳聞，則諸君之中，其有懷憤激之謀者，不惜為虎作倀，引外力以覆祖國。"又云："窮究諸君所蓄之隱謀，在捨個人逞憤外，雖覆亡國滅種，亦所不惜。"[4] 黃興等人的通電，顯然與劉師培的上述"告同志書"有關。

據黃興等人通電，當時國內外關於"乞援思逞"、"假藉外力"的指責很厲害："國中談士，戟指怒罵。昔年同志，貽書相譏。謗語轉移，呶呶嗷嗷，恍若道路所傳，已成事實。"如果這段話指的是有些人對孫中山一派的批評，那是確有其事，如果指的是對黃興等人的批評，那就不符合事實了。

"二次革命"後不久，袁世凱等確曾聲稱黃興企圖借日本一師兵力在湖南助譚延闓舉事，指責黃興"愛國思想薄弱，而權利思想雄大，寧舉國付之外人，而不肯犧牲一身權利"。[5] 但是，1915 年初，並無針對黃興的有關言論。劉師培的"告同志書"也只是泛言"諸君之中"。黃興之所以引火自燒，通電闢謠，目的是為了對孫中山進行諷諫，同時也是為了曲折地說明和孫中山在這一問題上的分歧。其中確有黃興等人的用心良苦之處。

日本政府向袁世凱提出 21 條之後，國內及留學界輿論沸騰，但是孫中山卻

1 《孫中山全集》卷 3，第 84—87 頁。
2 汪曾武《憶橘隱處偶憶》，稿本。
3 袁世凱政府曾偽造了一個《中華革命黨領袖孫文與日本民黨首領犬養毅所結協約概略》，油印散發，原件藏南京中國第二歷史檔案館，1011（2），918。該件曾發表於《申報》，1915 年 4 月 24 日。其參見拙作《袁世凱偽造的孫中山賣國協約》，《民國掌故》，中國青年出版社 1993 年版，第 65—67 頁。
4 《中國最近恥辱記》，第 152—156 頁。
5 《黃興小史》，第 2、9 頁。此書攻擊革命黨，稱袁世凱為袁公，顯係袁黨之作。

始終"默不一言"，引起許多革命黨人的懷疑。[1] 當時在長崎的柏文蔚等人曾致函中華革命黨本部質問，柏文蔚並面見孫中山，要求他表態。孫中山表示：各同志可自行通電反對，他自己"另有對策"。[2] 黃興等人的通電就是在這一情況下由柏文蔚串聯商量之後發出的。章士釗曾表示，通電經過他的"手削"。[3] 對照通電和章這一時期的文章，其觀點確有一致之處。

值得注意的是，"真革命黨員"的傳單並未像黃興等一樣闢謠，也沒有指責黃興等無的放矢，而是採取了默認的態度。傳單稱："若夫假借外力與否，國人實無判斷其是非之智能。"又稱："吾黨既以二十餘年苦心孤詣，取亡之滿室二百六十餘年者歸之國人，亦當然不致復斷送於他族。國人不能拒慣於賣國之官僚，自無煩其諒吾人救國之本意。"這就等於是說：假借外力，有是有非，吾黨如此，目的在於救國。"真革命黨員"散發反黃傳單時，孫中山正在和日本方面簽訂《中日盟約》11 條，企圖以聘請日人為顧問及給予合辦礦山、鐵路的優先權為條件，換取日本的援助，顯然，"真革命黨員"不是幾個普通的中華革命黨員，而是了解孫中山及其機密的高級幹部。

近代以來，日本帝國主義一直是侵略中國的急先鋒，不可能給予中國革命黨人以實質性的援助。因此，孫中山的聯日制袁的策略並不正確。1915 年 3 月19 日，孫中山致函康德黎夫人說："由於英國政府的干預及其保守影響，日本政府未敢給我們以友好支持。我們正不靠外援，獨立工作。"[4] 這裏，孫中山並未能正確理解日本政府拒絕援助中國革命黨人的真正原因，但至少說明，他已經自我否定了聯日制袁的策略。同樣，袁世凱是一個唯知謀私利的奸雄。只要他能登上皇帝的寶座，任何民族利益都可以出賣。因此，暫緩革命，待袁制日的策略也不正確。同年 5 月 9 日，袁世凱接受 21 條。

21 日，黃興等人痛苦地通電稱："往者交涉事起，謠諑紛繁，輿論責望黨人一致對外，俾政府專其心志，盡力折衝。興等去國以還，於國政夙心已腐，徒以時機迫切，不暇引嫌，亦雖電約同人，表暴素志。乃當此舉國聽命，內訌

1　《黨務部通告》第 8 號，《居正集》，第 259 頁。
2　柏文蔚《五十年經歷》，《近代史資料》，1979 年第 3 期。
3　章士釗《歐事研究會拾遺》，《文史資料選輯》第 24 輯，第 263 頁。
4　《孫中山全集》卷 3，第 163 頁。

盡息之時，政府膺四億同胞付託之重，一味屈讓，罔識其條約既成，國命已絕。"[1]

這實際上是在宣佈，待袁制日策略的失敗。

傳單稱："夫國人果能辦理，吾黨安有失敗之理由？國人苟知向上，袁賊安有存立之餘地？"在"真革命黨員"眼中，"國人"簡直是一幫自甘墮落的糊塗蟲，中華革命黨人輕視群眾，不相信群眾的偏狹心理躍然紙上，無怪乎只能以個人迷信和軍事冒險作為出路了。

自同盟會成立起，中國革命黨人中已經鬧過兩次矛盾。一次是 1907 至 1910 年的倒孫風潮，那次矛盾一直鬧到 1912 年陶成章被暗殺才結束，是個悲劇。另一次是 1913—1915 年的孫黃之爭。這次矛盾以孫黃和好，戮力反袁結束，是個喜劇。之所以成為喜劇，一是由於形勢的發展，袁世凱迅速露出了它的真面目；一是孫、黃二人都有團結合作的願望，雙方在爭論最烈的時候也還都能克制，黃興尤能顧全大局。若是都如"真革命黨員"一樣猛烈對陣，相互攻擊，或者視為"路線之爭"，吵嚷不已，事情就麻煩了。

1　黃興佚文，《申報》，1915 年 5 月 30 日。

跋鍾鼎與孫中山斷絕關係書 *
—— 宮崎滔天家藏書箚研究之三

在宮崎滔天家藏書箚中，有一通鍾鼎給孫中山的宣佈斷絕關係的公開信，鉛印，可能是當時的傳單。內容如下：

中山先生鑒：

啟者：國賊竊政柄，黨奸誤大局。凡我同類，孰不痛心？溯自二次革命失敗，鼎隨諸同志之後，亡命海外，深恐名不符實，內絕同胞之渴望，外貽列邦之訕笑，戰戰兢兢，如履薄冰。及聞先生崛起宣言，包辦三次革命，鼎本軍人，應為先生執鞭，效力疆場，乃慨然繕立誓約，塗蓋指印，抹掌拭拳，恭候命令。不料將近兩載，寂若無聞。包辦期間，業已到來。究其原因，即在中山先生目不識人，團體開創伊始，引用陳其美、居正、田桐、戴天仇、謝持等一般無賴，盤踞要津，排斥同志（如黃興、李烈鈞、張繼、柏文蔚、陳炯明、林虎、鈕永建、譚人鳳、白逾桓、楊時杰諸君，皆在排斥之列），經凌鉞君迭次密告陳等罪惡，先生不惟不察，且被陳等主使，大出傳票，迫凌君與中山先生斷絕關係。試問凌君非同志等共稱為先生之死黨乎？死黨忠告，尚加排斥，先生可謂無情矣！

而今革命健將，陸續引揚，所餘宵小數人，以先生為木偶，藉此誆騙華僑之金錢，斷送同志之性命。而今春三月，閱中外各報載稱，先生語大阪新聞記者，竟誣黃興、李烈鈞、柏文蔚、林虎、譚人鳳、鈕永建、凌鉞、白逾桓諸君投降袁賊。傳聞中外，顛倒是非。之數君者，既為同志所共悉，何待鼎為之辯護！不過先生，年逾半百，身居黨首，何以信口雌黃，陷人三字之獄？清夜自思，良心何在！鼎賦性梗直，代抱不平，亦曾

---

* 　原載《近代史研究》，1994 年第 1 期。錄自楊天石《國民黨人與前期中華民國》，中國人民大學出版社 2007 年版。

迭進忠告，置若罔聞。國事如彼，黨事如此，若不急起直追，前途何堪設想！夫天下興亡，匹夫有責，鼎雖下愚，豈忍坐視！茲因事業與名譽兩端，有不能不宣佈與中山先生脫離關係者也。

（一）因事業之經營

革命事業為吾人天賦之職務，先生包辦革命，不許他人染指（去夏先生致黃先生書云：二年內讓我包辦，不成爾再來革命云云），而軍人、政客凡為革命人物者，均受先生之排斥，將來大革命起，以中山先生之心胸與手腕，果能與若輩抗衡乎？必不能也。況屆包辦期滿，正吾人棄暗投明之日，否則自甘暴棄，有負革命之初心。此鼎為革命事業計，與先生脫離關係者一也。

（二）因名譽之保障

邇來中山先生之主義，唯我獨尊。無論何人，順我則生，逆我則死，宗旨同而手續稍別者誣之為降敵（如黃、李、柏、林、鈕諸君），號死黨而進忠言者報之以死刑（如凌鉞君過於忠告，先生對劉大同云：有權時必殺凌鉞）。漢高之殺韓信也，未聞在破項之前；北魏之收鄧艾也，史稱在漢亡之後。今日先生之方略，為革命殺功勳乎？為袁賊殺敵人乎？鼎恐革命之大業未就，而先生已為袁家之功臣矣！夫名譽為人第二之生命，以若輩之威望素著，猶召某某先生之誣，況鼎區區黨員，邇來屢進忠言，他日名譽之敗壞，更不知陷於何等之程度！此鼎為保全名譽計，與先生脫離關係者二也。

以上所具兩端，為鼎與中山先生脫離關係之主因。至鼎之革命宗旨，雖海枯石爛，不得稍有變更。鼎知先生得函之後，不曰為敵所收買，即曰受人所指使，他日大權在我，根據誓約，必死鍾鼎於刀斧之下。要知包辦革命者，先生也；背叛誓約者，亦先生也。去年 7 月 19 日，假精養軒開成立會，先生當眾立誓，屬行革命，殆後種種設施，無一不與黨章相背謬。有人責問，答以由余定之，由余廢之。出爾反爾，為所欲為。總理之誓約已廢，黨員之誓約有何繼續之效力？先生日以三次革命總統為自居，即以誓約為專制黨員之利器，威信革命之要素。先生歷年之威信已盡喪於陳等之手，今日猶不自覺，日發總統之夢迷，不啻蒸沙求食，磨磚作鏡也。最後語別，三復斯言！

鍾鼎　印

中華民國4年7月19日

　　鍾鼎，1913年二次革命失敗後流亡日本，加入中華革命黨。1914年2月，黃興在東京郊外大森創辦浩然廬軍事學社，招收原任軍職的革命黨人研究軍事，鍾鼎曾入社學習。同年被委任為中華革命黨黨務部第三局職務員。他的這封公開信涉及孫中山和國民黨史上的許多重要問題，需要仔細地加以考索。

　　1913年3月宋教仁被刺後，孫中山主張武力討袁，黃興主張持冷靜態度，謀法律解決。其後，孫中山命陳其美、章梓分別在上海、南京起義，黃興認為孫中山不善用兵，自請掛帥。7月29日，黃興認為敗局已定，離軍他走。事後，孫中山認為黃興出走，導致二次革命失敗，因此，對黃興大為不滿。1914年8月14日，他在致美國人戴德律的信中說："他在第二次革命期間竟然棄南京而逃，曾使我痛失所望。"[1]二次革命失敗，革命黨人紛紛流亡日本。孫中山、黃興之間的矛盾進一步發展並加深。孫中山主張解散本已十分鬆散的國民黨，組織中華革命黨，振作精神，"一致猛進"，迅速發動三次革命，以武力推翻袁世凱的統治；黃興則主張保存國民黨，加以整理擴充，宣傳黨義，培養幹部，長期準備。支持孫中山的有陳其美、居正、田桐、戴季陶、謝持等；支持黃興的有李烈鈞、柏文蔚、陳炯明、鈕永建、譚人鳳、李根源、林虎等。

　　當時，孫中山認為二次革命失敗的原因在於：黨員散漫，不統一，不肯服從領袖的命令，因此，在組織中華革命黨時，力圖加強組織性、紀律性，樹立領袖的絕對權威，在誓約中規定：入黨者必須"犧牲一己之生命、自由、權利，附從孫先生"，保證"服從命令，盡忠職守"，"如有二心，甘受極刑"，除填寫誓約外，還要加蓋指模[2]。黃興、李烈鈞等人反對孫中山的這些做法，拒絕加入中華革命黨。柏文蔚雖曾一度加入，但不久即不再過問黨務；陳炯明在南

1　《孫中山全集》卷3，北京中華書局1984年版，第109頁。
2　《蔣介石親書中華革命黨誓約》，《革命文獻》第5輯，插頁。

洋，孫中山幾次寫信，邀他來日，均置之不理。1914年5月29日，孫中山致函黃興，追溯二次革命失敗原因，函稱："及今圖第三次，弟欲負完全責任，願附從者，必當純然聽弟之命令。兄主張仍與弟不同，則不入會者宜也。此弟之所以敬佩而滿足者也。弟有所求於兄者，則望兄讓我於此第三次之事，限以二年為期，過此猶不成，兄可繼續出而任事，弟當讓兄獨辦。"[1] 同函並稱："弟所望黨人者，今後若仍承認弟為黨魁者，必當完全服從黨魁之命令。因第二次之失敗，全在不聽我之命令耳。所以，弟欲為真黨魁，不欲為假黨魁，庶幾事權統一，中國尚有救藥也。"6月初，黃興覆函孫中山，承擔南京兵敗的責任，但是，黃興也尖銳地批評孫中山說："若徒以人為治，慕袁氏之所為，竊恐功未成而人已攻其後，況更以權利相號召乎！"[2] 批評孫中山"慕袁氏之所為"，實際上是批評孫中山搞專制獨裁。同函中，黃興又說："先生欲弟讓先生為第三次之革命，以二年為期，如過期不成，即讓弟獨辦等語，弟竊思以後革命，原求政治之改良，此乃個人之天職，非為一公司之權利，可相讓渡，可能包辦者比，以後請先生勿以此相要。"6月3日，孫中山再次致函黃興，堅持認為，要建設完善民國，非按照自己的辦法不可。他說："兄所見既異，不肯附從，以再圖第三次之革命，則弟甚望兄能靜養兩年，俾弟一試吾法。"[3] 孫中山的這種依靠個人，獨力領導革命的想法受到包括宮崎滔天在內的許多人的反對，鍾鼎本函所稱"包辦三次革命"，指此。

6月3日函中，孫中山並表示，以後彼此間決不談公事，但仍視黃興為良友。至此，孫、黃間已無合作可能。同月30日，黃興離日赴美。

陳其美、居正、田桐、戴季陶、謝持等支持孫中山。其中，陳其美尤其積極。黃興在日時，陳、黃之間已互相離齬，不能相安。加上張繼、何海鳴從中煽動，矛盾更深。黃興赴美後，陳其美於1915年2月4日致函，勸黃返日，認為此前革命之所以一再失敗，都是因為違背了孫中山的"理想"。陳函並列舉辛亥以來的史事，說明革命黨人在五個方面"有負於中山先生"，其中，對黃興有所批評。陳其美並檢查此前贊同黃興主張而不贊同孫中山的錯誤，宣稱此後

---

1 《孫中山全集》卷3，第88頁。
2 《黃興集》，北京中華書局版，第357—358頁。
3 《孫中山全集》卷3，第91頁。

欲達革命目的，當重視孫中山的主張，"必如眾星之拱北辰"，"必如江漢之宗東海"[1]。對於陳其美此函，黃興未覆。

在此期間，孫、黃矛盾更增添了複雜因素。當年 1 月 18 日，日本駐華公使日置益代表日本政府向袁世凱提出 21 條要求，企圖獨佔中國。在民族矛盾上升的情況下，中國社會出現拒日救國熱潮，革命黨內隨之出現停止革命、一致對外的意見，同時還出現了黃興等爭取日本援助，企圖乘機革命的傳言。2 月25 日，黃興與陳炯明、柏文蔚、鈕永建、李烈鈞等聯名通電，否認自己有所謂"乞援思逞"、"假借外力"的想法，宣稱："一族以內之事，縱為萬惡，亦惟族人自董理之。依賴他族，國必不保。"通電表示：二次革命時，尚有可戰之兵與可據之地，但因不願塗炭生靈，一擊不中後即主動罷兵，雖因此被同志譏為膽小，但問心無愧。"今無一兵一卒，安敢忘言激進！"黃興等聲稱："今後如非社會有真切要求，決不輕言國事。今雖不能妄以何種信誓宣言於人，而國政是否必由革命始獲更新，亦願追隨國人瞻其效果。"黃興等並稱："兵凶戰危，古有明訓，苟可以免，疇曰不宜！重以吾國元氣凋喪，盜賊充斥，一發偶動，全局為危，故公等畏避革命之心，乃同人之所共諒。"[2] 這一通電報雖以"告國人"的形式發表，但明確宣示了和孫中山當時一系列方針、政策的對立。其後，黃興等又致上海《字林西報》、《大陸報》、《泰晤士報》、《文匯報》、《捷報》一函，內容與上述通電大體相同，但進一步聲稱："吾人痛思前失，自安放逐。現政府果以何道能得民心，作民政，吾人正目視而手指之。吾人神聖之目的，在使吾最愛之國家莊嚴而燦爛，最愛之同胞鼓舞而歡欣，至何人掌握政權有以致此，吾人不問。"[3]

黃興等人通電在國內外引起了強烈反應。3 月 10 日，中華革命黨黨務部發表第八號《通告》，批評黃興等人 "恐受藉寇復仇之嫌而自供二次革命有罪（認革命為罪而不認私逃為罪）"[4]。這裏所說的"不認私逃為罪"，顯指黃興。13 日，日本《大阪每日新聞》以《歸順革命黨的宣言書》為題摘要發表了黃興等人通

1　《陳英士先生文集》，第 40—46 頁。
2　《黃興集》，第 397—399 頁。
3　黃興佚文，《申報》，1915 年 3 月 27 日。
4　《居正文集》，華中師範大學出版社 1989 年版，第 259 頁。

電，聲稱"被袁總統懷柔，相率歸順的黃興、陳炯明、柏文蔚、鈕永建、李烈鈞等聯名寄給上海、北京主要報紙一份宣言書"。同日，並以《革命黨陸續歸順，僅餘孫逸仙一派》為題發表消息稱：

袁總統收買革命黨，近來著著奏效。旅居本國的革命黨人陸續向中國公使館要求歸順，已達一百五、六十名之多。其中一些非知名人士，沒有特別收買的必要，中國公使館反而拒絕其申請。然中國政府計劃頗大，甚至傳說，由於在美國的有力人士的暗中斡旋，連黃興、李烈鈞、柏文蔚等革命黨中的第一流人物也已發表宣言書，堂堂歸順。主要的歸順者為軍人派，人們稱為革命創始人的孫逸仙、陳其美等領袖依然不肯歸順，正不斷鼓吹日中提攜論。此次所傳歸順者中的知名人士如左：

黃　興　李烈鈞　柏文蔚　林　虎　李根源　譚人鳳　唐　蟒　白逾桓
鈕永建　冷　遹　季雨霖　黃　郛　劉藝舟　何海鳴　陳炯明　張耀曾
凌　鉞　龔振鵬　章　梓　趙正平　熊克武　李書城　張孝準　彭程萬
（東京電話）

同文並引述了孫中山對記者的一段談話：

此次歸順袁氏的革命黨人主要為軍人派。彼等疏於世界大勢，不能明察將來的必然結果，過分誇大日本對華要求，視為不利於中國。基於此種誤解，遂敢於輕舉，與我等分手。參加二次革命的流亡軍人固然卑怯，以致失敗，真正之軍人，即意志堅強之無名之士尚充滿國中。吾人於將來達到目的方面不必有任何擔心。就彼等變節一派之私情而言，有可同情之處，但相信此等薄志弱行之輩與我等同志分手，乃他日實現偉大目的之好機會。日中兩國立國於亞細亞，倘不能相互提攜，則難以與列強共存於競爭場裏。中國與日本分離則國亡，日本與中國分離則陷於孤立境地。今日世界大勢，當促進日中提攜，以期保障東洋永久之和平。彼等一派之離散何足置意！（東京電話）

仔細研究上述報導，可以看出，宣佈黃興等歸順袁世凱的並不是孫中山，而是《大阪每日新聞》駐東京的記者，鍾鼎公開信所稱孫中山誣黃興等"投降袁賊"云云並非事實，孫中山的不當只是輕信，並且在未得到準確消息前輕率地發表了談話而已。

黃興等人的通電反對"激進"，主張暫停革命，但是，通電稱："至今空尸共和之名，有過專制之實"，"年來內政荒蕪，綱紀墜地，國情愈惡，民困愈滋。一言蔽之，只知有私，不知有國。"又稱："今吾國不見國家，不見國民，而惟見一人。"這些，都是對袁世凱的尖銳批判，其維護共和的立場仍然是堅定的，因此，《大阪每日新聞》很快就發現了自己判斷及所發消息的錯誤。14日，該報在社論中明確指出："黃興等雖被視為歸順派，其實決未歸順，唯於此際靜觀袁政府之出處而已。"該文並稱："所謂革黨歸順之說，其愚亦甚哉！"[1]同月，孫中山致函黃興，僅稱："若公以徘徊為知機，以觀望為識時，以緩進為穩健，以萬全為商榷，則文雖至愚，不知其可。"[2]同函並邀請黃興返日。5月15日，孫中山《覆伍平一函》稱："克強等持緩進主義，故猝難一致，至弟與伊私交，則絲毫無損。"[3]態度、調子和與《大阪每日新聞》記者談話都大不相同了。顯然，這是孫中山冷靜思考之後的結果。

孫中山和黃興等人的分歧保持了相當一段時期。同年4月或5月，黃興致函孫中山，批評其聯日政策，函稱："或謂中日交涉未解決，吾儕正可藉此謀革命，振臂一呼，援者立至，苟能乘時勃起，必能收疾風掃籜之效。此言似焉而實非。我同志既以愛國為標幟，以革命相揭櫫，無論借他國以顛覆宗邦，為世界所竊笑，而千秋萬歲後，又將以先生為何如人也！"[4]此前，孫中山曾向日本外務省政務局長小池張造提出中日盟約草案11條[5]，從黃興本函口氣看，他可能已經得知有關情況。該函並重申當時缺乏革命條件，冒險行動，必將慘敗。7月，中華革命黨巴東支部長楊漢孫致函孫中山，勸他與黃興等和衷共濟，函

1　《重ねて袁總統に告ぐ》。
2　《孫中山全集》卷3，第166—167頁。
3　同上，第170—171頁。
4　黃興佚文，《申報》，1915年5月23日。
5　《孫中山年譜長編》，中華書局1991年版，第934—935頁；參見藤井升三《21條交涉時期的孫中山和中日盟約》，《國外辛亥革命史研究動態》第5輯。

稱：“同在患難之中，則杯酒可以釋嫌。”8月4日，孫中山覆函稱：在秘密時期、軍事進行時期，黨的領袖應該具有特權。統一一切，不能視為專制；黨員服從命令，也不能視為不自由。他憤憤地批評說：“陳（炯明）、李（烈鈞）、柏（文蔚）、譚（人鳳）始終強執，苟非不明，則我不識其何所用心矣！”同函並表示：“若夫懷挾意見，不泯其私，藉有可為之資，不為討賊之軍，先樹異色之幟，如譚石屏所云殊途同歸者，途則殊矣，亦聽其所歸可耳！”[1] 但是，隨著袁世凱帝制自為野心的日益暴露，黃興等歐事研究會同人逐漸投入反袁活動，和孫中山之間的矛盾也逐漸消泯。1916年5月20日，孫中山致黃興函云：“機局緊急，袁系方張，民黨無不相提攜之理。況兄與弟有十餘年最深關係之歷史，未嘗一日相忤之感情，弟信兄愛我助我，無殊曩日。”[2] 此函表明，往日的分歧、意見、隔閡均作煙雲散，兩個巨人重新握手了。

鍾鼎函中曾提到，孫中山當時和凌鉞的關係很緊張，似乎有勢不兩立的樣子。其實，二人後來也改善了關係。1918年，凌鉞曾動員陸榮廷擁護孫中山[3]。次年12月9日致孫中山函云：“鉞素性剛直，論私交為先生之良友，論公益為國民之代表。”[4] 可見，孫、凌之間也只是一時的芥蒂。只要革命的大目標相同，那麼，總是應該走到一起來的。

鍾鼎發佈與孫中山斷絕關係書，有對中華革命黨組織原則的不滿，有因《大阪每日新聞》所刊消息而造成的誤會，也可能還包含著某些個人情緒在內。據日本警察調查材料，1915年5月12日，鍾鼎曾與劉大同、徐劍秋、宋滌塵等20人在東京聚會，討論如何解決生活困難問題，眾推宋滌塵向孫中山反映情況。當日下午，孫中山、居正、謝持、鄧鏗、廖仲愷等在《民國》雜誌社與宋滌塵、劉大同討論此事。據說，孫中山認為，“革命黨員中許多下層黨員住在東京太不經濟，想讓他們回國”[5]。這或許是加劇他對孫中山不滿的原因。

---

1 《孫中山全集》卷3，第184—185頁。
2 同上，第290頁。
3 《革命文獻》第48輯，第295頁。
4 同上，第96頁。
5 《孫中山年譜長編》，第947頁。

徐致靖大罵梁啟超 *
——讀台灣所藏徐致靖未刊函箚

戊戌變法期間，徐致靖曾推薦康有為、譚嗣同、梁啟超等人。政變時，徐致靖因"濫保匪人"獲罪，定永遠監禁。義和團運動期間，"出獄待罪"。他的作品很少流傳，但台北"中研院"近史所卻保存著他晚年的四通致康有為函件，彌足珍貴。其一云：

> 絕交不已，又將加入，貴高足之主持斯義，究不知是何肺腸？報載各處公電及吾師致政府長函，痛斥若人之荒謬，逐條指駁，以矛刺盾，言之縣詳，無庸贅及。獨怪若人者，自戊戌政變久而論定，當今志士，尊吾先生師弟之間為先知先覺，望隆泰斗，人無間言。方謂時政雖荒，袁逆雖肆，外患內憂雖亟，而支柱乾坤，力挽危局，將必雖師若弟，兩人金石不渝，歲寒可盟，私以竊幸。今已垂暮，猶冀須臾無死，拭目以觀公等二人造福我國民，而不圖人心難料，頓易生平，昧卻惺惺使糊塗，竟欲以黨見、私見，假外交以傾覆吾國，昏謬險毒，一至於此也。
>
> 吾先生緣是怒氣衝激，幾成肝厥。然而徒怒無益，吾意惟有宣佈若人禍國罪，與眾共棄，使天下人咸曉然於若人罪惡，人得而誅，甚於義和之罪魁，洪憲之鬻國，人人痛恨，勢成獨夫。即妄欲挾外以自重，亦何能為！
>
> 夫人孰無情，以數十年淵源授受，同心同德之誼，就令小有齟齬，何可遽加屏絕，貽誚凶終？然而事有重輕，大禍之搆，惟在斯人。勸之不聽，責之不復，是其叛棄師門，雖非怙惡，悍然禍國，以圖一己之私，司馬之心，路人皆知。此而可忍，孰不可忍！在先生取友不端，羿亦有罪，

---

* 原載《團結報》，1988 年 7 月 11 日。錄自楊天石《國民黨人與前期中華民國》，中國人民大學出版社 2007 年版。

即鄙人戊戌被禍，雖以濫保為吾師罪，而問心無愧，處之坦然。今則目睹若人之肆毒，若起先皇帝於九原，治臣以濫保匪人之罪，其何能自解耶！早知如此，彼若人者，不如戊戌被戮，反得保有令名，免至今日肆虐，所謂 "假使當年身便死，一身真偽有誰知" 也。憤氣填膺，言不能擇，惟望速加斷割，明示鳴鼓之攻，宣佈兩觀之律，為背師禍國者戒。若再遲回姑息，意存不忍，致斥李斯者追究荀卿，恐吾師亦難逃斯責也。

末署清明時節。據此並據函中所述史事，知此函為 1917 年 4 月 5 日之作。

第一次世界大戰，列強分為同盟國（德、奧、意）與協約國（英、法、俄、日、美）兩大軍事集團。日本藉大戰之機，出兵我國山東，強佔原為德國侵佔的膠州灣及膠濟鐵路沿線地區。同時，慫恿北京政府參加協約國，對德宣戰。英國政府也鼓動中國政府一致行動。1917 年 2 月，德國悍然實行潛艇新政策，封鎖公海，襲擊商船。同月 9 日，北京政府就此向德國政府提出抗議，日本外務大臣即於同日召見中國駐日公使章宗祥，建議中國政府即行宣佈對德絕交。當時，中國政府覺得日本有求於中國，便抓住這一機會，要求日本給予財政援助，並請日本政府及有關各國政府同意中國提高關稅稅率，減緩交付庚子賠款。日本為了拉攏中國參加協約國，於 27 日通過外務大臣表示：中國希望之事，自有商量餘地。有了日本這句話，國務總理段祺瑞等便決心加入協約國。3 月 3 日，國務會議通過對德絕交案。段祺瑞沒有想到的是，總統黎元洪卻以事關重大，須要慎重為詞，拒絕簽字。段一怒之下，宣佈辭職，離京赴津。

黎元洪的總統府和段祺瑞的國務院之間本來就存在著矛盾，參戰之爭使矛盾進一步加劇起來。黎元洪本想藉此改組內閣，踢開段祺瑞，但是，他赤手空拳，無所憑藉，自然鬥不過武力在握的段祺瑞。7 日，段祺瑞返京，宣稱對德外交方針，已獲總統贊同。14 日，北京政府宣佈與德國斷絕國交。8 月 14 日，對德宣戰。

對德外交問題不僅加劇了府院之爭，而且在社會各階層間引起了廣泛爭議。一時間，名流們紛紛表態，尖銳地形成兩派。主張參戰的有蔡元培、陳獨秀、李大釗等，反對參戰的有孫中山、章太炎、馬君武等。雙方都各有其理由。

徐致靖反對對德宣戰。3月8日，他致函康有為稱：中國參戰絕無勝利的可能，即使勉強打勝了，也不會有什麼好結果。函稱："無端加入，既與結約，必且受其要脅而不能拒，必且竭膏血以相供給。即能制德而勝，國已不支；若德終勝，則禍尚可問乎！"因此，他一方面譴責段祺瑞等人"兒戲國事，妄欲為孤注之一擲"，把主張參戰的諸人比之為"義和團罪魁"，另一方面則盛讚黎元洪，支持他改組內閣。信中，徐致靖要康有為出面聯合同志，匯集輿論，制止政府參戰，以免打輸了，"身為亡國之民"。[1]

康有為也反對對德宣戰。他主張保持中立，乘歐戰之際，勵精圖治，理財練兵，振興農工商各業，爭取國家自強。3月13日，他致電黎元洪和段祺瑞二人，歷述不應參戰的種種理由，聲稱德國強大，"全球畏德如虎"，與德作戰，必敗無疑。電稱："僕為五千年之中國計，為四萬萬之同胞計，故流涕瀝血，竭誠奉聞，望垂察行；否則懸吾目於國門，以視德艦之入也。"[2]

但是，梁啟超卻主張參戰。3月上旬，他連續致函段祺瑞，建議先下手為強，首先捕獲德國和奧國在中國海域的商船，以免它們以爆破的方封鎖黃埔，同時則宣佈對德絕交。函稱："絕交既為終不能免之事，早絕一日，則德人及國內搗亂份子即少一份活動餘地，此不可不當機立斷者也。"[3]為此，他六次會見黎元洪，勸黎支持段祺瑞。10日，他又對英文《京津時報》記者發表談話，聲稱："現國會至少有五分之四贊成中德絕交，而後繼之以宣戰，北京有九大政團，幾全體一致主張加入。勢已如此，總統雖欲不許，亦不可得。"[4] 26日，他致函北京政府國務院政務評議會，主張從速對德奧宣戰。

梁啟超的主張受到徐致靖的強烈反對，也激起他的強烈憤怒。上引致康有為函指責梁啟超"以黨見、私見，假外交以以傾覆吾國，昏謬險毒，一至於此"，罪名是相當大的。不僅如此，徐致靖還要康有為斷絕和梁啟超的師生關係，宣佈其罪狀，鳴鼓而攻，"使天下人咸曉然於若人罪惡，人得而誅"。他甚至表示，戊戌維新時不該保薦梁啟超，認為政變時西太后將梁殺了倒好，"免

---

1 《僅叟來函》（徐致靖致康有為），台北"中央研究院"近史所藏。
2 《時報》，1917年8月14日。
3 《梁啟超年譜長編》，上海人民出版社，第814頁。
4 同上，第815頁。

至今日肆虐”云云，確乎已經到了“怒不擇言”的狀況。

梁啟超的主張自然也受到康有為的強烈反對。本函稱“吾先生緣是怒氣衝激，幾成肝厥。”可見康有為盛怒之下幾乎發昏的情形。這一時期，康有為還有一篇手寫的揭貼式的文字，破口大罵“梁賊啟超”，當是接受了徐致靖此函的建議。

梁啟超之所以主張參戰，據他自己說，其理由有二：從積極方面看，必須乘此時有所表現，以求置身於國際團體之林；從消極維持現狀看，必須與周圍關係密切的國家“同其利害”，才能受到“均勢”的庇護。云云。[1] 梁啟超的理由是否正確，可以討論。不過，他是看準了德國必敗才敢於下此一著的。後來的歷史發展是：德國終於被打敗，中國成為“戰勝國”，顧維鈞等人有了在巴黎和會上要求收回山東權利的資格。

政治鬥爭中，雙方因政見不同，難免意氣用事，攻擊過頭。史家們必須超脫於雙方之上，根據歷史條件獨立判斷。如果取其中一方之說以論定另一方，那就離事實很遠了。

北京政府致巴黎和會中國代表團電考釋 *
——讀顧維鈞檔案

在哥倫比亞大學珍本和手稿圖書館中，顧維鈞檔案的收藏量僅次於杜魯門檔案，據說，總數達 9 萬餘件。我怕一陷進去就出不來，因此，在離開紐約前幾天才開始調閱該檔案。

我首先調閱的是 1919 年巴黎和會期間中國代表團所收各方電報。這是因

1　《梁啟超年譜長編》，上海人民出版社，第 807 頁。
*　原載《團結報》，1993 年 11 月 10 日、13 日。錄自楊天石《國民黨人與前期中華民國》，中國人民大學出版社 2007 年版。

為以往的"五四"運動研究大多著重於知識份子和群眾方面，對北京政府和中國代表團則研究很少，是亟需填補的一項空白。調出之後，發現其中大部分是北京政府致代表團的電報。徐世昌主持編輯的《秘笈錄存》收錄了大量代表團的來電，但是，沒有北京政府的去電，此項檔案正好彌補了這一不足。遺憾的是，我只調閱了5月份一個月，就因行程安排關係，匆匆離開紐約了。

茲擇其較重要者予以考釋。原電以仿宋排印，考釋以宋體排印，以示區別。

一、5月4日國務院致代表團電

前據來電，於外界接洽後參酌意見，擬訂提出辦法四端，尚屬周妥，即望照此切實提議，並望多方設法，毅力堅持。此次山東問題，國人極為注意。近山東各界及在京國會議員等奔走呼籲，群情激切。政府對此項問題，本主由德直接交還，最後讓步，亦只能以五國暫收，限期交還中國為止。送閱來電，尊處多方接洽，用意亦同。即希悉力進行，務祈達此目的，是為至要！再吾國應行提出要求各條，已否正式提出，曾否分別接洽，現應如何辦理，並祈密示。

第一次世界大戰結束，中國為戰勝國，理應收回原為德國強佔，而在大戰期間又被日本奪取的膠州（青島）及山東省各項權利。1919年1月，戰勝國在巴黎召開和平會議，中國北京政府派出了以外交總長陸徵祥為首的代表團出席會議，團員有駐美公使顧維鈞、駐英公使施肇基、南方軍政府代表王正廷等。但是，在列強的操縱下，中國的正當要求都受到會議拒絕。4月16日，美國代表提出，德國在中國所有已得租借地、路礦及優先等各項權利、利益，應還中國，先由和會暫管，因日本代表反對，次日，美國代表將由和會暫管改為由五強國處置，日本代表仍然反對。24日，中國代表團向美、英、法三國總理分送說帖，提出辦法四條：（一）膠州由德國交還中國期間，先交五國暫收。（二）日本承認於對德和約簽字之日起，一年以內，實行上條之交還。（三）中國重視日本因膠州軍事所有費用等，願以款項若干作為報酬。（四）膠州灣全部開作商埠，有必需之處，亦可劃一區域作為專區，任訂約國人民居住、通商[1]。本電所稱"辦法四端"，指此。從電中可以看出，北京政府本來主張德國直接將膠州交還中國，但在列強的壓力下，改取"五國暫收，限期交還"的辦法。當時，中國人民的愛國主義覺悟和組織程度都已大為提高。4月20日，山東各界10萬人在濟南舉行集會，通電表示"誓死抗爭，義不反顧"[2]。5月2日，眾議院召開會議，要求在和約中明確寫明，將青島"直接交還中國"[3]。本電稱："近日山東各界及在京國會議員等奔走呼籲，群情激切。"指的就是這種情況。

二、5月4日陳籙致陸徵祥電

> 顧密。親譯。本日因青島事各校學生在天安門聚集四千餘人，欲往請求英、法、美各使主持公道，為東交民巷警察所阻，不果。旋往曹潤田住宅放火，房屋被燒。章仲和公使新自東京回，亦被擊，頭部受傷甚重。晚間秩序已定。特聞。

陳籙，當時北京政府外交次長。4月30日，英、美、法三國會議決定，在對德和約中規定，將德國在山東的一切權益均讓與日本，中國在山東問題上的交涉完全失敗。消息傳到中國，北京十餘所學校的愛國學生在天安門舉行集會，隨後到東交民巷向美、英、法三國使館請願，受阻後即到東城，火燒趙家樓曹汝霖住宅，痛打駐日公使章宗祥，是為"五四"運動。本電為向代表團通報情況而發，態度尚較客觀。

三、5月5日國務院致陸徵祥電

> 第38號電悉。日本要求於和約草案內專刊一條，將膠州問題由德交

---

1 《法京陸專使電》，《秘笈錄存》，中國社會科學出版社1984年版，第134頁。
2 《上陸、顧、王三專使電》，《晨報》，1919年4月27日。
3 《昨日之眾議院》，《公言報》，1919年5月3日。

日自由處置，著著進逼，實堪痛憤。此事在我國只有堅持，斷難承認。如果總約案內加入此條，我國當然不能簽字。希照此辦理。再昨日北京大學等校學生聚眾千餘，以還我青島為詞，高揭旗幟，有抵制日貨、滅盡倭奴等字樣。先赴英、美各使館請謁被拒，遂至曹總長宅，逾垣而入，放火焚屋，搗物傷人，駐日章使適在曹寓，被毆重傷。警隊勸阻無效，當場逮捕現行犯數名，始克解散。恐傳聞失實，用以附達，亦可見我國民激切也。

4月21日，日本代表會見美國總統威爾遜，要求將膠州問題在草約內單列一條。以便將山東問題從有關中國的條款中分離出來。22日，又在四國會議上提出這一要求，"爭持甚堅"[1]。同日，陸徵祥致電北京政府，告以將一面竭力再與英、美、法各專家接洽，一面託美堅持，逼不得已，則全力設法，使草約內不至將膠州問題專列一條，而含混列入"德國在本境以外所有一切權利應交由五國公同暫管"一條內[2]。本電為對於陸徵祥22日電的答覆。可以看出，"五四"運動給了北京政府以積極影響。儘管北京政府在曹汝霖住宅被焚後逮捕了32名學生，但不得不承認"可見我國民激切"，同時表示，如日本要求列入總約，則"當然不能簽字"。

四、5 月 6 日陳籙致陸徵祥電

總長親譯。四日電計達。本日閣議，僉以此次青島問題，交涉失敗，至起內訌。近日都中及各省情形，恐難免尚有暴動。如於必不能維持時，全體閣員一致辭職等語。屆時鈞座是否列名，請速電覆。

運動爆發後的第二天，曹汝霖辭職。在運動的強大聲勢下，錢能訓內閣也不能不考慮辭職問題了。

---

1 《法京陸專使電》，《秘笈錄存》，第 131—133 頁。
2 《法京陸專使電》，《秘笈錄存》，第 131—133 頁。

五、5月6日國務院致陸徵祥電

此次各校學生聚眾滋事，實因青島問題多所誤會。其遠因在 21 條提案，近因在濟順、高徐鐵路換文。查 21 條要脅事件，潤田在部時悉力應付，始克將第五項取消。其時我公方長外部，當能憶及。及至濟順、高徐借款合同內並無承認日本繼續德國權利之文，況第二〔一〕條且聲明路線可以變更，確屬臨時假定，斷難許其繼承德國權利，與 21 條尤無關係。外間不明真相，以致並為一談，群斥潤田為賣國。群疑眾謗，皆由誤會而起。茲特將詳情電達，希酌量宣佈，以祛隔閡，是為至要。

第一次世界大戰期間，日本除於 1914 年 11 月乘機攻佔青島外，又於次年 1 月 18 日，向袁世凱政府提交 21 條，企圖變中國為其獨佔的殖民地。自當年 2 月 2 日起，至 4 月 26 日止，中日間就 21 條共舉行了 25 次談判。中國方面代為陸徵祥、曹汝霖等，實際為曹汝霖包辦；日本方面為日置益、小幡酉吉等。21 條共分五號。第一至第四號分別涉及日本在山東、南滿、內蒙、漢冶萍公司的權益和優先地位等問題。第五號則涉及在中國中央政府聘請日本人為政治、軍事、財政等項顧問問題。日本政府曾將第一至第四號通知英、美、法俄四國，但卻有意隱瞞了第五號。

全文披露後，日本受到列強猛烈抨擊。5 月 7 日，日本發出最後通牒，宣稱除第五號各項允許以後再行協商外，限 48 小時完全應允。9 日，陸徵祥、曹汝霖覆文日本使館，宣稱除第五號各項容日後協商外，"即行允諾"。本電所稱"潤田在部，悉力應付，始克將第五項取消"，指此。濟順、高徐借款合同：1914 年，中國與德國間曾簽訂借款條約，以為修築自山東濟南至直隸順德及自山東高密至江蘇徐州之間的鐵路。1918 年 9 月，為解決徐世昌政府的財政困難，在曹汝霖支持下，又由駐日公使章宗祥出面，與日本興業銀行副總裁小野英二郎簽訂合同，借款額 2000 萬元，名義上仍作為修築上述二路費用。該合同第一條曾規定云："調查濟順、高徐二鐵路線路，若於鐵路經營上認為不利益時，得由政府與銀行協議變更其路線。”[1]

曹汝霖在辭職時，曾在呈文中為簽訂 21 條及濟順、高徐各路借款事為自己作過辯解。本電中，錢能訓內閣又要求陸徵祥等“酌量宣佈，以祛隔閡”，從而消弭愛國群眾的不滿。

六、5 月 9 日陳籙致陸徵祥電

6 日電計達，8 日總理呈請辭職，全體閣員連帶辭呈由院臨時擬繕，於 9 日呈遞。時機急迫，候示不及，已代公署名，想鈞座必為同意。繼任總理擬約段芝老，尚未得本人同意。曹、傅二總長因學生事，先期辭職。章使傷重，醫言尚無危險。7 日各界擬集中中央公園開國恥會。政府慮民間乘機暴動，預為阻止，都中日來安謐。

在馮國璋任大總統時期，錢能訓曾在 1918 年 2 月以內務總長兼代國務總理。1918 年 9 月，徐世昌被安福國會選為大總統，錢能訓再次代理國務總理。同年 12 月 12 日，獲得正式任命。至此，在“五四”運動強大聲勢的震懾下，向徐世昌呈請辭職。其他閣員亦同時辭職，但均被徐世昌慰留。段芝老，指段祺瑞（段字芝泉），時任參戰督辦；曹，指曹汝霖；傅，指傅增湘，時任教育部總長。中央公園國恥會，指國民外交協會準備在該處召開的國民大會。“慮民間乘機暴動，預為阻止”，錢能訓內閣的神經真是緊張到極點了。

七、5 月 12 日國務院、外交部致代表團電

膠州問題，迭電均悉。條文雖未准（？）尊處詳電，而 7 日倫敦路透電大致業已披露。本日全體閣員與兩院開談話會討論，僉以如條文內不能添加交還中國一層，不能簽字。蓋國會深慮民國四年中日條約所訂交還

1　王芸生《六十年來中國與日本》，卷 7，三聯書店 1981 年版，第 164 頁。

條件，按國際慣例，勢必為新約所取消。但本日為徵求意見，並非正式議決。除俟尊處將草約關於中國全文迅速電部，再行由院正式送交兩院公決外，特電接洽。又，近日京滬水陸電線有阻，尊處來電，請暫發滬電局轉。

對德和約草約的起草工作主要控制在英、美、法三國代表手中。5月1日，英國外交大臣貝爾福召見施肇基與顧維鈞，通告三國會議關於山東問題的決定。由於這一決定完全無視中國的正當要求，屈從日本帝國主義，當日，中國代表團即向三國會議提出強烈抗議，要求修正。5月6日，對德和約草約公佈，陸徵祥隨即在協約國大會上發言，聲稱對於上述條款，"實有不能不保留之義務"[1]。5月12日，北京政府邀請參、眾兩院議員在中南海懷仁堂舉行談話會，討論對德和約簽字問題。會上群情激憤，普遍認為如不在和約中添加將膠州歸還中國的條文，不能簽字。但是，北京政府當時舉棋未定，因此在本電中特別聲稱，本日談話會僅為徵求意見，"並非正式議決"。

八、5月14日陳籙致陸徵祥電

和會膠州條件披露，全國慘怛情形，筆難盡述。現各界一致，僉謂山東係我國腹地，直〔青〕島不能直接交還，即日本之勢力常踞不去，為害滋大。庚子賠款，天文儀器，均屬細端，得不償失，簽字亡，不簽字亦亡，何必多此一舉！且謂大戰之後，各國既無覺悟，中國國民亟宜急起直追。歐美對於我國贊助之言，既屬口惠，則中國以後亟應從速反省，與日本提攜，實行中日聯盟，作人種之戰爭，或為救亡之道。尊電所稱不簽字之害各端，與政府所慮正復相同。12日兩院談話會，尊電尚未到京，政府已將簽字不簽字之害，兩相比較，摘要說明。無奈群情憤不可遏，政府遽爾主張簽字，勢必激成騷動。是為國家前途計，和約不可不簽字；而為國家一時安寧計，和約又絕對不能簽字。本日公府召集會議，段督辦、兩

---

1 《法京陸專使電》，《秘笈錄存》，第152頁。

院議員、全體閣員出席，決定（原注：錯碼）簽字，提出辦法，另由部電奉達。

1901 年，包括德國在內的帝國主義列強強迫清政府訂立《辛丑合約》，規定中國須賠款 4 億 5 千萬兩，年息 4 厘，分 39 年還清，即所謂庚子賠款。在英、美、法三國代表起草的對德和約草案中，曾規定中國政府停付對德國的賠款，同時規定，德國政府須在 12 個月內，將 1900 年至 1901 年期間從中國“攜去”的天文儀器，概行歸還中國。本電所稱：“庚子賠款，天文儀器，均屬細端，得不償失”，指此。

北京政府國務院 5 月 5 日致陸徵祥電曾稱：“我國當然不能簽字。”陸徵祥接電後，即將此意在和會上“稍稍表示”[1]。5 月 8 日，陸徵祥致電國務院，要求給予進一步指示：“惟所謂不簽字者，是否全約不簽，抑僅不簽膠州問題一條？此次和約國際聯盟會一事，予我前途不無關係。倘膠州條文外，不妨似以就近另派人員專任簽字全權。”[2] 同電並附《條議》，陳述簽字與否的利弊，內稱：“為表示不平之計，當然不能簽字，惟權衡利害之重輕，似尚有討論之餘地。”[3]《條議》列舉了不簽字的種種不利，要求北京政府考慮。此電當即本電所說明“不簽字之害”的“尊電”。陸徵祥等在猶豫，北京政府也在猶豫。本電反映北京政府所處的兩難境地和矛盾心理。一方面，全國輿論普遍反對簽字，違背公意將造成政局不穩；另一方面，不簽字又怕得罪列強，不能參加國際聯盟，並失去因參戰而獲得的部分有利條件，如停付對德庚子賠款、增加關稅等。

九、5 月 20 日陳籙致陸徵祥電

昨英、法兩使均稱簽字加保留事，恐辦不到。現國內明白事理之人均主張簽字，但一般政客、學生不肯研究青島經過歷史及不簽字後之利害關

1　《法京陸專使電》，《秘笈錄存》，第 205 頁。
2　同上，第 205 頁。
3　同上，第 206 頁。

係，力唱不簽字為愛國。孚公使齊電痛切直陳，極表同意。本日親自抄陳段督辦，徵其意見，如不能保留，自應簽字為是。我公素以國家為前提，乞與使熟商，毅然決定，他日公論自在也。

為了既不過分得罪列強，又不放棄山東主權，並對愛國群眾有所交代，中國代表團考慮了一種"保留簽字"的方案，即在簽字的同時聲明對山東問題"另行保留"。北京政府傾向於接受這一方案，於 5 月 19 日徵求在京英、法兩國公使的意見，但英、法公使都認為"辦不到"[1]。這時，北京政府又接到駐意大利公使王廣圻（劼孚）主張簽字的電報，於是由陳籙親自抄陳段祺瑞，"徵求意見"，決定"如不能保留，自以簽字為是"。看來，英、法兩使和段祺瑞都起了相當大的作用。

十、5 月 21 日國務院、外交部致陸徵祥電

14 日電暨王公使齊電均悉。此次歐會和約關於青島問題之決定，國人極為憤慨，簽字與否，利害互見，自宜審慎考量。前電擬大體簽字，於青島問題特別聲明保留，惟保留一層能否辦到，即使辦到保留地步，將來對於青島辦法如何，均應預為計及。正在審酌間，適本日接到駐日代辦電稱內田外相昨有半公式之聲明，略謂帝國對於山東問題當然恪守公法，將山東半島及完全主權付還中國，因參戰所得之有利條件，如賠款之停付、關稅之增加，莫不極力協助等語。日本政府既有此項正式之聲明，我國為顧全國家實利及國際交誼起見，第一步應主保留，倘保留難以照辦，應即全約簽字，以固國本。希即查照辦理。

"五四"運動發生了強大的影響。陸徵祥是 21 條的簽字人，此次將再在一項喪權辱國的條約上簽字，內心不能沒有矛盾。14 日，陸徵祥致電徐世昌及錢

1　顧維鈞曾談到法國政府一直在對北京施加壓力，訓令其駐北京公使勸說中國政府電飭代表團簽字，參見《顧維鈞回憶錄》（1），北京中華書局 1983 年版，第 210 頁。

能訓稱："祥 1915 年簽字在前，若再甘心簽字，稍有肺腸，當不至此。惟未奉明令免職以前，關於國際大局當然應有責任。國人目前之清議可畏，將來之公論尤可畏。"他要求北京政府明確回答："究竟應否簽約？倘簽約時保留一層亦難如願，則是否決計不簽？"[1] 適在此時，北京政府接到駐日代辦莊珂的電報，報告日本外相內田康哉的聲明，表示日本對華方針，"以公正互助為義"[2]，北京政府遂決意簽字。

十一、5 月 27 日國務院、外交部致陸徵祥電

日本內田外相對於交還青島一節曾有半公式之宣言，昨由部電，請鈞處查詢日本代表，如渠認為有效，即可宣佈外界，藉資證明。此節能否照辦，祈察酌。我專使在會，對於日本方面，似亦以稍表聯絡，勿過冷淡為宜。此間英、美公使均主簽字之說。美使謂，如保留辦不到，只可簽字，將來國際聯合會內尚可協助，否則協助較難云云。

儘管北京政府主意已定，但陸徵祥等仍在猶豫。5 月 20 日，陸徵祥、顧維鈞訪問美國國務卿蘭辛，告以"必不得已，只有簽約，而將山東條款保留"，蘭辛認為："因不能保留而不簽字，則咎不在中國"，至於如何保留，蘭辛要顧維鈞和某公法家接洽[3]。同日，陸、顧二人又訪問威爾遜，威爾遜不肯明確表態[4]。當日，陸徵祥將有關情況電告國內，本電為北京政府的進一步指示。可以看出，在人民群眾和列強的天平之間，北京政府是傾向於列強的。"對於日本方面，似亦以稍表聯絡，勿過冷淡為宜"，徐世昌、錢能訓們不敢得罪日本侵略者的心理，暴露得再清楚不過了。

1　《法京陸專使電》，《秘笈錄存》，第 205 頁。
2　《六十年來中國與日本》卷 7，第 337 頁。
3　同上，第 339 頁。
4　同上，第 341 頁。

王光祈的思想遺產 *
—— 在紀念王光祈討論會上的發言

　　"五四"運動是中國歷史上思想最為解放，政治最為活躍的時期。少年中國學會發起於 1916 年，正式成立於 1919 年 7 月 1 日，正處於這一運動前後。它既是這一運動的產物，又極大地推動了這一運動的深入和進一步發展。在當時如雨後筍般湧現的社團中，少年中國學會會員最多、分佈最廣、歷史最長、影響最大。蔡元培曾說："現在各種集會中，我覺得最有希望的是少年中國學會。"少年中國學會之所以取得如此重大的成就，和王光祈有關。王光祈是少年中國學會的發起者、組織者和前期活動的主要領導者。他的生命雖然短暫，但他留給了我們豐富的思想遺產。

　　王光祈留給我們的思想遺產之一是他的強烈的愛國主義精神。他之所以組織少年中國學會，簡單說來，就是為了愛國，救中國，讓古老的、衰弱的備受列強欺負、侵略的中國振作起來，重新煥發青春，煥發力量，成為少年中國，用他自己的話來說：是為了"聯合同輩，殺出一條道路，把這個古老腐朽、呻吟垂絕的被壓迫被剝削的國家，改變成為一個青春年少、獨立富強的國家。"其宗旨是："振作少年精神；研究真實學術；發展社會事業；轉移末世風俗。"宣導的信條是："一、奮鬥，二、實踐，三、堅忍，四、簡樸。"今天，我們重溫王光祈的歷史，重溫少年中國學會的歷史，我們的眼前就會浮現出"五四"時期那一代風華正茂、意氣風發，心懷天下、立志救國救民的優秀青年的形象來。

　　1915 年秋天，王光祈考入北京中國大學專門部學習法律。1918 年 5 月，段祺瑞政府與日本秘密簽訂《中日陸軍共同防敵軍事協定》，3000 多留日學生罷學回國，以示抗議。6 月 30 日，王光祈聯合從日本歸來的留學生曾琦等人在北

---

* 2010 年 9 月 27 日、28 日，在四川成都召開。

京集會，籌組少年中國學會，具有規約性質的《吾黨今後進行意見書》由王光祈起草，被推為籌備處主任兼會計，自此，王光祈的全部精力都投入到學會的工作中，大小會務，都由他一人規劃、辦理，所以有人說："這個學會若沒有光祈，便沒有靈魂"。

"少年中國學會"成立後，陸續創辦《少年中國》、《少年世界》兩種月刊，以及《星期日》週刊，"少年中國叢書" 30 餘種。其中，實際由王光祈一人負責編輯的《少年中國》月刊行暢銷各地，與《新青年》、《新潮》三足鼎立。此外，王光祈還組織 "平民教育講演團"，宣導新村運動和工讀互助團。將少年中國學會的活動由文化、出版擴展到教育和社會改造等更多的方面。

1920 年 4 月，王光祈赴歐留學，先在法蘭克福大學攻讀政治經濟，兼任上海《申報》和《新聞報》的駐德記者。兩年後，遷居柏林，改習音樂。一直從事中國社會改造運動的王光祈，為什麼會轉向音樂？很簡單，還是為了救國，為了實現他的用 "音樂再造中華民族" 的理想。他在《東西樂制之研究》一書的自序中寫道："希望中國將來產生一種可以代表中華民族性的國樂，而且這種國樂是要建築在吾國古代音樂與現今民間謠曲上面的。因為這是我們民族之聲。"他說："吾將登崑崙之巔，吹黃鐘之律，使中國人固有之音樂血液，從新沸騰，吾將使吾日夜夢想之 '少年中國'，燦然湧現於吾人之前。因此之故，慨然有志於音樂之業。"

在德國留學期間，王光祈除研習音樂外，還以很大精力投入於西方列強侵華史料的翻譯。從 1928 年到 1930 年，先後翻譯並出版了《辛亥革命與列強態度》、《李鴻章遊俄紀事》、《瓦德西拳亂筆記》、《美國與滿洲問題》、《三國干涉還遼秘聞》、《西藏外交文件》、《庫侖條約之始末》等資料書 7 種。這些書以無可辯駁的原始史料揭露了西方列強蓄意侵略中國，特別是滿蒙地區的野心和嘴臉，不僅為中國近代史、中國近代外交史的研究者提供了珍貴的第一手資料，而且警醒國人，極大地鼓舞了當時中國人民的反帝愛國鬥爭。王光祈的這些譯著是在 "經濟萬分壓迫之下，健康十分受損之際" 完成的，是他的強烈愛國主義精神的有力證明。由於寫作用功過度，王光祈多次暈倒在柏林圖書館中。有時頭痛難忍，就用左手按住額頭，右手奮筆疾書；正是由於他頑強治學，積勞成疾，最後英年早逝，客死他鄉。

"九一八"事變後，王光祈痛恨日本軍國主義的侵略，做了不少批判日本、譴責日本的文章，寄給柏林、法蘭克福各大報。他曾主持編譯一套國防叢書，在中華書局出版，以期為中國抗戰提供參考。這批書籍的出版引起蔣介石的注意，特地通過駐德使館電詢王光祈，希望他回國效力。

1934 年 2 月 15 日，一個日本教授到法蘭克福大學演講，題目是《滿洲國與日本》，同時準備放映電影。王光祈和同學出面阻止無效，便和東方語言學院院長接洽，在演講之前，由該院院長說明中國留學生的反對經過，朗誦中國留學生的抗議書，然後，全體退席，以示抗議。

以上種種，都體現了王光祈的強烈的愛國主義思想。可以說，王光祈將他的一生精力都獻給了他所熱愛的中國，愛國主義是他思想遺產中最主要的部分。

王光祈的思想遺產之二是相容並包精神。他說："戰後世界潮流的變遷最烈的，因之青年思想亦是一種變遷銳進的，故本會會員有偏重國家主義的，有偏重世界主義的，亦有偏重安那其主義的，是不能一致的，亦不能強同的。""教育可以革新我們的思想，灌輸各種知識；實業可以增益我們物質上的幸福，減少我們生計上的痛苦。"1925 年五卅運動後，學會內部的分化和鬥爭更為激烈，王光祈曾主張將學會分為：甲、少年中國學會國家主義派；乙、少年中國學會共產主義派；丙、少年中國學會民族主義派。

王光祈的思想遺產之三是提倡與時俱進的創造精神。王光祈說："自然界的現象、社會的狀況都不是一成不變的，我們人類處於這種變幻無常的自然界及社會裏頭，當然要隨時改進，隨時創造，以適應環境，然後才能夠生存，可見創造是適於生存的唯一條件了。"王光祈這裏所說的"時"，就是"時代"，"隨時改進"，"隨時創造"，就是要隨著時代的發展而"改進"，而"創造"，也就是我們今天常說的"與時俱進"。基於此，王光祈既反對躺在古人身上的復古主義，他說："國故黨只知把古人已經發現的保守型，決不想再闢天地，創造生活。"他也反對躺在洋人身上的教條主義，說是"今日照抄美國憲法，明日模仿英國政治，今日歡迎馬克思的社會主義，明日歡迎柯魯泡特金的無政府主義，什麼康德喇、杜威喇，我們終日都在歡迎，決不想自己創造。"王光祈認為，創造是人類社會發展、文明進步的動力，"享現成，不創造，我們今日當作如何景象？我恐怕還是住在山洞裏頭，披著樹葉，一句話一個字都不能說不能寫呢。又試想現代各先進國的哲人志士，若不創造學說，改革一切，我們現在豈不是尚在宣統爺的駕下大呼天子萬歲嗎？"王光祈主張，中國應該緊跟世界的進化潮流發展，他說："我理想中的'少年中國'就是要使中國這個地方——人民的風俗制度學術生活等——適合於世界人類進化的潮流，而且配得上為大同世界的一部分。"世界上，各個國家、各個民族，都有自己的國情，因此，各國、各民族的具體發展道路並不完全相同，但是，各個國家、各個民族的發展道路又必然有其共同性和普遍性。藉口普遍性反對各個國家、各個民族發展的特殊性是錯誤的，但是，藉口國情和民族特殊性而反對人類社會發展的普遍性也是錯誤的。還是王光祈講得對，"要使中國這個地方"能夠"適合於世界人類進化的潮流，而且配得上為大同世界的一部分"。

"五四" 答問 *

——答《北京日報》理論部李喬

李喬（以下簡稱李）： 楊教授。今年是"五四"運動 80 週年，想請您談談有關問題。

楊天石（以下簡稱楊）： 謝謝。請提問題。

李： 關於"五四"運動，有時的提法是"五四"愛國運動，有時的提法是"五四"新文化運動，您怎樣看？

楊： "五四"運動有廣狹兩義。1919 年 5 月 4 日，北京學生為反對巴黎和會關於中國問題的決議舉行規模浩大的遊行示威，其後，各地、各界，包括海外華僑、留學生在內紛紛以各種方式回應，直至 6 月 28 日，中國代表團拒絕在對德和約上簽字時為止，共歷時 60 餘天。這一運動在中國近代史上被稱為"五四"愛國運動，也即狹義上的"五四"運動。廣義上的"五四"運動則包括"五四"愛國運動前後的新文化運動在內。1915 年 9 月，陳獨秀在上海創辦《青年》雜誌，第二年改名為《新青年》。1917 年陳獨秀到北京大學出任文科學長，以李大釗、胡適、錢玄同、劉半農等為代表的北大進步教師成為它的主要撰稿者。《新青年》響亮地提出了民主（德先生）和科學（賽先生）兩項要求，它們成為新文化運動中兩個最重要、最激動人心的代表性的口號。"五四"愛國運動發生後，新文化運動繼續向前發展，至 1921 年中國共產黨成立為止。這一階段，通常成為"五四"新文化運動。

李： "五四"愛國運動和"五四"新文化運動之間有什麼關係？

楊： 以"五四"愛國運動為分界，新文化運動可以分前後兩個階段。"五四"前的新文化運動教育和熏陶了一代青年，為"五四"愛國運動的發生提

---

* 原載《北京日報》1999 年 5 月 12 日。當時報紙只發表了其中一部分，這裏發表的是全文。錄自楊天石《從帝制走向共和》，社會科學文獻出版社 2002 年版。

供了思想準備。僅就運動從北京大學學生中開始這一點，就不難看出，它和新文化運動的主將陳獨秀、李大釗等人的關係。"五四" 愛國運動後，新文化運動以前所未有的蓬勃氣勢繼續向前發展，馬克思主義在中國得到進一步的傳播，外來思潮的引入更加豐富，思想界更活躍加，各種社團、雜誌如雨後春筍般出現，這樣，新文化運動就進入了一個更高的階段。

李： 中國近代史上有多次愛國運動，"五四" 運動有什麼特點？

楊： "五四" 運動是此前一系列愛國運動的繼續和發展，也是它的高峰。在 "五四" 運動之前，義和團運動的規模很大，其鋒芒所向，是侵略中國、欺負中國人的帝國主義列強，因此，應屬愛國運動之列。但是，這一運動不僅籠統地反對所有的 "洋鬼子" 和 "假洋鬼子"（當時稱為二毛子），而且反對鐵路、輪船等 "洋物、洋貨"，這是很愚昧的，最後又被清政府中的頑固派利用了。"五四" 愛國運動則不同，它是文明抗爭，是有分析有區別的抗爭。它所反對的是帝國主義對中國的侵略，但它同時卻歡迎一切對中國進步、發展有益的外國思想和文化。這是和義和團運動很不一樣的地方。它是中國人民愛國運動的一次偉大進步。

"五四" 愛國運動還有其他一些特點。例如它的群眾基礎空前廣泛，除了新型知識份子是主體外，市民、商人，都參加了，特別重要的是，中國工人階級第一次登上政治舞台。這是一件大事。同時，它還是一次勝利了的群眾運動，是一次實現群眾意志，影響政府，改變了政府國策的運動。北京政府最後拒絕在巴黎和約上簽字，這是前此中國政府不曾有過的 "壯舉"。

李： 您剛才談到 "民主" 和 "科學" 是 "五四" 新文化運動中兩個最重要的口號，能對此作進一步的闡發嗎？

楊： 可以。民主和科學，這是兩個關係中國面貌、前途和命運的重大問題。可以說，中國要實現現代化，就必須解決這兩個問題。

先談民主。戊戌變法失敗後，中國人民走上了革命的道路。為什麼？其目的之一就是為了民主，讓人民成為國家的主人、歷史的主人。

因此，民主是中國革命所要解決的基本問題之一。中國的封建傳統特別深厚，民主的障礙特別多，反封建的任務也就特別沉重。民國以後，北洋軍閥的統治是封建統治或半封建的統治。民主徒有其表，國會成為裝飾。蔣介石和國民黨標榜的"黨治"，實際上是個人獨裁，還是封建專制主義的統治。中華人民共和國建國後，雖然消滅了封建土地所有制和封建地主階級，但是，正如鄧小平同志所指出的，"肅清思想政治方面的封建主義殘餘影響這個任務，因為對它的重要性估計不足，以後很快轉入社會主義革命，所以沒有能夠完成"[1]"無產階級文化大革命"是什麼？"無產階級文化大革"實際上是極左思潮和封建主義的混合體。當年嚴重的個人專斷和個人崇拜不是封建主義是什麼？只不過形式變了，是封建主義以新形式再生罷了。

再談科學。這不僅是反對迷信、"靈學"的問題，也不僅是提倡科學思想、科學作風的問題。我覺得，這個口號的提出，實際上接觸到了人類社會發展的根本推動力問題。綜觀人類文明史，可以說，它的每一重大進步都是科學發展的結果。你看，隨著人類從石器時代、銅器時代、鐵器時代、蒸汽時代的發展，人類社會也就相應地衍生出原始社會、奴隸社會、封建社會、資本主義等多種形態，一個比一個高，一個比一個進步。今天人類已經進入電子時代、信息時代，社會形態正在發生新的變化。例如：白領階層的數量日益增大，藍領階層日漸縮小；工農差別、城鄉差別、腦力勞動、體力勞動的差別正在縮小等等。這些，都是和科學技術的進步緊密相連的。反之，沒有科學技術的進步，沒有生產力的發展，強行消滅三大差別，不是幻想，就是倒退。

1923 年，"五四"熱潮已經過去，當年新文化運動的主將之一錢玄同在反思這一運動時曾經表示："說來說去"，"還是德、賽兩先生最有道理"。在我們今天看來，也仍然是德先生（民主）賽先生（科學）"最有道理"。

---

1 《黨和國家領導體制的改革》，《鄧小平文選》卷 1，第 289 頁。

李： 人們常說："五四"運動是近代中國第一次偉大的思想解放運動，為什麼？

楊： 孔子及其思想原來只是先秦時期各種學說中的一派，但是，自西漢定於一尊後，孔子的地位愈來愈高。雖有道家和佛學的流佈，但並不能干擾儒學的統治地位。人們普遍以孔子之是非為是非，言必稱"子曰"，否則即被目為非聖無法，稱為異端。"五四"前夜的新文化運動中，孔子的至高地位倒塌了。儘管當時對孔子的是非功過並未作出科學定論，偏激和片面之處在所難免。但是，新文化運動否定對孔子的偶像崇拜，打破老八股、老教條的壟斷地位，其功績是無量的。中國思想、文化界由此出現了多少年不曾有過的生動活潑狀態，馬克思主義與各種新思潮、新文化紛至沓來。可以說：沒有新文化運動，就不會有中國的青春和新機，也就不會有中共的出世。這是"五四"運動成為近代中國第一次偉大的思想解放運動的原因。

李： "五四"新文化運動有時又稱為"五四"啟蒙運動。據我所知，近代中國的啟蒙運動從戊戌變法前就開始了，似乎是一個相當長的過程。新文化運動和在它之前的啟蒙運動有什麼不同？

楊： 您講得很對。近代中國的啟蒙運動確實有一段漫長的歷程。如果往前追溯的話，明清之際的黃宗羲、王夫之就有許多精彩的啟蒙思想，清朝中葉的戴震、龔自珍等也有許多啟蒙思想，但他們都是"特立獨行"，不能構成運動。19世紀末，20世紀初，真正可以稱為啟蒙運動的是戊戌前後和辛亥革命準備時期這兩段。在這兩段時期內，具有啟蒙思想的人物多了，著作多了，報紙雜誌多了，中國古代不曾有過的新型學會和團體也雨後春筍般地出現了。"五四"啟蒙運動當然是在這一基礎上向前發展的。不過，應該說明的是，"五四"新文化運動以前的兩次啟蒙運動都有嚴重的缺點。拿戊戌前後這一段來說，可以說是"跪著的啟蒙"。為什麼？因為這一時期的啟蒙思想家都要藉助於"孔聖人"的權威。以康有為來說，他的《孔子改制考》、《新學偽經考》兩部書都可以算是啟蒙著作，然而，一部說，孔子是中國古代進行"改制"（也就是改革）

的祖師爺，今天的"改制"不過是"孔聖人"事業的繼續；一部說，漢代的所謂古文經書都是一個叫劉歆的人偽造的，只有以漢代當代文字書寫的今文經書才是"孔聖人"的真傳。你看，在"孔聖人"面前，他還是跪著的。再以辛亥革命準備時期這一段來說，"孔聖人"及其儒學都受到懷疑了，有些思想家還發表過很激烈的言論，然而，大概一是出於"排滿革命"的需要，一是擔心"洋鬼子"的文化侵略，於是，有的人又出來大喊"光復舊物"、"保存國粹"，提倡"發思古之幽情，振大漢之天聲"了。這樣，辛亥革命準備時期的啟蒙思潮就只能說是一種"新舊雜揉的啟蒙"。而"五四"新文化運動不同，它是站著的啟蒙，是全新的啟蒙，是前所未有的比較徹底的啟蒙。

李：　近代中國還有幾次思想解放運動？

楊：　第二次是延安整風（不包括搶救運動）。它所反對的是王明、博古等人宣導的洋八股、洋教條。第三次是前些年的"實踐是檢驗真理的唯一標準"的討論，它反對的以是"句句是真理論"和"兩個凡是論"為典型的新八股和新教條。沒有第二次思想解放運動，不會有新民主主義革命的勝利；沒有第三次思想解放運動，不會有改革開放。"五四"以來的歷史證明，八股、教條的生命力很強，不是一次、兩次就可以徹底反掉的，所以要不斷發揚"五四"精神，不斷解放思想。

李：　近年來海外都出現了一些對"五四"新文化運動的否定意見，有人認為它全盤反傳統，造成了中國文化的斷裂，是激進主義、極左思潮，甚至說它是"文化大革命"的源頭，等等。您怎樣看？

楊：　我完全不能同意上述意見。在我看來。"五四"新文化運動不僅沒有造成中國文化的斷裂，而是為中國文化的發展開闢了一條無比寬廣的道路，使之進入了一個嶄新的時代。例如：白話文學的發展，話劇、電影、音樂、雕塑等新的文化藝術形式的引進；現代自然科學和人文社會科學的建立，魯迅、郭沫若、茅盾、巴金、老舍、田漢、冰心、錢鍾書、聶耳、冼星海、徐悲鴻等文化巨人的出現。等等。可以說，它推動了每一個文化門類的革新和發展。即使是儒學，由於"五四"時期備受批判，也演變出"新儒學",有了與以前不同的新面貌。如果沒有"五四"新文化運動,就不可能有這些巨大的變化。你們的報紙大概還會哼老調調,滿版"子曰詩云",滿篇"之乎也者"呢!

"五四"運動還在中國政治史上開闢了一個新時代。陳獨秀、李大釗、周恩來、毛澤東,以至鄧小平等人,都是從"五四"時期開始自己的政治活動的。它是中國新民主主義革命的開端。這些,讀者大都熟知,我就不多講了。

李: "五四"新文化運動有無局限?

楊: 有。例如思想上的片面性和絕對化,好就絕對好,壞就絕對壞;對中國傳統文化否定較多,對西方文化的消極面看得不夠等等,但是,這是前進中的錯誤,是支流,不是主流。

李: 近代歷史上有所謂"國粹主義思潮"或所謂"文化保守主義思潮",您怎樣看?

楊: "國粹主義思潮"和"文化保守主義"都很複雜,需要具體分析。提倡繼承和發揚民族文化中的優良部分,當然是正確的、必要的,但是,文化要隨著時代的發展而發展。舊文化中,總有若干部分不能適應新時代、新生活的需要,要淘汰,要革新,因此,不能籠統地號召"保存國粹",否則就會抱殘守缺,固步自封,成為阻礙先進文化發展的保守主義者。在改革舊文化的同時,還要充分、廣泛地吸收外國文化中一切先進的、於我有用的成分,藉以充實自己,豐富自己,發展自己,從而創造出反映新時代、適應人民新需要的新文化來。歷史證明,一個先進的民族一定是善於學習其他民族先進文化的民族。鴉片戰爭以後,西方文化在許多方面(不是一切方面)明顯地高於中國傳統文化,因此,中國痛感有向西方學習的必要。毛澤東將康有為、孫中山等主張學習西方的中國人稱為"先進的中國人",道理就在這裏。今天,提倡改革開放,所謂開放,不僅是引進外資,我看也應該包括學習外國先進文化在內。不要步步設防,主觀主義地規定什麼能學,什麼不能學,要樹立一個觀念,只要是比我們先進的,就學。

李： “五四”運動已經過去80年了。今天隆重紀念“五四”，是否仍有必要？在您看來，今天我們應該繼承和發揚“五四”精神的哪些方面？

楊： 今天隆重紀念“五四”運動80週年很有必要。在我看來，現在可以從三個方面繼承和發揚“五四”精神。

一是愛國精神。今天我們面臨最後完成國家統一，進一步加強民族團結，反對分裂和振興中華，把經濟建設搞上去三大任務。國強民富，自然而然會有向心力；否則，就只有離心力。列寧說：飢餓比資本主義更可怕。鄧小平說：貧窮不是社會主義。經濟建設搞上去了，有中國特色的社會主義建設好了，人民生活進一步提高了，各種事情就好辦了。五十年代之初，大批華僑青年從海外歸國，那是新中國初建所產生的吸引力。後來，三年困難時期，許多歸國華僑又紛紛出國了。並不是他們不愛國了，而是因為我們的工作沒有做好，犯了錯誤，經濟沒有搞上去。

二是民主精神。我們常說，要了解中國國情，根據國情辦事。中國的國情是什麼？兩千年的封建專制和近百年的半封建統治，這是基本國情之一。再加上蘇聯的影響。俄羅斯原來是個歷史悠久的封建農奴制國家，很落後，蘇聯體制中因襲並且發展了不少封建主義、專制主義的東西，我們把它們誤認為社會主義的東西拿過來了。毛澤東說過，我們不是苦於資本主義過多，而是苦於資本主義發展不足。但是，1949年以後，我們卻把資本主義當成主要敵人，批資、批資，不斷批資，以至於把資本主義的一些進步東西也批掉了。例如，人權、民主、自由、平等，有一段時期，它們都被批得臭烘烘的，好像社會主義只能講“專政”似的。這些年來，我們國家的民主狀態有進步，但問題仍然不少，反對教條主義、本本主義，肅清偶像崇拜、個人專斷、家長制、一言堂等封建主義流毒，仍然是長期的任務。世界上沒有全知全能的超人，任何偉大人物，任何政黨，都可能說錯話，做錯事，因此，要建立防“錯”機制、監督機制、制衡機制，要有真正的思想和言論自由，讓人們敢於批評，也敢於反批評。憲法不是規定人民有許多權利、許多自由嗎？要切實保障人民的這些權利和自由，樹立人民權利神聖不可侵犯的觀念。在這一方面，嚴重的問題是教育幹部，教育領導人。陳獨秀曾經認為，在中國要推進民主，必須提高"多數國民"的自覺性，使他們認識到"居於主人翁地位"的重要。我覺得，在今天的中國，重要的問題是教育幹部，特別是教育領導幹部，提高他們的民主覺悟和推行民主的自覺性。否則，什麼都是空的，什麼都無法落實。當然，也還要提高人民的民主意識和文化素養。沒有這一方面的人提高，推進民主有困難。在近代史上，戊戌變法失敗後，梁啟超本來有從君主立憲轉向民主共和的傾向，但是，他跑到美國，特別是美國的華僑社會一看，非常灰心失望，覺得中國根本沒有實行民主共和的條件，於是，他就轉而鼓吹彼得大帝式的"開明專制"。這就是所謂"遊美洲而夢俄羅斯"。梁啟超的倒退是不對的，但是，他主張提高人民的教育水平、文化水平是對的。此外，也還要實行法治，依法治國，依法、依民主程序辦事，將人民的民主生活、民主行為用法律規範起來。孫中山曾經寫過一部《民權初步》，其目的就是為開會程序制訂規範。

鄧小平說：沒有民主就沒有社會主義。我們不能要貧窮的社會主義，同樣，也不能要專制、獨裁，沒有民主和自由的社會主義。但是，實現民主是長期的過程，要考慮社會條件，循序漸進。既不能停滯不前，又不能盲目冒進。停滯不前，人民不滿意，腐敗、官僚主義、效率低下等頑症無法解決，但是，盲目冒進也會把什麼都毀掉，包括社會穩定，已經取得的進步和人民群眾已經得到的東西。

三是科學精神。長期以來，人們認為，階級鬥爭是社會發展的唯一動力，現在看來，這個理論片面性很大，流弊很多。鄧小平提出，科學技術是第一生產力，這就是說，它是社會發展的第一推動力。這是對人類幾千年歷史發展的一個正確總結，意義非常重大。現在，中央提出科技興國、教育興國的口號，這是非常正確的。這就要進一步貫徹鄧小平提出的尊重知識、尊重人才的政策，改善知識份子的工作環境和生活環境；還要重視和發揮社會科學的作用。社會科學是研究人以及人與人的相互關係的。這門科學既和提高人的精神素質，提高生產力水準有關，又和選擇、調整生產關係臻於和諧、合理有關，不應忽視。建國以來最大的失誤何在？就在於社會科學。對社會主義時期的階級鬥爭估計錯了，才會有無休無止的政治運動；對生產關係的特質和作用認識錯了，才會有連續不斷的超前過渡、超前改造。

李：　楊教授，關於“五四”運動的研究，您最近有什麼成果？

楊：　我正在校訂錢玄同的未刊日記。錢玄同是“五四”新文化運動的主將之一，《新青年》的編者，後來又是古史辨學派的推動者和創建者之一。他的日記起自 1905 年東渡日本留學，止於 1939 年去世前數日，史料價值很高，相信它的出版將會有助於對“五四”新文化運動的研究。

李：　謝謝您接受我的訪問。

＊北伐誓師

第二部分

北伐戰爭與國共兩黨的合作

段祺瑞對日《秘密意見書》 *

——讀日本山口縣文書館檔案

在日本山口縣文書館所藏檔案中，有一通段祺瑞致田中義一的函札，是研究皖系軍閥和日本帝國主義關係的重要資料。函稱：

> 慨自庚申政綱失統，人懷異志，軍權旁落，兵日加多，國困民窮，而曹、吳不悟，是以有甲子戡亂之師。當時國人望予出扶危局，懇切推勉，至再至三，義不獲已，始就臨時執政。自維國家多事之秋，民心厭亂之日，首宜安內以禦外，節用以理財。是以從政之初，即召集善後會議，用以解決一切善後事宜，同時即由該會議產出《國民會議條例》。現正從事籌備，冀以容納多數政見，而收和平統一之效。其於臨時期內建設者，有臨時參政院、軍事整理委員會、財政整理委員會，而於裁兵、理財諸大端，皆國內老成優秀之士，無日不殫精竭慮，期底於成，此亦予年來所抱安定內政之政策也。

* 錄自楊天石《民初政局》（《楊天石評說近代史》），中國發展出版社 2015 年版。

貴國與我國唇齒相依，利害密切，允宜時時互相藉助，以保極東和平。然亦宜亟謀兩國經濟上之發展，速使商民得以及時恢復於災燼之餘，此為兩國並立共存之機所不容緩者，想閣下慮之熟矣。茲乘吉田總領事榮歸之便，藉佈區區，以慰遠念，尚希時惠德音，以匡不逮。

末署"段祺瑞拜手，五月二十八日"。信中說："從政之初，即召集善後會議，用以解決一切善後事宜……現正從事籌備，冀以容納多數政見，而收和平統一之效。"據此，知此函作於 1925 年。

庚申，指 1920 年。當年 5 月，吳佩孚由湖南前線率兵北撤，同時聯合奉系軍閥張作霖，向皖系挑戰。7 月，直皖戰爭爆發，皖軍大敗，段祺瑞通電下台。"政綱失統"，指此。甲子，指 1924 年。當年直奉戰爭中，馮玉祥的國民軍回師北京，推翻直系軍閥的統治。11 月，馮玉祥、張作霖達成妥協，段祺瑞被推為臨時執政。1925 年 2 月，段祺瑞不顧全國人民的反對，悍然召開以軍閥、官僚為主要成分的"善後會議"。3 月至 4 月，先後通過《軍事整理委員會條例》、《財政整理委員會條例草案》、《國民代表會議條例》等議案。4 月 21 日，善後會議結束。本函即作於此後。

段祺瑞和日本帝國主義的勾結由來已久。從 1916 年起，他就曾派曹汝霖、章宗祥、陸宗輿等人，向日本大量借款，其中僅西原龜三經辦的款額就達一億四千五百萬日元。1924 年上台後，又再謀取得日本帝國主義的支持，致田中義一函正是為了這一目的寫作的。信末附有《秘密意見書》，它是段祺瑞勾結日本帝國主義的重要物證。《意見書》共分三部分，其中重要的是第一、第三兩部分。第一部分為《執政府對外之政綱》，共四條：

一、保持國家人格，尊重國信；
二、維持國際平等國交；
三、聯合日本，以確立東亞永久之安寧，預防世界未來之戰亂；
四、泯除國民對日之誤解及偏見。

當時，全國人民普遍要求廢除帝國主義在華的各種不平等條約，收回國家主權。段祺瑞上台後，即表示"外崇國信"，尊重帝國主義在華的各種權益。本函再次表示"尊重國信"，奴顏婢膝之態宛然可見。由於日本帝國主義長期推行侵華政策，中國人民昂揚著強烈的反日情緒，這種情緒是正當的、愛國的，然而段祺瑞卻稱之為"國民對日之誤解及偏見"，表示要加以"泯除"，這實際上是在向田中保證，他的政府要大力鎮壓人民的反日愛國運動。

《意見書》第三部分為《執政府對日本之希望》，共五條：

一、對於上項內外政策之實施，希望貴國朝野之諒解，並予以實際上之充分援助，以期達到東亞永久安寧之目的。

二、兩國提攜，應自泯除國民誤解入手，希望貴國對於以前之中日懸案，放棄目前小利，出以公正寬大之犧牲的態度，挽回中國國民之同情，而謀兩國國家永久遠大之共同利益。

三、對於西原借款，依上列尊重國信之精神，於中央政府鞏固時，謀正當之整理，希望貴國當局及輿論方面，暫持傍觀態度，免招各方之誤解。

四、希望臨時墊款五千萬元，以充收束軍事及建設新政府之用，並繼續周旋善後大借款四萬萬元，以充整理內外各債及全國統一善後之用。

五、希望投資共營煤鐵等礦業。

段祺瑞上台後，政權並不鞏固。這五條，反映了他急於取得日本帝國主義政治和經濟支持的迫切心情，也反映了他對自身地位不穩的憂慮。日本帝國主義的侵華政策往往是赤裸裸的、不加掩飾的，表現出極大的貪婪性。段祺瑞要求日本政府"放棄目前小利，出以公正寬大之犧牲的態度"，正是要求田中義一對這種侵華政策加以粉飾，使之帶有欺騙性，從而"挽回中國國民之同情"，維護中日兩國反動統治者的"永久遠大之共同利益"。由於西原借款旨在獨佔中國主權，支持段祺瑞擴大內戰，早已聲名狼藉，但段祺瑞仍然表示，"於中央政府鞏固時，謀正當之整理"，不僅如此，段祺瑞並力謀通過田中，獲得四萬萬五千萬元的新借款，其數量之大，令人驚愕。不過，大概正因為數量大，皖系又已成了風前之燭，日本帝國主義不敢貿然投入這樣大的賭注。此函去，不見下文，大概不了了之了。

國共合作的歷史文獻 *
—— 近世名人未刊函電過眼錄

李大釗在國民黨第一次全國代表大會上的《聲明》及 1927 年初的《致柏文蔚、王法勤、徐謙、顧孟餘函》，都是國共合作的歷史文獻，久已為研究者所熟知，但是，國民黨原上海環龍路檔案中所存李大釗致張繼、汪精衛函一通，迄今尚無人述及，可謂"養在深閨人未識"。函云：

溥泉、精衛先生：

京津代表經已選出。京為張國燾、譚克敏、許寶駒。津為韓麟符、于方舟，餘一人不記其名，擬於四日離京，五日由津起程赴滬。特聞。

弟李大釗

二日

山西未將全體校友加入共同選舉。此事尚有問題。俟弟到滬當將詳情報告。外附王君報告一份。特先寄呈，備參考。

封面為："上海法界望志路永吉里八號崔震華先生北京石駙馬後閘三十五號李壽昌。"左上角特別用 "快" 字注明係快件。信內另有一函云：

劍雲先生：

今有致溥兄函，乞為轉交是幸！

李大釗敬白

二日

---

* 原載《檔案與史學》，1997 年第 2 期。錄自楊天石《國民黨人與前期中華民國》，中國人民大學出版社2007 年版。

本函僅署"二日"，無年月，據信封郵戳，知為 1924 年 1 月 2 日所發。受信人崔震華，為張繼（溥泉）之妻，字晰雲，一字劍雲，河北慶雲（今屬山東）人。原為天津北洋女子師範學堂學生，畢業後在北京、保定等地從事反清活動。1912 年 8 月與張繼結婚。1915 年冬赴日，次年 7 月返國。本函寫給崔，而不直接寫給張繼，當因張繼是國民黨要人，北京時在北洋軍閥統治之下，這樣寫可以避免郵檢當局注意。

李大釗是中國共產黨的重要創建者，也是第一次國共合作的締造者之一。1922 年 7 月，中共二大通過《關於"民主的聯合戰線"的決議》後，李大釗即積極為此努力。據李大釗致胡適函，8 月 27 日，李大釗曾與張繼、陳獨秀共商結合"民主的聯合戰線"。他明確表示："對中山的態度，似宜贊助之"。同月 29 日，李大釗赴杭州，參加中共中央西湖特別會議。會上，李大釗表示擁護共產國際意見，中共黨員以個人身份加入國民黨。會後返上海，即由張繼介紹，由孫中山主盟，加入國民黨。1923 年 10 月 19 日，孫中山委派廖仲愷、汪精衛、張繼、戴季陶、李大釗等五人為國民黨改組委員，負責國民黨本部的改組事宜。24 日。孫中山又任命李大釗為國民黨臨時中央候補執行委員。同年 12 月 9 日，廖仲愷到上海召開國民黨中央第十次幹部會議，說明國民黨改組原因及進行狀況，提出次年 1 月召開國民黨第一次全國代表大會問題。李大釗參加了此次會議。會後，李大釗回北京，加緊指導在北方地區推選代表等項工作。本函為李大釗在京、津代表選出後於啟程赴會前寫給張繼和汪精衛的函件。其行程為經上海去廣州。由於張繼和汪精衛都是孫中山改組國民黨的積極的支持者，也都是國民黨改組的重要領導人，因此李大釗寫此信，既是通氣，又是彙報。

根據國民黨中央決定，出席國民黨"一大"的代表分兩種類型。一種由孫中山指派，一種由各地黨員選舉。本函所述京、津代表均屬於後者。

北京地區選出的三名代表情況如下：

張國燾，字特立，江西吉水人。1897 年生。1916 年進入北京大學理工預科。1920 年參預發起組織中共。1921 年出席中共"一大"。1922 年在中共"二大"上當選中央委員。同年，以個人身份加入國民黨。

譚克敏，字時欽，貴州平越人。1896 年生。北京大學哲學系學生。

許寶駒，字昂若，浙江杭州人。1899 年生。北京大學國文系學生。

上述三人均為北京大學學生，可見當時北大在北方政治生活中的重要作用。三人中，跨黨者只有張國燾一人，其他二人，均為身份單純的國民黨員。據張國燾回憶，"十二月間在北大第三院舉行國民黨選舉大會，到會者近兩千人，全場擠得水洩不通，我以最大多數票當選為代表之一。"可見，北京的"推選代表"是確實經過選舉的。

天津選出的韓麟符與于方舟情況如下：

韓麟符，內蒙古赤峰人。于方舟，原名蘭渚，化名紹舜，天津人。二人均為直隸省立第一中學學生，"五四"運動時韓任天津學生聯合會副會長，于任評議會委員，共同組織新生社。後在李大釗指導下，將新生社改組為馬克思主義研究會。1920 年 1 月，于因參加反帝愛國運動與周恩來同時被捕，至 7 月釋放。1921 化名考入南開大學。二人均為社會主義青年團團員。1923 年，二人同經李大釗介紹，參加中國共產黨。

李大釗"不記其名"的另一位天津代表是陳鏡湖。陳字印潭，遼寧建平人。與韓麟符、于方舟同為直隸第一中學學生，"五四"運動的積極參加者。1922 年考入南開大學文科班。次年加入社會主義青年團。同年，與韓麟符、于方舟一起經李大釗介紹，加入中共。

上述三人，均受李大釗培養，同為跨黨成員，同時被選為國民黨"一大"代表，可見當時中共在天津國民黨組織中的巨大影響。

附言中提到的王君，應為王用賓，山西臨猗人。1881 年生。1904 年留學日本。次年加入同盟會，曾任山西支部長。辛亥革命後任國民黨山西支部副部長。1920 年任中國國民黨本部參議。不久，被委任為北方特派員。1922 年，任國民黨山西支部籌備處長。他與劉盥訓、劉景新同為山西省出席國民黨"一大"的"指定代表"，"推選代表"則為鄧鴻業、苗培成、趙連登。李大釗函稱："山西未將全體校友加入共同選舉。此事尚有問題。"校友，暗指國民黨黨員。據此，知山西省的"推選代表"並未經該省全體黨員選舉，代表的資格並不合法。"俟弟到滬當將詳情報告"云云，可見除北京、天津外，山西省的國民黨黨務也在李大釗的主管範圍之內。

瞿秋白的《聲明》與國共兩黨的"分家"風波 *
——讀台灣國民黨黨史會藏檔案

國共合作之前,國民黨內即有一部分人持反對態度;國共合作統一戰線形成後,仍有一部分人繼續反對。1924 年 8 月下旬,瞿秋白有一份維護國共合作的檔案,題為《候補執行委員瞿秋白對於八月十九、二十兩天之中央全體會議議事錄之聲明》,在當時起了重要作用。這一聲明,台灣李雲漢教授在《容共與清黨》一書中曾有所引述,其後,台灣出版的《國父年譜》、《中華民國史事紀要》等書陸續引述,但均不出李著範圍,使人頗感不足。1996 年,我訪問台灣期間,才有機會在國民黨黨史會藏檔案中得見全豹。

一、一場反對"共產派"的風波

中共以個人身份加入國民黨後,即在國民黨部分組織內部建立中共"黨團"。1924 年上半年,國民黨人陸續發現《中國社會主義青年團第二次大會決議案及宣言》(1923 年 8 月 25 日)、《青年團團刊》第七號(1924 年 4 月 1 日)、《中國共產黨關於國民運動及國民黨問題的決議》等文件,肯定了國民黨內有中共"黨團"這一事實,於是,部分反對國共合作或反對"容共"的國民黨人便藉此發難,要求和共產黨"分立"、"分家",從而掀起一場大風波。

1924 年 6 月 18 日,國民黨中央監察委員張繼、謝持、鄧澤如向孫中山及國民黨中央執行委員會提出彈劾共產黨案,指責共產黨在國民黨內部組織"黨團","完全不忠實於本黨","且其行為尤不光明",提出非"速求根本解決不可"![1] 同月 25 日,謝持、張繼等向當時擔任國民黨顧問的鮑羅廷提出質問:

---

* 原載《檔案與史學》,1997 年第 2 期。錄自楊天石《國民黨人與前期中華民國》,中國人民大學出版社 2007 年版。
1 張繼等彈劾共產黨呈文。

"君以共產黨加入國民黨，而在黨內作黨團活動，認為合理乎？"[1] 7月3日，國民黨中央召開執行委員會第四十次會議，決定發表宣言，說明以國民黨第一次全國代表大會發表之宣言及政綱為準。"凡入黨者，如具有革命決心及信仰三民主義之誠意者，不問其從前屬於何派，均照黨員待遇，有違背大會宣言及政綱者，均得以黨之紀律繩之。"[2] 同時並決定，在短期內召開全體會討論，並呈請孫中山決定。

7月3日的會議並沒有能平息風波。8月15日，馮自由致函孫中山，為張繼等人辯護。函件指責孫中山偏祖共產黨人，要求孫中山"毅然向黨員引咎道歉，以平多數黨員之公憤"。同時，"將共產黨員一律除名，並將引狼入室之漢民、仲愷、精衛等嚴重懲辦"。[3] 比之張繼等人的"彈劾"，馮自由的信件囂張得多。

二、瞿秋白舌戰張繼

馮自由致函孫中山的同日，國民黨中央執行委員會在廣州召開全體會議。19日，討論張繼等人的彈劾案。當日到會中央執行委員12人，候補中央執行委員7人。會議由廖仲愷主持。張繼首先發言，分7項：1. 共產派在黨中為黨團活動之事實及其刊物；2. 海內外黨人與共產派衝突之真相；3. 共產派份子加入本黨之始，原以信義為指歸，現在發生糾紛，應負其責；4. 第三國際共產黨是否適宜於中國社會情形；5. 革命黨人應有自尊精神，以俄為摯友則可，以俄為宗旨則不可；6. 黨人應尊重情感，為共患難之要件；7. 最後辦法，主張實際的協同工作，名義上跨黨徒滋紛擾。應注意以上各點，以分立為要。[4] 王法勤不同意"分立"，主張"速謀救濟黨內糾紛辦法"。覃政在王法勤發言的基礎上進一步提出"救濟方法"兩條，一是從紀律上規定：國民黨員不得任意加入其他政黨；凡共產黨員加入國民黨者，應為國民黨工作，不得援引國民黨黨員重新

1　中央監察委員會編印《彈劾共產黨兩大要案》，1927年9月。
2　《中央執行委員會第四十次會議錄》，《中國國民黨週刊》第30期。
3　馮自由《致孫中山先生函稿》，《檔案與歷史》，1986年第1期。
4　《中國國民黨第一屆第二次中央執行委員會全體會議記錄》。

加入共產黨，也不得為共產黨徵求黨員；另一條為：由孫中山指派，在國民黨中央黨部加設國際宣傳委員會，"凡關於第三國際與本黨共產派之一切任務，均由本委員會為中心，以期救濟。"[1]

聽了張繼等人的發言後，瞿秋白即挺身而出，維護國共合作。他的發言，據台灣中國國民黨黨史會所藏瞿秋白《聲明》記載，共 5 點。

一、三民主義之政黨是否能容納馬克思派，即是否能容思想上的派別。

二、國民黨是否必要容納一切思想上雖有異同而對於現時中國之政見上相同之革命份子。

三、共產派即馬克思派加入本黨，完全為參加國民革命，促進本黨之進行，然此派是否有黨團行動；此種黨團行動是否有害抑係有利於本黨之發展。

四、若有類似於黨團之行動，是否不問其對於本黨之利害，即因此而不容納。

五、因監察委員會提出"好好的分家"，即分立問題，故提出上列數點，請會議注意。

當日會議未有結果。

三、暢論國共合作

8 月 20 日，會議繼續舉行，由胡漢民主席。瞿秋白作了長篇發言，分七段。

在第一段中，瞿秋白首先闡述了國民黨主義與共產黨主義的相異之點：

國民黨主義 —— 先行訓政制（革命獨裁），以成就國家社會主義（民

1　《中國國民黨第一屆第二次中央執行委員會全體會議記錄》。

生主義，而"陰消"正在發生之私人資本主義）。

共產黨主義 —— 先行無產階級獨裁制，以無產階級的國家資本主義（新經濟政策）漸次"撲滅"已發現之私人資本主義。

在第二段中，瞿秋白說明：共產派加入國民黨，但並未"放棄其無產階級獨裁之主張"。他說：

共產派加入本黨，現時並未拋棄其無產階級獨裁之主張；然既加入本黨，即足以表示其贊成試行之民生主義之平均地權節制資本，能否因此實現各盡所能各取所需之社會，則為將來之問題。如其能也，則階級獨裁制之"墮胎藥"當然可以不用，蓋民生主義之"消胎藥"已發生效力，無胎可墮矣。如其不能，則墮胎藥仍非用不可（至於改良派之所謂社會主義，恰好是資本主義之"安胎藥"，不但非共產黨所能贊成，且亦為國民黨，如汪精衛先生等所力闢）。共產派之加入國民黨，蓋非放棄其無產階級獨裁制，卻為主張國民革命之最急進者，然其思想上的研究，則仍保存其無產階級獨裁之學說。

在第三段中，瞿秋白說明："共產黨之獨立運動不但不與國民黨運動相衝突，且大有輔助於國民黨。"他說：

共產派之獨立政黨，代表無產階級之特別利益，其政黨的活動當然注重在此，然今日中國國民革命運動之中無產階級運動亦其最主要之一部分。國民黨與共產黨各自獨立運動，無意之中亦必互相輔助，有意的結合便為共產派加入國民黨。故共產黨員之兼國民黨員者（跨黨）其行動分兩方面，例如（一）以國民黨員之資格向一般國民（農工亦在其內）宣傳國民當參加國民革命；（二）以共產黨員之資格向農工宣傳勞動階級當參加國民革命。前一例之宣傳無階（級）性質，後一例則有階級性質。農工之階級覺悟蓋為引其參加國民革命之必要條件。共產黨之獨立運動不但不與國民黨運動相衝突，且大有輔助於國民黨。

在第四段中，瞿秋白說明何以國民黨與共產黨"一方面宜合"，"別方面共產黨宜獨立"。他說：

政治策略上共產黨與國民黨同為革命的政黨：在民族主義上共同反抗帝國主義及其工具之軍閥，且在民權主義上現時同主張革命獨裁制（訓政與以黨治國），並不幻想全民政治之突然湧現；在民生主義上現時同主張節制資本平均地權，並非調和階級鬥爭，乃在自然的階級鬥爭中輔助勞動界而節制資本家。至於將來國民黨或從民族主義退而至於帝國主義，從革命之各階級之獨裁制退而至於資產階級獨裁，從節制資本退而至於放縱資本資本主義（所謂天賦人權說之歐美式民治派），或醫治資本主義（改良派）；或則從民族主義進於世界主義，從各階級之獨裁進於無產階級獨裁，從節制資本進於消滅資本主義。—— 此則為將來之事。歷史當有以示吾人也。然現時正在發生之中國資本主義尚未"陰消"，中國無產階級尚確然存在，國民黨與共產黨亦並存於中國。同時兩黨應付此現時社會之策略與兩黨之革命對象則確然相同。故一方面宜合，合則革命力雄厚；別方面共產黨宜獨立，獨立則無產階級之特殊利益，得於普通之國民利益外，有所特別表像及行動。將來三民主義之實現苟能"陰消"資本主義至於淨盡，即消滅一切階級，則不但無所用其共產黨之組織，且已成"全民社會"而無所用其政治矣。

故共產黨之獨立，共產黨之異於本黨並非由於策略問題，革命與否，妥協與否，乃國民黨之能否真正服從三民主義之革命原則與否之問題，而非共產派與否之問題也。若國民黨中果有一部分以為國民黨不應反對帝國主義，且已退於資產階級獨裁，已取放縱資本之主義而甘心為改良派，則亦難怪共產派以國民黨員之資格而有所規箴，更難怪其在決定加入以前有此等過慮矣，凡此一切，皆為理論上或政策上之問題。

在第五段中，瞿秋白著重說明了所謂中共"黨團"問題。他說：

　　既准跨黨，便不能無黨團之嫌疑。國民黨外既有一共產黨存在，則國民黨便不能使共產派無一致行動，況既謂之派，思想言論必有相類之處，既有黨外之黨，則其一致行動更無可疑，何待團刊等之發現乎？故吾人只能問此一致行動是否有利於革命及黨，不能以一致行動便為破壞國民黨之證據。若其行動有違反宣言及章程之處，則彼輩既然以個人資格加入本黨，盡可視為本黨黨員，不論其仍屬於共產派與否，概以本黨之紀律治之。否則只有取消跨黨之決議。

在這一段中，瞿秋白還說明了吸收"左派"參加共產黨的問題。他說：

　　至於共產派吸取階級覺悟的左派份子，則更為當然之事。今日唯有階級覺悟之農工，方能積極贊助國民革命，同時既有階級覺悟，便自然加入階級的政黨；此階級的政黨既受國民黨之正式承認，其吸收此等份子又何足為破壞國民黨之證據。若此會議議決"分立"，方可謂共產之發展足以侵蝕國民（黨）。若不分立，則共產黨之發展即係國民黨中一部分之發展，何用疑忌。

在第六段中，瞿秋白分析辛亥以來中國革命的進展和社會力量分化狀況，說明國民黨要反對列強和軍閥，必須恢復民權主義精神，引進新的階級力量。他說：

　　自辛亥以來純粹排滿的民族主義之社會力量日漸減少消散，而國民黨之政權亦自全國的漸被迫而至於今日之廣州革命政府——一切排滿外人，向日利於中國之脫離"中世紀"以便於其資本主義之侵略（吸取原料）者，今已必不再繼續接濟中國革命政府，且自革命初成即已抱定協助反動軍閥如袁世凱等之政策；買辦階級，向日之代表外人利益而願同國民黨反對滿清者，今亦隨之而退，倒戈反噬；其他小農、小工、小商，既失其排滿之對象，固無階級覺悟，故只知國民黨有軍事行動，足以害其"安居"、"樂業"，不肯參加國民革命。因此廣州市買辦階級助帝國主義陰謀推翻革命政府，妄想設立商人政府（買辦政府）；陳炯明、吳佩孚又從別一方面受外人之間接指使復軍閥之"歷史使命"，日謀進寇。國民黨若不另覓一道路，——於反抗北洋外，更加以反抗帝國主義，以此恢復民權主義之精神——則革命必且失敗。此另一道路，即恢復民權主義精神之道路，恰在於輔助勞農階級，先從彼等之實際利益入手，方能導之於民權主義及民族主義。

當年 5 月 1 日，張繼在上海大學演說時曾稱："中國為列強之勞動國，列強為中國之資本國。"瞿秋白在引述張繼的上述言論之後，發揮說："故工人農民若不反對列強及軍閥則已，一反對列強及軍閥即為階級鬥爭。苟無此種覺悟，則必不能進而為民族主義及民權主義奮鬥也。"

接著，瞿秋白說明，排斥共產派必將削弱國民黨的反帝力量，為帝國主義者所歡迎。他說：

此階級利益之代表者即為共產黨。本黨苟能容納共產派，即迎受新興的反帝國主義之社會力量，則本黨之革命又從新開始，而發展之前途未可限量。無階級覺悟者固常詆毀共產黨，破壞共產黨，然其效功國民黨，革命之實績可於事實上見之，於其能否與勞動群眾有密切關係見之，不在其僭稱代表全廠工人或全路工人也。共產派之急進的反帝國主義主張，乃是國民黨員之天責，並非欲赤化國民黨。今若實行分裂，排斥共產派，無非令國民黨反帝國主義之力量減少，帝國主義者實感謝不盡也。

第七段中，瞿秋白通過所謂"感情問題"尖銳地批評了反共產派。他說：

再則此次糾紛中又有所謂感情問題，然以忠於革命，日謀所以發展革命者，即為國民黨內一部分人所“深惡痛絕”（見護黨特刊），此等情感不知其為革命的情感抑反革命的情感也。

同時，瞿秋白也批評了共產派文件中的詞語不當之處。他說：

至於共產派之文字，往往有不雅馴之辭，致傷其他同志之感情，因而疑其無誠意，此則適足以見其為治於人之小人，殊無君子之度，共產派於此誠不能辭其咎，吾黨中央全體會議當有以告誡之也。

瞿秋白長於辯論，他的這篇發言剖析有力，層次井然，令人有“語驚四座”、“聲震屋瓦”之想。不過，他的“無產階級獨裁”的理論當時未必能令人理解並接受。

當日會議上發言的還有張繼、謝持、沈定一、傅汝霖、丁惟汾、覃政等6人，仍然不能作出結論。

四、國民黨中央發佈《訓令》

國民黨中央全體會議不能取得一致意見，但是，同日舉行的國民黨中央政治委員會第六次會議卻順利作出了結論。

政治委員會的參加者是孫中山、胡漢民、廖仲愷、瞿秋白、伍朝樞、鮑羅廷等6人。左派佔優勢，因此，會議通過《國民黨內之共產派問題》和《國民黨與世界革命運動之聯絡問題》兩項決議草案，為解決“彈劾”案定了基調。

21日，國民黨中央全體會議，胡漢民任主席。原來“彈劾”共產派的監察委員只有張繼一人出席，形單影隻，他表示願將“彈劾”案暫時掛起來，“作為懸案”。會上，汪精衛宣讀了沒有參加會議的監察委員李石曾的來函：“兩黨既已合作如前，萬不宜分裂於後。”胡漢民稱：“這次黨內糾紛主要原因，即在發現《團刊》之後，情感愈形險惡。但細察《團刊》內容，用語不當處固多，而內容確無其他惡意，不能即認為是一個有陰謀的黨團。"[1] 會議決定接受政治委員會的兩項議案。會後，國民黨中央根據兩項議案的精神對全體黨員發佈《訓令》，內稱：

中國共產黨員之加入本黨，其事遠在改組以前，溯其加入之原因，在於灼知中國今日軍閥與帝國主義勾結之現狀，非國民革命無由打破，而國民革命，惟本黨負有歷史的使命，非加入本黨無由為國民革命而盡力。且黨國民革命時代，一心一德，惟本黨主義之是從。其原有之共產主義固不因之拋棄，而鑒於時勢之關係，初不遽求其實現，故與本黨主義亦無所衝突。

又稱：

本黨為代表國內各階級之利益而奮鬥，而中國共產黨則於各階級中之無產階級特別注意，以代表其利益。無產階級在國民中為大多數，加以特別注意，於本黨之主義精神無所違反。

以上云云，鮮明地維護國共合作，顯然接受了瞿秋白發言中的有關思想。但是，關於中共在國民黨內建立"黨團"問題，《訓令》則未能採納瞿秋白的觀點。《訓令》稱：

凡屬本黨黨員，不容有黨團作用。共產派之在黨內者，前此亦並無黨團作用。……今中國共產黨與本黨同為革命組織，對於現時中國之政見又盡相同，故決不能發生黨團作用，而加入本黨之共產派既服從本黨之主義，更不致有黨團作用。……同志平日相與戮力，其精神之浹洽，不外於理智之互浚與感情之相符，而此等之秘密行為，實足為感情隔膜之導因。

---

1 《中國國民黨第一屆第二次中央執行委員會全體會議記錄》。

但是,《訓令》也並未要求共產黨取消所建"黨團",只表示,希望了解與國民黨有關的共產黨方面的秘密。《訓令》稱:

> 倘使中國共產黨關於此等之討論及決議,使本黨得以與聞,則本黨敢信黨內共產派所被黨團作用之嫌疑,必無從發生。

《訓令》表示,國民黨並不反對黨員中不同思想派別在"學理上之討論",只希望通過討論,"求其殊途而同歸於革命"。《訓令》對共產派和"反共產派"都作了某種批評。《訓令》稱:

> 至於共產派之文字著作,語句之間,每有不遜。辭不馴雅,則傷感情,實有可責備者,而諸黨員之反對共產派者,往往激昂過甚,逸於常軌。此皆所謂意氣用事,本會於此,不能不申以告誡。[1]

這段話,也顯然採納了瞿秋白發言中的有關思想。

至此,監察委員彈劾案暫告結束,國共合作得以繼續維持。

五、孫中山激憤表示:"自己去加入共產黨"

風波暫時平息了。8月30日,孫中山在會議閉幕上講話。他宣佈開除馮自由的黨籍,並嚴厲指出:"那些反對共產派的人,根本不懂得我們的主義。""民生主義與共產主義沒有任何根本區別,區別僅僅在於實現的方法。"又說:"民生主義和共產主義從原則上是一致的,所以我們決定容共。從現在起,如果誰再說我們的民生主義不是共產主義,那就意味著該同志的'民生主義'與我的們民生主義不同。"他並憤而表示:

---

1 《中國國民黨週刊》第 40 期。

如果所有的國民黨員都這樣，我就拋開國民黨，自己去加入共產黨。[1]

在孫中山宣佈開除馮自由黨籍的時候，張繼表示自己的看法和馮相同，要求同樣受到懲罰，但孫中山則稱張的立場和馮"沒有任何相同之處"。會後，張繼由於提案被否決，憤而離開廣東。同年 10 月 14 日，張繼自上海致電時在韶關準備北伐的孫中山，電稱："自八月大會以來，共產派背行無忌，恥與為伍，請解除繼黨職，兼除黨籍。"[2] 孫中山收到電報後，批示道："交中央執行委員會執行，革除之！"[3] 張繼雖然是同盟會時期的老同志，但由於他一再頑固地反對國共合作，孫中山不得不準備對他採取堅決的措施。只不過由於田桐、謝持、林業明等人的說情，張繼才沒有被革除出黨。[4]

毛澤東對國民黨建設的四項提案 *

1924 年，在中國國民黨第一次全國代表大會上，毛澤東被選為中央執行委員會候補委員。隨後，他即以充沛的熱情參與國民黨中央的領導工作，殫精竭慮，希圖加強國民黨的戰鬥力量。根據國民黨中央黨部會議錄，1924 年 1 月 31 日，毛澤東曾和孫中山、廖仲愷、林祖涵（伯渠）、譚平山、瞿秋白、李大釗等人一起出席了中央執行委員會第一次會議。會上，在討論中央委員分配各地問題時，毛澤東被分配到上海執行部。2 月 1 日至 6 日，中央執行委員會舉行第二次和第三次會議，毛澤東都參加了。2 月 9 日的第四次會議，毛澤東雖未參加，但會上討論的十項提案中，有四項是他提出的。本次會議由孫中山主持，

1　《孫中山在國民黨中央執行委員會上的講話》，《百年潮》，1997 年第 1 期。
2　中國第二歷史檔案館編《中華民國史檔案資料彙編》第四輯（上），江蘇古籍出版社 1986 年版，第 33 頁。
3　國民黨黨史會藏，原件。
4　《中華民國史檔案資料彙編》第四輯（下），第 631 頁。
*　原載《團結報》，1988 年 2 月 6 日。錄自楊天石《國民黨人與前期中華民國》，中國人民大學出版社 2007 年版。

參加者有鄒魯、謝持、居正、彭素民、鄧澤如、李宗黃、柏文蔚、林祖涵、譚平山等 17 人。

毛澤東向會議提出的第一項提案是"重要市縣黨部及區黨部宜有經費補助案",理由如下:

> 經費斷不宜只用於中央與省之兩個高級黨部(空洞的黨部),市縣黨部、區黨部非補助經費,必無辦法,必難發展。因黨員所納月捐,至多只能供給區分部之用費(區分部委員會生活費及活動費),不能提供區黨部,更不能提供市黨部、縣黨部,而市、縣黨部及區黨部為本黨指揮黨員行動最扼要的機關,若這兩級黨部沒有力量,必至全黨失了力量。惟普通補助需費太多,補助窮僻、不重要地方黨部實亦沒有意義,宜擇有工人、農民、學生、商人等群眾運動實際工作之市、縣、區黨部補助經費,此等黨部之須補助經費,較之省黨部之補助經費更為重要(省黨部若不兼所在地市黨部,則專用巨額經費,殊無充足理由)。

在本提案中,毛澤東認為,市、縣黨部及區黨部是國民黨"指揮黨員行動最扼要的機關",經費應補助於"有工人、農民、學生、商人等群眾運動實際工作"的地方,可以看出他對加強黨員作用和群眾工作的重視。經討論,會議決定將此案交預算委員會審查。

毛澤東的第二項提案是:"本年內各省省黨部宜兼理所在地之市黨部,中央及各地執行部宜兼理所在地之特別區黨部案"。經討論,會議認為:"應照章程組織,此案不能成立。"

毛澤東的第三項提案是:"中央執行委員會及各地執行部實際組織時,應注意事實上之需要案",理由如下:

> 中央及京、滬、哈、漢四執行部組織幹事以上職員共有六十餘人。大會後半年內斷不須設置職員如此之多。因為:(一)地方黨務方在開始,中央及執行部事務必不甚多;(二)宜以全力發展下級黨部,不宜將黨裡人才

盡聚在最高黨部；（三）此刻決找不到如此多的有用之人，濫竽充數則全失本意。因此，中央及各執行部到實際組織時，宜看事實上的需要，事實上需要一部才開一部，需要一人才用一人。

從本案中可以看出，毛澤東重視基層工作，提倡務實，主張以精幹人才組織有效率的工作班子。經討論，會議決定將本案 "交中央執行委員會參考"。

毛澤東的第四項提案是："本年內地方組織宜分別輕重緩急，立定一計劃案"，理由如下：

地方組織不宜務廣，宜擇重要地方若干處，立定一計劃，集中人力、財力，於此一年內專心致志於此等地方，辦出個頭緒來，到第二次大會方有實際效果可看。本年內應該專力的地方應把列成兩等（原記錄如此，筆者注）：第一等最重要而現時有發展之可能者，如上海、北京、廣州、漢口、哈爾濱等，至多八九處，宜用十分之七的力量（人力、財力）去做；第二等次重要而現在有機會著手者，如太原、安慶、杭州、南昌等，至多十一二處，用十分之三的力量去辦。此外各地如無可為機會，在本年內均可不注意，以免分散精力，得不到好結果。

毛澤東抓工作，打仗，一向強調抓重點，反對平均使用力量。本案主張在建立國民黨地方組織時 "宜擇重要地方若干處"，"集中人力、財力"，專心致志地去做，正是這一思想的最初表現。經討論，會議決定將本案 "交中央執行委員會參考"。

從以上四項提案可以看出，毛澤東為建設國民黨傾注了怎樣的熱情。它是研究中國國民黨黨史和國共合作史的重要資料，也是研究早期毛澤東的重要資料。

國民黨檔案中的毛澤東手跡 *

——讀台灣國民黨黨史會藏檔案

　　我在台北中國國民黨黨史會閱讀檔案時，特別留意收集毛澤東的信函手跡，結果，頗有所獲。其一，致國民黨中央秘書處徐蘇中函，函云：

蘇中先生：

　　宣傳部管書員張克張〔強〕同志因工作繁忙，請求由錄事地位升為幹事，增加薪水，以維持生活，是否可行，請編入星期五的會議日程，屆時提出討論為荷！此頌

大安！

弟

毛澤東

十月二十五號

　　張克強，國民黨中央宣傳部發書處職員。1925 年 10 月 25 日，張克強致函當時代理國民黨中央宣傳部長的毛澤東，敘述自己的工作情況，內稱，自受任發書處職守以來，已有數月，每日發書數千本，每日回答各處取書函件數十件，"無時或息，其工作之忙，責任之重，遠過他部"。張函並稱："現下職位等於錄事，月支薪水 60 元，雖為黨服務，不敢言勞，惟當此生活日高，米珠薪桂，仍支錄事薪水，實不足以資生活，況實際上為幹事之職務，而形式上與錄事同等，似屬不平，用特不忖冒昧，表明職責，請予升為宣傳部幹事，照額支薪。如荷裁成，則感激無既矣！"

　　1925 年 10 月 5 日，毛澤東經汪精衛提議，並經國民黨中央黨部常務會議通過，代理國民黨中央宣傳部長，自此，毛澤東即緊張地投入國民黨的革命宣

* 　原載《百年潮》，1997 年第 1 期。錄自楊天石《國民黨人與前期中華民國》，中國人民大學出版社 2007 年版。

傳工作。張克強致毛澤東函稱，他每日發書數千本，每日答覆各處取書函件數十件，從這一側面也反映出毛澤東領導國民黨宣傳部工作的強度與成績。

毛澤東雖然當時已是國民黨中央領導大員，而且工作繁重，但是，他仍然重視張克強這個"小人物"的要求。當天就給國民黨中央秘書處的徐蘇中寫了信，要求列入會議日程。10月30日，國民黨中央執行委員會第117次會議，毛澤東又在會上提出此事，經討論通過，升張克強為幹事。現台北中國國民黨黨史會存有國民黨中央覆毛澤東函稿一份，內稱：

> 逕啟者。十月卅日，本會第一百十七次會議，執事提出宣傳部管書員張克強因工作繁忙，請求由錄事地位升為幹事，增加薪水，以維生活乙案，經即決議照准在案，特此函達查照。此致
> 宣傳部部長毛。
>
> > 中央執行委員會

稿頭有"十一月二日送稿，十一月三日判行，十一月三日繕發"等字，稿後有譚平山、林祖涵簽名。當時，譚平山任國民黨中央政治委員會委員，林祖涵（伯渠）任國民黨中央執行委員會常務委員會委員，顯然此函是經他們之手審發的。

從張克強致函毛澤東到國民黨中央作出決定，從作出決定到形成檔案，總共不不過9天，其效率為何如！

其二，致國民黨中央秘書處及常務委員會函，函云：

> 中央秘書處
> 常務委員諸同志：
>
> > 因腦病增劇，須請假兩星期轉地到韶州療養，宣傳部事均交沈雁冰同志辦理，特此奉告，即祈察照為荷！
>
> > > 毛澤東
> > > 二月十四日

封面為："中央秘書處林伯渠先生"，下署中國國民黨中央執行委員會宣傳部毛緘。封面上並有"報告中央"、"報，林"等字，前者當係秘書處工作人員擬具的意見，後者當係林伯渠批准上報的手跡。

本函未署年，據內容，應為 1926 年 2 月 14 日之作。

沈雁冰於 1926 年初到廣州參加國民黨第二次全國代表大會，會後，陳延年要沈留在廣州任國民黨中央宣傳部秘書。當時宣傳部長是毛澤東。關於此事，沈雁冰回憶說："毛澤東對我說，中央宣傳部設在舊省議會二樓，離此稍遠。又說，兩三天後就要開國民黨中央常務委員會，那時，他將提出任命我為秘書，請中常委通過。我問，任命一個秘書，也要中常委通過麼？毛澤東答道，部長之下就是秘書，國民黨中央委員會如婦女部、青年部，都是如此。我聽說部長之下就是秘書，覺得擔子重了，不能勝任。毛澤東說不要緊，蕭楚女可以暫時幫助你處理部務。"[1] 此後，沈雁冰即到宣傳部上班，接替毛澤東編輯《政治週報》，並與蕭楚女共同起草國民黨第二次全國代表大會宣傳大綱。從毛澤東推薦沈雁冰代理部務一事看，毛對沈的工作及其能力是很看重的。

毛澤東為何選擇韶關作為自己的療養地呢？據沈雁冰回憶，"毛澤東的請假雖說'因病'，實際上他是往韶關（在湘、粵邊界）去視察那裏的農民運動。"[2]

國民黨中央致毛澤東函存稿 [*]
——讀台灣國民黨黨史會藏檔案

我在台北中國國民黨黨史會所藏廣州時期檔案中共輯得國民黨中央致毛澤東函稿 7 通，其中 1925 年 10 月 25 日函已作過介紹，[3] 茲介紹其餘 6 通。

1　茅盾《我走過的道路》，人民文學出版社 1981 年版，第 298 頁。
2　同上，第 303 頁。
*　原載《團結報》，1997 年 5 月 17 日。錄自楊天石《國民黨人與前期中華民國》，中國人民大學出版社 2007 年版。
3　見本書另文《國民黨檔案中的毛澤東手跡》。

一、函上海毛澤東轉湖南省黨部經費支票 300（大洋）元

函云：

逕啟者：茲附上廣東銀行大洋三百元支票一張，希為照收，即轉湖南省黨部妥收，見覆為盼。再此票須向上海廣東銀行支付，合併奉聞。查湖南省黨部報告書內開，關於匯款一項，寄長沙文化書社范博先生或撥交上海執事代轉，須作普通寄款，不要說是黨費等語。用特函請查照辦理為荷！此致
澤東同志。

計附支票一則。

中央執行委員會

七月十九

本函未署年，稿右上側有汪精衛、譚平山的毛筆簽名。據函中所敘事實，知為 1924 年 7 月 19 日之作。

1923 年 9 月 16 日，毛澤東遵照中共中央決定，同時受中國國民黨本部總務副部長林祖涵（伯渠）委託，自上海回長沙，籌建湖南國民黨組織。其後，陸續在長沙、寧鄉、安源等地建立國民黨分部，並在長沙建立總支部。次年 1 月，毛澤東代表湖南國民黨組織到廣州參加國民黨第一次全國代表大會。會後，毛澤東作為中央候補委員被派到國民黨上海執行部工作，任組織部秘書。

在上海工作期間，毛澤東仍然關心湖南的工作。本函反映出，湖南國民黨組織和廣州國民黨中央都選擇毛澤東作為經費的轉遞者，可見毛和雙方的密切關係。由於當時湖南還處在軍閥趙恆惕的統治下，因此湖南省黨部致國民黨中央的報告特別說明："須作普通寄款，不要說是黨費"。

文化書社，成立於 1920 年 8 月 2 日，其宗旨為"介紹中外各種最新書報雜誌，以充實青年及全體湖南人新研究的材料"。籌備員為易禮容、彭璜、毛澤東。

二、函毛澤東，決議代理宣傳部長

函云：

逕啟者：十月五日第一百十一次會議由汪委員提出，請以毛澤東代理宣傳部長案，經即席議決，特此函達查照。此致

毛澤東同志。

中央執行委員會

汪委員，指汪精衛。1924 年 1 月，汪精衛被推為國民黨中央宣傳部長。次年 7 月，被推為廣州國民政府主席。同年 10 月 5 日，汪精衛在國民黨中央執行委員會上，以政府事務繁忙為理由，推薦剛到廣州不久的毛澤東代理宣傳部長，得到通過。此為國民黨中央給毛澤東的書面通知。該函由黃眾元起稿，10 月 7 日送稿，當日判行並繕發。中央執行委員會下有林祖涵、譚平山二人的鉛筆簽名，表明二人是此函的"判行"者。

1926 年 1 月，國民黨在廣州召開第二屆全國代表大會，成立國民黨第二屆中央委員會，汪精衛繼續被推為宣傳部長。2 月 5 日，汪精衛在中央執行委員會常務委員會第二次會議上稱："本人不能常到部辦事，前曾由中央執行委員會全體會議許可另請代理，今請毛澤東同志代理宣傳部長"。[1] 會議議決照准。因此，毛澤東在這個崗位上一直工作到 1926 年 5 月。當月，因國民黨二屆二中全會通過蔣介石的《整理黨務案》，規定共產黨員不得擔任國民黨中央的部長。25 日，毛澤東在國民黨中常會第二十八次會議提出辭職。28 日，第二十九次會議任命顧孟餘代理宣傳部長。

---

1 《中央執行委員會常務委員會第二次會議錄》，《中國國民黨第一、二次全國代表大會會議史料》，江蘇古籍出版社 1986 年版，第 471 頁。

三、函派陳公博、毛澤東代表本會參與新學生社各地代表大會開幕禮

函云：

　　逕啟者：頃據新學生社函稱，定期雙十節上午八時假座廣東大學雨操場舉行各地代表開幕典禮，屆時請派員駕臨指示等情。茲特派執事為本會代表，希依時赴會為盼。此致
陳公博、毛澤東同志。

中央執行委員會

　　1925 年 10 月 8 日，廣州新學生社致函國民黨中央黨部，邀請該部派出代表出席該會開幕典禮，"指示一切"。10 月 9 日，譚平山、林祖涵即決定派陳公博、毛澤東參加。此為國民黨中央致陳、毛二人的通知函原稿。稿上有譚平山、林祖涵二人的親筆簽名。

　　新學生社，成立於 1923 年。至 1925 年 9 月，有社員 1000 餘人，散佈於廣東、廣西及香港等地。《廣州民國日報》稱其"對於社會事業與民眾運動，向稱得力，對於國民革命運動，更不遺餘力，頗能引起西南一般革命的青年之注意與同情。"[1]

四、函毛澤東，通知通告草案已通過

函云：

　　逕啟者：本月四日本會第一百廿五次會議，執事遵照第一百廿四次會議第六項之決議，提出通告草案，請公決案，經即決議照原案通過在案，

1　《廣州民國日報》，1925 年 10 月 9 日。

除照案印發外，特此函達查照。此致

毛澤東同志。

中央執行委員會

1925 年 11 月 23 日，林森、居正、鄒魯、張繼等在北京西山召開 "第四次中央執行委員會全體會議"，決議取消共產黨員在國民黨的黨籍，解除共產黨員譚平山、李大釗、林祖涵、毛澤東等人的中央執行委員候補中央執行委員職務。同時決議解除鮑羅廷顧問職務，中央執行委員會遷移上海等。27 日，汪精衛、譚延闓、譚平山、林祖涵、李大釗、于右任、毛澤東、瞿秋白等通電全國各級國民黨黨部，指出根據三中全會決議，全國代表大會及中央全會必須在廣州召開，林森等在北京西山召開的會議是非法的。同日，國民黨中央委託毛澤東起草有關通告。12 月 4 日，國民黨中央執行委員、監察委員、各部部長聯席會議討論通過了毛澤東起草的《中國國民黨對全國及海外全體黨員解釋革命策略之通告》，內稱："聯俄與容納共產派份子，則為本黨求達到革命成功之重要政策。先總理決之於先。第一次全國大會採納於後，乃有客觀之根據及深切之理由。" 又稱："若吾黨之革命策略不出於聯合蘇俄，不以佔大多數之農工階級為基礎，不容納主張農工利益的共產派份子，則革命勢力陷於孤立，革命將不能成功。本黨辛亥革命所以未能成功，即因當時反革命派勢力已有國際聯合，而吾黨革命勢力尚無國際聯合，在國內亦未喚起的多數民眾為之基礎，完全陷於孤立地位，故不得不妥協遷就以馴至於失敗。"[1] 會議批准了上項通告。本函即為通知毛澤東此事而作。

本函由張光祖於 12 月 6 日起草，8 日判行，同日繕發。稿前有徐蘇中，稿後有譚平山、林祖涵簽字。

---

1 《廣州民國日報》，1925 年 12 月 5 日。

五、函委毛澤東為農民運動講習所所長

函云：

逕啟者：本月十九日，本會第十三次常會，農民部提出，請委派毛澤東同志為農民運動講習所所長案，經即決議□准，相應函達查照，此致毛澤東同志。

中央執行委員會常務委員會

為了統一領導全國農民運動，1926年1月，國民黨第二次全國代表大會決定在農民部成立中央農民運動委員會，以毛澤東、林祖涵、阮嘯仙、羅綺園、蕭楚女等9人為委員。3月16日，農民運動委員會舉行第一次會議，決定任命毛澤東為第六屆農民運動講習所所長。會後，即由農民部向國民黨中常會報告，請求批准。19日，毛澤東出席國民黨中常會第十三次會議。會議批准了農民部的請求。本函為中常會給毛澤東的通知。由張光祖於3月21日主稿，同日判行並繕發。稿前有劉芬簽字，稿後有楊匏安、林祖涵簽字。

自1924年7月至1925年12月，國民黨中央共在廣州舉辦過5屆農民運動講習所。第六屆自1926年5月起至9月止，收全國20個省區的學員327人。毛澤東親自為學員講授《帝國主義》、《中國民族革命運動史》、《社會問題與社會主義》等課。此外，他並主持編輯《農民問題叢刊》，在序言中提出："農民問題乃國民革命的中心問題。"

六、函請鄧澤如、陳其瑗、毛澤東於本月十九日到秘書處審查孫文主義學會在寧搗亂案

函云：

逕啟者：案查本會於本月十六日第二十一次會議關於孫文主義學會

在寧搗亂案，當經決議，由鄧澤如、陳其瑗、毛澤東及秘書處一人會同審查，議定辦法，提出下次常務會議討論云。相應函達執事查照，並請於本月十九日（星期一）上午十時到本會秘書處會同審查為荷！此致

鄧澤如同志

陳其瑗同志

毛澤東同志。

中央執行委員會秘書處

1926 年 3 月 11 日，鄧澤如、柳亞子、朱季恂、吳玉章到南京參加中山陵奠基典禮，當地孫文主義學會份子即在車站高呼"打倒左派"口號，毆擊國民黨江蘇省黨部執行委員會侯紹裘等人。次日舉行典禮時，孫文主義學會份子又用鐵杆木棒等毆打到會左派。事後，鄧澤如、柳亞子等聯名致函國民黨中央，指責南京孫文主義學會份子"藉總理神聖之名義，實行其帝國主義及軍閥走狗之手段"，要求中央發表宣言，"明白暴露其罪狀，並聲明除廣州以外，一切未經黨部批准，擅自組織之孫文主義學會，均與本黨無關，以揭破其陰謀"。[1] 4 月 16 日，國民黨中常會舉行第二十一次會議，聽取鄧澤如的有關報告。會議決議由鄧澤如、陳其瑗、毛澤東等"會同審查，議定辦法。"本函為通知三人的函稿。由陳步光於 4 月 17 日主稿，同日判行並繕發。稿前有徐蘇中，稿後有楊匏安、林祖涵簽字。

4 月 22 日，國民黨中常會舉行第二十二次會議，毛澤東會同鄧澤如、陳其瑗及楊匏安提出南京事件審查報告，要求中常會訓令全體黨員："不得認反動份子為黨員，並不得加入各地未經本會批准擅自設立之孫文主義學會。"[2]

1　《致中央執行委員會聯名信》，柳亞子《磨劍室文錄》，上海人民出版社 1993 年版，第 1033 頁。

2　《中央執行委員會常務委員會第 22 次會議錄》，《中國國民黨第一、二次全國代表大會會議史料》，第 533 頁。

毛澤東和國民黨上海執行部 *
—— 近世名人未刊函電過眼錄

1924 年 1 月，毛澤東作為湖南代表參加了在廣州召開的中國國民黨第一次全國代表大會。同月 31 日，國民黨第一屆中央執行委員、監察委員召開全體會議，決定在上海、北京、漢口等地成立執行部，以加強這幾個地區的工作，毛澤東被派到上海執行部。2 月中旬，毛澤東從廣州到上海，和共產黨人羅章龍、王荷波、惲代英、沈澤民、邵力子、瞿秋白、施存統、鄧中夏、向警予、張秋人等參加國民黨上海執行部工作。據規定，國民黨上海執行部管轄範圍除上海外，還包括江蘇、浙江、安徽、江西等四省。2 月 25 日，由胡漢民主持召開第一次執行委員會。會議通過胡漢民、葉楚傖、汪精衛為常務委員，邵元沖為文書科主任，未到以前，由毛澤東代理。會議還通過胡漢民任組織部長，毛澤東任秘書。此後，毛澤東還陸續被上海執行部任命為平民教育委員會常務委員、合作運動委員會委員兩項職務。

一、工作之一，辦理黨員登記，建設國民黨基層組織

根據《上海執行部組織部辦事細則》，部長的任務是“總攬本部事務”，“本部會議任主席”，秘書的任務是“協助部長，辦理本部事務”。由於胡漢民是國民黨元老，事務繁忙，因此組織部的實際事務都落在毛澤東身上。現存胡漢民致毛澤東函（手跡）云：

> 頃得覺生先生來書，要取《宣言》十份、《黨章》十份及《民國日報特刊》一份，入黨表、登記表各四十份，願書二十份，請即交其來人為

---

* 原載《百年潮》，2003 年第 6 期。錄自楊天石《國民黨人與前期中華民國》，中國人民大學出版社 2007 年版。

幸！此上

潤之我兄。

弟漢民　十七

　　函側有"請羅先生照發。十八。"等字，應為毛澤東所批手跡。羅先生，指羅章龍，時任組織部組織指導幹事。函中所稱"覺生"，指居正，國民黨元老。《宣言》，指國民黨第一次全國代表大會宣言。《民國日報特刊》，指上海《民國日報》為國民黨第一次全國代表大會召開所編輯的特刊。當時胡漢民45歲，毛澤東31歲，但胡卻稱毛為"潤之我兄"，自稱為"弟"，可見二人關係融洽，胡很器重毛。

　　第一次國民黨全國代表大會後，各地國民黨的首要工作是辦理黨員登記。3月中旬，上海執行部發表《通告》第一號、第二號。第一號宣佈凡在國民黨第一次全國代表大會之前入黨者，"無論何人，均須重新登記"。第二號宣佈："凡明了本黨宣言、章程，願意入黨者，即由黨員二人負責介紹於區分部執行委員會，區分部執行委員會即將入黨表一紙交本人，照表內各項詳細填明。"同時公佈的還有《上海執行部公函》，要求黨員填表時說明"現在願為黨作何事"，"將來願為黨作何事"，"對於現社會的見解及態度"，"對於本黨意見"等項。上述《通告》及《公函》均應為毛澤東手筆。

　　毛澤東的工作做得很認真。至今國民黨檔案中還留存部分國民黨人致毛的公函及毛閱後的批注。如：3月10日陳白致毛澤東函云：

　　　　本區代表會議已定十六日午後二時在敝校舉行，請轉問胡先生，屆時懇其蒞會或委派代表駕臨，指示進行為禱！

　　　　《宣言》、《黨章》等件，亦有黨外人士欲索閱者，能否再發下若干？入黨表一種，舉辦登記時，亦尚需用，望並發若干。

　　　　委交第四區分部宣言等一件，姑交人送上，究應如何處置，請核示。倘不妨暫為保管，可仍帶下，當待十六日會期，交與該區分部代表。

　　　　敬祝我們主義光明。

　　本函所用為萬竹小學 10 週紀念信箋，函中有“敝校”二字。據此可知，陳白係該校教員。函末有陳白附言：“關於區黨部執行委員人數，依照黨章第十章六十九條，應由中央執行委員會規定之，本區執行委員人數，應規定幾人，請示。”國民黨第一次全國代表大會通過的《總章》規定：國民黨以全國代表大會、地方代表大會、地方黨員大會為各該黨部之高級機關；其基層組織為“區分部”，設區分部執行委員；區分部之上為全區黨員大會或代表大會，選舉產生全區執行委員會，組成“區黨部”。據本函可知，國民黨上海執行部成立後，即根據《總章》，醞釀召開各區代表會議，成立區黨部。

　　預定在同日召開代表會議的還有第六區。該區第一區分部史以鑒致毛澤東函云：

　　　　此間今已決定於本月十六日（星期日）下午二時借座此處同濟大學工科樓上十二號（丁立俱君招待）開區代表大會，預備成立區黨部，祈代定開會秩序，屆時簡代表到會指示一切。幸甚！

　　此函不僅將會議時間、地點通知毛澤東，而且要求毛“代定會議秩序”，可見毛與下級黨部關係之深以及下級黨部對毛的信賴。

　　現在可以見到的國民黨人致毛澤東的信件，還有：

　　4 月 29 日孫鏡函，要求發給“本黨《總章》10 份”。

　　4 月 30 日“正”函，代表“楊行區分部”請求發給：入黨願書 50 份、《民國日報特刊》50 份、《總章》及《宣言》各 20 份。函側有毛澤東批注：“已覆。照發。”

　　5 月下旬蔡林蒸函，聲稱已有同志 9 人，將召開成立會，邀請毛澤東、羅章龍前來“指導一切”。函側有毛澤東批注：“業已成立區分部，執行委員蔡林蒸、何量澄（？）。五、卅。”

6 月 8 日陳葆元函，聲稱 "寄還王仲恬先生入黨表一紙和宣言書 15 份都已收到了，敝部所存之黨章已被人要完，望寄下 20 份以便熱心吾黨的人要看。" 又稱："刻又有一位同志孟家泰君入吾黨，現他底〔的〕入黨表、願書，和舊黨員何子培、季慶仁二君底〔的〕登記表各一紙寄上，向先生登記。王君之登記證望寄下。" 並稱："附上敝區分部五月份收支報告表二紙，望轉交貴執行部常務委員。"

上海第六區第二區分部秘書張廷灝（中共黨員）函，報告區分部執行委員為楊文焌、唐文梭、張廷灝；辦公地點為江灣復旦大學；管轄區域為 "復旦大學大、中學部，將來或可兼管江灣全鎮"；"黨員現有 45 人，尚有十餘人欲加入"；要求毛 "入黨表等再寄 50 份來"。

又，張廷灝函，報告 "《宣言》、《黨綱》、入黨表、《特刊》和信均已收到"，"惟尚缺志願書 20 張，請即擲下"。

從上述各函可知，毛澤東在上海執行部組織部的工作除辦理黨員登記外，還包括建立基層組織、發展新黨員等幾個方面。

上海執行部成立不久，胡漢民、汪精衛先後返粵，原來的三個常委中只剩下葉楚傖一人。1924 年 7 月，毛澤東因與葉楚傖之間經常發生分歧，辭去組織部秘書一職，推薦張廷灝繼任，毛本人專任文書科工作。

二、工作之二，從事平民教育運動

國民黨上海執行部成立後，一面建立、發展組織，一面決定從 "平民教育運動" 入手開展工作。3 月 6 日，執行部召開第二次會議，決定組織上海執行部平民教育委員會，指定汪精衛、葉楚傖、于右任、孫鏡、何世楨、邵力子（鄧中夏代）、惲代英、毛澤東等 9 人組成，互推孫鏡、鄧中夏、毛澤東三人為常務委員。今存鄧中夏 4 月 16 日函手跡云：

孫、毛先生：

弟因要參與上大平民學校教務會議，故不能到今日之常務會，特請劉伯倫兄為代表。

弟中夏

孫，指孫鏡，湖北京山人。1906年加入同盟會，武昌起義後任職於戰時總司令部，反袁鬥爭時任職於中華革命黨本部。國民黨改組期間，曾任黨務部代理部長，並曾出席國民黨"一大"。上海執行部成立後，任調查部秘書。函中所言劉伯倫，原為社會主義青年團南昌支部負責人，時為跨黨黨員，在上海執行部工作。同函附吳淞學校及楊樹浦平民學校預算兩紙，從中可知，鄧中夏當時已在平民教育方面做出了實際成績。

由於工作太忙，身體也不好，毛澤東於同年5月26日致函平民教育委員會，申請辭職。函云：

平教委員會諸同志：

弟因腦病日增，組織部及秘書處事務又繁，平教委員會常務委員勢難勝任，懇予准許辭職，另推一人接替。本月常務委員會議請劉伯倫同志代理出席。

毛澤東
五月廿六日

封面為："調查部。孫鐵人先生。毛絨"。孫鐵人，即上文提到的孫鏡，與毛澤東同為平民教育委員會常務委員。

三、工作之三，推廣合作運動

除"平民教育"外，國民黨上海執行部計劃進行的另一項工作是推廣合作運動。3月中旬，德國革命黨人佛朗克到滬，向國民黨人建議"在農村中進行消費及信用合作"，認為"此種事業，於革命及革命後的建設助力必大"。同月27日，上海執行部召開執行委員會，決定組織合作運動委員會。29日，召開談話會，胡漢民、林煥廷、郭景仁、邵力子、劉百倫、瞿秋白、毛澤東、佛朗克及"俄國同志"魏洛德等 9 人參加。會議由魏洛德講演"中國合作運動與外國合作運動之聯絡"，佛朗克講演"合作運動與革命黨之關係"，邵力子報告"中國合作運動情形"。4 月 10 日，國民黨上海執行部指定陳果夫、沈儀彬、許紹棣、葉楚傖、張廷灝、林煥廷、郭景仁、胡漢民、毛澤東、朱季恂等 11 人為合作運動委員會委員。

沒有材料說明毛澤東在擔任合作運動委員會委員後做了哪些工作，但張廷灝致毛澤東函云："下學期只要能維持我的生活，極願為合作運動效力也。"可見，毛曾督促張從事合作運動，對此事是熱心的。

四、左右鬥爭加劇，毛澤東離開上海

國民黨上海執行部的初期工作是有成績的，但不久即因"容共"問題發生左右分歧。1924 年 8 月 1 日，周頌西、喻育之等人在南方大學召集各區黨部代表會議，討論處置共產份子問題。會上，主張"容共"和反對"容共"的兩派發生分歧。次日，喻育之等到上海執行部，要求致電廣州國民黨中央"分共"，並毆打"跨黨黨員"邵力子。當時，主持執行部工作的葉楚傖採取騎牆態度，既未按右派要求致電國民黨中央，也未對喻育之等進行處理。對此，毛澤東極為不滿，聯合惲代英、施存統、鄧中夏、劉伯倫等跨黨黨員致函孫中山，控告葉楚傖"主持不力，跡近縱容"。同年 9 月，直系江蘇督軍齊燮元進攻皖系浙江督辦盧永祥，江浙戰爭爆發。孫中山和皖系、奉系早有聯盟，因此支持盧永祥，並企圖乘機北伐，推翻直系中央政府，統一中國，而中共中央則反對與任何軍閥結盟。陳獨秀與時任中央局秘書的毛澤東聯名發出通告，認為"江浙戰爭顯然是軍閥爭奪地盤與國際帝國主義操縱中國政治之一種表現"，"人民對任何軍閥戰爭不能存絲毫希望，可希望解救中國的惟有國民革命"。10 月 10 日，上海國民黨人召開雙十節國民大會，喻育之等支持盧永祥，反對齊燮元，上海大學學生、社會主義青年團團員、跨黨黨員黃仁等則根據中共中央指示，反對支援任何軍閥，兩派發生衝突，結果，黃仁被毆傷，推墮台下致死。事後，葉

楚傖自覺左右為難，棄職赴粵。23 日，葉以"辦理黨務困難"為理由向國民黨中央要求辭去上海執行部職務。24 日，毛澤東與國民黨中央委員、上海執行部成員沈定一、瞿秋白聯名致電廣東國民黨中央，電稱：

> 轉中央委員會。自楚傖登報辭職赴粵以來，滬部停滯，請電促葉、于、戴積極到部視事，或另派正式委員來滬負責，俾免中絕。
>
> 沈定一、瞿秋白、毛澤東。

于，指于右任，上海執行部工人農民部部長；戴，指戴季陶，由孫中山任命的國民黨中央駐滬委員。二人雖均為上海執行部成員，但均不參預執行部工作，因此，沈、瞿、毛三人要求國民黨中央加以督促。11 月 6 日，國民黨中央討論沈定一等來電，決議慰留葉楚傖，催促葉、于、戴三委員積極到上海執行部視事。在廖仲愷、汪精衛力勸下，葉楚傖雖然回上海了，但是，上海執行部和上海國民黨人之間的左右矛盾日益加劇，

自上海國民黨內部左右派矛盾加劇後，經費即不能照發，加上負責無人，工作幾乎停滯。同年 11 月 13 日，孫中山自廣州北上，途經上海，毛澤東即以國民黨上海執行部秘書處文書科主任名義，聯絡張廷灝、羅章龍、惲代英等 14 人，致函孫中山，反映執行部情況，要求孫派人解決。同年 12 月，毛澤東因勞累過度患病，於當年年底回湘療養，結束了在國民黨上海執行部的工作。

柳亞子"非常可駭"的建議 *

惲代英逝世後，柳亞子作詩五首哀悼，其一云：

---

* 原載《民國春秋》，1988 年第 5 期。錄自楊天石《國民黨人與前期中華民國》，中國人民大學出版社 2007 年版。

百粵重逢日，軒然起大波。我謀嗟不用，君意定如何？矢日盟猶在，回天事已訛。蒼茫揮手別，生死兩蹉跎。

詩下自注云："余在廣州，曾建議為非常可駭之事，君不能用。" 1926 年 4 月，柳亞子在上海第一次認識惲代英。5 月，赴廣州，出席國民黨二屆二中全會，與惲代英重逢。本詩回憶的即是這次重逢的情景。從詩和注可以看出，當時柳亞子曾向惲代英提出了一項 "非常可駭" 的建議，而惲代英不能採納，柳亞子失望地離開了廣州。

這是怎麼回事呢？根據柳亞子 1950 年 12 月 16 日在民革中央的講話，事情是這樣的：

國民黨二屆二中全會召開的時候，距蔣介石製造中山艦事件還不到兩個月。為了奪取和控制黨權，蔣介石便以 "改善中國國民黨與共產黨之間的關係" 為名，提出 "整理黨務案"，對共產黨員加入國民黨及在高級黨部中任職提出了種種限制。柳亞子是個政治上很敏感的人，他迅速識破了蔣介石的意圖。為了維護國共合作，他和國民黨左派朱季恂、共產黨員侯紹裘二人一起找到蔣介石，進行了一場針鋒相對的舌戰。柳亞子質問蔣介石："你到底是總理的信徒，還是總理的叛徒？如果是總理的信徒，就應當切實地執行三大政策。" 蔣介石答道："政策和主義不同。主義亙古不變，政策不妨變通一下。" 柳亞子駁斥道："你不懂得政策和政略的分別。政略是可以隨時變換的，政策就不應該輕易放棄。就以政略而論，必須環境變化才有變通的必要。總理生前，為了反帝、反封建、反買辦資產階級，所以定下了偉大的三大政策。現在帝國主義鴟張猶昔，北洋軍閥虎負如前，而買辦資產階級，以廣州而論，就曾挑起了商團之變。這些事實，難道你身負黨國重任，還能瞠目不睹嗎？" 柳亞子的這一席話把蔣介石說得面紅耳赤，默不作聲。說完，柳亞子等便拂袖而去。

和蔣介石交鋒之後，柳亞子斷定蔣定石一定要做陳炯明第二，鬧出更大的亂子來，必須迅速採取果斷措施。他和朱季恂、侯紹裘等四處活動，都不得要領。最後，柳亞子找到了正在黃埔軍校擔任政治總教官的惲代英，向他建議，用張良對付秦始皇的辦法，找一個刺客去結果了蔣介石。惲代英不同意，說：

"北伐大業未成，我們還要留著他打仗呢！"柳亞子一聽就急了，爭辯說："北伐為的是什麼？不是目的在求中國之自由平等嗎？倘然讓這種總理的叛徒去統一中國，結果一定比北洋軍閥還要糟糕。在楊希閔、劉震寰割據的時代，總理說過，他們戴了我的帽子，來蹂躪我的家鄉，是非常痛心的事情。照我的意見，與其讓蔣介石戴著中國國民黨的帽子，來做出賣民族的勾當，還不如讓北洋軍閥打進來，連廣州都不要。因為後者還不過是軍事上的損失，隨時可以捲土重來。而前者呢？把中國國民黨的金字招牌，丟到糞坑裏去，將來就是有人把它撈出來，三熏而三沐之，恐怕臭氣薰蒸，還是叫人家不容易忍受吧！所以，照我的主張，就非立刻出重賞，求勇夫，把蔣介石打死了再講。不然，將來的後果，我就不忍說了。"惲代英不相信事情有那樣嚴重，開玩笑地說："人家叫我們共產黨作過激黨，認為洪水猛獸。你老哥的看法，卻比我們共產黨還要深刻到幾十倍。那末，應該在過激黨上面，再加一個過字，稱你老哥為'過過激黨'吧！"談到這裏，柳亞子站起來拉住惲代英的手嚴肅地說："我們是好朋友、好同志，玩笑是玩笑，正經是正經，你今天不贊成殺蔣介石，怕蔣介石將來會殺你呢！"說著說著，便掉下淚來。這時，惲代英也感動了，安慰柳亞子說："我們再好好考慮一下吧。"

柳亞子和惲代英談話之後十多天，接到老母病重的電報，不得不離開廣州。行前，他去黃花崗祭掃廖仲愷墓，有詩云：

> 亂草斜陽哭墓門，從知人世有煩冤。風雲已盡年時氣，涕淚難乾袖底痕。何止成名嗤阮籍，最憐作賊是王敦，匹夫橫議誰能諒？地下應招未死魂。

王敦，東晉初大臣，曾起兵進攻建康（今南京），圖謀奪取司馬氏政權，這裏藉指蔣介石。"匹夫橫議"，仍指"非常可駭"的建議。柳亞子慨歎失去了廖仲愷這樣一個優秀的同志，無人能夠理解他的思想。

共產黨人素來反對個人恐怖行為，收買刺客去暗殺蔣介石這樣的事是不會幹的。但是，中國共產黨早期的一些領導人當時確實對蔣介石圖謀清黨反共缺乏足夠的警惕。惲代英所說："北伐大業未成，我們還要留著他打仗呢！"這兩句話反映出共產黨某些領導人的麻痹情緒。柳亞子提醒惲代英："怕將來蔣介石會殺你呢！"果然，1930年，惲代英在上海被捕，次年4月29日犧牲於南京獄中。柳亞子不幸而言中了。

馮玉祥加入國民黨始末 [*]
—— 近世名人未刊函電過眼錄

發展馮玉祥加入國民黨，肇端於廖仲愷的建議。台北中國國民黨黨史館所藏廖仲愷致汪精衛未刊電稿云：

北京執行部李石曾轉精衛兄：

一、中央決定總理追悼大會後至月底止，於各界廣徵黨員。馮及所部愛護總理備至，且表同情於本黨，當能為本黨主義政綱奮鬥，以達國民革命之成功，能由兄與季龍介紹馮入黨否，請商季龍圖之。

二、愷患病便後出血二年餘，近益加甚，非速割治不可，而廣州、潮汕兩方政務黨務，皆須有人照料。愷元日需再赴汕，歸當入院治療。兄病瘁，請即歸，並堅約季陶、元沖同行，以維總理創業於不墜。切盼！

末署："愷。真。四月十一日發。"據字跡，本電稿為廖仲愷手筆。

函中所稱 "北京執行部"，指國民黨北京執行部。季龍，徐謙的字。徐是國民黨老黨員。1912年，任國民黨本部參議。1920年11月，任廣州軍政府司法部部長、大理院院長。1924年10月，應馮玉祥之邀，到北京參加國事會議。

---

* 原載《百年潮》，2003年第4期。錄自楊天石《國民黨人與前期中華民國》，中國人民大學出版社2007年版。

1926 年 1 月，當選國民黨第二屆中央執行委員。不久，任北京執行部主任。

孫中山於 1925 年 3 月 12 日在北京逝世後，廣州即於同日組織哀典籌備委員會。21 日，廖仲愷、胡漢民、蔣介石等通電表示：「謹遵總理遺志，繼續努力革命。」其後，各項悼念活動陸續展開，大規模徵集國民黨黨員即是其中之一。

廖電稱：「馮煥章及所部愛護總理備至，且表同情於本黨。」這是不錯的。馮玉祥與孫中山的關係，淵源很久。

馮玉祥早年即具有革命思想，武昌起義後曾在灤州舉兵回應。1917 年 12 月，段祺瑞為實行「武力統一」政策，進攻南方「護法」軍，命馮玉祥率部援湘，但馮不願參與軍閥混戰，於次年 2 月 14 日、18 日兩次通電，主張罷兵修好，恢復已被破壞的國會。孫中山讀到了馮玉祥的這一通電文，又從來粵的徐謙處得悉馮的政治主張，便於 3 月 4 日致函馮玉祥，稱他為「愛國軍人模範」，鼓勵他「以恢復舊國會之主張，明白宣示全國」。1920 年夏，馮玉祥駐軍漢口諶家磯，致函孫中山稱：「真正救國，只有先生一人」，「今雖扼於環境，未能追隨，但精神上之結合，固已有日」。同年 9 月，孫中山派徐謙、鈕永建持函到漢口，表達「一致從事革命工作」之意，使馮大受鼓舞，當即表示：「四萬萬五千萬人民都把眼睛望著中山先生和他所領導的團體」。11 月，馮玉祥派秘書任佑民赴粵，向孫中山保證：「只要用得著我時，我當然無不盡力以赴。」同年冬，馮玉祥移師信陽，得到孫中山的傳語：「北方革命，希望在馮。」當時，馮正因軍餉無著，憂憤成病，躺臥在帳篷裏，聽到孫中山的傳語後，頓時躍起。

1921 年，馮玉祥奉北洋政府之命入陝。馬伯援到馮的駐地，傳達國民黨方面的期望。其後，馮率部東下，囑馬赴粵，向孫中山提出五條意見，建議「結合擁護共和者，為一大團體而救危亡」。其後，孫馮關係日密。

1923 年，孫中山希望藉助蘇聯的幫助，在庫倫訓練軍隊，由蒙古南部進攻北京，因此，一面派蔣介石率領孫逸仙代表團赴蘇，希望得到蘇方支持；一面則希望馮玉祥在北方有所作為。10 月 25 日，孫中山對馬伯援說：「馮煥章若真革命，必須加入國民黨。」12 月 14 日，馬伯援到北京南苑向馮介紹孫中山北上的決心及其俄蒙計劃，馮玉祥認為當時條件還不具備，對馬說：「政府的兵力，數倍吾人，冒險盲動，終必失敗，稍待則濟，我終要革命的，請轉語中山先生及季龍。"此後，馮玉祥即積極準備。1924 年 1 月，孫中山命孔祥熙攜帶《建國方略》一部贈馮，馮讀後，深受啟迪。同年 10 月，馮玉祥在北京發動政變，推翻以曹錕為代表的直系政權，實現了他對孫中山的諾言，也實現了許多國民黨人"首都革命"的夢想。馮為表示服膺國民革命，將所部改編為國民軍。11 月 7 日，馮玉祥請馬伯援持函面見孫中山，邀孫北上。電稱："先生黨國偉人，革命先進，務希即日北上，指導一切。" 12 月 4 日，孫中山抵達天津，馮玉祥特派參謀長熊斌赴津歡迎。12 月 30 日，孫中山抵達北京，馮玉祥親赴鐵獅子胡同行轅，向孫中山請教解決時局辦法。孫中山提出召開國民會議、廢除不平等條約等主張，被馮玉祥認為是"救時之良方"。孫中山逝世後，馮玉祥下令全軍帶孝 7 日，並將《三民主義》、《建國大綱》、《建國方略》等書頒發全軍少校以上官佐。

鑒於馮玉祥在孫中山去世前後的表現，廖仲愷建議汪精衛與徐謙商量，介紹馮玉祥參加國民黨。馮部是當時北方軍隊中唯一傾向進步的力量，吸收馮參加國民黨顯然是正確而必要的。但是，馮擔心部隊受國民黨影響，自己不易控制，又怕戴上"紅帽子"之後，在軍閥中孤立，再加上有傳統的所謂"君子群而不黨"一類觀念，因此，馮在接近國民黨的時候，又和國民黨保持距離。1926 年 3 月，馮玉祥赴蘇考察，途次蒙古庫倫，適值蘇俄顧問鮑羅廷及原在北京活動的國民黨人顧孟餘、徐謙等人途經該地，準備轉道海參崴，南下廣東。鮑羅廷等要求馮的國民軍與國民黨合作，並向馮宣傳"如何救民救國及黨之重要"。徐謙與馮玉祥會面後，即針對馮的顧慮加以說服，聲稱國民黨是"有組織、有主義、有紀律的一種政黨，是以國家民族的利益為前提"，動員馮加入。此次，馮有允意，徐謙即決定放棄南下打算，隨馮玉祥赴俄。5 月 9 日，馮、徐抵達莫斯科。10 日，馮在莫斯科參觀列寧墓。日記云："規模狹小，鋪設簡單，共黨人員可謂不失列寧平民化之精神矣。"同日日記云："本日決心加入國民黨，為國民黨一黨員，以努力致力於中國國民革命。"其後遂經徐謙介紹，填具願書，正式加入國民黨。6 月初，在廣州的蔣介石、譚延闓籌備北伐，致電馮玉祥，邀其赴粵會談。11 日，馮覆電建議雙方軍隊"會師武漢"，表示即派李鳴鍾、劉驥歸國會商。17日，馮玉祥為李、劉二人書寫致蔣介石、譚延闓的介紹函（未刊），中云：

> 前承電示，以國民革命事業會議粵中。茲事體大，自當充分注重。弟因事不能離莫，特請李督辦鳴鍾、劉總參謀長驥兩同志為全權代表前往與會並接洽一切，以此電覆，諒已鑒入矣。
>
> 年來國事日非，帝國主義者及其卵翼下之軍閥益肆行無忌，對於國民，加緊進攻，救國之方，惟有遵照總理中山先生遺訓，從事於國民革命。弟偕季龍同志遠來莫京，於政治、經濟、軍事等項，日有所考察，與平素所服膺之三民主義相印證，愈為佩仰，遂毅然加入國民黨，與諸同志共同奮鬥。李君鳴鍾、劉君驥均有覺悟，亦於日前加入國民黨矣。

李鳴鍾，河南沈丘人。1909年畢業於隨軍隨營學堂。歷任步兵團長、旅長。1924年任國民軍第一軍第六師長。1925年任國民軍西路總指揮。次年，任甘肅軍務督辦。劉驥，湖北鍾祥人。清末入新軍，與馮玉祥同伍，灤州起義參加者，後畢業於北京陸軍大學，曾任國民軍總參謀長。

馮玉祥到達莫斯科後，蘇聯政府派專家為他講解辯證法唯物論，引導他參觀機關、學校、工廠、兵營，共產國際和中共駐共產國際代表團也派劉伯堅、蔡和森等人做他的思想工作。其間，馮並受到蘇聯政府和蘇共領導人加里寧、托洛茨基以及列寧夫人克魯普斯卡婭等人的接見。在各方幫助下，馮的思想發生很大變化。從此函所稱 "弟偕季龍遠來莫京" 等語，可見蘇聯以及徐謙等對於馮玉祥的影響。後來，馮玉祥在《自傳》中說："吾自十五年二月由平地泉啟行，經庫倫、烏金斯克乘西伯利亞火車至俄，則參觀莫斯科、列寧城（即聖彼得堡）之新建設，而於其革命成功之由，亦博訪而審查之。又時與中國國民黨要人時相過從，已深知革命策略。嘗謂革命而無一旗幟鮮明之主義，正確革命黨為之領導，向一定之政治目標奮鬥，決不能取得與永遠保持其政權。" 這裏所談 "時相過從" 的 "中國國民黨要人" 正是徐謙。

可見，從1925年4月廖仲愷提議，將發展馮玉祥入黨的任務交給徐謙起，徐謙就一直在為此而堅持不懈地努力。

　　馮玉祥本人加入國民黨後，不久又通令國民軍全體加入。同年 8 月，國民黨中央任命馮玉祥為國民軍總黨代表。

沈雁冰致林伯渠函手跡 *
——讀台灣國民黨黨史會藏檔案

　　1996 年，我在台北中國國民黨黨史會閱讀檔案期間，發現沈雁冰致林伯渠函手跡一通，為各本茅盾文集所未收，對研究沈雁冰生平和第一次國共合作史頗有價值。函云：

　　　　茲由劉伯垂同志匯來交通局四五兩月經費大洋兩千圓正，業已收到。前者許志行同志來信謂交通局此後經費有無著落，尚不可知，囑有一錢用一錢，不可負債。此次劉伯垂同志亦以是為言。但交通局非比別的機關，存在一天，即須一天的錢，故如此後若竟無法，則不如將交通局取消，否則，中央應籌的款，按月撥寄，且須於每月月頭寄下也。現在所有餘款，極遲能維持至本月二十日，以後若無款來，萬萬不能維持。故此特函先生，請在常務委員會中提出，如果取消，則早日通知此間。我另外也有呈文給秘書處，請示辦法。但聽說秘書處改組了，恐怕新任者未明情形，以為乃不急之事，不即提出中央會議，故特函先生。此間候至本月二十日，若無覆示，又無款來，則就要作收束準備了。臨穎無任迫切，專待回玉。此致黨禮！

沈雁冰

六月六日

---

*　原載《書屋》，1997 年第 5 期。錄自楊天石《國民黨人與前期中華民國》，中國人民大學出版社 2007 年版。

封面為："廣州大東路三十號省議會林伯渠先生台啟"，下署 "上海虯江路鴻慶坊一〇三三號趙寄"，左上角有 "快信" 二字。信箋上端填有 "15 年 6 月 6 日"，據此，知此函為 1926 年 6 月 6 日作。函中所言劉伯垂，又名劉芬，上海共產主義小組成員、中共黨員，第一次國共合作期間曾任國民黨中央秘書處書記長。許志行，江蘇吳縣人，早年即與毛澤東相識。從事工人運動和革命宣傳工作，時任國民黨中央宣傳部交通局助理。

沈雁冰於 1921 年先後在上海參加共產主義小組和中國共產黨，同年加入中國國民黨。1926 年出席在廣州召開的國民黨第二次全國代表大會，會後留在廣州任國民黨中央宣傳部秘書。其間，曾一度代替毛澤東主持國民黨中央宣傳部部務。

中山艦事件後，毛澤東鑒於上海《民國日報》已為右派掌握，建議沈雁冰到上海辦一份 "黨報"，沈雁冰因此回到尚在軍閥孫傳芳統治下的上海，任國民黨上海特別市黨部主任委員，兼上海交通局代主任。

交通局，成立於 1925 年 11 月，係國民黨中央根據毛澤東建議在上海建立的秘密機關。當時，孫傳芳派有專人在上海郵政總局檢扣從廣州寄來的進步書報，因此，毛澤東為國民黨中央宣部主編的《政治週報》、各種宣傳大綱及有關文件，均由自廣州開赴上海的輪船上的海員工人攜帶，轉交交通局。然後由交通局翻印，轉寄北方及長江一帶的國民黨部。交通局共有職員四五人，均為共產黨員。會計由惲代英兼，後來改派他人，但也是共產黨員。

交通局初由國民黨中央宣傳部管理。1926 年 5 月 20 日，毛澤東在國民黨二屆二中全會報告時曾盛讚交通局的工作，認為國民黨一大以來，中央與北方、中部各地黨部甚形隔閡，宣傳品差不多完全只散發在廣東方面，自交通局設立，始有大批宣傳品送達北方、長江各省。同月底，交通局改由國民黨中央秘書處管理，經費遲遲不發。因此，沈雁冰不得不致函國民黨中央秘書處，同時致函時任國民黨中常務委員會委員的林伯渠，要求切實解決經費問題，否則，只能將交通局結束。

國民黨黨史會還存有沈雁冰此函的收文單，上有 "十五年六月十六日收到"，及 "常務會議"、"三十七次"、"中央特別費項下支撥" 等字樣。此外，還存有覆沈雁冰函稿一份，文云：

> 逕覆者，頃接來函，請將交通局經費按月匯寄，否則不如將交通局
> 取消等語。當經提交本會第三十七次會議議決，在中央特別費項下支撥等
> 由，相應錄案函覆，希為查照。此致
> 沈雁冰同志。
>
> 　　　　　　　　　　　　　　　　　　中央執行委員會常務委員會

稿側有"寄玄珠收"、"上海閘北香山路仁餘里二十八號"、"文學週報社"、
"常緘"等字樣。"玄珠"，沈雁冰的筆名之一。所謂"文學週報社"、"常緘"
云云，連同沈雁冰去函所稱"趙寄"等，都是迷惑孫傳芳的郵檢人員的障眼法。

此函主稿人員為黃天弼，在"6月28日送稿，6月29日判行，6月29日
繕發"等字側並有一簽字："林。"據此可知，林伯渠收到沈雁冰來函後，及時
提交國民黨中央常務委員會第三十七次會議討論，迅速作出決定並迅速由林伯
渠主持，批准了覆函。

關於交通局及其經費解決經過，沈雁冰在《我走過的道路》一書中曾有所
回憶。他說："結果，廣州來函任命我為主任，並規定經費每月 1000 元。由中
央特別費項下支撥。"[1] 此信及相關檔案的發現，為沈雁冰的回憶提供了有力的
佐證。

據沈雁冰回憶，8月上旬，他還曾函請國民黨中央秘書處批准交通局設置
視察員一人，按時視察北方及長江流域各省黨務及工農運動情況，寫出書面報
告。函中，沈雁冰要求國民黨中央核示，視察員的車馬費應如何報銷。函發，
沒有回音。因此，沈雁冰於十餘天後再函國民黨中央，以生病為理由要求辭
職，並請共產黨員候紹裘代理。這一來，國民黨中央才回函挽留，並批准視察
員的車馬費可實報實銷。這樣，沈雁冰就在交通局的崗位上一直工作到當年
年底。

1　人民文學出版社 1981 版，第 314 頁。

蔣介石假令槍斃孫元良 *

　　孫元良是國民黨的著名將領，一生很打過幾次硬仗。但是，他年輕的時候，卻曾因畏敵逃跑，差點兒被蔣介石下令槍斃掉。

　　那是 1926 年秋，國民革命軍首攻江西南昌之後。當時，孫元良正在王柏齡的第一軍第一師任第一團團長，臨時隨全師歸第六軍軍長程潛指揮。9 月中旬，程潛探悉南昌城防空虛，命第六軍十九師星夜兼程前進，突入城內，同時命第一軍第一師代師長王俊率部奪取南昌城郊的牛行車站，控制南潯路。城是進去了，但牛行車站卻始終沒有拿下來。除第一師第三團薛岳部在當地苦戰外，王俊本人卻率領大隊人馬糊裏糊塗地去攻擊南昌北邊的樂化車站。等到醒悟過來，企圖回攻牛行時，為時已晚。江西軍閥鄧如琢和孫傳芳的援贛軍迅速由南北兩面合圍，以優勢的兵力、火力反撲。王俊、孫元良和敵軍甫一接觸，即向南昌西面的奉新地區撤退。程潛感到孤城難守，下令放棄南昌。結果，第六軍和第一軍一師都受到慘重損失。程潛剃鬚化裝，靠了江西老俵的領路，才得以擺脫敵人。王柏齡和一軍黨代表繆斌則下落不明。事後，孫元良團被程潛派駐奉新，向東警戒，掩護主力部隊集結，但孫元良卻拒不執行命令，一聞敵訊，便繼續西撤。這樣，矛盾就爆發了。

　　10 月 1 日，蔣介石得悉南昌敗訊。次日，又接到加倫將軍報告，孫元良不守奉新，退至羅坊，並得悉王柏齡、繆斌逃避不歸。第一師是蔣介石的嫡系部隊，表現如此不濟，這使蔣介石大為惱怒。3 日，蔣介石匆匆趕赴奉新，召集一師官兵訓話，痛斥代師長王俊指揮無方，並下令槍斃孫元良。他說："這次打仗，第一團孫團長沒有命令退卻，應照革命軍的連坐法拿來槍斃。這次失敗，是我們革命軍最不名譽的一件事，也是北伐史上最恥辱的一頁。倘使第一師不退下來的時候，我們的戰事一定不會失敗。所以孫團長沒有命令，擅自退了下

---

* 　原載《團結報》，1990 年 6 月 11 日。錄自楊天石《國民黨人與前期中華民國》，中國人民大學出版社 2007年版。

來，一定要按法槍斃。我們第一師從前是最光榮、最有名譽的軍隊，現在被孫團長個人毀壞，難道還能不槍斃他嗎？"4日，又召集第六軍官兵和一師孫元良團全體將士訓話，重申必須槍斃孫元良。兩次訓話，第一次一小時，第二次兩小時，每次都慷慨激昂、聲色俱厲，聽者莫不怦然心動。第六軍十七師有一個下級軍官曾經寫過一篇題為《追悼孫元良》的文章，反映出蔣介石的訓話和執行軍紀所引起的震撼。文稱：

> 孫元良同志原是我第一師的一個團長，他現在已受連坐法槍決了，我以同志的資格追悼他幾句話。我們革命軍人是不怕敵人的，不怕死的，雖千軍萬馬的圍中還要殺條血路衝出去。你這樣的死，真是為你可惜。我們要曉得，敵人是怕革命的，他哪敢向我深入呢？查當日來奉新的敵人不上兩百，所有槍支不過數十支，以為他作一個很猛烈的進攻，被他騙掉了你的性命，我實在替你可憐。但是，你這一死，一面表示了我革命軍的連坐法精神，一面促起好多同志的奮發，總算說是死也值得。可我回過頭來敬告我最親愛的同志們，我們的總司令說的，我不怕敵，敵必怕我；我們怕敵，敵必殺我。我們大家要緊記在心。

這位軍官很天真，他以為孫元良真的被槍斃了，所以才寫了這段文字，表示痛惜，也用以激勵同志。他哪裏想到，孫元良並沒有死，在執行槍決之前，孫元良得到蔣先雲的通知，逃了。蔣先雲當時是蔣介石的秘書，此舉顯然出於蔣介石的授意。孫元良是黃埔一期畢業生，曾在蔣介石的身邊任警衛團長，可以說是親信之一。他怎麼會捨得殺掉這樣一個人呢！

孫元良逃命之後，跑到武漢，求見國民革命軍總政治部主任鄧演達，鄧演達不見；跑到日本，蔣介石卻親筆寫信介紹他進日本陸軍大學，並匯寄學費3000元。這也說明，當初蔣介石下令槍斃孫元良是假的，是做給大家看的。

北伐中蔣介石負傷身死的風傳 *

北伐時期，蔣介石打過一次敗仗。那是在 1926 年 10 月，國民革命軍第二次進攻南昌之際。

南昌易守難攻，加上守城的軍閥部隊在城外縱火焚燒民房，使得國民革命軍失去了進攻的屏障。10 月 12 日，攻城失利。同日，蔣介石到達南昌，親赴北門陣地，與魯滌平、白崇禧計議之後，決定當夜爬城硬攻。不料正在進行準備之際，守城部隊卻從城下水閘中破關而出，突襲攻城的北伐軍。時值黑夜，不辨虛實，一時秩序大亂。蔣介石幾次抓住白崇禧的手問："怎麼辦？怎麼辦？"幸而白崇禧已在贛江上游搭了兩座浮橋，於是便下令全軍撤退。混亂中，團長文志文等陣亡，部隊及裝備都受到很大損失。事後，孫傳芳、吳佩孚等便競相宣傳蔣介石負傷身死，很是高興了一陣子。

最早宣佈這一消息的是孫傳芳在九江的聯軍總部參謀處。該處於 10 月 15 日通電云：

> 據俘虜及百姓均稱：蔣中正在南昌附近受傷甚重，聞係子彈中其腹部，因而致亡。俄人鮑羅廷、加倫等亦受傷，均抱頭鼠竄而去云云。

同日，在孫傳芳左右參贊軍事的蔣方震致電上海丁文江聲稱，14 日晚，"清掃戰場之結果，知加倫、蔣中正均親在戰場。蔣在贛江東岸，有受傷之說。"蔣方震到底是個軍事家，比較持重，所以只宣佈蔣介石"受傷"，而且不很肯定。孫傳芳可就按捺不住了，他於 17 日通電云：

> 頃據南昌某銅元局附近某外國教士面稱：本月 12 日午刻，南昌戰事極

---

* 原載《團結報》，1988 年 2 月 2 日。錄自楊天石《國民黨人與前期中華民國》，中國人民大學出版社 2007 年版。

烈，蔣介石攜俄人加倫親到銅元局附近指揮，並親見其手斃學生四名。因前方微形動搖，遂乘馬巡視戰線。適聯軍炮彈飛來，正中馬腹，蔣中正遂因而墜地，被破片中其左腋，流血甚多。

這份電報很具體，有時間，有地點，而且是"外國教士面稱"，大概是確鑿無疑的了。但美中不足的是，蔣介石的受傷部位始終搞不清楚。本電說是"左腋"，而 18 日孫傳芳的電報則又改稱"肩及腿部均受重傷"。雖然北洋將領已經從這件事上看到了勝利的希望："佇看樓蘭將滅，痛飲黃龍"，但蔣介石沒有死，總覺有點掃興，於是孫傳芳於 24 日再次通電：

> 項據香港坐探電稱：蔣逆因傷身死，俄賊加倫同時受傷，日前粵政府曾派員慰問蔣逆，並迎汪回粵主持，蛛絲馬跡，事非無因。

這回不僅有"香港坐探"作證，而且孫傳芳還對廣東國民政府的政情作了分析，終於得出了"事非無因"的結論。誰說孫傳芳只是個大老粗，他蠻會動腦子呢！

在孫傳芳通電的同一天，吳佩孚也電稱：

> 項接香港電報局劉局長禑（22 日）電稱：皓（19 日）電謹悉。粵港盛傳蔣逆因傷身死，雖未證實，但粵政府無故派員前往慰問，受傷之說，必非虛傳等語，除飭前方上下游各軍三方夾擊，乘機殲敵外，特達。

看起來，吳佩孚還是比孫傳芳老練，也比他會做文章，"雖未證實"、"必非虛傳"云云，真是可進可退，滴水不漏，而結尾的"三方夾擊，乘機殲敵"等語，尤為不可缺少的重要筆墨。

此後，孫、吳們繼續宣傳蔣介石已經死去。10 月 31 日，聯軍總部電稱：接長沙美國醫院電報，蔣介石因腿部受傷肉爛，死於長沙病院。11 月 2 日，吳佩孚也發出類似電報，並且指明死亡日期是 10 月 29 日。但不久，這"消息"

又"不確"了，據說：蔣介石係足部與腕部負傷，大約足部須截去云云。

眾所周知，上述種種，均屬謠言。不過，讀者也許會問，對於這種未經確證的風傳，孫傳芳、吳佩孚為什麼會鼓吹得那樣認真、迅速、起勁呢？原因很簡單，在北伐軍的沉重打擊下，孫、吳們已經氣息奄奄，不得不靠這一類的風傳作強心劑了。

報國危曾捋虎鬚 *
——記"三省聯合會"與孫傳芳的廣告戰

1926 年 12 月 26 日，上海《申報》廣告欄突然出現了一份《孫傳芳啟事》：

> 近聞滬上有人假藉蘇、皖、浙三省公團名義，希圖破壞三省之安寧，離間芳與三省父老昆季之感情，其居心殊屬叵測。芳為鞏固三省治安與保障全體人民起見，於職權範圍內斷不能任少數奸人信口鼓簧，淆惑聽聞，致危及地方之安全也。各界人士如有關懷三省治安、人民意見者，請即來轅面陳，芳當敬謹拜嘉也。否則軍法所在，絕不寬貸。

孫傳芳這個軍閥與別的軍閥很有點不同，他不僅懂得"武功"，而且懂得"文治"，就拿這份啟事來說吧，他既擺出中國古人禮賢下士的風度，又裝點了某些"民主"姿態，表示歡迎各界人士"來轅面陳"，"芳當敬謹拜嘉"。但是，這一切都掩飾不住他滿腔的怒火，"軍法所在，絕不寬貸"，才是這份啟事的精義所在。這個為孫傳芳所切齒痛恨的"公團"，就是在他刺刀前成立的皖、蘇、浙三省聯合會。

---

* 原載《民國春秋》，1989 年第 6 期。錄自楊天石《國民黨人與前期中華民國》，中國人民大學出版社 2007 年版。

當年 11 月 7 日，孫傳芳在江西被北伐軍打得大敗，狼狽逃回南京，立即在江西、福建、安徽、江蘇、浙江五省範圍內戒嚴，宣佈"集會結社，於時機有妨礙者，即時解散，違即逮捕"；"新聞雜誌及圖書告白，有妨礙時機者，即時封禁，違即逮捕"。就在這一片"逮捕"的喧囂中，皖、蘇、浙三省聯合會成立了。

11 月 10 日，沈鈞儒等在上海全浙公會邀集巡集蘇、皖兩省人士座談，一致認為，為了從孫傳芳的統治下擺脫出來，有積極結合的必要。會議推沈鈞儒起草通電、簡章。11 日，沈鈞儒，許世英、董康、褚輔成、王紹鏊、殷汝驪、孟森等三省人士 30 餘人再次集會討論。14 日，舉行成立大會，沈鈞儒、黃炎培、褚輔成、許世英等 50 餘人出席。會議通過的簡章規定："以人民直接負責，速行實現民治為目的。"會後通電稱："以後凡關於三省範圍以內一切關於政治行動，皆應以三省人民為其主體。縱有阻難，無所畏避。"通電要求：1. 劃皖、蘇、浙三省為自治區域，一切政治應即由人民分別推舉委員，組織委員會參加處理；2. 上海應為特別市；3. 廣州暨奉天、直魯方面接洽和平，應即由三省人民直接推舉代表，任其職責；4. 三省以內軍事行動應即日停止。同日，國民黨安徽省黨部，江蘇、浙江及上海特別市黨部發表聯合宣言，精神與三省聯合會通電大體相同，但增加了"拒絕奉魯軍南下"的內容。

蔡元培最初沒有參加三省聯合會的籌備工作。11 月 21 日，全浙公會舉行特別會議，蔡元培、虞洽卿、褚輔成等 12 人當選為三省聯合會委員。當場派代表兩人前往蔡元培寓處徵求同意。蔡元培表示："責任所在，自當勉任。"自此，蔡元培就站到了鬥爭的第一線，成為三省聯合會的旗幟。

三省聯合會下設軍事、外交、政治、財政各委員會，成立後，先後做了下述工作：

一、指責孫傳芳降奉。江西戰敗後，孫傳芳感到勢力孤單，於 11 月 18 日秘密赴津，參加張作霖召集的蔡園會議，覥顏卑詞地向這個不久前的敵人乞援，"一致團結以對黨軍"。23 日，三省聯合會發表通電聲明"孫傳芳分屬軍隊，自始不應與三省政治發生關係。現既棄軍隊他往，以後孫氏行動表示，當然完全與三省無涉"。同時聲明："吾皖、蘇、浙三省，已聲明劃為民治區域，此後主體即為人民，奉、直、魯首領如有對三省軍事行動，即為對於人民作戰，吾三省人民誓以民意抵抗之。"同月底，報載孫傳芳自天津赴寧，三省聯合會立即致電孫傳芳："請勿昧於進退，重干三省政務。"12月17日，進一步要求孫傳芳"表明態度，離去軍隊"。

二、反對奉魯軍南下。為了抗擊北伐軍，蔡園會議決定，由張宗昌率魯軍赴寧，嗣後又決定，由魯軍保守安徽及長江北岸。11月28日，三省聯合會通電號名"三省以內贊助民治之海陸軍隊，速行明白表示態度，本守土之責，協力奮起，一致捍衛"。同日，與上海總工會、商會、學聯等團體聯合召開上海市民大會，蔡元培被推為大會主席團成員。會上蔡元培慷慨陳詞："江浙為中國文化先進之區，對於此種強暴軍閥，當然不能容其立足。吾人今後為謀切身利益問題而（爭取）解放、自由者，只有市民起而組織人民政府。"會議通過的宣言號召"上海人民武裝自己"，"宣佈上海自治"。

三、推進自治運動。上海市民大會後，三省聯合會即委託楊天驥、沈鈞儒二人起草《上海特別市組織大綱》，規定由上海各職業團體及地方團體選舉50人至70人，組成臨時市議會，作為立法機關；由市議員推選行政委員7人至11人，執行市內一切事務。三省聯合會本擬於12月5日與上海各團體聯合召開第二次市民大會，因上海戒嚴司令李寶章禁阻，於12日改開上海特別市自治運動各團體代表大會，議決如不劃上海為特別市，實行市民自治，即以不納租稅相抗。會議決定由上海特別市市民公會籌備組織上海特別市政府。蔡元培再次在會上發表了慷慨激烈的講話，他呼籲"有助於市民之軍隊"起來"驅逐橫暴之軍閥"，"以有權有力之嘗試運動，而期其實現成功"。這實際上是在號召武裝起義。12月19日，杭州冬縣聯合會開會，通過《浙江省政府組織大綱》，選出蔣尊簋、陳儀、張載楊、蔡元培、褚輔成等9人為省府委員，宣佈浙江自治。22日，孫傳芳悍然派軍隊進入杭州，鎮壓自治運動。24日，三省聯合會發表通電，譴責孫傳芳"蠻橫慘酷，搜刮戰費，實與民眾不能共存"。號召三省人民，"勿再稍存依違希望之心，一致奮起，剷除摧殘民治之暴軍，以期人民最後之勝利"。

四、反對孫傳芳橫徵暴斂，搜刮戰費。12月初，孫傳芳致電奉張，表示願承擔軍費 1000 萬元。同時，張宗昌電孫，責令在蘇、皖兩省兩省發行軍用票，為了滿足奉魯軍閥的需要，孫傳芳決定募集省公債 1000 萬，並擬令銀團發行特種債券。12 月 10 日，三省聯合會發表通電，指責孫傳芳 "竭吾三省人民之膏血，為乞憐求救之禮物"，以三省人民養親、育子之資，供其受降新主，爭地殺人之用。通電號召三省人民對於孫傳芳 "苛徵軍費、提撥公款、預借漕糧" 等事，"予以嚴重拒絕"。同時又致電各銀行，反對以代發鈔票及其他名目，供應孫傳芳 "延長戰禍" 的款項。

五、反對帝國主義支援中國軍閥。11 月下旬，傳聞香港英商擬向魯軍提供 500 萬鎊借款，三省聯合會立即通電反對。12 月中旬，孫傳芳向外商密購軍火，三省聯合會立即致電駐京各國公使，嚴正聲明："各國對於吾國內戰，應嚴守中立態度，若有接濟孫傳芳軍火，增加其戰鬥（力）情事，即不啻假手孫傳芳以與我三省人民作戰。"電報要求各公使轉告各國政府及商人，"切實禁阻"。同時，報載英國代理公使歐瑪利在北京公使團會議上提出《英國變更對華政策建議案》，擬允許中國海關徵收 1922 年華盛頓會議所規定的 "進口貨物附加稅"。三省聯合會於 22 日再次致電各國公使，說明 "在今日北方尚被軍閥控制之際，斷不能與以財政上的便利，以助長我內亂。有之，亦惟列強負其全責，我人民誓不承認"。

三省聯合會的這些做法，雖然主要限於輿論範圍，但卻嚴重威脅了孫傳芳的統治。因此，孫傳芳終於在 12 月 26 日刊佈了本文開頭的那份啟事，同時下令通緝蔡元培、褚輔成、沈鈞儒、王紹鏊、楊天驥等人，"格殺勿論"。

在孫傳芳的淫威面前，蔡元培等人剛毅不屈。27 日，三省聯合會召開委員會。沈鈞儒提出，孫傳芳的 "廣告"，"其意似專對三省聯合會者為多"。經過討論，議決 "本會亦登廣告辯覆"。於是當場起草，出席會議的 32 人一一簽名。於是，28 日的《申報》上又出現了這樣一份啟事：

> 本會成立之始，即宣示主義，劃三省為民治區域，冀免兵禍。兩月以來，所主張，所掊擊，犖犖數大端，如拒絕奉魯軍南下，如警告外團、私締借款，如拒用軍用票，皆光明磊落，天日俱昭，未嘗有不可告人之事。

今見孫傳芳啟事，對於本會橫肆詆誣，故不得不削切質問：1. 所謂推誠延接之紳耆者，係屬何人？2. 所謂有人假藉，人係何人？假藉何事？3. 所謂少數奸人，係何姓氏？信口雌黃者何種主義？淆惑聽聞，脅從何人？

啟事嚴正指出："凡此種種，決非遮遮掩掩所能為。本會委員姓名俱在，對於三省人民，何敢自居父老，而對於孫傳芳，實居紳耆之列。公理不可沒，民意不可誣，應請明白答覆。佈告國人，本會亦願敬謹拜嘉。"針對孫傳芳啟事中的"否則軍法所在，絕不寬貸"二語，啟事針鋒相對地寫道："否則民意所在，絕不寬貸。"末列三省委員會許世英、董康、蔡元培、馬相伯、王正廷、褚輔成、朱淑源、孟森、沈鈞儒等 32 人的名字。這份啟事除在《申報》發表外，又在上海《民國日報》連載了好幾天。它義正詞嚴，錚錚作響，表現了蔡元培、沈鈞儒等人至大至剛的凜然正氣。

"報國危曾捋虎鬚。"三省聯合會就是這樣傲視著急紅了眼的龐然大物孫傳芳。12 月 31 日，三省聯合會繼續以通電為武器，與孫傳芳鬥爭。此前數日，孫傳芳迫於輿論的強大攻勢，曾表示將在"赤禍肅清三個月內"，召集"非一黨一系之真正國民大會"，或"省民聯合大會"，他將在會議召集之日，"解兵去職"，將軍政和政府交還國人、省人，"乃所以警一切軍閥，便皆幡然大覺，各舉其兵與地，還之人民"。對於孫傳芳的這一欺騙性的宣傳，三省聯合會通電稱："紕謬之語，不勝指駁"，"總之，孫傳芳之為人，言不顧行，為其慣技，尚有一顧之價值乎？"1927 年 1 月 6 日，三省聯合會在沈鈞儒主持下，繼續召開委員會，"慶祝新年"。

毛澤東與國民黨中央各省區聯席會議 *

北伐出師後，國民革命軍節節勝利。1926 年 10 月，為了解決這一新形勢下出現的各種問題，國民黨在廣州召開中央、各省區聯席會議，毛澤東作為中央候補委員出席了這次會議。

會上，毛澤東參與了兩項議案的提出。其一為《商民運動提案》，提案人陳其瑗、簡琴石，連署人孫科、毛澤東、鄧澤如、褚民誼、曾憲浩。該提案包括設置商民運動委員會、組織商民協會、解決工商糾紛等 5 項子案。比較重要的是第四項子案："打倒資本家之口號，工商界之誤解者甚多，此後做工人運動工作者應向工人詳細解釋，以免防礙商民運動。"理由如下：

> 我們應打倒者是買辦階級及帝國主義者之走狗的資本家，中小商人同是被壓迫階級，應受本黨保護，而普通工人以為凡商人皆是資本家，皆應打倒，一般中小商人亦以資本家自待，工商感情於是日惡，糾紛於是日多，因以商人不肯加入本黨革命，與工人聯合戰線更不可能。

本案將中小商人明確地和買辦階級及 "帝國主義之走狗的資本家" 區分開來，視之為 "被壓迫階級"，可以成為國民革命 "聯合戰線" 的一部分，與工人共同戰鬥，這是一項重大的政策建議，在當時有很重要的意義。

1924 年 11 月，國民黨將中央實業部改為商民部，商民運動由此發端。1926 年 1 月，國民黨第二次全國代表大會通過商民運動決議案，提出了商民運動的理論根據和方針、政策，商民運動逐漸展開。截至聯席會議召開前，廣東各地已成立商民協會 200 多個。但是，在此期間，隨著工人運動的發展，勞資糾紛日益增加，部分工人中出現了 "左" 的苗頭，所謂 "打倒資本家" 的口號正是這一傾向的集中表現。為了解決這一問題，保證工人運動、商民運動的健

* 原載《團結報》1988 年 5 月 3 日。錄自楊天石《國民黨人與前期中華民國》，中國人民大學出版社 2007 年版。

康發展，陳其瑗、毛澤東等聯合提出了上述提案。遺憾的是，它沒有受到應有的重視，工人運動中的"左"的傾向繼續發展，直到國民革命軍攻克武漢後，遂成為一嚴重傾向。

其二為《關於民團問題的決議草案》。提案人甘乃光、李毓堯，附議人毛澤東、周以栗、劉季良、于樹德等 30 餘人。該案稱：

> 舊有之民團團防局或保衛團等組織在事實上多屬土豪劣紳及不法地主之武力。此等武力常為帝國主義、軍閥及反動派所利用，破壞農民運動，搖動本黨及國民政府之基礎，於黨及政府之前途，危險實甚。

因此，甘乃光、毛澤東等建議大會就此作出 9 項決議，其主要者為：1. 民團團防局或保衛團之團長須由鄉民大會選舉，禁止劣紳包辦；2. 團丁須以本鄉有職業之農民充當；3. 由黨部派人施行政治訓練；4. 除與土匪臨陣交戰外，無對任何人自由殺戮之權；5. 不得受理民刑訴訟；6. 不得巧立名目抽收各種費用；7. 已有農民自衛軍之地方不得重新設立民團團防局或保衛團；8. 凡摧殘農民之團防局或保衛團，政府須解散並懲治之。

國民黨第一次全國代表大會之後，農民運動有了長足的發展，因此，它日益引起土豪劣紳的仇視。各地土豪劣紳利用手中掌握的民團或保衛團，殘殺農民，摧殘農民協會領袖，僅 1926 年，廣東高要、廣寧、德慶、中山、花縣等地，就曾發生此類慘案多起。在 8 月末的花縣慘案中，當地民團首領勾結土匪殺害農民數十人，焚毀農村數十處，甚至搗毀國民黨縣黨部，進攻國民政府軍隊。甘乃光、毛澤東等人的提案正是為解決此類問題而發。

國民黨二大以後，左右兩派鬥爭加劇。1926 年 5 月，蔣介石在二屆二中全會上提出整理黨務案，對加入國民黨的共產黨人的活動提出了多種限制。此後，中共中央決定，"只能扶助左派而不能代替左派"。在國民黨一屆一中全會期間，毛澤東一人就提出 4 項提案，而在此次聯席會議上，毛澤東僅以聯署人或附議人身份出現，其原因在此。

聯席會議同樣充滿著尖銳激烈的鬥爭或論辯。會議開到最後一天時，丁惟汾突然提出，聯席會議絕對不等於全國代表大會，其地位僅與中央委員會擴大會議相同，因此，它無權變更或推翻中央執行委員會的決議，"如有此等錯誤，即是違背總章；違背總章，即是無效的"。丁惟汾的發言受到了張曙時、江浩、范予遂、李毓堯、陳其瑗等人的反對，但朱季恂、徐謙則部分同意丁惟汾的意見。徐謙說："本會修正之政綱將來還是要報告第三次全國代表大會，如有不合，還可由第三次全國代表大會修正。"在此情況下，毛澤東發言說：

> 聯席會議的性質於開會時譚主席（指譚延闓，筆者注）已說得很清楚，今天丁同志忽然提出疑問，真是怪事！剛才徐謙同志、朱季恂同志說，聯席會議決議還是要交第三次全國代表大會追認，那末我們聯席會議的決議究竟有無效力卻是一個重大問題。本席以為，聯席會議的權能大過中央與否是一個法律問題，聯席會議既由中央召集，如有錯誤，中央自應受第三次全國代表大會之處分。外國報紙說，我們這聯席會議是一個非常會議，來應付非常之事。說聯席會議沒有地位，何以中央召集這個會議？今天來修正第一次、第二次全國代表大會的決議案，實際上的權能已經超過全國代表大會之上，所有聯席會議的決議我看是完全有效，而且是不能再有人來加以修正的。

聯席會議是一次左派佔優勢的會議，它通過了不少有利於中國革命發展的決議。毛澤東的發言旨在維護這些決議，用意是好的，但以為聯席會議的權能可以"超過全國代表大會之上"，"而且是不能再有人來加以修正"，自然難以使人接受。當天會議的主席是吳玉章，他綜合雙方意見說：

> 聯席會議的決議，現在既以丁同志提出之地位與權能問題，發生了有無效力的問題，自應有一解決的方法，本席主張，以"聯席會議決議，即須切實實行，只有第三次全國代表大會方有修正之權"等文字，用決議的方式來保障本會的決議案，眾意以為如何？

吳玉章的意見既維護了會議的決議，又完全符合組織原則，因此獲得通過。

北伐時期的遷都之爭與宋子文 *

　　遷都之爭是北伐時期國民黨左派和蔣介石矛盾公開化的重要標誌。國民黨左派堅持遷都武漢，而蔣介石則主張暫駐南昌，雙方尖銳對立，最終蔣介石同意遷都武漢，爭執以國民黨左派的勝利而告一段落。蔣介石不是一個輕易改變己見的人，他之所以同意遷都武漢，有其不得已的多方面的原因。其中重要原因之一，就是宋子文站在國民黨左派方面，以財政壓力迫使蔣介石就範。關於此，迄今史學界尚未有人論及，有闡微發幽之必要。

　　將國民政府由廣州遷都武漢，本來是蔣介石的要求。1926 年 9 月 9 日，武昌尚未攻克，蔣介石就致電留守廣州的張靜江與譚延闓，內稱："武昌克後，中正即須入贛督戰，武漢為政治中心，務請政府常務委員先來主持一切，應付大局，否則遷延日久，政治恐受影響。" 18 日再電張、譚，聲稱："中正離鄂以後，武漢政治恐不易辦，非由政府委員及中央委員先來數人，其權恐不能操之中央。" 蔣介石和唐生智當時正在鬧矛盾，對唐生智掌握湖北不放心，因此企圖以黨和政府的力量控制唐生智。同年 10 月中旬，國民黨在廣州召開中央及各省區聯席會議，討論蔣介石的要求。會議認為，當時的主要工作在鞏固各省基礎，這種工作以首先由廣東省實施最為適宜，一致決定，國民政府仍暫設廣州。會後，蔣介石繼續提出，即使國民政府不遷，也要將中央黨部搬到湖北來。11 月，廣東國民政府決定接受蔣介石的全部要求。當月 16 日，國民政府顧問鮑羅廷偕司法部長徐謙、財政部長宋子文、交通部長孫科、外交部長陳友仁等先期北上。12 月 10 日到達武漢。13 日，鮑羅廷、孫科、徐謙、蔣作賓、柏文蔚、吳玉章、宋慶齡、陳友仁、王法勤等人舉行談話會，決定接受鮑羅廷建議，在國民黨中央執行委員會政治會議未遷到武昌之前，由部分中央執行委員和國民政府委員組成臨時聯席會議，執行最高職權，以徐謙為主席。

---

* 原載《團結報》，1988 年 7 月 2 日。錄自楊天石《國民黨人與前期中華民國》，中國人民大學出版社 2007 年版。

至此，遷都工作似乎一切順利。但是當第二批出發的張靜江、譚延闓等人到達南昌，即將赴鄂之際，情況卻突然發生變化。1927年1月3日，蔣介石召集所謂中央政治會議第六次臨時會議，聲稱為軍事與政治發展順利起見，決定中央黨部和國民政府暫駐南昌，待3月1日在南昌召開二屆三中全會，決定駐在地後再行遷移。7日，又在中央政治會議第七次臨時會議上決定，成立政治會議武漢分會，以宋慶齡、徐謙等13人為分會委員。這樣，就在實際上取消了臨時聯席會議"執行最高職權"的地位。當時，正值武漢各界人民佔領英租界之後，對英交涉處於緊張階段，武漢的左派們認為："因人民對政府之信用，時局日趨穩定，外交、軍事、財政均有希望。最近佔領英租界之舉，內順民心，外崇威信，尤須堅持到底。"就在當天，陳友仁、宋慶齡、蔣作賓聯合致電蔣介石，告以武漢形勢，認為"苟非有軍事之急變，不宜變更決議，坐失時機"。這樣，遷都之爭就發生了。

宋子文是1月3日中央政治會議第六次臨時會議的參加者。會上，他從便於"籌款"的財政角度力主遷都武漢。不料會議沒有經過充分討論就通過了蔣介石的意見。會下，他對陳公博說："如果國民政府不搬漢口，我再不給錢，看他們有什麼辦法！"後來，當遷都之爭愈演愈烈，蔣介石固執己見的時候，宋子文果真"不給錢"了。當時，蔣介石手下掌握著幾十萬軍隊，每月約需費用1300萬元，沒有錢，鬧餉、嘩變，什麼樣的事都可能發生。蔣介石無奈，只好派他的理財幹將徐桴赴武漢催領。1月29日，徐桴到達武漢，當日密電蔣介石云：

> 桴因在潯待船，至今早始抵漢，當見宋部長，商以後領款辦法。不料宋部長謂，現已辭職，不能負責。桴謂：軍費前經說定，每月現洋一千萬，庫券三百萬，辭職如何，非桴所知，在未准以前，須照此發款。如有錯誤，軍心立渙，大局可危。彼又謂無論如何不能負責，只可收入若干，發給若干，不能照前定負責。經過再三面懇，彼又謂湖北財富之區，籌款本易，現政府在南昌，一人辦事不動。

本電具體地彙報了和宋子文的交涉過程，其中"湖北財富之區，籌款本易"等話，顯然是宋子文有意說給蔣介石聽的。"現政府在南昌，一人辦事不動"云云，更是暗示蔣介石，要解決軍費問題，必須遷都武漢。

2月3日，徐桴第二次會見宋子文，宋子文仍然不肯發款。當日，徐桴再次密電蔣介石，電稱：

> 宋部長不發款顯係賭氣，故意刁難。然我軍命脈操在宋手。請總座迅電慰勉之，先救目前之急，再圖良法，萬不可操之過急，致生重大影響。

所謂"賭氣"，即係賭遷都之爭的氣。看來，這封信觸動了蔣介石。當時，蔣介石還沒有其他財源，軍費不能不要，因此，不得不和武漢政府妥協。同日，蔣介石有一電致徐桴。4日，宋子啟程赴贛。8日，蔣介石在南昌召開中央政治會議第五十八次會議，決定將中央黨部及國民政府遷至武昌。9日，宋子文致電武漢左派，告以譚延闓等3人數日內即可蒞鄂。將這些事件聯繫起來考察，不難斷定，在解決遷都之爭的過程中，宋子文這位財政部長是起了重大作用的。

1927 年汪蔣上海會談辨析 *

1927 年 4 月初，汪精衛自歐洲回到上海。當時，蔣介石正在積極策劃清黨反共，汪精衛和蔣介石、李濟深、李宗仁、黃紹竑、白崇禧、吳稚暉、李石曾、蔡元培、古應芬等人之間，有過兩次會談，一次在 4 月 3 日，一次在 4 月 5 日。在此前後，彼此間還有過多次接觸。關於這些會談和接觸中汪精衛的態度，史學界有兩種看法，一種意見認為，汪蔣之間相互勾結，目標一致，已

---

* 原載《團結報》，1988 年 10 月 1 日。錄自楊天石《國民黨人與前期中華民國》，中國人民大學出版社 2007 年版。

經達成了反共協定，只是在進行時間上有分歧；另一種意見認為，汪蔣之間並未達成共同反共協定，汪的離滬赴漢，就意味著他仍然企圖憑藉國民黨左派和共產黨人的力量，與蔣抗衡。兩種看法截然相反。那末，歷史的真相到底如何呢？

由於會談沒有留下記錄，雙方在事後的追述又不盡相同；即使是汪精衛本人，由於政治立場變幻，不同時期內的說法也存在著差異。凡此種種，都增加了人們在探討這一問題時的困難。但是，我以為，如果審慎地鑒別並使用有關材料，歷史的真相還是可以揭示的。在這些材料中，最重要的當為汪精衛的《致李石曾書》。此函寫於 4 月 6 日，距 4 月 5 日的會談僅隔一天，李石曾又是會談的參加者，應該說，汪精衛絕無在此函中說假話的可能。該函說：

> 5 日談話會散後，痛苦萬分。弟深信弟之意見，決不能得吳先生等之贊同，而吳先生之意見，弟亦決不能贊同。終日談話討論，戕賊感情外毫無其他結果，故不如決然捨去也。

吳先生，指吳稚暉，"吳先生之意見"，實指蔣介石的"分共"與"驅逐鮑羅廷"等主張。這裏，汪精衛明確地表示，他"決不能贊同"。信中，汪精衛並將他連日來在會談中的意見概括為兩點："第一，民國十三年來改組之國民黨，其精神與方策決不可犧牲。第二，如以黨為不必要則已，如以黨為必要，則黨之紀律不可不守，否則黨必為之破碎糜爛。"對於國民黨改組的"精神與方策"，汪精衛明確地解釋為聯俄與容共。他說："改組之政策，是總理所手定，弟以為不可輕言更改。如必欲更改，除全國代表大會外，誰能有此權力？全國代表大會期間，除中央執行委員會外，誰能有此權力？"

因此，他建議，在南京召開第四次中央執行委員全體會議，"解決一切問題"。

與《致李石曾書》同時，汪精衛還有一封《致蔣介石書》，也寫於 4 月 6 日。該函全文至今尚未公佈，但吳稚暉曾引用過兩段。其一："改組之精神及其方策，實總理苦心孤詣所獨創，而吾弟實左右之，銘不過追隨之一人。"汪精衛後來解釋他寫這一段話的用意是企圖感動蔣介石："苟對於總理猶有絲毫紀念，或能悔而中止。"這應是事實。其二，"以銘之愚，一線生機，惟在開第四次全體會議於南京。"此點與《致李石曾書》相同。此外，汪精衛還有一封《致張靜江書》，說明"不得不往武漢一行，期得多數同志之同意"，"開第四次會議於南京以解決糾紛"。

通過對以上三函的分析，不難看出，汪蔣上海會談期間，汪精衛仍然以孫中山改組國民黨及其聯俄、容共政策的繼承人和黨紀捍衛者的面目出現，並未同意蔣介石的"分共"和"驅逐鮑羅廷"的主張。此點亦可從吳稚暉說："汪先生去國一年，他只知道還是那麼一個共產黨！他疾病坎坷，久在歐西，30 天內經過了木司科（莫斯科），接晤了一群久慕大名的大革命家。半個月的俄國火車、俄國輪船伴送了回來。又一向有深刻的總理聯俄容共歷史影在腦中，如何能在上海聽了幾個老朽朋友的一席話，就馬上突然變換了一個大方向呢？"應該承認，吳稚暉的這些分析是符合情理的。

但是，也有相反的證據。4 月 4 日，李濟深、甘乃光、陳孚木曾致電廣州當局，通報 4 月 3 日會談情況，提到汪精衛主張，在中央全會未開會之前，可以採取"暫時應急之法"三條：1. 共同負責通告共產黨首領陳獨秀，立即制止國民政府統治下之各地共產黨員，應於開會討論之前，暫時停止一切活動，聽候開會解決；2. 對中央黨部及國民政府遷鄂後，其命令如有妨礙黨國前途者，於開會之前不必執行；3. 各省黨部、各機關如有搗亂份子在內陰謀破壞者，在汪主席所擬召集之會未能解決以前，應由各最高級長官飭屬暫時制裁。[1] 這三條，證以《邵元沖日記》，當是事實，根據邵氏所記，汪精衛聲稱：

（一）若此時同人認為共產黨破壞國民黨之情形急迫，且亟謀破毀租界，則彼可負責告獨秀，使其制止；

（二）武漢此時如有關於搖動軍政之命令，可以不受；

（三）各地共產黨及工人糾察隊如有反動情形，可以隨時以非常手段處置之云云。

1　見《廣州民國日報》，1927 年 4 月 9 日。

邵元沖的這一部分日記為事後追記，所以連開會日期都誤記為 4 月 4 日了。但是，他是會談的參加者，基本事實是不會錯的。

汪精衛既主張孫中山改組國民黨的“精神與方策決不可犧牲”，同時又提出“暫時應急之法”，是否不可理解呢？並不。這可以從兩方面來加以分析，第一，汪精衛一回到上海，就處於蔣介石、吳稚暉等人的包圍中，他們在汪面前說了許多共產黨的“壞話”，製造了不少諸如“共產黨破壞國民黨”、“亟謀破毀租界”一類的謠言。第二，汪當時雖是著名的左派，但他對共產國際、蘇聯和中國共產黨都並不滿意。他曾對吳稚暉說：“共產黨實以本黨為利用品。本人亦不贊成共產黨之階級革命及勞農專政。且據本人觀察，國民黨與共產黨亦不易繼續相安；但本人希望暫能維持合作，自己願負調和之責。”這就是汪精衛在上海會談中持矛盾態度的思想基礎。

陳獨秀建議發展 15 萬國民黨員 *
—— 近世名人未刊函電過眼錄

陳獨秀既是文化名人，又是政治名人，自然，他的未刊書札是我長期搜尋的對象。但是，我做夢也不會想到，能在吳稚暉的未刊日記中有所發現。函云：

> 稚暉、惕生、杏佛先生，頃間思及三事，謹陳如左：
>
> 上海市產業、文化均有高度之發展，故不得不取漸進方法，發展民眾政權，而同時忽了黨的領導權，也是一個錯誤。惟黨在上海之領導方式，簡單的以黨的機關命令列之，已萬萬不夠（因上海民眾已有組織而要求民

* 原載《百年潮》，2003 年第 11 期。錄自楊天石《國民黨人與前期中華民國》，中國人民大學出版社 2007 年版。

權了），必須黨之本身在數量上有狠〔很〕大的發展，黨的力量充滿了各方面，使黨的決議都能夠 —— 在一切民眾會議中充分通過執行，如此才真是以黨治國，以如此方式領導民眾，訓練民眾，也才真是中山先生訓政之精義。欲成此種訓政方式，在人口二百萬以上的上海，必須有五萬以上黨員（約五十人中有一黨員）方能運用，即在蘇省，亦須准此。然此時上海市即江蘇省國民黨黨員，均不滿萬，為數太少，馬上取得政權後不是黨不能管理政治，便是黨的獨裁，所以此時省市黨部宜發出緊急命令於各下級黨部，大大的徵集黨員。上海市以五萬為標準，江蘇省以十萬為標準（這是可能的，望稚暉先生勿以為我發瘋，要送我到病院裏去！）此時徵集黨員可以來者不拒，因為現在還在軍閥壓迫之下，不似北伐軍到後投機份子紛紛加入也。（下二段略）

按吳稚暉 1927 年 3 月 15 日日記云："夜，開會，到羅亦農、汪壽華、侯紹裘、楊杏佛，惕生為介石一書，堅持主席再三，乃暫允充。……夜間會內見陳仲甫致余與惕、杏三人書，錄一段如左。"據此，知此函為 1927 年 3 月 15 日會議當日，或 14 日之作。羅亦農、汪壽華、侯紹裘都是當時負責上海工作的中共黨員，而鈕永建、楊杏佛、吳稚暉則都是國民黨員，當時被認為是左派，鈕並是國民黨在上海的軍事特派員。當時，兩黨正處於合作狀態，因此羅亦農等與鈕永建等經常在一起開會。惕，指鈕永建；杏，指楊杏佛。

1926 年 7 月，廣東國民政府舉行北伐，蔣介石出任國民革命軍總司令。同年 10 月，中共上海區委與鈕永建、虞洽卿等合作，發動工人武裝起義，回應北伐軍。失敗後，上海區委總結經驗，認為過於依賴鈕、虞二人，決心今後以工人為"主體"。1927 年 2 月，上海區委發動工人第二次武裝起義，因準備不足再次失敗。其後，中共上海區委繼續籌劃舉行第三次武裝起義。陳獨秀此函正寫作於第三次起義的緊張準備時期。

函中，陳獨秀批評上海工作"忽了黨的領導權"。由於此函是寫給吳稚暉、鈕永建、楊杏佛三人的，因此，"黨的領導權"，應指國民黨的"領導權"。函中所述"必須黨之本身在數量上有狠〔很〕大的發展，黨的力量充滿了各方面，使黨的決議都能夠一一在一切民眾會議中充分通過執行",仍指國民黨;至於"以黨治國","中山先生訓政之精義"云云,完全是國民黨的語言。要求江蘇省黨部、上海市黨部在短時間內迅速發展 15 萬黨員,更似乎在完全為國民黨著想。這是怎麼回事呢?

第一次國共合作是以共產黨員以個人名義加入國民黨的方式實行的,因此,北伐以國民黨的旗幟為號召。其間,國共兩黨爭奪領導權的鬥爭加劇,與之相聯繫,國民革命陣營內的左、右傾鬥爭也隨之加劇。1927 年初,中共將蔣介石定位為"新右派"的代表人物,防蔣、反蔣成為這一時期中共和國民黨左派的重要任務。同年 2 月 18 日,共產國際在上海的代表向中共中央提出,在忠於蔣介石的何應欽部隊到達上海之前,建立保證無產階級領導的革命政權,用以抵制廣州軍隊指揮人員的右傾,深入開展革命運動,促進國民政府的進一步革命化。共產國際的代表稱:這一政權"完全有可能和有必要按照蘇維埃制度建立起稱之為'人民代表會議'的政權","基本上採取蘇維埃制度",陳獨秀和中共上海區委接受共產國際代表的意見,於 2 月 25 日發佈《中共上海區委告同志書》稱:"我們應該乘孫傳芳的勢力根本動搖之際,舉行一次總同盟罷工,集中工人階級的勢力,催促孫傳芳勢力之根本覆滅,取得政治的領導地位,並奪取相當的武裝。如此,北伐軍來後,工人階級的勢力已經表現並樹立起來,我們自可以在政治上佔得相當的地位,引導一般民眾參加政權,防止國民黨新右派之反動。"3 月 15 日,羅亦農在活動份子大會上報告說:"我們黨遙遙積極取得民眾革命領導地位,領導工農階級與小資產階級,很堅決的很能與右傾的軍事勢力、改良的資產階級決鬥,直接取得民眾政權。"可見,在上海發動起義,建立革命政府,其矛頭所指,雖是當時佔領上海的孫傳芳勢力,但又具有和蔣介石鬥爭,防止"新右派反動"的特殊意義。

當時,上海有國民黨員 7000 餘人,一有號召即能立刻行動僅有 2000 人,其中一半為共產黨員。因此,中共上海區委決定大量發展國民黨左派黨員。3 月 2 日,羅亦農在中共上海區委活動份子大會上提出,要加緊國民黨工作,一是培養左派領袖,一是發展國民黨員以取得小資產階級的群眾。3 月 9 日,上海區委提出,將上海國民黨的組織擴展到 20 萬黨員。陳獨秀此函,當是這一背景下的產物。陳獨秀之所以在這一時期大量發展國民黨員，目的在於擴大左派力量，"拉住小資產階級"，"限制將來軍事力量之右傾"，仍然具有和國民黨右派鬥爭的意義。

陳獨秀此函發出後，中共上海區委曾力圖貫徹他的意圖。3月15日，羅亦農在區委活動份子會議報告，上海有200萬以上的人口，至少有150萬人同情革命，10萬到20萬人可以加入國民黨，因此要求"趕快發展國民黨"，"大大的開放門戶"，大量吸收中小商人、教職員、學生及自由職業群眾。18日，區委要求在小商人、店員、學生群眾中"無限制的發展左派國民黨"，"在二個月內，上海要有5萬國民黨員"。19日，趙世炎也在區委活動份子會上提出，現在最重要的是發展左派小資產階級的國民黨員，他提出，要在一月內發展5萬人。同日，《中共上海區委行動大綱》規定：公開在手工業、店員、學生、教職員、自由職業者、中小商人等群眾中徵求黨員，要求一月內發展至3萬人。3月24日，《中共上海區委行動大綱》再次提出，要在小資產階級群眾中"無限制的發展國民黨員"。當時已處於蔣介石"清黨"前夜，顯然，陳獨秀和上海區委對此均無覺察。陳獨秀在函中大談"以黨治國"和孫中山的"訓政"學說，有其特殊的針對性。

按照中央共當時的設想，在上海成立的革命政府應是"國民革命的蘇維埃"，以工人階級為主體的"全上海革命民眾的蘇維埃"。其特徵是：1. 以職業為單位直接選舉代表，組成上海市民代表會議，由市民代表會議產生市民政府，不勞動的無職業的流氓不能當選代表。2. 代表與民眾有直接聯席。3. 沒有立法與行政的劃分，革命民眾隨時自己立法，自己執行。4. 國民黨可以監督市民政府，不能監督作為純粹民意機關的市民代表會議。但是，中共上海區委的這些設想卻與國民黨人楊杏佛等人的政治理念嚴重衝突。楊杏佛等主張：1. 職業團體與地方團體同有選舉資格，不僅按職業，也要按區域推舉代表。2. 市民代表會議不設經常性的執行委員會，以市或省的黨部為市或省的議會，市民代表會議的組織，要經過國民黨市黨部的最後決定。楊等並認為，市民代表會議的主張與國民黨"以黨治國"思想相違背，"與國民政府有衝突"。鈕永建更認為，現為軍政時期，人民未訓練，不能舉行市民代表會議；民選市政府"近乎滑稽"，將"脫離國民政府"。

　　為了彌合分歧，陳獨秀於 3 月 10 日中共上海區委特委會會議上提出，可在名稱上作改變，如主席團改為常務委員會，執行委員會改為政務委員會，但不能同意楊杏佛的地方團體與職業團體同具選舉資格的意見。同時，陳獨秀還提出，根據國民黨第一次全國代表大會宣言，應該限制反革命派當選。陳稱："他們如果以訓政為主，我們應指出，中山以訓政為手段，民權為目的，《建國大綱》中說得很明白。"他表示，準備與楊杏佛談國共合作，孫中山的軍政、訓政、憲政三時期以及黨與民眾關係等三個問題，說明工會及一切民眾團體都要獨立，黨只能在工會及民眾團體中起黨團作用，而不能直接命令。陳表示，希望通過談話能影響楊杏佛。上引陳函稱："黨在上海之領導方式，簡單的以黨的機關命令列之，已萬萬不夠（因上海民眾已有組織而要求民權了），必須黨之本身在數量上有狠〔很〕大的發展，黨的力量充滿了各方面，使黨的決議都能夠——在一切民眾會議中充分通過執行，如此才真是以黨治國，以如此方式領導民眾，訓練民眾，也才真是中山先生訓政之精義。"顯然，這是在藉孫中山的語言對楊杏佛等進行說服教育，說明陳自己對於"以黨治國"的理解。

論 1927 年閻錫山易幟 *

一、李大釗代表國民黨爭取閻錫山，閻錫山觀察形勢

　　閻錫山長期統治山西，晉軍擁有十餘萬兵力，因此，南北各方都極力爭取閻錫山。有一段時期，聚集太原的各方代表竟達三四十人之多。為了割據自保，閻錫山則以"嚴正中立、保境安民"相標榜，觀望風色，多頭應付。

---

* 原載《民國檔案》，1993 年第 4 期。錄自楊天石《楊天石近代史文存·蔣介石與南京國民政府》，中國人民大學出版社 2007 年版。

閻錫山是老同盟會員，辛亥時期有過一段革命歷史。但此後即依附袁世凱、段祺瑞，勾結張作霖、吳佩孚，縱橫捭闔於北洋軍閥之間。1926 年春，又聯合奉、直兩派軍閥進攻馮玉祥的國民軍。但是，當年 7 月，國民革命軍開始北伐後，一路勢如破竹，迅速進抵長江流域；在北方，五原誓師之後，國民軍再度崛起。閻錫山看到這些情況，權衡形勢與利害，不得不逐漸修改自己的航向。

還在國民革命軍進抵武漢時，李大釗就曾致函閻錫山，勸他參加北伐。國民革命軍進軍江西後，李大釗又以國民黨北京政治分會的名義，詢問閻錫山的駐京代表溫壽泉，希望知道閻"對於國民黨的真實態度，為敵抑為友"。[1] 閻經過 20 多天思索，表示決定與國民黨合作，將待機行動。11 月 14 日，張作霖在天津召集北洋軍閥各派代表會議，以"霸主"姿態規劃軍事，指揮一切。為了解決"西北問題"，他電令閻錫山：1. 消滅綏遠、包頭一帶的國民軍；2. 進攻甘肅、陝西的國民軍；3. 如 1、2 兩項做不到，則請以京綏全線讓給奉方，奉方將單獨進攻。閻錫山答以願接受第 3 項，同時向李大釗報告，聲稱馮玉祥軍"在包頭大張旗鼓地作起來，頗使晉方為難"。為此，李大釗於同月 24 日覆電閻錫山，首先肯定閻在辛亥革命時期的功績，次述閻多年來"事齊事楚"、"卑身屈節"的艱難，勉勵他認清時機，投身國民革命。電稱："百川今日所處之境，真所謂千載一時之良機，不容或失者矣！""倘來歲春深反奉戰起，百川果能率其十數萬健兒加入我革命軍方面作戰，則榆關以內胡騎全清，易如反掌耳！"[2] 同電中，李大釗還告訴閻錫山，馮玉祥已離包頭，赴平涼督戰，不必擔心。

在張作霖咄咄逼人的氣焰下，閻錫山被迫命歸化都統商震將大部分晉軍撤回山西，將綏遠讓給了奉系。為了抵禦奉系的進一步脅迫，閻錫山不得不向國民黨方面求助。11 月 26 日，閻錫山致電溫壽泉，命其轉告李大釗等稱："本號與田君（國民黨）同行，早下決心。"[3] 其後，張作霖調動奉軍佔領京綏線，決心進攻為國民軍佔領的五原，閻錫山擔心牽及山西，再電李大釗等報告，要

<hr>

1 《守同志來信》，《中央政治通訊》第 14 期。
2 同上。
3 《北方區關於國民政府與晉閻關係給中央通訊之二》，《中央政治通訊》第 13 期。
按，此電亦見於《民國閻伯川先生錫山年譜長編初稿》，台北商務印書館 1988 年版，第 711 頁。

李和李石曾及北京政治分會商榷。李大釗和中共北方區委經討論後決定，認為五原決不能放棄，晉軍應集中正太路，防止奉軍進攻太原，在奉軍前進時，應監視並準備作戰，"待河南局勢發展，即向大同方面進攻，以擊奉軍之背"。[1]事後，李大釗又致電閻錫山，告以奉方此舉，目的不僅在於取得五原，而且還要威脅山西，"此時山西不必露出何種行動，但須準備一切槍（械），必要時行動"。[2]閻錫山同意李大釗等人的意見，但要求聯絡陳調元、靳雲鶚等，自成勢力，由他組織一個不屬於馮玉祥國民軍系統的北方國民單命軍，李大釗、中共中央、共產國際遠東局都同意閻錫山的要求，中共中央致函北方區委，告之已要求鮑羅延和加倫"切實向國民政府建議"。[3]中共中央稱："中國南方革命勢力與奉張反動軍閥的鬥爭，誰能拉住閻錫山便是誰佔勝利。"中共中央還指示："閻錫山現在聯南的態度，若尚動搖，則我們當催促他迅速發動，與奉反臉；如他聯南態度十分堅決，則我們可授他以陰謀，此時仍虛與奉張敷衍，不使奉張對閻起一點恐怖疑心，俟奉軍精銳南下後，再突出保定截斷他的歸路。"[4]其後，閻錫山又派孔繁蔚到北京，面見李大釗，詳陳組織北方國民革命軍和進攻奉系的計劃，建議在北伐軍攻下浦口時，由陳調元、靳雲鶚首先發難，佔據隴海路，截斷津浦線，同時，北伐軍、國民軍分別自武勝關、潼關出擊，進攻鄭州，山西方面則出兵截斷京漢、京綏兩線。李大釗答稱："我極贊成晉閻的北方革命軍運動，並且知道漢口方面幹部中人亦極贊成，不久必有正式答覆，足令百川滿意。尚望積極進行，助進革命統一，厥功甚偉。"關於軍事計劃，李大釗建議閻錫山與國民黨中央及國民革命軍總部"發生密切關係"，通盤籌劃，聽國民政府的命令列事。[5]

閻錫山一面與國民黨北京政治分會李大釗、李石曾等聯繫，一面派趙丕廉秘密南下。12 月 1 日，趙丕廉抵達南昌，向蔣介石轉達閻錫山的意見，表示願加入國民革命軍，一俟國民軍、北伐軍入豫，或北伐軍進抵津浦線，即起而回

1 《陝西最近軍事狀況》，《中央政治通訊》第 13 期。
2 《北方區關於國民政府與晉閻關係給中央通訊之一》，《中央政治通訊》第 13 期。
3 《其嘉致胡海、白和信》，《中央政治通訊》第 13 期。
4 同上。
5 《李大釗主持之北京政治分會報告書》，《中國現代政治史資料彙編》，第 1 輯，第 18 冊，油印本。

應。同月28日，趙再到南昌對蔣介石稱："（山西）被軍閥包圍、環伺，非至最後關頭，不宜輕有表露。"[1] 1927年1月31日，蔣介石根據預定安排，向武漢國民政府提出，任命閻錫山為國民革命軍北方總司令。此項呈請，經國民黨中央政治會議通過，並於3月11日經武漢國民政府批准。3月16日，閻錫山收到委任狀後，覆電武漢國民政府委員孔庚等，表示"此間已準備好，一俟西北軍發動，當即一致動作"。[2] 此後，閻錫山即跨出了易幟的步伐。4月1日，閻錫山宣佈廢除北京政府任命的山西督辦名義，改稱晉綏軍總司令。以南桂馨為政治部主任，武漢特派員羅任一為副主任。同時，著手改組省政府，示意軍人及各方人士加入國民黨。5日，致電在漢口的趙丕廉，告以本日已下動員令，並向省民宣佈服從三民主義。但是，這一時期，武漢國民政府和蔣介石之間的矛盾已經激化，彼此間正在準備進行一場生死鬥爭。6日，趙丕廉密電閻錫山，告以"此間內部分化，局勢驟變"，北伐將會延緩，山西不能獨當勁敵，要閻"相機審度"。[3] 這樣，閻錫山易幟的步伐又放慢了下來。

二、武漢、南京、奉系三足鼎立，閻錫山易幟

"四一二"政變後，出現了武漢、南京、奉系三大政治勢力鼎立的局面，各方都加緊了對閻錫山的拉攏。4月22日，武漢國民黨中常會第八次會議通過軍事委員會的呈請，任命閻錫山為國民革命軍第三集團軍總司令。5月4日、12日，王法勤兩次向國民黨中央提出，山西方面，奉天、蔣介石都派人，我們趕緊也要派一兩個代表，因而，武漢國民黨中央決定以孔庚為山西特派員。[4] 孔庚與閻錫山同為留日陸軍士官學校學生，又同為同盟會秘密組織鐵血丈夫團團員，辛亥革命時參與山西光復之役，以後曾長期在山西任軍職，和閻錫山交誼至深，武漢政府派他赴山西，是很恰當的任命。

1 《民國閻伯川先生錫山年譜長編初稿》，第718頁
2 同上，第735頁。
3 同上，第741頁。
4 《中國國民黨中央執行委員會政治委員會第十八、二十次會議速記錄》，《中國國民黨第一、二次全國代表大會會議史料》，第1120、1149頁。

在武漢國民政府的軍事序列中，第三集團軍總司令是很高的位置，但是，這一時期，閻錫山已決心倒向蔣介石一邊。4月25日復孫傳芳電云："赤黨囂張，爭奪為心，雖蔣尚且不容，足徵其不能與人合作也。"[1] 5月6日，又致北京溫壽泉電云："武漢不倒，南京必失敗"，"應排除一切，專對武漢"。[2] 他多次密電其駐北京代表，勸說張作霖，和蔣介石等各方妥協，"一致討赤"。[3] 6月初，又兩次致電張學良、韓麟春，勸其取消安國軍，改組為河北國民革命軍，聯絡南京及各方，組織討共大同盟。[4]

閻錫山和武漢國民政府及馮玉祥之間本有成約：晉軍負責自正太、京綏兩線進攻奉軍，一俟唐生智率軍北上，馮玉祥出潼關經洛陽東進之際，晉軍即可發動。5月下旬，奉軍在河南戰敗。26日，馮玉祥軍攻佔洛陽。次日，唐生智軍攻佔京漢線側的軍事重鎮臨潁，兩軍會師在即。但是，閻錫山並沒有踐約出兵。同月底，奉軍放棄鄭州、開封等地，撤至黃河北岸，閻錫山才於6月2日派部隊進駐娘子關外的東天門及河北井陘、獲鹿等地。3日，在石家莊設立正太鐵路護路司令部。但是，閻錫山的這些舉動以防禦為主要目的，並無立即進攻奉軍的企圖。6月13日，汪精衛在總結武漢軍北伐狀況時曾埋怨說："所不足的是第三集團軍爽了約，如果當奉軍由鄭州後退的時候，第三集團軍出兵斷其後路，我們早已到北京城了。"[5] 不過，儘管如此，閻錫山增兵河北的舉動仍然引起了奉方的深刻猜忌。

奉軍的北撤象徵著這個曾煊赫一時的軍閥集團已經轉入劣勢，閻錫山覺得時機成熟，決定走完易幟步伐。6月5日，以國民黨山西省黨部、太原市黨部、山西省農民協會、婦女協會、學生聯合會、商民協會、工人代表聯合會等團體名義召開"國民大會"，通過反對日本出兵山東、擁護南京國民政府和蔣介石、電賀國民政府建都南京等決議。會議既"推舉"閻錫山為國民革命軍北方總司令，同時又自拉自唱，通電擁護國民革命軍北方總司令。會議還"申請"

1　《民國閻伯川先生錫山年譜長編初稿》，第745頁。
2　同上，第746頁。
3　同上，第747頁。
4　同上，第751—752頁。
5　《中國國民黨第一、二次全國代表大會會議史料》，第1230頁。

省黨部清黨。為了表示自己不同於"赤化"，會場標語一律用藍色紙書寫。會後，由大會主席團代表赴總部，請閻錫山就職。據報導，閻"再三謙讓始允"。當晚，總部通知：全城掛青天白日旗；軍官須將舊式領章、肩章取消，換用青天白日新帽花；學生須穿新制服。一時之間，各成衣店利潤陡增數倍。

6日，閻錫山舉行就職典禮，派出飛機拋灑就職宣言。在宣言中，閻錫山除炫耀同盟會的老資格外，特別著意為自己辯解，聲稱因環境惡劣，強敵環伺，他過去 14 年中，為保留此"大河以北之革命勢力"，不得不"與三民主義之障礙者虛與委蛇"。宣言稱："今茲三民主義，已深入北方民眾心裏，一切反革命之勢力，已到最後崩潰之時期，凡我南北真實之革命同志，急宜集中革命熱力，以打倒軍閥帝國主義，俾統一的國民政府早日實現。"[1]

閻錫山就職後，將所部分為 10 軍：各軍司令官分別為商震、楊愛源、徐永昌、傅存懷、傅汝鈞、豐玉璽，張蔭梧（副），譚慶林、鄭澤生、李維新，閻錫山自兼第 7 軍正司令。[2] 同時下令裁撤山西省長、晉北鎮守使、晉南鎮守使、冀寧道尹、河東道尹、雁門道尹各職，以南桂馨、李鴻文、趙丕廉等分任民政、財政、農工各廳廳長。

三、閻錫山倒向蔣介石，冷落武漢國民政府

閻錫山長期實行高壓專制統治。當年 3 月，右派苗培成、楊笑天等操縱"山西工人代表總會"搗毀太原總工會，中共山西臨時省委立即組織工人義勇隊包圍右派大本營平民中學，捉拿並公審國民黨省黨部常委、右派韓克溫。閻錫山即以此為藉口宣佈戒嚴，禁止私行集會、結社，散發傳單，所有五一、五四、五七、五九各紀念日，一律禁止舉行活動，違者拘送衛戍司令部懲辦。[3] 當年的五一節紀念活動，即因此未能舉行。5 月 9 日，中共山西臨時省委以西北革命同志會、太原學生聯合會等左派組織名義，在山西國民師範學校召開李

---

1 中國第二歷史檔案館藏原件。
2 《時報》，1927 年 6 月 22 日。
3 《時局批擴中之晉局》，《晨報》，1927 年 4 月 24 日。

大釗追悼會，貼有"擁護武漢政府"、"打倒新軍閥蔣介石"等標語，閻錫山即派兵包圍學校，先後捕去共產黨員6人。

國民黨山西省黨部原是左右派的聯合組織，在9名執行委員中國民黨員佔5席，共產黨員佔4席。閻錫山易幟後，即遵照南京方面的命令，成立國民黨山西黨務改組委員會，開除在省黨部工作的共產黨人；以南桂馨、苗培成、韓克溫、溫壽泉、梁永泰、楊笑天等為委員，又成立清黨委員會，登報通緝山西共產黨主要領導人顏昌傑、崔鋤人、王瀛、薄書存（一波）等32人。最初，清黨委員會的活動僅限於太原，不久，又要求各縣設立清黨宣傳會，集中精力，肅清"跨黨份子"。有關條例規定，"各種反動份子，如尚有未明了者，應先嚴密偵查"；"如黨部由跨黨份子等把持，則應請省黨部解散之"；對情節較重的"跨黨份子"，"除開除黨籍外嚴行緝拿"。[1]國民師範、第一師範、第一中學等校還開展清校運動，驅逐左派和共產黨員師生。太原總工會也被封閉。6月底，逮捕山西法學院進步教授胡邊然。9月5日，原中共山西臨時省委宣傳部長、國民黨山西省黨部執行委員王瀛及其夫人自武漢回山西，在崞縣被捕。

為了加強和蔣介石的聯繫，爭取蔣的支持，閻錫山在易幟前即派溫壽泉南下，與寧方接洽。易幟後，再派南桂馨赴寧。10月8日，南桂馨途經北京，向奉方解釋出兵井陘等地，目的純係"自衛"，勸奉方與寧、晉合作，組織"討赤"三角同盟。但奉方強烈表示了對閻錫山增兵河北的不滿，要求晉方將部隊調至黃河北岸，和奉軍協同動作。張作相公開指責晉方："表面上雖言合作，實際上則增兵直境如故，尤失合作之真義。"[2]奉方同時提出，奉、晉、寧三方合作的先決條件是"共同討赤"，主張攤派軍隊，會剿"赤化軍"。談判中，雙方發生言辭衝突。這樣，南桂馨不得不中止南方之行，回晉轉達奉方的意見。奉方的不信任是有道理的。閻錫山在此前後，又派代表赴寧，表示"準備出兵"攻奉。他向蔣介石獻策："先奉後共，滅奉則有八分把握，滅奉以後滅共亦有八分把握。"[3]

1　《雷厲風行之晉省清黨運動》，《晨報》，1927年6月22日。
2　《張作相昨對新聞記者發表談話》，《晨報》，1927年6月11日
3　《民國閻伯川先生錫山年譜長編初稿》，第758—760頁。

6月中旬，蔣介石派劉芙若、何亞農、彭凌霄三人到晉視察，受到國民黨山西省黨部等的熱烈歡迎，但姍姍來遲的武漢代表孔庚則受到了分外的冷遇。

孔庚因交通阻隔，於 6 月 17 日才到達太原。閻錫山稱："本預備出兵的，因為北伐軍不曾過河，兵力很單薄，不敢冒昧；再則有兩個政府。也不知道何所適從。" 又稱："據一般人的觀察，武漢是共產黨的政府，南京才是真正國民黨的政府。" 閻錫山還稱："山西人聽說要實行共產，也很害怕。"[1] 18 日，山西省黨部等糾集了一部分人要求驅逐孔庚；太原街頭貼滿 "打倒共產黨走狗孔庚" 一類花花綠綠的標語和漫畫。19 日，孔庚被送離山西，武漢國民政府爭取閻錫山的努力徹底失敗。

易幟後，國民黨山西省黨部宣佈過一些改革方針，如建設廉潔之省、市、縣政府，掃除一切積弊，嚴禁收受賄賂，革除陋規，裁撤閒散機關，禁止高利盤剝，提高工人、農民生活，實現男女平等之類，但大都是具文，並未真正實行。只有在實施 "黨化教育" 以及加強社會控制方面做到了。在寧漢對立中，閻錫山公開擁蔣對武漢政府是一個沉重的打擊，自此，武漢政府更加孤立，日益接近垮台。同時，閻錫山易幟對奉系也是一個沉重的打擊，昔日的盟友化為腰背附近的尖刀，使之無法自安。6 月 8 日，張作霖在接見日本記者團時坦率地承認："奉軍因背後有閻錫山軍隊之牽制，自不得不後退。"[2] 這說明，閻錫山易幟對奉軍北撤，以至後來退出關外都是有積極作用的。

---

1 《中國國民黨中央執行委員會政治委員會第三十三次會議速記錄》，《中國國民黨第一、二次全國代表大會會議史料》，第 1289—1290 頁。
2 《張作霖招待日本記者團談話》，《晨報》，1927 年 6 月 9 日。

潘佩珠與中國 *
——讀越南《潘佩珠自判》

　　說明：《潘佩珠自判》係潘本人於 1925 年被法國殖民者綁架後所作。過去，中國學者所見大都為摘編本，極為簡略。2001 年 7 月，我到日本訪問，見到日本芙蓉書房出版的日文本《潘佩珠傳》，附有《潘佩珠自判》全文，其中詳細地介紹了他在中國和日本的經歷，從中可見辛亥革命前後中越兩國愛國者、革命者之間的密切關係。茲據《自判》，參以其他資料，寫成本文，作為對辛亥革命 90 週年的紀念。

　　潘佩珠是越南著名革命家、愛國主義者、民族解放運動領袖。原名文珊，號巢南，別名是漢。1867 年生於越南義安省南壇縣。家世讀書，父親是塾師。佩珠四五歲時，雖尚未識字，但通過母親口授，已能背誦中國古典詩歌總集《詩經》中的部分篇章。6 歲時，被父親帶到塾館，教授《三字經》、《論語》等書。後來曾考中解元。

　　潘佩珠年輕時，法國殖民者正積極侵略越南。1884 年，順京失守，紳士、義民紛紛起兵勤王。潘佩珠奔走於年輕讀書人之間，結合 60 餘人，組成"學生軍"，企圖起兵抗法，正在募捐製造軍械之際，法兵攻到，義軍被迫解散。此後，佩珠一面授徒賣文，一面精心研習《孫子兵法》及諸葛亮等人的軍事著作，結交綠林豪傑與勤王黨人，為長期抗法作準備。

　　1904 年，潘佩珠組織維新會，以"驅逐法賊，恢復越南，建設君主立憲國"為宗旨。當年，日本在中國東北境內大敗俄軍。潘佩珠認為日本是"黃種新進之國"，想到日本求援。但法國殖民者嚴禁越南人出國，有敢於冒險者則殺其父母，掘其祖宗墳墓。1905 年，潘佩珠在老母去世，又將妻子安排妥當後，

---

* 原載《百年潮》，2001 年第 10 期。錄自楊天石《國民黨人與前期中華民國》，中國人民大學出版社 2007 年版。

便化妝成旅越華商的僕人，潛入中國，輾轉到達香港。他首先訪問中國保皇黨機關報《商報》主筆徐勤，徐勤不見。潘便轉而訪問革命黨人的機關報《中國日報》，會見主筆馮自由，通過筆談，與馮交換意見。馮自由同情潘佩珠等人的抗法鬥爭，聲稱十年之後，中國"排滿"成功，屆時當援助越南，現在則尚非其時。馮自由建議潘佩珠往見粵督岑春煊，或可得一臂之助。潘覺得馮所言有理，便寫了一封信託人送給岑的幕客周某，請周轉呈。周某初時稱，得到岑的消息後即派人到香港接潘。但是，此後竟杳無音訊。佩珠白白地在香港等了好多天。此事使潘佩珠認識到"專制朝廷之無人"，滿清和越南王朝，"一丘之貉耳"！

一、潘佩珠與梁啟超

潘佩珠在越南國內時，讀過梁啟超的《戊戌政變記》、《中國魂》及《新民叢報》等書刊，非常敬慕梁啟超的為人。他在自香港至上海船中，從一個中國留美學生那裏得到了梁啟超在日本橫濱的位址，打算一到日本，首先訪問梁啟超。四月下旬，佩珠抵達日本橫濱，帶著名片及自我介紹信登門求見，中云："吾必一見此人而後死，吾必一見此人而後死無憾。"梁啟超讀後，非常感動，親自出門迎接潘佩珠，梁的弟子聽說來了越南人，蜂擁而至。梁啟超覺得說話不便，約定次日再談。第二天，二人在臨近太平洋的一家小酒樓見面，筆談三四小時。潘佩珠向梁啟超詳細敘述了越南亡國後的悲慘狀況：皇帝被送到非洲軟禁，法國人選了個10歲的親王做小皇帝。如果不是一家人，4個人聚於一室，就有被捕的危險。屋樑有稅，窗有稅，門有稅，增加一窗一門，稅率就隨之增加。這一天，海闊天高，風和日麗，但潘佩珠心情悲苦，淚流不斷。梁啟超在筆談中寫道："一、貴國不患無獨立之日，而但患其無獨立之民；二、謀光復之計劃有三要件。一為貴國之實力，二為兩廣之援助，三為日本之聲援。但貴國苟內無實力，則二三兩條均非貴國之福。"寫到這裏，梁啟超特別提醒潘佩珠：所謂國內實力，指的是"民氣、民智與人才"。兩廣的援助指軍隊與餉械，日本的聲援指外交。當潘佩珠談到想請日本出兵援助時，梁啟超斷然反對，寫道：“此策恐非善。日兵入境決無能驅之使出之理，是欲存國而反促其亡也。”

　　過了些日子，梁啟超又將潘佩珠請到家裏，作了更詳細的筆談。梁向潘保證：“我國與貴國地理歷史之關係，二千餘年密切，甚於兄弟，豈有兄坐視其弟之死，而不救之乎？”他向潘提出兩條建議。其一，多以劇烈悲痛之文字，描寫淪亡慘狀及法國人的毒辣計謀，喚起世界輿論注意；其二，鼓動國內青年出國遊學，為興民氣、開民智之基礎。梁啟超要潘佩珠等人“臥薪嘗膽，蓄憤待時”。他說：“一旦我國大強，則必對外宣戰，發第一之炮聲，實為對法。蓋貴國毗連我境，而越桂、滇越鐵路，實為我腹心之憂。我國志士仁人，無一時忘此者，君切待之！”

　　潘佩珠覺得梁啟超所言，極為有理，有豁然開悟之感。於是，迅速寫作《越南亡國史》一書，交給梁啟超，梁為之修改潤色，十天後，書迅速出版。潘佩珠帶著還散發著墨香的《越南亡國史》秘密回國，動員優秀青年出外遊學。此後越南歷史上有名的“東遊運動”，即發端於此。此外，潘佩珠還帶回了梁啟超給越南愛國者的親筆書信。梁建議從組織農會、商會、學會入手，這些意見，也得到越南愛國者的採納。

　　潘佩珠在國內停留了一個多月，即啟程返日。途經廣州時，曾往訪中法戰爭時的名將劉永福。劉時已 70 多歲，但精神健旺，談起西洋人時，便拍案大呼：“打！打！打！”

二、潘佩珠與孫中山

　　潘佩珠曾因梁啟超的介紹，認識日本政治家、進步黨領袖犬養毅。某日，犬養寫信邀請潘佩珠來住所，要介紹他認識中國革命黨大領袖孫逸仙。當時，孫中山正為組織中國同盟會事逗留橫濱。犬養對潘佩珠說：“貴國獨立當在中國革命黨成功之後，彼黨與君同病相憐，君宜見此人，預為後來地步。”次日晚 8 點，潘佩珠持犬養名片及介紹函到橫濱致和堂見孫，二人筆談。當時，佩珠尚未擺脫君主思想，孫中山則痛斥君主立憲之虛偽。最後，孫要求越南革命黨人加入中國革命黨,聲稱:"中國革命成功之時,即舉其全力援助亞洲諸保護國,同時獨立,而首先著手於越南。"潘佩珠同意孫中山對民主共和政體的評價,但要求中國革命黨先援助越南,待越南獨立時,"則請以北越借與中國革命黨為根據地,進取兩廣,以窺中原"。兩人辯論到夜12點,約定次日再談。過了幾天,二人在致和堂再次相見,彼此重申前意,未有結論。

儘管在援中、援越的先後次序中未能達成一致意見,但是,兩國革命黨人卻自此結下友誼。此後,潘佩珠和越南革命黨人曾經得到孫中山和中國革命黨人的真誠援助。在《自判》中,潘佩珠稱:"其後吾黨窮急時,得借手於彼等為多,則此兩夕會談為之媒介也。" 1925年孫中山在北京逝世時,潘佩珠作輓聯云:"志在三民,道在三民,憶橫濱致和堂兩度握談,卓有真神貽後死;憂以天下,樂以天下,被帝國主義者多年壓迫,痛分餘淚哭先生。"

三、寄希望於中華革命

中國同盟會成立後,影響迅速發展,僅在東京一地,就出現了幾十種中國革命黨人的刊物。其中有一種《雲南》,辦得相當成功。潘佩珠為了聯絡中國革命黨人,共同奮鬥,便向《雲南》雜誌主編趙伸自薦,擔任雜誌的義務編輯員。

1907年2月,《雲南》雜誌第4號刊出《越南人之海外血書》,呼籲越南人民"鳴我自由鐘,樹我獨立幟,向役奪我家財之強虜索還我家財"。

同年7月,《雲南》雜誌第6期刊出《哀越弔滇》,文稱:"悲莫悲於吾族之越南,而忽忽焉俱吾死焉;悲莫悲於吾鄰之雲南,而岌岌焉後吾亡也。"

這兩篇文章的作者都是潘佩珠。

在《雲南》雜誌上還登有一首中國留學生贈給潘佩珠的詩,中云:"瘦骨嶙嶙鬢已皤,棲遲海外手無柯。傷心最是巢南子,亡國孤臣喚奈何!"從中可見潘佩珠憂慮國事,奔走呼號的情景。

和中國革命黨人來往多了,潘佩珠本人的"民主之思想日益濃厚",決定改弦易轍,轉向革命。同時,潘佩珠這時也感到,依靠日本是不切實際的幻想,因而寄希望於中國革命。此前,孫中山曾向潘佩珠介紹日本友人宮崎滔天,宮崎勸潘說：「貴國自力必不能推倒法人，求援友邦，未為不是。然日本何能厚援於君。日本政治家，大抵富於野心，而貧於義俠。君宜勸青年輩，多學英語及俄、德語，多與世界人結交。揭揚法人罪惡，使世界人聞之，重人道，薄強權，世界不乏此等人，始能為君等援耳！」潘佩珠覺得宮崎的話很有道理，將活動重點從日本政客轉向日本「平民黨人」和各國在日革命者。1907 年至 1908 年之間，東京有一個亞洲各國革命者的組織，名為東亞同盟會（或名亞洲和親會），其宗旨為「反抗帝國主義，期使亞洲已失主權之民族，各得獨立」。章程規定，「凡亞洲人，除主張侵略主義者，無論民族主義、共和主義、社會主義、無政府主義，皆得入會」；「若一國有革命事，餘國同會者應互相協助」。日本方面參加者有幸德秋水、堺利彥、宮崎滔天、大杉榮等；中國方面參加者有章太炎、張繼、陳獨秀、蘇曼殊、景梅九等；朝鮮方面參加者有趙素昂等。此外還有印度、菲律賓在日本的革命者。潘佩珠等十餘名越南志士參加了這一組織。

同一時期，潘佩珠還與雲南趙伸、廣西曾彥組成滇桂粵越聯盟會。

潘佩珠參加東亞同盟會後，只活動了幾個月，該會就被日本政府解散。滇桂粵越聯盟會也因清政府和法國政府出面干涉，被日本政府勒令取消。1909 年 4 月，潘佩珠被日本政府驅逐出境。

四、遁跡香港及廣州

潘佩珠被日本政府驅逐後，遷居香港。當時，越南抗法武裝鬥爭活躍。潘佩珠得到國內支援的經費，派人從日本購得長槍數百支，在中國革命黨人李偉的幫助下，運回香港秘藏。為了將這批軍械運回越南，潘佩珠曾於當年 6 月到新加坡，訪問積極支持孫中山革命活動的華商陳楚楠，向他請教秘密運輸軍械的方法；又曾到泰國，會見皇室的一位親王，請求幫助。1910 年 2 月，中國革命黨人在廣州新軍中謀劃起義，潘佩珠和在港越南同志商量，決定將這批軍械贈給中國革命黨人。據潘佩珠回憶，該批軍械計長槍 480 支，全部交給了孫中山的哥哥。

1910 年春夏，潘佩珠隱姓化名，潛居廣州，經常到香港、澳門碼頭，出賣自著各種愛國或革命書籍。賣書告白稱："濡毫血淚藉為革命之先聲，失路英雄權作吹簫之後援。"有些同情革命的中國學生或商人，常以高價購書，因此，收入頗豐。潘佩珠每有所得，常和二三越南同志買醉酒家，有《酒中雜詠》詩云：

> 倚樓南望日徘徊，心緒如雲鬱不開。
> 疏雨深宵人暗泣，斜陽初月鷹孤回。
> 可無大火燒愁去，偏有長風送恨來。
> 顧影自憐還自笑，同胞如此我何哀！

本詩寫滯留他鄉時對祖國的懷念，充分反映出潘佩珠的一腔憂國憂民之情，有情有景，對仗工穩，是越南漢詩中的上品。

在廣州期間，潘佩珠認識了一位原名叫周伯齡的中國婦女，在西關開著一家女館，以教授女學生為業。這位女教師得知潘佩珠是越南革命黨人後，大為讚佩，便將女館作為越南革命黨人的居留之地，潘佩珠等人親切地稱她為周師太。有時，越南革命黨人經濟恐慌，周師太便典衣賣簪，供應潘佩珠等。這位普通的中國女子，不僅為人豪俠仗義，而且膽量很大。潘佩珠等將炸彈武器藏在女館裏，周師太毫不畏懼。某夜，越南革命黨人借用周師太的菜刀，殺了跟蹤的暗探。次晨，周師太笑著問道："你們昨晚宰了一頭豬吧！"多年後，當年在周家女館住過的越南革命黨人中，有三人背叛，帶著重金到周家探視，周師太得知重金的來源後怒罵說："我當年容養你們，把汝等看成人，現在成了狗，還有臉來看我！"罵得三人面慚心愧，狼狽而去。

五、武昌起義爆發，潘佩珠在廣州成立越南光復會

1911 年 10 月，武昌起義爆發，三個月不到，就在南京建立臨時政府，宣告民國誕生。當時，潘佩珠正在暹羅種地，"寓黨於農"。喜訊傳來，潘佩珠怦然心動。他認為，中華政府必將繼日本之後，成為亞洲強國，如能中日聯合，

全力對歐，則越南、印度、菲律賓等均將獲得獨立。因此，準備到中國，再赴日本，進行合縱運動。他利用工作餘暇，起草了數萬言的小冊子《聯亞芻言》，極言中日同心之利與不同心之害。寫成後，便寄給舊時相識的中國革命黨人，祝賀成功，微示回華之意。不久，收到章太炎、陳其美、謝英伯諸人回信，表示歡迎。潘佩珠即到曼谷，訪問《華暹新報》主筆蕭佛成。蕭是中國同盟會在暹羅的主要負責人，見到《聯亞芻言》後，馬上印刷了 1000 本。

1912 年 1 月，潘佩珠帶著新作回到廣州，仍住周師太家。當時，孫中山是新任臨時大總統，廣東都督胡漢民、上海都督陳其美都是潘佩珠的老朋友。於是，散處中國各地和留在本土的越南革命黨人，紛紛聚集羊城，至有百人之多。大家都想藉中國革命勝利機會，恢復越南江山。有人並從國內帶來消息說：“中華革命成功之風潮，影響於我國甚大。人心激奮，比前驟增。在外苟有先聲，不患在內無再活之氣勢。”2 月上旬，潘佩珠借用劉永福在沙河的舊宅，召集在粵全體越南革命者會議，討論越南國體，選派委員回國運動及聯絡中華革命黨人，設立機關等問題。會上，潘佩珠提出，擬在越南建立民主政體，得到多數與會者贊成，議決取消維新會，成立越南光復會。會章第一條即規定：“驅逐法賊，恢復越南，建立共和民國，為本會唯一無二之宗旨。”下設總務、評議、執行三部。潘佩珠被選為總理；沙河劉家祠、黃沙周氏館等被確定為黨人聚會地點。

越南光復會成立，但是，缺乏活動經費。在這一緊要時刻，中國革命黨人再次伸出了援助之手。心社負責人劉師復捐助 200 元，民軍統領關仁甫捐贈 100 元，謝英伯、鄧警亞等捐 100 元。有了這一筆款子，三位在成立大會上選出來的回國運動委員立即啟程回國，大部分經費則用來印刷光復會章程及宣言。

在越南光復會幹部中，有一位楊鎮海，是中國台灣人。原是台灣高等醫學學校學生，富於革命思想，因反抗日本殖民統治被捕，關在監牢裏，設計殺死獄卒，逃到上海，日本政府以殺人罪向中國方面提出控告，楊改名逃到廣東，讀到越南光復會宣言及潘佩珠所著各書，即加入光復會，被選為庶務委員。

六、到南京、上海求援

2 月下旬，潘佩珠抵達南京。當時，孫中山已決定讓位給袁世凱，國事叢雜，應接不暇。潘佩珠和孫中山只見了一次面，談了幾分鐘。晤談機會較多的是黃興。黃興表示：援越實為我輩不可辭之義務，但此時尚屬太早。現在所能為君計者，惟有選派學生進入我國學堂或軍營，儲備人才，等待機會。十年後，倘有所需，皆能辦之。潘佩珠聞言，頗為失望，但不得不勉強同意。黃興即刻為潘寫信給胡漢民，託胡照顧越南在粵學生。潘佩珠帶著黃興的書信，轉赴上海，會見陳其美。陳為人豪俠慷慨，潘所熟知，便毫無隱瞞地將越南革命黨人的困窘狀況和盤托出，要求援助。陳其美立即贈以 4000 銀元。潘向陳透露，將回國"行大劇烈之運動"，陳其美不以為然，聲稱"宜從教育入手，無教育之國民暴動不能為功"。潘則表示："我國教育權，完全在他人掌握。所立學堂，全為奴隸教育。又禁私立學堂，禁學生出洋，凡百教育之具，我輩無一毫自由。我人求一生於萬死之中，惟有暴動。"潘佩珠並用意大利志士瑪志尼的"教育與暴動並行"一語打動陳其美，陳聽了這一番話，表示贊同，贈給潘佩珠軍用炸彈 30 顆。潘佩珠得到這一禮物，才粗感安慰。

七、組織振華興亞會

潘佩珠帶著對陳其美的感恩之情回到廣州，忙著光復會的各項工作，如制訂國旗、軍旗等。他一心一意在越南發動武裝革命，但仍然苦於經費短缺。這時，中國同盟會會員、原民軍統領蘇少樓勸潘仿照中國革命黨人辦法，在兩粵及越南發行軍用票。潘覺得可行，委託蘇少樓等印製。正文為"越南光復會軍用票"，背面用漢文及越南文說明："這票係越南光復軍臨時政府發行。依票面數字兌換現銀。俟民國政府成立時，以實銀收回，給息一倍。禁冒假濫發，違者重罰。"

除發行軍用票外，蘇少樓、鄧警亞等還向潘佩珠建議，成立振華興亞會，用以聯絡華人，壯大聲勢。潘隨即起草章程及宣言。宣言書很長，大意是：中華地大、物博、人眾，甲於亞洲。又為東方文化最古之國，當為全亞洲之兄長；欲舉全亞洲兄長之責，當以扶植亞洲諸弱小國家為獨一無二之天職。繼則詳敘中華國恥，全在外交不振，而外交不振之故，由於國威不揚，除對外排歐，更無他策。又言：苟援越，則勝算必在中華。華人一入，越兵倒戈。結論是：中華國威振則東亞因之而強，而其第一著手之方針，莫如援越人之獨立。

振華興亞會的章程和宣言面世後，得到許多中國人贊成。潘佩珠即在廣州租借洋式二層樓房一幢，作為振華興亞會會所和越南光復會會堂。裝飾佈置，煥然一新。廣州報界不少人是潘佩珠的朋友，積極為之鼓吹。十日間，不少廣東人表示願意入會。1912 年 8 月，振華興亞會召開成立大會，出席各界名流200 餘人。會議選舉鄧警亞為會長，潘佩珠為副會長，商定第一步援越，第二步援助印度及緬甸，第三步援助朝鮮。鄧警亞倡議認購光復會軍用票，當場售出 1000 元。

同年 9 月，越南光復會改組，吸收華人參加。公舉潘佩珠為總理，蘇少樓為副總理。在會中擔任職務的華人還有黎麗（財政部總長）、鄧冬生（軍部副總長）、楊鎮海（庶務部長）等。

當時，潘、鄧、蘇等人計議，由潘分派同志歸國，成立光復軍，在越南發動；由粵省同志組成援越軍，從邊境突入，共同推翻法國殖民統治。為此，鄧警亞專訪劉永福，動員他參加援越軍。劉雖有其志，但此時精力已衰，慨然長歎道："吾老矣！無能為力了！"他答應，在義師發動時，派愛將吳風典率欽州子弟及遺存部隊參加。鄧又去動員原新軍起義參加者，時任廣東新軍第五混成協協統的黎蕚，得到同意，決定以黎為援越軍總司令。次年，黎蕚調任潮梅軍務督辦，獨當一面，鄧警亞認為時機成熟，計議半年後發動。不久，黎的軍職被陳炯明解除，鄧的計劃遂成泡影。

八、四年廣州之囚

光復會改組後，三位回國運動委員從越南來到廣州，對潘佩珠說："國內軍事之運動，非先有驚天動地之一聲，殊難有效。"潘佩珠覺得有理，便派遣會員攜帶炸彈回國，企圖在越南再現張良刺秦始皇、安重根刺伊藤博文的壯烈事件，藉以激動人心。不料有關人員回國後，均未達到預定目的，法國殖民者反而找到了藉口，向北京政府控告越南光復會是"殺人犯之機關"，潘佩珠是"殺人犯之領袖"，要求引渡。當時，袁世凱當權，有籠絡越南人士之意，託詞缺乏證據了事。1913 年，國民黨人的"二次革命"失敗，龍濟光任廣東督軍，法國殖民統治者藉機與龍交涉，要求引渡潘佩珠等人。同年，法國神父魏暢茂向龍濟光告密，致使潘佩珠被捕。

潘佩珠被捕後，一度絕食 7 天，瀕臨死境，突然從報上得知歐戰爆發、德法交戰的消息，覺得是越南獨立運動的好機會，喜而復食。但其後，潘佩珠又不斷得到同志被捕、被害的噩耗，非常悲憤，作了許多哀悼詩，如"頭恨不先朋輩斷，心難並與國家亡"，"江山剩我支殘局，魂夢隨君涉重洋"等，反映出一個愛國者的深沉苦悶。1917 年，龍濟光被護國軍打敗，潘佩珠才得到釋放。

九、通過蔡元培結交俄國人

潘佩珠出獄後，住到周師太館中。從周師太處得知，法國人仍在嚴密注意他，有一個被收買的越南人，幾乎每天都來偵察。潘佩珠感到處境不利。第二天便離粵赴滬，不想上海因有法國租界，到處是成群的"嗅狗"。潘佩珠便轉移到杭州。

在杭州，潘佩珠從報紙上得知，法國北部九城均已為德軍攻陷，便準備回國，發動反法鬥爭。他經南京、宜昌，輾轉入川，會見渝軍總司令黃復生。黃在宣統年間，曾和汪精衛一起在北京謀炸攝政王載灃。民國初年，潘佩珠在南京臨時大總統府與黃有過一次晤談。此次見面，分外歡快。黃復生想挽留潘佩珠，但潘歸心似箭，於艱難跋涉後到達雲南。其時歐戰已停，法國成為戰勝國，昆明是法國人的勢力範圍所在，潘佩珠雖持有黃復生給唐繼堯的介紹信，但唐竟然不敢見潘一面。在此情況下，潘佩珠不得不折返重慶，黃復生委潘為川軍總司令部諮議官。潘佩珠到職七日，便辭別黃復生，仍回杭州。其間，一度浮海赴日，但仍然無所作為。

1920 年 12 月，潘佩珠聽說有不少 "紅俄" 共產黨人聚集北京，而 "赤化之大本營"，即在北京大學，便動了研究共產主義的念頭。當時，日本人布施辰治著有《俄羅斯真相調查》一書，對勞農政府的主義、制度，敘述甚詳。潘便將該書譯為漢文，帶著它自日本前往北京，想以此自薦於俄中兩國的 "社會黨" 之前。

到北京後，潘佩珠首先去北京大學會見校長蔡元培，蔡非常高興，為他介紹了兩個人，一個是俄國勞農遊華團團長，一位是俄國駐華公使加拉罕的漢文參贊。潘佩珠向後者打聽赴俄遊學的辦法，這位漢文參贊極為親切、和藹，回答說："勞農政府對於赴俄遊學之世界同胞，大為歡迎。如越南諸君，能遊學尤為便利。"他詳細介紹了赴俄的路逕、辦法，表示赴俄入學、歸國等各項費用，均由勞農政府負擔，但入學之前，必先承認："一、願信仰勞農之主義。二、學成歸國，必任宣傳勞農政府主義之責。三、須實行社會革命之事業。"該參贊還稱潘是他第一個見到的越南人，要潘用英文寫份材料，詳述法人在越南的真相。但是，潘佩珠不懂英文，無法答應。

1921 至 1922 年之間，潘佩珠先在北京，為《東亞新聞》寫作，後到杭州，任《兵事雜誌》編輯員。當時，在北京士官學校就讀的越南人很多，但因國籍關係，難以在中國軍界任職。段祺瑞時任國務總理兼陸軍部總長，便授意浙江督軍朱瑞在杭州創辦《兵事雜誌》，藉以安排部分越南人。潘佩珠應該社總理林亮生之聘，為雜誌撰寫時評、社論、小說。對這一工作，潘佩珠不很滿意，但通過這份雜誌，潘佩珠得以 "發揮其世界革命之精神"，並且盡情揮灑，寫作 "痛罵帝國殖民之文"，他也感到，這是 "壯士窮途中的趣事"。

十、改建越南國民黨

1924 年 7 月 5 日，越南志士范鴻泰在廣州法租界謀炸途經中國的法國印度支那總督馬蘭，炸死法國領事等 4 人，重傷 2 人，被法警追捕時投珠江自沉。事後，法國當局要求廣東大元帥府驅逐在粵越南人，賠償損害並道歉，均為孫中山及省長胡漢民所拒。孫中山說："余未聞有越南人，脫使有之，亦皆好人，無一兜手。"

范鴻泰事件發生時，潘佩珠仍在杭州編輯《兵事雜誌》。事件發生後，他南下廣州，為烈士墓樹碑。同年年底，廖仲愷等申請撥款 3000 元，將烈士改葬於黃花崗，建亭刻石，碑心大書：越南志士范鴻泰先生之墓，為鄒魯手跡。

越南光復會自潘佩珠入獄後，會員零散，幾近消失。范鴻泰事件發生，越南革命者的精神為之一振。潘佩珠到廣州後，參觀黃埔軍官學校，會見校長蔣介石和副校長李濟深，要求接納越南學生入學，二人都表示贊成。

當時的廣州，正是國民黨召開"一大"、國共合作之際，一片"世界革命"氣氛。潘佩珠和越南同志商量，決定取消光復會，改建越南國民黨，黨章、黨綱均由潘佩珠起草。潘佩珠自稱："其組織規模大抵取中國國民黨之章程，而斟酌損益之。"

十一、在上海被法國人綁架

越南國民黨黨綱及章程宣佈後不久，胡志明從莫斯科來到廣州，多次和潘佩珠商量，要求修改章程。1924 年 10 月，潘佩珠回到杭州，擬於第二年 6 月赴粵，討論改組越南國民黨問題，同時參加范鴻泰犧牲一週年紀念。

6 月 28 日，潘佩珠自杭州到達上海北站，剛出站口，就發現一輛漂亮的汽車，環車站著 4 個洋人，其中一人上前對潘說："這個車很好，請先生上車。"潘佩珠婉言表示不要，一洋人自車後躍出，用力抱持潘佩珠進車，疾馳進入法租界，駛向海濱，一艘法國兵艦早已守候在那裏。

在被囚於法國兵艦的日子裏，潘佩珠作有《古風》一首贈給杭州的林亮生，詩云：

> 奔馳二十年，結果僅一死。哀哉亡國人，性命等螻蟻。嗟余遭陽九，國亡正雛稚。生與奴隸群，俯仰自慚愧。所恨羽毛薄，一擊容易試。殲敵計未就，尚蓄椎秦志。呼號十餘年，同胞競奮起。以此蘇國魂，大觸強權忌。網羅彌山河，荊棘遍天地。一枝何處借，大邦幸密邇。側身覆載間，

局蹐胡乃爾。今朝遊滬濱，适才北站至。飇馳一汽車，環以兇徒四。捉人擁之前，驅向法領署。投身鐵網中，雞豚無其值。使余有國者，何至辱如是！余死何足惜，所慮在唇齒。堂堂大中華，一羽不能庇。兔死狐寧悲，瓶罄罍之恥。

詩中，潘佩珠敘述了自己被綁架的原因和經過，抒發國亡身危的悲哀，同時也對雖逃亡中國，卻仍然得不到保護表示歎息。

潘佩珠被送回越南，軟禁於順化，直至 1940 年 10 月 29 日逝世，始終未能獲得自由。

中韓愛國志士的早期聯繫 *

內容提要：1910 年，日本併吞韓國，大批韓國愛國志士流亡中國，開展抗日復國鬥爭。申圭植等人投身辛亥革命，參加中國同盟會。1912 年，成立新亞同濟社，吸納兩國志士。1921 年，申圭植以韓國臨時政府國務總理的身份赴廣州訪問，會見孫中山，宣佈承認 "護法政府" 為中華民國正統政府。

孫中山、陳其美、蔣介石等人積極支持來華的韓國志士。1924 年，孫中山提出，中國人民的對外責任除 "反抗帝國侵略主義" 外，還要 "扶助弱小民族"。此後，"濟弱扶傾" 遂成為中國國民黨的重要國際政策。北伐期間，韓國志士或加入中國國民黨，或投身中國國民革命軍，武漢國民黨中央則設立東方局。中韓志士之間的互助、合作不斷發展。

* 　原載《史學月刊》，2007 年第 3 期。錄自楊天石《國民黨人與前期中華民國》，中國人民大學出版社 2007 年版。

中韓兩國有長期友好的歷史淵源。甲午戰爭以來，日本帝國主義者成為中韓兩國的共同敵人。1910 年日本悍然併吞韓國，大批韓國愛國人士流亡中國，開展抗日復國鬥爭，成為波瀾壯闊的"韓國獨立運動"的重要組成部分。在很長的歷史時期內，韓國來華流亡人士關心、支援中國人民的愛國鬥爭，中國革命黨人則在可能的範圍內給予韓國志士以積極的幫助。有關事跡，將成為中韓關係史上的佳話，世代永傳。

一、辛亥革命前後

　　近代以來，中韓兩國國勢不振，兩國的愛國志士很早就有交往。1898 年，孫中山在日本結識朝鮮開化派人士朴泳孝等人。1900 年、1902 年，孫中山在神戶兩次與朴泳孝交談。[1] 當時，朝鮮、中國、日本、印度、暹羅、菲律賓等國志士在東京成立東亞青年協會，孫中山支援這一組織，常和朴泳孝等人一起研討遠東各種問題，尤其關心朝鮮命運。孫、朴等人之間"建立起一種親密的友誼。從那時起，這位具有淵博學問及遼闊胸襟的中國人，便成為這些朝鮮移民的謹慎、忠誠及正直的顧問"。[2] 1906 年 4 月，《民報》第 3 期選載《韓日保護條約締結之顛末》一文，揭露日本在韓國設置統監府，強迫朝鮮接受"保護"的真相。1907 年，日本人幸德秋水組織亞洲和親會，以"反對帝國主義而自保其邦族"，"當以互相扶助，使各得獨立自由"為主旨，中國革命黨人章炳麟、張繼、蘇曼殊，韓國趙素昂及印度、菲律賓等國愛國者參加。[3] 1909 年，韓國志士安重根在哈爾濱刺殺日本前首相伊藤博文，《民吁報》及同盟會系統的報刊都曾報導，予以同情和支援。

　　1910 年，日本強迫韓國簽訂《韓日協約》，公然併吞韓國，這對中國革命黨人猶如當頭棒喝。孫中山發出"外而高麗既滅，滿洲亦分，中國命運懸於一

1　《兵庫縣知事致青木外務大臣》，日本外務省文書，高秘第 300 號，明治 33 年 6 月 10 日；兵發秘第 32 號，明治 35 年 1 月 21 日。

2　（菲律賓）彭西《孫逸仙傳》，轉引自黃季陸《國父援助菲律賓獨立運動與惠州起義》，台北《傳記文學》卷 11，第 4 期。

3　湯志鈞《章太炎年譜長編》上冊，北京中華書局 1979 年版，第 243 頁。

線"的驚呼。[1] 同盟會會員石瑛致函吳稚暉,建議"當乘此時各處報紙登載高麗滅亡事跡,竭力鼓動學界人心"。[2] 當時不少革命報刊都本著這一精神發表文章,藉以推進革命。

中韓兩國山水相連,又有悠久的歷史和文化聯繫。韓國滅亡後,不少韓國志士流亡中國東北,企圖以之作為反日復國的基地。在廣州的金丸齋自願為中國革命黨人保存文件,傳遞消息。[3] 1911 年武昌起義爆發,韓國志士感到極大振奮,紛紛到南京、上海等地,或考察,或實際支持並參加中國革命,兩國志士之間的聯繫因而更加密切。同年 12 月,韓國忠清北道志士申圭植到上海,繼至南京,先後會見同盟會員徐血兒、陳其美、宋教仁、戴季陶、黃興、孫中山、柳亞子等人。在此期間,申圭植改名申檉,加入中國同盟會,成為中國革命黨人中的一員。[4]

申圭植與其他韓國志士於 1912 年初到南京,向南京臨時政府捐款,表示支持。在致陸軍總長黃興書中,申圭植等闡述朝鮮的"民族精神",要求得到中國革命黨人援助。申並向黃興獻詩,勉勵黃徹底推翻清朝統治,內除民賊,外殲強寇。黃興在覆函中表示:"永遠協助韓國人,使之迅速成功,共用自由幸福。"[5] 申圭植還經宋教仁引見,會見孫中山。其《祝孫總統》詩云:"共和新日月,重闢舊乾坤。四海群生樂,中山萬世尊。"可能即是會見之後的作品。1912 年 4 月,申圭植在上海再次會見孫中山。孫的談吐、風度都給申留下深刻印象,以致申激動地喊出:"中華民國萬歲!""亞洲第一位總統萬歲!"[6] 同年 9 月,孫中山發表演說,第一次在公開場合譴責日本對韓國的侵略:"日本之於高麗,牛馬視之。日本雖強,高麗人乃日即於苦痛,無絲毫利益之可言。"[7] 1913 年初,孫中山訪問日本,與日本政界元老桂太郎會談,當面批評日本"乘戰勝之勢,舉朝鮮而有之"的不義行為,力勸日本貫徹"大亞細亞主義精神","以

1 《致檀香山同盟會員函》,《孫中山全集》卷 1,中華書局,第 486 頁。
2 《石瑛致吳稚暉函》,吳稚暉檔案,09285,台北中國國民黨黨史館藏。
3 鄒魯《回顧錄》,長沙岳麓書社 2000 年版,第 37、554 頁。
4 閔石麟《睨觀申圭植先生傳記》,《韓國魂》,第 72 頁。
5 《島山安昌浩資料集》。
6 《拜謁孫中山記》,《民權報》,1912 年 4 月 18 日。
7 《在北京蒙藏統一政治改良會歡迎會的演說》,《孫中山全集》卷 2,北京中華書局,第 430 頁。

真正平等友善為原則"。[1]

陳其美在上海光復後出任上海都督,積極支援韓國在華志士。他向申圭植表示:"敝國雖云革命成功,前清積弊成痼,內政外交,國幾不國,如非從根本上滌革其污濁,則所謂成功者,便同鏡花水月而已。"他要求"友邦同志,始終協助努力進行"。陳特別向申表達對韓國獨立的關注,自稱:"生平以扶傾救弱為職志,故常以愛敝國之心愛貴國,以憂中國之心憂韓國,不僅貴國也,每念安南、印度,若痛在己,似屬侈談,實出良心。至於貴國事,尤為切肌。"他曾在韓國在滬志士會上發表演說,勉勵韓國志士努力奮鬥。他說:"誰謂秦無人,三韓光復,實今日滿堂諸同志負之。"他表示將"隨諸君子之後,幫助其萬一"。在中國革命黨人中,陳其美與申圭植"過從最久",幫助最多,被申認為是"最知我最熱心於吾僑前途者"。[2] 1916 年 5 月 18 日,陳其美被刺,申圭植第一個到寓所悼念,撫屍痛哭。

中國革命黨人中另一個與申圭植關係密切的是戴季陶。二人結識的時間約在 1912 年 3 月。當月 28 日,戴季陶在上海創辦《民權報》,得到申圭植傾力資助,申並有《贈天仇》一詩發表於該報,中有"握手悠悠無限感,千波萬壑是前途"之句,使戴深為感動。不久,申圭植即出任《民權報》經理。

為了團結韓國來華志士共同進行抗日復國鬥爭,申圭植於 1912 年 7 月 4 日與朴殷植、金奎植等在上海成立同濟社。其後,申圭植又倡議"中韓共進,改造新亞",成立新亞同濟社,國民黨人陳其美、宋教仁、胡漢民、戴季陶、廖仲愷、吳鐵城、呂志伊、張靜江、陳果夫等參加。1913 年 3 月 20 日,宋教仁在上海被刺,申圭植絕食三日,以表沉痛。

次年 8 月 24 日,申圭植在上海經朱少屏、陳世宜、胡樸安介紹,以申檉之名,填寫入社書,加入革命文學團體南社。[3]其後,申多次參加南社活動。1915 年 1 月,日本向袁世凱政府提出 21 條。2 月 18 日,申圭植致函柳亞子、朱少屏、呂志伊等人,以《韓日協約》為前車,提請中國革命黨人警惕。函稱:"嗚

1　羅家倫《國父年譜》上冊,台北 1965 年增訂本,第 496 頁。
2　《碧浪湖畔恨人談》,《韓國魂》,第 59—60 頁。
3　《南社入社書》,原件,北京圖書館藏。

呼！我所親愛之中華民國仁人志士，忍蹈我後轍！盍起圖之！"[1] 南社在發表申圭植的詩文時，特別在按語中說："傷心人語，滋可念也，亟錄之以警國人之夢也。"10 月 17 日，南社在上海愚園舉行第十三次雅集，柳亞子因足疾未參加，申圭植於會後將所作《書感》詩寄示柳亞子，中云："遙指蓬萊今日會，幾多新橘謝恩臣。"[2] 這是對當時向袁世凱獻媚的少數中國知識份子的諷刺。

二、護法運動時期

孫中山從事革命的目的之一是爭取中國獨立，但是，他也期望"全亞洲民族復興"，因此，將韓國獨立列入中國革命黨人的奮鬥目標。1914 年，蔣介石去東北策動討袁軍事，孫中山即對蔣稱："日本人如果不將東北和台灣交還我們，並保護朝鮮的獨立，我們國民革命運動是不能停止的。"[3] 1917 年，孫中山南下廣州，中國近代史進入護法運動時期，國民黨人繼續給予韓國志士以各種可能的支持。

1918 年 1 月，第一次世界大戰雖仍在進行，但德、奧、意組成的同盟陣營已呈頹勢，美國總統威爾遜提出 14 條宣言，倡議在戰後設立國際聯盟，維護各國的獨立和領土完整。同年 10 月，國際間醞釀召開和平會議，申圭植致函中華民國軍政府總裁孫中山，函稱："我韓，東亞之巴爾幹也；先生，東大陸之華盛頓也，於此千載一時之機會，對我韓定抱特殊之同感，必有相當之援助。"[4] 同時，申圭植又以同濟社總代表的身份致函軍政府各總裁，要求軍政府承認韓國獨立，囑咐中國出席和會代表，"將東亞大局之關係與我人現在之情狀，懇切陳訴，公諸裁判。"[5] 當時，徐謙作為孫中山的全權代表參加軍政府政務會議。因此，廣州非常國會和軍政府政務會都迅速決議，承認韓國獨立。[6]

次年 1 月 18 日，和平會議在巴黎召開，中國代表團除北京政府代表陸徵

---

1 拙著《南社史長編》，中國人民大學出版社 1995 年版，第 384 頁。
2 拙著《南社史長編》，第 404 頁。
3 轉引自李雲漢《蔣中正先生與台灣》，《近代中國》第 109 期。
4 《上孫中山總裁書》，《震壇》週報，第 6 號。
5 《上大中華民國軍政府諸大總裁閣下書》，《震壇》週報，第 6 號。
6 《中韓關係專檔》(23)，台北中國國民黨黨史館藏。

祥、顧維鈞等人外，也包括在廣州的中華民國軍政府的代表、非常國會參議院副議長王正廷。會前，孫中山指示王正廷："宜提出取消中國與列強所訂之不平等條約，收回被侵略之各地，承認高麗之獨立，庶符民族自決之旨；苟不能，是則和會無價值；中國之參加，尤無意義矣！"[1] 會議進行期間，廣東國民議會康基鎬等 331 人致電北京政府，論述韓國問題與遠東及世界和平的關係，讚揚孫中山對朝鮮問題的關切，要求北京政府承認韓國獨立，在和會上反映朝鮮人民的呼聲。[2]

同年 3 月 1 日，朝鮮人民舉行反日示威遊行，慘遭鎮壓，朝鮮各地爆發廣泛的群眾抗議，史稱"三一"運動。中國國民黨在上海的機關報《民國日報》自 3 月 9 日起大量發表有關報導，該報主筆葉楚傖撰寫時評，肯定韓國人民的行為符合"民族自決"原則，"由世界潮流激蕩而成者"。[3] 4 月 10 日，韓國志士在上海組織臨時議政院，定國號為大韓民國，通過《臨時憲章》，規定實行"民主共和制"。11 日，韓國臨時政府在上海成立。同月，新韓青年黨代表金奎植向巴黎和會遞交請願書，要求脫離日本束縛，將高麗改造為獨立國家。金在赴會前，曾與孫中山、章太炎、唐紹儀、徐謙等人晤商，得到支持。孫中山在上海對日本記者大江發表談話，指責日本對亞洲的侵略，要求日本將在東北和山東的權利交還中國，同時允許朝鮮獨立。他說："朝鮮問題，極其困難之問題。以余意見，在日本須容韓人之要求，而承認其獨立為宜也。"[4] 同年，國民黨的機關刊物《建設》譯載金奎植的請願書，稱譽金的請願之舉"不特聳動世界耳目，兼與東方受侮辱民族以最大的刺激教訓"。文章譴責日本資本家對韓國人民剝削，認為韓國獨立不僅具有民族自決意義，而且"固有打破亞東資本階級統治之意味，同時為世界社會革命之一部"。[5]

繼韓國三一運動之後，中國爆發"五四"運動。5 月 7 日，上海各界召開國民大會，舉行反日遊行，在滬韓僑積極參加。據日方情報，中國國民黨曾與

1　《孫逸仙先生言行小識》，《胡漢民先生遺稿》，台北，1978 年。
2　朴殷植《韓國獨立運動之血史》下編，第 102 頁。
3　上海《民國日報》，1919 年 4 月 19 日。
4　《新韓青年》卷 1，1 號。
5　民意《朝鮮代表在和會之請願》，《建設》卷 1，4 號、卷 2，2 號。

韓國志士召開抗日聯席會議。次日,張繼、何天炯、戴季陶聯合舉行在滬日本記者招待會,發表《告日本國民書》,指責日本"毀約背信,併吞朝鮮",聲言"中國人見日本此種可驚可嚇之手段,無不具唇亡齒寒之感,蓋知日本之吞朝鮮,實為侵略中國本部之見端也。"[1] 此後,孫中山、李烈鈞、孫洪伊等經常與韓國志士密商韓國復國問題。9 月 8 日,韓國志士金炎、金浩平在上海與中國國民黨人秘密會議,討論反日事宜。

1920 年 3 月,呂志伊向全國各界聯合會提出援助韓人案,得到通過。在《告國人書》中,呂志伊等高度評價韓國人民爭取國家獨立的鬥爭,"絕古今,轟動萬國",認為"吾民對朝鮮獨立均有援助之必要,且有積極援助之義務",呼籲國人"一致主張","或著論鼓吹,或奔走呼號"。[2] 同年 8 月,前美國駐華公使芮恩施率領美國議員團訪問中國,申圭植等以高麗獨立民主主義者聯盟和高麗在華學生協會名義致函議員團,要求美國支持韓國獨立,同時致函孫中山,希望孫在講演或談話時給予支持。函稱:"吾韓形勢,前已略陳,並領指示矣。頃者美議員來華觀光,關於遠東大局匪鮮。吾人竭誠歡迎,良有以也。唯吾人向曾以獨立問題請求美議院之贊助時,贊成提出者甚多。現該議員團既東來考察,知先生於迎接之際,對於中國及吾韓諸種問題,必有極精確之言論,使該議員團返美時,轉以宣傳美之國民,俾得實力扶助也。"[3] 同年 10 月 8 日,孫中山向上海通訊社記者發表談話,提出應將中韓兩國志士的鬥爭聯繫起來,"將目光放遠一步,專行注意於滿洲、高麗兩方面。"第一步,"扶持韓人獨立",第二步,"要求取消二十一條賣國條約"。

10 月 10 日,申圭植在上海創辦《震壇》週報,提出工作方針為"聲訴歐美諸邦,主張中韓提攜"。[4] 孫中山、胡漢民、柏文蔚、徐謙、張靜江、蔣介石、于右任等國民黨要人紛紛題詞,以示支持。孫中山的題詞是"天下為公",徐謙的題詞是"私有破,強權滅",蔣介石的題詞是"同舟共濟"。[5] 中國國民黨人、

1　上海《民國日報》,1919 年 5 月 9 日。
2　朴殷植《韓國獨立運動之血史》下編,第 105 — 107 頁。
3　環龍路檔案,4800,台北中國國民黨黨史館藏。
4　《震壇》週報創刊號。
5　蔣介石日記 1920 年 9 月 24 日云:"申圭植來談。"26 日日記云:"祝高麗《震壇報》創刊,曰:'同舟共濟。'"美國斯坦福大學胡佛研究所藏。

南社社員景定成、呂志伊、柳亞子等也紛紛以詩文致賀。柳亞子贈詩云："子切焚巢痛，吾懷寒齒憂。何當時日喪？與汝賦同仇。碧血清流史，黃金國士頭。相期無限意，珍重看吳鉤。"[1]表達了中韓革命者之間的友誼和敵愾同仇的思想感情。同年 12 月，韓國志士朴殷植所著《韓國獨立運動之血史》在上海出版，景定成、汪精衛為該書作序。景序盛讚韓國人民"徒手革命，視死如歸"的英勇鬥爭，鼓勵韓人進一步以"鐵血"鑄造新的歷史。

孫中山對韓國獨立運動的支持贏得韓國志士的尊敬。1920 年 9 月，旅居上海的韓國志士在《共產國際》發表文章，稱頌孫中山是"中國革命運動，尤其是反日運動的象徵"。[2]次年 4 月 7 日，孫中山被廣州非常國會選舉為非常大總統。申圭植及新亞同濟社、《震壇》週報迅即致電祝賀："東亞前途，實深利賴。"[3]20 日，韓國臨時政府派人攜李承晚致孫中山密函到廣州，要求南方政府支持韓國獨立運動。[4]同年 9 月，韓國臨時政府國務會議議決，特派國務總理、代理外務總長申圭植為專使，攜帶國書，與中華民國護法政府洽商承認韓國獨立事宜。申圭植等經過香港時，先後會見張繼與唐繼堯。唐表示願在雲南為韓國培養軍官人才。其後，韓國臨時政府陸續向雲南派出 50 餘名青年，到雲南接受軍事教育。到達廣州後，申圭植及其隨行秘書閔石麟會見胡漢民、徐謙、呂志伊、伍朝樞、謝持、廖仲愷、林森等人。同月，申、閔二人拜會孫中山，向孫中山提出五項互惠條款：1. 大韓民國臨時政府承認護法政府為中華民國正統政府，並尊重其元首及國權。2. 請大中華民國政府承認大韓民國臨時政府。3. 請准予收容韓國學生於中華民國軍校。4. 請借款 500 萬。5. 請准予租界地帶，以資養成韓國獨立軍。孫中山答稱：中韓兩國，"本係兄弟之邦，素有悠遠的歷史關係。輔車相倚，唇齒相依，不可須臾分離，正如西方之英美。對於韓國復國運動，中國應有援助義務"，但"目前北伐尚未成功，國家尚未統一，僅以廣東一省力量，實難援助韓國復國運動。"孫中山表示：第二條承認韓國臨時政府一節，原則上毫無問題，但護法政府尚未得到承認；第三條亦毫無問

1 《海上題睨觀即題其汕廬圖》，《震壇》週報第 23 號，1921 年 6 月 5 日。
2 《共產國際》英文版，卷 1，第 13 期。
3 《震壇》週報第 22 號。
4 《關內地區朝鮮人民反日獨立運動資料彙編》上冊，第 651 頁。

題，可以通令各軍校盡量收容韓國子弟。第四、第五條，"目前尚無能為力，至少在北伐佔領武漢後，始可以辦到。" 孫中山應允，在北伐計劃完成後，當以全力援助韓國復國運動。[1] 申圭植提出，希望在韓國臨時政府和護法政府間建立外交聯絡，孫中山表示歡迎。10 月 10 日，廣州舉行國慶紀念儀式，申圭植代表韓國臨時政府向孫中山呈遞國書。[2] 申圭植返滬後，韓國臨時政府即派濮純（精一）為駐粵代表，常駐護法政府。濮曾加入中華革命黨，後來更直接到國民黨中央黨部工作。

自 1921 年 3 月起，長沙、漢口、安慶等地陸續出現中韓互助社一類組織。1921 年 5 月，上海中韓互助總社成立，其評議員何世楨、黃警頑、孫鏡亞、喻育之等都是國民黨人。至 1922 年，該社已有社員 156 名，其中，韓國人 104 名，中國人 52 名，同年 9 月召開第二次會議，黃興的遺孀徐宗漢出任臨時主席。會後成立的理事會，以吳山（中）、金奎植（韓）分任理事長、副理事長。吳山曾任廣東大元帥府秘書、司法部次長。

申圭植訪粵促進了中韓志士之間的聯繫。1921 年 9 月 27 日，中韓協會在廣州成立。該會以廣東政府外交部總務司長、非常國會議員朱念祖為委員長，謝英伯為副委員長，高振霄、丁象謙、汪精衛及申圭植（化名金檀庭）等為委員。27 日，召開成立會。該會宣言號召中韓兩國志士 "相與提攜，共相扶助，持正誼於人類，躋世界於大同。純本互助之精神，用求互助之進步。"[3] 當時，太平洋會議召開在即，申圭植致函中國各法團及報館，要求中國方面根據國際條約在會上提出韓國獨立問題。[4] 11 月 21 日，中韓協會致電美國政府和參加太平洋會議的各國代表，聲稱韓國問題為遠東重要問題之一，要求特許韓國臨時政府代表出席會議，恢復韓國的獨立、自主資格。[5] 12 月 1 日，《光明月報》在廣州出版。該刊宣稱以推動 "中韓兩國聯絡感情，促進民治" 為職責，"講究

1　閔石麟《中國護法政府訪問記》，《韓國魂》，第 103—104 頁。閔書記孫中山接見申圭植為 11 月 3 日，當時，孫中山已在廣西。據 1921 年 10 月 4 日上海《民國日報》所載無鷙作於 9 月 25 日的《廣州特約通訊》："（韓國臨時政府）近又派金檀庭君來粵，謁商當道，以與我國行動一致。孫總統特優禮接待，交換意見。" 則孫、申見面必在此前。

2　閔石麟《中國護法政府訪問記》記孫中山接受申圭植國書時間為 11 月 18 日，當係 10 月 10 日之誤。

3　《中韓協社宣言》，上海《民國日報》，1921 年 10 月 14 日。

4　《懇求援助韓國獨立書》，香港《華字日報》，1921 年 10 月 22 日。

5　香港《華字日報》，1921 年 11 月 22 日。

撲滅強權之方法＂，＂使中韓平和，使東亞平和，使世界平和。＂林森、陳公博、汪精衛、葉夏聲等國民黨人都是該刊的執筆者。

申圭植訪粵也增強了孫中山對韓國志士不屈不撓鬥爭精神的了解。1921 年 12 月，孫中山在桂林演說稱：＂日本之待高麗，異常苛酷。高麗人本富有革命精神，不甘受制，處心積累，為獨立之運動者已久。日本雖防之綦嚴，然若高麗人始終堅持，則必有能達目的之一日也。＂[1] 限於條件，孫中山在當時不可能對韓國志士提供多大物質援助，但孫的態度和立場對韓國志士顯然是巨大的精神鼓舞。1922 年 6 月，陳炯明在廣州發動反對孫中山的兵變，申圭植聞訊，歎惜道：＂中山先生苦心經營之事業，全成泡影。此不僅中國之大不幸，亦韓國之大不幸也！＂[2] 自此，申圭植憂鬱成疾，拒絕進食。同年 9 月 25 日逝世。

申圭植逝世後，中韓兩國志士的聯繫出現空缺，但孫中山不忘對韓國獨立運動的支持和承諾。1924 年 1 月 23 日，孫中山在國民黨第一次全國代表大會發表演說，聲稱中國人民的對外責任是＂反抗帝國侵略主義，將世界受帝國主義所壓迫的人民來聯絡一致，共同動作，互相扶助，將全世界受壓迫的人民都來解放＂。[3] 同年 3 月，孫中山發表民族主義演講，除了主張＂學外國＂，＂迎頭趕上去＂，使中華民族自立於世界之林外，還特別提出扶助弱小民族的任務。他說：＂現在歐風東漸，安南便被法國滅了，緬甸被英國滅了，高麗被日本滅了。所以，中國如果強盛起來，還要對世界負一個大責任。＂孫中山所說的＂大責任＂，就是＂濟弱扶傾＂。他說：＂我們對於弱小的民族要扶持他，對於世界的列強要抵抗他。＂[4] 此後，孫中山的＂濟弱扶傾＂思想遂成為國民黨處理和韓國獨立運動人士的指導方針。同年 11 月，孫中山北上，途經日本神戶，先後接見朝鮮協會東京本部會長徐基俊及朝鮮《東亞日報》記者等多人。現存孫中山為《東亞日報》的題詞＂天下為公＂可能即書寫於此時。[5] 1925 年 3 月，孫中山病危，彌留之際囑咐戴季陶，對日本方面提出的問題至少應該包括三項，其一就

1　《孫中山全集》卷 6，北京中華書局版，第 16 頁。
2　《韓國魂》，第 83 頁。
3　《孫中山選集》，北京人民出版社版，第 600 頁。
4　《民族主義》，《孫中山選集》，第 691 頁。
5　韓國獨立運動紀念館藏。

是使“高麗最低限度獲得自治”。[1]

孫中山逝世後，韓國臨時政府於 3 月 26 日集會追悼。在華志士發表文章稱：“我們高麗久受日本壓迫，想呼吸都不得，與中國被列強壓迫無異，所以彼此同病相憐。正冀孫先生率領東方痛苦民族，一齊進攻。何圖大星忽隕，望此後中山信徒，一律依照孫先生政策，努力進行。”[2] 孫的逝世，韓國在華志士失去了一位積極、堅定的支持者。

韓國志士長期沒有系統的革命理論。孫中山逝世後，韓國獨立黨提出“人與人均等”、“族與族均等”、“國與國均等”的“三均主義”，顯然受有孫中山三民主義的部分影響。後來陸續出現的新韓青年黨、大韓青年同盟會、新韓民主黨的綱領中，也都或多或少地可以看到孫中山思想的影子。[3]

三、北伐時期

孫中山的援韓方針在 1926 年 1 月召開的國民黨第二次全國代表大會繼續得到發揚。韓國志士呂光先向會議介紹朝鮮民族被壓迫狀況，闡述對中國國民黨的希望。[4] 大會宣言對包括高麗在內的亞洲弱小民族的鬥爭給予充分評價，認為“此等奮鬥，終必使帝國主義所施與之桎梏歸於粉碎”。[5] 在大會通過的《對外政策進行案》中，確定國民黨對外的三項政策之一是“聯合世界上被壓迫的弱小民族”。[6] 會議決定，在廣東設孫文大學，訓練弱小民族的革命份子。

根據 1921 年的孫、申協議，鄒魯 1923 年在廣州創辦廣東大學時，即免費招收韓國青年入學，以便養成韓國復國人才。這一方針，為後來的中山大學長期繼承。[7] 1924 年 6 月，黃埔軍校開學。自第一期至第五期，共招收韓籍學生 34 人。[8] 1925 年 11 月，國民革命軍葉挺獨立團成立，韓國志士楊寧任第三營營

1　羅剛《中華民國國父實錄》第 6 冊，第 4987 頁。
2　伍達光輯《孫中山評論集》，上海三民出版部 1925 年版，第 97 頁。
3　《中韓關係專檔》(11)；《抄上海朝鮮各社團最近情況》，《各地韓僑動態磁碟區》(13)。台北中國國民黨黨史館藏。
4　《中國國民黨第二次全國代表大會會議錄》第 17 號。
5　《中國國民黨歷次代表大會及中央全會資料》(上)，第 105—106 頁。
6　同上，第 149 頁。
7　鄒魯《回顧錄》，岳麓書社 2000 年版，第 554—555 頁。
8　石源華《韓國反日獨立運動史論》，中國社會科學出版社 1998 年版，第 285 頁。

長。次年 7 月，國民革命軍開始北伐，部分韓籍學生投軍作戰。同年底，國民政府北遷武漢。1927 年 3 月，濮純以韓國革命軍新民府代表名義上書武漢國民黨中央，認為辛亥以後，中國革命一再失敗，革命勢力始終不及長江以北，其根本原因在於疏忽東北問題。他建議武漢國民政府組織東北軍事委員會，利用新民府、參議府、正義府等東北韓僑軍事力量，徹底推翻張作霖在東北的統治。[1] 當時，韓國在華志士或在國民政府、國民革命軍供職，或在中央軍事政治學校武漢分校、武昌中央大學、南湖學兵團等處求學。同月，陳公木、權晙等人組織留鄂韓國青年革命會，以"完成韓國民族革命及社會革命"，"與世界革命群眾聯合，完成世界革命"為綱領，有會員 46 人。該會成立後，即議決"與中國國民黨聯絡，直接參加打倒國際資本帝國主義運動"。同月，權晙上書武漢國民黨中央，聲稱武漢已成為"世界革命的中樞"，要求將該會視為國民黨中央青年部的下屬，切實加以指導，給予物質及精神上的援助。4 月 12 日，國民黨中央覆函國民黨湖北省執行委員會，同意按照廣東、南京先例，准許韓國學生加入中國國民黨。4 月 30 日，國民黨中央決定將留鄂韓國革命青年會的要求交東方局審查，並請蘇俄顧問柏郎恩參加。[2] 這一情況透露出，武漢國民黨中央內設東方局，處理支援韓國、安南等被壓迫的東方各民族的相關事宜，不過，當時寧漢雙方已經尖銳對立，武漢國民黨中央和武漢國民政府都處於風雨飄搖狀態，不可能有什麼作為了。

四、南京國民政府時期

1927 年 4 月，蔣介石在上海發動"清黨"，繼而在南京成立國民政府，韓國在華志士發生分化。一部分人加入中國共產黨所領導的革命運動；一部分人則支持南京國民政府。國民黨人對前者防範，對後者繼續取支持態度。

1928 年，日本駐廈門領事館警察擅自開槍圍捕韓國籍中國軍校學生李箕煥、李剛等 4 人。5 日，國民黨廈門市黨部暨民眾團體聯席會議致電國民黨中

1　濮純《關於東北革命之管見概略》，台北中國國民黨黨史館藏。

2　《中國國民黨中央執行委員會致政治委員會函》，台北中國國民黨黨史館藏檔案，718/94。

央黨部及國民政府外交部，指責日警越界擅捕韓人，"亂我秩序，侵我國權"。南京國民政府外交部指示廈門交涉員劉光謙力爭，索回 4 人。廈門當地人民情緒激忿，成立反抗日本侵略國權委員會，提出對日"經濟絕交"、"罷海示威"，驅逐日本領事等要求。日本駐廈門領事館同意釋放李潤丙、李明齋二人，以"刑事犯"為名將李箕煥、李剛押解去台灣。1929 年，朝鮮光州女子學校女生朴奇玉受日本男生侮辱，激起韓國學生公憤，舉行總罷課及示威遊行，進而發展為全國性的反日運動。次年 2 月 12 日，國民黨江蘇省黨部整理委員會致電韓國國民黨，電稱："本黨素主聯合世界弱小民族，共同奮鬥，而中韓兩國同為東方被壓迫民族，大有唇齒相依互相扶助之必要。是故敝會對於貴國此種革命行動，實具無限之同情。"[1] 其後，國民黨山西省黨部、江西省南昌市黨部、漢口特別市黨務整理委員會、青島特別市指導委員會、中央政治學校區黨部等紛紛通電聲援，呼籲中國各界支持韓國"獨立自主之大業"。1929 年 3 月 15 日，韓國獨立黨電賀國民黨第三次全國代表大會，聲稱"敝韓國革命正在進行，還望貴黨同志特加聲援"。[2] 該黨的南京促成會執委會為謀求中韓兩國民族切實合作，特向會議提出 8 項意見。[3] 27 日，國民黨"三大"重申孫中山的"濟弱扶傾"政策，表示"吾人對於弱小民族必須扶持"。[4] 同年 4 月，韓國天道教派代表崔東昨到南京，蔣介石指令文官長古應芬接見。[5] 但是，這一時期，國民黨忙於鎮壓中共的武裝割據和土地革命，對日採取妥協退讓政策，因此，沒有給予韓國獨立運動以更多、更明確的支持。

　　1931 年 7 月 1 日，日本警察在中國吉林萬寶山地區開槍射擊中國農民。7 月 3 日至 9 日，日本當局在朝鮮漢城等地煽起排華暴動，中國華僑受到襲擊。韓國臨時政府外務部長趙素昂發表聲明，希望中國國民政府與全體民眾，"一致奮勵，抵制日人，力謀韓華自主獨立"。[6] 24 日，蔣介石與蔣作賓討論此事，日記云："余意應即對世界各國宣言及提出國際聯盟會報告，暴露日本政府有組

1　《申報》，1930 年 2 月 12 日。
2　南京《新聞報》，1929 年 3 月 17 日。
3　《中國國民黨歷次代表大會及中央全會資料》（上），第 733 頁。
4　《對於外交報告之決議案》，《中國國民黨歷次代表大會及中央全會資料》（上），第 653 頁。
5　《韓國天道教代表崔東昨備忘錄》，《中韓關係專檔》（18），台北中國國民黨黨史館藏。
6　《近代中韓關係史資料彙編》第 11 冊，第 404—406 頁。

織的殺害僑民之罪惡，並說明其已無統制朝鮮之能力，且朝鮮之被吞併，我中國未經承認。中日所訂條約，皆認朝鮮為完全獨立國也。"[1] 不久，"九一八"事變爆發，國民黨開始調整政策，致力於抗日準備。當年 12 月，國民黨中央召開四屆一中全會，決議"聯合世界上弱小民族，以反抗帝國主義"。[2] 因而，援助來華韓國人士問題也就逐日漸受到重視。

"九一八"事變後，韓國臨時政府及在華韓國志士紛紛集會，發表通電、文告，聲援中國人民和中國政府。趙素昂再次以外務部長名義致函中國政府，表示三韓民族"誓當決死而起"，和中國團結一致，"快雪東亞之恥，復我中韓之疆"。[3] 10 月 22 日，安昌浩在上海新聞界招待會上致詞，聲稱"孫中山曾言，韓國獨立，就是斷絕日本侵華之橋樑"，希望中韓民族徹底聯合，打倒日本帝國主義。當時，韓國在華志士已發展為兩大派。一派領導人為金九，另一派領導人為金若山。前一派成員年齡較大，受韓國傳統文化影響較深，而金若山一派則年齡較輕，比較激進，兩派思想上有較大差異。最初，國民黨分別聯繫上述兩派，經過一段時期之後，開始致力於促進兩派之間的聯合。

1932 年，蔣介石命國民黨中央組織部部長陳果夫及三民主義力行社（軍統前身）書記滕傑分別開展援韓工作。[4] 同年 4 月，力行社成立東方民族復興運動委員會，以干國勳為主任，桂永清等為委員，確定以"濟弱扶傾"精神為宗旨，優先援助中國周邊地區的韓國、越南、印度等被壓迫民族。同月 29 日，韓人愛國團團員尹奉吉奉金九之命，在上海虹口公園炸死日本白川大將，事後，日方懸賞 60 萬元購捕金九。金九在中國軍警保護下逃亡浙江嘉興，躲藏於國民黨人褚輔成家中。此後，金九得到中國方面重視。1933 年 5 月，蔣介石通過陳果夫約見金九。蔣稱："東方各民族實行符合孫中山先生三民主義之民主政治是比較好的。"金九通過筆談向蔣表示："若資助百萬元，兩年之內可在日本、朝鮮、滿洲方面掀起暴動，切斷日本侵略大陸之後路。"次日，陳果夫向金九轉告蔣介石的意見："若靠特務工作來殺死天皇，則會另有天皇，殺死大將，也會另

---

1 《蔣介石日記》（未刊稿），1931 年 7 月 24 日，美國胡佛研究所檔案館藏。
2 《中國國民黨歷次代表大會及中央全會資料》（下），第 137 頁。
3 《素昂集》，《近代中韓關係史資料彙編》第 11 冊，第 390 頁。
4 滕傑《滕傑先生訪問記錄》，第 118 頁；《參見蔣公總統大事長編初稿》卷 2，第 209—230 頁。

有大將。為將來的獨立戰爭著想，須先訓練一批武官。"[1] 金九同意蔣的意見，雙方迅速達成協議，以河南洛陽軍官訓練學校作為基地，第一期培養軍官 100 名。其後，金九的同鄉兼世交安恭根等十餘人在國民黨中央黨部擔任對日情報工作，一直到 1939 年安恭根被害。[2] 除金九等按月得到中國方面的經費補助外，韓國流亡人士的回國活動費用，也常由陳果夫轉請蔣接濟。[3]

　　國民黨中央與金若山一派的聯繫始於 1932 年 5 月。當月，金若山率領朝鮮義烈團幹部自北平到南京，向蔣介石提出《中朝合作反日倒滿秘密建議書》，蔣介石批交力行社研究辦理。[4] 同年秋，滕傑等奉命在南京設立朝鮮革命幹部學校，培養金若山一派幹部。此後，金若山的活動即得到黃埔同學會和國民黨軍統方面的支援。至 1935 年 10 月，朝鮮革命幹部學校先後培訓了三期學員。同月，軍事委員政訓班在江西星子開學，對部分韓國青年進行特工訓練。[5] 與此同時，還有部分韓國青年進入南京中央軍校學習。至全面抗戰爆發，國民黨系統的各類軍校共培養韓籍學生 415 人。[6] 1936 年 8 月，日本駐華大使川樾茂要求中國方面"開除軍校鮮籍學生"，但遭到南京國民政府堅決拒絕。

　　韓國在華志士黨派林立，經常發生內訌，分合無常，難以形成統一的抗日復國力量。1933 年，力行社和陳果夫敦勸各方合作，成立統一的韓國民族革命黨。1935 年 7 月，朝鮮革命黨、朝鮮義烈團、韓國獨立黨、新韓獨立黨、大韓獨立黨等在南京舉行代表大會，合組朝鮮民族革命黨，以金若山為總書記，但隨後又發生分裂，金九領導的韓國獨立黨和朝鮮革命黨等組織宣佈退出重建。直到盧溝橋事變爆發，韓國在華志士中才出現再度整合的趨向，中韓兩國愛國志士的聯繫也就進入一個新階段。有關情況，請參閱拙作《蔣介石與韓國獨立運動》，這裏就不贅述了。[7]

1　金九《白凡逸志》，民主與建設出版社 1994 年版，第 232—233 頁。
2　《韓國黨派之調查與分析》，《中韓關係專檔》（10）。
3　蕭錚《韓國光復運動之鱗爪》，台北《中央日報》，1953 年 8 月 25 日。
4　金若山《朝鮮民族革命黨之創立與其發展經過》，《韓國民族革命黨卷》，《中韓關係專檔》（十四）。
5　滕傑《三民主義力行社援助韓國獨立運動之經過》，《滕傑先生訪問記錄》，台北近代中國出版社 1993 年版，第 121—126 頁
6　范廷傑《蔣委員長培養韓國革命幹部》，台北《傳記文學》卷 28，第 4 期。
7　見拙作《蔣氏秘檔與蔣介石真相》，北京社會科學文獻出版社 2002 年版。

＊國民黨反動派殘殺共產黨的宣傳橫幅

第三部分

國共第一次合作的分裂

論馬日事變及其解決 *

　　1927 年春，湖南農民運動迅猛發展。各地紛紛鎮壓土豪劣紳，少數地區並根據共產國際指示，開展土地革命，自發沒收土地。這樣，湖南地區便處於巨大的社會震盪中。同年 5 月 21 日，國民革命軍第三十五軍三十三團團長許克祥在長沙發動叛亂，因為這一天的電報代號是 "馬"，史稱 "馬日事變"。對於這一事件，本應及時用武力加以平定，但是，武漢政府領導人對叛亂懷有同情，鮑羅廷主張糾正工農運動中的過火行為，藉以安撫，中共則無兵可用，以致未能削平叛亂，及時制止唐生智所部國民革命軍的右轉，養癰遺患，最終影響了武漢國民政府的右轉。

一、事變的發動

　　這年三四月間，國民革命軍第三十五軍正在漢口整裝待發，準備進軍河

* 　原載《安徽史學》，1996 年第 1 期。錄自楊天石《蔣介石與南京國民政府》，中國人民大學出版社 2007年版。

南，不斷有從湖南逃出的土豪劣紳向該軍軍長何鍵訴苦，參謀余湘三乘機進言："非用大刀闊斧，不足以斬禍根"。[1] 但何鍵顧慮唐生智反對，不敢輕舉。5月初，余湘三銜命返湘，串聯駐長沙的許克祥等人，陰謀蠢動。[2] 12日，何鍵密派黃某，攜款遊說第八軍師長張國威，要他以便衣槍兵團"剿滅共匪各機關，拘殺共匪首領"，約定兩湖同時並舉。張國威以所屬部隊已開往湖北為理由，答以力不勝任。在此情況下，何曾考慮回師單幹。他對李品仙說："湖南已給共產份子鬧得天翻地覆，如果不把他們剷除，我們自己的命也要被他們革掉了。" 李品仙勸他忍耐一時，先赴河南作戰，待回師後，三個軍一致聯合，向唐生智表示"清共的願望和決心"。[3] 李品仙並提出，屆時他可以去找唐生智的法師顧和尚，要他一起請願。5月13日，何鍵率軍北上。

何鍵雖然北上了，但湖南的反動派仍在加緊準備。

5月21日晚，許克祥召集各營長及參謀人員舉行秘密會議，宣佈反共。夜12時，許團士兵分三組出發，進攻國民黨湖南省黨部、農民協會、湖南省總工會等機關團體。除郭亮、夏曦、滕代遠、王基永等逃亡外，省農協犧牲10餘人，省工會犧牲4人，黨校犧牲2人，工人運動講習所死傷6至7人。所有農工糾察隊均被繳械，所有民眾團體及黨校機關均被搶掠一空，省特別法庭被搗毀，監獄人犯均被釋放。至22日上午止，共封閉機構七十幾個。當日，許克祥派蔡翊唐取道廣東，向蔣介石報告事變經過。

同日，許克祥假惺惺地繕寫報告，聲稱"於萬分緊張的時機中，擅作緊急處置，未能事先請命，理應自請處分"，請求湖南省主席張翼鵬轉報唐生智。[4] 許並要求張出示安民，張當即照辦，但許又認為張所出的佈告"態度暗昧"，改用團部名義出示。在許克祥的壓力下，湖南省政府致電武漢國民政府，攻擊農民自衛軍"授以武器，轉成跋扈"，誣指共產黨人"近復有命令全省自衛軍集中近省各縣，肆行屠殺之確耗"。電報聲稱：19日夜，省城糾察隊分三路進攻第三十五軍留守處；20日夜，分兩路襲擊兵工廠及第八軍教導團；21日夜，糾察

1　余湘三《馬日鏟共之始末》，湖南《國民日報》，1930年5月21日。
2　王東原《浮生簡述》，台北傳記文學出版社1987年版，第21頁。
3　《李品仙回憶錄》，台北中外圖書出版社1975年版，第81頁。
4　許克祥《馬日鏟共回憶錄》，台北中央文物供應社1956年版。

隊分途進攻第四、第八、第十五、第三十五各軍留守部隊。明明是許克祥等倡狂進攻，屠殺革命人民，但是，在湖南省政府的電報中，卻成了糾察隊進攻軍隊，顛倒黑白，一至於此。[1] 次日，又致電武漢中央黨部及駐馬店唐生智等處，認為造成"馬日事變"的原因在於"工農運動操之過激，忍無可忍，遂致釀成武裝同志起而自決自衛"，要求"准予全體辭職，嚴重處分"。[2] 24 日，發表省政府佈告："嗣後工農團體，務須嚴守革命紀律，不得有越軌行動，並應受各該當地縣長之指揮監督，倘敢憑藉團體，魚肉人民，一經查覺，輕則即予拿辦，重則即行正法。"[3] 在致部隊、各縣縣長的電報中，更明確宣稱："對於工農團體及其自衛隊，務須嚴加監視，不為暴徒利用，倘有越軌行動，即當會同駐軍及挨戶團嚴加圍剿。"[4]

許克祥發動叛亂時，靠的是武力。遲至 24 日，才成立起所謂湖南救黨臨時主席團，成員為許克祥、周榮光、李殿臣、王東原、張敬兮等 5 人。許等隨即通電稱："現在錢荒、鹽荒、米荒，到處見告，厘稅、鹽稅概無收入，公私破產，救濟窮術"，同時宣佈"幡然改圖"的四條方針，其一為："本合作之精神，使農工商為平均之發展，親密之聯合，不蹈畸輕畸重、相傾相軋之覆轍。凡從前未經政府核准之捕押，一律釋放；未經政府核准之沒收，一律發還。"[5] 27 日，召開所謂救黨擴大聯席會議，到會 200 餘人。由張翼鵬、許克祥報告事變經過，誣稱共產黨人擬於五卅運動之日舉行大屠殺，並搶劫軍隊槍枝。會議決定成立救黨委員會，領導省政，推定唐生智、張翼鵬、蕭翼鯤、彭國鈞、許克祥、周榮光、李殿臣、王東原、陳其祥、張敬兮、仇鼇等 15 人為委員。負責擬定"全省清黨、組黨一切辦法"。會議作出的其他決議還有："取締暴徒份子大本營的各學校"，請政府明令懸賞通緝暴徒首領，格殺勿論，私藏暴徒首領者同罪等。[6] 會上，許克祥提出，鮑羅廷等已於昨日下午到達岳州，他們"為武漢政府所派，不啻就是共產匪黨的代表，應在剷除之列。"當時，一致決定將鮑羅

1 《湖南省政府漾電》，《湖南省政府公報》第 44 期。
2 同上。
3 《湖南省政府佈告》，同上。
4 《湖南省政府敬電》，同上。
5 《長沙之救黨大運動》，《廣州民國日報》，1927 年 6 月 5 日。
6 《救黨委員會之組織》，《廣州民國日報》，1927 年 6 月 9 日。

廷就地槍決，張翼鵬未表態，其餘各人均表示贊成，許克祥並要有跨黨嫌疑的仇鼇主稿，張翼鵬領銜。仇、張二人處於被包圍的狀況下，只好照辦。[1] 29 日，救黨委員會發表就職通電，誣稱："三湘七澤，已成群魔亂舞之場；城市鄉村，盡陷雞犬不寧之境"，宣佈要厲行清黨運動，"徹底開除冒牌的國民黨員"。[2]

二、唐生智和武漢國民政府的最初反應

馬日事變的消息迅速傳到了河南和武漢。

何鍵本是事變的策劃者，但卻裝作並不知情。他一面通電指責兩湖農民運動令"軍中不安"，要求拿辦乘機搗亂後方的"暴徒"，以期從輿論上配合事變，對唐生智和武漢國民政府施加壓力，一面則自誓"效忠黨國"，"至誠服膺"總理主義及三大政策，力圖掩蓋自己和事變的關係，以便待機一逞。[3] 唐生智的最初反應是：電告武漢國民黨中央，建議派員赴湘疏解；派政治部主任彭澤湘回漢口，向中共中央請示辦法；同時致電張翼鵬，要求他打消辭意，妥籌善後，其辦法為：1. 長沙各軍統歸張翼鵬指揮，維護治安，非有命令，不得有任何舉動。2. 召集軍官會議，由各部隊聯合張貼擁護三大政策等標語。3. 飭令各部隊照標語意旨切實執行，收繳槍枝，一律發還。[4] 26 日，唐生智電告張翼鵬，決定派葉琪、周斕兩副軍長克日返湘，要張"以剛毅不撓之態度鎮懾一切"。[5] 此後，他多次發表談話，聲稱"反共產就是反革命"。"本軍擁護總理農工政策到底，決不會壓迫農工群眾。現在派員查辦長沙事件，對受蔣逆運動的軍官，決不寬容。"[6] 但後來的事實證明，唐生智的這些訓話不過是唱高調。他的實際處理與此大相逕庭。

武漢國民政府接到唐生智等的有關電報後，於 24 日夜電告長沙，要求軍隊

---

1 許克祥《馬日鏟共回憶錄》。

2 《湖南救黨委員會唐生智等通電就職》，《上海民國日報》，1927 年 6 月 8 日。

3 《何軍長漾電》，《湖南省政府公報》第 44 期；《何軍長通電》，《漢口民國日報》，1927 年 6 月 12 日。

4 《唐生智致湖南省政府電》，《漢口民國日報》，1927 年 5 月 25 日。

5 《唐生智電》，《申報》，1927 年 6 月 4 日。

6 《唐生智在西平對將士及政治工作人員之訓話》，《漢口民國日報》，1927 年 5 月 31 日；《唐生智在鄭州召集軍官講話》，《漢口民國日報》，1927 年 6 月 7 日。

維持治安，同時要求農工糾察隊嚴守秩序，不得報復。25日晨，政治委員會主席團決定派譚平山、陳公博、彭澤湘、周鰲山、鄧紹汾五人組織特別委員會，代表中央馳往查辦。汪精衛要他們"謀一個根本的解決"，"對於民眾既得的利益，要加以保障；過度的行為，須加以制裁。"[1] 26日，特別委員及鮑羅廷出發。27日，國民黨中央委員會根據陳獨秀的意見發表訓令，要求消除誤會，糾正錯誤，杜絕反革命的挑撥離間，各團體及個人間如有糾紛，應向黨部及政府陳述意見，"不得各逞憤怒，輕啟釁端。"[2] 同日，鮑羅廷等一行抵達岳州，隨即得知許克祥要求軍方槍決鮑羅廷等人的消息，不得不中止赴湘，返回武漢，特別委員會的任務就這樣結束了。

三、周斕返湘處理

在向湖南派出特別委員會的同時，汪精衛、譚延闓又致電張翼鵬，聲稱："湘省農工運動幼稚失當，中央早思制裁"，"對於此次軍隊與農工糾察隊衝突，亦能諒解。從此統一黨的威權，對於農工運動，加以嚴格訓練、取締，未始非湘省前途之福"，實際上對馬日事變表示容許和肯定。[3] 電報宣佈派第三十六軍副軍長周斕前往宣慰軍隊，要張發電表示歡迎。6月3日，武漢國民黨中常會召開第十四次擴大會議，聽取陳公博代表特別委員會所作報告，會議決定：1. 湖南省政府暫維現狀，由中央體察情形，決定改組辦法。2. 湖南省黨部及農民協會、省工會均應改組。3. 長（沙）、岳（陽）一切部隊歸周斕指揮。4. 軍隊及農民武裝團體均應即行停止軍事活動，各部隊之進止須聽周斕指揮，各農工武裝團體應回原地，兩方均絕對不得有尋仇報復舉動。5. 其他一切事宜均歸特別委員會辦理。[4] 6月6日，周斕隨帶軍隊一團抵達長沙，在歡迎宴會上，周斕表示："湘省農工運動不良，原屬無可諱言，以致前方武裝同志及一般均感受極端

---

1 《中政會第二十四次會議速記錄》，黃郛檔案。《中國國民黨第一、二次全國代表大會會議史料》，第1203頁。
2 《中央執委會沁電》，《湖南省政府公報》第44期；參見《中共中央常委會第十二次會議記錄》，1927年5月27日。
3 《中央汪、譚兩主席電》，《湖南省政府公報》第44期。
4 《中國國民黨中央執行委員會第二屆常務委員會第十四次擴大會議速記錄》，油印件。

不安狀態。"他說："對方如仍抗命囂聚,不服中央處理,則惟有嚴切剿辦。"[1]

7 日,召開軍事聯席會議,許克祥等參加,決定各級黨部及農工團體一概停止活動;各地聚集農工全體解散,各歸原地。[2]

6 月 13 日,武漢國民政府軍事委員會討論,決定對湖南事件不用武力解決,唐生智並表示願親自到長沙一行,以和平的方法改組農協,實行農政部所提出的鄉村自治條例。軍事委員會決定,責成唐生智全權辦理此案。當日召開政治委員會第二十八次會議,湖南請願代表團報告了事變情況,對中央還沒有下令討伐許克祥表示失望。汪精衛冷冰冰地表示:"悲憤之餘,還是要用慎重的手段。"[3] 由於張翼鵬已於 6 月 7 日致電唐生智辭職,因此,會議決定以周斕代理湖南省主席及軍事廳長。

當日,湖南請願代表團 300 餘人整隊到中央黨部請願。6 月 15 日,再次向唐生智請願。唐表示:絕不能以農工運動發生幼稚行動,對整個的農工運動發生懷疑,我們對於總理之三大政策,應始終擁護。他並稱:"許克祥未奉長官命令,擅行屠殺革命民眾,不但違反黨紀,並且違反軍紀。"[4] 18 日,唐生智致電湖南,要求所有駐湘部隊,悉聽周斕指揮,"內清奸黨,外禦寇賊"。[5] 同日,三十五軍軍長葉琪受唐生智之命回省,催促周斕就職,他表示:"唐總指揮前在河南,對於湘民如何痛苦,暴徒如何挾持,均已明了。"並稱:"湖南馬日事變,因暴徒份子肆意蹂躪,武裝同志忍無可忍,起而自決自衛,唐總指揮已極諒解。"又說:"從前農工團體組織不好,不能因噎廢食,仍然一律恢復,不過改良組織,注意人選"。還說:"西皮份子在湘,至多不過二三萬人。以最少數人行動,使湖南 3000 萬人備受痛苦,實為不平,唐總指揮決心改正。"[6] 同日下午,周斕就職。他說:"此後執行職務,自當遵守中央命令,及唐總指揮意思,中央命令如有不合湖南情形,必定拚命去請求改善變更。"[7] 葉琪也散佈唐生智

1 《長沙軍工衝突事件》,《晨報》,1927 年 6 月 20 日。
2 《討共軍包圍中之湖南》,《晨報》,1927 年 6 月 22 日。
3 《中國國民黨中央執行委員會政治委員會第二十八次會議速記錄》,《中國國民黨第一、二次全國代表大會會議史料》,第 1235 頁。
4 《唐生智對湘請願代表周表示許克祥背叛黨紀、軍紀》,《漢口民國日報》,1927 年 6 月 27 日。
5 《右傾中之湘省新局面》,《晨報》,1927 年 7 月 1 日。
6 同上。
7 同上。

絕無懲戒許克祥之意，相反，卻嘉獎許的"大無畏精神"。20 日，唐生智致電許克祥，聲言："士兵起而自衛，自是正當，該副師長秉性忠直，因知實有苦衷"，云云。[1] 其間，唐並致電周斕與葉琪，聲稱："容共雖為本黨政策之一，不可遽行拋棄，但湘省黨部改組，決不使共派參加。"[2] 這些地方表明，唐生智的立場已經發生了改變。

四、工農義勇隊的起落與中共中央的武力解決方案

夏斗寅事變發生後，中共湖南省委曾指示各縣，農民自衛軍遇到攻擊時，須予以抵抗。5 月 20 日晚，省委會議決定，夏曦、李維漢、郭亮等幾個公開負責人分路轉移，另立秘密臨時省委。次日，推郭亮代理省委書記。事變後，郭亮、柳直荀等決定組織中國國民黨湖南工農義勇隊進攻長沙，反擊許克祥。不久，聽到武漢國民黨中央派人到湘調查，並解釋誤會，認為"不可暴動，破了面子，將來難於收復"，又決定停止進攻。[3] 5 月 31 日，瀏陽農民自衛軍因未接到新指示，仍按原計劃撲城，但旋即失敗。

5 月 24 日，中共中央政治局會議，兩個共產國際代表之間爆發了又一次爭論。鮑羅廷作了長篇發言，其大意是：1. 現在的國民黨左派還是好的，一切錯誤都是工農運動過火，領導湖南農民運動的是"地痞"與哥老會。2. 現在必須向左派讓步，繼續取得與他們的合作是中心問題。3. 國民黨的中央現在還是好的，離開或者推翻國民黨中央，不是決裂，便是政變。應該攻擊黨內的這種危險傾向。4. 農民運動只要能做到減租減息、鄉村自治等，便是勝利，便是土地革命。5. 中共中央及一切工會農會應發表宣言，號召群眾擁護國民黨中央及其政府公佈的取締民眾運動過火和錯誤的法令。羅易的意見與鮑羅廷針鋒相對，他認為當時的國民黨中央已是土劣、地主、軍閥的代表，應該號召左派群眾起來推翻他們，實行工農民主獨裁。同時，他提出，中共中央應發表宣言，反對

1　《湘人謳歌什麼》，《晨報》，1972 年 7 月 6 日。
2　同上。
3　柳直荀《湖南馬夜事變之回憶》，《布爾什維克》第 20 期。

國民黨中央及其政府最近公佈的反對工農運動、保護封建制度的反動法令。蔡和森對二人之間分歧的印象是："老鮑是有辦法而無原則，羅易是有原則而無辦法。"[1] 在"原則"和"辦法"的分歧面前，這次，中共中央選擇了鮑羅廷的"辦法"。

　　5月25日，中共中央政治局，通過《對於湖南工農運動的態度》，提出："鄉村中的農運問題，一切非本黨政策所規定的幼稚行為，必須依本黨的力量，切實矯正。"文件並稱：中國土地問題尚須經過相當宣傳時期，並在建立鄉村政權之後能解決。26日，中共中央政治局召開會議，認為還不能立即和敵人發生武裝衝突，應該爭取時間，保存自己的力量，為不可避免的戰鬥作準備。會議決定同左派國民黨領導人，特別是汪精衛建立更密切的關係，以便結成一個聯盟，反對國民政府領導下的國民黨內的軍閥反動勢力。同時，會議也決定，在充分利用各個"左派軍閥"領袖之間的矛盾的同時，創造自己的武裝力量，武裝工人、農民，並將士兵爭取到革命方面來。政治局還具體提出了多項應變計劃，如：建立黨的秘密機構；隱藏工人；農民組織所擁有武器；用派自己人參軍的辦法擴大葉挺和陳嘉鎬的部隊，掌握第二軍和第六軍，同時在佔領鄭州之後，鼓動第四軍和第十一軍回師南向，收復廣東等。[2] 當時，鮑羅廷和譚平山已經赴湘，政治局決定，將本決議立即通知鮑、譚二人，要他們按此路線行事，未經政治局批准，不得執行在原則上不同於本決議的路線。在馬日事變的血的教訓面前，中共中央對形勢不能不有所警覺，但是，後來的事實證明，這一應變計劃執行不力。

　　6月1日，中共中央政治局通過《農民運動策略大綱》，認為當時貧農與地主之間急劇的衝突，是革命發展的當然現象，並非所謂"過火"，但是，在既無靠得住的軍官和具有階級覺悟的軍隊的情況下，衝突的繼續發展，將危害全國的革命形勢和聯合戰線。政治局要求：迅速執行"五大"的農民政綱──不沒收軍官家屬的土地和財產；在秋收，即在等到本黨對於中小地主的態度完全解釋清楚，鄉村自治政權已經開始建立，再沒收大地主的土地。《大綱》批評當時

1　《機會主義史》，《蔡和森的十二篇文章》，人民出版社 1980 年版，第 76—77 頁。
2　《關於湖南事變以後的當前策略的決議》，《中共中央文件選集》（3），第 138—139 頁。

農民運動中的"無組織的行動",如:自由逮捕,罰戴高帽子,遊街示眾,均分財物、罰款,用強迫手段禁煙禁酒等,認為這種鬥爭方法,"都帶著中國原始的平民暴動之性質,一概都要努力避免而與以正確的指導"。[1]

湖南農民運動中確實存在某些"過火"現象。維護統一戰線,糾正群眾運動中的不符合於政策與策略的行為,將群眾運動引入正確的軌道都是必要的,但是,陳獨秀和鮑羅廷不懂得,一味退讓並不能維護統一戰線,更不能制止武漢政府已經向右轉動的車輪。

共產國際第八次全會期間,中國共產黨受到嚴厲批評。6月初,共產國際的五月指示到達中國。同月4日,羅易在中共中央常務會議上提出,組織特別委員會,準備湖南暴動。這樣,中共中央的態度便隨之發生變化。同日,陳獨秀以總書記的名義致函中國國民黨,要求國民政府明令宣佈"許克祥等所組織之委員會係反革命","火速派兵討伐叛亂",並且"武裝農民以防禦反革命叛亂之發生"。[2] 在致函國民黨中央的同時,中共中央又發表《告全國農民書》,肯定"湖南農民是整個農民運動的先鋒",號召湖南農民"積極準備武裝","幫助國民政府從新在長沙建立政權,擁護國民黨反抗反革命的軍閥"。[3] 不過,國民黨領導人這時侯已決心和平解決長沙問題,對共產黨的呼籲無動於衷。

6月17日,中共中央政治局常委會議。蔡和森提出,湖南問題"靜候政府解決無出路",等候唐生智也一樣,"要用自己的力量來解決"。周恩來提出在湖南舉行暴動,集中力量攻下反動勢力薄弱的城池,在反動勢力強的地方則"到各鄉打土豪劣紳,在可能範圍內成立鄉村自治之臨時委員會"。[4] 陳獨秀同意這一計劃,並表示經費問題已可解決。會議決定派周恩來、鄧中夏先後赴湘。但是,由於鮑羅廷的反對,這一計劃未能實行。對於武裝的反革命叛變只能用武裝的革命力量加以討伐,優柔寡斷只能養癰遺患。

---

1 《中共中央文件選集》(3),第156—163頁。

2 《嚮導》,第179期。

3 《嚮導》,第197期。

4 《中共中央常委會第二十四次會議記錄》。

五、唐生智公然改變態度

6月26日，唐生智抵達長沙，隨即公然改變既往態度，致電武漢國民黨中央說："工農運動領導失人，堤流潰決，迭呈恐怖"，"留省軍人目睹惡化，身受壓迫，乃作自決自衛之謀。"他提出："黨部及各民眾團體停止活動，聽候改組"，對許克祥，則表示係"激於義憤，實誤觸紀律"，"請從輕記過一次，留營效力"。[1] 電報到達武漢中央後，于右任曾表示，對許克祥未免處置得太輕了，但汪精衛表示，只要唐生智"能鎮壓下去，可以照准"。[2] 唐生智未到長沙前，救黨會曾決定，無論如何，不能動搖，但唐生智一到長沙，救黨會即作鳥獸散。27日，湖南省黨部、市黨部、省學聯、省農協以及各工會在城廂散發傳單，主張恢復事變前的革命狀態，嚴辦許克祥，唐生智下令從嚴究辦，28日，曹樹生等4人被槍決。周斕佈告稱："倘再有前此事情發生，則為有心擾亂後方安寧秩序，一經拿獲，無論首從，定予軍法從事。"[3]

6月29日，武漢國民黨中央政治委員會批准唐生智的意見，任命周斕、劉興、趙墨農、馮天柱、李榮植、黃士衡、謝曉鍾、曹伯聞、唐生智為湖南省政府委員，唐生智為主席，同時任命周斕、李榮植、雷孟強、李毓堯、曹伯聞、黃貞元、尹松喬、馮天柱、唐生智9人為湖南省黨部委員。隨後，唐生智召開湖南省黨部成立會，自述態度變化經過，聲稱自回湖南之後，"各方面調查考察，才曉得是全體民眾不安，軍隊不能不起來解除全民眾之痛苦。"他說："湖南以前種種慘劫，完全是湖南的共產黨所造成。"他同時要求在軍隊中做政治工作的共產黨人"自行報明"，否則，一經查出，一定加以嚴厲處分。[4]

唐生智轉變態度意味著國民革命軍中相當大的一部分力量的轉向。北伐以來，唐生智的部隊一直是國民黨左派和武漢國民政府的依靠力量。這一支部隊轉向，國民黨左派武漢國民政府的地位就很不妙了。後來的歷史表明，正是在

---

1 司馬璐《1927年的國共分家》，香港自聯出版社1977年版。
2 《中國國民黨中央執行委員會政治委員會第三十二次會議速記錄》，《中國國民黨第一、二次全國代表大會會議史料》，第1281頁。
3 《湘省共產黨又遭迫害》，《申報》，1927年7月5日。
4 《唐生智在湖南省政府紀念週演詞》，《湖南省政府公報》，1927年7月5日。

這支部隊的壓力下，武漢政府決定與共產黨分家，第一次國共合作因而終結。

六、許克祥投蔣

許克祥與周斕有舊交，在周返湘之初，曾到周家探詢來意，不得要領，隨即潛赴湘潭，不久又率軍移駐湘鄉。唐生智到長沙時，派葉琪帶親筆信到湘鄉見許，要他趕回長沙，共商"軍國大計"，但許託病堅辭。唐生智回武漢後，下令將許團改為第二師第九團，任命許為該師副師長兼團長，限一星期內開到寶慶，聽候改編，其時，許克祥接到蔡翊唐從廣東來電，說是蔣介石對馬日行動"極表關切"，委任許為獨立第二師師長。7月初，許克祥率部隊轉移湘桂交界的零縣。[1]

"分共"會議上的于右任與彭澤民 *

1927 年 7 月 15 日，汪精衛在武漢召開國民黨中常會第二十次擴大會議，決定和共產黨"分家"，孫中山親自決定的"容共"政策徹底破壞，轟轟烈烈的國民革命也由此結束。關於這次會議，曾有一份油印記錄保存下來。台灣的蔣永敬教授在《北伐時期政治史料》一書中公佈了大部分，有小部分，例如于右任與彭澤民的發言被略去了。這被略去的部分，在筆者看來，卻相當重要。

"四一二"政變後，武漢國民政府的處境岌岌可危。為了挽救中國革命，共產國際曾經打了一個電報給在中國工作的鮑羅廷與羅易，其內容為：實行土地革命，從下面奪取土地；吸收更多的新的農工領袖參加國民黨中央委員會；

1　許克祥《馬日鏟共回憶錄》。

*　原載《團結報》，1988 年 8 月 2 日。錄自楊天石《蔣介石與南京國民政府》，中國人民大學出版社 2007 年版。

改變國民黨現在的構造；動員兩萬左右共產黨員以及湖南、湖北的革命工農，組成可靠的新軍隊；組織以有聲望的國民黨人為首的革命軍事法庭，懲辦反動軍官等。電報到達中國後，鮑羅廷認為它"荒唐可笑"，給莫斯科回電說："命令收到，一旦可行，立刻照辦。"羅易認為電報來得太遲了，但仍想進行最後的努力。他邀汪精衛談話，對汪說："這裏有一份史達林拍給鮑羅廷和我的電報"，"鮑羅廷不願給你看這份電報，它是莫斯科的一項秘密決議，相反，我卻認為讓你知道它的內容是最明智的，因為我深信你會贊成這份電報的。"隨即，羅易將俄文原稿和中文譯本交給汪精衛，汪精衛即蓄意以此作為和共產黨分家的口實，並於 7 月 15 日召開"分共"會議。

當日會議的參加者為汪精衛、孫科、程潛、于右任、王法勤、陳公博、謝晉、經亨頤、詹大悲、潘雲超、朱霽青、宋子文、何香凝、彭澤民、顧孟餘、譚延闓、鄧懋修，共 17 人，由譚延闓任主席。會議首由汪精衛報告，他藉共產國際的指示大作文章，危言聳聽地說："綜合這五條而論，隨便實行哪一條，國民黨就完了。""現在不是容共的問題，乃是將國民黨變成共產黨的問題。"他提出："對於本黨內的 C. P. 同志，應有處置的方法。"對此，何香凝、謝晉等人沉默不語，孫科、顧孟餘等人則附和汪精衛的發言。顧孟餘並稱："一個黨的成立，有三個要素，主義、政策同組織，這三個要素如果有一個不存在，黨即滅亡。"又說："本黨的主義、政策、組織三個要素，差不多都受了容共的影響，我們承認共產黨有革命勢力，但不能任他們破壞本黨存在的三個要素。因此，不能不對共產黨加以相當的制裁。"在此情況下，于右任、彭澤民先後發言。于右任說：

政治委員會主席團所提出來的意見，本席很贊成。但當日為什麼要容共呢？因為總理看見國民黨的黨員太不努力，差不多山窮水盡已無路，所以才有這一著。所謂標語有來源，固是不錯，但我們檢查自己的工作，何曾有一點成績可觀！一方面共產黨的同志違背了當時的原意，當然是要加以制裁，一方面我們自己也要努力，才配當一個忠實的國民黨黨員。現在張作霖、張宗昌、蔣介石、馮玉祥、閻錫山都有他們自己的三民主義，我們再不能隨隨便便的混了。要曉得共產黨不能亡我們，我們自己不努力，那才是真正的亡了。

處於當時的條件下，于右任的這一段話有順著汪精衛的意思說的成分，但明顯地不同意顧孟餘的觀點。它正確地說明了孫中山當日"容共"的歷史環境，說明共產黨並不是危害國民黨的力量，使國民黨滅亡的因素在於"自己不努力"；當時有各種牌號的三民主義，對此應該有所鑒別。這些看法都是有見地的。

彭澤民的發言較于右任更為明確。他說：

剛才聽到汪主席報告第三國際的來電，多數人認為不該如此。但是，第三國際領袖在中國者為數不多，猶有魯易其人（即羅易，筆者注），寧受該黨處分而效忠吾黨，即本黨中共產份子為本黨努力工作者，更不乏人，如果不分良歹，一概拒絕，未免有些失當。此層似宜考慮。況且汪同志剛說尚要本黨派員赴俄，切實商量聯合辦法，可見本黨與蘇俄合作未能一時斷絕。對於制裁共產份子，似宜留些餘地，不可過火。

彭澤民的這段話也有順著汪精衛的意思說的成分，但其主旨則在於肯定"容共"政策，說明"共產份子為本黨努力工作者"不乏其人，不應該拒之於國民黨之外。這自然是在繼續維護國共合作，和汪精衛等唱的是反調。

人生在世，隨波逐流易，獨立不遷難。在一片"分共"喧嚷中，于、彭二人敢於發表上述見解，並非易事。史家們在敘述1927年國共兩黨的離合史時，這一筆是不可或缺的。

武漢汪精衛集團分共前後 *

1927 年 7 月，武漢汪精衛集團分共是中國現代史上的一件大事，它標誌著第一次國共合作的終結與國民革命的失敗。但是，對於這一事件的歷史過程，人們還若明若暗。本文將依據作者在海內外訪求的各種資料，首先清理這一過程。

一、羅易力圖拉住汪精衛

"四一二"政變後，武漢國民政府的形勢日益危殆。一方面是財政困難，經濟危機日益嚴重，一方面是軍隊不穩，楊森、夏斗寅等相繼叛變。在此情況下，武漢政府領導人對中共和工農運動的怨憎情緒日益增加。為了挽救不斷迫近的危機，共產國際代表羅易決定拉住汪精衛，通過他來穩定武漢政府。

汪精衛早有在適當時期和共產黨"分家"的打算。1927 年 4 月自國外回到到武漢後，受到徐謙、顧孟餘、譚延闓、陳公博等人的影響，右傾日益明顯。但是，羅易仍然對汪精衛懷有好感，視之為"小資產階級急進主義的領導人"，力圖使他成為武漢政府的有力領袖。為此，他一面致電莫斯科，要求重申對汪精衛的支持，一面向汪精衛提出了一項計劃，其內容是：召開地方代表大會，制訂國民革命綱領，選舉緊急黨代表會議的代表；在緊急代表會上通過國民革命綱領，重新選舉黨的領導，排除那些不能無條件贊成國民革命綱領的人。汪精衛同意這一計劃，但要求迅速兌現必要的幫助。[1]

---

* 原載《檔案與史學》，1996 年第 1 期。錄自楊天石《蔣介石與南京國民政府》，中國人民大學出版社 2007 年版。

1 M. N. Roy, *My Experiences in China*, Bombay, 1938, pp.68-71.

二、共產國際批評中國共產黨

5月18日至30日，共產國際第八次全會在莫斯科召開。會上，托洛茨基和斯大林進行了激烈的爭論。托洛茨基向會議提交了《中國革命和斯大林的提綱》，認為武漢政府是"空架子"，主張在中國立即成立工農兵代表蘇維埃。24日，斯大林作了《中國革命和共產國際的任務》的報告，認為"農民土地革命是資產階級民主革命的基礎"，"必須首先在全中國展開土地運動"。他沒有發現武漢政府正在發生的變化，仍然認為它是"中國革命的中心"，主張共產黨人"參加武漢國民黨及其革命政府，以保證無產階級及其政黨在國民黨內外的領導作用。[1] 30日，會議通過的決議重申："武漢政府是國民黨左派的政府，它還不是無產階級和農民的專政，但是，它已走上這種專政的道路。"決議批評中國共產黨"有過許多搖擺現象"，"對於國民黨領導人的批評並不總是表現得十分堅決"，"而對群眾運動的發展，有時流露出某些懼怕情緒"。[2] 會議期間，共產國際致電中共中央，批評中共對土地革命態度不堅決，要求迅速改變，否則將在國際機關報上公開批評。

共產國際對中共的批評已不僅是這一次了。還在1926年11月的第七次擴大全會上，布哈林就在報告中聲稱：中國共產黨"對農民問題注視得不夠，過分畏懼農民運動的開展，在國民黨佔領區進行土地改革不夠堅決"。[3] 僅僅半年光景，中共連續受到兩次批評，說明共產國際對中共當時所執行的政策相當不滿。

三、五月指示

共產國際第八次全會期間，何鍵所部軍官許克祥在長沙發動"馬日事變"，進攻並搗毀由共產黨人掌握的國民黨湖南省黨部和省總工會、省農協等人民團體。共產國際研究了中國局勢，指示中共要迅速反攻並解決許克祥，發動農民

1　《斯大林全集》卷9，人民出版社版，第259、267、275頁。
2　《共產國際有關中國革命的文獻資料》第1輯，中國社會科學出版社1981年版，第328—329頁。
3　同上，第157—158頁。

自動起來沒收土地。此外，國際還給鮑羅廷和羅易二人打了一份電報，通稱為五月指示，內容為：

　　沒有土地革命，就不可能勝利。沒有土地革命，國民黨中央委員會就會變成不可靠的將軍們的可憐的玩物。必須反對過火行為，但不能用軍隊，而要通過農民協會。我們堅決主張從下面實際奪取土地。

　　國民黨中央委員會的某些老領袖害怕事變，正在動搖和妥協，必須從下面吸收更多的工農領袖到國民黨中央委員會裏去。這些新的工農領袖的大膽呼聲會使老頭們堅定起來，或者使他們成為廢物。國民黨的現存機構必須予以改變。國民黨的上層必須加以革新，以土地革命中提拔出來的新的領袖來補充它，必須靠工會和農民協會的千百萬會員來擴大地方組織，否則，國民黨就有脫離實際生活並喪失全部威信的危險。

　　必須根除對不可靠的將軍們的依賴性。[1]動員兩萬左右的共產黨員，加上湖南、湖北約五萬的革命工農，編成幾個新軍，用軍官學校的學生來充當指揮人員，組織（目前還不遲）一支可靠的軍隊，否則就不能保證不失敗。

　　組織以有聲望的、不是共產黨員的國民黨人為首的革命軍事法庭，懲辦和蔣介石保持聯繫或唆使士兵殘害人民、殘害工農的軍官。[2]

　　上述指示在 6 月初到達中國。羅易認為電報來得太遲了，但仍想在這關鍵時刻，去進行一次最後的努力，以恢復汪精衛的信心。[3]同月 5 日，羅易邀請汪精衛談話，向他傳達來自莫斯科的電報，並且將副本交給了他。汪讀了之後，非常吃驚，覺得“嚴重的時期已到了”，表示“這件事很重要，要交政治委員會主席團看了以後再說”。[4]次日，汪精衛赴河南參加鄭州會議。

1　陳獨秀《告全黨同志書》作“必須根除不可靠的將軍們”。
2　《斯大林全集》卷 10，第 31—32 頁。
3　*My Experiences in China*, pp.72-73.
4　《中國國民黨中央執行委員會第二屆常務委員會第二十次擴大會議速記錄》，油印件。

民國風雲

185

四、羅易的政變方案及其被否定

6月6日，中共中央政治局討論五月指示。陳獨秀逐條分析，認為無法實行。他說：農民運動如果不過火，反動派的統一戰線就不能形成，因此，現在不能解決土地問題；國民黨未開代表大會，怎樣增加領導成員；建立軍隊問題，不是言過其實，就是幻想；組織革命軍事法庭也行不通。[1]此後的一段時期，中共中央即陷於意見分歧和搖擺不定中。

6月9日，中共中央政治局召開會議。羅易提出："我們只有向敵人進攻才有出路。"蔡和森支持羅易，主張向"反動的國民黨中央下總攻擊"，"準備一進攻的政綱，待汪精衛等由鄭州回來與他們正式公開談判，揭破他們的假面具"。陳獨秀主張："當前的形勢是複雜的"，"我們必須有一種複雜的政策來應付，而不是簡單地退卻或簡單地進攻。"[2]會議推羅易起草宣言及政綱，同時通過羅易提出的兩點建議：1. 武漢全體工人總罷工，反抗國民政府縱容許克祥。2. 發表反對朱培德、馮玉祥、許克祥的宣傳大綱，要求罷免朱培德的職務，討伐朱培德。[3]

羅易計劃在汪精衛回來之後，宣佈一天的總罷工，三鎮的全體工人集會聽國民黨領導人發表演說，在講壇上，共產黨的代表要求按照黨的決議行動，如果國民黨領導人不同意，就監禁他們，以之作為起義的信號，漢陽兵工廠附近的工人立即佔領工廠。[4]鮑羅廷得悉這一計劃後，極為生氣，譚平山也大罵羅易"左派幼稚病"。於是，再次召開政治局會議，要求取消原案。瞿秋白表示："我們進攻應是有準備的，全無準備而貿然進攻是無益的。"[5]會議接受李立三的意見，將示威罷工改為歡迎北伐軍凱旋的罷工。6月13日，汪精衛等自鄭州回到武漢。15日，武漢各界召開歡迎第二期北伐將領及武裝同志凱旋大會，議決討伐蔣介石，懇請中央拿辦許克祥，抗議江西驅逐農工領袖等多項。會後，各團

---

1 《中共中央政治局會議記錄》，英文稿，中共駐共產國際代表團檔案。
2 《中共中央政治局會議記錄》。
3 蔡和森《機會主義史》，《蔡和森的十二篇文章》，第81頁。
4 *My Experiences in China*, p.67.
5 蔡和森《機會主義史》，《蔡和森的十二篇文章》，第81—82頁。

體向武漢政府請願，湖北總工會經過中共中央秘書廳同意，散發了反對國民政府縱容許克祥的宣言，喊出了"打倒縱容反動勢力的國民政府"等口號。汪精衛懷疑共產黨人聯絡軍隊反對他，流淚切齒地對鮑羅廷、陳獨秀說："我是一個文弱書生，其實他們何必聯絡武人來倒我！"。[1]

五、鮑羅廷主張東征討蔣

在羅易來華之前，蘇共中央、共產國際通過鮑羅廷實現對中國革命的領導；羅易1927年2月來華之後，共產國際在中國就有了兩個代表，變成雙頭領導。兩個人的意見經常對立。當羅易計議在必要時逮捕武漢國民政府領導人時，鮑羅廷卻認為，只有東征才能解決武漢國民政府的危機。鄭州會議之後，鮑羅廷即企圖動員唐生智東征。他一再申言："我們箱內還有草，他還要吃我的草，還不至於跑掉。"[2] 當時，汪精衛也主張東征，對人說："鄭州下後，肅清內部，蔣為死敵。"[3] 他一面在部分將領中宣佈共產國際的五月指示，要他們在軍隊中留心防範，聽候中央決議，努力奉行。同時要求唐生智先行率部東征，推倒南京政府。6月15日，武漢國黨中央根據軍事委員會報告，將唐生智的第四方面軍擴充為第四集團軍，以唐生智為總司令，下轄兩個方面軍。以第八、第三十五、第三十六軍為第一方面軍，唐生智兼總指揮；以第四、第十一、暫編第二十軍為第二方面軍，張發奎為總指揮；以黃琪翔為第四軍軍長，朱暉日為第十一軍軍長，以賀龍為暫編第二十軍軍長。徐州會議蔣馮合作的消息傳來後，汪精衛非常震怒，更加大力宣傳反蔣。[4] 7月6日，汪精衛提議，命令財政部與軍事委員會籌議東征計劃。他說："現在集中兵力、財力，比北伐還有把握，一定可以打勝仗。大家要鼓起勇氣，一致來對付東南的叛徒。"[5] 但是，這時候，武漢國民政府所屬軍隊已經不是汪精衛所可以完全支配的了。

1 《蔡和森的十二篇文章》，第86頁；參見米夫《中國革命》，莫斯科1932年版，第81頁。
2 蔡和森《機會主義史》，《蔡和森的十二篇文章》，第85頁。
3 《中共中央常委會第二十二次會議記錄》。
4 《瞿秋白在八七會議上的報告》，《八七會議》，中共黨史資料出版社1986年版，第69頁。
5 《武漢國民黨中央政治委員會第三十五次會議速記錄》，《中國國民黨第一、二次代表大會會議史料》，第1318頁。

六、軍隊將領中的分共情緒日益強烈

唐生智所屬第八、第三十五、第三十六各軍是武漢政府依賴的主要武裝力量，其官兵大部分來自湖南。在當地農民運動日益發展、階級鬥爭急劇激烈的狀況下，唐生智所部將領中的分共情緒日趨強烈。多數人主張以分共為東征的先決條件。[1] 唐生智提出："送譚部長、蘇部長出洋考察。" 汪精衛受到軍方的壓力，曾在國共兩黨聯席會上表示："被人強姦"，擔心"不能在武漢立足"。[2] 6 月下旬，汪精衛與譚平山談話，要他和蘇兆徵立即上呈，退出國民政府。27 日，何鍵發表宣言，內稱："兩湖地方，民眾團體時常發現越軌行動。而湖南各縣，鬧得更是極糟。" 宣言否認所謂 "農工運動幼稚"、"工作過火" 的說法，認為純係 "共產黨中暴徒之策略"。宣言並誣稱，共產黨決議：凡年滿 25 歲未入彼黨者，一律屠殺。宣言要求武漢政府及唐生智 "明令與共產黨分離"[3]，隨即出動軍隊佔領並搗毀五金業、木船、染織業等工會。同日，李品仙出動軍警查封全國總工會、農民協會、工會糾察隊，看管蘇聯顧問，準備遣送出境。[4]

七、中共中央的對策

對於突然發生的情況，鮑羅廷、羅易和中共中央都缺乏必要的準備。6 月 14 日，中共中央召開常委會議，蔡和森提出，"以鄂做中心，湘、鄂、贛三省左派為基礎"，形成左派隊伍。周恩來提出 "東南討蔣"。陳獨秀提出，在國民政府中提高唐生智、于右任的地位，反攻譚延闓、顧孟餘等取消派，準備與國民黨談判。[5] 15 日，中共中央政治局召開會議，討論羅易提出的《國民革命綱領草案》。鮑羅廷認為 "國民黨還是致力革命的"，主張在兩黨政治、群眾運動的控制、工商業等三個問題上讓步，否則，"與國民黨破裂是不可避免的"。鮑羅

1　《李品仙回憶錄》，第 90—91 頁；參見《郭廷以與李將軍問答記錄檔》（未刊稿），美國哥倫比亞大學珍本和手稿圖書館藏。
2　《瞿秋白在八七會議上的報告》，《八七會議》，第 60—70 頁。
3　《中華民國史事紀要》，1927 年 6 月 28 日。
4　李品仙晚年回憶稱：他的行動係出於汪精衛密令，見《李品仙回憶錄》，第 91 頁。
5　《中共中央常委會第二十三次會議記錄》。

廷特別提出，"土地問題不要再提了"。陳獨秀主張將土地問題提交兩黨聯席會議，反對農政部掌握農民自衛軍，認為"國民黨會把這看作是對它的權力的威脅"。羅易反對鮑羅廷和陳獨秀的意見，認為那樣將只能幫助反革命。他主張加速國民黨的階級分化，"當國民黨中央委員會拒絕在國民革命基礎上與我們合作時，共產黨就越過國民黨領導人，向其廣大黨員揭露和譴責這些領導人是國民黨黨綱和國民革命事業的背叛者。"[1] 會後，陳獨秀根據政治局意見致電共產國際，聲稱國際的指示是"正確而重要的"，但是，"短時期內不可能實現"，"整個軍隊對農民運動的過火行為都抱有敵意"，"必須採取讓步政策"，"必須糾正過火行為"。電報聲稱："用改組的辦法驅逐汪精衛尤其困難"，"必須與國民黨和國民革命軍將領保持良好關係"。[2] 28 日，中共中央在鮑羅廷住宅召開緊急會議，周恩來報告說，何鍵準備在漢口製造"馬日事變"，會議決定，為了消除何鍵製造事端的藉口，公開宣佈解散糾察隊，實際編入張發奎軍。

此際，中共中央仍然把希望寄託在汪精衛身上，並且企圖以不斷讓步來爭取汪精衛等人繼續革命。29 日夜，汪精衛在鮑羅廷住處抱怨："C. P. 似不與之合作"。30 日，中共中央常委會決定作函答覆，解釋"誤會"。[3] 同日，譚平山在武漢英文報紙《人民論壇》上發表啟事，聲稱由於未能"納農運於正軌"，引咎辭職。[4] 7 月 3 日，中共中央政治局在武昌召開擴大會議，陳獨秀稱："對於將來，我們有三條道路：1. 脫離國民黨並執行獨立的政策。2. 實行退卻，以便留在國民黨內。3. 執行自己的政策，但留在國民黨內。" 陳獨秀認為，第一條路"不正確"，第三條路"行不通"，唯一的出路是第二條。[5] 會議通過國共關係的十一條政綱，承認國民黨"當然處於國民革命之領導地位"，"工農等民眾團體均受國民黨黨部之領導與監督"，"工農武裝均須服從政府之管理與訓練"。[6] 4 日，中共中央常委會討論湖南問題，毛澤東認為唐生智或者有決心解決何鍵，陳獨秀認為何鍵與馮玉祥、蔣介石一致，唐生智與左派一致，會議決定"擁唐反蔣"。[7]

1 《羅易赴華使命》，第 332—338 頁。
2 《羅易赴華使命》，第 324—325 頁。
3 《中共中央常委會第三十三次會議記錄》。
4 瞿秋白《中國革命與共產黨》，莫斯科油印本。
5 《中共中央擴大會議記錄》。
6 《中國共產黨中央執行委員會告全體黨員書》，《八七會議》，中共黨史資料出版社 1986 年版，第 27 頁。
7 《中共中央常委會第三｜四次會議記錄》。

八、共產國際命令中共退出武漢政府

當鮑羅廷、羅易爭吵不休，陳獨秀一心一意"讓步"之際，共產國際迅速對有關問題作出了決定。7月8日，共產國際執委會致電中共中央，批評譚平山的離職決定是"錯誤的"、"怯懦的"，認為武漢政府已經"轉到工農的敵人的陣營裏"，"共產黨人必須示威地退出國民政府"，但"必須留在國民黨內"，"為改變國民黨的政策，改組其領導機關進行堅決的鬥爭"。電報並要求中共召開緊急代表會議，"糾正黨的領導所犯的根本性錯誤"。[1] 10日，布哈林公開發表文章，嚴厲批評陳獨秀和中共中央政治局。[2] 同時，共產國際作出《關於中國革命目前形勢的決定》，明確指出："採取種種辦法，糾正中國共產黨中央底〔的〕機會主義錯誤，在政治上健全黨的領導機構。"[3] 12日，中共中央根據共產國際指示進行改組，陳獨秀停職，成立由張國燾、周恩來、李維漢、張太雷、李立三5人組成的中央常務委員會。新的中央決定：在張發奎的軍隊中發動軍事暴動；在工農運動較好的湘、鄂、贛、粵舉行秋收暴動；召開中央緊急會議。13日，中共中央發表《對政局宣言》，指責武漢政府"公開的準備政變，以反對中國人民極大多數的利益及孫中山先生之根本主義與政策"，宣佈撤出參加國民政府的共產黨員，但不退出國民黨，不能拋棄與國民黨的合作政策。[4] 同日，譚平山、蘇兆徵聯名發表態度強硬的辭職書，宣佈辭去民政及農工兩部部長的職務。

九、汪精衛集團決定分共

14日，汪精衛召開政治委員會主席團會議，決定：1. 在一個月內開第四次中央執委會會議。2. 開會以前，中央黨部應制裁一切違反本黨主義、政策之言論、行動。3. 派遣重要同志前赴蘇聯，討論切實聯絡辦法，其人選由政治委員

---

1 《蘇聯新發表的共產國際有關中國革命的檔案文件》，《中共黨史研究》，1988年第1期。
2 《中國革命的轉折關頭》，《真理報》，1927年7月10日。
3 《中共中央文件選集》(3)，第213頁。
4 《中共中央文件選集》(3)，第180—183頁。

會決定。汪精衛聲稱：孫中山的聯俄政策，乃是"三民主義聯合共產主義，三民主義的中國聯合共產主義的俄國"，"若是丟開了三民主義，那就不是聯俄，而是降俄了"。又稱："對於本黨內的 C. P. 同志，應有處置的方法，一黨之內不能主義與主義衝突，政策與政策衝突，更不能有兩個最高機關"。[1] 陳友仁代表宋慶齡發言反對說："聯俄、聯共和扶助農工三大政策是總理手定的，有了三大政策，革命才能夠發展成今天的局面；拋棄三大政策必然要向帝國主義和蔣介石屈服。"[2]

15 日，汪精衛繼續召開常務委員會第二十次擴大會議。他在會上報告了從羅易處讀到共產國際電報的經過，認為這個電報有五層意思，"都是很利〔厲〕害的"。"隨便實行哪一條，國民黨就完了。" 他說："現在不是容共的問題，乃是將國民黨變成共產黨的問題，國民黨的同志想起來，能不痛心！" 孫科、顧孟餘積極支持汪精衛。孫科憤憤地說："第三國際放一個屁，也要說是香的！我們容納共產黨，真是太過信他們了！我們現在要下一個決心走第三條路。"顧孟餘說："本黨的主義、政策、組織三要素，差不多都受了容共的影響，我們承認共產黨有革命的勢力，但不能任他們破壞本黨存在的三個要素。因此，不能不對共產黨加以相當的制裁。" 會上，謝晉、經亨頤、詹大悲、何香凝等沉默不語，于右任、彭澤民婉轉地表示了不同意見。于右任說："當日為什麼要容共呢，因為總理看見國民黨的黨員太不努力，差不多山窮水盡已無路，所以才有這一著。""現在張作霖、張宗昌、蔣介石、閻錫山都有他自己的三民主義，我們再不能隨隨便便的混了，要曉得共產黨不能亡我們，我們自己不努力，那才是真正的亡了。" 彭澤民說："本黨中共產份子為本黨努力工作者，更不乏人，如果不分良莠，一概拒絕，未免有些失當。"[3] 會議通過了政治委員會主席團提出的三項辦法。

7 月 16 日，《漢口民國日報》在公佈 3 項辦法的同時，公佈了《保護共產黨員個人身體自由之訓令》及《保護農工之訓令》。前者宣稱："有對於共產份子壓迫、妨害其個人身體自由，誣指他人為共產份子，意圖陷害者"，"依法

---

1 《中國國民黨中央執行委員會第二屆常務委員會第二十次擴大會議速記錄》，油印件。

2 《吳玉章回憶錄》，第 150 頁。

3 《中國國民黨中央執行委員會第二屆常務委員會第二十次擴大會議速記錄》。

嚴辦"；[1] 後者宣稱："不因限制共產份子而停止農工政策之活動"。[2] 19 日，發表《容共政策之最近經過》，攻擊中國共產黨的《對時局宣言》，聲稱中共撤回參加國民政府的共產黨員，是 "破壞本黨容共政策的最大表示"，"既然退出國民政府，則在國民革命軍中及各級政府機關中亦無須存在"。[3] 17 日，國民黨中宣部派人接管《漢口民國日報》。自此，連續發表《共產黨的無望》、《我們的回敬》、《國民革命唯一之路》、《夾攻之奮鬥》等反共文章，號召人們走第三條道路。23 日，武漢國民黨中央發出通知，定於 8 月 15 日召開四中全會，討論政治委員會主席團提出的統一本黨決議案。該決議案提出：1. 凡列名本黨之共產黨員，在本黨各級黨部、各級政府及國民革命軍有職務者，應自即日起，聲明脫離共產黨，否則一律停止職務。2. 在國民革命時期以內，共產黨員不得有妨礙國民革命之行動，並不得以本黨名義作共產黨之工作。3. 本黨黨員未經本黨中央許可，不得加入他黨，違反者以叛黨論。[4] 同日軍事委員會發佈訓令，要求各軍將領儘快查明軍隊中的共產黨人，勸其脫離關係，並禁止秘密會議。[5]

十、從和平分共到武力鎮壓

汪精衛集團確定分共政策之後，反動軍官、土豪劣紳們大為活躍。據孔庚報告，發生搗毀黨部、殘殺黨員的縣已有 35 個之多。第三十五軍團長段某在一個鎮上槍殺了二十幾個黨員；第十五軍一個團長不僅搗毀了漢川的工會、農協和婦協，並強押婦女裸體遊行。[6] 7 月 19 日，共產主義青年團發佈《告中國青年勞苦群眾書》，指責汪精衛集團 "屠殺民眾"，"已經同南京政府走上了一條路"。汪精衛讀後大發雷霆。25 日，他在政治委員會上說："我們幾時殺過人！""這樣毫無道理的造謠，向我們進攻，簡直是有心逼得我們翻臉。" 他

1　《漢口民國日報》，1927 年 7 月 17 日。
2　同上。
3　《漢口民國日報》，1927 年 7 月 19 日。
4　《漢口民國日報》，1927 年 7 月 26 日。
5　同上。
6　《中國國民黨中央執行委員會政治委員會第四十次會議速記錄》，1927 年 7 月 25 日，油印件。

氣勢洶洶地表示："應該對共產黨提出警告，再這樣鬧，莫怪我們翻臉了。"[1] 會後，陳公博即根據汪精衛提議，起草並發表了《告中國共產黨書》，要共產黨"自儆"，"如不放棄對國民黨的敵視態度"，不能不執行"相當的紀律"。[2] 同日，通令各省黨部、省政府、軍部，嚴防共產黨活動。

7 月 30 日，武漢人力車工人發生罷工，汪精衛集團的反共情緒更趨強烈。8 月 1 日，譚延闓稱："我們對付 C. P. 並沒有破臉，現在他們鼓動罷工、罷市，是他們先破臉，我們也顧不得許多了。"陳公博稱："我們應當一面抓他們的領袖，一面設法避免軍警同工人的衝突。"[3] 南昌起義後，汪精衛集團的情緒更為激昂。8 月 5 日，汪精衛咬牙切齒地說："我們再說優容，我們就是叛黨！這種叛徒，我們要用對付敵人的手段對付，捉一個殺一個。"同時，他表示："我們要向第四次中央執行委員會請求處分，因為我們對於容共政策，太不知變通了。"[4] 8 日，汪精衛在政治委員會會上再次表示："現在說是容共的，就不算得是人！"當日，武漢國民黨中央決定：1. 列名南昌革命委員會的跨黨黨員譚平山、林祖涵、吳玉章、惲代英、高語罕，開除黨籍，免職通緝拿辦。2. 列名執、監委及候補執、監委員的楊匏安、毛澤東、董用威、鄧穎超等開除黨籍並免職。3. 徐特立、李立三、張國燾、彭湃、周恩來等通緝拿辦；其他跨黨黨員及任職者，並即開除黨籍及免職。同時，決定《清查共產黨員辦法》四項：1. 各級黨部及國民政府各行政機關任職人員，須一律登記聲明有無跨黨，以憑考核，而定去留。2. 著名 C. P. 份子，應由地方軍警嚴重監視，如有反革命行為，應即拿辦。3. 有共產黨嫌疑者，令其於三日內登報聲明反對共產黨或發表文字反對共產黨。4. 如有 C. P. 份子潛伏各級黨部、各行政機關，既不退出，又不聲明脫離共產黨者以反革命論。[5] 討論時，于右任稱："要發表文字反對共產黨，你也發表，我也發表，恐怕報紙還沒有許多地方登載。"不過，于的發言並沒有使與會諸人的頭腦冷靜下來。會議同時決定：改組湖北省黨部及各人民團體；湖北全省黨務，暫時一律停止進行；各人民團體，立即停止活動。

---

1 《中國國民黨中央執行委員會政治委員會第四十次會議速記錄》，1927 年 7 月 25 日，油印件。
2 《武漢國民黨中央執行委員會告中國共產黨書》，《革命文獻》（16），總第 2832—2834 頁。
3 《國民黨中央執行委員會政治委員會第四十二次會議速記錄》，油印件。
4 《國民黨中央常務委員會擴大會議第二十三次會議速記錄》，油印件。
5 《國民黨中央執行委員會政治委員會第四十四次會議速記錄》，油印件。

十一、鄧演達、宋慶齡出走

汪精衛集團的叛變激起了左派人士的憤怒，鄧演達決定出走。他要譚平山轉告中共中央，注意"漢口馬日事變之來到"，並稱"何鍵一定開刀無疑。"[1] 6月29日，鄧演達發表辭職宣言，宣佈辭去總政治部主任職務。30日，留書武漢國民黨中央說："我始終認為三民主義如果受了曲解，農工如果受了摧殘，革命份子如果被擯斥，政治工作如果被威脅，則不獨黨的革命意義和權威消滅，而且必然招致反革命結果。"[2] 7月3日，他在《漢口民國日報》發表文章，號召人們"為保持總理三民主義的革命性而奮鬥"。其間，鄧演達曾和蘇聯顧問鐵羅尼一起和張發奎進行過一次談話。鄧稱：汪精衛、唐生智的政治生命已經結束，建議張率領第四、第十一、第二十軍回廣東，重建革命基礎，重新開始一切。張答以須和汪精衛商量。[3] 鄧再和汪精衛談話，汪不為所動。[4] 其後，鄧演達秘密離開武漢，8月16日到達莫斯科。

宋慶齡長期為貫徹孫中山的革命原則而奮鬥。7月14日，她發表了在8日即已擬就的聲明："本黨若干執行委員對孫中山的原則和政策所作的解釋，在我看來，是違背了孫中山的意思和理想的。因此，對於本黨新政策的執行，我將不再參加。"聲明說："孫中山曾明確地說明，他的三大政策是實行三民主義的唯一方法。但是現在有人說政策必然按照時代的需要而改變，這種說法雖然有一部分道理，但是政策決不應該改變到如此地步，以至成為相反的政策，使革命政黨失去了革命性，變成雖然扯起革命旗幟而實際上卻是擁護舊社會制度的機關。"[5] 隨後，宋慶齡即離開武漢。到上海時，蔣介石曾派何應欽前來遊說，企圖引誘宋慶齡到南京去，為宋拒絕。[6] 30日，她會見合眾社記者，明確表示："在國民黨現行政策不改變以前，余決不參與任何活動。"[7] 歲寒而知松柏，在滾

1　《蔡和森的十二篇文章》，第94頁。

2　《鄧演達文集》，人民出版社1981年版，第121頁。

3　The Reminiscences of Chang Fa-K'uei, pp.276-277. *Chinese Oral History Project*, East Asian Institute, Columbia University.

4　吳玉章《八一革命》，社會科學文獻出版社1991年版，第85頁。

5　《為新中國奮鬥》，人民出版社1952年版，第3—4頁。

6　《何應欽致蔣介石電》，1927年7月26日，《蔣介石收各方電稿》，抄本。

7　《晨報》，1927年8月3日。

滾的政治寒流中，宋慶齡表現了偉大的革命氣節。8 月 22 日，再次發表聲明：
"我深信，三大政策是革命的思想與方法的基本部分。"[1] 隨即離開中國前往莫斯科。

董必武的一份辭呈 *

台北中國國民黨黨史會藏有署名董用威的一份辭呈，文云：

呈為病體不支，懇請派人接替，以重黨報而免貽誤事。竊自去年十月八日，在鄂中央委員、湖南省執行委員、湖北省黨部、漢口特別市黨部及總政治部在漢口開聯席會議，討論宣傳問題，僉以長江中部本黨須有一機關報，以司喉舌，決定派用威負責籌備，並電呈鈞會備案。至十一月二十日出版。原定每日出三千份，每月經費五千元。差幸出版以後，頗受社會歡迎，銷數逐漸增加至八千份以上。最近因四圍各省反革命在郵局檢查，銷路稍滯，然亦較原定者加倍。顧部長到鄂，用威面請速覓替人，未邀允准。四月間承受馬宙伯捐所付定價銀三分一之德國新式捲筒機一部，呈請月增經費五千元，幸蒙照准。惟紙墨火食之價較前增高，而新機又須另建一屋，此目前正在進行中之大概情形也。用威兼職太多，疲勞過度，病假已久，萬難顧及報館職務，理合呈報鈞會，迅予派人接替，以重黨報而免貽誤，不勝迫切之至！

謹呈中國國民黨中央執行委員會

《漢口民國日報》經理董用威呈（印）

1　《宋慶齡選集》上卷，人民出版社 1992 年版，第 52 頁。
*　原載《北京日報》，1996 年 9 月 14 日。錄自楊天石《蔣介石與南京國民政府》，中國人民大學出版社 2007 年版。

195

董用威，董必武的原名。顧部長，指顧孟餘，時任國民黨中央宣傳部長。此呈是研究國共合作史、近代新聞史和董必武生平的重要資料。

董必武年輕時即參加武昌革命團體日知會的活動。辛亥革命時在湖北軍政府軍務部、財務部工作。1914 年在日本東京參加中華革命黨。1920 年參加武漢共產主義小組。次年參加中國共產黨第一次全國代表大會。會議結束後回武漢成立中共武漢地方工委。1924 年奉命籌建國民黨湖北省臨時省黨部，自此，成為國民黨湖北地區的主要領導人。1926 年初代表湖北省參加國民黨第二次全國代表大會，被選為候補中央執行委員。

北伐軍進攻武漢三鎮時，董必武積極領導湖北地區的國共兩黨支援國民革命軍。9 月上旬，北伐軍先後佔領漢陽、漢口，集中兵力進攻武昌。從董必武的呈文可知，在武昌尚未攻下時，在湖北的國民黨中央執行委員、湖南省黨部執行委員、湖北省黨部、漢口特別市黨部等就決定創辦《漢口民國日報》，並決定由董必武籌辦。

《漢口民國日報》由董必武任經理，總編輯先後為宛希儼、高語罕、沈雁冰，都是共產黨員，因此，這是一份以國民黨名義出版而實為中國共產黨領導的報紙。它在報導革命運動，宣傳北伐軍戰績，支持左派、反對右派的鬥爭中起了重大作用。董必武的呈文說明報紙從原定三千份發展為八千份，有力地反映出它在當時受到社會歡迎的情況。至今，它也是研究國民革命史的最重要的材料之一。

關於《漢口民國日報》，沈雁冰回憶說："《漢口民國日報》名義上是國民黨湖北省黨部的機關報，但實際上是共產黨在工作。這是因為報紙的實權掌握在共產黨的手裏：報社社長是董必武，總經理是毛澤民，總主筆是我，而編輯部的編輯，除了一個石信嘉是國民黨左派，其他也都是共產黨員；此外，報紙的編輯方針、宣傳內容也是由中共中央宣傳部確定的，我有問題，也是向中共中央宣傳部請示。因此，也可以說，《漢口民國日報》是共產黨辦的第一張大型日報。"又說："董必武當時兼職很多：中共湖北省委委員、國民黨湖北省黨部常務委員、湖北省常務委員兼農工廳廳長，以及湖北黨義研究所所長等，因此忙得很，報社的工作無暇兼顧。他把行政事務託付給毛澤民，編輯方針則要我去請示中共中央宣傳部。"[1] 從董必武的呈文看，他始終是《漢口民國日報》的經理，沈雁冰所稱總經理是毛澤民，不確。可能，毛澤民只是負責實際工作，並無名義。

武漢汪精衛集團在 1927 年 5 月以後逐漸右轉。7 月 8 日，沈雁冰辭去《漢口民國日報》工作，轉入"地下"。7 月 13 日，中共中央根據共產國際指示，宣佈退出武漢國民政府，但不退出國民黨。15 日，汪精衛召開國民黨中央常務委員會第二十次擴大會議，決定分共。

汪精衛集團分共時，董必武根據中共中央指示，分別向武漢國民政府、武漢國民黨中央等有關方面提出辭職。保留在國民黨黨史會檔案中的上述辭呈即是此時的產物。

董必武給武漢國民政府的辭呈當時就發表了，內云："鈞府設立農工廳長於本省，原為保護農工利益。日來工會之被蹂躪者，時有所聞；農民之被屠殺者無地無有。聽之不忍，救之不能。似此情形，實屬有辜重寄。現既不能奉行鈞府法令，復無以慰地方人民，再三思維，惟有辭職。"[2] 此呈嚴厲譴責了汪精衛集團右轉和分共的惡果，而辭去《漢口民國日報》的呈文則語氣平緩，著重以"兼職太多，疲勞過度，病假已久"為理由，不涉及國共兩黨間的分歧，顯然，與當時中共中央宣佈退出武漢國民政府而不退出國民黨的政策有關。

武漢國民黨中央接到董必武的辭呈後，即於 19 日召開的政治委員會第三十八次會上討論通過。現在台北國民黨黨史會還保存著一份函稿，文云：

> 逕啟者。關於《漢口民國日報》經理董用威呈病體不支，懇請派人接替以重黨報案，經本會政治委員會第三十八次會議決議"宣傳部派人"，相應錄案函知貴部，煩即從速派人接替為荷！此致
> 中央宣傳部。
>
> 中國國民黨中央執行委員會

1　茅盾《我走過的道路》，人民文學出版社 1981 年版，第 322—323 頁。
2　《漢口民國日報》，1927 年 7 月 18 日。

《漢口民國日報》的人馬很快被替換了，但是，它的光輝的革命歷史也就永遠結束了。

張發奎談南昌起義 *

近年來，關於南昌起義的資料已發表不少，研究也相當深入，但是，國民黨方面的資料卻很少見到。因此，張發奎的有關回憶值得注意。

在何廉與韋慕庭（C. Martin Wilbur）教授主持下，美國哥倫比亞東亞研究所於 1958 年開始了一項中國口述歷史計劃，先後訪問了十餘位在現代中國歷史上起了重要作用的名人，請他們口述生平，哥大方面加以記錄、整理。

對張發奎的訪問是由夏蓮蔭（Julie Lieng-ying How）女士進行的。夏女士閱讀了大量資料，進行了深入研究，在此基礎上，到香港訪問張發奎 400 餘次。然後，將記錄整理為英文稿，定名為 The Reminiscences of Chang Fa-k'uei（《張發奎回憶》）。全稿共 21 章，1033 頁。現藏於哥倫比亞大學珍本和手稿圖書館。承韋慕庭教授盛意，特意贈送了我一套該稿的全部縮微膠片。

在談到南昌起義時，張發奎談出了一些此前不為人們所知的史實；對有些眾口一辭的說法則堅決否定；有些回憶，則和有關資料或其他當事人的說法相歧異，須要進一步考辨。

一、對進攻南京有信心

1927 年 6 月，武漢國民黨中央將唐生智的第四方面軍擴充為第四集團軍，下轄第一、第二兩個方面軍。張發奎任第二方面軍總指揮，下轄第四、第

---

* 原載《檔案與史學》，1995 年第 2 期。錄自楊天石《蔣介石與南京國民政府》，中國人民大學出版社 2007 年版。

十一、暫編第二十軍，黃琪翔、朱暉日、賀龍分別擔任軍長。7月中旬，武漢政府決定東征，直取南京。夏蓮蔭和張發奎的談話是從東征開始的。

"進軍南京您是否有信心？"夏蓮蔭問。

"很有信心。我相信，唐生智和我能夠奪取南京，趕走蔣先生。站在我們一邊的有第二、第三和第六軍。我們所需要對付的只有第一軍。第七軍的態度我們拿不準。"張發奎答。

"計劃如何進攻南京？"

"計劃派遣第四軍第二十一師富雙英部沿長江南岸前進。我的主力將自南昌分兩路東下。一路經上饒、江山、杭州，進攻上海或南京，一路經皖南進攻南京。"

二、絕對支持汪精衛

"我的部隊自河南返回武漢後，只停留了幾天，就開赴九江。葉挺的第二十四師是先遣隊。我命令自己的部隊集中於南潯線。朱培德的部隊已向東開拔，留在南昌的只有很小的一支部隊。朱德是軍官教育團團長，並且是南昌公安局局長。

"葉劍英在九江擔任第四軍參謀長。他是第四軍軍長黃琪翔，他的梅縣老鄉推薦給我的。我以前見過他，但不很了解。"

"您了解他是共產黨員嗎？"

"不了解。"

"1927年6月15日，武漢國民黨中央決定召開全會，討論共產黨問題，同時，鎮壓所有言行違背國民黨原則的人。稍後，汪精衛召集高級軍政領導人會議，通知我們，中央已經採取和南京清黨很不相同的分共政策。這意味著共產黨員從國民黨中和平地退出，不必逮捕並殺害他們。他要求軍隊領導人馬上回部隊，作好準備。我們要求共產黨員自願地退出，給他們錢，讓他們離開。如果他們不希望離開，可以留在武漢，但不能在政治和軍事機關工作。"

"您對分共政策有何意見？"

"我認為，革命完成以前，革命力量不應分裂。但是，如果汪精衛要分共，我支持他，因為他對這一問題比我有更清楚的了解。我以前已經說過，軍人被告知，服從是他的天職。這可能很危險。年輕的軍人易於被引入歧途。在這種情況下，我沒有認真地考慮，哪種政策是正確的。因為汪精衛認為這是正確的，我也就這樣想。在寧漢分裂中我絕對支持他的立場。我對於軍事的興趣遠高於政治。"

"關於蘇聯顧問，汪精衛是否說過什麼？"

"沒有。關於蘇聯顧問，汪精衛在那次會上沒有說什麼。"

"在那個時候，您對於蘇聯顧問有什麼感覺？"

"我沒有感覺到他們在密謀策劃反對我們。"

三、鄧演達動員張發奎回廣東

"鄧演達和鐵羅尼來看我。這兩位關係密切。鄧演達說：汪精衛的政治生命已經完結。您不應該聽他的。唐生智政治上也死了。您應該帶領第四、第十一、第二十軍回到後方廣東，重建革命基地，一切從頭做起。現在回想起來，我認為，鄧的最初目的是想在共產黨人和我之間建立合作關係，組成一支反汪、反蔣力量，但他不是共產黨員。

"我反駁說：汪精衛的政治生命還沒有終結，他只是有點病，只要他還有一口氣，我們就要請醫生救他。這說明，我那時仍然左傾。我說，我們仍然可以和汪精衛談談。我想和汪精衛談什麼呢？沒有什麼特別的。我的觀點是我們必須支持他。"

"鐵羅尼說什麼？"

"他同意鄧演達的意見。

"鄧演達和我是同學，後來又在鄧鏗的第一師裏同事。長時期來，我們的聯繫從未中斷。共產黨人知道，我們關係牢固。我猜想，他們希望鄧能以個人關係打動我。我們分歧的關鍵之點是汪精衛。

"鄧演達認識到不能說服我，很快去了鄭州。馮玉祥對鄧說：鮑羅廷和其他俄國人回蘇聯時經過他的司令部，他答應保護他們。許多共產黨人穿過他的領區。我很奇怪，他為何巴結共產黨人？"

"有沒有其他人和您說過類似鄧演達的話？"

"鄧演達是唯一對我說過汪精衛的政治生命已經完結的人。郭沫若，特別是高語罕，害怕我扣押他們，不會有勇氣走得這麼遠。他們都知道，我是汪精衛的堅定的支持者。他們說：由於下級共產黨員的幼稚病，湖南農民運動已經走到極端，共產黨中央不贊成這種情況。他們向我保證，一切都可以補救過來。

"我想，譚平山、徐謙、何香凝和我談過，維護所謂'三大政策'的問題。許多人都維護這些政策。"

四、不反對共產黨員個人

1927 年 8 月 6 日，有一個叫林昌熾的人，上書武漢國民黨中央，指責共產黨把持中央軍事政治學校武漢分校，其中談到汪精衛分共後，"（軍校）一班 C. P. 份子，則因受其團體之指揮，經由惲代英等向張總指揮再三交涉，收編為第四集團軍第二方面軍軍官團。"[1] 夏蓮蔭女士研究了這份資料後，問張發奎有無其事。

"有。我願意接受這批幹部。那些留在武漢的學員進了軍官團。組成軍官團，隸屬於第二方面軍是中央當局的命令。楊樹松被任命為團長。他是東北人，畢業於保定軍官學校，是鄧演達的追隨者。"

"有多少人組成了軍官團？"

"1000 多。"

"在第二方面軍的下級幹部和士兵中有許多共產黨員嗎？"夏蓮蔭問。

"我不相信士兵中有許多共產黨員，因為在那時，大多數共產黨員是知識份子。下級幹部中有共產黨員，但我不知道有多少。第二十五師周士第的七十三團的大多數官長是共產黨員，葉挺將這個團交給了他。有少數共產黨員在別

---

1 《革命文獻》第 16 輯，第 72 頁。

的單位。在任何情況下，我不同意將共產黨員當做敵人。我不反對共產黨員個人。"

"您支持分共政策嗎？"

"那是一項來自高層的命令。"

"除了周士第，您是否知道別的共產黨員團長？"

"我不知道。我知道一個師長葉挺是共產黨員。但是，我們彼此間極好。我想，我可以將他爭取過來。最壞，我想他可以離開我的軍隊。

"張雲逸是第四軍第二十五師李漢魂的參謀長，但我不知道他是共產黨員。"

五、共產黨害怕重複"四一二"政變

"我感到，我很好地控制著部隊。第四軍是我一手發展起來的。它由黃琪翔指揮，和我指揮沒有兩樣。雖然第十一軍原來是陳銘樞的，但它由第四軍的朱暉日指揮，許多第四軍的人在第十一軍中工作。

"但是，我對賀龍沒有把握，因為他有自己的部隊。不過，我對他很好，他也知道這一點。我為什麼對他不錯，因為我是真誠而直率的。我知道他不是共產黨員。"

1927 年 8 月 5 日，汪精衛在武漢國民黨中央曾報告說："從武漢決定制裁共產黨以後，武漢的共產黨徒全到四軍、十一軍、二十軍去了。張總指揮因為中央擴大會議決定並命令保護共產黨的生命安全，也無法駁而不要。及至他們到四軍、十一軍、二十軍工作，張總指揮又以為他們是幫助國民革命，所以優容他們。"[1] 關於這一段話，夏蓮蔭詢問道："在那個時侯，是否許多共產黨員參加了第二方面軍？您歡迎他們是否由於相信他們有助於國民革命？"

張發奎承認這是事實，他解釋道：

"共產黨人害怕重複'四一二'政變，害怕唐生智會殺害他們。那段時侯，

---

1 《武漢國民黨中常會擴大會議記錄》。

唐生智殺死了一個旅長。我多次說過,我不會殺害共產黨員。部分高級共產黨員跑到九江,那裏是第二方面軍司令部所在。"

南昌起義失敗後,張國燾於 1927 年 11 月 8 日給中共中央臨時政治局並擴大會議寫過一封信,其中談到:"當武漢唐生智、汪精衛政府日見反動時,彼時我黨與張發奎關係尚好,事實上我們曾將農民的槍支送給他,並答應他給他種種的幫助。"張國燾此信發表於中共機要刊物《中央通訊》第 13 期上,夏蓮蔭研讀了張國燾的這封信,問張發奎道:

"是否共產黨人送了許多農民的槍給您?"

"沒有這樣的事。他們沒有給我一條槍。您必須記住這樣的事實,我和唐生智從漢陽兵工廠得到同樣數額的軍用品,我肯定不會比他少。此外,中央對唐生智沒有把握,將希望寄託在第二方面軍身上。人們都知道,我忠於汪精衛。從各方面說,是我給了共產黨人以槍械,共產黨人在我的部隊裏。"

"共產黨人是否給了您很多幫助?"

"沒有問題,他們幫助了我,因為他們工作得很勤奮。共產黨的政工人員極為認真而且優秀。他們在宣傳裏只說我的部隊好,就我所知,他們從來沒有宣傳過共產主義。"

六、沒有回廣東的打算

張國燾 1927 年 11 月 8 日的信中又談到:當年 7 月 26 日,中共中央常委會開會,蘇聯顧問加侖在會上說:今日會到張發奎,和他討論軍事。他已贊成二十軍集中進攻,十一軍集中南昌,第四軍集中南潯路一帶,不再東進。第一步按兵不動,第二步漸次往南昌移動回粵。加侖稱:張發奎如能贊成回粵,又不強迫葉挺等退出 C. P.,在此兩條件下,可與張發奎共同回粵。因此,夏蓮蔭問道:

"7 月 26 日,您是否在漢口和加侖討論過部隊轉移問題,他建議您將部隊帶回廣東?"

"我可能見過加侖。我不記得他談過廣東。鄧演達是唯一建議我回廣東的人。"

張國燾在回憶錄中寫道："大約在二次北伐勝利後，唐生智、張發奎等由河南回師武漢的時侯，左派人物中，特別屬於廣東籍的，就暗中醞釀回廣東去的想法。"[1]據此，夏蓮蔭又問道：

"您是否計劃回廣東？"

"沒有。"

"您的部下是否有人提議回廣東？"

"沒有。"

儘管張發奎一再否認當時有率領部隊回廣東的想法，但夏蓮蔭又提出了第三個證據：1927 年 7 月 27 日，李宗仁、白崇禧、李濟深、黃紹竑、陳可鈺等曾聯名致電張發奎，內稱："近聞兄處軍隊且被偽命移動，有所窺伺，豈兩湖赤禍猶為未足，而轉欲施諸兩粵耶？"[2]據此，夏蓮蔭再問道：

"為什麼李濟深和別人在 7 月 27 日警告您，反對您回廣東？"

"可能他們已經得知鄧演達的計劃，也可能他們認為我要回廣東。"

"李宗仁是否派遣他的參謀長王應榆帶著一封信來看您，其中說：如果您對廣東有任何意見，可以和李濟深討論，但是，您決不要帶領部隊南下？"

"是的。我見到了王應榆。他是我在廣東陸軍小學時的同學。不過，我不記得他講過任何關於廣東的事情。"

七、和汪精衛一起到九江

"您得知賀龍沒有您的命令就到了南昌時有何想法？"

"我覺得很奇怪。

"我和汪精衛一起去九江。7 月 29 日到達。"

8 月 5 日，汪精衛在武漢國民黨中央報告時曾說："當時是因為知道了四軍、十一軍、二十軍內部起了糾紛；同時張發奎總指揮請求中央派人去訓話，

1　《張國燾回憶錄》第 2 冊，現代史料編刊社 1980 年版，第 271—272 頁。
2　《申報》，1927 年 7 月 31 日。

庶使糾紛平息，並且說內部的糾紛不解決，中央無人去，他是不敢到九江去的。"夏蓮蔭據此詢問張發奎，是否有此事。

"可笑！說我不敢單獨去九江是荒謬的。但是，這是可能的。我希望汪精衛去向我的部下解釋他的政策。我已經在廬山召集師長以上軍官開會討論和平分共問題。"

八、與張國燾沒有接觸

1927 年 10 月 15 日，張太雷在中共南方局省委聯席會上曾報告說：張國燾"不主張在南昌動作，因為是對張發奎有許多幻想。就是臨走的前夜亦與張發奎作很長的談話，而且說還有希望。"[1] 為了核對這一事實的準確性，夏蓮蔭於 1966 年 9 月 25 日詢問過張國燾，張稱：那時，他只在武漢的集會上見過張發奎一次，他們間沒有約定進行任何談話。此次，夏蓮蔭又對張發奎重提這一話題：

"您到達九江後是否和張國燾有過一次長談？"

"我不記得在那個時候認識他。"張發奎的回答很簡單。

九、沒有想到共產黨會造反

張發奎接著說：

"我沒能讓葉挺、賀龍、蔡廷鍇參加在廬山的會議，最後，沒有開任何會。我不認為共產黨人會造反，因此，也不曾想過要搶先逮捕他們。那是很容易的。"

1927 年 10 月，周逸群在中共中央報告南昌起義情況時曾說："張發奎迭次來電，邀賀、葉到廬山開軍事會議，而賀、葉均不敢去，逼得不了，張氏來電，准一日到南昌。"[2] 夏蓮蔭問張發奎此點是否可靠。

---

1 《中央政治通訊》，1927 年第 7 期。
2 《中央通訊》，1927 年第 7 期。

"那是可能的,因為他們不到九江來。

"這時,葉挺的第二十四師、蔡廷鍇的第十師在南昌地區。第十一軍集中南昌地區的任務還沒有完成。朱暉日的第十一軍司令部設在馬回嶺,第二十六師在馬回嶺地區。

"第二十軍和第四軍第十二、第二十五師在九江至德安地區。富雙英的第二十一師仍在長江北岸,面對九江。軍隊集中是很複雜的事情。我們必須為所有的士兵找到營房。

"我想,共產黨人害怕我們鎮壓他們。朱培德和我的部隊可以對南昌形成包圍,因而,他們於 7 月 31 日午夜至 8 月 1 日在南昌造反。

"我在廬山得知消息。聽到蔡廷鍇和葉挺、賀龍合作,我很失望。我從未想到,蔡會和他們合作。如果蔡的部隊抵抗,葉和賀一開始就必須搏鬥。"

"誰是南昌起義的領導人?"

"當然是葉挺。他在共產黨內有很高的位置,並且指揮正規部隊。但是,如果沒有賀龍和蔡廷鍇,他將不會有足夠的力量行動;如果他單獨行動就將失敗。我認為,葉挺不能掌握他的師,如果在後方,他的部下將會迫使他離開。"

十、馬回嶺跳車

"多麼糟糕!我開始制訂計劃鎮壓造反者。造反一開始,那就沒有妥協的希望。

"共產黨人必然戰鬥到最後,我必須粉碎他們。

"我立刻趕赴德安,檢查前線狀況。周士第的第七十三團駐紮在那裏。我需要視察部隊,保持信心。我什麼都不怕。無論如何,是我將周士第安排到了團長的位置上。

"我建議保羅、尼基丁和另一個俄國人(他的名字已經忘記了),和我一起去德安,觀察形勢。他們同意。"

"蘇聯顧問對南昌的造反有什麼反應?"

"他們也感到非常驚奇。當然,我不知道他們是否故意顯出驚奇。

"幾個同事軍官，3個蘇聯顧問和他們的翻譯，我們乘座一列機車去德安。當我們停在馬回嶺時，朱暉日和李漢魂在車站等我。在我準備下車或他們準備上車之際，我聽到了兩聲奇怪的槍響。顯然，至少有一個共產黨人已經控制了機車，強迫司機開動。我只有10個衛兵，於是我跳車了，有些衛兵也跳車了。我將馬回嶺交給朱暉日，回到九江。俄國人和其他一些人沒有跳車，去了德安。

"我回到九江後，召集師長和師政治部主任以上軍官開會，向他們解釋中央的分共命令和制訂的妥善處理這一問題的方法。我要求他們回到自己的部隊，命令所有的共產黨人到九江來。"

十一、郭沫若要求去南昌

"我解散了第二方面軍政治部。郭沫若和我有一次談話。我對他說：共產黨人對我們不好，但我們決不對他們做任何不公正的事情。他們應該從我們中間退出。他說：在南昌的共產黨採取了錯誤的行動，要求我讓他到南昌去說服他們，停止這場屠殺。雖然我知道事情早已無可挽回，但我仍然表示同意。我告訴他，讓他乘座一輛機車去南昌。

"共產黨人集中到九江時，我說：願意去南昌的和郭沫若一起走，不願去南昌的將被送往上海或他們願意去的任何地方。發放路費。分共不意味暴力。它意味共產黨從政府和軍隊中退出。我坦率地要求他們當我準備攻擊南昌時站在旁邊。唐生智胡亂地屠殺共產黨人，我不能。我沒有逮捕共產黨人。為什麼？因為造反的是在南昌的那些人，另外的人不能負責。此外，我永遠不相信屠殺能奏效。

"許多政工人員離開了，證明他們像共產黨。多少？二十人或者更多一點。我給每人發了路費。廖乾吾就是他們中的一個。政工人員中沒有逃跑的。

"少數軍人證明他們自己像共產黨。問題是我們無法保證秘密的共產黨人全部退出。他們的前額沒有記號。我們無法弄清他們的成員。例如，葉劍英沒有離開黃琪翔。我仍然不知道他是共產黨。

"某些下級和中級幹部跑了。例如，第十二師的一個營長一個人跑了。共產黨可能命令他帶著隊伍一起走，但是他覺得控制不了。我不知道他如何到了南昌。

"我看著郭沫若乘座機車離開。大約 20 個人和他一起走。有廖乾吾、徐名鴻和別的一些人，徐名鴻是陳銘樞的人。他從來不承認自己是共產黨。"

十二、共產黨需要利用我的名字

"我猜想，所有那些人——朱德、葉挺、賀龍——在造反以後召開的革命委員會上建議利用我的名字。他們仍然稱我為總指揮。他們全都很了解我，特別是葉挺。回想起來，我相信，因為我傾向共產黨，加侖和別的俄國人，還有中國共產黨都在我身上寄以很大希望。共產黨需要利用我的名字來團結人民，消除並減輕他們的疑慮。人民很清楚，我不是共產黨。那時，他們特別害怕這樣的口號：'共產共妻'。

"共產黨想：如果我同意和他們在一起，我的第二方面軍將回到廣東，在那裏，他們可以動員革命力量。我的軍隊可以對付來自南京或者武漢的攻擊。他們不認為有被南京和武漢聯合攻擊的可能，因為他們不能預見到蔣先生的下野。"

"您是否分別收到葉挺和賀龍的電報，希望您到南昌去？"在張發奎的滔滔長談中，夏蓮蔭女士終於找機會提了一個問題。

"我不記得在南昌造反之後從共產黨那裏收到任何信息。"

十三、俄國人在我的司令部出現了

"尼基丁、別的俄國人和他們的翻譯在我的司令部出現了。他們告訴我，到德安後，他們被送到周士第的司令部。周的士兵剝下他們的軍衣，並說不需要他們了。我的衛兵有的被繳械並被捕，有的從橋上跳下河，跑了。

"俄國人和他們的翻譯穿著內衣，看上去顯得很可憐。我建議他們去南昌，他們拒絕了。我問他們需要什麼，他們說，希望回蘇聯。我送給他們每人 500

元錢和部分衣服，用船把他們送到上海。他們從上海回到莫斯科。

"我派遣部隊追擊賀龍和葉挺。8月7日，我的部隊到達南昌，共產黨造反者已經離開南昌，進軍撫州。他們的目標是廣東東江。朱培德的部隊也回到南昌。我們計劃集中兵力並且召開一次會議。"

十四、蔡廷鍇大罵張發奎

"蔡廷鍇在進賢擺脫共產黨之後打電話給我。我想他是忠誠的，但不料他竟用不很地道的廣州下流話咒罵我，使我極為震驚。他說，他忠於陳銘樞，支持蔣先生。反蔣是錯誤的。他像反對共產黨一樣反對我們。

"雖然有人會說蔡廷鍇是文雅的，但我要說，蔡廷鍇是個無賴，利欲熏心。居然對我破口大罵：'滾開，見鬼去吧！' 這不是一個高級軍官的風格。他因為第十一軍譴責我，譴責武漢政府。

"蔡廷鍇因為蔣先生而恨我。即使沒有南昌的造反，他也會離開我。他在等待適合的機會。只要投入蔣介石營壘，他可以從南昌到他選擇的任何地方去，廣東、福建、浙江，世界對他敞開著。

"現在，我了解到，陳銘樞在離開武漢之前，已經和蔣先生商量過，如何保存他們的力量，並對蔡廷鍇、戴戟、蔣光鼐作了安排。陳銘樞之所以擱置他的計劃，是由於他的力量還不足以反對武漢。唐生智和我支持汪精衛。他的第十一軍比我的第四軍弱。"一談起蔡廷鍇來，張發奎舊怨猶存，因而話特別多。

"蔡廷鍇擺脫共產黨之後，您估計共產黨還有多大兵力？"夏蓮蔭不希望離題太遠。

"僅以離開我的部隊的人數計，大約有五千戰鬥部隊。"

二人談到這裏，話題就逐漸轉向廣州起義了。

宋慶齡冷對新王朝 *

　　1926 年 11 月，為了適應北伐戰爭迅速發展的形勢，在廣州的國民政府決定遷都武漢。1927 年 2 月，遷都完成，國民政府在武漢正式辦公。同年 4 月 12 日，蔣介石在上海發動政變。18 日，在南京建立國民政府。這兩個政權互相對立。前者在一段時期內繼續和共產黨人合作，後者則反共清黨。雙方都力圖把自己說成是孫中山事業的真正繼承者。然而，使蔣介石們煩惱的是，宋慶齡卻站在武漢國民政府方面。4 月 21 日，她和鄧演達、何香凝、陳友仁以及董必武、吳玉章、林伯渠、毛澤東等 40 人聯名發表通電，指責蔣介石自立中央，號召民眾及武裝同志挽救革命，"去此總理之叛徒，中央之敗類，民眾之蟊賊"。宋慶齡的這種鮮明態度自然對新建立的蔣氏王朝大為不利。於是，蔣介石千方百計想把宋慶齡拉到南京國民政府這方面來。

　　首先出場的是楊虎、陳群、潘宜之。5 月 1 日，三人聯名致電宋慶齡，聲稱：

> 　　武漢為賊竊據，夫人以未亡人之身，有何顧慮？應請拚死脫離賊巢，速赴南京，擁護本黨，繼續總理遺志，完成國民革命，不然將何面目見先生於地下？痛哭陳詞，敬希垂納。

　　楊、陳、潘三人本是"四一二"政變中的武鬥能手。楊，時任特務處長；陳，時任東路軍前敵總指揮部政治部主任；潘，時任東路軍前敵總指揮部秘書主任。他們的拿手好戲是打、砸、搶、抓、殺。大概是為了向主子邀功心切，這回居然搞起文鬥來了。這封電報不僅打給了宋慶齡，同時，還打給了南京中央黨部、國民政府、蔣介石、何應欽、白崇禧，以及各軍、各級黨部、各

---

* 　原載《民國春秋》，1987 年第 3 期。錄自楊天石《蔣介石和南京國民政府》，中國人民大學出版社 2007 年版。

團體、各報館。不料,蔣介石卻不滿意他們的這種做法,立即致電楊、陳等申斥。6 月,楊、陳回電蔣介石,誠惶誠恐地表示:"此後謹遵鈞命,不再發表。"

蔣介石申斥楊、陳等人,並非是他不希望宋慶齡站到自己方面來,而是因為他覺得,這種大肆張揚、粗暴無禮的電報攻勢太愚蠢,會激怒宋慶齡,引起適得其反的效果。他自以為有更聰明的辦法,這就是請孔祥熙出面斡旋。5 月 21 日,孔祥熙致電蔣介石云:

> 現又連去電函,請孫夫人速來,並擬再派委員,設法勸駕,希勿念。

孔祥熙要蔣介石"勿念",正說明了蔣介石的惶急不安。孔祥熙表示,要"再派委員"前去"勸駕",但蔣介石還覺得規格不夠高,他要孔祥熙親自出馬。於是,孔祥熙帶著蔣介石的親筆信件秘密前往武漢遊說。然而,這一切都不能絲毫動搖宋慶齡維護孫中山事業和政策的決心。武漢國民政府曾盛讚宋慶齡"贊助總理革命事業,於三民主義知之最審,行之尤力,秉正嫉邪,遂為反動派所深忌,其始則用種種反間計,欲使孫夫人離開武漢,孫夫人燭知其隱,屹不為動。"7 月上旬,蔣介石再致宋慶齡一函,中云:

> 中正等望夫人來滬,如望雲霓。務請與子文、庸之兄(即孔祥熙,筆者注)即日回滬,所有黨務糾紛,必以夫人之來有解決辦法也。

這封信同樣遭到了宋慶齡的嚴正拒絕。

但是,這一時期,宋慶齡也不能再在武漢住下去了。7 月 14 日,汪精衛悍然舉行"分共"會議。為此,宋慶齡不得不退出國民黨中央執行委員會,她在《為抗議違反孫中山的革命原則和政策的聲明》中說:"本黨若干執行委員對孫中山的原則和政策所作的解釋,在我看來是違背了孫中山的意思和理想的。因此,對於本黨新政策的執行,我將不再參加。"同月中旬,宋慶齡離開漢口,前往上海。當她到達上海之後,蔣介石又派何應欽前去遊說,企圖引誘宋慶齡到南京來。26 日,何應欽致蔣介石電云:

職本日申刻抵滬，即經謁孫夫人，經二小時之交涉，始晤見。職將總座慰問及歡迎其到寧之意陳述，其略表謝意。職詢以武漢情形，渠均以不知對。其言詞中多偏袒武漢，如言我方殘殺同志及不俺（？）分散革命力量，並派兵安慶之類。因其先後成見及破壞本黨之陰謀及事實，渠亦不變其論調。職此行可謂毫無結果，准明晨回寧，謹聞。

由於譯報或抄寫上的原因，本電有嚴重脫誤。但仍然可以看出，何應欽碰了一鼻子灰：開始是宋慶齡不見，左磨右泡了兩小時，才見到了。何應欽想打聽武漢國民政府的情況，宋慶齡答以“不知”；何應欽大發謬論，誣衊共產黨“破壞本黨”，但宋慶齡仍然“不變其論調”，並且指責蔣介石“殘殺同志”。最後，何應欽只能悻悻而去，“此行可謂毫無結果”。

在何應欽去後4天，宋慶齡會見了合眾社記者，明確宣佈：

近日謠傳余將在寧政府活動，全屬無稽之談。余此次所以必須來滬者，因余家宅在滬。此後余之行止，將如余前在漢口所發之宣言，在國民黨現行政策不改變之前，余決不參與任何活動；於革命事業不納入中山主義軌道內時，余決不擔任任何黨務。余非叛徒，亦非騎牆，且與南京政府毫無關係也。

8月下旬，宋慶齡離開中國，前往莫斯科訪問。

蔣介石要求開除葉劍英 *

　　近讀國民黨中央執行委員會會議記錄，發現蔣介石要求開除葉劍英國民黨黨籍的一份呈文摘要，內容如下：

　　　　前新編第二師代理師長葉劍英，率師駐次吉安，勾結共產份子，陰（謀）叛黨，竟於五月十三日鼓動該師教導隊學生及師部監護隊，勾結當地農民自衛軍，將該師忠實部隊逼令繳械，並將忠實官佐逮捕監禁。該師長葉劍英及跨黨份子張克等倒行逆施，謀叛黨國，除通令各軍一體嚴緝懲辦外，擬請准將該逆等一體開除黨籍。

　　此呈寫於 1927 年，反映出葉劍英在中國革命的一個重要年代裏的抉擇和表現。

　　葉劍英很早就追隨孫中山進行革命鬥爭。他於 1920 年從雲南陸軍講武堂畢業，隨即投入 "援閩粵軍"，任炮兵連連長。1921 年 4 月，在廣州見到了新近當選為非常大總統的孫中山，曾經聯絡講武堂畢業生 20 餘人，向孫中山請纓北伐，被分配到第一師軍士教導營任教官。在陳炯明兵變時，葉劍英和江防艦隊司令陳策一起護衛孫中山登艦避難，守衛達 50 餘天。10 月，孫中山組織東路討賊軍，葉劍英任第八旅參謀長。1924 年，以粵軍第二師代表身份，參與籌辦黃埔軍校，被委任為教授部副主任。1925 年，任粵軍二師參謀長，參加東征。

　　1926 年，廣東國民黨政府興師北伐，葉劍英任第一軍總預備隊指揮部參謀長，第一軍是蔣介石親自掌握的部隊，葉劍英以其出色的指揮才能受到蔣介石的賞識。江西之戰勝利後，俘虜了大批孫傳芳的士兵，其中有六七千人集中在吉安，編為新編第二師。1927 年初，葉劍英被委任為該師代理師長。同年 4 月

---

*　　原載《團結報》，1988 年 4 月 26 日。錄自楊天石《蔣介石和南京國民政府》，中國人民大學出版社 2007 年版。

12日，蔣介石發動政變，國民黨和國民革命軍都發生劇烈分化，出現了南京、武漢兩個對立的政權。新編第二師的許多軍官擁護蔣介石的南京政權，同時勾結廣東錢大鈞和駐贛州的新編第一師，蠢蠢欲動。在這人鬼殊途、魚龍分衍的關鍵時刻，葉劍英毅然於5月初致電武漢國民政府，表示"至誠擁護中央"，隨即決定離開吉安，奔向武漢。

在葉劍英離開之前，二師的左派軍官以為師長祝賀生日的名義，擺酒集會，秘密商討武裝起義。5月13日夜，左派軍官們以敏捷的動作逮捕反動軍官，發動起義，並向武漢中央報捷，電文稱："本師反動份子暗中猖獗。（職等）於本月十三日夜，協同農工群眾，將本師反動份子肅清，從此絕對擁護中央，打倒蔣介石。"20日，召開軍民聯歡大會。右派軍官乘機反撲，向群眾開槍，當場擊斃兵民十餘人。21日，隸屬武漢國民政府的江西朱培德的第三軍將二師全部包圍繳械，俘獲了全部右派軍官。

葉劍英的革命立場與吉安起義使蔣介石大為惱怒，於是便起草了上述呈文，要求開除葉劍英等人的黨籍，7月28日，南京國民黨中央監察委員會召開第十七次常務會議，決定將葉劍英等"永遠開除"。隨即將蔣介石的呈文轉給南京國民黨中央執行委員會，經8月5日第一一二次會議討論，決定諮請南京國民政府通緝。與葉劍英同案被開除國民黨黨籍並被通緝的還有張克、鄒泰安、杜若、魏燮元、王彬、劉世璋、陳世光、丘維漢、樓勝利、吳潔等，都是吉安起義的發動者。

白崇禧指責 "第二期清黨" *

　　"四一二" 政變前後，蔣介石等人在各地逮捕並殘殺了一批共產黨人。但是，自孫中山實行國共合作政策以後，大量共產黨人加入國民黨，積極為國民革命工作，在各級組織中發揮著骨幹和中堅的作用，其力量，其影響，都是巨大的，無法一舉剷除。這種情況，自然使剛剛建立的南京國民黨當局難以安枕，因此，他們力謀進一步肅清共產黨人。

　　1927 年 5 月 5 日，南京國民黨中央常務委員會及各部長聯席會議決定組織中央清黨委員會。17 日，該會成立，委員為鄧澤如、吳倚滄、曾養甫、蕭佛成、段錫朋、冷欣、鄭異等 7 人，以鄧澤如為主席委員。其後，南京、上海、廣東、廣西、福建、安徽、浙江各地陸續建立清黨委員會，海外華僑和軍隊中也建立了相應的組織。

　　根據南京國民黨當局公佈的有關文件，清黨委員會的任務為："肅清黨內共產份子、土豪劣紳、貪官污吏、投機份子及一切腐化、惡化份子。"但實際上，所清者全為 "共產份子"。這一次，胡漢民說得很老實。他說："我們這次的清黨，是進一步把共產黨的死灰都要送還給俄羅斯，不能讓他留在中國的，乾脆地說，這次的清黨，就是消滅中國共產黨。" 由於它有別於 "四一二" 前後各地發生的政變，因此，蔣介石稱之為 "第二期清黨"。他說：第一期清黨為 "緊急處分"，目的在於 "打倒共產黨領袖及其著名活動份子"；第二期清黨為 "根本整理"，其範圍 "遍及一般跨黨份子"。蔣介石認為，後者較前者更加困難，是 "本黨真正生死關頭"，必須以至大至久的恆心與毅力，"肅清潛伏之共產份子，絕其根株"。

　　南京國民黨當局規定：第二期清黨自 1927 年 6 月 1 日起，至同年 8 月 31 日止。在此期間，停止發展國民黨員；所有國民黨黨員經過三個月的審查再發

---

* 原載《團結報》，1989 年 4 月 15 日。錄自楊天石《蔣介石與南京國民政府》，中國人民大學出版社 2007 年版。

民國風雲

215

黨證；各黨部於接到清黨文告之日起，限令所屬黨員須每半月將其工作向所屬區分部報告，然後逐級呈報當地清黨委員會；無故一月不報告工作者，取消黨員資格。但是，這些大都是具文，各地清黨委員會的真正興趣和主要工作均為逮捕並審判共產黨人，所謂"第二期清黨"，仍然是暴力清黨。

"四一二"政變後，陳群、楊虎二人在上海濫捕、濫殺，使得某些堅決反共的人也表示不滿。5月8日，張靜江致電蔣介石，要求嚴令陳、楊二人"毋得過事殺戮，致招反感"。6月1日，白崇禧也致電蔣介石，批評自清黨運動以來，上海一隅"機關複雜，事權不清，處處干涉行政，任意逮捕殺人"，以及"賄賂枉法，假公濟私"等事。他沉痛地說："舉凡軍閥、官僚、貪官污吏所為之事，若輩竟蒙蔽上官，效而為之。如此革命，寧不與人口實，民眾痛苦，何以解放？"然而，這些意見和批評都未能動搖蔣介石對陳、楊二人的信任。6月中旬，楊虎親自率隊破獲中共江蘇省委機關，逮捕新任省委書記陳延年。21日，蔣介石應寧波商會之請，派陳、楊赴寧波清黨，二人一抵甬，即處決了王鯤等6名共產黨人。當時，曾有人向陳群詢問處刑標準，陳答：入共產黨滿6個月者殺，國民黨員跨黨者殺。由於國民黨當局實行濫捕、濫殺，大量無辜者受到牽累。6月15日南京清黨審判委員會開庭，受審者11人。其中3人"實無共產證據可尋"，宣告無罪；5人"均係無知愚民"，交保釋放；另3人"係過路受累，無證可指"，即予開釋。由此不難想見當年捕人的輕率。

清黨的結果是，國民黨失去了大量的精英，新舊官僚、政客、投機腐化份子乘機聚結，國民黨的腐朽現象日益嚴重。8月22日，白崇禧在軍事委員會紀念週上發表公開講話，再一次嚴厲地指責"第二次清黨"。他說：

> 此次清黨後，即發生許多以黨營私之假革命黨，尤在上海一隅，更加其甚。藉清黨為名，姦人妻子，擄人財物，敲榨剝削，隨便殺人，以致人民怨聲載道。上海是輿論的中心，故民眾對本黨已漸失信仰，這是非常痛心的。

9月1日，規定結束清黨的日子已屆，上海市清黨委員會發表宣言支持白崇禧的講話，宣言稱：

> 黨自去歲北伐以來，得到民眾之歡迎，簞食壺漿，惟恐未至，正有東征西怨之概。乃今歲四月，克服江浙，假革命者冒充忠實，竟將本黨令名幾付諸流水。嗟呼！清黨運動，固如是耶！

白崇禧和上海清黨委員會道出了一個使他們難堪的事實——經過清黨，國民黨已失去人民的信仰。這是需要有勇氣的。但是，他們卻無論如何也不能了解和清除發生這一現象的真正原因。

1928 年的濟南慘案 *
——"濟案"交涉與蔣介石對日妥協的開端

1928 年 4 月，蔣介石所率領的北伐軍進入山東。日軍藉口保護僑民，於 4 月下旬開抵濟南，佔領商埠。5 月 3 日，日軍突然襲擊北伐軍，肆意屠殺我國軍民和外交人員，製造了震驚中外的濟南慘案。

在這一事件中，日本侵略者的瘋狂、殘暴、狠毒、滅絕人性得到了充分的暴露。其罪行特徵，和以後的南京大屠殺等事件雖有範圍大小、嚴重程度之分，但並無二致。以下僅根據《濟南五三慘案親歷記》一書[1] 所載部分當時人回憶，列舉日軍罪行數項：

第一，慘殺非戰鬥軍人。5 月 1 日，北伐軍第一軍第二十三團第一營營長率連長及徒手士兵數人，行經濟南日報社附近，被日軍無故抓去，當場全用刺刀刺死。據賀耀組回憶：凡是日軍所至之處，我軍官兵無論是在馬路上行走

---

* 原載《橫生斜長集》，天津百花文藝出版社 1998 年版。
1 中國文史出版社 1987 年版。

的，在商店購買東西的，在澡堂洗澡的，在理髮店理髮的，以及負了傷不能行動的，幾乎都遭殺害。江家池某醫院，收容北伐軍傷兵病號 200 餘人，連同 4 位醫生，全被按屋逐一刺死，每人至少被刺 10 刀。護士被強姦。5 月 5 日，日軍將北伐軍一名士兵倒掛在樹上，用皮鞭打後，用大針刺穿手心、腳心，再用刀一塊一塊將肉割下。

第二，濫殺無辜人民。5 月 3 日，下午，日軍衝進普利門，"不分青紅皂白，見人就殺，他們雙手揮動戰刀，往人的頭頂上直劈，將人劈作兩半，腦漿、鮮血、五臟六腑淋漓滿地；或從人的頭頂上斜劈，使大半個頭顱帶著一條臂膀，身首異處；或從人腰中橫砍，將人截為兩段，又不能即死，淒厲地尖叫，真是慘絕人寰。他們端著快槍，上著刺刀，追著人刺，刺穿胸部，刺穿腹部，屍體倒地，腸臟流溢。小孩子被刺刀挑起，甩到空中，摔在商店瓦屋上，摔在馬路旁，摔得腦漿迸裂。被槍彈射殺幸得囫圇屍體的是少數。兩旁商店沒有一家倖免。有的商店夥友被殺，有的商店夥友被活埋。""大街無人可殺，日兵又到小巷殺住戶。"

5 月 10 日，在大趙莊，日軍用大鐵絲將當地居民許士傑等 3 人的胳膊穿通，連在一起，匯同順記木廠工人等 20 餘人，押到北膠濟路一處空地，一個一個地兜胸一刀戳穿。被戳中要害的，一刀就死了，還有未戳死的，一總推在一個大臭水坑裏活埋。淒厲慘叫之聲，遠近可聞。同日，趙家莊一婦人在草棚中給小孩餵奶，小孩啼哭，被日軍發現，先將小孩刺死，後割去母親乳房，再捅陰戶刺死。

5 月 13 日，商埠七大馬路有 18 個過路行人，因南方口音，穿皮鞋，向後梳頭髮，被日軍逮捕，每人用刺刀捅遍，揪住長髮，連頭皮帶頭髮一起削下來。當時在濟南，凡有下列情形者均有可能作為證據用刺刀刺死：推平頂頭與學生頭者，女子剪髮者，穿草鞋者，有皮帶者，有灰色衣服者，有南方人名片者，見日軍害怕者，有中央鈔票者，受檢查時開門遲緩者，有自衛之槍械者，帶開國紀念幣者，家中有關於軍用品者，穿皮鞋者，南方口音者，帶相機者鑲金牙者，學生模樣的青年，家藏黨旗國旗，有國民黨書籍者。

據有人估計，僅 5 月 3 日一天，中國軍民被殺者即達 4000 餘人。

第三，虐待俘虜。蘇友三回憶：對被俘的蔣軍，日本人用罐頭盒子，每人灌一盒子煤油，不喝就遭到毒打。對被俘的老百姓則用鐵絲拴住雙手，任意侮辱。遇孕婦，則用皮靴向下腹亂踢以取樂。

第四，強姦婦女。5月2日，小學教員黃詠蘭路過商埠公園，為兩個日本兵所追，躲到一家茶坊，被搜出後連續被3個日本兵強姦，後被挖掉雙眼，割掉兩個奶子。茶坊女主人也被砍掉雙手。10日，在大趙莊，幾十個日本兵及日本浪人，將一個賣煎餅的劉小俊的妻子輪姦致死。緯三路一李姓官宦人家，被4名日軍闖入，迫家主外出，強迫4個女學生做飯陪酒，姦宿兩夜，經女父送每名日兵200元，才免於繼續受蹂躪。某日商麵粉廠以放賑為名，命少婦、少女先入，然後將門關閉，全行強姦。

類似的強姦、輪姦事件，每日百餘起。日軍甚至"當街逮著中國婦女就地強姦"。

第五，肆意縱火。5月9日，日軍在西城根各街縱火。"西城根一條街，全被敵人一火而焚。""全部建築盡成焦土"。

第六，搶劫錢物。6月12日，搜檢教會辦的齊魯大學，貴重物品，全被掠去。進出城門的人，身上攜帶的鈔票、銀錢，均被搜去。東關聚盛合商號、華豐石印局等商家的錢財，均被"暗摸"而去。

第七，殘殺中國外交人員。5月3日晚，日軍以搜尋武器為名進入山東交涉署，將負責對日交涉的交涉員蔡公時等18人捆縛，剝光衣服，割掉蔡公時的耳鼻，然後一一槍殺。

據《濟南五三慘案親歷記》一書編者調查，濟南慘案中軍民死傷總數11000餘人。財產損失24008萬餘元。直到1929年4月，日軍才撤退回國。

濟南慘案僅是日軍侵華暴行中的很小一部分。在整個侵華過程中，用罄竹難書來形容日軍暴行是毫不過分的。

國家不強，人民遭殃。

"小恭王"的復辟活動 *
——讀日本小川平吉未刊文書

人們都知道北京有一座恭王府，知道它的主人是洋務派頭領、恭親王奕訢，但是，很少人知道它的小主人溥偉。

日本國會圖書館所藏小川平吉文書中有署名恭親王的來函一通，內云：

> 四月十四日工藤先生來連，與本親王會見，傳述貴大臣好意，並蒙惠賜玉照，本親王極為感謝。中國共和一十七年，動亂頻仍，生民塗炭，近則共產橫行，愈趨愈下，張作霖戰爭不利，已陷於苦境，恐無維持東三省之能力矣。而滿蒙與貴國有密切之關係，貴國豈能坐視，但貴國若有露骨之表，又恐致歐美列邦之非難，此時必須中國舊主自動的維持滿蒙而暗中與貴國有良好之結合，始能避免各方之猜疑。敝國為滿蒙舊主，而本親王素與東三省軍隊、警甲、商民人等暨各蒙旗王公均好感，甚承伊等推崇。現在時機已熟，伊等亟欲請本親王出而維持，但著手之際，一切費用約需數十萬元。本親王擬密秘請求貴國援助三十萬乃至五十萬之日金，俾策進行，則指日可望成功矣。倘承雅愛，玉成本親王，異日酬答高情，貴國必可滿意也。一切下情，即請貴大臣奏知天皇陛下睿鑒，是所叩禱！立候賜覆，敬頌政祺！

末署："恭親王，夏曆戊辰年四月十五日，陽曆六月二日。"

工藤先生，指工藤鐵三郎，日本浪人。連，指大連。本函稱："中國共和一十七年"，據此及函末所署時間，知此函為 1928 年 6 月 2 日作。時作者在大連。

---

* 原載《書屋》，1997 年第 1 期。錄自楊天石《蔣介石與南京國民政府》，中國人民大學出版社 2007 年版。

恭親王奕訢去世於 1898 年戊戌變法前夜。根據西太后的意旨，以其孫溥偉繼承王爵，因此，本函的作者應是溥偉，俗稱"小恭王"。

關於溥偉，所留歷史記載很少。武昌起義後，他力主鎮壓革命軍，曾準備出賣古玩書畫，充作軍餉。1912 年 1 月 19 日，清廷召開御前會議，溥偉竭力主戰，但隆裕太后卻因國庫空虛，不敢決定。會議情況如下：

隆裕："現在內帑已竭，前次所發 3 萬現金，是皇帝內庫的，我真沒有。"

溥偉："從前日俄之戰，日本帝后解簪飾以賞軍。現在人心浮動，必須振作。既是馮國璋肯報效出力，請太后將宮中金銀器皿，賞出幾件，暫充戰費。雖不足數，然而軍人感激，必能效死。"他邊磕頭，邊奏說。

參加會議的肅親王善耆也是主戰派，從旁幫腔："恭親王所說甚是，求太后聖斷立行。"

溥偉見善耆幫腔，乘勢再奏："臣大膽，敢請太后、皇上賞兵，情願殺賊報國！"

當時，各省大多起義，孫中山已在南京宣佈民國成立，清朝大勢已去，因此，隆裕沒有採納溥偉和善耆的意見。有關情況，溥偉曾寫成《讓國御前會議日記》，是研究清朝滅亡前夕皇室狀況的寶貴資料。[1]

宣統皇帝退位後，溥偉不願住在民國的土地上，避居當時被德國人統治的青島。他賣掉自己珍藏的書畫古董珍品，得款 40 萬日元，同時，積極聯絡前郵傳部侍郎于式枚、前京師大學堂監督劉廷琛等，圖謀復辟，一時被遺老們視為希望所在。1913 年 5 月 31 日，他接受日本帝國主義份子宗方小太郎訪問，二人對話云：

溥偉：先生不遠千里而來，不惜為我臂助，不勝感謝之至！

宗方：王擬於何時舉事？

溥偉：愈速愈妙！

宗方：目前袁（世凱）之勢力不可輕視。若輕易發難舉事，將會立刻遭到鎮壓，以致一敗不能復起。請隱忍數年，在此培植勢力，待袁失勢之時機。

1 《辛亥革命》（八），上海人民出版社 1957 年版，第 110—115 頁。

溥偉：時機不會自來，必須由我們去製造，若徒然自待數年之久，袁之羽翼豐滿，必至弒宣統帝而自稱帝號，隆裕太后會遭袁之毒手而斃。

宗方：袁並非稱帝之人，只是欲以大總統之名，行皇帝之實權。

溥偉：否。袁世凱是名實俱取，不達目的，是不會罷手的。他實為有史以來的大奸臣，余恨之入骨。前年辛亥事起以來，時局之壞，已達極點，百姓苦之久矣。余與皇室關係甚深，若不能恢復社稷，何以上對列祖列宗，下見國民百姓！

談話時，溥偉"端坐正視，面無笑容，言不及他事，神態嚴肅"。談話後，宗方對溥偉印象良好，譽之為"滿清親貴中突出的人才"。[1]

第二天，溥偉又託人會見宗方，聲稱在北京附近有價值 200 萬兩的土地，希望以此為抵押，通過宗方向日本正金銀行借銀 50 萬兩，用以在濟南、漢口、廣東、南京等地設立機關。據稱：溥偉相信三年必可恢復社稷云。

溥儀在會見宗方時，曾表示在青島雖受德國方面優待，但藉"歐美異種"人的力量恢復宗社，雖成功亦以為恥辱，不如遷居旅順，請求日本的幫助。他說："貴國和我國為同文同種關係。受異族之援助，余所不願，得同種鄰邦幫助，則榮幸有加。"他要求宗方將自己的心願轉達日本政府。

後來溥偉果真搬到了旅順，藉助日本帝國主義者的力量進行復辟。1924 年9 月，他到北京求見溥儀，企圖得到資助，但溥儀聲稱"避嫌"，不見。[2] 同年 11月，溥儀被趕出故宮，溥偉極為憤激，奔走青島、上海等地，積極聯絡康有為等清朝舊臣。1925 年初，康有為上書溥儀，極力稱讚溥偉的忠心和才幹，建議溥儀重用。書稱："恭親王溥偉，志節奮厲，心術忠純，文學博通，才器練達，不踐民國之土十有四年，破其藩封之家百有餘萬，招致豪傑，蓄養壯士，激勵志義，力圖復辟。叔敖之毀家紓難，勾踐之臥薪嘗膽，溥偉有焉。"[3] 康有為甚至聲稱，在清朝的宗室和內外諸君臣中，沒有人能和溥偉相比。溥偉本人也曾到天津向溥儀表示："有我溥偉在，大清就不會亡。"[4] 不過，溥儀由於擔心他有

1　章伯鋒主編《北洋軍閥》卷 3，武漢出版社版，第 195—197 頁。
2　《鄭孝胥日記》，1924 年 9 月 18、25 日。
3　《康有為遺稿（戊戌變法前後）》，上海人民出版社 1986 年版，第 267 頁。
4　溥儀《我的前半生》，群眾出版社 1964 年版，第 205 頁。

自立企圖，始終不肯重用他。

溥偉和康有為相識於戊戌變法前夜。當時，溥偉支持變法。1917年張勳復辟後，康有為在青島再次見到溥偉，曾經寫過一首長詩給他，把這位始終仇視民國的親王比之為不食周粟的伯夷、叔齊。1925年初上海會晤之後，二人的關係進一步發展，合謀共同復辟。台灣"中央研究院"近代史研究所保存有溥偉致康有為函多通，頗足以說明有關情況。其一云：

> 在滬二十日，備荷優厚，又承惠以多珍，叨在知交，不敢言謝。旋寓後晤靖一，消息尚佳，今彼已北遊，二月中當再至連，如有好音，必以告也。

末署"宣統乙丑正月初五日"，即1925年1月28日，時當康、溥上海會晤之後。"消息尚佳"、"好音"云云，當均與復辟活動有關。

其二云：

> 函扇想收到矣。昨接大翰，並照片四張，謝謝。善伯必不虛此行。深望早得好消息也。如歸來，竊盼其過我一敘。北事良佳，倘善伯事就，別無難題，萌芽已苗，似不必再多呼將伯，以其無益而有損也。

末署"乙丑上元"，指1925年2月7日。善伯，指康有為弟子徐勤之子徐良。1917年，徐良曾陪同康有為自上海赴北京，參與張勳復辟。從本函看，徐良在1925年又曾為康有為奔走，聯絡復辟同志。溥偉對此寄以很大希望，以為倘"事就"，即可不再向多人求助。

其四云：

> 偉向不主張先生赴津，善留以有待也。今時機已到，為皇上，為中國，同人均力請先生一行。偉九頓首，為四萬萬人請命。餘詳善伯言。

末署"十一月七日。"當係 1925 年 12 月 22 日之作。從本函看，溥偉、徐良們的活動有了一定結果，所以溥偉急於邀康有為赴津，主持復辟活動。據鄭孝胥日記記載，1926 年 2 月，溥偉計劃在內外蒙古發動叛亂，向溥儀求助七八萬元，當與此事有關。

1926 年 7 月，國民革命軍誓師北伐，進展迅速，先後粉碎了吳佩孚、孫傳芳兩大軍閥集團。在此情況下，溥偉力勸溥儀遷居旅順，說是已和日方官紳接洽好，"先離危險，再圖遠大。"[1] 不久，和溥偉關係密切的羅振玉也向溥儀遊說："聖駕的安全，頗為可慮。依臣所見，仍以暫行東幸為宜，不妨先到旅順。恭親王那邊有了妥善籌備，日本軍方也願協助，擔當護駕之責。"[2] 1928 年，蔣介石率軍進行二次北伐，張作霖集團師出不利，失敗已成必然。於是，溥偉力圖在東北聯絡滿蒙王公，在日本帝國主義的支持下，發動復辟，以阻止國民革命軍的北進。本函即作於此時。函稱："異日酬答高情，貴國必可滿意也。"話雖然留了幾分，但意思很顯豁：只要日本帝國主義者肯幫助溥偉，他是準備用國家的權利作交換的。

從溥偉致小川平吉函可以看出，二人之間的聯繫者是工藤鐵三郎。此人清末時跟隨蒙古族出身的大臣升允。辛亥革命後贊助升允復辟的活動。後來曾參與挾持溥儀去東北。溥儀在東北稱"帝"後，他成為溥儀的"侍衛"，被賜名為"忠"。本函顯示出，他也是溥偉復辟活動的支持者和操縱者。

筆者尚未發現小川平吉給過溥偉什麼樣的具體援助，但有材料表明，日本帝國主義者一度想利用溥偉在東北建立"明光帝國"。[3] 1931 年"九一八"事變發生後，溥偉一面派人到天津，要求溥儀給以"便宜行事"的手諭，一面在日本人的保護下在瀋陽祭祀北陵，加緊復辟活動。[4] 不過，溥儀仍然不肯重用他。1934 年 3 月，溥儀在日本帝國主義的卵翼下，出任"滿洲國"皇帝，只給了溥偉一個"宮內府顧問"的虛銜。[5] 1936 年，溥偉去世。

1　溥儀《我的前半生》，第 205 頁。
2　同上，第 236 頁。
3　《我的前半生》，第 276 頁。
4　《鄭孝胥日記》，1931 年 9 月 29 日；參見《我的前半生》，第 271 頁。
5　《鄭孝胥日記·院錄》。

溥偉去世後，溥儀命他的兒子襲爵，作為未來的"中興"骨幹培養。偽滿洲國被推翻後，溥偉的這個兒子曾和溥儀同時被俘，一起坐過很長一段時期牢。

張宗昌窮途作亂，段祺瑞暗中支持 *
——讀日本小川平吉未刊文書

日本國會圖書館藏有張宗昌函件兩通，都是寫給日本政府鐵道大臣小川平吉的。其一云：

今夏莊璟珂君東返，傳達雅意，深荷注存，感謝至極！天禍中華，奸慝竊國，劫數所繫，難以力挽。灤州退守，本擬待時，不料奉方惑於妖言，棄友親敵，致宗昌勢孤援絕，不得不以犧牲為保存之計。迨浮海東來，一身孤寄，討赤之志，到底不渝。乃近來四方之使雲集，均以拯民水火，維國綱常為請，足見人心思治，不忍坐視神州禹域斷送於赤俄，黃炎華裔，沉淪於禽獸也。按國黨自聯共以還，未嘗一日脫赤俄之操縱，近更施其黨化教育，製造新青年，破壞舊禮教，再經期年，則噬臍莫及，燎原勢成，誰復能救！而歐美諸邦，不計將來利害，徒爭目前商戰之利，不惜鼓吹迎合，助成反日排貨之風潮。凡此遠憂近患，皆與貴國國體民生及東亞和平有絕大之影響，不許瓊視者也。

執事高瞻遠囑，洞悉機微。此中利害，無待宗昌繁言而解，是則黨國消長，華國安危，既與貴國息息相關，則將伯之呼，自不得不向閣下陳請。但宗昌東來不久，嚴父見背，身遭大故，不克趨前聆教，茲特囑吳光

---

* 原載《檔案與史學》，1997 年第 5 期。錄自楊天石《蔣介石與南京國民政府》，中國人民大學出版社 2007 年版。

新、莊璟珂二君東渡扶桑，晉謁閣下，所有請求贊助及交換意見之處，均經託由吳、莊二君縷陳，倘承虛衷下問，推誠商榷，他日大功克成，不僅敝國受其賜，東亞和平因而永賴，即貴國隱患，亦可消弭，益固皇阼於無窮矣！至於敝方現在勢力，除直魯保存之部隊民團隨時可用外，其他如段執政舊屬之西南、東北各舊派將領，均有堅固之聯絡，及時回應，應左券可操。即政治方略，亦已具體準備。唯餉醑軍實，仍須從事補充，水陸交通，殊望給予便利，是為希望同情贊助中之主要眼目，因特表而出之。夫非常之功，有待於非常之人乃成，彼淺見者流，不足以語此。我公群流仰鏡，清望眾孚，登高一呼，則萬山皆應。丁此赤禍橫流，人禽歧路，當機立斷，被髮冠纓而救之，實國家百年之福，東亞大局是賴，世界人類之福音，惟公熟計而利圖之。吳、莊二君拜謁之日，希加優容，是為榮幸。臨書神往，不盡所懷。

末稱："張宗昌稽首上言。"

本函收信人小川平吉，係當時日本政府的鐵道大臣。辛亥革命時期曾參與援助中國革命，後來又積極參與侵略中國。信中介紹的吳光新，字自堂，安徽合肥人。段祺瑞的妻弟。1904 年畢業於日本陸軍士官學校。曾任北京政府陸軍總長。莊景珂，亦作璟珂，福建閩侯人。畢業於日本早稻田大學法科。1919 年任駐日本使館秘書。1926 年任北京政府外交部特派直隸交涉員。1927 年任直隸保安總司令部及直隸省長公署外交參贊。1928 年辭職。

本函無年月，小川平吉 1928 年 12 月 27 日日記云："吳光新伴莊碌〔景〕珂來，談興復事，慷慨熱烈，要求援助。"據此，知此函為 1928 年 12 月作。

張宗昌是民國時期有名的封建軍閥，以"不知兵有多少，錢有多少，姨太太有多少"著稱。他字效坤，山東掖縣人，早年在東北當過鬍匪。武昌起義後投奔上海光復軍，任騎兵獨立團團長。1913 年投靠馮國璋。1922 年投靠張作霖，以戰功被升為軍長。1925 年任山東軍務督辦。同年，兼任山東省省長。自此，成為割據齊魯的土皇帝。1926 年初，任直魯聯軍總司令。1 月，張作霖被北方軍閥擁戴為安國軍總司令，張宗昌任副總司令。1927 年 6 月，張作霖在北京成立安國軍政府，自任海陸軍大元帥，張宗昌被任命為第二方面軍團長。1928 年 4 月，張宗昌抵抗北伐軍失敗，退駐河北灤州。6 月，張學良和南京國民政府達成協議，退出關外。同年 8 月，蔣介石下令解決盤踞冀東的直魯軍殘部，命白崇禧自北平率軍討伐。9 月 13 日，張學良也下令解除直魯軍武裝。在南京國民政府軍和張學良的奉軍的聯合進剿下，直魯軍迅速失敗。9 月 21 日，張宗昌微服潛逃，亡命大連。本函稱："灤州退守，本擬待時，不料奉方惑於妖言，棄友親敵，致宗昌勢孤援絕，不得不以犧牲為保存之計。"指此。本函又稱："迨浮海東來，一身孤寄。""宗昌東來不久，嚴父見背，身遭大故，不克趨前聆教。"據此可知，張宗昌在灤州兵敗，亡命大連後，曾潛逃日本，但不久，即因父親病故，仍回大連。

張宗昌長期依靠日本支持。他在軍中設立顧問室，以日本海軍上尉倉谷為總顧問，聘有日本顧問多名。同時，日本為了侵略中國，也力圖扶植這支部隊，大力給予財政和軍械支援，並多次參加參加張部的重大作戰。山東是張宗昌的發跡之地，張宗昌亡命大連後，仍積極圖謀爭取日本帝國主義者支持，重佔山東。當年 12 月，張宗昌在大連召集褚玉璞等會議，計議進兵山東的槍械與經費問題。本函稱："唯餉餬軍實，仍須從事補充，水陸交通，殊望給予便利。"顯係會後通過小川平吉乞求日本政府援助而作。

本函稱："至於敝方現在勢力，除直魯保存之部隊民團隨時可用外，其他如段執政舊屬之西南、東北各舊派將領，均有堅固之聯絡，及時回應，應左券可操。"段祺瑞於 1926 年 4 月退居天津租界後，並不甘心寂寞，時刻待機再起。1928 年 6 月，張作霖退出關外，安國軍政府垮台，段祺瑞即有取代張作霖，在北京組織臨時政府的意圖。同年底，段祺瑞又在天津秘密組織北洋統帥府，企圖重整旗鼓，再次上台。他計劃利用張宗昌在膠東的餘部，首先佔領山東，進而大舉發動，便派吳光新赴大連和張宗昌聯繫。本函所述與"段執政舊屬"的"聯絡"及張宗昌派吳光新赴日會見小川平吉等事，正印證了這一情況。

其二云：

不奉教言，載更蓂朔之忱，與時具積，敬維經緯萬端，攸往咸宜，魁首喬采,曷勝露祝!中國不幸,變亂相尋,十八年來,靡有寧日。此次赤化猖獗,蔓延全球,東亞和平,幾將不保。宗昌不忍神州之陸沉與人民之淪胥,爰由各方同志組織中華民國共和同盟軍第三方面,躬率義師,弔民伐罪,為中國維禮教,為東亞維和平,為五族再造共和,為人民保存元氣,恢復真正自由,剷除黨逆虐政,故師行所至,群起響應。刻已將膠東一帶次第收復,誓當本此職志,肅清寰宇。中日同文同種,輔車相依,舉凡一切措施,深荷貴國人士充分諒解,諸予贊襄。惟執梃荷戈,難破頑敵,衝鋒陷陣,尤賴利器。務望貴國人士,本唇亡齒寒之義,隨時力予協助,俾獲殺敵有資,成功可期,中日前途,兩深利賴。昨特派吳總長自堂趨詣台端,詳述種切,度已早荷洞察,亟盼推誠相與,圓滿解決,至所深禱。茲復囑工藤鐵三郎先生東上晉謁,即希延洽晤談,俾便罄述一切。此間戰況,渠當能道其詳委也。

末署:"張宗昌拜啟,四月四日。"

此函用"中華民國共和同盟軍第三方面統帥部"公用箋信紙,署"中華民國十八年",知為 1929 年 4 月 4 日作。吳總長自堂,指吳光新。工藤鐵三郎,日本浪人。長期在中國支持清朝王公、貴族進行復辟,後來又參與製造偽滿洲國。

日本帝國主義者積極支持張宗昌重佔山東。1928 年的大連會議有日本官方代表與會,日本駐大連領事館並應允支持槍械。1929 年 2 月初,張宗昌、褚玉璞、吳光新等與日本帝國主義份子、滿鐵代理社長松岡洋右,顧問城口忠八郎,白俄謝米諾夫等,再次在大連會議,準備進攻膠東。19 日,張宗昌、吳光新等乘日輪到達山東龍口,旋即糾集舊部等 2 萬 6 千餘人,在膠東發動叛亂。3 月 27 日,佔領煙台,並即成立統帥部,自任統帥,以褚玉璞為副統帥。本函即作於此後,目的在於通過小川平吉繼續乞求日本政府給予支持。從先派吳光新,不久之後又繼派工藤鐵三郎的情況看,張宗昌在軍事上的處境已經很不妙。

本函有一點值得特別注意,這就是,張宗昌叛亂用的"中華民國共和同盟軍第三方面統帥部"的名義,那末,誰是這個"同盟軍"的總頭目呢?結合張宗昌第二次派赴日本的使者仍是吳光新等情況來考察，這個"同盟軍"的總頭目應該就是段祺瑞。

　　張宗昌佔領煙台後，國民黨山東省政府命任應岐等部進剿。4 月 22 日，張宗昌將統帥部移至蓬萊，不久，又移至龍口。27 日，任應岐部逼近龍口，張宗昌倉皇乘日船逃跑。5 月 4 日，再次流亡日本。張宗昌和段祺瑞的再起計劃終於成為泡影。

國民黨時代的 "天天讀" *

經歷過特殊時代的人，對 "天天讀" 都會記憶猶新。那時，神州大地，不論是在辦公室、車間、商店，抑或是軍營、教室、田野，只要是有人群的地方，天天早晨，都會出現這樣的景象，人人手捧 "紅寶書"，默默研讀，時間或長或短，讀完之後，才各做各事。由於天天如此，雷打不動，成為儀式，所以稱為 "天天讀"。

"天天讀" 雖然誕生於 "史無前例" 的年代，被認為是項偉大的創造，其實，它並非 "史無前例"，那例證，就是國民黨時代已經有了。

不信嗎？請查 1929 年 10 月 21 日國民黨中央常務委員會的第 44 次會議記錄。那次會上，通過了一項《各級學校教職員研究黨義條例》，規定神州大地的各級教職員，不論是否國民黨員，都必須研究 "黨義"。所謂 "黨義"，其內容為《孫文學說》、《三民主義》、《建國大綱》、《五權憲法》、《民權初步》、《地方自治開始實行法》、《實業計劃》等，都是那時的 "國父"——孫中山先生的

---

* 原載《百年潮》，1998 年第 4 期。錄自楊天石《蔣介石與南京國民政府》，中國人民大學出版社 2007 年版。

著作。"國父"也者，國家的父親，是個包含無限神聖、無限偉大、無限崇高、無限光輝等諸種意義的頭銜。

該條例規定："研究程序分四期"，"每期研究期間以一學期為限，平均每日至少須有半小時之自修研究，每週至少須有一次之集合研究。"你看，四個程序，四個學期，每日平均至少須有半小時，不是"天天讀"是什麼？只不過該條例的適用範圍僅限於"各級教職員"，沒有"文革"時代那種全國、全民的規模，而且，是否真正雷厲風行、雷打不動地實行過，也很難說。比較起來，國民黨的"天天讀"真是差多了！

國民黨那時為什麼會有如此舉動呢？原來當年3月，國民黨召開第三次全國代表大會，會議決定，以孫中山所著《三民主義》、《五權憲法》、《建國方略》、《建國大綱》及《地方自治開始實行法》等著作，作為訓政時期"中華民國最高之根本法"。決議稱："吾黨同志之努力，一以總理全部之遺教為準則"，"總理遺教，不特已成為中華民國所由創造之先天的憲法，且應以此為中華民國由訓政時期達於憲政時期根本法之原則"。此後，國民黨當局就不斷採取措施，將孫中山偶像化，將孫中山的思想和學說教條化。於是，就出現了那個時期的"凡是"派，"認先總理的一切主張及計劃，是天經地義，先總理傳下來的一言一字，都是不可移易的真理。敢討論總理學說的是大逆不道；敢批評總理主張的，罪不容誅"。胡適因為寫了幾篇文章，對孫中山的某些思想有所批評，結果受到浩浩蕩蕩的"圍剿"。國民黨人紛紛指責胡適"侮辱本黨總理，詆毀本黨主義，背叛國民政府，陰謀煽惑民眾"，要求懲處胡適，有的人甚至要求將胡適"逮捕解京"。上述所謂《各級學校教職員研究黨義條例》就是在這一形勢下出籠的。

孫中山思想是中國民主革命的產物，其中有不少真知灼見，在民主革命時期曾經發揮過巨大的作用，但是，其中無疑有膚淺的部分，有不成熟的部分，有謬誤的部分，有只適合於某一特定形勢的部分，有尚須補充、修正、發展的部分，將孫中山的思想視之為"先天的憲法"、"最高之根本法"，每天恭讀，句句照辦，不容辨正，不容批評，不容變更，其結果，必將使人們思想僵化，堵塞了真理發展的道路。

《各級學校教職員黨義條例》公佈後，胡適的朋友們們立即跳出來反對。他們提出，孫中山自己就說過，他的《實業計劃》"不過是一個外行人根據很有限制的資料想出來的一個粗簡的大綱或政策。經過科學的研究及詳細的調查，修正及改良是不可避免的"，並不自認為都是真理。他們尖銳地質問國民黨："所謂先總理的學說及主張，不許討論，不許批評，在《中山全書》上有什麼根據？"自然，他們不贊成"天天讀"。那個時代，南京國民政府初建，尚未建立一套完整的法西斯統治制度，所以，胡適和他的朋友們的"狗頭"居然沒有被砸爛，也沒有被踩上千萬隻腳。要是在我們的"文革"時期，那還得了！

偉人是應該受到崇敬的，但是，不能偶像化；偉人的思想是要學習、研究的，但是，不能教條化。"天天讀"之類，隨著"文革"結束而結束，歷史在恢復它的常態方面向前邁進了一大步。

胡漢民的軍事倒蔣密謀及胡蔣和解 *
——讀美國哈佛燕京學社所藏胡漢民檔案

1990 年 7 月，我訪問美國哈佛大學哈佛燕京學社，承圖書館吳文津館長、善本室主任戴廉先生熱情接待，惠允披閱該館珍藏的胡漢民晚年往來函電。這批函電分訂數十巨冊，或係原件，或係抄稿。不少函電字跡潦草，未署時間，或所署不完整，而且大量使用隱語、化名，例如四工、工、延、福、門、門神、蔣門神、阿門、容甫、水雲、遠、馬、馬鳴、衣、力、黃梅、秋夢、不、不孤、跛、跛哥、桂矮、矮仔、某兄、爵、馬二先生、香山後人、漁洋後人、八字腳等。但是，一旦突破這些困難，人們就會從中發現大量 30 年代中國政壇內幕，特別是一個迄今尚不為人所知的秘密——胡漢民晚年，基於抗日和反對

* 本文為提交 1991 年在瀋陽召開的九一八事變 60 週年國際學術討論會的論文，原載《抗日戰爭研究》，1991 年第 1 期。錄自楊天石《蔣介石與南京國民政府》，中國人民大學出版社 2007 年版。

獨裁的需要，曾經廣為聯絡，組織力量，一再準備以軍事行動推翻以蔣介石為代表的南京政權。

筆者在哈佛存取時間僅兩週，匆匆披閱，匆匆摘錄，以下所述，係對這批資料進行初步研究後的一點收穫。

一、逼迫蔣介石下野

1931 年初，因制訂"訓政時期約法"問題，胡漢民與蔣介石之間的矛盾尖銳化。2 月 28 日，胡漢民被蔣介石軟禁於南京湯山。胡漢民是國民黨元老，時任立法院長。蔣介石的這一蠻橫做法立即激起了巨大政潮。4 月 30 日，國民黨中央監委鄧澤如、林森、蕭佛成、古應芬等於廣州聯名通電，彈劾蔣介石，詰責其"違法叛黨"，"究以何職權而得逮捕監禁中央大員"。5 月 27 日，汪精衛、孫科、鄒魯、陳濟棠、鄧澤如、蕭佛成、古應芬、李宗仁等在廣州成立國民政府，形成寧粵兩個政權對立的局面。同年，"九一八"事變發生，東北大片國土淪於日本侵略者之手。蔣介石在舉國震撼、呼籲團結對外聲中，派蔡元培、張繼、陳銘樞赴香港與汪精衛會談，決定兩個國民政府同時取消，召開和平會議，產生統一的國民政府。10 月 13 日，蔣介石迫於粵方壓力，釋放胡漢民。

1927 年蔣介石"清共"之後，胡蔣之間有過一段比較密切的合作關係。湯山被囚使胡漢民既憤怒又沉痛。釋放後，胡即決意反蔣。他在一封密箋中說：

> 門及門系為中國致命一大毒瘡，能請西醫割去，是一治法，否則用中醫拔毒，什麼內托外消、打消方劑，亦或見效。除卻二者便無是處也。[1]

這裏的"門"，和其他密箋中的"門神"、"蔣門神"，均指蔣介石，蓋取《水滸》中"武松醉打蔣門神"之義。這封信道出了胡漢民對蔣介石的認識，也道出了他晚年政治活動的根本目的及其策略、手段。

---

1 《胡先生親筆函電及批注》，哈佛燕京學社圖書館藏。本文凡未注明出處的未刊函電，均藏該館，不一一注明。

10 月 14 日，胡漢民抵達上海。15 日，致電非常會議委員汪精衛、陳濟棠、李宗仁等，認為外患急迫，為甲午戰爭以來所未有，其原因在於"黨內糾紛迭乘，政治舉措失當，人每欲扶黨內之一部力量為己有"。他鼓勵非常會議的委員們"徹底覺悟，力圖團結"，改正過去種種錯誤。[1] 16 日，對報界發表談話，批評南京政府"以無辦法、無責任、無抵抗之三無主義，為應付日本之唯一方針，則必至國亡種滅而後已"[2]。25 日，又致函廣東省市黨部，認為國民黨已到了非進行徹底改革不可的時候；不改革，不但無以對國民，而且等於自掘墳墓。函稱：

> 自袁世凱以來，軍閥不一，其始莫不驕橫一時，而其罪惡既顯，終莫不相繼撲滅。歷史可信，公理不誣。[3]

胡漢民這裏明罵袁世凱等，暗斥蔣介石。他要求粵省國民黨人"不為利誘，不為威脅"，警惕"陰謀分拆手段"。上述電函及談話表明，胡漢民甫經釋出，立即高揭抗日旗幟，準備團結廣東國民黨人的力量，與蔣介石周旋。

"九一八"以後，馮玉祥憂心國事，派代表到上海與胡漢民接洽。10 月 27 日，胡漢民覆函馮玉祥，認為"遼吉事起，知非舉國一致，無以禦外侮"。當時，寧粵雙方代表正在上海召開和平統一會議。胡漢民稱："結果如何，似難預料，惟默察形勢，則暗礁孔多。"[4] 同月 28 日，古應芬逝世。30 日，胡漢民致電在廣州的妻兄陳融（協之），請其轉告陳濟棠、李宗仁、白崇禧、蕭佛成諸人：

> 一、此間決堅持不撓，以繼湘翁之志；二、無論如何，弟與汪決不入京；三、迫某辭職，並促制度上限制個人權力，打破獨裁。[5]

---

1 《致粵非常會議各委員電》。
2 《亡國之三無主義》，《胡漢民先生爭論選編》。
3 《致粵省市黨部函》。
4 《致馮玉祥》。
5 《致粵中央》。

湘翁，指古應芬，他是廣東方面的反蔣中堅。某，指蔣介石。"弟與汪決不入京"云云，表明胡漢民正和汪精衛聯盟，擺開和蔣決戰的陣勢，力圖迫蔣辭職，並對國民黨的體制進行重大改革。此電可以看作是粵方代表參加和平統一會議的鬥爭綱領。會上，粵方代表攻勢激烈，以致寧方代表蔡元培等人不得不一再以私人資格表示："蔣下野不成問題，要盼廣東同志不要相迫太緊，不要給他面子太難過。"[1] 在黨政改革案中，粵方代表提出軍人不能擔任政府主席，不得為五院院長，廢除陸海空軍總司令職位等建議，顯然都體現著胡漢民的意圖，其矛頭直指蔣介石。

寧粵和平統一會經過激烈爭吵，確定分別召開國民黨第四次全國代表大會，選出同等數量的中央委員，進而謀求合作。在廣州"四大"上，要求蔣介石下野仍然是重要議題。胡漢民除主張"精誠團結，共赴國難"外，又提出"推倒獨裁，實行民主政治"的口號。12 月 5 日，會議選出的中央委員由胡漢民領銜通電，催促蔣介石下野，解除兵權，否則，決不到京參加四屆一中全會。

國難深重，加上蔣介石軟禁胡漢民的做法極為不得人心，各方吹起了強烈的反蔣風。在粵方的堅持下，蔣介石於 12 月 15 日通電辭去國民政府主席、行政院長、陸海空總司令等本兼各職，胡漢民的"迫某辭職"計劃取得勝利。

二、廣泛聯絡，組織反蔣力量

蔣介石下野後，國民黨隨即召開四屆一中全會，通過中央政治制度改革案，選舉林森為國民政府主席，孫科為行政院長，蔣介石、汪精衛、胡漢民三人為中央政治會議常委。1932 年 1 月 1 日，胡漢民等通電取消廣州國民政府，成立中央執行委員會西南執行部、西南政務委員會。自此，胡漢民即留居香港，成為西南方面的精神領袖。

孫科內閣雖然成立了，但這個內閣既無權，又無錢。1 月 2 日，日軍佔領錦州，孫科無奈，電邀蔣介石重返南京，並於 25 日辭職，由蔣介石重掌大權。

1　孫科《廣州中國國民黨第四次全國代表大會開幕詞》，《中國國民黨歷次代表大會及中央全會資料》（下），第 83 頁。

28 日，汪精衛背棄了"決不入京"的諾言，應蔣介石之邀出任行政院長，從而形成蔣汪合作局面。

汪精衛出任行政院長的當夜，日本軍隊進攻上海閘北，十九路軍在陳銘樞、蔡廷鍇、蔣光鼐等指揮下，奮起抗戰。30 日，孫科密電胡漢民云：

> 寧方對十九路抗日事，最初主退縮，避免衝突。戰事起後，則硬責將領，不得違背命令，擅起戰端。嗣知軍民一致，不可遏抑，乃表示抵抗，然仍令十九路將領只准抵抗，不必擴大云。預料日方援軍日間必到，如京方仍無徹底決心，十九路必為犧牲。聞日方計劃摧毀長江一帶軍事勢力，結果南京中央必然崩潰，屆時南方若無相當組織，中國將成無政府之局，望公與粵中籌繼續存亡，以維民族生機。[1]

南京國民政府對淞滬抗戰的爆發完全沒有準備，缺乏堅決抗擊侵略的決心和勇氣，孫科對此有清晰的了解。他估計，南京政府將會崩潰，建議胡漢民在南方建立"相當組織"。但是，胡漢民卻比較冷靜，他考慮到南京國民政府已經宣佈遷都洛陽，準備抵抗，特別是對十九路軍是否繼續支援等情況尚不清楚，"我方如決裂過早，反使其有所藉口"，主張"暫時審察"。[2]

儘管胡漢民一時還不準備在廣州另立政府，但是，他卻在廣泛聯絡，組織力量，待機倒蔣。其聯絡重點，一是湖南與西南各省，一是華北，一是海外。

當時，湖南與西南各省分別為何鍵、劉文輝、劉湘、鄧錫侯、王家烈、龍雲等實力派所統治，矛盾重重，各自割據。胡漢民企圖將他們統一起來，形成一支和南京政府抗衡的力量。2 月 2 日，胡漢民致函何鍵，試探其態度。函稱：

> 幸十九路軍持正不屈，上海得不為遼瀋之續，而政府當道未聞籌戰守之策，遽以遷都洛陽聞。國難益迫，陸沉無日，丁茲時會，不識先生將何以教之？

---

1 《廣州轉上海來電》。
2 展堂《跋廣州轉上海來電》。

十九路軍由於得不到南京國民政府的有力支援，在腹背受敵的情況下被迫於 3 月初撤離上海。5 月，中日《淞滬停戰協定》簽字，胡漢民派楊芷泉攜函西行，聯絡劉文輝、王家烈。函稱：

> 今寧中當局所以謀分拆我西南者，其惟一方策在以西南制西南；弟則反之，以為惟有以西南結西南，始足以確實齊一西南各省之步驟，以自保此乾淨土，亦即為來日推進大局地。

在此前後，胡漢民又致函龍雲稱：

> 弟以為今後欲復興革命，推展大局，首在黨務之整理，次則為政治上之改革，而西南之精誠團結，力謀建設，尤為當務之急。

自 1932 年起，胡漢民還曾派出使者會見劉湘、鄧錫侯、田頌堯等人，目的都在於調解各實力派之間的矛盾，結成西南反蔣聯盟。

華北方面，胡漢民的主要聯絡對象是馮玉祥。1932 年 3 月，馮玉祥得知南京政府正在上海與日本侵略者談判，準備簽定密約，非常悲憤，命部屬張允榮密函胡漢民，告以北方情況，要求西南方面聯絡閩、贛、湘、鄂等省，合謀舉兵。函稱：

> 蔣氏謀粵之急，已自胡宗南等入浙可睹。惟奸憝毒計，對粵亦將對北，韓遂當其衝。向方亦心憤於滬敗與東北之亡，頗思及時舉義，因請煥公於適當時間入魯主持北方局面。至將來與事諸軍，宋、梁等部已有約定，他在〔者〕尚在協商。設西南能呼應於閩、贛、湘、鄂，因對日之失，動全國之聽，蔣氏可倒也。[1]

1　張允榮《致展堂先生函》，1932 年 3 月 18 日。

向方，指韓復榘；宋，指宋哲元；梁，指梁冠英。中原大戰後，馮玉祥隱居汾陽峪道河，北方反蔣勢力暫時蟄伏。此際，由於不滿南京政府對日妥協，又企圖乘時發動。此函寫於 3 月 18 日。24 日，馮玉祥自徐州到達泰山，隱居普照寺。過去，人們只知道是為了養病、讀書，"努力充實學問"。此函說明，馮玉祥此行是應韓復榘之請，目的在於準備北方起義。

對於馮玉祥的反蔣計劃，胡漢民自然是支持的。5 月 5 日，胡漢民覆函稱："過去四五年，只見有個人，而不見有黨"，"凡所措施，無不出於個人私意"。他表示希望知道得更具體一些：

> 亦欲稍聞方略，俾得先事預圖，南方同志精神團結，意志不移，遇有舉措，必竭誠襄助也。[1]

自此，馮、胡二人聲息相通，聯繫日益密切。當年 9 月，馮玉祥決定以張家口為抗日基地。胡漢民派曹四勿赴泰山，發展馮加入新國民黨，並提供經費 100 萬元。[2]

馮玉祥之外，胡漢民與張學良、韓復榘、閻錫山、孫殿英、石友三等人之間也均有信使往還。11 月 13 日，胡漢民致函孫殿英，首稱："今日黨國外遭於方張之寇，內劫於獨裁之魁，前途危險之極。"次稱："南北當一致而不當分歧，在動作上，南北當互相促進，而不當各存觀望。"可以看出，胡漢民期望，一旦舉事，能夠出現一個南北並起的局面。

華僑歷來是革命黨人的支柱，因此，胡漢民十分重視對國民黨海外支部的工作。1932 年，他致函美國總支部，指責蔣介石為"劫持本黨之軍閥"。函稱：

> 過去所施行者，實為民國以前相承一貫之軍閥之治，而非本黨之黨治。蓋在事實上，本黨以軍閥為梗之故，實未嘗一日得行是政策也。

1　《致馮玉祥》。
2　曹四勿回憶，引自謝幼田《謝慧僧先生年譜長編未刊稿》。其具體時間則據曹四勿先生向本文作者面述情況考定。

同年，又再次致函美國總支部，指責蔣介石等對日妥協。他說："苟政府當局甘冒天下之大不韙，而實行屈辱，則為黨為國，必須嚴重反對。蓋我人可一致於抗日，不能一致於降日也。"胡漢民的這些觀點，符合海外華僑的民主、抗日要求，因此日益贏得美國、加拿大、日本、南洋等地國民黨組織的支持。

　　當時，國內出現不少抗日或反蔣組織。公開的如東北民眾抗日救國會、東北民眾討倭軍，秘密的如黃埔革命同學會、浙江革命同志互助社、中華民族自救會、勵進社、青年軍人社等，胡漢民均一一聯繫，予以支持。

　　胡漢民一貫標榜黨治，在廣泛聯絡各地反蔣力量的同時，便著手組建新國民黨。他在覆蔣振函中說："所列重建本黨之十問題，弟亦表同意，刻正分途進行，務以嚴明之紀律，團結同志，恢復民國十三年以前一種自動革命之精神。"該組織秘密活動，以胡漢民為主席，鄒魯為書記長，"只要反蔣最堅決的人"[1]，入黨須宣誓，有自己的中央和地方組織。中央領導機構稱為"中央幹部"，地方領導機構稱為"地方幹部"。其建立時間，大體在 1932 年初。當年 4 月 29 日，鄒魯致胡漢民函云："（一）觀民兄已入黨，請示以方針"。（二）馮處各事，託觀民兄進行，請指示以機宜。（三）津部各事並囑觀民兄同裴、蔣諸同志共負責。"[2]可見，當時新國民黨已發展到一定規模，並在天津建立了分支組織。

　　新國民黨中央設於廣州。上海及天津等地設有"地方幹部"。上海"地方幹部"由陳嘉祐、熊克武、柏文蔚、程潛、劉蘆隱任"幹部委員"，以劉蘆隱為書記長，其工作範圍為蘇、浙、皖、贛、湘、鄂、川七省，每省再設分部，設"分部委員"若干人。不設分部的省份則設有特派員。天津"地方幹部"由裴鳴宇、曹四勿、蔣景瑞、張岱岑等組成。

　　胡漢民的"新國民黨"雖建立在舊國民黨的基礎上，但實際上是一個獨立的新組織。

1　曹四勿回憶，引自謝幼田《謝慧僧先生年譜長編未刊稿》。
2　鄒魯《致展兄函》。函中所稱"觀民"，指熊觀民；馮，指馮玉祥；裴，指裴鳴宇。

三、派遣部隊北上，"以抗日為倒蔣"

蔣介石的對日妥協政策日益為國人所不滿，胡漢民由於主張抗戰，逐漸爭得國民黨內部抗戰派的擁護。1932 年 12 月，張學良派秘書陳言赴港，會晤胡漢民。19 日，胡漢民覆函，鼓勵其振作精神，堅決抗日。函稱：

> 比月以來，外侮日深，晏處覆巢，寧有完卵。所期兄以決死之精神為民族求生路。桑榆之失，斷可收於東隅，至於內政意見及南中同志意，經與陳同志詳談，俱託歸報，希深察為幸。

1933 年 1 月 1 日，日軍突襲山海關，3 日，山海關及臨榆縣城失守，張學良命陳言致電胡漢民，表示決心抵抗之意。2 月 4 日，胡漢民因不見張的實際動作，派陳中孚攜函北上督促。函中，胡漢民分析日本侵華的特點與中國面臨的危險說："弟謂日之於中國，其侵略方式為吞食而非鯨吞，故經一度之攻城掠地，即出之以延宕和緩之手段，巧為解脫。當局受其愚蒙，國聯受其欺騙，而日人之計乃大售。苟不能窺破此點，積極抵抗，並進而收復失地，則日人本此政策進行，華北殆將淪亡，中國且為日有。""九一八"事變之後，張學良備受國人指責，有口難言，但他曾將個中情況含蓄地告訴胡漢民。對此，胡漢民表示：

> 兄前以不抵抗而喪失東北，茲又以不抵抗而喪失榆關。長此以往，國將不國。雖示負最終之責任者當別有人在，顧兄身當其任，究何以自解於國人？縱不為個人計，獨不為數百萬人民之身家性命計耶！

胡漢民稱：西南雖主張抗日，但限於地域，效命無所，希望張學良能團結華北將領，振奮一心，抗擊日本，自己將力為應援。2 月 25 日，張學良覆函胡漢民，表示抗日禦侮的堅決意志，希望西南能從精神、物質兩方面給予鼎助。函稱：

良以不才，遭值多難，只思少裨艱局，庸敢計及一身，禦侮決心，誓
當不二。

然而，事情並不決定於張學良個人。3 月 4 日，日軍佔領熱河省會承德，
進迫長城腳下。7 日，張學良致電國民黨中央，引咎辭職，不久出洋。

當時，蔣介石專注於"剿共"。但是，他不能不顧及華北的危急局勢。3 月
8 日，蔣介石抵達石家莊。胡漢民認為蔣介石的北上將加強對華北的控制，危
及將領間已經形成的聯合局面。同月，胡漢民致函陳濟棠、蕭佛成、鄒魯、李
宗仁、鄧澤如、劉盧隱等六人稱："某為不抵抗主義者，華北為某所有，則抗
戰之希望已成滅絕。在此時對內對外，非設法打破某在華北之陰謀必無以策善
後。"他提出四項對策：

1. 選派軍隊北上，參加抗日。胡稱這一行動的目的在於："一以示西南抗日
之誠，一以作華北將領之氣，亦以戢某對日妥協之謀。"胡並指示："此項部隊
對內對外必須與華北將領取同一之態度。"

2. 成立華北軍事組織。西南方面除同情贊助外，還須調遣人材，接濟經
費，作實際促進。

3. 華北軍事組織必須"以抗日救國為名"，並須籠罩鹿鍾麟、韓復榘、閻錫
山、馮玉祥及東北各舊部，西南方面亦應選派軍事人員參加。

4. 在北方成立西南統一辦事機構，委派富有資望、能力的同志前往主持，
統籌外交、政治、黨務、軍事各方面的工作。

函末，胡漢民表示："萬不能更持徘徊觀望之態度"，"惟有投袂奮起，知
其不可而為之"[1]。

《淞滬停戰協定》簽字後，十九路軍被調往福建"剿共"，但蔣光鼐、蔡廷
鍇等不忘抗日，逐漸與胡漢民等結合。1933 年 1 月下旬，李宗仁、白崇禧、
蔡廷鍇等聚集廣州，議定於 2 月 2 日成立包括廣東、廣西、福建三方的國防委
員會，以陳濟棠、李宗仁、白崇禧、蔣光鼐、蔡廷鍇、林雲陔為委員，電邀四

---

1 《致伯南、佛成、海濱、德鄰、澤如、盧隱》。

川、湖南、雲南、貴州等省加入，同時，經濟委員會也在醞釀中。鄒魯對此抱有極大希望，致函胡漢民稱："二事妥，則西南局面定矣。以後當按美國舊例，有贊成之省逐一加（入），可以不戰而定全國。"[1]

西南國防委員會成立後，胡漢民陸續致函馮玉祥、宋哲元、孫殿英、石友三等，建議華北能建立同樣的組織，以便"整齊抗日步調，俾南北兩方於捍衛國家能互相促進"[2]。3月1日，方振武變賣家產，在山西介休成立抗日救國軍，首樹義旗，誓師援熱。當時，華北將領大多主張抗戰，舊西北軍方面並推鹿鍾麟為總指揮。同月24日，鹿鍾麟致電胡漢民、李宗仁等，歡迎西南方面"雄師北指"。電稱："此次西南若能從速出兵，督促作戰，必能轉移局勢，確定抗日大計。"[3]鹿自中原大戰反蔣失敗後即閒居天津。25日，胡漢民覆電鹿鍾麟，對他的"投袂奮起"表示欣慰，告以西南方面正在選派軍隊，對於華北將領的"自救救國"行動，願提供"實際之援助"。[4]

在胡漢民的倡議下，廣東、廣西、福建迅速籌組西南聯軍。胡漢民並致函劉湘、王家烈等，要求同時出動。3月下旬，福建援熱部隊自漳州、龍岩出發，計劃經潮汕、東江至粵漢路與粵、桂兩省部隊匯合後通過湖南北上。4月4日，方振武部經過艱苦跋涉，抵達河北邯鄲。15日，胡漢民致函陳濟棠、李宗仁、蔡廷鍇三人，認為聯軍北上問題，期在必行，但聯絡北方抗日軍隊亦不可緩。[5]同月，胡漢民派其女木蘭訪問程潛，爭取支持。當時，正是陳誠進攻中央蘇區慘敗之後。23日，程潛覆函稱：

> 木蘭姪來，敬悉一切。關於各方情況，盡告木蘭姪面達。自陳誠失敗後，慶父大露恐怖之象，為西南出兵抗日最好時機。若失此機，經彼多方彌縫，將來必更棘手也。[6]

---

1 《致展兄》，1933年2月1日。
2 《致韓復榘、石友三》。
3 《廣州轉李德鄰先生轉季雨農先生》。
4 《致鹿鍾麟》。
5 《致伯南、德鄰、賢初》。
6 《致展公》，1933年4月13日。

慶父，藉指蔣介石。古語云：“慶父不死，魯難未已。”信中，程潛不僅支持西南出兵抗日，而且表達了強烈的反蔣情緒。5 月 18 日，胡漢民覆函陳嘉祐、程潛，告以一項絕密計劃：

> 西南抗日軍隊出發，以賢初為總師之任。渠以抗日為倒○〔蔣〕，如能師出武漢，北局有變，一切正可相機而動。[1]

胡漢民要求程潛密告湘軍將領，“忍受此一關，以靜俟大局之推展”，“華北局勢必有急變”。賢初，蔡廷鍇的字。他於 4 月 12 日被推為西南抗日軍總指揮。此函表明，胡漢民、蔡廷鍇等準備在師出武漢之後，與北方協同動作，掀起反蔣高潮。

由於蔣介石堅持對日妥協，因此，當時不少愛國人士（包括中國共產黨人在內）都認為抗日必先倒蔣，胡漢民等人的上述絕密計劃，正是這一思想主張的體現。

四、支持華北抗日力量，籌備粵、桂、閩三省獨立

華北果然動作了。

熱河省會承德失陷後，中國軍隊在長城一線進行了英勇的抗戰。但是，南京國民政府勇於對內，怯於對外，仍然專注“剿共”，無心對日本侵略作堅決、持久的鬥爭。5 月 15 日，黃郛受命北上，談判停戰問題。在何應欽支持下，黃郛於 22 日與日方達成協議。26 日，馮玉祥、方振武在中國共產黨的支持下，與吉鴻昌等在張家口成立察哈爾民眾抗日同盟軍，宣佈“結成抗日戰線，武裝保衛察省，進而收復失地”[2]。

華北既經動作，胡漢民就準備把他的“師出武漢”計劃付諸實施。5 月 29 日，胡漢民在《致袞堯》函中說：

---

1 《致護黃、頌雲》。
2 《馮玉祥就任民眾抗日同盟軍總司令通電》，《國聞週報》卷 10，第 32 期。

手書到時，寧府之對日屈辱已成事實。此間同志早經決定，聯合華北將領一致反對。煥章同志刻已於 26 日就任民眾抗日同盟軍總司令職，統率長城外各路義軍及西北軍舊部。西南抗日軍亦積極北進，同時則大舉剿共，使西南兵力推入長江。

胡漢民並準備在適當時期回到國內，宣佈討蔣，主持一切。同函又稱：

> 須察省外交、軍事、財政各事準備完竣，然後對誤國、賣國之奸徒聲罪致討，方易收旋轉乾坤之效。弟現正努力為根本之規劃，諸事就緒，自必返國親行主持一切也。

31 日，《塘沽協定》簽字，事實上承認日本佔領東三省與熱河，胡漢民極為憤怒，立即向察哈爾民眾抗日同盟軍撥款，並密電馮玉祥云：

> 請公立振義師，先就北平擒拿經手訂立妥協之何○○、黃○○，即行討蔣以抗日……此間當即一致動作。刻撥充○○元。[1]

末署 "延、馬、遠、衣"。"延" 為胡漢民，"馬" 為蕭佛成，"遠" 為鄧澤如，"衣" 為鄒魯。[2] 電稿中所稱 "何○○"、"黃○○"，當指何應欽與黃郛（膺白）。

福建援熱部隊出發之後，廣東派出了獨立第四師，廣西派出了第二十四師，準備連袂北上，何鍵並電令沿途各縣妥為招待，但是，《塘沽協定》簽字之後，蔣介石電令蔡廷鍇，命援熱部隊火速回閩。當時，福建援熱部隊已經抵達湖南郴州、耒陽一帶，不得已忍痛回師。6 月 1 日，方振武所派代表到粵，通報稱，馮玉祥的計劃已得韓復榘等北方將領支持，變化在即。同日，鄒魯致電蔣光鼐，報告此訊，電云：

1　《致煥公》。
2　延為胡漢民自署；馬，馬鳴，蕭佛成化名，取佛教中馬鳴菩薩之義；遠，鄧澤如化名，鄧字遠秋；衣，鄒魯化名，取鄒、魯為衣冠文物之邦之義。

蔣、日妥協，我抗日軍正應挺進，以表民族正氣。況煥章已起於北，盼我軍呼應正切……奈何撤回抗日之師，以阻全國之氣耶！必不得已，亦請屯師原地，俟真如、賢初二兄到粵，商定大計後再定行止。千萬千萬！

鄒魯等一面阻止三省聯軍回撤，一面積極做陳濟棠的工作。當時，在粵、桂、閩三省實力派中，李宗仁、白崇禧、蔡廷鍇、蔣光鼐、陳銘樞等對抗日討蔣都持積極態度，只有陳濟棠猶疑不定，因此，南方要一致動作，必須首先說服陳濟棠。6月3日，蕭佛成致電胡漢民云：

昨與爵密談約三小時之久。弟反覆開陳，謂討蔣不但可以救國，亦且可以鞏固其個人地位。[1]

爵，指陳濟棠。對於陳濟棠來說，最重要的是鞏固他已經取得的地盤和"南天王"的地位，要他參加抗日討蔣，不是一件容易的事。在蕭佛成反覆開導之下，"爵似大覺悟"，表示了討伐蔣、汪的決心，但同時聲稱，必須待蔡廷鍇、陳銘樞、李宗仁、白崇禧等來粵共商。7日，陳銘樞、蔣光鼐、李宗仁、李品仙等抵達廣州，蕭佛成再度與陳濟棠商談，提出：1.西南獨立，與南京脫離關係；福建公開加入西南；若福建出兵浙江，軍餉由粵擔任。2.華北、華中各將領仍須派員與之聯絡，若能先由彼方發動為佳。當日下午，蕭佛成、鄒魯、鄧澤如、唐紹儀、李宗仁等會談。鄒魯問李宗仁，如果三省獨立，粵不出兵而閩出兵，桂當何如？李宗仁初時感到難以回答，繼而慷慨表示說："不惟犧牲我們，且犧牲全省人民之利益以從其後。"[2] 在此期間，鄒魯、蕭佛成、陳融等與陳銘樞也進行了緊張的會談。陳銘樞稱："抗日、剿共必要倒門神"，"門神現時雖未倒而等於倒，倒之後，應如何辦法，我們應極注意。"陳並再三聲明，他自己並未組織社會民主黨。鄒魯等人對陳銘樞的態度很滿意。6月10日，陳融致函胡漢民報告說："跛兄連日所談，均甚接近。"[3] 1931年陳銘樞在

1　《廣州來電》。
2　陳融《致福兄電》。
3　《黃梅致福兄》（陳融致胡漢民）。

香港時，所住旅館失火，從視窗跳下，足部受傷，自此不良於行，胡漢民等因此在密箚中稱之為"跛兄"或"跛哥"。

蔡部回閩，胡漢民的師出武漢計劃便遭到挫折，但他仍積極活動，力圖把握時機。6月17日，派程天固東行，探詢對美外交；23日，派曾伯興北上，聯絡閻錫山；7月3日，致函葉夏聲，建議將各方捐贈援熱部隊的款項移贈方振武部。29日，致電海外國民黨人黃滋、陳雨亭、李白儔云：

> 今兩粵業已一致，福建方面尚有餉項問題未能解決，如磋商完善然後正式揭露，一面樹立黨政中樞，號召全國，一面組織聯軍，北出長江。長江、華北各軍半有接洽，推倒國賊，指顧間也。

可見這時候，胡漢民還在準備"北出長江"，並準備"樹立黨政中樞"，"推倒國賊"，公然和南京政府對著幹。電中說明："福建方面尚有餉項問題未能解決"，顯然包含著向海外募捐的意思在內。

在粵、桂、閩三省實力派中，粵方最富，桂、閩比較拮据。倘使陳濟棠不肯拿出錢來，桂、閩二省很難長期支持一場對蔣介石的惡戰。據蔣光鼐覆鄒魯電云：

> 所示辦法，本無不可，但未審已否商得桂方同意？本軍窮餓，倘無兩月積糧，不敢輕動⋯⋯乞予一次先撥百萬，以資應付。[1]

末署"光。文。"文為12日。此電雖未署確切月份，但所述內容可與上述胡漢民電相印證，其時間當不會相距很遠。

有幾天，財政問題似乎不大了。8月1日，胡漢民致函陳嘉祐云：

> 今財政問題粗告解決，惟西南軍事動作如何進求一致，財政問題如何籌劃挹注，俾達粵、桂、閩三省聯軍分出長江之目的，仍在詳密規劃之中。

---

1 《秋夢致福兄函》（陳融致胡漢民）。

然而，胡漢民樂觀得太早了，財政問題不是輕易可以解決的。果然，8月18日，胡漢民：《復衰堯》電又云：

> 此間一切仍在計劃推進中，粵將領所視為困難者厥為財政，故一切措施，遂未能放手做去。至內部意見，雖有小小不同，然於倒某救國一點固甚一致也。

電中所稱 "粵將領"，當指陳濟棠，這位財神爺不肯拿錢，其他種種，當然無法 "放手做去"。正當胡漢民在南方為財政和內部 "小小不同意見" 而苦惱之際，北方卻風雲突變。馮玉祥成立察哈爾民眾抗日同盟軍後，浴血苦戰，迅速收復察北大片失地，進而準備規復東北四省。然而南京政府一面組織大軍 "圍剿"，一面分化瓦解，同盟軍的境況日益艱難。8月5日，馮玉祥通電收束軍事，交出察省軍政大權，隨即回泰山隱居。馮的失敗給了胡漢民巨大打擊。24日，胡漢民電馮云："左右入魯，抗日工作亦由此告一段落。觀察大勢，時局更新，似尚有待。" 30日，致電柏文蔚，除了希望他繼續維繫 "長江軍事" 外，特別說明，"廣東方面推動不易，今方別尋途逕"。[1] 可見胡漢民對陳濟棠已經很失望了。

馮玉祥退入泰山以後，中共河北 "前委" 決定支持馮部方振武、吉鴻昌兩軍繼續奮鬥。方、吉將抗日同盟軍易名抗日討賊軍，明確揭起反蔣旗幟，準備沿熱察邊境，經十三陵、小湯山等地，東進冀東。[2] 9月20日，方、吉兩軍進入河北。23日，方部進佔牛欄山，作襲擊北平準備。對抗日討賊軍，胡漢民曾力圖予以支援。9月25日，致電蕭佛成等，聲稱方部 "且進取密雲，當不忍其給養之不給，坐視其覆亡"。29日，方振武致電胡漢民，宣稱 "在鈞座指導下抗日討賊"，"即令犧牲萬有，亦所不辭"。方並稱，華北外交關係重要，要求胡選派幹員，常駐天津主持一切。[3] 10月5日，方振武致電胡漢民，報告在南口、

1　《致烈武》。
2　《吉鴻昌將軍犧牲五十週年紀念輯》，河南人民出版社 1984 年版，第 50 頁。
3　《天津來電》。

昌平、湯山一帶的勝利，聲稱計日可達北平城郊，要求胡漢民"推動各方火速出兵，以收南北夾擊之速效"。[1] 6 日，再電胡漢民：

> 不日直搗北平，務希火速推動，群起討賊，國家幸甚！倚戈陳詞。[2]

方振武的崛起再一次燃起了胡漢民的希望。他致電陳融說："假如其遂能入北平，或可造一與西南同樣局面，為聯軍會議制以待各方之進展耳。"[3] 6 日，胡漢民決定以廣東後援會名義一次撥給方部軍費 3 萬元至 5 萬元[4]，但是，這筆款項未及寄出，方軍即因孤立無援失敗。

儘管馮玉祥、方振武先後失敗，但是，胡漢民仍然認為，華北是具有潛力的地區。10 月 19 日，胡漢民任命何子佩為華北軍事聯絡專員，要求他代為慰問華北同志，說明胡的內政、外交主張以及對於全國的規劃。胡漢民為其規定的工作方針為：

1. 切實團結華北革命將領，通電討賊，並肅清盤踞北平之反動勢力，樹立華北之中心救國組織。

2. 以相等於政務委員會、軍事委員會之組織為最宜。華北將領之通電發出，組織成立，西南即樹立黨政中樞，正式宣告與賣國政府斷絕關係，並領導華北及長江之革命力量，聲討獨夫，從事抗日。

3. 為外交上之運用計，不妨暫以安定華北為主張，而不以抗日為標榜，但華北將領之通電必須痛數獨夫罪狀，示與賣國政府絕緣，無復有妥協餘地。

4. 華北將領通電發出、組織成立後，此間即派遣大員北來，規劃一切。其財政外交上之責任，純由西南革命政府負之，但華北將領必須於抗日目標下切實堅持並接受西南革命政府之領導，完成討賊抗日之全功。[5]

1　《廣州來電》。
2　《廣州來電》。
3　《致力兄》。
4　胡漢民《致陳濟棠》。
5　胡漢民《致何子佩》，1933 年 10 月 19 日。

在派出何子佩的同時，胡漢民又分函閻錫山、馮玉祥。致閻函總結前數月失敗的經驗教訓，認為"不獨南北未能一致，即北與北間亦多隔閡"，要求閻"領導群倫，使華北力量團結，與西南為一致"。[1]致馮函則通報南方情況，說明"此間主旨，仍在團結粵、桂、閩諸省，相時而動"[2]。

五、福建事變期間

胡漢民計劃中的西南獨立，由於陳濟棠遷延猶豫等原因，終於未能發動，然而福建方面卻終於等不及了。

十九路軍調福建"剿共"後，陳銘樞遭到蔣介石、汪精衛的壓迫，無法在南京立足。1933年1月，憤而赴歐洲考察，同年回國，活動於香港、福建之間，聯絡李濟深、蔣光鼐、蔡廷鍇等人，計劃反蔣，同時派人與中國共產黨聯繫，討論合作問題。9月，與紅軍訂立抗日反蔣協定。10月，陳銘樞、李濟深等在香港聚會，決定在福州成立反蔣抗日的人民革命政府。11月16日，李濟深派其弟李濟汶持函面見胡漢民，函稱：

> 深南歸，已歷一載，本意在追隨吾師之後，團結西南各省，共同討賊救國。顧蹉跎一載，數失良機，而有實力之當局者持重如故，循此而往，勢不至任國賊斷送國家不止。而十九路軍以處境較困，責任較明，有義無反顧、迫不及待之勢。連日得其函電，促往商討討賊大計，照連日報章上所載情形，亦似有即行發動討賊之趨勢。故深決定即行前往觀察督促，進行一切。

李濟深要求胡漢民"督促西南各省同時回應，共同討賊"，並對閩中各事隨時加以指導。18日，李濟深與陳友仁、徐謙等到達福州。20日，召開中國人民臨時代表大會，議決廢除中華民國年號，成立中華共和國人民革命政府。

---

1 《致閻錫山》，1933年11月2日。
2 《致馮玉祥》。

21 日，李濟深等通電脫離國民黨，旋即組織生產人民黨。同日，陳銘樞、李濟深、蔣光鼐、蔡廷鍇四人聯名致電胡漢民、蕭佛成等，指斥蔣介石獨裁禍國，媚日殘民，追述三省近年來共謀反蔣的歷史。電報以 "陳涉發難於先" 自喻，以 "沛公繼起於後" 喻胡，要求胡漢民等 "本歷來之主張，為一致之行動"。[1]

三省聯合倒蔣本來是胡漢民夢寐以求的事。但是，福建方面改國號，造新黨，特別是聯合共產黨等做法，都超出了胡漢民所允許的範圍。因此，最初他頗為遲疑，不知道應該如何答覆陳銘樞等人的來電："措詞太硬，則寧方得意，桂方懷疑；太軟則慮跛等有以藉口為反宣傳，發生其他之不利"[2]。經過反覆考慮，他決定了如下對策：

對寧閩——兩罪兩責而偏於責寧。11 月 27 日，胡漢民致電馮玉祥稱："大致對寧對閩，今後將同在我人反對之列。" 同日，又致電楊虎城稱："閩中之變，亦實南京賣國政策激之使然，否則何至鋌而走險，自棄其抗日剿共之歷史至於此極，故我人固宜罪閩，然尤當罪寧也。" 當時，廣東有人主張蔣介石下野，胡漢民贊成這一主張，認為這樣可以：1. 示天下以公道。2. 消釋十九友（指十九路軍，筆者注）一部分之熱憤。3. 使桂方及其他反蔣者同情於我。[3] 西南執行部和西南政務委員會根據胡漢民的意見，曾經發電要求蔣介石、汪精衛 "避路讓賢"，電稱："推尋禍始，不能不深咎於獨裁政局之罪深惡極也。"

對粵桂——"救正調和"。陳濟棠和陳銘樞有矛盾，因此，他的興趣一在於防閩，二在於防共；李宗仁則急於反蔣，福建事變後立即致電陳濟棠等，建議三省合兵，開府廣州，樹立中樞。[4] 胡漢民對這兩種態度都不滿意，他曾在一封信中說："爵專心對閩，故反蔣不敢太著力；不專心對蔣，幾欲與閩附和而忘卻共匪之為禍。"[5] 這裏說的 "不" 以及其他密箋中的 "不孤"，均指李宗仁。11 月下旬，廣西方面兩次派人會晤胡漢民，催促行動。第一次，胡漢民答以 "派人與各方接洽，為召集各省代表一致反蔣之預備"；第二次，胡漢民答以 "討蔣以

---

1 《陳銘樞等來電》，《胡漢民先生政論選編》。

2 《致力兄》。

3 《致力兄》。

4 《致福兄》。

5 《致力兄》。按，李宗仁，字德鄰。《論語·里仁》有 "德不孤，必有鄰" 的說法，故胡漢民等以 "不孤"、"不" 作為李宗仁的代名。

桂為前方，粵為後方；防共以粵為前方，桂為後方"[1]。

儘管胡漢民對福建方面的做法不滿意，但是，事變的發生畢竟造成了一種形勢，使他覺得有機可乘，因此，一度考慮過組建政府問題。11月30日，他致函陳融說：

> 開府地點是一問題，而第一步似以廣西為適當，其理由有五：人心信仰，無復懷疑，一也；素無財富之名，則不必鋪排，而各方來者易於應付，二也；因湘鄂吃緊易於聯絡應援，三也；外交較易應付，不遽為紅毛、矮子之威脅，四也；敵用飛機襲擊及閩中大軍之使用俱不便，五也。[2]

胡漢民並告訴陳融，閩變初起時，他曾就此和李宗仁商量過，如果現在陳濟棠仍以先發為難，不願意在廣州開府，則不如選擇廣西。12月中旬，他又致電在上海的陳群、孫科、何士楨等人稱："前此欲以組府號召天下討蔣，今則當促動與聯合反蔣之戰線進行，至蔣勢窮蹙，然後組府。"[3] 18日，致駐美國舊金山總幹部電稱："組府一事，尚非今茲所可實行。"顯然，胡漢民的"組府"計劃碰到困難，不得不向後推延了。

福建事變後，南京政府企圖拉攏胡漢民及西南實力派。12月11日，張繼等到港，與胡漢民會談，呼籲團結，邀其入京。胡漢民答稱："你們請我到南京，我想請你們出南京，何以故？因為要你們認清自身的地位，尊重自身的人格，不附和軍閥去叛黨賣國。"他提出，南京當局是導致事變的"罪魁"，必須實行政治和黨務的根本改革。[4] 15日，胡漢民發表《對時局宣言》，提出解決國是的八項主張，聲稱："今日中國政治之現象，一絕對的軍閥統治之現象也。槍之所在，即權之所寄。"《宣言》稱："獨裁賣國之南京軍權統治，叛黨聯共之福建統治，必同時清除之，以組織一真能代表國家人民利益之政府。"[5]《宣言》

---

1 《致力兄》。
2 《致力翁》。
3 《工致力翁》（胡漢民致陳融）。
4 胡漢民《政治上之責任問題》，《三民主義月刊》卷3，第1期。
5 《胡漢民先生政論選編》。

並提出"帶兵者絕對不得干預政事","中央與地方實行均權制度"等主張。22日,張繼等訪問粵、桂後回港,再次與胡漢民會談。關於此次會談內容,胡漢民密告陳融說:

> 弟見淵時,已動以閩事無論如何必先赤化而終落倭人之手,倭得閩則兩廣亦將為其他之某國之染指,故此時粵、桂難以坐視,而桂尤不能久忍,故惟有政治解決之一途。[1]

淵,指張繼。[2] 所謂"政治解決",胡漢民概括為"蔣汪下野,福建回頭"八字。當時,南京政府積極準備對閩用兵,胡漢民擔心此舉會使十九路軍與共產黨的關係進一步加深,竭力加以反對。他說:

> 如此,不論勝負,閩軍與八字腳之結合必愈深而無從自拔矣。彭德懷、朱德附八字(腳)後已使門神辦不了,假如十九號赤化……走險愈深,豈易收拾耶![3]

同月28日,胡漢民在《覆袁冠新等》函中又說:

> 人民生計垂絕,國脈危於累卵,凡可以循和平軌道以貫革命之主張者,皆當遵從。總之,南京統治弟以為實不足定。

此函表明,在軍事倒蔣屢屢失敗之後,胡漢民"政治解決"的意識再度萌生了。

福建事變領導人之間一開始就存在著矛盾。12月中旬,十九路軍將領致電胡漢民,聲稱"事先未明真相,全為一二野心家包辦,致鑄此錯"[4],要求胡派人

1　《工致松兄》(胡漢民致陳融)
2　《禮記·中庸》:"溥溥淵淵泉泉,而時出之。"張繼,字溥泉,胡以淵代指。
3　《工致松兄》。
4　轉引自胡漢民《駐舊金山總幹部》,1933年12月18日。

前往指示辦法。胡旋即派黃河鯉〔澧〕前往，指示以"復國徽、復黨籍為先決，捕八字腳為貢獻"[1]。所謂"復國徽、復黨籍"，即要求廢止中華共和國稱號，恢復國民黨黨籍；所謂"捕八字腳"，即反共。1934 年 1 月，南京政府對十九路軍發動"討伐"，福建人民政府日益危急，李濟深、陳銘樞電告胡漢民，表示願按其辦法，"取消一切組織，回十九路軍本來，連屬西南"[2]。胡旋即致電在上海的程天固，請其迅速與孫科商量，設法使蔣軍停止進攻。[3] 但是，第十九路軍已呈土崩瓦解之勢。1 月 21 日，沈光漢、毛維壽等通電"脫離人民政府，擁護中央"。其後，胡漢民曾為保護十九路軍的殘餘力量做過一些工作。24 日，胡漢民致電閻錫山云：

> 現閩中荒謬之政黨組織已無形解體，故於善後一切，正督促各方進行，務使此抗日討賊之力量得以保護。

2 月 2 日，陳濟棠派人至龍岩會晤蔡廷鍇，接洽收編十九路軍殘部，得到蔡的同意。該部旋即改編為粵軍獨立第三旅。

六、再次聯絡張學良

胡漢民一直將東北軍視為重要的抗日反蔣力量。1933 年 3 月，張學良決定下野出洋，12 日，抵達上海。25 日，胡漢民派何思毅持函勸阻，函稱：

> 自熱河淪陷，吾兄去職，華北局面，日趨混沌。兄典軍東北，久歷歲時，今為人所乘，有懷莫白。聞將有遠適異國之志，弟以為個人權力為輕，黨國安危為重，悤然遠行，似非其時。即不得已而行，亦須力策善後，挽回危局。是非所在，天下不乏同情，此間同志正具決心為兄後盾也。

---

1 《工致力翁》（胡漢民致陳融、鄒魯）。
2 《致力、海》（致陳融、鄒魯）。
3 同上。

4月8日，張學良覆函，對胡漢民的關懷表示感謝，聲言決不敢拋棄救國責任。函稱：

> 良乍息薪勞，閉門自訟，乃蒙遠垂記注，勖以方來，高誼殷隆，曷勝感奮。撫時多艱，恥痛毋忘，苟圖少補涓塵，敢委匹夫之責。

但是對於胡漢民的建議，張學良卻完全沒有任何答覆，僅說："尚祈時錫教言，俾其待罪之身，多叨宏益。"

福建事變爆發，張學良得到來自國內秘書的電報："現在有一種動向在拉我們加入反對蔣介石的派系，務請立即返回。"[1] 於是，張學良決定東歸。他一面派陳博生赴閩表示支持，同時電派陳言赴港向胡漢民致意。12月23日，胡漢民派劉顯丞迎接張學良，報告國內政情及胡的意圖。1934年1月6日，張學良、胡漢民在香港會晤。8日，張學良抵達上海。12日，陳言北返，邀劉顯丞同行。胡漢民委託二人再次向張學良陳述自己的意圖，勸張"徹底做去"，函稱：

> 至對大局主張，亦斷不以環境之轉變而有所移易也。國事至此，有救亡之責者，不當狃於目前之小利，惟宜徹底做去，則中國庶有可為，想存亡絕續之間，先生必能熟之。

劉顯丞抵滬後，張學良為了躲避特務的注意，於深夜在一個外國人的家裏約見劉。張稱："已下決心為將來北方之主動，目前則仍與汪、蔣敷衍，免其猜忌。"張並稱該計劃"須與兩廣互為呼應"，囑劉顯丞回港報告，如西南方面主張仍前不變，則東北當密派軍事代表來粵切商。[2] 胡漢民得到劉顯丞的報告後，即致函陳融，命其與陳濟棠密商。函稱："弟意我人此時宜厚結廣西而密與北方聯絡，沉機觀變。如伯兄意亦謂然，弟當令劉秘密上省，以備伯兄面詢一切。"[3]

1　傅虹霖《張學良的政治生涯》，遼寧大學出版社1988年版，第98頁。

2　《四工致松兄》（胡漢民致陳融）。

3　《四工致松兄》。

3月1日，張學良就任豫、鄂、皖三省"剿匪"總司令部副總司令，胡漢民認為此事"利害各半"，再次致函陳融說：

> 我已囑劉顯丞可即與小張切商軍事之聯絡，小張就剿匪職，其部隊將來必調長江上下游，此點利害各半，利在與南方聯絡，而害在易被分割、分化也。[1]

同月27日，陳濟棠在廣州召開國民黨西南執行部、西南政務會聯席會議，李宗仁自桂前來出席，他積極贊成聯絡張學良的方針。會後，陳融致函胡漢民說："此間聯小張，亦政策之一變，此事不孤亦甚著力，言非合南北之力以挾門神不可。"[2]西南的反蔣派們一直渴望著能演出《水滸傳》中"武松醉打蔣門神"的痛快淋漓的場面，張學良的歸來使他們增添了幾分希望。

哈佛所藏胡漢民檔案中沒有胡、張之間進一步聯繫的資料，看來是張學良逐漸懷疑反蔣抗日而傾向於擁蔣抗日了。

七、開府西北與軍事倒蔣夢想的破滅

福建事變失敗後，胡漢民一面聯絡張學良，一面將目光注視到西北。

胡漢民和閻錫山之間信使往來頻繁，和楊虎城也早有聯繫。6月7日電楊，希望他"內除奸兇，外抗暴日"。8月26日，再電云："望團結各同志，密為策進。"11月27日，三電云："尚希一致奮起，共為主義效力。"同日，致電吉鴻昌云：

> 今後救國大計，厥惟歸本主義，致力於西南、西北之聯絡。今平津各地勢為暴日所必爭，曷若萃我主力，樹軍事力量於西北。[3]

---

1 《致力翁》。
2 《致延兄》。
3 《致世五總指揮》。

此電表明，胡漢民的目光在向西北轉移了。

1934 年 1 月，孫殿英率部西進寧夏，準備就任青海西區督辦一職。在 1933年的長城抗戰中，孫殿英部曾在赤峰英勇阻擊日軍，得到輿論好評，因此，中國共產黨派南漢宸、常黎夫等人隨孫部工作，準備在適當時機，會同紅軍與楊虎城的西北軍，摧毀寧夏、青海的回軍，通電反蔣抗日。[1]胡漢民不了解上述情況，但他也企圖依靠孫殿英，聯絡閻錫山、楊虎城，開府西北。1934 年 2 月10 日，胡漢民致電孫殿英，指示其 “鞏固寧夏，進圖甘肅。倘有可為，宜圖進取；否則保存實力，期為後此之抗爭”。同月 15 日，胡漢民致函陳融說：

> 孫殿英勢力似不可侮，晉閻為助，已成分開之秘密。局面展開，或有如梯雲所云，晉、陝、桂聯合倒府、組府之望。[2]

梯雲，指伍朝樞。“晉、陝、桂倒府、組府之望” 云云，反映出胡漢民等屢遭失敗之後的新尋求。

然而，胡漢民過於樂觀了。寧夏、青海一直是馬家天下，南京政府命令孫部西進，一是為阻止孫部和馮玉祥等抗日力量結合，一是為了借刀殺人。孫軍一進入寧夏，即與馬鴻逵部交火，屢戰不利。同年 2 月，何應欽下令對孫部實行圍剿，孫殿英餉盡彈缺，一再致電胡漢民、陳濟棠呼籲援助。陳濟棠本已答應資助數萬元，但不見行動，口惠而實不至。20 日，胡漢民再函陳融，要求由總部撥借 20 萬元。函稱：

> 孫之成敗，實與南北大局攸關。未審伯南兄前許之數萬元已匯去否？弟意此時牽制鬥神，不使即以全力對我者惟此一路，且可因此牽動晉、陝抗△〔蔣〕，最低限，閻、韓、楊、孫亦不能不因此團結自保。[3]

1　米暫沉《楊虎城傳》，陝西人民出版社 1979 年版，第 56—57 頁。

2　《四工致松翁》。

3　《四工致松兄》。

21 日，胡漢民致電李自立，提出孫部給養斷絕，希望楊虎城與晉綏當局予以實際援助。3 月 7 日，胡漢民再電孫殿英，指示其團結西北陝、綏、晉諸友軍，"逐漸醞釀，形成一革命集團"。

在西北各種軍事力量中，楊虎城是願意援助孫軍的。孫、楊之間約定，共同通電，呼籲抗日反蔣，稿子已經擬好並經孫殿英簽字，未及發出，孫殿英就失敗了。[1] 20 日，孫殿英通電下野，離開部隊。

在舊中國，完全缺乏從事公開的民主政治活動的條件，各派政治力量的角逐最後都不得不取決於軍事。胡漢民是一介文人，他所依靠的主要是各地軍閥和地方實力派。這些實力派，各有山頭，各有利益所在。他們往往把保存自己放在第一位，很難形成一股統一的力量。

抗日討賊軍失敗後，方振武南逃香港，吉鴻昌隱居天津，但二人都鬥志彌堅。方振武草擬了一份在黃河、長江流域的軍事工作計劃，經胡漢民、鄒魯等同意後，自動申請去廣西、湖南邊境活動。[2] 吉鴻昌則與南漢宸等組織中國人民反法西斯大同盟，積極聯絡各地抗日反蔣力量。胡漢民一度派熊克武去天津活動，準備在當地建立 "北方軍事委員會"。[3] 1934 年 9 月，又派劉少南北行，聯絡于學忠、吉鴻昌等。[4] 11 月 9 日，吉鴻昌等在天津國民飯店研究工作，被國民黨軍統特務包圍，劉少南當場犧牲。[5]

在一次次的失敗之後，胡漢民的軍事倒蔣夢想終於破滅。

八、抵制五全大會

在胡漢民的支持下，西南不僅長期維持著半獨立狀態，而且在黨務上，也對南京國民黨當局採取不合作政策，盡力抵制各種會議。

還在 1932 年 3 月，國民黨在洛陽召開四屆二中全會，胡漢民即以 "政見不

1　米暫沉《楊虎城傳》，第 57 頁。
2　胡漢民《致鄒魯函》，1934 年 5 月 16 日，1934 年 6 月 2 日；《致佛成、海濱》，1934 年 6 月。
3　胡漢民《致蕭佛成》，1934 年 1 月 4 日。
4　胡漢民《致于學忠函》，1934 年 9 月 21 日。
5　《吉鴻昌將軍犧牲五十週年紀念專輯》，第 59 頁。

同"為理由，拒絕參加。[1] 1933 年 3 月，國民黨中常會籌議於 7 月 1 日召開臨時全國代表大會。同月 20 日，胡漢民致電閻錫山說：

> 今日當局對日既出於不和、不戰、不守、不走之一途，大勢所趨，惟歸屈辱，欲嫁其屈辱之罪責，則必力求為分謗計，故召開臨時全國代表大會之說，遂為南京黨部所決議。西南同志於寧中此議，固持反對，如反對不成，則惟有為對抗會議之籌備。

4 月 4 日，唐紹儀、胡漢民等通電反對，認為召集全國臨時代表大會"不獨無此必要，且不當行"，迫使南京方面取消此議。

根據國民黨黨章，第五次全國代表大會應於 1933 年 11 月召開。當年 8 月，唐紹儀、蕭佛成、陳濟棠即致電國民黨中央反對，迫使南京方面不得不宣佈展期一年。

1934 年 1 月 20 日，國民黨在南京召開四屆四中全會。會前，胡漢民、鄒魯等策劃了一項"倒汪"計劃，企圖由鄧澤如出面提出彈劾汪精衛的議案。鄒魯致胡漢民函云："事雖對容甫，實意仍在沛公。"[2] 可見，該計劃雖以彈劾汪精衛為名，而實際矛頭仍在蔣介石。不過，鄧澤如的彈劾案未能提交會議討論，而蕭佛成等 26 人提出的"改革政治"案則得以修改通過。該案第二條稱："對於東北四省領土仍未恢復，本黨應引以自責，更應精誠團結，集中國力，充實中央，共救危亡。"第三條稱："政府之目的在努力維護國權，解放民權。故對外必須抵抗帝國主義之侵略，以保障國家之獨立；對內應依法確實保護人民言論、出版、集會、結社一切自由，同時遵依《建國大綱》，實行地方自治，使人民有參與政治之機緣及其能力。"這些地方，顯然反映出西南派政治主張的部分勝利。

1934 年 7 月，胡漢民鑒於五全大會召開期近，於 23 日致電陳雨亭、李白儔說：

---

1 《對十九路軍以援絕撤退淞滬之談話》，《遠東日報》，1932 年 3 月 4 日。
2 鄒魯《致展兄函》，1934 年 1 月 21 日。

關於五全會問題，海外支部不妨準備參加。倘西南發動能早，不參加固無問題，否則亦可運動各方擬具重要提案，根據黨綱，就現狀抨擊其殆〔貽〕誤黨國。

8月12日，南京方面宣佈將於11月12日召開五全大會，討論召集國民大會、修改總章、推進黨務、確定施政方針等四項議題。胡漢民仍然反對召集這樣一次會議。24日他致電李烈鈞等，表示將"從根本上破壞"寧方計劃，但如來不及，也準備派人參加，提出西南方面的根本主張。9月8日，胡漢民、陳濟棠、李宗仁等21人致電國民黨中央，認為南京方面所提議題，"空洞落漠"，"無一及於當前救亡之大計"。胡等自提議案四項，要求"整飭政治風紀，懲戒喪權辱國之軍政當局"，"確立外交方針並國防計劃，以維護國家之生存"。[1] 該電通稱"齊電"，發出後，南京方面"置而不議，受而不答"，嚴禁各地報紙登載。25日，胡漢民等29人再電國民黨中央，提出兩項要求：1.履行本黨"人民有言論出版自由權"之政綱，容許一般人民對於政治、外交之建議及批評。2.屬行本黨民主集權制，予中央委員及海內外各級黨部、黨員對於黨務、政治、軍事、外交應有充分建議及批評之完全自由。胡漢民等激烈地批評南京方面"黨同伐異，自為派系，鉗制同志，變本加厲"。電稱："苟不能恢復黨員對於時政之建議、討論、批評之自由，則此種大會斷不足以代表全黨之意志，徒為少數人所把持，以施展其僭竊本黨之陰謀。"胡漢民等並要求，給予黨員以選舉代表之完全自由權。該電通稱"有"電。[2] 10月17日，胡漢民發表《為五全大會告同志》，聲稱五全大會"只是軍權統治的五全大會"，不是中國國民黨的五全大會。[3] 胡漢民作了寧方不接受齊、有兩電的充分思想準備，計劃在必要時單獨召開代表大會，宣佈蔣介石、汪精衛等"叛黨、賣國罪狀，開除其黨籍"，同時，建立新的黨的"中樞"。[4]

對於胡漢民等人的做法，南京方面自然很惱火。但是胡漢民在國民黨內擁

1　《齊電》，《三民主義月刊》卷4，4期。
2　《三民主義月刊》卷4，4期。
3　同上。
4　《致南洋英屬總支部整理委員會函》，1934年9月25日；《致鄒魯等函》，1934年9月30日。

有很高的威望，他的周圍又團聚著一批老國民黨人和地方實力派。南京方面不能無視這一股力量。為了促進寧粵合作，10月8日，南京方面推孔祥熙出面致函胡漢民，聲稱五全大會開幕在即，邀請胡"早日命駕來京，主持一切"。10月中旬，王寵惠攜孔函南下，面見胡漢民、蕭佛成等。王稱："此來只以第三者之資格，作雙方意見之傳達，絕非代表北方任何人或任何方面。"[1] 又稱："南京中央同志很盼望和平，希望西南同志對於南京種種舉動，予以諒解。"[2] 王並稱：汪對胡展堂先生毫無惡意，蔣則力促余迅速南下，徵求西南對時局意見，以使合作問題得以早日解決。[3] 10月28日，胡漢民對法報記者發表談話，對王寵惠此行表示不滿。胡稱："當道諸人僅於口頭上希望余等對彼所實行之政策予以諒解，忽略事實及國家之危機，而趨重私人之情感方面，以求私人間之諒解。此種態度，恰與余歷來對事不對人的主張相反，極為余所不取。"胡並進一步指責："南京政府之上，尚有一南昌之太上政府，彼以一軍事領袖，在行政上而可以擅自發號施令，並擅自召集各級文官訓話，又可以組織藍衣黨，企圖以法西斯主義代替三民主義。"[4]

自1933年1月起，胡漢民即在香港創辦《三民主義月刊》，作為反蔣輿論機關。王寵惠南來前後，胡漢民多次致函《三民主義月刊》和鄒魯等人，要求加強對法西斯主義的研究與批判。10月18日函提出"就時局現狀及本黨主義、歷史，總論南京軍閥藍化中國政策之荒謬"，同時指定《三民主義月刊》4卷5期為"反藍專號"。胡漢民並親為該刊撰寫《武漢統治者的法西斯蒂運動》，指責蔣介石"保存著中國國民黨的招牌，變更中國國民黨的實質"，"以三民主義為標榜，而實際推行的，乃是武力統治的獨裁專制主義"。

召開五全大會本來是汪精衛的主張，蔣介石的興趣並不很大，西南方面既然強烈反對，蔣介石也就主張從緩，指示南京方面宣佈五全大會延期，於12月10日先行召開四屆五中全會，以便騰出時間，繼續做胡漢民等人的工作。胡漢民再次勝了一個回合。

---

1 《蕭佛成先生關於寧粵合作之談話》，《三民主義月刊》卷4，5期。
2 《和平運動》，《三民主義月刊》卷4，5期。
3 《蕭佛成先生關於寧粵合作之談話》，《三民主義月刊》卷4，5期。
4 《胡先生為寧粵合作對法報記者之談話》，《三民主義月刊》卷4，5期。

九、王、孫說合與蔣、胡通信

胡漢民既不肯入京，又不同意召開五全大會，蔣介石只好作讓步的準備：一是部分採納胡漢民的"均權"方案，一是設法使對日妥協、名聲不好的汪精衛下台。

胡漢民被釋後，即積極提倡"均權"。1931年11月，他從上海到廣州，在非常會議和國民政府聯合紀念週上發表演說稱："滿清以集權而亡，袁世凱以集權而死，今之人以集權而亂。"[1] 廣州"四大"中，胡漢民又與孫科、陳濟棠、李宗仁、伍朝樞共同提出"實行均權以求共治案"。1934年2月至3月，他連續發表《論均權制度》、《再論均權制度》等文，提出具體方案，同時指責南京方面標榜集權，實為"集權於南京軍閥"。胡漢民聲稱："實行均權制度，是中國今日唯一的需要。"

同年11月，蔣介石、汪精衛擬訂了一項中央與地方"均權"的方案，提出：法制方面，中央規定政治原則，地方制定實施辦法；用人方面，地方可選擇保薦，由中央任命等。該方案於27日由蔣、汪以聯名通電的形式發佈。同月末，蔣介石派王寵惠、孫科再次赴港，會晤胡漢民。王、孫攜有蔣介石及蔣介石、汪精衛、居正、葉楚傖、陳果夫、于右任等中央常委的函件。蔣函云：

> 茲請亮疇、哲生兩同志代謁左右，商承黨國大計，祈與詳洽一切，並懇早日命駕蒞滬，俾得面罄所懷。

蔣介石等六人函云：

> 黨國大計，亟待解決，深盼先生駕臨京滬，無任跂禱。

12月3日，王、孫到港，次日會談。王、孫"鄭重"代表蔣介石要求胡漢民等人諒解，並稱：蔣介石已認為內政外交確有改革必要。王、孫特別談到蔣

---

1 《論均權制度》，《三民主義月刊》卷3，2期。

汪27日通電係由蔣定稿，汪副署，聲稱其所以要求與胡見面，乃是為了"當面決定一切方案，期於施行適當"。胡漢民則批評27日通電不是"根本辦法"。王、孫又稱：蔣介石的意思是："不只局部問題可以改造，即全個問題亦可改造，對水雲不成問題"。水雲，宋代詞人汪元量的號，這裏藉指汪精衞；"不成問題"云云，暗示汪精衞可以下台。對此，胡漢民表示說："我向來對事不對人，但以為如此可使一切事情圓滑易行，則我亦不反對。"[1] 在多年的矛盾衝突之後，蔣介石採取主動，派人道歉，胡漢民感到了某種滿足，因此會談氣氛"和好"。

在此後的會談中，胡漢民提出治本與治標兩個方案。所謂治本，即要求蔣介石接受1931年粵方提出的黨政改革案和齊、有兩電；所謂治標，即開放人民言論集會之自由，確定入川剿共，不作大兵壓境之威脅，對於此間朋友同志，不得敵視，而猖獗殺人之組織須即解散。[2] 孫科和胡漢民有聯盟反蔣的歷史。某日下午，他和胡漢民作了一次深談，孫稱："先去水雲，終是一手段，且此時不須西南說話，只作為改用比較可以接納西南政府之人，則兩方接觸，不致急劇。"孫並稱，他本人無意重作馮婦，建議推孔祥熙出任行政院長，他說："門之誠意，尚不可知，什麼院長滋味，我亦不願再嚐，不如再用門之所重，如庸之者。"胡漢民認為倒閣一類運動不足以救亡，撤去汪的院長，換湯不換藥，也不足以求諒解，因此表示說："此事我不反對，然亦不能說是贊同，至於門無誠意，則我看得甚為清楚。"[3]

12月8日，孫科先行北返，行前，孫科問胡漢民還有什麼具體意見，胡稱："須先確定今後之政治基礎為軍權統治，抑為民權統治"，把這個問題解決了，和平便有了途逕，協作也有了頭緒。[4] 他託孫科帶一封信給蔣介石：

> 自民二十年後，久闕音問。亮儔、哲生兩兄來，藉獲手書，甚感關注。弟三年養疴海隅，而時受風寒侵襲，血壓久治未低。聞尊體近日亦不

1　胡漢民《致松兄》。
2　胡漢民《致松兄》，1934年12月17日。
3　《工致力兄》。
4　《和平協作之真偽》，《三民主義月刊》卷5，1期。

能無小病，視以前精力稍遜，誠為兄繫念不已。國家大計，弟以為總理已垂示甚周，故數年來仍悉心體認而莫敢外。此次與亮、哲兩兄所談，亦惟此旨，即託其一一面達，其間亦非片楮所能盡也。

這封信有原則，有禮貌，冷淡中略露幾分情誼，顯示了胡漢民對寧方的合作要求既不接受，又不拒絕的態度，留有充分的伸縮餘地。

但是，在其他場合，胡漢民對蔣介石的攻擊火力並未減弱。12 月 15 日，胡漢民發表文章指責南京方面"剽竊總理之均權主張，希望在軍權統治之下實行其均權制度"[1]。然而，這不過是一種姿態。1935 年 1 月 20 日，王寵惠分訪蔣介石、汪精衛，商談迎胡入京及合作問題。28 日，胡漢民派李曉生北行，與王寵惠、孫科會談。2 月初，蔣介石接見李曉生，11 日，蔣介石致函胡漢民稱：

弟決入川剿赤，以後道途日遠，關山間隔，徒切想念。黨國危急，四顧茫茫，甚盼後方同志，無間彼此，以謀團結，以挽垂危之局，弟所望者惟此而已。曉生同志轉述厚意，故人情殷，敢不心領，亦望先生為國珍重。

表示"入川剿赤"，算是答應了胡漢民的一項條件，"故人情殷"云云，算是表達了重修舊好的願望。

本來，在王寵惠等開始說合之際，胡漢民密告何士楨等稱："必須掀起更大的風潮，形成分裂、對抗，乃有效果。"現在，經過王、孫說合之後，胡漢民的態度變化了。3 月 5 日他覆電李曉生說：

入川剿赤與對日堅持，皆與我人意見上已漸趨近，而徹底改革一切錯誤政策更為必要，惟有暫以分工為合作。[2]

雖然還強調"分工"，但畢竟出現"合作"的字眼了。

---

1 《軍權與均權》，《三民主義月刊》卷 4，6 期。
2 《四工致曉兄》。

十、拒絕日本侵略者的引誘

中國的分裂狀態有利於日本侵略，因此，日本帝國主義者使用各種手段，力圖加深並擴大中國的分裂。福建事變後，日本方面不斷派人拉攏胡漢民，表示願意提供武器和金錢的支援，甚至以支持胡漢民當總統相餌。胡漢民的原則是，堅決要求收復東三省，可以接受日方援助，但不接受任何附加條件。

1934 年 2 月，日本有幾個武官到港，"問候"並探詢胡漢民對中日前途等問題的主張，胡答稱：

> 日本是侵略國，中國是被侵略國，中日兩國要恢復友好關係，唯一的辦法只有日本自動交還東三省給中國。

日本武官詭稱："日本並沒有侵略滿洲，滿洲獨立，是 3000 萬滿洲國人民的願望，這種民治精神，日本不能干預。"這幾句話引起胡漢民的厭惡，他立即正顏厲色地斥責說：

> 你們來是拜候我的嗎？來拜候我，是應該講實話的，不講實話，就請你們出外去。我不知道甚麼是"滿洲國"人民的民治精神，只知道東三省是中華民國的領土。你們做這種假戲來欺騙世界，還把這假戲來向我巧辯嗎？[1]

其後，胡漢民即發表文章，闡明孫中山"聯合世界上以平等待我之民族共同奮鬥"的思想。他宣稱：中國的外交政策，應當確立於"保障中國領土主權完整"這一基點上。"凡能說明中國達到這個目的的，德謨克拉西的國際也好，希〔布〕爾什維克的組織也好。我們不妨同情協作。"[2]還在 1933 年，胡漢民就鼓勵西南方面與蘇聯發展貿易關係，並派陳群赴滬致力此事。這裏，聯俄制日

1　胡漢民《國際現勢觀察遠東問題》，《三民主義月刊》卷 3，3 期。
2　胡漢民《國際現勢觀察遠東問題》，《三民主義月刊》卷 3，3 期。

的思想就更加明確了。

日本武官的初次探詢失敗。同年 4 月 8 日，又由萱野長知出面致函胡漢民，鼓勵中國實行"不戰"政策。函稱：

> 今東四省已成獨立，而外蒙、伊犁、青海、新疆、康藏等處，亦歸英俄競奪之區。雲南一角，忽成英國勢力範圍，東亞危機實不堪寒心也。弟以為保全中國之道，唯有不戰二字而已。

同函並稱：救國之大策，在於繼承犬養毅與孫中山的遺教，實行"日華和平的合作"。萱野說：

> 世界大和平者，即在國境之撤廢，在世界大同，是吾人之最終理想也。但現在締結日華兩國關稅互惠條約，為平等資格而實行木堂、中山兩先輩之遺志，打世界的大和平之先手，長江南北皆可望風合流無疑也，則是和平統一之初步。

萱野聲稱：如胡漢民贊成此意，"即應宣佈西南獨立，進就總統之職，弟必行積極之援助，亦運動敝國迅速承認西南政府。"他表示，將於 5 月上旬來華接洽。[1]

萱野是孫中山的老朋友，同盟會時代曾積極支援中國革命。胡漢民的覆信稱：

> 手教誦悉，言及孫總理平生之主張，尤令人感慨不已。蓋現實之狀態，去之益遠，其責任果誰負耶！

言外之意是，蔣介石和南京當局違背了孫中山的主張，中國現狀和孫中山

1　此函僅署 4 月 8 日，年代據內容及萱野行蹤考定。

的遺願相距甚遠。胡漢民表示："足下能來一遊，至所歡迎。"

同年，日本特務土肥原賢二策劃在中秋節前實現"華北自治"，疆域包括長江以北各省及山西、陝西、甘肅、青海、新疆、察哈爾、綏遠與寧夏等地，由吳景濂負責政治，吳佩孚負責軍事。計劃確定後派唐寶鍔赴粵，與鄒魯商談，聲稱如粵方軍隊討伐蔣介石，可提供軍械，並借款 5000 萬。[1] 此事胡漢民未予理睬。

這一時期，到廣東活動的還有日本特務和知鷹二，由曾任廣州市長的劉紀文接談。胡漢民指示說：

> 弟處無論如何仍抱定收復失地之議，而地方局部之接洽，紀文等既已進行，則其無條件而可為物質之大助者，自不妨與之斟酌也。[2]

一方面反帝，一方面又希望從帝國主義得到援助，這是胡漢民的悲劇，也是近代中國不少愛國人士的悲劇。

對於日方的拉攏和引誘，胡漢民一概採取"推而遠之"的應付辦法，他曾在一封信中說：

> 去年以來，矮子之儔，多方求門路，弟皆推而遠之，與談三民主義，與談日本立國之精神，與言反對軍國主義，反對法西斯蒂。[3]

1935 年 3 月 2 日，土肥原親自到香港會見胡漢民，標榜"中日提攜"，企圖挑動兩廣出兵倒蔣，以便日本出兵華北；胡漢民則闡明孫中山的"中日親善"思想，"實以中日平等為基礎"，要求日本改變侵華政策。[4] 土肥原密詢日俄交戰時，中國孰為左右袒，胡稱："須交還滿洲"。福建事變時，陳銘樞等和日本方面有聯繫，胡漢民告誡親信說：

1　《力致福兄》。
2　胡漢民手跡，未署年月。
3　胡漢民手跡，未署：工，十六日。
4　胡漢民《論所謂"中日提攜"》，《三民主義月刊》卷 5，3 期。

福建信使往還，門神乃詳知之以為口實，而跛哥等則未食羊肉，先惹一身臊也。故外交無定則，惟視本身利害如何而定，不可遽失政治之立場，一也；不可上當如跛哥，二也；粵與英密切，不使猜疑而敵視，三也。[1]

胡漢民是個有操守的政治家，他在和日本方面的交往中，確實不曾喪失民族立場。

十一、出國與歸來

《塘沽協定》後，日本帝國主義加緊侵略華北，"精誠團結，共赴國難"日益成為全國人民，包括國民黨內愛國份子的迫切要求。同時，由於形勢逼迫和各方推動，蔣介石也在作抗日準備。1935 年春，鄒魯向胡漢民建議，改變西南與中央的關係，幫助蔣介石抗日。[2]胡漢民接受鄒魯的建議，於 6 月 9 日離港赴歐。行前，發表談話，聲稱此行目的在於"易地療養"，"外間傳言種種，殊非事實"，"余之主張政策，亦不以時地為轉移而有所變易"。[3]

在國外期間，胡漢民和國內始終保持密切聯繫。8 月 8 日，鄒魯致函胡漢民，報告各方動態。當時，日本軍國主義者正在唆使華北實力派"討蔣"，藉以分裂中國，鄒魯則針鋒相對地提出一項旨在"實質抗日"，聯絡"各省各方"的大團結計劃。函稱：

蔣之問題，係政治好壞問題；日之問題，係民族存亡問題。況今之華北討蔣皆受日指揮或迫脅，靡論不能成，即成亦成日人世界也。

鄒魯的這封信，將民族利益置於派系利益之上，預示著國內各派政治力量

---

1 胡漢民手跡，末署：工，十六日。
2 鄒魯《回顧錄》，《鄒魯全集》（二），台灣三民書局版，第454頁。
3 《出國談話》，《三民主義月刊》卷5，6期。

與蔣介石和解，共同抗日的前景。

要抗日，就必須堅決反對南京妥協派的主要代表汪精衛。自 1934 年 1 月國民黨四屆四中全會起，胡漢民、鄒魯、鄧澤如、蕭佛成等人即謀劃倒汪。此事得到南京方面不少國民黨元老的呼應。1935 年 9 月 12 日，黃季陸致胡漢民函云：

> 陸定明日啟程赴滬一行，目的在對時局有較深之觀察，以便應付，同時頗欲乘寧方倒汪失敗之後，對寧漸呈離心之勢力者必多，能乘時利用，或於吾人之進展不無裨益也。陸之所慮者為寧方對日外交似漸有頭緒，若待其成而後反對，不利殊甚。今次所定之計劃，惟一目的即在鼓動政潮，明顯對立，一面造成汪精衛賣國政權之不穩，同時即所以使其屈辱外交之不易進行也。

當年 6 月 19 日，蔡元培在中央政治會議上率先向汪精衛發難，質問其 "對日外交究持何策"。吳稚暉、于右任、戴季陶、孫科等繼起回應。30 日，汪精衛稱病休養。7 月 24 日，中央政治會議決定，由孔祥熙代理院務。但是，日本方面隨即施加壓力，蔣介石不得已，只好請汪精衛復職。函中所稱 "寧方倒汪失敗" 指此。從此函可以看出，汪精衛復職後，西南方面決定繼續鬥爭，掀起更大的政潮。16 日，蕭佛成、陳濟棠、李宗仁致電國民黨中央，舊話重提，要求將 1934 年 9 月 8 日齊電所列 "懲戒喪權辱國之軍政當局" 等案列入五全大會議題，但南京方面仍然以種種理由加以推拒。其後，西南方面又要求重選代表，並提出："黨的精誠團結，當團結於大會合法進行之下；不當團結於一二人玩弄黨權之下；國家之精誠團結，當團結於有效救國方針之下，不當團結於一二人喪權辱國之下。"[1] 11 月 1 日，國民黨召開四屆六中全會，汪精衛在致開幕詞後即遇刺，妥協派遭到一次打擊。會議通過了馮玉祥、李烈鈞等 22 人提出的救亡大計案，國民黨的內外政策開始發生變化。

---

1 《西南中央根據齊有兩電主張向五全大會從新提出議題之銑、巧、東、文四電》，《三民主義月刊》卷 6，5 期。

為了打開僵局，蔣介石於 11 月 4 日派戴季陶、馬超俊飛赴廣州，會晤陳濟棠、李宗仁、蕭佛成等，敦促留粵中委參加五全大會，一面派王寵惠的親信魏道明赴歐，邀請胡漢民歸國，共同主政。戴、馬之行大致順利，魏道明則碰到較多困難。胡漢民態度強硬，不忘舊嫌。他委託程天固與魏會談，程提出："倘胡先生在黨的地位得到解決，其他一切問題便可迎刃而解。"又稱："（胡先生）現在主張以抗日救國為唯一主旨，故一切政治措施應以軍事之準備為至要，而負此責任者，他早已認定非蔣氏莫屬。黨與軍之責，各有攸關。其他問題，自易商量。我信黨、軍分負責任一點，為蔣、胡歸好之先決問題，不得不先向蔣氏說明，並須得其同意之確實表示。"[1] 魏立即致電蔣介石請示，蔣覆電贊成。11 月 12 日，五全大會開幕，蔣介石聲稱："絕對不訂立侵害我們領土主權的協定，並絕對不容忍任何侵害我們領土主權的事實。"[2] 12 月 7 日，五屆一中全會選舉胡漢民為中央常務委員會主席，蔣介石為軍事委員會委員長兼行政院長。胡漢民聽到這一消息時，"面有悅色"，隨即與程天固等草擬改組中樞計劃，擬以王寵惠為行政院長，顏惠慶為外交部長。[3]

在蔣介石及有關方面的一再電催之下，胡漢民於 12 月 27 日自法國啟程回國。1936 年 1 月 6 日，蔣介石派魏道明先期至新加坡迎接。其致胡漢民函云：

尊駕返國，欣感之懷，非言可喻。茲先請伯聰兄專程代表來新迎接，並候長途起居之勞，無任想念。務請即日蒞臨京中，共濟時艱。佇候之誠，不盡縷縷，伯聰兄必能代致一切也。

1 月 15 日，胡漢民抵港，在書面談話中要求："黨應恢復為有主義、有精神之黨，力除過去滅裂渙散之錯誤"；"政府應改造為有責任、有能力之政府，力矯過去畏葸苟安之錯誤"。[4] 25 日抵廣州，多次發表談話，批評南京國民政府

1 《程天固回憶錄》，香港龍門書店 1978 年版，第 284—287 頁。
2 《先總統蔣公思想言論總集》，台北，卷 14，第 381 頁。
3 《程天固回憶錄》，第 287—288 頁。
4 《抵港時書面談話》，《三民主義月刊》卷 7，2 期。

"對於人民多務壓抑，不務領導"[1]。他說："余今日之工作，為如何促進政府之覺悟，並如何團結全國抗戰之力量，俾中華民族最後之自救。"[2] 從主張反蔣抗日，推翻南京政府，到主張"促進政府之覺悟"，"團結全國抗戰之力量"，反映出胡漢民思想的巨大變化，也曲折地反映出近代中國歷史即將進入一個重要的轉折時期。

5月12日，胡漢民因突發腦溢血於廣州逝世。

李濟深與胡漢民 *
——胡漢民晚年往來函電考釋之一

美國哈佛燕京學社藏有大量胡漢民晚年往來函電，關係二十世紀三十年代中國政壇的許多機密，我已在《胡漢民的軍事倒蔣密謀及胡蔣和解》一文中作過探討，然猶覺意有未盡，今擇其函電之要者考釋之。

1931年2月，胡漢民被蔣介石軟禁於南京湯山，汪精衛、孫科、鄒魯、陳濟棠、李宗仁等旋即在廣州另立國民政府，與南京對抗。同年"九一八"事變起，蔣介石迫於輿論和國民黨內的強大壓力，釋放胡漢民。10月30日，胡漢民在上海致電在廣州的妻兄陳融，內稱："矮仔昨對弟表示反某，頗有南歸之意，不敢應，請密商伯南。"矮仔，指李濟深；伯南，指陳濟棠。1929年，蔣介石與桂系李宗仁、白崇禧發生矛盾，戰爭有一觸即發之勢。李濟深主動到南京當調解人，反對討伐桂系，被蔣介石軟禁，直至"九一八"事變後，才與胡漢民同時釋放。此電說明，李濟深此時曾聯絡胡漢民，準備在南方共同反蔣，但是，陳濟棠當時正在廣州做南天王，李濟深與陳濟棠有矛盾，而胡漢民反蔣

---

2 《胡漢民先生對國事之談話》，1936年2月22日，《胡漢民先生歸國後之言論》(二)。

* 原載《團結報》，1992年1月15日。錄自楊天石《蔣介石與南京國民政府》，中國人民大學出版社2007年版。

又不能不依靠陳濟棠，因此，胡漢民不敢輕易答應李濟深，而要陳融和陳濟棠商量。大概正由於李、陳之間的矛盾，所以此後李濟深反蔣只能以福建為基地。

1933 年 10 月，李濟深、陳銘樞等在香港聚會，決定在福州成立人民革命政府，反蔣抗日。11 月 16 日夜，李濟深派其弟李濟汶持函面見胡漢民，函稱：

> 深南歸，已屆一載，本意在追隨吾師之後，團結西南各省，共同討賊救國，顧蹉跎一載，數失良機，而有實力之當局者持重如故，循此而往，勢不致任國賊斷送國家不止。而十九路軍以處境較困，責任較明，有義無反顧、迫不及待之勢，連日得其函電，促往商討討賊大計，照連日報章上所載情形，亦似有即行發動討賊之趨勢，故深決定即行前往，觀察督促，進行一切。惟以茲事體大責重，非局部所能勝任。惟有仰懇師座，藉此時機，督促西南各省同時響應，共同討賊，而閩中各事尤乞隨時加以指導，俾免隕越為禱！臨行匆匆，未及趨前面陳〔聆〕訓誨，謹此留呈，敬叩鈞安！學生李濟深謹肅。

胡漢民被釋後，即廣泛聯絡廣東、廣西及西南、華北、西北各地實力派，秘密組織“新國民黨”，準備南北並舉，同時起兵，推翻以蔣介石為代表的南京政權。本函稱：“深南歸，已屆一載，本意在追隨吾師之後，團結西南各省，共同討賊救國。”1903 年時，李濟深在梧州中學讀書，胡漢民時任該校總教席，故李濟深稱胡為師。1932 年，南京政府破壞淞滬抗戰，事後，蔣介石並調十九路軍赴福建剿共，李濟深憤而離開南京，赴香港參加胡漢民的反蔣聯盟。本函所云“追隨吾師”云云，即指此。但是，胡漢民的反蔣聯盟實際上是空架子，陳濟棠和各地實力派大都觀風望色，首鼠兩端，並不真心行動，因此，李濟深感慨地表示：“顧蹉跎一載，數失良機，而有實力之當局者持重如故。”函中，李濟深說明形勢急迫，自己即將赴閩發動，要求胡漢民“督促西南各省同時回應”，並對閩中各事“隨時加以指導”。11 月 18 日，李濟深到達福州。次日，陳銘樞、李濟深等聯名致電胡漢民，電稱：

惟救國必先討賊，而討賊必先西南一致實力行動，故弟等再三矢推戴之誠，共謀救國之舉，吾兄持重深謀，自具卓見……不料蔣氏乃以西南為可欺，益肆無忌憚。今民族存亡，迫於眉睫，弟等為情勢所迫，不得不先行發動。

電報以"陳涉發難於先"自喻，以"沛公繼起於後"喻胡，要求胡漢民等"本歷來之主張，為一致之行動"。

胡漢民與李濟深、蔡廷鍇等雖早有聯絡，反蔣的目標也一致，但是，胡漢民不同意李濟深等改國號、造新黨等一系列做法，尤其不同意聯共，因此，福建人民政府成立後，胡漢民持批評態度。11 月 22 日，他與蕭佛成等聯名覆電陳銘樞、李濟深等，指責他們"背叛主義，招致外寇，煽動赤焰"，但是，胡漢民對李濟深等又有同情，電報要求陳、李等人"本歷來護黨救國之精神，幡然改圖"。胡漢民表示，在此條件下雙方可以合作，"貫徹討賊之主張"。胡漢民的這種態度在秘密函電中就表現得更清楚，他致函陳融說：

不等為反△成分最高者，而跛、矮又原為曾共商大計之人。跛、矮之鋌而走險，某兄就不能絕對不負責任。

不，密電中或稱不孤，均指李宗仁；△，代指蔣介石；跛，指陳銘樞；矮，指李濟深；某兄，指陳濟棠。1933 年春夏，廣東、廣西、福建曾結成三省聯盟，準備聯絡在華北的馮玉祥等部，共同舉事，但是，由於陳濟棠遷延猶疑，未能發動。本函確認陳銘樞、李濟深"原為曾共商大計之人"，對他們的"鋌而走險"有某種體諒，而對陳濟棠，則流露了不滿。當時，福建方面要求蔣介石下台，廣州方面亦有同樣要求，但陳融等不願與福建採取同一立場，胡漢民指示陳融說：

閩省中對政治問題有議請蔣下野者，此言未嘗不是：1. 示天下以公道；2. 可如不前電消釋十九友一部分之熱情；3. 亦使桂與其他反蔣者同情於我。如慮措詞與跂、矮雷同，則正不爾。

不，仍指李宗仁；十九友，指發動福建事變的主力十九路軍；桂，指桂系。在胡漢民的堅持下，陳融等以國民黨西南執行部、西南政務委員會名義發表通電，認為福建事變之所以發生，"推尋禍始，不能不深咎於獨裁政局之罪深惡極"，電報要求汪精衛、蔣介石"避路讓賢"，這樣，胡漢民又在一定程度上支持了福建人民政府。12 月 25 日，他派人入閩，力勸李濟深、陳銘樞等恢復民國國號和國民黨黨籍，改取反共立場，以便在此基礎上，重建反蔣聯盟。

福建人民政府由於缺乏支持，在南京軍隊的進攻下，很快轉入劣勢。1934 年 1 月 21 日，胡漢民致陳融、鄒魯函云：

> 昨日下午亞翁電話，謂任、真等三人（一人在前線指揮，未署名）已覆電，稱遵弟電辦法，取消一切組織，回十九路軍本來，連屬西南云云。

任，指李濟深；真，指陳銘樞。此函說明，李濟深、陳銘樞等已準備接納胡漢民的意見，因此，胡漢民指示陳融、鄒魯二人，要他們發電在上海的程天固，就近和孫科商量，設法使蔣軍停止進攻，從而挽回頹局，函稱："此時蔣已大得面子，未必窮追為利，迫之走入八字腳一路，尤非大局之益。"可見，胡漢民既擔心蔣介石會勝，更擔心李濟深、陳銘樞會走向共產黨一邊。

福建事變失敗後，李濟深經汕頭、香港，於 1934 年 1 月返回廣西梧州故里。其後，致函胡漢民稱：

> 閩事失敗後，即遄回鄉里，閉門思過，於過港時並未停留，故不克趨前請安，至以為歉也。
>
> 此次閩事雖經失敗，然自維對於國家民族，又算盡過一番責任，於心尚覺稍安；然但國賊從此益肆，又不得不自咎謀之不臧也。刻鄉居尚適，恐勞鈞注，耑肅叩稟，敬請鈞安！學生李濟深。

此函反映出李濟深當時的複雜心理：一方面，自信福建事變的正義性，但對其失敗又有某種檢討；更重要的是，對胡漢民仍存有希望。同年 5 月 18 日，李濟深再致胡漢民一函，中稱："國亡無日，雖鄉居寡聞而仍使終夜彷徨不寐"。這一年 3 月，在日本帝國主義操縱下，溥儀在東北稱帝，宣佈成立"滿洲國"，南京政府在譴責其"初無獨立之人格"後，居然宣稱"不成為討伐之對象"。4 月 17 日，日本外務省情報部長天羽英二發表談話，視中國為日本的保護國，反對中國政府聯絡英美列強，"採取以夷制夷的排外政策"。對此，南京政府沒有半點抗議，卻發表聲明，要日本"不必有所顧慮"。李濟深函中所稱"國亡無日"，顯係有感而發，表示了對南京政府妥協的不滿和對民族安危的極大憂慮。

偽滿洲國成立後，日本帝國主義又多次強迫南京政府談判，解決"對滿通車、通郵"問題。1934 年 7 月 1 日，北平、瀋陽間首次通車。12 月 14 日，簽訂通郵協定。12 月 24 日，李濟深再函胡漢民云：

> 深鄉居孤陋，無可陳報。近以通車、通郵事件，益覺獨裁之足以亡國，特發一宣言，希冀國人與當局萬一之覺悟，不識吾師何以教之？

通車、通郵雖然不是政治問題，但卻是向著承認偽滿洲國跨進了一步。因此，李濟深除發表聲明，促使國人覺悟外，又再一次寫信給胡漢民，探詢他的態度，希冀胡有所表示。

胡漢民是否給了李濟深答覆，目前尚不清楚，但是，李濟深在家鄉卻再也呆不住了。1935 年春，李濟深到了香港，在共產黨人宣俠父的幫助下，與陳銘樞、蔣光鼐、蔡廷鍇、馮玉祥等組織中華民族革命大同盟，提出"推倒漢奸政府，樹立人民政權，聯合各黨各派，一致團結，實行抗日"等主張。

大概正由於李濟深主張聯共抗日，所以，與胡漢民的"新國民黨"之間始終沒能建立密切的合作關係。

張學良與胡漢民 *
—— 胡漢民晚年往來函電考釋之二

我在哈佛燕京學社閱讀胡漢民檔案時，特別注意收集有關張學良的資料，在這方面頗有收穫。

1932 年 12 月 19 日胡漢民覆張學良函云：

> 陳言同志來港，奉到手示，備悉種切。弟歷來主張，想經察及。比月以來，外侮日深。晏處覆巢，寧有完卵。所期兄以決死之精神，為民族求生路。桑榆之失，斷可收於東隅。至於內政意見及南中同志意，經與陳同志詳談，俱託歸報，希深察為幸。附贈拙著《革命理論與革命工作》一部，並乞檢收，順頌近祺。

陳言，張學良秘書。所稱張學良"手示"，未見。1932 年 9 月，偽滿洲國總理鄭孝胥與日本駐偽滿大使武藤信義簽訂《日滿協議書》，日本外務省宣佈承認"滿洲國"。10 月，國聯調查團提出國聯共管東三省的主張。11 月，日本侵略軍大肆進攻東北抗日救國軍馬占山、蘇炳文等部。胡函所稱"外侮日深"，當指上述史事。對於張學良在"九一八"事變時放棄東三省，胡漢民是極不滿意的，曾在詩中尖銳抨擊："去年寇來襲，帶甲一宵靡。奇辱古無聞，喪地從此始。"但他仍希望張學良能奮然振作，堅決抗擊日本侵略，以實際行動改正錯誤，重寫自己的歷史。函中所云"以決死之精神，為民族求生路"，"桑榆之失，斷可收之東隅"云云，均是這一意思。

日軍在侵佔東三省後，即積極準備侵略熱河。1933 年 1 月 3 日，日軍佔領山海關及臨榆縣城，華北門戶洞開。2 月 4 日，胡漢民派陳中孚北上，攜函面見張學良，函云：

---

* 原載《團結報》，1992 年 2 月 25 日。錄自楊天石《蔣介石與南京國民政府》，中國人民大學出版社 2007 年版。

自榆關陷落，即得陳言同志來電，謂兄已決心抵抗。顧荏苒經月，未見有實際之表現。弟謂日之於中國，其侵略方式為蠶食而非鯨吞，故經一度之攻城掠地，即出以延宕和緩之手段，巧為解脫。當局受其愚蒙，國聯被其欺騙，而日人之計乃大售。苟不能窺破此點，積極抵抗，並進而收復失地，則日人本此政策進行，華北終必淪亡，中國且為日有。兄前以不抵抗而喪失東北，茲又以不抵抗而喪失榆關，長此以往，國將不國。雖示負最終之責任者當別有人在，顧兄身當其任，究何以自解於國人？縱不為個人計，獨下為數萬萬人民之身家性命計耶？西南持抗日、剿共之旨，戮力經年，限於地域，效命無所，然所以期望於兄者，至極殷厚。切盼毅然決然，先求華北將領步調之一致，振奮一心，與日抗戰，使中國不致自此而亡，則綿薄所及，必當力為應援也。茲以陳中孚同志北上之便，順致拳拳，尚希審察而篤行之。

當時，胡漢民一面成立包括廣東、廣西、福建三省在內的國防委員會，準備抽調部隊北上抗日，一面積極推動華北將領成立類似的軍事組織。張學良坐鎮北平，掌握著原東北軍的大量兵馬，自然是一支舉足輕重的力量。函中，胡漢民剖析了日本侵華的特點，情詞懇切地要求張學良拋棄不抵抗主義，"先求華北將領步調之一致"，團結抗日。胡漢民表示，西南方面自當"力為應援"。

同月25日陳中孚南歸，張學良覆函胡漢民云：

違教馳企。適陳君仲孚蒞平，藉聆宏旨。承於近日抗日之舉，關注至殷，兼示力賜贊助，高懷至誼，佩感極深。良以不才，遭值多難，只思少裨艱局，庸敢計及一身。禦侮決心，誓當不二。所有一切情形，統挽仲孚兄代為罄陳，尚祈時錫明教，於精神、物質兩方面，並予惠賜鼎助，俾得循率，兼利進行。引睇崇標，曷勝盼荷！

山海關失陷後，張學良曾在記者招待會上表示："各國之和平運動今已無效，我們為爭取民族的生存，只有拿我們的血肉、我們的性命來維持和平，來保障中國，再無別法了。" 2 月 18 日，張學良又在承德與張作相等 27 名將領聯名通電，電稱："時至今日，我忍無可忍，惟有武力自衛，捨身奮鬥，以為救亡圖存之計。"當時，張學良受到全國各界抗日情緒高漲的感染，確有奮力反擊日本侵略的打算，覆胡漢民函就是在這一心情之下寫的。

大概在這以後，張學良又派何世禮到香港與胡漢民洽商，胡漢民覆函云：

> 日前何世禮兄來港，獲誦手書，並聆縷述近旨，至以為慰。目前要務，首在對日抗戰，國際形勢轉佳，日寇之侵略亦必加甚。惟能對日抗戰，庶能運用此國際現勢，進求獨立。今舉國人民咸屬望於兄，能振衰起靡，禦盛張之寇，保障華北，收復失地，幸兄勿以大言忽之。自救報國，端在此舉，盼有以慰國人之望。何世禮兄北返，即囑代白近意，即希詳察。

何世禮，廣東寶安人，畢業於英國皇家軍事學院，曾在東北軍內任營長、團長等職。此函僅知為 1933 年作，未署月日，中云："國際形勢轉佳"。按，這年 2 月 24 日，國聯大會以 42 票贊成，通過《國際聯盟特別大會關於中日爭議報告書》，聲明不能承認"九一八"以後日本在中國東北的軍事行動為自衛手段，不能認為偽滿洲國是"自動及真實之獨立運動"，僅日本 1 票反對。據此，知此函當作於當年 2 月末或 3 月初，當時日軍正分三路大舉進犯熱河，因此，胡漢民在信中再次鼓勵張學良抗擊日本侵略，"保障華北，收復失地"。

這一次，張學良確實有所行動。他成立了兩個集團軍，自兼第一集團軍總司令，以張作相為第二集團軍總司令，分兵守衛長城及熱河。然而，熱河省主席湯玉麟根本無心抗戰，於 3 月 3 日撤出承德，日軍僅用 13 天時間就佔領熱河全省。3 月 9 日，蔣介石召張學良在保定會晤。11 日，張學良通電下野，並於次日飛抵上海，準備出洋。同月 25 日，胡漢民派何世楨（思毅）持函趕到上海，勸阻張學良出洋，函云：

> 自熱河淪陷，吾兄去職，華北局面，日趨渾沌。兄典軍東北，久歷歲時，今為人所乘，有懷莫白。聞將有遠適異國之志，弟以為個人權力為

輕，黨國安危為重，翛然遠行，似非其時；即不得已而行，亦須力策善後，挽回危局。是非所在，天下不乏同情，此間同人正具決心為兄後盾也。茲遣何思毅同志趨陳近意，至盼延洽。

張學良通電下野的第二天，南京國民政府即宣佈准免張學良各職，以軍政部長何應欽兼代軍事委員會北平分會委員長職權，取得了東北軍的控制權，所以胡漢民信中說："兄典軍東北，久歷歲時。今為人所乘，有懷莫白。"

張學良的出洋實際上是蔣介石的要求。保定會晤時，張學良曾向宋子文表示，願意率領東北軍收復承德，但宋卻轉達蔣介石的意旨，要他辭職出洋。4月8日，張學良覆函胡漢民云：

> 何思毅同志攜示琅翰，捧誦一一，辰維勳履綏和，式符私頌。良乍息薪勞，閉門自訟，乃蒙遠垂記注，勖以方來，高誼殷隆，曷勝感奮！撫時多艱，恥痛毋忘，苟圖少補涓塵，敢委匹夫之責！引詹榘範，彌切心馳，尚析時錫教言，俾其待罪之身，多叨宏益。

在這封信裏，張學良只表示了他不敢忘記恥痛，不敢拋棄個人責任，但關於是否出洋問題，卻沒有正面回答。他真是"有懷莫白"，不便也不能說什麼。

張學良於4月11日出國，先後遊歷意、德、丹麥等國。1933年11月，福建事變發生，同時又因蔣介石函召，張學良決定歸國。動身之前，他電派陳言赴港，向胡漢民致意。12月23日，胡漢民派劉顯丞持函赴歐洲迎接。函云：

> 聞兄東歸，至為欣慰。顯丞兄前來相迓，並將國內政情有所陳述，藉備參證，因囑奉候興居。弟意種種，兄可並詢之，能得其詳也。

1934年1月6日，張學良到港，登岸訪問胡漢民。8日，張學良抵達上海。12日，陳言北返，邀劉顯丞同行，胡漢民託二人帶了一封信給張學良，中云：

在港晤敘，甚慰，北行後起居佳勝為頌。報載寧閩之戰，據此間確訊，不如寧方宣傳之甚。兩粵以閩有輔車之勢，雖閩中措施悖謬，而濟困扶危，於義不能坐視，故於保存十九路軍全力並辦理善後各事，經在積極佈置中。至對大局主張，亦不以環境之轉變而有所移易也。國事至此，有救亡之責者，不當狃於目前之小利，惟宜澈〔徹〕底做去，則中國庶有可為，想存亡絕續之間，先生必能熟之。

胡漢民本來企望以廣東、廣西、福建三省的聯盟為基礎，聯合北方馮玉祥等部的力量，共同以軍事行動推翻以蔣介石為代表的南京政府，但福建一系列政策超出了胡漢民所能允許的範圍，因此，胡漢民在信中指斥“閩中措施悖謬”，但他又告訴張學良，正在努力保存十九路軍實力。當時，南京政府已下令“討伐”，福建人民政府處於劣勢，但胡漢民仍力圖掀起反蔣高潮，函中所稱“不以環境之轉變而有所移易”，正是含蓄地告訴張學良，他的反蔣之志不變。至於“有救亡之責者，不當狃於目前之小利，惟宜澈〔徹〕底做去”云云，則是對張學良的勸告，希望他和自己共同反蔣，不要被蔣介石拉攏。

劉顯丞到滬後，與張學良密談，達成初步協定，旋即回港向胡漢民報告。同月，胡漢民致“松兄”函云：

> 劉顯丞自滬歸，言閻、韓各派其兄弟到〔滬〕與小張深相結納，小張已下決心為將來北方之主動，目前則仍與汪、蔣敷衍，免其猜忌。其計劃須與兩廣互為呼應，故囑劉即歸，謁商當局，如我人之主張仍前不變，則東北當密派軍事代表來粵密商。且謂藍衣社四佈，電話、通函皆所不便。渠之見劉，乃夜半約在一外國（人）家中，事有端倪，仍囑劉返滬密商也。請兄密呈伯南兄，看作何應付？弟意我人此時宜厚結兩廣，而密與北方聯絡，沉機觀變。如伯兄意亦謂然，弟當令劉秘密上省，以備伯兄面詢一切，四工再拜。

松兄，指胡漢民的妻兄陳融，陳濟棠與胡漢民之間的連絡人；四工，胡漢民自署。從本函看，張學良準備聯絡兩廣反蔣，而胡漢民也準備依靠張學良，聯絡北方力量，待機而動。

胡漢民自身沒有實力，要反蔣不能不依靠地方實力派，因此，上函中，他要陳融探詢陳濟棠的態度。2月底，胡漢民又親函陳濟棠，報告劉顯丞與張學良的談判經過。3月，胡漢民再函陳融，中云：

> 以某兄態度推之，不為戎首，或事勢使然。故宜以此事暗推桂為前方，而為之後盾。

某兄，指陳濟棠。陳濟棠對反蔣事一直優柔猶疑，患得患失，因此，胡漢民有推動廣西李宗仁、白崇禧打頭陣的想法，同函又云：

> 我已囑劉顯丞可即與小張切商軍事之聯絡。小張就剿匪職，其部隊將來必調長江上下游，此點利害參半，利在與南方聯絡，而害在分割、分化也。

胡漢民很積極，張學良一有反蔣念頭，就立刻命人與之"切商"。顯然，在胡漢民此時的反蔣計劃中，張學良佔有重要的位置。當年3月1日，張學良受蔣介石委任，擔任鄂豫皖三省"剿匪"總司令部副總司令，胡漢民權衡此事，認為"利害參半"，這裏的"利害"也是從對反蔣軍事行動的影響考慮的。

胡漢民聯絡張學良的計劃得到李宗仁的積極贊同。陳融致"延兄"函云：

> 此間聯小張亦政策之一變。此事不孤亦甚著力，言非合南北之力以挾門神不可。

延兄，胡漢民的化名；門神，藉指蔣介石。3月27日，國民黨西南執行部、西南政務會在廣州召開聯席會議，李宗仁自廣西前來參加會議。此函當作於會議期間。在西南實力派中，李宗仁反蔣最堅決，因此也很容易和胡漢民形成共同的戰略計劃——"合南北之力"痛打"蔣門神"。

不過，在哈佛燕京學社所藏胡漢民檔案中，此後就再也沒有和張學良進一步聯繫的材料了。

馮玉祥與胡漢民 *

—— 胡漢民晚年往來函電考釋之三

在 30 年代的反蔣活動中，馮玉祥與胡漢民一南一北，互相支持，關係密切。

"九一八"事變後不久，馮玉祥即派代表到上海訪問胡漢民，徵詢對國事的意見。1931 年 10 月 27 日，胡漢民答書云：

> 此次遼吉事起，國勢益危，知非舉國一致，無以禦外侮……國事至此，凡負責任之同志，均應有澈〔徹〕底之覺悟。過去種種錯誤，持改正之決心，精誠相結，共赴國難。

生活是最好的教師。嚴重的民族危機加上個人被軟禁的遭遇，使胡漢民從南京政府的擁護者轉為它的批判者和反對者。"過去種種錯誤"云云，宣示了胡漢民的這種變化。胡漢民是同盟會元老，在國民黨中具有崇高的地位，因此，馮玉祥讚賞胡漢民的這種變化，希望他出面領導，挽救民族危機。12 月 7 日，馮玉祥致電胡漢民云：

> 尚望先生以過去之奮鬥精神，領導而策勵之，共濟時艱，以挽危局。

當時，胡漢民等人正通過政治鬥爭要求蔣介石下野，12 月 11 日，胡漢民覆電馮玉祥云：

> 夫蔣氏必欲戀棧苟存，不惜委曲媚外。和平統一，改組政府，乃以蔣下野為先決條件。

---

* 原載《團結報》，1992 年 2 月 29 日。錄自楊天石《蔣介石與南京國民政府》，中國人民大學出版社 2007 年版。

在各方面的強烈呼籲下，蔣介石於 1931 年 12 月 15 日宣佈下野，但不久即重新上台。自此，馮、胡二人即轉而積極活動，準備軍事倒蔣。

1932 年，"一·二八"事變爆發，南京政府繼續執行對日妥協、退讓政策，馮玉祥極為悲憤，特別是當他得知中日秘密談判已經達成協議的時候，討蔣之志益堅。3 月中旬，馮玉祥應韓復榘之請暫住徐州，同時指令部將張允榮致函胡漢民稱：

> 煥公鑒於滬上密約已成，恍然於精衛之欺罔，悲憤焦急。…… 本擬來滬，重以魯韓密請暫住徐州。蓋蔣氏謀粵之急，已自胡宗南等入浙可睹。惟奸憝毒計，對粵亦將對北，韓遂當其衝，向方亦心憤於滬敗與東北之亡，頗思及時舉義，因請煥公於適當時間入魯主持北方局面。至將來與事諸軍，宋、梁等部已有約定，他者尚在協商。設西南能呼應於閩、贛、湘、鄂，因對日之失，動全國之聽，蔣氏可倒也。

煥公，指馮玉祥；魯韓、向方，均指韓復榘；宋，指宋哲元；梁，指梁冠英。在蔣介石下野後，馮玉祥曾對汪精衛寄以希望。1931 年 12 月 16 日，他曾致電胡漢民與汪精衛，希望他們能領導群倫，團結禦侮，共赴國難。但不料汪精衛卻支持蔣介石重新上台，並出而擔任行政院長，主張對日妥協，函中所稱"恍然於精衛之欺罔"，指此。從本函可以看出，馮玉祥由於對南京政府絕望，正聯絡韓復榘、宋哲元等北方將領，準備發動討蔣起義，他希望胡漢民能發動西南方面積極配合。

馮玉祥的北方發動計劃正合胡漢民之意，5 月 5 日，他覆函稱：

> 過去四五年，只見有個人，而不見有黨，故就黨言，從無所謂黨之決議。南京中央黨部議案如山，具文而已。凡所措施，無不出於個人私意。

政黨本來是近代民主制的產物，但蔣介石卻使它成為個人獨裁的工具和擺設。胡漢民這裏的批判，有相當的尖銳性和深刻性，但胡漢民又認為：環顧海內外，求其有歷史、有主義、有力量，能救中國者，仍非國民黨莫屬。這一時期，胡漢民正在籌組"新國民黨"，馮玉祥是他的發展對象之一，因此說了上述一段話。同函又稱：

> 亦欲稍聞方略，俾得先事預圖，南方同志精神團結，意志不移，遇有舉措，必竭誠襄助也。

卒章顯志，胡漢民表示支持馮玉祥的北方舉義計劃，同年，胡漢民再函馮玉祥云：

> 苟非在政治上謀急劇之發展，在軍事上作有效之措置，勢必使大河以北成為東北之續，而中國將無可救。

胡漢民已經預見到日本帝國主義在侵佔東北之後，必將進而侵略華北，因此主張政治與軍事雙管齊下，謀求救亡之道。同函並表示："自非聯合一致，難收策進之效。"此函說明，雙方在南北配合，協同動作上已經取得共識。當年10月9日，馮玉祥離開泰山，前往張家口組織抗日同盟軍。行前，胡漢民派曹四勿到馮處，發展馮加入"新國民黨"，並資助100萬元。

果然，日本侵略軍於1933年即佔領山海關，加緊了侵略華北的步驟。1月5日，鄒魯奉胡漢民之命密電馮玉祥稱：

> 榆關已失，華北危急，抗日救國，萬難刻緩。請公力為提攜並示方針，以便一致動作。

7日，馮玉祥覆電表示："凡為親日辱國以阻撓抗日者皆為吾敵，應竭力攻擊之。"又稱："茲事體大，非群策群力，不能有所收效。"此後，馮、胡二人即分頭活動，企圖建立聯合抗日的軍事組織。3月，蔣介石親臨石家莊，迫使張學良引咎出洋。蔣介石旋即任命何應欽代理張學良職務，企圖乘機控制北方軍事力量。為了與蔣介石對抗，胡漢民一面致電馮玉祥、韓復榘、石友三、孫殿英等，促進他們之間的聯合；一面致函陳濟棠、蕭佛成、鄒魯、李宗仁、鄧澤如、劉蘆隱等，要求他們予馮玉祥等人以協助。函稱：

> 此項組織仍以抗日救國為名，並須籠罩鹿（鍾麟）、韓（復榘）、閻（錫山）、馮（玉祥）及東北各舊部。

同年5月，馮玉祥在察哈爾樹起抗日同盟軍大旗，胡漢民認為時機已到，準備派西南抗日軍北上，推進到武漢一帶，然後南北並舉，聲討蔣介石，合力推翻南京政府。29日胡漢民得知黃郛、何應欽即將代表南京政府與日妥協，在《致袞堯函》中云：

> 寧府之對日屈辱已成事實。此間同志早經決定，聯合華北將領一致反對。煥章同志刻已於26日就任民眾抗日同盟軍總司令職，統率長城外各路義軍及西北軍舊部，西南抗日軍亦積極北進，同時則大舉剿共，使西南兵力推入長江。

31日，《塘沽協定》簽字。該協定實際上承認日本佔領東三省和熱河，並將察北、冀東大片國土拱手讓敵，胡漢民與蕭佛成、鄧澤如、鄒魯聯名致電馮玉祥稱：

> 蔣、日妥協已見事實……請公立振義師，先就北平擒拿經手訂立妥協之何〇〇、黃〇〇，即行討蔣以抗日。此間當即一致動作。刻撥充〇〇元。

當時，胡漢民確曾緊張、興奮過一陣子，力圖動員各方力量，支持馮玉祥，奮起抗日反蔣。6月17日，胡漢民致函"新國民黨"美國總支部稱：

> 自馮煥章同志秉承本黨同志公意，崛起張垣，就任抗日同盟軍總司

令，南京當局對之橫施壓迫，尤無所不用其極。黨國危難，至於如此，非我黨同志團結奮起，攘除奸兇，實無以救亡。

察哈爾抗日同盟軍成立後，南京政府即調集大軍圍攻，同時以金錢收買，胡函所稱"橫施壓迫，無所不用其極"，確是事實。7月29日，胡漢民：《致馮生函》又云：

> 自《塘沽協定》屈辱簽字，斷送國土至達46萬方里，且以灤東一帶為中立區，收編逆軍，使之盤踞其間，近並勾結敵逆，期消滅抗日之馮、方諸將領。

馮，指馮玉祥；方，指方振武。為了消滅抗日同盟軍，南京政府甚至不惜勾結日本侵略軍和偽軍張海鵬部等聯合進攻，本函反映出胡漢民對此的強烈憤慨之情。

由於外有大軍進逼，內有財政困難，馮玉祥於8月17日回泰山隱居。24日，胡漢民致電慰問，認為"時局更新，似尚有待"，但是，胡漢民並沒有消沉。他一面支持馮部方振武、吉鴻昌兩軍繼續討蔣抗日，一面繼續聯絡南方各省實力派，同時，整頓"新國民黨"，改變其組織系統。11月11日，胡漢民致電馮玉祥：

> 此間主旨仍在團結粵、桂、閩諸省，相時而動。黨務方面最近微有改革，一切機關式之組織概行廢棄，以黨的工作為黨的組織之中心，經費之支配隨之。

胡漢民希望"粵、桂、閩"諸省團結，但是，並未能如願。同月16日，福建方面率先發動，其後，在對待福建人民政府態度上，馮、胡二人出現分歧。

據胡漢民分析，當時有四派：1. 急於防閩者，如陳濟棠；2. 急於圖蔣者，如李宗仁、白崇禧；3. 欲兩利而並存之者，如馮玉祥、李烈鈞；4. 兩責而並去之者，如在上海的部分國民黨中央委員。胡漢民認為馮玉祥、李烈鈞的態度"最不足道"。他贊成第四派，即既反對南京政府，也反對福建人民政府。11月27日，胡漢民致電馮玉祥，告以"對寧、對閩，今後將同在我人反對之列"。大概馮玉祥在某封電報中表達了對福建人民政府較多的同情，使胡漢民頗為不快。12月10日，他致函陳融說：

> 今晨已電省，請譯覆馬二先生矣。馬二此電，措詞乃與他電口氣兩樣，意者閩所派人已到彼處，馬本第三黨，此電殆專為該黨人發也。

12月15日，胡漢民再函陳融云：

> 最好笑者馬二先生迭電催人發動倒△（蔣），而己則以轉圜跛等為己任，只好婉詞答之耳。

從本函看，馮玉祥曾多次電催胡漢民發動，自己則以"轉圜"陳銘樞等人自任，但胡當時並沒有發動的力量，因此，只能"婉詞答之"了。此後，雙方聯繫漸疏。

1934年11月，馮玉祥派高觀民到香港訪問胡漢民，23日，胡漢民致函馮玉祥，告以南方正在"嚴切準備"，又告以與高所談兩點：

> 其一，以為我人此時在革命工作之進行上與其為局部之指揮者，不如為全部之指導者；其二，外交之事，以保障國家民族之福利為前提，總理遺囑"聯合世界上以平等待我之民族"，實為外交上至當不易之原則。

由於在各地的反蔣軍事行動都先後失敗，因此，胡漢民已經改變策略，正在和蔣介石進行政治和黨務方面的鬥爭，所謂"與其為局部之指揮者，不如為全部之指導者"云云，正是這一策略轉變的含蓄的說法。

曹任遠與胡漢民的新國民黨 *
——讀謝幼田未刊稿《謝慧生先生年譜長編》

　　打開 5 月 22 日的《團結報》，突然看到一條消息：民革中央團結委員會委員曹任遠同志於 1991 年 5 月 4 日 17 時因病醫治無效逝世，享年 98 歲，這不是我不久前訪問過的曹四勿老人嗎？怎麼竟去世了呢！

　　1990 年我在美國的時候，曾經發現過一批胡漢民晚年的未刊函電，其中有兩通涉及曹四勿。其一為胡漢民 1933 年 1 月致閻錫山函，中云：“西南已成立國防委員會，矢為北方後援。因四勿同志之行，一抒胸臆。”日本帝國主義自侵佔我國東三省後，即積極侵略我華北地區。當月 3 日，山海關及臨榆縣城為日軍侵佔。同月，在胡漢民領導下，廣東、廣西、福建三省成立國防委員會，以陳濟棠、李宗仁、白崇禧、蔣光鼐、蔡廷鍇等為委員，籌備討蔣抗日。胡漢民希望北方也成立相同的組織，派曹四勿聯絡閻錫山，正是為了這一目的。其二為胡漢民 1934 年 11 月 20 日致鄒魯函，提議“厘整各地交通組織並確定其任務與權責”，決定“取消空洞之分部及小組”、“打破地域制，採取業務制”，即將胡系“新國民黨”的成員按政治運動、文化、軍事、青年、農工、特務、交通聯繫等方面組織起來。末注：“曹四勿帶省。”當時，胡漢民在香港，鄒魯在廣州；帶省，即帶至廣州。

　　從上述兩函可以得知，曹四勿是胡漢民系的一位頗為重要的人物。但究竟是何許人，我不知道。

　　後來，我到斯坦福大學胡佛研究所訪問，見到謝幼田教授。謝教授是國民黨元老謝持先生的哲孫，我們一見面，自然談到國民黨史，也談到了“曹四勿”。不料謝教授竟告訴我，曹四勿是他的姑父，現在叫曹任遠，還健在，住在北京勁松地區。我離美前夕，謝教授將他精心編撰的《謝慧生先生年譜長編》

---

*　原載《團結報》，1991 年 6 月 22 日。錄自楊天石《蔣介石與南京國民政府》，中國人民大學出版社 2007 年版。

未刊手稿複印了一份給我，其中引有曹四勿的數段回憶。其一云：

> 中原大戰緊張時，南京只有一營人了，都上了前線。雙方爭持不下，關鍵就在胡漢民身上，李、白的部隊從廣西出來打下長沙、岳陽，要與閻、馮會師岳陽，是擁胡的廣東部隊蔡廷鍇和蔣光鼐從後面打下衡陽，迫使李、白退回廣西。這時，只要胡漢民說一句話蔣就垮。於是，先生（指謝持，筆者注）給胡漢民寫一封信，由我冒險秘密去南京見胡。我到南京住立法委員盧伯瑯家，他引我見胡漢民。胡漢民與我吵了一架，他說："汪精衛是什麼東西，就想要官當領袖。" 胡漢民從後門把我送出來，握手時我說："蔣要幹你時，我再來救你！我看最多兩年！" 盧伯瑯說："無人這樣說過他。"

1930 年，閻錫山、馮玉祥、李宗仁、白崇禧，以及改組派的汪精衛、陳公博，西山會議派的鄒魯、謝持等結成反蔣戰線。4 月，閻、馮、李分別就任"中華民國陸海空軍總司令"、"副總司令"。6 月初，李宗仁、白崇禧部攻佔長沙。25 日，閻錫山部佔領濟南。但是，蔣介石旋命粵軍蔣光鼐、蔡廷鍇出師衡陽，李宗仁、白崇禧害怕後路被截，不得已退回廣西，蔣介石得以專力對付北方的晉軍和馮軍。正是在這個時候，謝持派曹四勿去南京見胡漢民，動員胡漢民反蔣，但這時，胡漢民支持蔣介石，曹四勿未能完成使命。

其二云：

> 民國二十一年五六月間，胡漢民一連來了六封電報，要我去廣州。先生雖然養病，仍關注國家大事，同意我去看看。我南下後在香港拜見胡漢民，他要我參與組織"新國民黨"，告訴我"只要反蔣最堅決的人"，由於特殊環境，對外皆否定其存在。參與負責的有鄧澤如、蕭佛成、林直勉，還有陳濟棠和李宗仁、白崇禧。由胡漢民任主席，鄒魯任書記長，我為副書記長兼華東黨部書記長。我隨後赴華北，路過上海時見先生，先生指示"只言抗日，其餘不涉"。我在泰山見馮玉祥，馮一見我就把窗簾都放下，

說"好多人都不聽我的了"。我介紹他加入新國民黨,他宣誓,我是監誓人。我們討論群組織抗日救國軍,我代表西南給他一百萬。1933年春夏,他以此錢組織"民眾抗日軍"打日本人。新國民黨在湖南、四川、貴州、福建等都有秘密發展,但因時變化,一切圍繞統一抗日,且南方軍人別有所圖,故無結(果)而終。有關人員對此事皆諱莫如深。

1931年,胡漢民與蔣介石在制訂"訓政時期約法"問題上產生尖銳分歧。2月28日,胡漢民被蔣介石軟禁於南京湯山。同年,"九一八"事變發生,蔣介石迫於各方壓力,釋放胡漢民。自此,胡漢民即模仿孫中山改組國民黨的做法,秘密組織"新國民黨",同時,廣泛聯絡各方力量,企圖以軍事行動推翻南京政權。馮玉祥是胡漢民的重點聯絡對象。1933年5月,馮玉祥在張家口組織察哈爾抗日同盟軍,即得到胡漢民的大力支持,曹四勿的這段回憶,是關於"新國民黨"和察哈爾抗日同盟軍的重要史料。

謝幼田教授除贈我謝持先生年譜長編影本外,又交給我一封給曹四勿先生的信,大意是說,我是研究近代史的,建議曹四勿先生將"一肚子的歷史"向我傾訴。我回京後,將信寄給了曹先生,很快就得了他的回信,歡迎我去一談。某日下午,我去見曹先生。曹先生正臥病在床。他掙扎著由人扶起來坐到沙發上,休息片刻後,就對我講起來,看來,曹先生有準備,確實想把"一肚子歷史"都傾倒出來。但是,老人年事已高,上午剛剛出院,身體虛弱,聲音很低,他的四川口音又重,我能聽懂的很少。但我不能讓老人察覺,只好頻頻點頭。其間,我曾問曹先生:"山西之行如何?"曹先生答:"閻錫山最不是東西!"我又問:"泰山之行如何?"曹先生為我詳述了和馮玉祥見面的細節,並稱:他當時曾問馮,何時去張家口,馮答:就去!就去!

考慮到老人的健康狀況,我不忍多打攪,在老人的談話告段落時,我即起身告辭。我對老人說,等他身體康復以後再來,沒想到老人竟突然去世了。

他的"一肚子歷史"是否全帶走了呢?倘有留存,很希望有關人士能公之於天下。

謹以此文,悼念曹任遠先生。

一項南北聯合、打倒蔣介石計劃的夭折 *
—— 台灣所藏閻錫山檔案一瞥

閻錫山生前不僅注意保存自己的檔案，而且還專門設立機構，截收民國時期的各方電報，因此，台北"國史館"所存閻錫山檔案內容極為豐富，可以說是研究民國史的一座尚待開發的礦藏。

我訪問台灣期間，曾流覽過閻錫山檔案的部分內容，茲就 1930 年代一項南北聯合，打倒蔣介石計劃的提出和夭折，略窺該項檔案的價值。

1930 年代初期，天津是華北的政治重地，各派都派有代表常駐。閻錫山在天津也設有聯絡處，其負責人為傅覺民，任務是與各方聯繫，收集情報，收轉各方文電。當時，各方打給閻錫山的電報常常是先打給傅覺民，再由傅打給山西清鄉督辦楊愛源，由楊加以處理。本文所述，即為此類電報。

一、日軍侵略華北，胡漢民等加緊倒蔣，爭取閻錫山，支援馮玉祥

1933 年 3 月，日軍侵佔熱河，進攻長城各口。5 月 31 日，中日雙方在塘沽簽訂停戰協定，南京國民政府讓出察哈爾北部與河北東部大片國土，並在事實上承認了日本對於東三省和熱河的佔領。其後，日本帝國主義即在冀東建立偽組織，蓄謀進一步擴大侵略，建立所謂華北政府。

《塘沽協定》加深了華北危機，也加深了國民黨內部的派系糾紛，以胡漢民為首的國民黨西南執行部和西南政務委員會（簡稱西南派）企圖利用這一時機，加緊反蔣活動，計劃出兵北上。6 月 4 日，傅覺民致電楊愛源，彙報西南情況云："塘沽簽字喪權太甚，西南倒蔣，更為積極。惟對出兵事，須另定辦法。"[1]
在日軍侵略熱河時，廣東、廣西、福建三省曾組織西南聯軍，以十九路軍抗日

---

* 原載《百年潮》，1997 年第 6 期。錄自楊天石《蔣介石與南京國民政府》，中國人民大學出版社 2007 年版。
1 《天津傅覺民致楊督辦定密支電》，029700，特種史料檔案，卷 22，1932—1933。

名將蔡廷鍇為總指揮，出師援熱，但因蔣介石阻止，師至湖南郴州而返。本電所言出兵，指當時西南方面正在醞釀的新的倒蔣軍事行動。

在 30 年代初期的反蔣派系中，最具實行精神的是馮玉祥。《塘沽協定》簽字前幾天，馮玉祥即在胡漢民等人的支援下，組織察哈爾民眾抗日同盟軍，奮起救國。第二天，西南派即通電支持，表示願為後盾。《塘沽協定》簽字後，李宗仁、陳銘樞、蔣光鼐等於 6 月 7 日在廣州會議，就反蔣抗日問題達成初步意見。10 日，胡漢民、鄒魯致電閻錫山，要求閻公開表態支持馮玉祥，並就近予以實際援助。電稱：

> 煥公崛起，請公就近援應，並號召各方，與之一致，無使受各個擊破，是所切禱！閩、桂、粵諸處，人已齊集廣州，商討蔣計劃。乞示我周行，無任遠盼。

西南派是一個複雜的派系，在反蔣抗日上雖然有共同語言，但其內部仍然矛盾重重。傅覺民將此電轉報山西的同時，特別說明：胡漢民等西南元老派、在野的李濟深、陳銘樞與廣東陳濟棠之間，"主張仍不能完全一致，故一時仍不易有開展作法"。閻錫山有鑒於此，決定暫時觀望。

蔣介石和地方實力派之間本來就存在著種種矛盾。日本帝國主義對華北的侵略不僅加深了中華民族的危機，而且嚴重威脅著華北以至華東地區部分實力派的利益。為了自保，不少派系都有投入抗日反蔣潮流的動向。5 月下旬，華北各實力派代表在天津會商，山東韓復榘的代表表示，將通電 "數蔣誤國之罪"，並與西南方面保持一致。其辦法是：由閻錫山領銜；如閻有顧慮，則請楊愛源及山西將領參加連署；如楊愛源亦不便參加，則請山西方面 "盡力援助"。[1] 電發，山西方面沒有反映。

閻錫山統治山西多年，既工於權術，又老於世道。他雖然和蔣介石有矛盾，但中原大戰時他已經有過反蔣失敗的經驗，要他再一次挑頭反蔣，"號召各方"，自然不是一件容易的事情。

---

1 《天津傅覺民致楊督辦定密支電》。

二、南北兩方計劃會師長江，共討蔣介石

馮玉祥察哈爾舉事之後，南北各派反蔣力量都曾計劃有所行動。南方，胡漢民等準備組織與南京相對立的政府，成立西南聯軍，北出長江；北方，梁冠英等推中原大戰時的前敵總指揮鹿鍾麟為首，準備出兵武漢，與胡漢民等會師。7月6日，傅覺民電楊愛源報告稱：（一）西南出兵刻下積極進行，俟將來到達相當地方時，剿共、倒蔣即雙管齊下。（二）馮玉祥就職多日，大家認清已無良好辦法，但甚望他能支持下去，以待時局之變化。（三）梁冠英、張印相、上官雲相等均有代表往返相商，俟西南出兵到湘，即擁戴鹿瑞伯（鍾麟）進佔武漢。傅覺民並稱，李宗仁、白崇禧已派前同李宗仁夫人來過山西的瞿雨農來津，共商進行。傅電顯示，一個南北同時出兵，會師長江，共同推翻南京國民政府的計劃正在醞釀中。

三、胡漢民等企圖成立政府，公開與南京抗衡，雖成立有日，而終成泡影

西南方面雖然積極準備成立政府，出兵北上，但是，並未能實行。其原因，7月10日前後，西南方面曾致電傅覺民說明："此間討蔣，本已一致，只因軍事、財政略有困難，故軍事當局稍有躊躇，現已積極促開新局。" 11日，再致一電，較前電說得更為具體，略云：

> 此間剿共，因相持千餘里，未能一時將軍隊抽回，加以金銀價本年起落太鉅，金融發生恐慌，遂致未能即時成立政府，宣佈討蔣。倘今後剿共仍成相持之局，將來即由閩、桂出師，湘、浙原定計劃決不變更，請促各方一致奮起。千夫所指之蔣，決無不倒之理也。

當時，陳濟棠周旋於兩種政治力量之間，既支持胡漢民等反蔣，又接受蔣介石的"剿共"指令。當年6月1日，陳通電就任"剿匪"軍南路總司令，佈

置對中國工農紅軍作戰。本電所稱因"剿共"，"未能一時將軍隊抽回"，以及所謂"金融發生恐慌"，均指陳濟棠。看來，陳濟棠的態度發生了變化。因此，胡漢民等不得不將希望轉寄於福建、廣西方面。"湘浙計劃"云云，當指由廣西、福建分別出兵進軍湖南和浙江。

然而，世事正如浮雲蒼狗，在接連給華北方面發過兩通令人沮喪的電報後，胡漢民等卻突然派人到天津，給華北實力派們送來了一連串令人振奮的好消息。據稱：陳濟棠的態度堅定了，與陳銘樞、李濟深、李宗仁的緩急之爭也由於胡漢民的調停解決了。不僅如此，陳濟棠還派人到香港表示，歡迎胡漢民入粵，組織政府。7月21日，傅覺民致電楊愛源云：

> 關於倒蔣抗日，伯南（陳濟棠）與真如（陳銘樞）、任潮（李濟深）、德鄰（李宗仁）素來主張緩急不同，因胡漢民之從中調處，近已完全一致。伯南昨已派林翼中來港，謁漢民表示決心，歡迎漢民入粵，主持大計。胡漢民等主張於最近期間組織政府，陳濟棠表示唯命是聽。據來人言，西南政府不久即可組織，胡漢民不久即可入粵主持一切。[1]

消息既然如此之好，韓復榘便首先積極起來，他表示："只要西南方面有具體辦法，彼可起而回應。"[2]

其後，胡漢民、李宗仁等一再給傅覺民來電，聲稱"正積極籌備"。[3] 7月26日，胡漢民、蕭佛成、鄧澤如、鄒魯聯名致電楊愛源稱："此間一切籌備已妥，日內即可發表。"胡等並稱，已致電閻錫山："請其領導北方同胞，一致動作"。在天津的各地實力派代表也紛紛表示擁戴閻錫山。8月4日，傅覺民電閻錫山稱："在津諸同人對我公之為人均深讚佩，除逕電我公外，並祝代為達意"。[4]

然而，華北的反蔣份子並沒有高興多久。過了幾天，西南方面又來電稱："大計已定，不日發動，但因陳濟棠一人關係，至今仍不能有所表現。"[5] 原來，

1 《傅覺民致楊愛源馬電》，1933 年 7 月 21 日。括弧中人名為本文作者所注。
2 同上，1933 年 7 月 25 日。
3 同上，1933 年 7 月 31 日。
4 同上，1933 年 8 月 4 日。
5 同上，1933 年 8 月 17 日。

問題還是出在陳濟棠身上。

30年代初期，陳濟棠游移於反蔣與擁蔣之間，一方面，他挾胡漢民以自重，對蔣保持半獨立狀態，另一方面，他又不願真正擁胡，以免胡等威脅他的地位。對此，後來李宗仁分析說："陳濟棠盤據廣東，儼然是嶺南之主。如在廣東組織政府，則黨中元老以及陳（銘樞）、蔣（光鼐）、蔡（廷鍇）等人將接踵而至，這樣則抗日反蔣未成，而陳濟棠先已失去其在廣東惟我獨尊的局面。"[1]李宗仁的這一分析，是符合事實的。

西南方面既不能出兵北上，華北和各地的反蔣實力派自然不敢輕動。作為地方實力派，其中除部分人確實具有愛國思想，如馮玉祥外，其他不少人並無固定的政治主張，而是以割據和自保作為最高利益。為了自保，反蔣可，擁蔣亦可，抗日可，親日亦可，完全視形勢和條件是否於己有利而定。8月5日，馮玉祥因勢單力孤，被迫交出察哈爾省大權，回泰山隱居，華北的抗日反蔣潮流暫時沉寂。

四、反蔣抗日乎？團結禦侮乎？

為了使華北實力派不致過於失望，9月下旬，唐紹儀、蕭佛成、鄧澤如、陳濟棠、李宗仁、鄒魯以西南政務委員會名義聯名致電北方將領，堅持必須討蔣才能抗日。電稱：

> 今日國勢阽危已極，始為日本暴力所侵陵，繼為蔣日密謀勾結所危害，亂亡之禍，不可終日，故必討蔣始足以抗日，始足以救亡，已為舉國所公認。或有以國難方殷，宜協力禦侮，而不宜自起糾紛者，此其自誤誤國，特為南京政府精誠團結、共赴國難之口號所蒙蔽，蔣氏反而利用國難，排除異己，賣國家以求獨裁，自難再事容忍。[2]

---

1 《李宗仁回憶錄》，廣西政協文史資料委員會版，第658頁。
2 《楊愛源致傅覺民》，1933年9月30日。

從本電看，當時國民黨內部也存在著兩種意見，一種是"討蔣始足以抗日"，一種是"協力禦侮"。胡漢民等堅持前者，反對後者；要轉移到後者方面來，還有一段過程。

日本帝國主義份子一方面不斷製造侵華事件，企圖擴大侵略；另一方面則扶持反蔣勢力，企圖製造糾紛，混水摸魚，以華制華。日本軍方和特務機構有專人做胡漢民等西南派的工作。從閻檔看，《塘沽協定》簽字後不久，日本方面就表示："願助西南倒蔣。"[1] 7 月，日本方面宣稱，蔣雖讓步屈服，而日本仍不願從此了事，以後當更變更方略，與蔣為難。[2] 8 月中，又在華北派中表示："凡係確實倒蔣份子"，均將加以援助。[3] 在日方一再拉攏下，西南派中一度有聯日的主張。10 月 14 日，傅覺民致電山西稱："西南年來以為倒蔣、抗日並重，近來已變更主張，以為倒蔣必須聯日。"[4] 不過，由於胡漢民等堅持民族大義，西南派中的聯日主張沒有成為主流。北方的方振武即使處於困境，寧可失敗也拒絕和日方妥協。[5]

五、福建方面不能忍耐，決定甩開廣東，聯絡廣西，但最後只能單幹

在南北反蔣潮流先後沉寂之後，福建方面不能忍耐了。李濟深、陳銘樞等決定甩開陳濟棠，與廣西合作。他們先後派人北上稱："陳濟棠倘真不幹，彼等將推李宗仁為西南軍事首領，積極討蔣。"[6] 資料表明，這以後，福建方面和閻錫山的談判也似乎相當圓滿。閻錫山提出注意對日外交、迎接張學良回國兩點，福建方面完全接受。10 月 21 日，傅覺民致電山西云："閩雖一隅，而其勢甚壯，寧府已乏善處之方。"傅並稱："若再遷延日久，桂、粵亦將另有舉動，而華北之孫（殿英）、韓（復榘），聞亦將有同情之表示。"這樣，形勢似乎又樂觀起來。

1　《天津傅覺民致楊督辦定密支電》。

2　《傅覺民致楊督辦世電》，1933 年 7 月 31 日。

3　《傅覺民電》，1933 年 8 月 17 日。

4　同上，1933 年 10 月 14 日。

5　同上，1833 年 10 月 19 日。

6　《傅覺民致楊愛源》，1933 年 8 月 17 日。

果然，過了兩天，李濟深就派人通知華北各反蔣派系：閩桂聯盟已經形成，經濟問題也解決了。10 月 23 日，傅覺民致電山西稱：

> 李與真如（陳銘樞）、李宗仁等已結合一致，得華僑經濟之助，在閩、桂組府，暫不要黨。先連合南北實力派，共同推動現在僵局。

在此情況下，閻錫山派人到天津，與福建代表進一步商談。

11 月 20 日，福建事變爆發。但是，由於它另建國號，另建黨派，並且聯合共產黨，因此，遭到胡漢民、陳濟棠等人的反對。李宗仁雖與福建方面有約，但因廣東方面反對，他也不敢貿然從事。關於此，陳濟棠後來回憶說："余審度其所作所為，既不尊奉總理，又不要黨，實感無限驚異，故當事變發生後數日，余即在西南政務委員會，提通過反對此次事變之議案。當會議進行之際，李宗仁曾持異議，謂不可遽而通過，主張暫時靜觀其變，余事先已接獲情報，謂李宗仁與閩方已早有默契，今觀此而益信，余遂決意及早表明余之態度，故不顧李之反對，力主通過，眾亦贊成。"[1]

胡漢民等雖不願與福建方面合作，但企圖利用福建作為王牌，從政治上打擊南京政府，逼迫蔣介石與汪精衛下台。12 月 8 日，傅覺民致電山西稱：

> 黃建平昨日返津，謂兩廣實力派與元老派已商妥一種挽救時局及逼蔣、汪下野辦法，特派代表北來，向各方商洽，過濟時與韓晤商，韓極端贊同，並由趙式中代表隨同赴並。

黃建平，廣西李宗仁的代表。從本電看，胡漢民等已將該計劃付之行動，聯絡過韓復榘，並準備進一步聯絡閻錫山等。12 月 14 日，傅覺民偕同黃建平、趙式中到達山西。[2] 只不過蔣介石迅速對福建方面取得了軍事勝利，胡漢民等人就計無可施了。

1　《陳濟棠自傳稿》，台北傳記文學出版社 1974 年版，第 51—52 頁。
2　《徐永昌日記》，1933 年 12 月 15 日。

六、孫殿英懷著與楊虎城聯盟的希望孤軍西進

在長城抗戰中，孫殿英所部有較好表現。馮玉祥成立察哈爾抗日同盟軍期間，南京國民政府一直竭力防範孫部參加同盟軍，企圖將孫部調往西北。6 月 15 日，蔣介石接受何應欽的意見，任命孫殿英為青海西區屯墾督辦。同盟軍失敗之後，蔣介石進一步加緊了對華北、西北異己力量的防範。孫殿英與陝西實力派楊虎城陸續派人到天津，聯絡各方反蔣力量。孫、楊的代表都表示：自馮玉祥下野後，處境日益惡劣，決心共同討蔣。孫殿英的代表並稱：已多方請人與韓復榘接洽，"盼切實結合，造成一新局面"。

胡漢民的新計劃失去實施可能，孫殿英的聯合韓復榘、開拓新局面的計劃也因故未能成功。11 月下旬，孫殿英與馬占山聯合，準備進軍西北。[1] 其後，部分原東北義勇軍投入孫部，但馬占山並沒有參加。[2] 孫殿英西進之後，原計劃與楊虎城聯盟，打下蘭州，以便胡漢民在當地建立反蔣政府。不過，孫部在到達寧夏後也很快失敗了。

30 年代初期國民黨內部的反蔣抗日潮流 *
——讀台灣所藏胡漢民旅歐期間往來電報

1991 年，我曾根據美國哈佛燕京學社所藏檔案寫過一篇題為《胡漢民的軍事倒蔣密謀及蔣胡和解》的文章，闡發 20 世紀 30 年代，胡漢民數度密謀以軍事行動推倒南京國民政府的事實。[3] 1996 年，我訪問台灣期間，又在國民黨黨史會及 "國史館" 等處讀到了一批文件，可以進一步加深對上述史事的了解。這

1　《傅覺民儉電》，1933 年 11 月 28 日。

2　《李純華等致各方通電》，《民國檔案》，1995 年第 1 期。

*　原載《百年潮》，1997 年第 6 期。錄自楊天石《蔣介石與南京國民政府》，中國人民大學出版社 2007 年版。

3　《抗日戰爭研究》，1991 年第 1 期。收入拙著《尋求歷史的謎底——近代中國的政治與人物》，首都師範大學出版社 1993 年版，又台灣文史哲出版社 1994 年版。

些文件反映出，"九一八"事變後，由於對南京國民政府對日妥協政策的不滿，國民黨內或明或暗地翻滾著多股反蔣抗日的潮流。

一、陳銘樞、蔡廷鍇、蔣光鼐

潮流之一是以陳銘樞、蔡廷鍇、蔣光鼐為代表的十九路軍勢力。國民黨黨史會所藏陳銘樞致胡漢民函云：

> 昨承面示，十九路軍餉經去電代為請求，謹代該軍全體感謝。樞本晚返京，因無別情，不及再聆指誨。賢初、啟秀尚在上海，經囑伊等，不時踵教。區區所存，兩人最能了悉，望先生不吝訓督，無異樞之晤對也。[1]

此函無年月，僅署"十五夕"。按，胡漢民於 1931 年 10 月 14 日被釋，自南京抵達上海，11 月 25 日離滬赴港。在此期間，陳銘樞曾於 11 月 3 日、18 日兩次到滬。據此，知此函為 1931 年 11 月 15 日作。函中所言賢初，指蔡廷鍇；啟秀，指譚啟秀，時任第十九路軍補充旅旅長。

"九一八"事變後，陳銘樞、蔡廷鍇所領導的第十九路軍調駐滬寧，負責長江三角洲一線的衛戍任務。十九路軍具有愛國思想，因此，得到胡漢民的支持。本函稱："十九路軍餉經去電代為請求"，可知胡漢民在上海時曾積極設法解決十九路軍的軍餉問題。"去電"，當指向廣東陳濟棠方面發電。根據其他資料，後來陳濟棠曾應胡漢民之請，按月為十九路軍提供過部分軍餉。[2]

1932 年 1 月，日軍悍然進攻上海閘北，十九路軍奮起抗戰。5 月，南京國民政府與日本訂立《淞滬停戰協定》。其後，十九路軍被調往福建"剿共"。同年，蔣光鼐致胡漢民函云：

1　本文所引，凡未注出處者，均為台北中國國民黨黨史會所藏資料。
2　蔣光鼐《對十九路軍與"福建事變"的補充》云："過去每月靠粵省補充費 50 萬元。"，《蔣光鼐將軍》，團結出版社 1989 年版，第 216 頁；參見《中華民國大事記》1932 年 8 月 11 日條，中國文史出版社版，第 402 頁。

日前已託瑞人兄再來港（廿四由滬啟程）面陳，甚欲得一具體辦法，到時請賜接見。此間環境日益惡劣，而財政關係又不能不遷就。擬於最短期間統一全省稅收，稍有辦法，即可放手做事。匆匆佈覆，未盡之言，統由河澧兄代達。

末署"晚光鼐拜上。十七。"所用為駐閩綏靖主任公署用箋。按，蔣光鼐被任命福建綏靖公署主任，時在 1932 年 7 月，但他不肯就職，一直託詞休養，在廣東故鄉東莞辦公益事業。直到同年 9 月 20 日，才因蔡廷鍇等力勸，到福建就職。瑞人，指鄧瑞人，銀行家，十九路軍與各方聯繫的使者；河澧，指黃河澧，胡漢民與福建方面的連絡人。

十九路軍調到福建後，仍念念不忘救國，並積極與在香港的胡漢民聯繫，合謀討蔣抗日。從本函可知，蔣光鼐到福建後，一面從統一全省稅收著手，藉以充實經濟力量，一面通過鄧瑞人、黃河澧，與胡漢民商量合作辦法。"而財政關係又不能不遷就"，"稍有辦法，即可放手做事"云云，可見當時困擾十九路軍，束縛其手腳的還是財政問題。

胡漢民在香港反蔣，依靠的是廣東實力派陳濟棠。同年 12 月 20 日，蔡廷鍇致胡漢民函云：

> 瑞人、河澧兩兄攜回手論敬悉。關於將來一切事宜，已復（派）瑞人兄與各前途接洽矣，但仍以伯南兄之意進行，請便中轉知伯南兄為禱！餘事已請河澧兄面呈。[1]

伯南，指陳濟棠。據本函可知，鄧瑞人、黃河澧帶回了胡漢民的指示。根據胡的指示，福建方面又派鄧瑞人與各方接洽，並再派黃河澧攜蔡廷鍇、譚啟秀等人函與胡漢民磋商。"仍以伯南兄之意進行"，可見，陳濟棠在西南反蔣派中的地位。

---

1 本函所用為第十九路軍總指揮部用箋，箋側填有中華民國二十一年字樣。

福建方面的動作，蔡廷鍇的信講得比較簡單，譚啟秀的信則講得比較詳細。譚信首稱："蔣氏以獨裁之手段，每思壓服全國以自雄，故對於兩粵及十九路軍多懷惡意。吾儕丁此時艱，當謀所以應付之策。"譚信繼稱：蔣光鼐（憬然）、蔡廷鍇（賢初）二人認為：東南一帶能與蔣介石相抗的只有粵、桂、閩三省，因此，已派鄧瑞人前往廣東、廣西，動員陳濟棠與李宗仁。其中，李宗仁"對於反抗獨裁，早具決心，當然不成問題"，而陳濟棠則"意志不堅，見利思遷，未敢深信"，但形勢又不能不以其為中心，因此，蔣、蔡二人擬請胡漢民與鄒魯一起就近做陳濟棠的工作，堅定其決心，譚稱：

> 夫勢分斯弱合乃成，就東南現勢而論，惟有粵、桂、閩三省聯成一氣，則內可以遏蔣氏之專橫，外足以抗暴日之侵略，而衡其趨勢，當然以伯南為中心。

譚啟秀希望以胡漢民的"德望威儀"，能夠"感悟"陳濟棠，"團結一致"，將三省的政治、軍事、財政"同冶一爐"，從而形成三省同盟。譚稱：倘能如此，"不特不憂蔣氏之獨裁，而暴日、赤匪亦不足平也。"

譚函並稱：福建地方餉項不敷，財政棘手，地丁錢糧已收至廿四年，地方稅亦抽收至廿二年四月，因此要求胡漢民"以愛護十九路之誠"，向陳濟棠陳請，在廣東原允協助十九路軍經費的基礎上，每月加給 20 萬元。

除蔡、譚二函外，黃河澧還帶去了蔣光鼐致胡漢民一函，內稱：

> 文燦先生來，藉奉手教，拜悉一一。此間因匪軍傾巢來犯，現正疲於應付，萬一匪作殊死戰，則前途未堪設想。竊念西南為整個集團，宜如何取得共同動作，以謀發展，此鼐等所日夜焦思者。今日之關鍵在伯南，倘伯南有決心，則鼐等當一惟其命，必無猶豫，望我公策動之。餘情仍請文燦先生代陳。[1]

---

[1] 本函所用為福建省政府用箋，末署"晚蔣光鼐拜上，廿三。"按，南京國民政府於 11 月 29 日免去楊樹莊的福建省主席職務，改任蔣光鼐為省主席兼民政廳長。

文燦先生，指黃河澧。"今日之關鍵在伯南"，蔣光鼐此函在寄希望於陳濟棠，請胡漢民出面"策動"方面與蔡廷鍇、譚啟秀函並無二致，所不同的是多了一個"匪軍傾巢來犯"問題。

蔣介石調十九路軍到福建是為了和中國工農紅軍作戰，因此，蔣光鼐等不得不兩面開弓，即一面反蔣，一面"剿匪"。這種情況自然使十九路軍處於十分尷尬、困難的局面。為了騰出手來反蔣抗日。蔣光鼐於 1933 年 3 月派李章達赴粵，與陳濟棠、李宗仁等簽訂《三省聯防約章草案》，繼而又與陳銘樞同赴廣州，商議脫離南京國民政府，"三省獨立"，自福建出兵進攻浙江。[1] 同年 9 月、10 月，派人去蘇區，與紅軍簽訂《反日反蔣初步協定》。但是，由於陳濟棠首鼠兩端，猶疑不決，三省的反蔣抗日計劃始終無法付諸實施。11 月，蔣介石對蔣光鼐、蔡廷鍇的活動有所察覺，於 17 日派自用飛機兩駕到福州，接蔡廷鍇到南昌會晤，責令表態。這樣，就迫使蔣、蔡等倉促行動，與李濟深、陳銘樞等共同發動"福建事變"。

12 月 17 日夜，蔡廷鍇致胡漢民函云：

> 河澧兄帶來鈞諭及面述各件，均奉悉種切。此次我軍發動倒蔣，略有錯誤，係一時激於義憤，但事前奉諸公電召，嗟〔磋〕商倒蔣大計，結果徒托空言，致使鍇與十九路全體將士失望。當時鍇與憬然處境已死而求生，走頭〔投〕無路。蔣賊已派飛機兩架，限鍇飛南昌表示態度，否則作違令罪，為勢所迫。我公所謂挺〔鋌〕而走險者，亦係死中求生，望公恕宥。事至今日，只有向蔣賊決死戰，雖死亦無恨。倘我公能推動西南即行倒蔣，鍇負責一切，為〔唯〕我公是從。否則，黨國前途絕望，寧可鍇負人，勿以人負我。其餘已與河澧詳談，已請其將鍇意代為詳報，尚懇特賜訓誨，俾有遵循為禱！

胡漢民雖然支持三省聯合反蔣，但他堅決不同意福建方面聯共，也不同意

1　陳融《致福兄電》，哈佛燕京學社圖書館藏，參見拙作《胡漢民的軍事倒蔣密謀及胡蔣和解》，《尋求歷史的謎底》，第 576 頁。

福建方面改國號、造新黨等做法，於是，即派黃河澧赴閩，要求福建方面"復國徽，復黨籍"，"捕八字腳"（捕共產黨人，筆者注）[1]，蔡函所稱"河澧兄帶來鈞諭及面述各件"，指此。函中，蔡廷鍇要求胡漢民立即推動西南各實力派共同倒蔣，並願歸順胡漢民麾下，"唯我公是從"。

胡漢民雖然為西南各實力派所擁戴，但他只是有名無實的精神領袖，陳濟棠不點頭，各事均無從進行。事變發生後，西南方面仍然處於無所作為狀態，而蔣介石卻雷厲風行，於12月中旬派10餘萬軍隊入閩，先後攻陷延平、水口等地。1934年1月14日，蔣光鼐與李濟深、陳銘樞、黃琪翔等撤離福州，抵達龍岩。當時，十九路軍已完全處於劣勢。胡漢民希望保存這一支抗日反蔣力量，向福建方面有所建議。20日，李濟深、陳銘樞、蔣光鼐致電胡漢民、鄒魯云：

> 尊電極以保全十九路軍為念，感激之私，如何可言！但現與蔣敵短兵相接，無迴旋之餘地，請公設法使粵、桂當局向蔣制止對閩用兵，十九路軍歸西南政務委員會節制，餉項有著，則一切謹如尊命，否則，蔣逆必欲消滅我軍而遂其莫予毒之志。我軍主力向〔尚〕完整，有與周旋到底，作偉烈之犧牲而已。賢初在軍前指揮，先此奉覆，再佇明教。[2]

李濟深等要求胡漢民等設法，由兩廣當局出面，使蔣介石停止軍事行動，而將十九路軍改歸胡漢民等人的西南政務委員會。這當然是不可能做到的。

李濟深等發出電報的當天，十九路軍主力隨毛維壽投蔣，福建事變徹底失敗。

福建事變失敗，蔡廷鍇偕譚啟秀等出國作環球旅行。1934年9月18日致胡漢民、鄒魯、蕭佛成、鄧澤如等函云：

> 鍇此次因環境所迫，不得已而亡命歐美，再圖追隨諸公之後。現國勢

---

1 《工致力翁》（胡漢民致陳融），哈佛燕京學社圖書館藏。
2 末署"深、樞、鼐。""一月廿日下午二時卅分到。"旁有墨筆批注："此跛、矮、小來電。"

至此，先派啟秀兄回國聽候諸公訓示一切。鍇所經過各國情形並由啟秀兄面陳，仍望時賜教益，不勝禱盼！

蔡廷鍇出國後，一路宣傳十九路軍事跡，聲稱"此世誓與日寇不兩立，與國賊不共存，決心堅持一貫之主張，繼續徹底抗日救國，矢志不渝"[1]他派譚啟秀先期返國，正是為了保持和國內抗日反蔣力量的聯繫。

二、馮玉祥

潮流之二是以馮玉祥為代表的原西北國民軍勢力。1929年、1930年兩年，馮玉祥曾多次舉兵反蔣，但均告失敗，被迫隱居汾陽山村，但反蔣之志不減。"九一八"事變後，馮玉祥出於愛國熱情，重新活躍於政治舞台。1931年11月17日致胡漢民函云：

> 先生離寧赴滬，舉國欣慰，而一切言論，莫不以正義為指歸，發奸摘伏，輿論翕然，遙企高風，欽敬無量。此次和平會議，全國屬望，惟蔣氏不悛，滅絕信義，從中作梗，破壞統一，舉國袍澤，莫不切齒。現四全大會，雖已分開，而未來艱難，仍多棘手。至希先生領導群倫，共籌至計，俾真正統一之政府早日實現，不僅弟個人所企望者也。現在北方情形無大變化，弟居此未敢自逸，倘能裨益黨國者，當竭力赴之也。

胡漢民被釋後，在上海積極發表抗戰言論，抨擊蔣介石的對日妥協政策，得到國民黨內抗日力量的擁護。當時，寧粵雙方正在上海召開和平統一會議，馮玉祥派張允榮（省三）等到上海與胡漢民聯繫，胡漢民於10月27日覆函馮玉祥，對他的愛國熱誠予以肯定。[2]此函為馮玉祥覆胡漢民之作。

上海和平會議決定寧粵雙方分別召開國民黨第四次全國代表大會，然後進

1　《蔡廷鍇自傳》，黑龍江人民出版社1982年版，第343頁。
2　《致馮玉祥》，哈佛燕京學社圖書館藏。

一步謀求合作。馮玉祥此函表達了希望胡漢民出面，"領導群倫"，建立統一政府的願望。

1932 年 3 月 13 日，馮玉祥再致胡漢民函云：

> 國難日亟，積憂成痗，海天南望，益切欽崇，敬惟履祉咸吉為祝。祥喉病未見減輕，現住徐州醫院。茲囑熊觀民弟赴港面謁，就聆謨誨，尚懇開示周行，俾有遵循為幸！餘事統由觀民面陳。

當時，十九路軍正在上海艱難抗戰中，3 月 9 日，日本又操縱溥儀在東北建立偽滿洲國，馮玉祥憂心國事，派熊觀民到香港與胡漢民磋商辦法。當日馮玉祥日記云："抗日為第一要事；不抗日，唯死而已。"[1]

馮玉祥當時的計劃是，聯絡韓復榘、宋哲元，由他自己主持北方，而由西南方面出面，聯絡福建、江西、湖南、湖北各省實力派，南北呼應，共同倒蔣抗日。[2] 胡漢民支持馮玉祥的計劃，於 5 月 5 日覆函，表示只要北方有所舉措，南方同志一定"竭誠襄助"。[3] 5 月 12 日，馮玉祥再致胡漢民一函云：

> 頃託任、何兩同志代致一函，計蒙鑒察。近辱國更甚矣！茲請張省三同志趨前面報一切，即請指示。

任，指任援道；何，指何世楨。二人均為胡漢民派往馮玉祥處的使者。當時，《中日上海停戰及日方撤軍協定》已經簽字，該協定規定中日雙方軍隊在上海周圍停止一切敵對行動，日軍撤至事變前原駐地區，受到各界人士的普遍反對，李宗仁等甚至以袁世凱的 21 條相比。馮函所稱"近辱國更甚矣"，指此。

馮玉祥與胡漢民由於在反蔣抗日上立場相同，因此，雙方使者往來頻繁。1932 年 7 月胡漢民派許崇灝北上。同月 25 日，馮玉祥致胡漢民函云：

1　《馮玉祥日記》，1932 年 3 月 13 日。
2　參見拙作《胡漢民的軍事倒蔣密謀及胡蔣和解》，《尋求歷史的謎底》，第 569 頁。
3　同上，第 570 頁。

頃承遣派許崇灝君北來，藉奉大教，備悉種凡。國事艱屯，外患環逼，自應修明內政，固結團體，方足以禦敵侵掠而應潮流。慨自建國以來，我邦人士之本此精神終始如一者，厥惟中山先生。乃大亂敉平，哲人遽萎，每懷先烈，曷勝傷心！幸吾兄篤守正諦，南服宣勤。靜珠海之波瀾，謀神州之根本。高懷卓識，無讓前徽；迢聽風聲，彌令傾倒。弟雖不敏，區區為國為民之願，素抱不逾。有利於此，無不竭誠努力以從。

許崇灝，字公武，廣東番禺人。曾任粵軍總司令部顧問。1928 年任兩粵賑災委員會委員。1929 年 12 月兼代考試院秘書長。函中，馮玉祥表示："區區為國為民之願，素抱不逾。有利於此，無不竭誠努力以從。"這說明，二人在反蔣計劃上已經達成共識。

1933 年 1 月 1 日，日軍突襲山海關，華北危急，蔣介石被迫派兵北上，但是，他的精神灌注所在還是江西的"剿共"軍事。同月末，南京政府決定將北平故宮文物南遷，裝箱待運，輿論強烈批評其重古董而不重土地、人民。馮玉祥激忿地在日記中寫道："古物已運往上海。這是什麼政治，會有這樣的糊塗混賬啊！"[1] 2 月 14 日，馮玉祥託凌昌炎攜函面見胡漢民，尖銳地指責蔣介石。函云：

自榆關失陷以來，表面上雖有調動大軍開赴前方之舉，而實際上如兵站之設置，彈藥之補充，軍費籌撥等等，迄未舉辦，是無異趨十餘萬大軍於絕境，此云抗日，真為欺人之談。現在軍隊已怨言四起，軍心既失，遑論應戰。南京政府對於華北之漠不關心有如此者！對於古物南遷之事，雖經各方竭力反對，終不能打消其原議。其賤人而貴物，已屬乖謬。近且以古物探借外債，藉以維持其政治生命。倘此事一成，恐國家將從此更多事矣！奈何奈何！

---

1 《馮玉祥日記》，1933 年 2 月 9 日。

馮玉祥要求胡漢民迅速籌劃，使西南方面一致行動，拯救華北。函稱：

> 祥以為華北之存亡，南京方面早已置之不顧，如西南諸賢達應時勢之
> 要求，順人民之意向，奮起救亡，頹勢可挽。否則華北恐不保矣！

為了挽救華北，1933 年 3 月間，胡漢民等決定組織西南聯軍北上抗日，馮玉祥等也決定在北方同時發動，不幸均先後失敗。此後，馮、胡間仍然信使往來，不絕於途。1934 年 1 月，胡漢民派曹四勿到泰山見馮。同月 12 日，馮玉祥派李興中攜函到香港見胡，函云：

> 曹四勿同志抵泰，道及尊況，不勝佩慰。國難日深，救亡圖存，端賴
> 藎籌。茲遣李興中同志趨前候教，敬請指示一切。

自 1933 年 1 月起，胡漢民即在廣州創辦《三民主義月刊》，提出要根據三民主義 "批判時事"，"評衡學術"，指責蔣介石所實行的 "個人主義的寡頭政治"。1934 年 10 月，南京政府為了實現寧粵合作，派王寵惠攜孔祥熙函南下，勸胡漢民北上參加國民黨五全大會。11 月 27 日，蔣介石與汪精衛聯名通電，提出中央與地方實行均權的五項原則。同時，再派王寵惠、孫科南下，勸說胡漢民等與中央 "團結"、"協作"。這一期間，胡漢民連續在《三民主義月刊》發表談話或文章，提出與南京方面的合作條件，認為 "在軍權統治之下，不能實行均權制度"。[1] 胡漢民的這些言論，深合馮玉祥的心意。1935 年 1 月 9 日，馮玉祥致函胡漢民云：

> 劉、熊二同志北來，得讀手教，敬悉種切。至於所囑指導與指揮之
> 點，更為欽佩無已。近讀《三民主義月刊》，知偉論益為光明正大。蓋今日
> 言團結則非此不可也。

1　胡漢民《軍權與均權》，《三民主義月刊》卷 4，6 期。

劉，指劉定五；熊，指熊觀民。1934 年 10 月，馮玉祥陸續派二人到廣東、香港等地，分別會見陳濟棠、胡漢民等人，就抗日反蔣等事有所商談。11 月 23 日，胡漢民覆函馮玉祥，主張"嚴切準備"。內稱："我人此時在革命工作之進行上，與其為局部之指揮者，不如為全部之指導者。"[1] 本函所稱"至於所囑指導與指揮之點"，指此。

三、程潛、陳嘉祐、柏文蔚、張知本、黃季陸等

潮流之三是以程潛、陳嘉祐、柏文蔚等為代表的長江中下游部分國民黨元老、官吏和軍人。

程潛於 1928 年被李宗仁拘禁，同年 11 月解除監視，其後，即寓居上海，逐漸成為湖南及上海地區反蔣派的領袖。當時，在他周圍的有柏文蔚、黃復生、熊克武、張知本、黃季陸、何世楨、桂崇基及原湘籍軍人、官吏陳嘉祐、陳嘉任等。

"一·二八"事變時，程潛目睹十九路軍英勇奮戰的事跡，十分振奮；但他深切了解蔣介石的對外妥協、對內鎮壓的政策，因此，又十分沉痛。1932 年 2 月 17 日，程潛致函胡漢民云：

> 我軍禦日，連戰皆捷，民族前途，頓呈曙光，此誠可慰。惟自應戰迄今，當局始終秉安外攘內之旨，牢持而未嘗稍懈。蓋國家將亡，必有妖孽，正誼宜其消沉矣！

他要求胡漢民早定計劃，及時行動，函稱：

> 際茲寇深魔長，存亡呼吸，諒公早儲碩劃，以為吾黨人士救國之旨歸。弟就管見所及，居今日而欲黨不自我毀，國不自我而亡，惟有樹立中

---

1 《致馮玉祥函》，哈佛燕京學社圖書館藏。

心，決定大計，集中革命力量，摧破腐惡勢力，捨此更無術以倖存。吾黨為國人詬病久矣，吾黨主義則如日月經天，初未嘗為國人所詬病也。是欲收集全民族對於吾黨之信仰，要在樹立三民主義以為之鵠，信受奉行，不涉虛偽。

函中所稱"樹立中心"，"集中革命力量，摧毀腐惡勢力"，實為要求胡漢民自立政府，團結各派反蔣力量，推翻蔣介石的統治。函中所稱"要在樹立三民主義以為之鵠，信受奉行，不涉虛偽"，則是要求胡漢民實行孫中山真正的三民主義。

函件繼稱：

長江上下游表面似為妖氛所瀰漫，其實人心未死，各部對於獨夫，亦多心懷攜貳，得此良機，促之反正，當不甚難。弟於此致力久矣，惜財力綿薄，尚未徵諸實用也。方今千鈞一髮，繫於西南，望領挈群賢，速定大計，樹立中心以端本，團結實力以待時，庶有豸乎！引領南望，不盡瞻依。

程潛長期經營兩湖，在當地廣有力量，但他也因為財政原因，不能行動。因而寄希望於西南方面。

1933 年 2 月，日軍進攻熱河，湯玉麟不戰而退。3 月 4 日，陳嘉祐致函胡漢民云：

此間各情，經歷次電聞，當邀察悉。劭襄同志自北歸，專程來港，必尤能備呈〔陳〕種切也。熱戰我軍不敗而退，日夕數百里，全熱（河）指顧將非我有，一般人對寧府之所謂抗戰，咸識其為欺騙政策。吾人於此，不能不有積極之主張與行動，以慰眾望。公及南中同志計必早籌及此，敬乞賜示，俾所遵循。鄙意託劭襄同志代達。

3 月 8 日，陳嘉祐再致一函云：

劻襄計已到港，頃石廮又自北歸，談北方情況甚詳，茲來港面陳種切，想我公必有以指示之也。熱河失陷，舉國同憤，介石捨外以對內之野心，已為人所共見，吾人於此不能不有積極之主張，以慰國人之望。昨在滬同人曾有電陳左右，計邀察及。務乞我公提挈西南同志，急起直追，作有效之奮鬥，甚所盼幸。

陳嘉祐曾任湘軍第六軍軍長、國民黨一大代表，北伐時期留守廣東。30 年代初追隨程潛反蔣，在湘籍軍人中有一定影響。

同年 3 月 1 日，方振武在山西成立抗日救國軍，於 4 月 4 日抵達河北邯鄲，一面北進，一面派徐午陽及其弟方芷南二人赴滬，向程潛乞援。同月，程潛致函胡漢民，將二人轉介於胡漢民。函云：

叔平兄能排萬難，與獨裁者相左，衝破此沉悶之空氣，殊堪欽佩。現徐、方二君南來，用特介紹，乞賜接洽，並予以實際上之援助，俾得奮勇前進，至所感禱耳！

程潛函中所稱 "實際上之援助"，主要指的是經濟，這一問題程潛無力解決，胡漢民也無力解決。徐、方二人到港後，胡漢民不得不為之向陳濟棠、李宗仁、蔡廷鍇呼籲。

當時，南京國民政府一意堅持對日妥協政策，方振武等部的零散抗日行為自然不能取得多大成效。

在方振武北上抗戰失敗之後，陳嘉祐、程潛曾計劃在湖南有所動作，但胡漢民認為就時機、財政、現有實力三方面考慮，條件還不成熟。8 月 1 日，胡漢民覆陳嘉祐函云：

弟對湘局，認為遲早必須刷新。粵、桂軍事當局亦同此意。惟時機、財政及現有實力三者，皆當考慮，故尚不能不以審慎出之。[1]

---

1 胡漢民《致陳嘉祐函》，哈佛燕京學社圖書館藏。

胡漢民當時的計劃是：首先建立中樞領導機構，然後與廣東、廣西、福建三省共同組織聯軍，北出長江，因此，胡漢民指示：要在總體規劃"妥籌決定"之後，再著手"改造湘局"問題。

除陳嘉祐外，柏文蔚在長江中下游一帶也有所活動，企圖發動軍隊起義。對此，胡漢民也不贊成。同年9月覆柏文蔚函云：

> 徐同志談長江軍事情形甚悉。然苟無中心之領導機構，則此種向義之軍隊，必日即解體，為反動軍閥所各個擊破。[1]

函中所稱"中心之領導機構"，指胡漢民正在組織的新國民黨。1934年1月27日陳嘉祐致胡漢民函云：

> 養晦歸，得悉種切，故祐擬南來暫作罷。滬上報紙所載，寧方攻閩甚極〔急〕，將何以挽救之？否則唇亡齒寒矣。朱同志稼田係安徽老革命黨，業經祐紹介加入團體，並曾經呈請中央指派工作，以黨務停頓中止。茲因叔平兄之召來港，特紹介至公處一談。如有使命之處，當能為黨效勞也。[2]

本函作於福建事變期間。所稱"紹介加入團體"，即指成立不久的新國民黨；所稱"呈請中央指派工作"，即指新國民黨中央。

新國民黨中央成立後，胡漢民於1933年11月決定在上海設立地方幹部，以陳嘉祐、熊克武、柏文蔚、程潛、劉蘆隱為幹部委員，並以劉為書記長，下轄蘇、浙、贛、鄂、湘、川7個分部。1934年7月29日，程潛致胡漢民函云：

> 數月以來，音問益疏，而大局沉悶，日趨黑暗，其為危亡之徵，抑或光明之兆，殊未卜也。海上同志意志頗堅，惟自蘆隱由粵返滬後，頗形消極，似多不信蘆隱。最近幾度集結，然亦無異於牛衣相對，徒喚奈何！

1　胡漢民《致柏烈武函》，同上。
2　本函僅署廿七日。據函中云："寧方攻閩甚極〔急〕"，知為1934年1月作。

弟不自度量，奮與賊鬥，又已七閱月矣，雖無十分成效，然以《南針》頗能喚起社會注意，致為群賊所恨，疲竭萬分，欲罷不能。至於兩湖內部之事，因著手久，頗有成效。茲特遣閻復同志前來報告湘情，即乞接納指示，俾有率循。

蘆隱，指劉蘆隱，同盟會會員。曾任國民黨中央黨部宣傳部長。1932 年辭去在國民黨中央及南京國民政府的職務，到香港參加西南方面的反蔣活動。從程潛致胡漢民函看，他受胡漢民之命到上海工作後，不能得到其他人的支援，上海工作出現停頓狀態，因此，程潛很著急。

《南針》，程潛於 1932 年 1 月在上海創辦的雜誌，半月刊，以"闡揚三民主義，並力求其實現"為主旨。發刊詞稱："實現三民主義之道"，在於"黨內同志，各自痛改前非，去其私欲，秉至公至誠，一致團結，在同一意志同一行動之下，嚴格防止黨的官僚化、派系化以求黨之健全完整，建設民主政治，實行自治改革體制，以與日本作持久戰之準備，以期收復國土，保持國家之獨立，而求中華民族之解放。"

四、孫殿英、楊虎城

潮流之四是孫殿英、楊虎城等北方和西北實力派。

在反蔣鬥爭中，胡漢民非常重視華北和西北，和孫殿英、楊虎城等早有聯繫。

胡漢民在任命熊克武為新國民黨上海地方幹部時即曾提出，北方工作重要，希望柏文蔚和熊克武能"參加負責"[1] 此後，胡漢民在天津成立北方軍事委員會，熊克武即銜命北上，訪問孫殿英、閻錫山等人。台灣國民黨黨史會藏有一份談話紀要，其中孫殿英部分共七條：

1　胡漢民《致上海各同志函》，哈佛燕京學社圖書館藏。

一、如西南組府或出兵最近能實現，則即暫留晉綏，以待出動華北，但須由津方商得閻之同意，總之，無論去留，一聽胡先生命令。

二、請西南給以名義，如政會委員或其他，亦可以示切實關係，以便號召部下。

三、望西南即不能急切出兵，亦須早日組府，予以軍事名義，如西北邊防督辦之類，當即通電討賊。惟此時給養望稍予接濟。

四、如上述三項不能實現，即決志西行，排除萬難以赴之，擬先取蘭州以為根據地，再佔涼州，與虎城聯絡。蔣如不加阻止，則與之敷衍，否則即通電討賊，仍附屬於西南，此時望西南亦予以援助。蘭州得手後如胡先生及熊、蕭、唐、鄧、鄒諸先生有意前往，亦可在蘭組府。否則坐視蔣賊日大，遷延愈久，打倒愈難。

五、請予虎城以軍事名義，使之領導西北各軍，殿英願附之，用以堅其心，遂其志，且亦易於推動也。並望津方派員切實致意，務期一致行動。

六、擬請設法挽張，早日返國，以免東北軍為蔣金錢所分化。

七、請即派員來部主持黨務，領導一切，使全軍有所信仰。

從內容看，以上七條應是孫殿英對胡漢民和西南方面提出的要求。1933 年長城抗戰中，孫部有較好表現。長城抗戰結束後，孫部是留在晉綏一帶，還是西進甘肅、寧夏，成為一個急待解決的問題。孫殿英提出，如果胡漢民能迅速出兵北上，或在西南組織政府，則孫部將留在晉綏，以便在華北回應；如果組府與出兵一時均不可能，則孫部將決意西進，取蘭州為根據地，以便胡漢民等到當地組織政府。

孫殿英提出的是一項包括西北軍、東北軍在內的大計劃。當時，胡漢民對陳濟棠已經很失望，急於開闢新領域，因此，贊同孫殿英在西北組府的意見。但是，胡漢民深知，要實現這一計劃，必須得到閻錫山的支援。因此，又派熊克武到山西與閻及其親信楊愛源（星如，心如）談話。閻、楊當時都表示支持胡漢民，贊同孫殿英西進。

二人表示：

一、西南各省同志目前甚望能切實團結，以赴事機，現在環境縱難出兵，亦盼能早日組府，以領導各方同志，以慰各方同志之望，否則群龍無首，各自苟安，終難以成大事。

二、望西南速定外交方針，且須確有辦法，否則對內縱能成功，亦恐難於持久，甚至於終歸失敗，目前華北形勢尤為顯著。

三、華北局勢全在魯、晉、東北三方之合作，一切自不成問題。晉方始終追隨西南之後，可勿顧慮。惟魯與東北希望熊先生能久在天津，切實聯絡，並望能挽張回國，使十數萬東北軍整個為我所用。

四、孫軍西行為目前最緊要問題。蓋西去不僅足以圖生存，且可以作將來東入潼關之策源地，而打破蔣之西北主義，尤俾益於大局，晉綏受惠更無論矣！

閻、楊的這一段談話，可以說甜蜜之至。不僅擁護胡漢民作為反蔣派首領，支持他成立政府，而且答應對孫殿英的西進提供物質幫助：“擬俟其一到寧境即助以款 30 萬，彈 25 萬，以後如再需要，更當源源接濟，務期於成。”二人並建議，熊克武一面催孫殿英速行，同時派人與楊虎城聯絡。

熊克武對孫殿英、閻錫山的態度非常滿意，向胡漢民提出三項建議：

一、組府出兵縱難定確期，亦盼能示以大要範圍，以便應付一切，激動各方沉悶心理。

二、華北將領心理多存對內尚易，對外維難。苟外交無辦法，倒蔣終難成功。尤以華北局勢，多視外交為轉移，故望速定外交大計。

三、殿英竭誠擁護，殊不易得，尤以其能說能行為華北諸將領中所難能。苟善用之，實將來之基幹，故目前擬請密給以政委名義，並預給以軍事名義，如西北邊防督辦之類，以備將來軍事行動時之用。至虎城不妨許以軍分會。

可以想見，胡漢民對熊克武的工作多麼滿意。然而，後來的事實證明，閻錫山、楊愛源騙了熊克武。孫殿英部按計劃西進了，閻錫山不僅沒有給予任何援助，反而和蔣介石配合起來圍剿孫軍，使得胡漢民的西北計劃最終失敗。

以上所述，僅據台灣國民黨黨史會所藏胡漢民資料，它是當時國民黨內反蔣抗日潮流在文獻中的部分反映，可以說，只是露出海面的冰山一角。

1928 年，隨著二次北伐的勝利和東北、新疆的相繼易幟，北洋各派退出政治舞台，蔣介石統一了中國，但是，這種統一只是暫時的、形式上的。國民黨內部本來就存在著不同的派系和實力集團，北伐勝利之後，由於政見分歧和權力、利益分配等多種原因，這種內部矛盾遂演化為激烈的武裝衝突和政權對峙，其集中反映就是 1930 年的中原大戰和 1931 年的寧粵分裂。"九一八"事變後，民族危機加深，這本來是一個團結禦侮、全力對外的契機，但是，蔣介石對外忍讓，對內強硬，企圖首先以武力削平其他政治、軍事派別，這樣，反蔣抗日便成為國民黨內外愛國民主派和若干實力集團的共同要求，而這，也就醞釀著新的分裂和新的內戰以及給予日寇以可乘之機的巨大危險。只是在盧溝橋事變，南京國民政府確定抗日方針之後，國民黨才實現了全黨的團結，中華民族也才實現了前所未有的團結。

馮玉祥說過："抗日，仇敵能化為同志；不抗日，同志將化為仇敵。"[1] 信然。

黃郛與塘沽協定善後交涉 *

日軍於 1933 年初攻佔山海關與臨榆縣城後，迅速佔領了河北省大片土地。同年 5 月 31 日，由蔣介石、汪精衛授權，國民黨政府華北當局負責人何應欽、黃郛與日本侵略者簽訂了屈辱的塘沽停戰協定。其後，國民黨當局又接著和日方進行了接收戰區以及與之相關的關內外通車、通郵等談判，史稱《塘沽協定》

---

1 《馮玉祥日記》，1935 年 1 月 8 日。

善後談判。

對於《塘沽協定》，學術界研究已多；但是，對長達一年半之久的《塘沽協定》善後交涉，學術界迄今研究尚少。本文將根據美國哥倫比亞大學珍本和手稿圖書館所藏黃郛檔案及其他有關資料，闡述並討論這一問題。

一、國民黨中央確定"委曲求全"方針與強硬派的反對

《塘沽協定》簽字之後，輿論大嘩。6月2日，南京國民政府國防會議討論停戰協定，"噴有煩言"，決定次日開政治會議再決。當日，汪精衛致電何應欽、黃郛，告以"明晨政治會議如加否認，則弟個人負責，聽候處分。"，"如監察院彈劾，弟亦準備接受"[1]。6月3日，國民黨中央政治會議討論，以協定未經中央核准，即行簽字，提議懲戒前方軍事當局。汪精衛即稱，請先懲戒他本人，同時出示蔣介石6月1日的電報，其中有"中正身為軍事最高長官，既授權處置，尤願自受處分，獨負其責"之語[2]。會議決議"應無庸議"[3]。立法院方面，經過孫科解釋，得以通過。

在南京政府外交人員中，不少人反對黃郛、何應欽簽訂《塘沽協定》。事前，外交部長羅文幹、常務次長劉崇傑對談判情況所知甚少。5月25日，何應欽派徐燕謀在密雲與日方草簽了一份備忘錄（覺書），內容與幾天後簽訂的《塘沽協定》大致相同。外交部曾將該備忘錄電告出席國聯代表顧維鈞、郭泰棋、施肇基等。施覆電直率地表示，"政府目前政策，基未能表示同情。"顧表示：日方所開一切條件、內容與字面，"均片面口氣，令我難堪"。郭表示：日方條件"未免過虐"[4]。6月5日，羅文幹呈請辭職，蔣介石以外交緊急，要羅勉為其難。羅隨即請病假。不久，羅被派往新疆視察。8月18日，汪精衛以行政院院長身份自兼外交部長。22日，以唐有壬任常務次長。唐是留日學生、日本通、

* 原載《歷史研究》，1993年第3期。錄自楊天石《蔣介石與南京國民政府》，中國人民大學出版社2007年版。
1 《致何應欽、黃郛電》，黃郛檔案，美國哥倫比亞大學珍本和手稿圖書館藏。
2 《何應欽將軍九五紀事長編》，台灣黎明文化事業股份有限公司1984年版，第344頁。
3 汪精衛《致何應欽、黃郛電》，1933年6月3日，黃郛檔案。
4 羅文幹《致劉崇傑等電》，《黃膺白先生年譜長編》，第570—571頁。

汪精衛的摯友。汪、唐二人共同執掌外交，南京政府的對日妥協政策就完全處於支配地位。

當時，蔣介石一心一意在江西剿共，急於以對日妥協換取華北安定，以便保證剿共軍事。9月6日，蔣介石、汪精衛、孫科、宋子文、吳稚暉、李石曾、張靜江、吳鐵城、孔祥熙、唐有壬、蔣作賓、楊永泰等在牯嶺召開談話會。此前，宋子文在國外曾和顧維鈞、郭泰祺、顏惠慶等擬訂了一份旨在長期抗日的計劃，其內容包括：經濟上抵制日貨，政治上激勵東北義勇軍，外交上推動國際一致行動，國內努力實現政治團結、政治緩和、實行憲政，以及制訂國防計劃、建立基礎工業、發展全國戰略運輸網等。顧、郭等並推宋子文回國向政府首腦面陳[1]。然而，廬山談話會沒有採納宋子文等人的意見，會議作出的結論是："現在國勢阽危，興亡之機，間不容髮，對外對內，皆應委曲求全。"會議確定的對日方針為："除割讓東省、熱河，承認偽國，為絕對不可能外，對其他次要問題如稅則等仍應與之作相當之周旋，謀適宜之處置，並極力避免一切刺激日方情感之行動及言論。對華北當局，並賦以相當自由之許可權，以期應付圓滑。"[2] 這就是說；完全批准華北當局在簽訂《塘沽協定》中的作為，準備賦予更大的處置權；除割讓東北、承認偽滿洲國外，在其他 "次要問題"上準備向日本侵略者作進一步的妥協，同時嚴禁國內的抗日運動。所謂 "對內對外，皆應委曲求全" 云云，實際上專指對外。儘管南京國民政府標榜安內攘外，但正如當時美國外交官員所分析的，事實上是 "安外攘內"[3]。

還在長城抗戰期間，汪精衛就曾公開表示："在最低限度以內，我們不惜委屈求全。"[4]《塘沽協定》簽訂前夕，蔣介石也指示說："事已至此，委屈求全，原非得已。"[5] 廬山談話會的決議將 "委屈求全" 改為 "委曲求全"，除了文字上較為冠冕外，實質並無不同。將之載入決議，標誌著蔣介石、汪精衛對日妥協政策的進一步明確，並且形成為國策。

1 《顧維鈞回憶錄》（2），北京中華書局版，第 248—249 頁。

2 《9月6日談話會商定之結果》，黃郛檔案。

3 Foreign Relation of the United States, 1933, Vol. 3, P.127.

4 《大公報》，1933 年 4 月 28 日。

5 《致何應欽、黃郛電》，沈亦雲《亦雲回憶》，台灣傳記文學出版社，第 483 頁。

對廬山談話會確定的方針，黃郛非常滿意。9 月 11 日，黃郛致電其親信殷同稱：“此次牯會，蔣極負責，故其議決案於弟適合，而程度且出弟希望之上。”[1] 廬山談話會前，黃郛曾應召南下，向蔣介石彙報華北情況，陳述對日外交意見，顯然，廬山談話會的議決案有黃郛的作用在內。

　　儘管廬山談話會確立了蔣、汪的對日妥協政策，但是，國民黨內部已經形成了聲勢頗盛的強硬派。“九一八”事變之後，國民黨內部要求抗日的呼聲漸盛。《塘沽協定》簽定前後，逐漸形成了幾個集團。西南方面，以胡漢民為首，包括鄒魯、鄧澤如、蕭佛成、李宗仁、白崇禧等；香港和福建方面，以李濟深為首，包括陳銘樞、蔣光鼐、蔡廷鍇等；華北方面以馮玉祥為首，包括方振武、吉鴻昌等；其他方面以程潛、李烈鈞為首，包括王法勤、朱霽青、鄧家彥、傅汝霖等。他們以各種不同方式反對蔣介石和汪精衛的對日妥協政策。其中，胡漢民、馮玉祥、陳銘樞等並曾積極計劃，準備南北合作，反蔣抗日，以軍事行動推翻南京政府[2]。1933 年 5 月末，馮玉祥在察哈爾組織抗日同盟軍，11 月，李濟深、陳銘樞等在福建成立人民革命政府，都是這一計劃的部分體現。因此，南京政府在貫徹對日妥協政策方面不能不有所顧忌。

　　《塘沽協定》簽訂之後，日本侵略者即逼迫南京國民政府解決和偽滿洲國的通車、通郵等問題。11 月 2 日，汪精衛致電黃郛，告以國防會議討論情況：“郵政、通車、關稅諸問題，關係重大，而郵政尤為各國所注視。稍一不慎，即蹈承認偽國之嫌，日本且將執以塞國聯及美國之口，故郵政問題以不談為宜。”[3] 同日，再致黃郛一電云：“近來因財長更迭，乘風作浪者以為不止財政問題，實以外交轉變為主因。”[4] 10 月下旬，宋子文因與蔣介石意見不合，辭去行政院副院長及財政部部長職務，電中所稱 “財長更迭”，指此。11 月 3 日，唐有壬致電黃郛稱：“道君憤堯峰不為牧仲之助，藉口外交政策，作推倒堯峰，以期牧仲復職之運動，道子亦加入。並聞聯合華北將領，以聯治為名，發電攻擊中央。此事南沙已有預防，望公嚴密注意。對東軍涉，尤乞千萬謹慎從事，完全以中

1　《致殷同電》，1933 年 9 月 11 日，黃郛檔案。
2　參閱拙作《胡漢民的軍事倒蔣密謀及胡蔣和解》，《抗日戰爭研究》，1991 年第 1 期。
3　《致黃郛》，黃郛檔案。
4　同上。

央意旨為標準，應使彼等無藉口為禱！」[1]次日，再電云：「道君鼓煽政潮甚力。今日立法院開會，指摘通郵、通車，並要求堯峰出席說明，此為彼輩破壞計劃之第一步。」唐告誡黃郛在對日交涉時小心：「數星期內，須極端警戒，以免為彼輩所乘也。」[2]兩電所稱道君，指李烈鈞；堯峰，指汪精衛；牧仲，指宋子文；南沙，指蔣介石；東軍，指關東軍。電中所稱「推倒堯峰，以期牧仲復職」，指當時一部分國民黨人的反汪擁宋傾向。兩電充分反映出，以對日政策為核心，國民黨和南京政府內部正在展開著一場政治鬥爭。

二、長春—大連—北平會談

《塘沽協定》簽字後首先進行的是接收戰區談判。

根據《塘沽協定》：中國軍隊撤至延慶、昌平、高麗營、順義、通州、香河、寶坻、林亭口、寧河、蘆台所連之線以西、以南地區，爾後不得越過該線，不得有對日軍的「挑戰擾亂」行為；日軍可用飛機或其他方法視察，在確認中國軍隊已遵守上項規定時，不再越過該線追擊，「且自動概歸於長城之線」。[3]上述停戰線與長城線之間的地區（即所謂戰區）由中國警察機關維持治安。

6月22日，黃郛命殷同及軍事委員會北平分會代表雷壽榮赴長春，與關東軍參謀長小磯谷昭、副參謀長岡村寧次等會談。討論中沒有發生大的爭論。日本方面給了中國方面一些小的滿足，但在關鍵之處則不肯讓步。例如：1. 中國方面要求停止平津上空日機飛行，以安人心，達成的協議是：日本方面禁止無意義之飛行。這就是說，只要日軍認為有意義，仍然可以自由飛行。2. 中國方面要求從速接收戰區各縣政，以便遣送難民回籍，達成的協議是：關於中國軍隊不進入地域難民之遣歸，日本方面以好意聽中國方面自由處理。3. 關於撤兵區域內李際春等非法部隊的處理，達成的協議是：就李部選擇 3000 至 4000 人改編為中國警察隊，配置於中國軍不進入地區內，由李任保安司令。其餘作為

1　《黃膺白先生年譜長編》，第 636 頁。
2　同上。
3　同上，第 569 頁。

暫編旅，移駐他所。這樣，這支由日本人豢養的非法部隊仍然得以保存。4. 中國方面要求從速接收北寧路，協議是委任北寧路局與奉山路局交涉。等等[1]。

7月2日，雷壽榮、殷同、薛之珩赴大連與日方進一步會談。日方參加者為：岡村寧次、喜多誠一、偽軍李際春、偽滿奉山鐵路局長闞鐸等。日方曾企圖令偽滿洲國代表參加，因中方反對作罷。4日，黃郛致電蔣介石報告："此次交涉，嚴令赴連人員遵守下列二條辦理：（一）無文字交換及簽訂；（二）認定關東軍為對手方，不得涉及偽國人員[2]。其間，唐有壬致電黃郛，告以報紙對大連會議"多肆臆測，致有第二協定之謠"。關於北寧路通車問題，唐提出，"因易惹起與偽國交涉之嫌，萬乞注意"，"以榆關為限，即可避嫌也"[3]。6日，大連會議結束。雙方商定：（一）所有戰區以內偽軍，三分之二遣散，三分之一收編為河北省保安隊；（二）在日軍撤走後，北寧路由中國方面管理。最初，日方曾要求蘆台至山海關一段由中、日、"滿"三方組織委員會共管，因中方反對作罷；（三）自10日起，中方依次接收灤東、平北地區[4]。

11月6日，日本關東軍副參謀長岡村寧次等抵平，向黃郛、何應欽提出《關於北支善後交涉之商定案》草案一件，其內容為：

第一，日方同意"北支政權"從速接收"不含長城線之長城以南及以西地區"，為此，"北支政權"應達成下列"諒解"：1. 長城線各關門之警備權屬於日滿側。2. 凡有日本軍駐屯之住民地，概不配置武裝團體。

第二，"北支政權"在其接收區域內容忍滿洲側設置必要之各種機關。

第三，"北支政權在接收地域內對於日軍提供必要之土地、房屋，以備暫時駐屯。

第四，為設定與"滿洲國"相互之通商、貿易、交通、通信、航空聯絡等起見，從速指定委員開始交涉[5]。

這一草案實際上要求中國政府放棄長城以北和以東的大片國土，承認偽滿

1　《黃膺白先生年譜長編》，第581頁。
2　同上，第589頁。
3　《致黃郛》，1933年7月5日，黃郛檔案。
4　《黃膺白先生年譜長編》，第590—591頁。
5　同上，第638—639頁。

洲國，同意日軍在華北地區駐屯，相反，中國軍隊則必須退避。這是較之《塘沽協定》更嚴酷的侵略條件。7 日，雙方開始會談。岡村寧次表示：滿洲國已經日本天皇詔策承認，有日本一日，即有滿洲國一日。黃郛則表示：無論何種方案，內容如帶有承認滿洲國之意味者，在我方立場上決辦不到。岡村隨即表示：貴方苦衷，我方甚為諒解。草案中於滿洲國境字樣，均避而不用。但有一二處，為求文義顯明，不能不用，如有好文句，不妨酌改[1]。這樣，岡村就明確無誤地擺出了架勢：文字可以修訂，而實質則絕不能變動。當日下午，由雙方指定人員會談。

中國方面為殷同、殷汝耕、陶尚銘，日本方面為喜多誠一、根本博、花輪義敬。當晚，黃郛、何應欽致電蔣介石、汪精衛報告說："修改條項要點在酌量容忍其骨子，而將偽國關係字句徹底刪除。" 這就是說，只要不出現滿洲國字樣，準備接受岡村所提草案的"骨子"。黃、何二人保證："在未定議之前，雙方絕對不發表；即令定議，亦不換文，不簽字。"[2]

談判中，日方態度蠻橫。8 日，黃郛、何應欽向蔣介石、汪精衛報告說："在磋商時，遇我主張歧異之處，彼方屢次表示堅決態度，謂我方如不願接受，寧可一事不談，一任事態遷移。"[3] 當日，雙方曾經達成協議，商定了一份"會談式之記錄"，共四項。黃郛、何應欽認為第一項於我有利，第二、第三兩項係目前實際，第四項尚有待於將來商量，準備定案了。但是，二人又擔心強硬派反對並掀起政潮，向蔣、汪報告說："默察近日中樞政情，勢有不容正式請示核准再為定議之處，岡村等又不願久留……不得已擬先與商定，但仍聲明，具體協商仍須請示中央辦理，本件統照大連會談辦法，不簽字，不換文，不發表，以免形成外交文書。"二人並提出："對中樞，應否暫緩提出正式報告，免啟無謂糾紛，謹候電示。"[4] 9 日，再電蔣、汪說："此次商談，得將偽國字句盡情刪除，煞非容易；北支政權，亦改為華北當局。所有談話，不簽字，不換文，亦均做到。惟各自記錄，以免遺忘一層，勢難避免。此次到此程度，在彼方確已

---

1 《黃膺白先生年譜長編》，第 640 頁。
2 《致蔣、汪虞二電》，黃郛檔案。
3 《致汪精衛、蔣介石》，1933 年 11 月 8 日，黃郛檔案。
4 同上。

萬分遷就。此外，並以須俟政局稍安，方能呈報中央，指派專員，逐次協商細目，求其諒解。"[1] 然而，黃、何二人並沒有高興多久，9 日上午討論時，日方聲稱接到關東軍司令官的訓電，提出了一份新的修正稿，強迫中方接受。黃、何二人又不得不立即向蔣、汪報告，電稱："談話時且不容我方爭持，表示此為關東軍最後讓步，我應認清自己地位，了解此項談話為《塘沽協定》之軍事善後，非同對等交涉。壓力之高，幾使我不能忍受。"[2] 面對日方高壓，黃郛等"茹痛強顏，仍與周旋"[3]，殷同甚至哀哀乞憐："此次會談，吾人以弱者地位應付強者，既不能以力爭，又不能以理爭，只好強顏以好意奉求耳！"[4]

當夜，雙方達成協議，形成了一份《關於停戰協定善後處理會談》及《關於本會談之諒解事項》的非正式文件。除了沒有出現"滿洲國"的字樣，"北支政權"改為"華北當局"外，和岡村寧次最初提出的草案並無多大不同。10日，蔣介石指示黃郛從東京方面設法緩和，汪精衛指示"最要兩點"：1. 至多只用記錄；2. 記錄中聲明此為《塘沽協定》未了事件之一部分，毫無承認偽國之意[5]。但是，這已經是馬後炮了。

汪精衛、黃郛、何應欽等希望悄悄地談判，盡量不留痕跡，不露風聲，不受到輿論抨擊。但是，東北已失，人們不能不關心華北的命運，擔心再出現先簽字後報告的第二個《塘沽協定》。11 月 9 日，國民黨中政會召開談話會，焦易堂、石瑛、居正、陳肇英、苗培成、洪陵東等紛紛發言，認為在與日方談判時絕對不得議及與偽滿洲國通車、通郵、設關等問題。次日，立法院會議，意見大體相同，有人並提出："即下決心，在華北開始軍事行動。"[6] 這一切，使汪精衛極為惱怒，他致電黃郛、何應欽說："中國人專尚虛驕，（好）為大言，弟不覺可氣，轉覺可悲。"他要求二人"當此紛紜眾議之際"，"堅守吾人已決定之原則，沉著進行"[7]。

1　《致汪精衛、蔣介石佳一電》，1933 年 11 月 9 日，黃郛檔案。
2　同上。
3　同上。
4　《黃膺白先生年譜長編》，第 655 頁。
5　同上，第 660 頁。
6　汪精衛《致何應欽、黃郛電》，1933 年 11 月 10 日，黃郛檔案。
7　同上。

黃郛、何應欽與岡村寧次等人的會談雖然只形成了一份會談記錄，沒有履行簽字、換文等手續，但它事實上是《塘沽協定》之後的又一個喪權辱國的協定，黃郛於事後既痛苦，又擔心。11 月 10 日，他致電唐有壬說："外有強鄰，內多猜疑，吾輩身入重圍，處於迎拒兩非之窮境。痛苦之深，異地同感也。"[1]但是，他仍然認為在當時的條件下，只能妥協。11 日，他又致電蔣介石說："我既無實力以取消偽國之存在，我又何能憑口舌以阻止偽國之進行！深盼能使各方了解此實際環境，外瞻內審，共濟艱危。"[2]

黃郛非常關心中政會談話會的情況和社會輿論。他很快就發現，輿論對他既不諒解，更不支持。11 月 14 日，他致電汪精衛，要求辭職，電稱："吾人猶在此忍辱含垢，勉支危局者，無非希望各方懺悔既往，奮發將來，因急公而捐私，為求伸而受屈，如此而已矣。乃連日消息傳來，事實昭告吾人，並此而亦不易得。長此以往，恐庸愚終無裨於國家，遷延將益增罪戾。"[3] 15 日，汪精衛電覆黃郛，鼓勵他堅持到底。電稱："環境之艱，橫逆之來，固已夙料，亦所不避也。"[4]

三、關內外通車問題

北寧路為自北平通瀋陽的鐵路，以山海關為界，分關外段與關內段。1933年初，日軍攻佔山海關後，關外段完全落入敵手，被改名為奉山路；其後，日軍繼續南侵，關內段也部分失陷或被破壞。8 月 13 日，中國方面根據大連會議約定，收回了失陷路段，關內段全線通車。

還在大連會議期間，日方就提出，恢復長城內外貿易、交通、郵政諸問題。由於這些問題的解決可能意味承認偽滿洲國，因此，中方拒絕討論。北平會談期間，岡村寧次等又向黃郛、何應欽等提出，關內外通車為交還北寧路時業已承允的事實，原約 10 月份開始商量，一拖再拖，已不容再延。隨後，黃郛

---

1 《致唐有壬電》，1933 年 11 月 10 日，黃郛檔案。
2 《致蔣介石電》，1933 年 11 月 11 日，黃郛檔案。
3 《致汪精衛》，1933 年 11 月 14 日，黃郛檔案。
4 《致黃郛》，1933 年 11 月 15 日，黃郛檔案。

等致電蔣介石、汪精衛請示，是否應由政府決定方針，允其開始商談，以緩和空氣。11 月 10 日，南京國民政府國防會議議決，由主管部門迅擬具體方針，提交 14 日的國防會議，再提交 15 日的中政會議決。這一切表明，南京政府準備就通車問題和日方談判了。但是，幾天之後，李濟深、陳銘樞、蔡廷鍇等在福建成立人民革命政府，揭起反蔣抗日旗幟。20 日，蔣介石致電汪精衛，囑將通車案暫緩進行。同日，汪精衛致電黃郛與何應欽稱："閩事已爆發。十九路軍內部不一致，兩廣不贊同，其勢甚孤。但影響剿匪前途，至可痛恨！彼等口號，全襲第三黨，本不易得國人同情。惟藉口抗日，反對中央與日談判，頗足引起盲目者之附和。"[1] 他要求二人善為說辭，向日方說明困難情形："於對方僅屬便利及面子問題，於我方則為致命傷。對方如誠意為兩國前途計，當能鑒諒。" 黃、何將汪精衛的信息傳遞過去後，日方心領神會。25 日，駐日大使蔣作賓電告唐有壬說，參謀本部的少壯派中堅橋本少將和影佐中佐告訴他，通車事，已令岡本返關東，暫時緩辦了[2]。

12 月 2 日，日駐榆關特務機關長儀我誠也到平，會見黃郛，商談交還榆關問題。日方企圖與通車問題同時解決。5 日，黃郛、何應欽與儀我誠也商定大致辦法報南京政府核示。7 日，南京政府命黃郛繼續辦理，由殷同草擬通車辦法。但是，在福建事變影響下，國內反對妥協的呼聲很高，這就不能不使南京政府有所顧忌。於是，又出面否認。12 月 10 日，汪精衛在上海與宋子文、孔祥熙、李石曾等會商時局，發表談話說，華北通車問題尚未進行。

1934 年 1 月底，福建事變被鎮壓。2 月 16 日，日武官根本博會晤黃郛，聲稱：前因閩變驟起，關東軍方面 "不乘中國之危，同時並盼閩變速平，希望增長中央之力"，因此，訓令通車談判暫緩進行；現在，閩變已平，應開始談判[3]。黃郛答稱："本人原擬閩變平後，不待貴方催促，自動地定期派員與貴方商談，不料枝節橫生，滿洲忽發生帝制問題，我國民實懷有極大之疑懼與極大之衝動，故原擬辦法未便遂行。依余觀察，此種談判，必須待國民之疑懼與衝動

---

1 《致黃郛電》，1933 年 11 月 20 日，黃郛檔案。
2 唐有壬《致黃郛電》，1933 年 11 月 25 日，黃郛檔案。
3 黃郛《致汪精衛、蔣介石電》，1934 年 2 月 16 日，黃郛檔案。

稍稍解除後進行，方可圓滿，故最早當在四五月間，或有開始之望。"[1]同月 21
日，日本有吉明公使直接會見汪精衛，再次要求解決"華北與滿洲之通車、通
郵問題"。二人之間有下列對話：

　　有吉：華北與滿洲國之通郵、通車問題若不早日解決，非但中滿關係
未能完滿，在滿洲國之 30 萬 "漢人" 及華北人民之交通上所受困苦，誠非
淺少。

　　汪精衛：通郵、通車係技術問題，已授權與華北當局。如能籌得較好
辦法，而認為時機已到，即可辦理。本人則認為尚非其時。

　　有吉：院長曾屢言授權華北當局。近聞中央曾訓令華北停止進行，請
中央勿予以干涉，並對於華北當局所決定之辦法予以贊成。

　　汪精衛：華北與中央之意見始終一致。如華北有萬全之計而時機果
到，則華北自可進行，中央當能予以諒解。

　　有吉：仍望院長早日促其實現。

　　汪精衛：設有辦法，而其辦法獨利於一方，而予另一方以致命傷，將
如之何？

　　有吉：不悉尊意係指何事？

　　汪精衛：溥儀行將僭號稱帝，華人極為憤激。至商議通郵、通車，則
無異承認偽國，贊成帝制，決非華人之所甘受。

　　有吉：滿洲國為既成之事實，執政改稱皇帝，不過換一名義，滿洲國
仍保持其現狀，決無他圖。鄙意非要中國立刻開議，惟望改制後，一俟人
心鎮靜即速圖之耳！

　　汪精衛：總之，華北當局與中央對於華北問題，均抱同一意見，華北
認為時已到，而有 "好辦法"，中央自無問題。[2]

　　1934 年 2 月間，日本帝國主義正積極慫恿溥儀稱帝，有吉的這次談話意在

1　黃郛《致汪精衛、蔣介石電》，1934 年 2 月 16 日，黃郛檔案。
2　《汪兼部長會晤有吉公使談話記錄》，黃郛檔案。

刺探中國政府態度。但是，汪精衛卻居然沒有任何抗議，並且應允解決通車、通郵問題，充分顯現出其賣國奴才相。不過，從這份記錄也可以看到，汪精衛估計到溥儀稱帝會激起中國人民的巨大憤怒，不敢貿然行事。

3月1日，溥儀在日本帝國主義的導演下粉墨登場。隨後，焦易堂等在立法院提出請中央明令討伐溥儀等叛逆及逮捕漢奸案。汪精衛極為不滿，於4日致電黃郛、何應欽說："焦易堂等有意與行政院及北平軍政當局為難，弟只有盡力應付，別無把握。全年以來，彼輩以我等之苦心為其快意之資，如古代帝王觀人之炮烙以為樣〔樂〕。"[1] 3月7日，國民黨中政會開會，討論立法院建議。汪精衛以傀儡"無意志、無行動"為理由，說明對溥儀，"討伐令、通緝令不惟不必下，且不可下"。結果，會議只發表了一個宣言，採取了低調處理的態度[2]。

關東軍操縱溥儀稱帝事畢，又力圖催促黃郛等進行通車、通郵談判。3月23日，儀我誠也代表岡村寧次會晤黃郛，"措辭綿裏有針"。黃郛答以不久將南行，當與政府詳商辦法[3]。4月6日，黃郛到南昌，會見蔣介石，討論通車、通郵等問題。同月9日，日本武官柴山兼四郎在北平發表談話，指責中國方面在履行《塘沽協定》各種問題上，未有進展，進一步施加壓力。11日，汪精衛應召到南昌，參與蔣、黃之間的討論。汪主張從速解決通車問題，"愈久愈糟"[4]。

蔣、黃、汪三人的南昌會談引起了人們的警惕。4月13日，立法院秘密會議，決定華北外交不必由黃郛辦理；通車問題決不可商，日如提議，只有拒絕等原則。黃郛不敢觸犯眾怒，4月15日離贛後，即託辭為父親舉行逝世50年祭，逗留於杭州、莫干山兩地，企圖觀望風色，等待輿論沉寂下來[5]。5月9日，蔣介石電告黃郛，如提交中政會討論，"恐難通過，不如不提出為宜，一切由弟與汪先生負責可也"[6]。但是，黃郛仍然不敢負責，於次日致電汪精衛，提出兩項要求：1.請蔣到京一行，多方疏通，務獲諒解，以免事後責難。2.請行政院

1　《致何應欽、黃郛電》，1934年3月4日，黃郛檔案。
2　《致何應欽、黃郛電》，1934年3月7日，黃郛檔案。
3　黃郛《致唐有壬電》，1934年3月23日，黃郛檔案。
4　黃郛《致蔣介石電》，1934年5月25日，黃郛檔案。
5　《黃膺白先生年譜長編》，第734頁。
6　同上。

給一訓令，"此訓令決不發表，惟弟可藉此稍鼓餘勇耳"[1]！

日本侵略者容不得黃郛等人觀望。4月27日，日軍參謀部派中國班長影佐禎昭赴天津，召集駐平武官柴山兼四郎、駐濟武官花谷、駐榆關特務機關長儀我誠也及天津駐屯軍幹部會議。影佐聲稱：（一）南京政府如只辦通車，日方俟黃北返後再催其辦通郵等事。（二）如黃不北返，則向華方中央當局或地方當局促其履行所約。（三）如華方各當局均置不理時，則日方自由設法實行所約。

影佐並稱：從前因等待黃郛從容運用，所以沒有急催，以後將不再延待。影佐還透露，日方將要求華北當局禁止國民黨黨部在華北活動[2]。其間，日方在北寧路各站增兵，揚言將強行通車、通郵。同時日方又規定期限，提出在《塘沽協定》一週年，即5月31日以前通車。5月12日，黃郛返滬，"偵知各方內情"，認為不能再延，遂指令殷同進行[3]。18日，電蔣介石報告通車辦法五項。次日，蔣介石致電汪精衛，提出由他以個人名義將通車辦法電陳中政會，由汪在會上說明。20日，汪精衛覆電蔣介石，表示應由他與蔣共同提出，同時向中政會聲明，只求中政會秘密決定，不作為中政會決議，"以維持中政會議之尊嚴"[4]。其間，殷同和日方商定最遲7月1日通車。日方表示："此為最大忍耐。"5月24日，蔣介石又生疑慮，企圖再延。25日，黃郛致電蔣介石稱："今日而再圖延展，實覺無詞可措。即強為交涉，無論如何委婉陳詞，彼必疑我生變，恐對外亦有功虧一簣之虞。抑尤有進者，京中環境，應付實至感不易；平津及上海各地輿論，與暗中策動防範、消弭、應付，亦頗覺費力。"[5]在黃郛的催促下，蔣介石最後下了決心。30日，中政會開會，討論蔣介石領銜，汪精衛、顧孟餘、葉楚傖附議的通車提案，張繼、焦易堂反對，"討論甚久"，最後通過："在不承認偽組織及否認偽政權存在原則之下，可與日本交涉關內外通行客車問題。"[6]

當時，以胡漢民為首的西南方面強烈反對南京政府的妥協政策，因此，提

1　黃郛《致蔣介石電》，1934年5月25日，黃郛檔案。
2　同上。
3　同上。
4　《黃膺白先生年譜長編》，第736頁。
5　黃郛《致蔣介石電》，1934年5月25日，黃郛檔案。
6　《黃膺白先生年譜長編》，第736、745頁。

案雖然通過了，但是，南京政府卻不敢公佈，蔣介石又想延至 8 月底實行，汪精衛發表談話時並稱，通車、通郵問題未作決定。北平《華北日報》因為刊登了有關消息，被飭令停版，社長免職，總編輯"調京候訊"。

自 6 月初旬起，殷同即在大連與日方商談通車辦法。同月 24 日，決定由瀋陽日本觀光局及中國旅行社兩個商業機關合組東方旅行社辦理，6 月 28 日公佈方案，7 月 1 日通車。

四、要求取消《塘沽協定》

6 月 1 日晚，有人向黃郛上海住宅園中投擲炸彈一枚，但未爆炸。2 日，黃郛接到投彈者書信一封，中云："若不痛改前非，勾結一二所謂現在首腦國賊，斷送國土，當再進一步"，"請你當心"，末署中華青年鐵血救國團上海支部。[1] 7 月 1 日，平瀋路通車。車行至塘沽以東的茶澱時被炸，死傷乘客 16 人。這些事給了黃郛以很深刺激，使他懂得，在中國人民心中，積壓了對日本帝國主義太多的怨憤，也積壓了對國民黨政府，包括對他本人太多的怨憤。7 月 2 日，他致電殷同，中云："苟不從掃除國民心底之不平痛下工夫，今後禍患之來，實屬防不勝防。"他指示殷同，託柴山武官轉商關東軍："能否諒解我方之誠意，與我以相當之安慰，使一年來我個人之滿面污穢得洗一洗，三年來我國民之滿腹抑鬱稍舒一舒。"[2] 7 月 7 日，他致電汪精衛抱怨說："今日之事，功罪正未易言。人民多抱激越情緒，強敵事實有兼併野心，政府大半取迴避態度，僅三五少數人夾在其間，欲救此國難。恐國難尚未救，萬一而此少數之人，根本先不能自救，將奈之何！"電報又說："去年，彼方乘戰勝之餘，氣焰萬丈，實已無理可喻。弟裝矮人，已一年餘。通車辦後，苟再不略伸伸腰，不獨弟自身將不保，國家亦極受損。"他告訴汪精衛："今為公為私，已冒險伸腰矣！"[3] 其間，殷同根據黃郛指示，在北平見到日人就"剴切陳說"，據稱：梅津、柴山"稍為

1　黃郛《致蔣介石、汪精衛等電》，1934 年 6 月 2 日，黃郛檔案。
2　《致殷同電》，1934 年 7 月 2 日，黃郛檔案。
3　《致汪精衛電》，1934 年 7 月 7 日，黃郛檔案。

感動", 但"亦只能做到感動而止"[1]。7月17日, 黃郛致電蔣介石及汪精衛, 告以已致電岡村寧次, 命殷同前往談判: 1. 如情勢順利, 擬要求無條件撤廢《塘沽協定》, 雙方當局以各自立場各發一宣言。2. 如情勢稍隔, 擬提出, 將戰區內一年來所發生之節外生枝之糾紛一概掃空, 對於《塘沽協定》, 雙方應共同誠實遵守, 不擴大解釋, 不曲為解釋。黃郛並稱, 東京各關係方面, 亦已派人前往活動。如此擊而中, 他可以遵命北行, 繼續維持數月; 如此擊不中, 則請求准其自劾而退[2]。7月20日, 唐有壬、殷同等在滬, 與日使館參贊有野商談取消《塘沽協定》問題, 有野宣稱: "此次會見僅係友誼性質, 關於撤廢《塘沽協定》問題, 應由關東軍負責, 日本政府與此無直接關係。"[3]

7月24日, 中日舉行第二次大連會議。中方殷同, 日方岡村寧次、喜多誠一參加。殷同提議廢除《塘沽協定》, 日方不允, 提出在中日經濟提攜、中日鐵路聯運等問題未有適當方案前, 不考慮廢棄《塘沽協定》。會議僅解決了戰區若干次要問題, 如取締不良日鮮浪人, 接收馬蘭峪、東陵等。29日, 黃郛致電汪精衛, 報告殷同與日方談判情況。他極為失望地說: "此行費九牛二虎之力, 而所獲不過如此, 日方之刁難細工, 真是可惡, 而又可怕!"[4] 外交鬥爭必須以國力為基礎。叩頭是不能爭回權益的。

9月19日, 黃郛北返。

五、通郵談判

通車問題解決後, 日本方面繼續要求解決關內外通郵問題。

由於日本侵略者操縱溥儀建立偽滿洲國, 1932年7月23日, 交通部郵政總局宣佈暫行停辦東三省境內郵務。其後。日方多次要求恢復關內外通郵, 中國方面為避免造成承認偽滿洲國之嫌, 均加拒絕。1934年5月, 國聯應英國要求, 議定各會員國可因需要酌定臨時辦法, 與"滿洲國"發生郵政關係, 同時

---

1 《致汪精衛電》, 1934年7月7日, 黃郛檔案。
2 《致蔣介石、汪精衛電》, 1934年7月17日, 黃郛檔案。
3 《黃膺白先生年譜長編》, 第754頁。
4 《致汪精衛電》, 1934年7月29日, 黃郛檔案。

聲稱：“此種關係只能視為行政機關之間為維持郵政技術上之良好運用而發生之關係，不能視為國家與國家間或政府與政府間之關係。”[1] 同年 9 月上旬，柴山兼四郎通知黃郛，日方已委派“滿洲國”郵務司長藤原保明為主席委員，與中國方面進行關內外通郵談判；但考慮到中國方面的意見，藤原保明等均作為關東軍囑託代表出席。7 日，黃郛致電交通部長朱家驊，提出通郵會商步驟，供交通部參考。其主要精神有：對方所派人員應避免偽國官吏；固持不承認偽國主義；參酌國聯關於通郵之決議；以誠意為基礎，不用成文之規定等。

8 日，朱家驊電覆黃郛，擬派郵政總局主任秘書高宗武、山西郵務長余翔麟、天津副郵務長曹鑒廷三人為代表，以高宗武為主席出席談判。同月 28 日，高宗武、藤原保明在北平東總布胡同殷同寓所會晤。藤原提出所謂《關於滿華間通訊辦法之暫行協定案》，被高宗武拒絕。雙方同意，在不涉及承認“滿洲國”的原則下，專談通郵技術問題，不作成文規定。儘管如此，後來的談判仍然是艱難的。

9 月 29 日，通郵談判正式開始，討論郵票、交換郵件、日戳、郵件之種類等四項問題。日方要求使用偽滿郵票，僅將其上印製的“國”字及溥儀像取消；中國方面則主張完全避去“滿洲”字樣，另製表示郵資已付的印花。在交換郵件及日戳等問題上，中國方面堅持不與偽滿交換郵件，日戳用西曆，不用新京（指偽滿首都長春，筆者注）字樣；日方也表示反對。10 月 4 日，繼續會談。日方稱，接到訓令，必須承認滿洲郵政廳；郵票須有滿洲郵政廳五字；郵戳須用“滿洲國”現用者，等等。6 日，高宗武、余翔麟回南京請示。8 日，蔣介石致電黃郛，表示郵票、郵戳，因關涉不承認偽國問題，有爭持必要，交換局及郵資問題，不妨稍作讓步。18 日，高宗武、余翔麟攜經過核定的通郵談判大綱七條返平，繼續談判。中國方面堅持，不得貼用偽國任何種類的郵票，可另製印花，用商業性質的第三者名義發行；不可有新京、奉天地名。日方同意另製郵票，但堅持必須有滿洲郵票四字；必須用新京地名。談判瀕於破裂。21 日、24 日、26 日，三次談判，均無結果。其間，黃郛表示，只要郵票上沒有“滿洲

---

1 《大公報》，1934 年 5 月 18 日。

國"三字即可,其餘不妨讓步。他認為,談判大綱所提以第三者名義出面的辦法在廬山與蔣、汪商量時未曾談過,以後又未得中央電告,不近情理,徒生障礙,一再對高宗武說:"似此晴空霹靂,非將談判打破不可!"又稱:"余年來支撐華北,備嘗艱難,通郵之事,如不辦妥,則此後北方多事,余無法應付,只得一走了之而已。"[1] 26 日,高宗武、余翔麟將黃郛意見電告朱家驊。朱家驊害怕強硬派的指責和輿論的反對,不願涉嫌和偽滿打交道,於 27 日電覆高、余二人,聲稱由第三者出面是仿照通車辦法,並稱:"南中情形,尤為複雜。弟等為應付各方預事防範之苦衷,當亦為膺公所諒解。"[2]

當時,蔣介石正在北平。30 日,蔣介石召見高宗武、余翔麟,提出可由關內郵政機關致函關外郵政機關,委託其發行特種郵票,為專貼入關郵件之用;同時聲明所謂 "特種",即係不承認偽滿郵票之意[3]。11 月 6 日,黃郛致電唐有壬,認為 "久僵終非至計","形勢日緊一日",要求唐與汪精衛細商,由唐親來北平解決[4]。11 月 7 日,南京國防會議通過通郵談判新方案,提出由商辦通訊機關書面委託彼方印發特種郵票等意見,隨即電告黃郛,認為已至最後讓步界限。11 月 10 日,藤原在會談時提出,日方 10 月 22 日所提方案為最後方案,中方只能給予可或否的答覆,不容有一字一句的更改,其他任何新方案,均不願討論。中方接受日方方案,可繼續商談技術問題,否則,日方人員即行回國。11 月 14 日,日方提出《關於通郵之申合事項案》七條,主張 "通郵應由雙方郵政機關間行之","滿方所用之通郵郵票,不表示'滿洲國'及'滿洲'之字樣。"[5] 11 月 17 日,中方提出會談記錄初稿六條,主張在山海關、古北口設立東方民信局辦理,並由該局另製特種郵票,專供由關外入關郵件納資之用,花紋由雙方協商。但日方只同意向中方預示,不一定必須中方同意。日方人員儀我、柴山稱:如 19 日上午不能解決,19 日下午即離開北平。11 月 19 日談判時,中方要求日方作進一步的諒解,但日方卻宣告無法再談,迅速退席。21

1　《致汪精衛、朱家驊等電》,《黃膺白先生年譜長編》,第 793 頁。

2　《致高宗武等電》,《黃膺白先生年譜長編》。

3　《致朱家驊電》,《黃膺白先生年譜長編》,第 794 頁。

4　《黃膺白先生年譜長編》,第 797 頁。

5　同上,第 797、802 頁。

日，唐有壬抵平，修訂會談記錄初稿。23 日，日方要求開會作最後商量。會談時，日方將 14 日所提七條《申合事項》略作改動要求中方接受，並稱：允諾與否，必須立時答覆，不必再電京請訓或回寓考慮；不然，即作為談判破裂。在日方高壓下，中方於 24 日完全接受了日方的七條大綱。12 月 14 日，雙方舉行最後一次會談，將通郵大綱及諒解事項寫就兩份，雙方互換一份，但彼此均不簽字。同月 30 日，交通部郵政總局宣佈自 1935 年 1 月起，實行東北通郵。

六、尾聲

自“九一八”事變起，南京國民政府的對日政策幾經變遷。最初，持不抵抗主義，依賴國聯調解；其後，自淞滬抗戰至長城抗戰，持一面抵抗、一面交涉的方針；由於長城抗戰失敗，南京國民政府放棄抵抗，專一於和日本侵略者的直接交涉。

《塘沽協定》是喪權辱國的城下之盟。在《塘沽協定》善後談判中，南京國民政府和華北當局堅持“不簽字，不換文”，企圖以此種方式逃避國人指責，同時則堅決不承認偽滿洲國，並且為了防止有任何承認意味事件的出現，小心翼翼地進行了艱難的外交談判；黃郛並曾一度要求日方取消《塘沽協定》，對此，應該予以肯定。這一情況的出現，和全國人民日益高漲的抗日呼聲有關，也和國民黨內部對日強硬派的反對、制約有關。但是，南京政府這一時期對日外交的總方針是委曲求全，唯一的方式是通過談判，磋磨、乞求，連一點強硬姿態也不敢擺出來。其結果是，日本侵略者一施壓力，南京國民政府和華北當局就立刻屈服；南京政府和華北當局愈屈服，日本侵略者的氣焰也就愈盛，得寸進尺，欲壑難填。南京國民政府和華北當局確實是做到“委曲”了，但是，卻絲毫也“求”不了“全”，黃郛想“伸伸腰”的願望自然也就落空。

1935 年 1 月 18 日，黃郛離平南下。2 月 18 日，致電汪精衛，要求辭職。同月 26 日，離滬赴莫干山休養。其後，何應欽、汪精衛、蔣介石曾多次要求黃郛北返，均遭拒絕。4 月 22 日，黃郛電覆何應欽稱：“今後對日問題，樞紐全在中央，地方交涉，業已十完八九。若中央對國際形勢認得清，對日方針把得定，則弟即小憩，亦無問題，否則即遵命重返，亦無濟於事。"[1] 5 月 3 日，天津《振報》社長白逾桓、《國權報》社長胡恩溥以親日在日租界被暗殺。29 日，天津日駐屯軍司令梅津美治郎派參謀長酒井隆等會見何應欽，聲稱平、津"現為擾亂日、'滿'根據地"，白、胡被殺，"係中國之排外舉動，及向駐屯軍之挑戰行為"[2]。酒井並援引《塘沽協定》稱：如將來預知或有類此事件發生，日軍將"取斷然之處置"，越過長城線，重新開入戰區，"或再發生庚子事件、'九一八'事件，亦未可知"[3]。這就是所謂河北事件。日本侵略者隨即以之為藉口，要脅中國政府作更大的妥協，5 月 30 日、31 日，黃郛兩次致電蔣介石，報告與日本武官磯谷廉介談話要點，要求蔣"極力忍耐，抑制感情"，同時要求蔣回寧商議[4]。其後，蔣介石、何應欽再次電催黃郛北返，但黃郛不僅無動於衷，反而於 6 月 13 日致電汪精衛，再次要求辭職。電稱："兩年來委曲求全，原欲防患未然，無乃心長力短，不補毫末。"[5] 同日，致電楊永泰稱："事態至此，再叫我去，不啻驅我入穴，等於專制時代賜巾令自縊，未免太不近情。"[6] 這就說明，連黃郛也感到對日"委曲求全"不是辦法，不願再充當替罪人了。

6 月 18 日，國民政府任命王克敏代理行政院駐平政務整理委員會委員長，黃郛終於擺脫了對日交涉的責任。

河北事件的發生和黃郛的不願復職說明了國民黨"委曲求全"方針的破產。在此前後，國民黨的對日外交走入死谷，形勢就要慢慢地發生變化了。

附記：《二次世界大戰前中國政府的對日外交研究》是作者 1990 年訪美時確定的研究課題，曾得到美國國際教育協會（Institute of International Education）和哥倫比亞大學東亞研究所黎安友（Andrew J. Nathan）及曾小萍（Madeleien Zelin）二位教授的支持，謹致謝意。

---

1 《黃膺白先生年譜長編》，第 859 頁。
2 《何應欽將軍九五紀事長編》，第 396、397 頁。
3 同上。
4 《致蔣介石電》，1935 年 5 月 31 日，黃郛檔案。
5 《致汪精衛電》，1935 年 6 月 13 日，黃郛檔案。
6 《黃膺白先生年譜長編》，第 881 頁。

宋慶齡關於鄧演達的一封英文函件

　　美國國會圖書館有一個手稿部，藏有大量美國人的手稿，我去那裏，本意是找尋幾個和中國有關係的美國人的資料，但是卻意外地發現了一封宋慶齡的英文函件。全文如下：

> 29 rue Moliere
>
> 12 June 1934
>
> The Editor,
>
> Shanghai Evening Post and Mercury.
>
> Dear Sir:
>
> There is no truth in the report that I am interested in any fund collecting for Mr. Dang Yen－dat's memorial．
>
> Yours very truly
>
> Soong Ching Ling

全函打字，末為宋慶齡的親筆英文簽名。今譯出如下：

上海《大美晚報》編者，

親愛的先生：

　　報道說，我參與集資，以建造鄧演達先生紀念塔。此非事實。

　　您的真誠的

　　宋慶齡

　　莫利愛路 29 號

　　1934 年 6 月 12 日

該函另有幾行鉛筆字，也均為英文，顯係《大美晚報》編者所加。信件頭一行為："From Mme. Sun（孫夫人來函），左上角一行為"The Readers' Forum, Today"（《讀者論壇》，今日。）末行為"Shanghai, June 12, 1934"（上海，1934 年 6 月 12 日）。在宋慶齡的英文簽名下面，編者加註稱："Madam Sun Yat-sun"（孫逸仙夫人）。此外，編者對該函還作了一些技術性的處理，例如，將"The Editor"改為"To Editor"，刪去了"上海《大美晚報》"及"親愛的先生"等兩行。查 1934 年 12 月 13 日上海《大美晚報》，該函果然發表於該報的《讀者論壇》內。從刊出的迅速及有關處理上，可以看出，編者非常重視宋慶齡的這封信。它之所以能妥善地保存下來，顯然也與這種重視有關。

宋慶齡和鄧演達同為北伐時期的國民黨左派，武漢汪精衛集團分共前後先後出國。在蘇聯期間，宋慶齡與鄧演達、陳友仁聯名，以國民黨臨時行動委員會名義發表宣言，指出蔣介石、汪精衛等已成為"舊勢力之化身，軍閥之工具，民眾之仇敵"，宣告該組織將"臨時行使革命指導之職能"。在柏林期間，二人時相過從，討論中國革命問題。1931 年鄧演達為蔣介石逮捕後，宋慶齡曾去南京營救。鄧演達被害後，宋慶齡又於 12 月 9 日發表宣言，抗議蔣介石集團的屠殺政策，她為什麼會發表這樣一封函件呢？

查 1934 年 6 月 12 日《大美晚報》，其第 2 版有一則題為《鄧演達紀念塔》的英文消息：中云：

> 據中文報道，孫逸仙夫人已集資數千元，為所謂"第三黨"領袖、已故的鄧演達在南京建造紀念塔。鄧大約兩年前在此被捕並被殺。

可以看出，宋慶齡的函件正是針對該報的這一消息而發。

再查 1924 年 6 月 11 日《申報》，有一條題為《宋慶齡等為鄧演達建紀念塔》的消息：

> （南京）鄧演達原葬於本京麒麟門外附近之草野，有碑一塊。茲中委宋慶齡等以鄧生平於黨國頗著勳勞，前功仍不可沒，集資數千元，於鄧之墓旁建一紀念塔，以資紀念。該塔現已興工。（10 日專電）

據此，《大美晚報》的消息係得自《申報》。

鄧演達被害後，陳銘樞斥資為之料理後事，並在墓前立碑，親書“故友鄧擇生先生之墓”等字。此後，並無建造紀念塔一類舉動。而且，在蔣介石統治下，鄧演達創立的“第三黨”一直是非法組織。《大美晚報》所發消息則特別標明“第三黨”，並說明鄧被捕、被殺等事，有可能引起國民黨當局的注意，因此，宋慶齡迅即去函更正。它說明，在當時，宋慶齡對於國內外的各種動態，一直非常注意，並保持著高度警覺。

1935 年國民黨內的倒汪迎胡暗潮 *

1931 年 2 月，蔣介石軟禁胡漢民，自此，出現寧、粵分裂局面。同年，發生“九一八”事變，蔣介石被迫釋放胡漢民。不久，胡漢民定居香港，領導以兩廣等省地方當局為代表的“西南派”，秘密進行反蔣活動。雙方長期對立，勢同水火。但是，由於日本侵華得寸進尺，民族危機日益加深，雙方都逐漸產生團結禦侮的想法。1935 年 6 月 9 日，胡漢民接受鄒魯等人意見，偕其女胡木蘭、秘書程天固離開香港，赴歐療養，為改變關係創造條件。

旅歐期間，胡漢民和在國內的原西南派的鄒魯、李宗仁、陳融、蕭佛成、李曉生、王養沖等人之間，仍然保持著密切的函電往來關係。有關資料，起於 1935 年 7 月，止於同年 11 月。胡漢民當時曾請人抄錄在一本練習簿內，今存台灣國民黨黨史會。該稿言簡意晦，多用暗語，文字亦多訛誤。但是，治史有如航海，不僅要觀察洋面風濤，而且要探測深層潛流。研讀這一抄稿，可以幫助人們認識這一時期國民黨內的許多秘密。

---

* 原載《近代史研究》，1997 年第 4 期。錄自楊天石《蔣介石與南京國民政府》，中國人民大學出版社 2007 年版。

一、汪精衛稱病休養，迎胡回國浪潮興起

汪精衛於 1932 年 1 月出任行政院長，1933 年 8 月兼外交部長，把持內政外交大權，積極推行對日妥協政策，為國民黨內的抗日派所不滿，不斷出現倒汪浪潮。

1932 年 5 月，中日淞滬停戰協定簽字，于右任以未交立法院審議為理由，要求中央監察委員會懲戒汪精衛，首開倒汪先例。[1] 1933 年 11 月，李烈鈞聯絡吳稚暉等，以立法院等處為講壇，多次指責《塘沽協定》以來汪精衛的外交政策，繼續推進倒汪行動。[2] 1934 年 1 月，胡漢民鑒於溥儀將於當年 3 月傀儡登場，認為是一個重要關頭，不能放過，指示"應做一次大宣傳"，"攻擊南京政府誤國、賣國"。同時具體指示由廣東方面以監察委員名義起草一份彈劾汪精衛的稿子，交西南政務委員會委員李曉生帶到上海，聯合署名，在適當時候發難。[3] 蕭佛成遵照胡漢民指示，於同月 24 日在國民黨四屆四中全會上提出："對東北失地問題，政軍領袖應負責引咎。"[4] 同年 3 月，李曉生致電胡漢民，聲稱"彈汪案正設法進行中"[5]。此後，倒汪氣氛即逐漸濃烈。12 月，孫科、王寵惠等銜蔣介石之命南下香港，企圖說服胡漢民北上參加國民黨四屆五中全會。據稱："寧滬空氣對水雲（汪精衛）皆極惡劣，于髯（于右任）真要率全體監委以去就力爭。"[6] 其間，孫科並曾單獨向胡提出，準備出面要求汪精衛下台，代以為蔣介石喜歡的孔祥熙。[7] 胡漢民不願在蔣介石的統治下做傀儡，希望倒汪並倒蔣，因此，對孫科的計劃興趣不大，對人稱："集中倒汪，已非本旨。""我來汪去，何異前年扶汪去孫？我何能蹈汪覆轍！最高不過做黎元洪、徐世昌耳，而豈我輩所屑！"[8] 儘管如此，國民黨內仍然有相當一部分人主張先轟汪下台。

1 《于右任先生年譜》，台灣國民黨黨史會等 1978 年版，第 71 頁。
2 《唐有壬致黃郛》，1933 年 11 月 3 日、4 日，沈雲龍《黃膺白先生年譜長編》，台灣聯經出版事業公司 1976 年版，第 636 頁；參見拙作《黃郛與《塘沽協定》善後交涉》，《歷史研究》，1993 年第 3 期。
3 《工致力翁》（胡漢民致陳融），哈佛燕京學社圖書館藏。按，原電均用化名，括弧中所注本名，為筆者考證所知，以下均同。
4 《邵元沖日記》，1934 年 1 月 24 日，上海人民出版社 1990 年版。
5 《廣州轉來上海電》，1934 年 3 月 27 日，哈佛燕京學社圖書館藏。
6 《工致力兄》（胡漢民致陳融），1934 年 12 月，哈佛燕京學社圖書館藏。
7 《工致力函》（胡漢民致陳融函），哈佛燕京學社圖書館藏。
8 《致上海毅、鶴、湄兄》（致上海何世楨、陳群、湄兄），哈佛燕京學社圖書館藏。

1935 年 6 月 19 日，蔡元培在中央政治會議上帶頭向汪精衛發難，責問其"對日外交究持何策"。孫科拍案大罵："不料以一二小人公然賣國！"[1] 30 日，汪稱病休養。7 月 3 日，汪精衛入上海醫院治療肝病。15 日，轉赴青島。

汪精衛稱病後，行政院院務由副院長孔祥熙暫代。當時，國民黨內部普遍出現迎接胡漢民回國的意見。孔祥熙企圖討好，於 7 月 4 日接見李曉生，對李說："如展公有事委辦，無論事之大小，必盡力遵辦。"[2] 接著，又致電西南派的核心份子鄒魯，要求他來滬，但鄒魯要孔祥熙或南京政府的其他要人南下，移樽就教。[3] 鄒魯的計劃是要把輿論造足，形成全國一致的迎胡運動。10 日，鄒魯致電報告胡漢民："南京迎胡說甚盛。" 18 日，再電云：

> 汪行，迎胡益急。弟欲使各省一致，除粵、桂外，已囑少炯入湘，顯丞入滇，另派亮疇晤閻伯川、韓復榘、宋哲元、楊虎城等。

少炯，指楊熙績；顯丞，指劉震寰。入湘，是為了聯絡何鍵；入滇，是為了聯絡龍雲。27 日，鄒魯再電胡漢民："赴各省之人悉出動，此次必造成全國統一迎胡之事實。"鄒魯的目的是藉此給蔣介石施加壓力，同時，也為胡漢民歸國以後的執政製造輿論。

二、蔣介石既想留汪，又想與胡漢民和解

汪精衛到青島休養後，原本訂於 8 月中旬回南京復職。此事引起部分國民黨中委的恐慌，擔心"汪返而對日屈服將更變本加厲"。8 月 7 日，覃政、石瑛、王陸一、焦易堂等在國民黨中央政治會議提出，設置外交委員會，以免外交大權集中於一人，同時提出，請汪精衛辭去外交部長兼職。[4] 當時，汪精衛因"華北外交屈辱，備受國人指摘，中央亦多不滿"，於 8 月 8 日自青島致電蔣介

---

1 《中興報》，1935 年 8 月 4 日。
2 力電（陳融電），1935 年 7 月 5 日，台北中國國民黨黨史會藏。以下凡未注明出處者，均同。
3 衣電（鄒魯電），1935 年 7 月 10 日。
4 《王世杰日記》，1935 年 8 月 9 日，台北"中研院"近史所版。

石及國民黨中央，要求辭去行政院長及外交部長職務，藉以"試探中樞意旨"[1]。但蔣介石還希望汪精衛"暫行備位"，於第二天，即以國民黨中常會名義派葉楚傖、蔡元培前往慰留。10 日，王養沖電胡漢民云："汪精衛辭去本兼各職。葉楚傖、蔡元培奉蔣中正命前往。"蔣介石和汪精衛有矛盾，但當時二人都推行對日妥協政策，有汪在前台，蔣有不少便利之處。因此，蔣是不會輕易將汪拋開的。

蔣介石一方面挽留汪精衛，一方面則力圖與胡漢民和解。8 月 12 日，黃紹竑受蔣介石委派，到廣州會晤陳濟棠，商談寧、粵合作事宜。15 日，到廣西與李宗仁、白崇禧會談。關於黃紹竑到粵情況，鄒魯電胡漢民報告說：

> 季寬來，表示蔣決心抗日，並先撤西南兵及行均權。立夫頃飛蓉晤蔣，亦促進此事。全局如何推動，須兄自負責。目前過渡可由南京中人自擇。

為了對抗南京政府的集權主張，西南方面一直主張"均權"，在各地組織國民黨執行部、政務委員會和軍事委員會，辦理地方黨務、政務、軍務。1934 年春，胡漢民陸續發表《論均權制度》、《再論均權制度》等文，主張將均權推向全國。文章抨擊蔣介石等稱："所謂集權，是要集權於南京軍閥；所謂擁護領袖制，是要擁護南京軍閥去專制一切。"[2] 本電轉述的蔣介石三項意見：決心抗日，撤去對付西南的軍隊，同意實行均權，表明蔣介石力圖與胡漢民和解。

除通過黃紹竑與西南接觸外，蔣介石又於 8 月 20 日通過孔祥熙致電胡漢民，表達問候之意："尊體如何？繫念。請隨時示知近情，俾釋遠念為盼。"胡漢民鑒於蔣介石主動表示友好，便於 21 日通過王寵惠覆電："承念至感。弟到歐後稍勝在港時，惟尚比常人血壓高四五十度。昨始檢查身體，醫者為專門名家，待看其報告如何。"湯山被囚後，胡、蔣之間一度尖銳對立，現在雖仍言不及義，畢竟互通音問了。

---

1 《邵元沖日記》，1935 年 8 月 14 日。
2 《論均權制度》，《三民主義月刊》卷 3，2 期。

三、汪精衛回京復職，倒汪派繼續抗爭

汪精衛的辭職本來就是虛情假意，蔣介石一時也還不想甩開汪精衛，因此，汪的復職是遲早的事。

汪精衛辭職後，胡漢民即積極規劃未來的內閣藍圖。他屬意王寵惠，擬以其出任行政院長，致電鄒魯、陳融云："吾人宜推轂闊老，勝於他人。"[1] 闊老，即指王寵惠。王和胡觀點相近，關係密切。1934 年 3 月，溥儀僭位稱帝，汪精衛竟稱："實無所用其驚異"。第二天，王寵惠即致函胡漢民，指責汪精衛稱："昔之以推翻滿清自居者，近則厚顏聽其復位矣！"同函並對胡寄以希望，聲稱"弟生平所服膺者，只有二人。總理在，總理而已；總理不在，先生而已。"[2] 因此，胡漢民在致電李宗仁時表示："內政擬以王亮疇緩衝。"[3]

胡漢民主意既定，孫科即出面向蔣介石建議，並謂宋子文、孔祥熙等均持同一意見，但蔣介石不聽。[4] 8 月 19 日，蔣介石、汪精衛回到南京。20 日，王養沖以暗語致電胡漢民報告："門、水回京，水復職。"門，蔣門神，代指蔣介石；水，代指汪精衛。22 日，國民黨中常會開會，汪精衛照例繼續表示辭職，蔣介石則表示挽留，眾人不說話，汪精衛遂以沉默表示同意復職。[5]

汪精衛雖然復職了，但是，國民黨內部的反汪派仍不肯甘休。8 月 29 日。鄒魯致電胡漢民，認為汪之突然復職，是由於運動日本外務大臣廣田弘毅，向蔣施加壓力的結果。電稱：

> 汪突返職，由汪運動廣田，向蔣說話。現孫（科）、于（右任）、居（正）、戴（季陶）及二陳（立夫、果夫）仍力進行逐汪迎胡，蔣亦恨汪，藉日壓己。六中全會時決改組政府。各方（盼）兄歸甚切。

---

1 《覆衣、力各電》（覆鄒魯、陳融各電）。
2 《王寵惠致胡漢民函》，1934 年 3 月 2 日，哈佛燕京學社圖書館藏。
3 《民覆不電》（胡漢民覆李宗仁電）。
4 《9 月 17 日堯電》（9 月 17 日李曉生電）。
5 《邵元沖日記》，1935 年 8 月 22 日。

30 日，李曉生也致電胡漢民稱：

> 孫科竟與居正、于右任、戴季陶、孔祥熙、兩陳等一致反對汪精衛，
> 但無具體辦法。蔣曾經表示，汪如果決不復職，亦不勉強。故汪雖復職，
> 尚有問題。第六次中全會議決改組政府，俟五全大會再訂將來大計。

李曉生並告訴胡漢民，四川民政、財政已實現統一。蔣一意經營四川，無
心南向，並詢胡行程。

鄒魯、李曉生的電報顯示：胡漢民、蔣介石之間的矛盾有可能緩和，而和
汪精衛的鬥爭則方興未艾。

四、胡漢民開始調整外交政策

"九一八"事變以後的事實表明，對日妥協是條死胡同，那末，南京政府的
外交路線應該如何確定？

當時，國民黨內部出現兩種意見，一種是聯俄，一種是聯英美，也有人主
張既聯俄，又聯英美。胡漢民、鄒魯和陳濟棠都主張聯英美。胡漢民很早就提
出，派人赴歐美聯絡，以對付日本。[1] 胡漢民赴歐後，鄒魯、陳濟棠都要求胡漢
民利用機會，與擔任海牙國際法庭正法官的王寵惠（亮疇）共同推進對英美的
外交，並改善和加強與港英當局的關係。7 月 26 日，鄒、陳致電時在瑞士的胡
漢民云：

> 寧有兩派，一、親日統一固謬；二、聯俄抗日亦非至計。請兄與亮
> 兄到英，為英美之外交工作，並以華南同對日關係，請英密示港督，與粵
> 結合。

1　《胡漢民致柏文蔚書》，轉引自《柏文蔚復胡漢民書》（4 月 13 日），哈佛燕京學社圖書館藏。

此前，英國《泰晤士報》有西南派勾結日本的說法，二人要求胡漢民 "力破之"。[1] 同日，陳融也致電胡漢民，告以蔣介石已派張群、陳儀赴日勾結，"我人必須得英美緩〔援〕助，望早到英與商。" 廣州接近香港，陳濟棠自國外採購的武器必須通過香港內運，因此，西南派極為重視和港英當局的關係。8月2日，陳濟棠、鄒魯聯合致電胡漢民，要胡轉囑王寵惠，與港英當局協商。電云：

> 近港對西南軍器經過為難，請囑亮兄商英港，仍持去年以前對西南軍器經港，概納外交進行。盼示。

"仍持去年以前" 云云，可見此前的武器內運都是經過港英當局同意的。

西南派在倒汪上與孫科、于右任有聯盟關係，但是，孫、于都主張聯俄，和西南派不盡相同。7月27日，鄒魯電詢胡漢民，如何處理這一矛盾。電稱："孫、于、居在京負責達到改變政局。惟孫、于主張聯俄抗日，應如何覆之？" 當時，胡漢民反對日本侵略，但是，也反對蘇聯，稱之為 "蘇俄帝國主義"，曾著文要求蘇聯 "中止在華之一切赤化活動"，"放棄在新疆、外蒙的侵略行動"[2]，接到鄒魯的電報後，胡漢民於8月24日覆電，堅持此前立場，電云："聯俄利害，前此論之甚詳。共禍未除，適滋糾紛。" 但是，該電也顯示出，胡漢民正在慢慢調整自己的外交政策。電云："或以孫、于之主張，兄等此時不必過於反對矣！" 同年冬，他進一步支持程天固訪蘇，探詢蘇方意見，"對於我國萬一與日本交戰所採之政策為如何"？[3]

20年代初期，胡漢民一度主張聯蘇；1927年以後，胡漢民成為堅決的反蘇派，但在民族危機日益加深的情況下，他不得不對自己的立場有所修正。

---

1 《棠、魯宥電》（陳濟棠、鄒魯電），1935年7月26日。
2 《英美協調與國際的分惠》，《三民主義月刊》卷5，3期；《遠東問題之解決》，《三民主義月刊》卷5，5期。
3 《程天固回憶錄》，香港龍門書店1978年版，第283頁。

五、動員華北實力派自治、自保

寧粵對立以後，西南派的策略是廣泛聯絡各地實力派，對抗南京政府。其中，胡漢民、李宗仁等尤為重視的是華北的馮玉祥、閻錫山、韓復榘等人。1935 年 6 月，在日本威脅下，中央軍被迫撤出平、津及河北。同月，宋哲元部二十九軍馮治安部奉令拱衛北平。此後，西南方面又加強了和宋哲元的聯繫。

日本侵略者得寸進尺，企圖進一步製造"華北國"。7 月 6 日，何應欽被迫與日本華北駐屯軍司令梅津美治郎達成"何梅協定"，同意罷免一批中國官員、解散河北省黨部、禁止排日運動等無理要求，平津等地有隨時為日軍佔領的危險。當年 7 月，李宗仁致胡漢民電即稱：華北事急，宋哲元、韓復榘等人非常掛念胡漢民的情況。李建議胡致電慰問。同月，李宗仁派黃建平到山西，促進華北地方實力派聯合，成立統一組織。黃稱："西南亟盼華北有一組織後，即向中央進迫，能不用兵，即達到均權共治，亦不一定非用兵不可。"[1] 當時，宋哲元、韓復榘等亟謀自保。宋哲元認為："華北在日本壓迫、中央不管的處境下，不能不自己聯合。"[2] 韓復榘也認為："與其坐以待斃，不如早自打算。"[3] 他們計劃推閻錫山為首，韓復榘為副，成立組織，自治自保。

西南派密切注意華北形勢的發展。8 月 5 日，李宗仁致電胡漢民云：

> 蔣派王克敏求梅津承認，梅拒絕。軍人尚未一致。海、外兩省主與蔣妥協。現商陳濟棠，派中、援北上，並擬派季文相助。祈示。李宗仁。

王克敏，時任代理行政院駐平政務整理委員會委員長；梅津，指梅津美治郎。中，指陳中孚，日本通，時任西南政務委員會委員。援，指任援道，軍人，1930 年代經常充當西南派與北方實力派的連絡人。季文，指王季文，桂系政客，曾任眾議院議員。從李宗仁計劃派到北方的三個人看，顯然是為了進一

---

1 《徐永昌日記》，台北"中研院"近史所版，1935 年 7 月 31 日、8 月 3 日。

2 《徐永昌日記》，1935 年 10 月 2 日。

3 《徐永昌日記》，1935 年 7 月 31 日。

步加強與宋哲元的聯繫，並直接插手對日交涉。1935 年 12 月成立冀察政務委員會時，陳中孚出任外交委員會委員長，任援道任外交委員，而王季文則成為西南派常駐宋哲元部的代表。

胡漢民同意李宗仁的派人計劃。8 月中旬，覆李宗仁電云：“伯南同意，不妨派人一行。但真崎去職，外報謂急進派失勢，確否？”[1] 真崎，指真崎甚三郎，日本皇道派軍閥巨頭。1931 年，任駐台灣軍司令官。1932 年任參謀本部次長，後改任陸軍教育總監。1935 年 7 月被罷免。在日本侵華過程中，日本政府和軍方中始終存在不同派別，其起伏分合極大地影響並制約著對華政策，因此，胡漢民對日本政局變化極為注意。

李宗仁也同樣注意日本政局的變化，8 月 29 日致胡漢民電云：“軍政部因永田案及西南遲緩，由外務對寧暫行妥洽。”永田，指日本陸軍軍務局局長永田鐵三少將。由於真崎被解職，皇道派的相澤三郎中佐對此不滿，於 8 月 12 日將永田鐵山砍死。“西南遲緩”，當指西南派的反蔣行動。電末，李宗仁詢問胡漢民說：“陳濟棠已囑中北上。鄙人只有促華北變化，尊意以為何如？”李宗仁希望，華北實力派能迅速聯合起來，與西南為犄角。對李宗仁的意見，胡漢民極為同意，當日即覆電表示：“弟與尊見同。”

當時，日本侵略者也在鼓動“華北五省自治”，支持地方實力派反蔣，以便實現其分裂中國，逐一吞併的陰謀。西南派所推動的華北實力派的自治自保，雖與日本侵略者不同，但極其便於為日寇所利用。歷史證明，只有團結，才能抗日。

六、計議對抗六中全會與五全大會

為了和西南派和解，9 月 5 日，國民黨中常會開會，蔣介石提出，將原定 9 月 20 日召開的四屆六中全會展期至同年 11 月 1 日，第五次全國代表大會不變，仍訂於 11 月 12 日舉行。在公開和私下，蔣介石都表示，要“力謀團結”。[2]

西南派不願放棄進攻姿態。9 月 4 日會商對六中全會的對策時，鄒魯提

---

1 《覆不電》（覆李宗仁電）
2 《9 月 5 日衣電》（9 月 5 日鄒魯電）。

出：1. 請各國開太平洋和平會議。2. 請政府解職以謝國人。會議決定向胡漢民請示。[1] 9 月 10 日，西南方面再次會商，決定：1. 由西南方面的中委將 1934 年的齊、有兩電再次提出，列為五全大會議案。2. 由個人簽名，聯名提案，建議召開太平洋各國會議。3. 秘密通知各省同志，推舉代表，向南京方面爭取出席五全大會的出席權，不得已時，在西南召開五全大會。[2]

1934 年，國民黨中央決定於當年 11 月 12 日召開五全大會，議題為召集國民大會、修改總章、推進黨務、確定施政方針等四項。9 月 8 日，胡漢民、陳濟棠、李宗仁等致電南京，認為南京方面頒佈的五全大會議題"無一及於當前救亡之大計"，胡等提出：1. 整飭政治風紀，懲戒喪權辱國之軍政大員。2. 嚴懲一切淆亂社會危害黨國禍首。3. 確立外交方針並國防計劃以維護國家之生存。4. 確定最低限度生產建設計劃，取消破壞工商業及國民生計之媚外關稅稅則並整理財政救濟農村。以上各條，條條指向南京國民政府和蔣介石，稱為"齊電"。該電發出後，南京方面"置而不議，受而不答"，並且封鎖新聞，嚴禁披露，因此，胡漢民等於 9 月 25 日再次致電南京，提出在五全大會召開之前，先實行二事：1. 履行本黨"人民有言論及出版自由權"之政綱，容許一般人民對於政治、外交之建議及批評。2. 厲行本黨民主集權制，予中央委員及海內外各級黨部、黨員對於黨務、政治、軍事、外交，應有充分建議、討論及批評之完全自由。該電稱為"有電"。由於西南方面的不妥協立場，南京方面不得不宣佈五全大會延期。現在西南方面重提"齊"、"有"兩電，表明西南方面的根本立場不變。

但是，在外患日深的狀況下，西南派中的部分人也不得不表現出和蔣接近的動向。還在 8 月中旬，王養沖即致電胡漢民說：

> 中北上，李宗仁力主，爵贊，衣與力辯論，中請尊裁，並云：蔣中正外交途逕工作激急，未許視若無物。吾人放棄原定計劃，分別擬具放棄打倒獨裁函詳報。

---

1 《9 月 5 日衣電》（9 月 5 日鄒魯電）。
2 《9 月 10 日衣電》（9 月 10 日鄒魯電）；又《9 月 11 日沖電》（9 月 11 日王養沖電）。

中，仍指陳中孚；爵，指陳濟棠；衣，指鄒魯；力，指陳融。本電所述鄒魯與陳融關於陳中孚北上的辯論顯然與對日、對蔣政策有關。所謂"放棄打倒獨裁"，即指放棄打倒蔣介石的計劃。顯然，陳中孚已經朦朧地感覺到，必須團結對日。

9月14日，鄒魯致胡漢民電云：

> 前蔣在滇，晤顯丞。對兄表示甚誠。囑其事團結。志舟復力促之。志舟近亦急於實現。弟擬囑顯丞經赴川晤蔣，能促成亦事所固佳，名〔否〕則票（？）真相為應付。

志舟，指龍雲。當年5月14日，蔣介石從貴陽到昆明，龍雲曾向蔣提出消弭內爭、抵禦外侮問題，據說："蔣有極誠懇之表示"。[1]此電顯示出，蔣當時也曾向劉震寰（顯丞）表示過和胡漢民和解的願望，要求劉致力於西南與南京的"團結"，此事並且得到龍雲的積極支持。有鑒於此，鄒魯準備派劉震寰入川，再次與蔣介石會晤。同日，胡漢民即覆電表示同意，電云："顯赴川亦佳。但宜得陳（濟棠）、李（宗仁）同志〔意〕。"顯然，胡漢民也在考慮採取某種主動了。

七、繼續醞釀倒汪

汪精衛復職之後，國民黨內部的倒汪迎胡潮流仍然暗暗發展。黃季陸於9月中旬到滬、寧兩地"鼓動政潮"，轉了一圈之後，回粵報告說："寧皆反汪，並希西南有積極做法。"[2]

當時，不少人希望胡漢民回國。9月22日，李曉生致電胡漢民，轉達許崇智的意見，建議胡漢民利用時機，立即返國，以"提倡團結、抗日、剿共"號召各方，"如此則以我公為主體，似與被動的受歡迎而後回來頗有分別"。[3]10

---

1 《龍雲為蔣介石在滇有亟謀統一的表示徵詢意見電》，雲南檔案館編《國民黨軍追堵紅軍長征檔案史料選編》（雲南部分），檔案出版社1987年版，第588—589頁。
2 《10月7日魯電》（10月7日鄒魯電）。
3 《9月22日堯電》（9月22日李曉生電）。

月 8 日，在上海的何世楨、陳群、李曉生等也聯名致電胡漢民，要求胡漢民回國。電稱：

> 汪復職後政局愈混沌。六中、五全相繼開會，政治季節正在此時。兄能出其不備，毅然歸國，影響甚大。國難已亟，披髮纓冠，只有我輩。居、孫暨南京各方同志一致主張。陳伯南利令智昏，無心救國。竊為事機已迫，請速圖之。心所謂危，不敢緘默。行止如何，懇加明示。

不過，胡漢民這時身體狀況不佳，還不能回國，但他也盼望儘早趕汪下台。10 月 8 日，胡漢民覆電李曉生稱："南京同志既多數除奸，何尚不決！望兄等努力奮鬥。"胡漢民本來反對單獨"倒汪"，此時則持積極態度了。

為了繼續與南京方面對抗，西南方面於 10 月 7 日決定，單獨在廣州召開五全大會。10 月 15 日，蕭佛成、鄒魯致電胡漢民："寧五全會必開，我方必對抗。宣言、政綱懇公主稿，航寄或電示綱要。"胡漢民贊成蕭佛成等意見，同日覆電表示："請兩兄主稿，宜多對寧府責言。弟但從同志後，不能屬思。"胡漢民對南京國民政府諸多不滿，因此，仍然持強烈批評態度。

八、汪精衛突然被刺，倒汪派不戰而勝

國民黨的中央全會和代表大會常常是各派政治力量的角逐場所。蔣介石確定在 1935 年 11 月召開四屆六中全會之後，南京政府內外的倒汪派就將轟汪下台的希望寄託在該次會上。9 月 5 日，鄒魯致電胡漢民報告說："六中去汪，反要之於孫。居受二陳，進行甚力。"[1] 據此可知，計劃在會上帶頭發難的人選為孫科，而當時在南京國民黨內積極活動的人物則是受二陳委託的居正。一切均已準備就緒。

11 月 1 日，國民黨四屆六中全會在南京開幕。在儀式結束後攝影時，汪精

---

1 《9 月 5 日衣電》。

衛突遭原十九路軍排長、愛國志士孫鳳鳴槍擊，重傷就醫，被迫請求辭去本兼各職。這樣，倒汪派就不戰而勝了。

1935 年 11 月 12 日，國民黨五全大會開幕。西南派沒有按原先計劃抵制，而是派鄒魯、劉蘆隱、黃季陸等出席會議，鄒魯並在會上作了"團結救國"的演說。在長期分裂之後，寧、粵雙方出現和解現象，預示著國民黨的內外政策將會發生變化。不過，人們也注意到，西南派的軍事領袖陳濟棠、李宗仁、白崇禧等都沒有參加。這顯示出，國民黨的"團結救國"之舉還只能說剛剛起步。

12 月 7 日，胡漢民在五屆一中全會上被選舉為國民黨中央常務委員會主席。西南派的鄒魯、劉蘆隱、劉紀文、黃季陸等進入中央執行委員會。同月 27 日，胡漢民由歐洲啟程回國。不過，胡漢民回到廣州後，很快因病去世，未能發揮應有的作用。

第五部分

西安事變

陳立夫與國共談判 *

　　哥倫比亞大學東亞研究所的韋慕庭（C. Martin Wilbur）教授是美國著名的研究中國近代史的權威，他和夏蓮蔭（Julie Lien-ying How）女士長期合作，從事口述歷史工作。現藏於哥大珍本和手稿圖書館的陳立夫口述歷史英文打字稿，就是他們長期勞動的結晶。它記載了大量陳立夫先生親見親歷的史實，是研究近代中國歷史的珍貴史料。這裏首先向讀者介紹並分析其中陳立夫與國共談判部分。

　　蔣介石在《蘇俄與中國》一書裏說："中日戰爭既已無法避免，國民政府乃一面著手對蘇交涉，一面亦著手中共問題的解決。我對於中共問題所持的方針，是中共武裝必先解除，而後對他的黨的問題才可以作為政治問題，以政治方法解決。民國二十三年底，五次圍剿初告成功，中央即指派陳立夫擔當這一政治任務。"夏蓮蔭女士對陳立夫的訪問是從核實這一段話的真實性開始的。

　　"自然，當一個領袖寫作回憶錄時，他會認為，說由他發端更好些。這是不

---

* 原載《團結報》，1992 年 8 月 29 日。錄自楊天石《蔣介石與南京國民政府》，中國人民大學出版社 2007 年版。

是說發端來自別處？是的。我的哥哥陳果夫和我認為，如果我們必須和日本打仗──當時看來這是不可避免的，那我們就必須解決共產黨問題，和共產黨聯合。另一個問題是如何獲得蘇俄的幫助。兩個問題相互關聯。自然，除了我們之外，領袖還接受了別人的建議，決定是他作出的。

"當時，共產黨已經衝破了包圍，離開江西，剩下殘部。

"蔣先生的想法是：第一，如果共產黨投降，我們就可以集中力量處理日本問題。第二，如果他們採取和我們聯合的姿態，日本認識到我們的抵抗是真正全民的抵抗，在制訂侵略計劃時就會多一點顧慮，會小心點。這樣，戰爭的爆發就可能會推延。第三，共產黨和我們聯合這一事實會暗示日本，在蘇俄和中國之間正在秘密進行著某些事情；儘管當時兩國實際上並無這種聯繫。

"蔣先生將和中共、蘇俄談判這兩個任務委託給我。由於我是反共鬥爭的主要領導人，選擇我作為談判代表將突出地顯示我們的真誠，說明我們的政策已經改變。因此，我是完成這兩個任務的最合適的人選。"

蔣介石在《蘇俄與中國》一書裏又說："到了二十四年的秋季，陳立夫向我報告，周恩來在香港與我們駐香港負責人曾養甫，經由友人介紹見面，希望我政府指派代表與他們商談，而且他只要求從速停戰，一致抗日，並無其他條件。"在陳立夫回答了第一個問題後，夏蓮瑛女士接著核實，陳立夫回答道：

"1935年秋，我派曾養甫去香港。我哥哥和我告訴他：如果共產黨表示希望談判和平，我們準備討論。但是，只能說是我們的意見，不能說是蔣先生的主張。我們準備走一著棋，容納共產黨。

"為什麼我們選擇曾養甫去香港？因為他的同學諶小岑在那裏。實際上，我們都是北洋大學的同學。諶是湖南人，積極參加'五四'運動，思想略為左傾，雖然不是共產黨，但很親共。他已經逐漸轉變。'五四'運動後，我們一起在《北洋季刊》工作，曾經是好朋友。他在香港做什麼？為報紙和雜誌寫文章。他有共產黨朋友。

"諶了解雙方都願意接觸，經過諶，周恩來和曾養甫獲得了見面的機會。共產黨在上海已經失敗，我們摧毀了他們的中央機關，他們發現難以繼續工作。周恩來抵達香港。他們可能接到莫斯科的命令，要求他們和我們合作。"

"曾養甫和周恩來討論得如何？"

"我不知道。"

"9月1日，周恩來是否給果夫先生和您寫過一封信，重申中共停止內戰，和政府一道抗日的願望？"夏蓮蔭女士繼續問。

"是的。曾養甫將信帶給了我們。在這封信裏，中共表達了停止內戰、抵抗日本的願望。周恩來很聰明，他寫信給我們弟兄，可能是想，如果他去南京，接觸處於能保證他的安全這一位置的人是必要的。

"我有周這封信的手跡。我的秘書在台灣為我保存著原件。蔣先生在寫作《蘇俄與中國》之前，陶希聖需要這封信，我複印了一份給他。"

人的回憶有很大的局限性。陳立夫所說曾養甫和周恩來在香港會見一事，並非事實。當年6月，潘漢年受中共駐共產國際代襲團委派，回國和國民黨談判，途經香港時，陳果夫曾派張沖前去會見，約定聯繫辦法。陳立夫所說曾養甫和周恩來在香港的會見，當係張沖和潘漢年在香港會見的誤記。

根據諶小岑回憶，1935年10月下旬，他在杭州浙贛鐵路理事會工作，曾養甫邀他到南京，囑以"打通共產黨關係"。同年12月17日，曾養甫任鐵道部政務次長，諶小岑被調到部裏任勞工科長。其間，諶通過左恭和上海地下黨建立聯繫。上海地下黨派張子華以長江局代表身份到南京與曾養甫談判。1936年5月，陳立夫向諶小岑口授國共聯合抗戰四項辦法，其內容為：（一）歡迎共方武裝部隊參加對日抗戰；（二）共方武裝參加對日抗戰時，待遇同中央軍；（三）共方有何意見可向即將成立的民意機關提出；（四）共方可選擇一地區試驗其政治經濟理想。同月，周恩來在陝北聽取張子華的彙報後，於15日致函諶小岑。希望他繼續推動各方，"迅謀聯合"，"共促事成"。信中，周並表示，歡迎曾養甫、諶小岑到陝北商量大計。8月27日，張子華再到陝北，向中共中央彙報到南京聯絡的情況，帶來曾養甫邀請周恩來赴南京談判的信件及聯絡密碼。31日，周恩來致函曾養甫，聲稱"國難危急如此，非聯合不足以成大舉。"周邀請曾養甫、陳立夫到蘇區談判。9月1日，周恩來致函陳果夫、陳立夫，函稱：

分手十年，國難日亟。報載兩先生有聯俄之舉，雖屬道路傳聞，然已可窺見兩先生最近趨向。黃君從金陵來，知養甫先生所策劃者，正為賢者所主持。呼高應遠，想見京中今日之空氣，已非昔比。敝黨數年呼籲，得兩先生為之振導，使兩黨重趨合作，國難轉機，實在此一舉。

　　近者寇入益深，偽軍侵綏，已成事實，日本航空總站，且更設於定遠營，西北危亡迫在旦夕。乃國共兩軍猶存敵對，此不僅為吾民族之仇者所快，抑且自消國力，自速其亡。敝方於一方面軍到達西北後，已數作停戰要求。今二、四兩方面軍亦已北入陝甘，其目的全在會合抗日，蓋保西北即所以保中國。敝方現特致送貴黨中央公函，表示敝方一般方針及建立兩黨合作之希望與誠意，以冀救亡禦侮，得闢新逕。兩先生居貴黨中樞，與蔣先生又親切無間，尚望更進一言，立停軍事行動，實行聯俄聯共，一致抗日，則民族壁壘一新，日寇雖狡，漢奸雖毒，終必為統一戰線所擊破，此可敢斷言者。敝方為貫徹此主張，早已隨時準備與貴方負責代表作具體談判。現養甫先生函邀面敘，極所歡迎。但甚望兩先生能直接與會。如果夫先生公冗不克分身，務望立夫先生不辭勞瘁，以便雙方迅作負責之商談。想兩先生樂觀事成，必不以敝言為河漢。臨穎神馳，佇待回教。

　　這就是陳立夫始終保存的信。它是國共關係史的重要文獻。如今，哥大所藏陳立夫檔案中保存著一份影本，原件大概還收藏在陳立夫手中吧！

"收到上述信件後，是否很快就開始了和周恩來的會談？"夏蓮蔭女士問。

"是的。"陳立夫答。

"誰參加了談判？"

"張沖和中央調查統計局的代表徐恩曾。我們為周恩來的來到採取了安全措施。我想是張沖陪他旅行。"

"有別的共產黨人伴隨周恩來嗎？"

"沒有。"

"和周恩來見過幾次？"

"兩次。我們談了國際形勢，鼓勵他們和我們聯合，共同抵抗日本。周表達了對我們的誠意。我們沒有提出任何條件。實際上，我們剛剛建立聯繫，多少有點空談。您看，他們很焦急，我們沒有理由焦急。如果我們能在軍事上打敗他們，就不需要和他們談判。所以，我們將談判拖著，事情也拖著。"

人年紀大了，事情就可能記錯記亂。1936年，周恩來並未到過南京。後來的發展是：

9月22日，周恩來因為得不到國民黨方面的回音，再致陳果夫、陳立夫弟兄一書，批評蔣介石"遷延不決，敵對之勢非但未變，且更加甚"，要求陳氏弟兄力促蔣介石停止內戰，早開談判。信中，周恩來表示，為推動事情速成，特派潘漢年任聯絡代表，赴南京詳申中共方面誠意，討論雙方負責代表會談的時間和地點。10月8日，張子華自廣州致電中共中央報告，曾養甫邀請周恩來飛廣州或香港談判。中共中央當即電覆，提出國民黨必須不再做喪失領土主權的事，不再進攻紅軍。同月17日，潘漢年抵達上海。21日，中共中央致電張子華，要他轉告曾養甫、陳立夫，由潘漢年進行初步談判。11月9日，毛澤東、周恩來致電張子華，要他轉告曾、陳，在確保安全的條件下，周恩來赴廣州談判是可行的。11月10日，潘漢年和陳立夫在上海滄州飯店會談。19日，在南京再次會談。顯然，陳立夫回憶的和周恩來的兩次會見是和潘漢年會見的誤記。儘管如此，他所說"如果我們能在軍事上打敗他們，就不需要和他們談判。所以，我們將談判拖著，事情也拖著"，正是當時蔣介石等人的真實心態。

據陳立夫回憶，其後，談判任務交給了張道藩，就差不多擱置起來了："張道藩只是敷衍。我們只要保持這條線不斷。我們必須觀察和蘇俄的談判是否有明確的結果，如果沒有，我們為什麼要和他們談判呢？"

"蔣先生在《蘇俄與中國》一書中說：'民國二十五年五月五日，中共發出停戰議和通電，隨即由周恩來代表中共，潘漢年代表共產國際，到上海與張沖會商。當時我得到這個報告，對於潘漢年代表共產國際一節甚表懷疑，但據陳立夫考驗後，知道他持有與共產國際通訊的密碼及其來往電報無誤。我認為此事真偽虛實，對本案不甚重要，故亦再未追問。潘漢年乃即到南京與陳立夫談判。'情況是否如此？"夏蓮蔭女士接著問。

"是的。周恩來將潘漢年作為共產國際代表介紹給我，他說：我代表中國共產黨，潘先生代表共產國際。周恩來不會介紹一個和共產國際沒有聯繫的人。他們經常一起出席會議。還有，為了和共產國際通訊，潘漢年將密電碼轉交給了我。”

“你們見過幾次？”

“經常。”

在 1936 年，周恩來並未到過上海或南京，陳立夫這裏是將 1937 年的事誤記成 1936 年了。1937 年 3 月、5 月、7 月、8 月，周恩來曾多次到上海、杭州、南京、廬山等地，和國民黨談判。由於陳立夫誤記，蔣介石的《蘇俄與中國》一書也跟著錯了。

回憶必須和文獻相結合，才可能有高度的真實性和準確性。

陳立夫與西安談判 *

一、南京方面得知消息

回憶國共談判，自然會談起西安事變。陳立夫對夏蓮蔭女士說：

“張學良為自卑情結所苦。雖然蔣先生原諒他丟掉了東北，人們仍然稱他為‘不抵抗將軍’。他需要顯示，他是抗日的，而蔣是不抗日的。他需要換換‘帽子’，將自己頭上的‘不抵抗的帽子’戴到蔣先生的頭上。他感到在東北丟了面子，要在西北掙回來。

“當然，也有共產黨人的鼓動和張學良渴望回東北的因素在內。有些人利用‘統一戰線’的口號鼓動他。其次，楊虎城和他自己的部下在背後推動他。

“西北的聯合很糟糕。邵力子、張學良、楊虎城不是穩定的成分。沒有任何

---

* 原載《團結報》，1992 年 9 月 26 日、30 日，10 月 3 日。錄自楊天石《蔣介石與南京國民政府》，中國人民大學出版社 2007 年版。

力量能代表南京發揮平衡作用。"

"是否有點懷疑邵力子對蔣先生的忠誠？"夏蓮蔭女士問。

"張學良逮捕了所有中統的代理人，並且沒收了他們的材料。其中有人報告邵力子，邵力子對此很不高興。實際上，這些報告從未被送到南京。後來，我對邵力子說，我從未收到過這些報告。"陳立夫的話匣子一經打開，就滔滔不絕地講起來。

"我意識到西安的情況不正常。我認為蔣先生太寬大了。蔣先生應該做些什麼？怎能沒收中統的資料？張學良的行動羞辱了中央。蔣先生應該下令張學良釋放中統被捕人員。當然，領導人不能偏心。他必須研究事實。可能中統人員有錯誤。這是關鍵時潮。也許蔣先生下令會使事情更麻煩。

"蔣先生通過這樣那樣的報告，認識到西安的形勢是危險的。這就是他為什麼去西安的原因。不過，他只帶了很少一點警衛力量。這是清楚的，張學良和楊虎城搖擺不定，共產黨和他們已經共謀了很久。

"總之，我們擔心共產黨和張學良之間的關係。我們坦率地要求周恩來去西安見張學良，以便使他了解我們正在準備抵抗日本。我們的談判已經進入關鍵階段。這一事實說明我們正在準備抵抗。如果我們的談判已經有了最後結果，張學良會問：為什麼還打共產黨？那將不是我們所希望的。因為，我們希望張學良知道，我們的談判已經接近但還沒成功，軍事行動不能放鬆。"

在 11 月 10 日的上海滄州飯店會談中，陳立夫提出，對立的政權與軍隊必須取消，紅軍只能保存 3000 人，師長以上的領袖一律解職出洋，半年後量才錄用。潘漢年當即指出，這是站在剿共立場上的收編條件，不是抗日合作的談判條件。在此後的兩次談判中，陳立夫允許紅軍保留 3 萬人，但收編的立場沒有變。12 月 8 日，中共中央指示潘漢年，蔣介石似尚無抗日救亡的決心，談判顯然沒有速成的希望。因此，陳立夫所說，"談判已經接近但還沒有成功"，顯係誤記。

"為什麼不能宣佈，和共產黨人已經接近達成協議？"夏蓮蔭女士問。

"一、這將顯示，有一個反對外國（侵略）的聯合；二、日本方面會想，這個聯合背後有蘇聯，因此，可能會採取進一步的行動反對我們，換句話說，日本可能迅速地攻擊並消滅我們。這種情況對中國、蘇聯都不利。”陳立夫回答。

“約在 11 月底或 12 月初，周恩來、張沖去西安向蔣先生報告談判的進展。共產黨已經原則上接受了我們的四項條件，潘漢年留在南京制訂細節，草擬協議。”陳立夫繼續說。

前已指出，周恩來 1936 年並未到南京等地和國民黨談判，因此，所謂“周恩來、張沖去西安向蔣先生報告談判的進展”云云，也就不可能了。

“蔣先生要求我去西安報告談判情況。我計劃 12 月 1 日起飛，但是，突然發燒了。所以，蔣先生出事兒的時候，我不在西安。”

“12 月 12 日晚，召開緊急會議，決定派遣部隊討伐西安。關於這次會議，您想起了什麼？”夏蓮蔭女士問。

“這時，事變的報告還不詳細。不過，我們都猜到發生了什麼。張學良和其他反叛者在通電中表達了他們的觀點，聯名者包括陳誠這樣的南京領導人。但是，我們估計，張學良、楊虎城是重要份子。我們一致決定，堅持原則，派遣部隊討伐西安。”

“決定是一致的意見嗎？”

“有過討論。我不記得有誰發表過反對派遣部隊的意見，沒有人真正反對。當然，有人勸告要謹慎。但是，在緊急會議上，這種意見並不多。我們感到最大的問題是馮玉祥，他是軍事委員會副主席，態度不明朗。作為軍事委員會主席的蔣先生掌握著全部軍權，副主席有名無實，類似於副總統。通常，馮玉祥沒有任何權力。照理說，蔣先生被關在西安，應該指定馮玉祥接任。但是，怕他利用這一位置製造麻煩。重要的問題是委任少數人負責。我們組織了一個委員會。何應欽被委任全權負責，計劃軍事行動。我想，這是一個非常合適的選擇。蔣先生還活著，怎能將全部權力移交給副主席！我們希望避免可能出現的情況，久拖不決。”

“誰是派遣討伐部隊的主要倡議者？”

“幾位元老。戴季陶特別堅決。他引證歷史——就像貴國人談歷史一樣，說明為了拯救領導人，中央政府措施必須堅決。他說，歷史事實是，當領導人被綁架時，政府軟弱，領導人肯定被害；政府強硬，領導人將安全無恙。”

"何應欽態度如何？"

"在幾位元老發表意見後，何應欽擁護這一決定。我自己是百分之百地擁護派遣討伐部隊。我相信這是必須的，只談判不夠。"

南京方面得知西安事變的消息後，於12月12日夜召開國民黨中央常務委員會、中央政治委員會緊急會議，居正、張繼、戴季陶、馮玉祥、陳果夫、陳立夫、于右任、孫科、何應欽等21人出席，張群、曾養甫等列席。會議指責張學良"背黨叛國"，決定褫奪其本兼各職；關於指揮調動軍隊，歸軍事委員會常務委員兼軍政部部長何應欽負責；但是，會議並沒有立即決定派遣"討伐"部隊。推何應欽為"討逆軍"總司令，"迅速指揮國軍，掃蕩叛逆"的決定是16日上午政治委員會第30次會議的決定。這裏，陳立夫和夏蓮蔭女士都記得不準確。

在各次會議上，確如陳立夫所說，戴季陶"特別堅決"。事後，戴曾將自己的發言要點告訴康澤說："明朝英宗為也先擒去，因後方鎮定有辦法，明英宗才能回來。要張、楊生命掌握在我們手上，蔣先生生命才能保全。現蔣先生為張、楊所劫持，那是很危險的。現在希望全黨全軍要鎮靜，不要動搖，迅速派兵包圍西安，將張、楊生命掌握在我們手中。"孔祥熙也記述說，戴季陶等人的意見是："（張、楊）劫持統帥，以蔣公之生死為政治上之要脅。中央既不能曲從其狂悖，陷國家於淪胥；尤不能過於瞻顧蔣公之安全，置國家綱紀於不顧。昔項羽囚太公，漢高不屈，而太公卒還；清廷囚鄭父，成功不屈，而鄭父竟死。此中關鍵，固須審察；然千秋萬世，終必讚果斷而貶屈服。故中央政策宜持以堅定。況蔣公安全，尚不可知。示張、楊以力，蔣公倘在，或尚可安全；示張、楊以弱，蔣公雖在，或竟不能安返。"二人所述，和陳立夫所述，基本一致。

宋美齡在回憶錄中說"中央諸要人，於真相未全明了之前，遽於數小時內決定張學良之處罰，余殊覺其措置太驟；而軍事方面復於此時，以立即動員軍隊討伐西安，毫無考量餘地，認為其不容諉卸之責任，余更不能不臆斷其為非健全之行動。"因此，夏蓮蔭女士問：

"蔣夫人宣稱，她反對派遣討伐部隊，您如何評論？"

"我知道蔣夫人反對。她應該謹慎行事。公平地講，她畢竟是個女人。她是好人。除了國家利益之外，她關心許多事情，她的丈夫處在危險中。我不相信任何人能完全沒有個人考慮。蔣夫人沒有參加會議，但是每個人都同情她。誰不知道政府的強硬危及蔣先生的安全，但是，有誰希望拿蔣先生的生命孤注一擲呢，沒有。

　　"如果我是蔣夫人，我將從自己的書中刪除這一部分。不能忽視軍事行動。我仍然懷疑，單憑蔣夫人去西安能拯救蔣先生。蔣夫人做了一件值得讚美的事——一個婦女不怕危險去救丈夫，這是值得讚美的事。但是，她不能取得全部榮譽，並懷疑別人。這就好像某個人在戰後靠自稱代表千萬在戰爭中被害的人得了獎章。我認為這是錯誤的，是很大的遺憾。如果蔣夫人問我，我將坦率地告訴她，她錯了，不應該以此傷害許多人。"

　　"有些人認為，某些南京領導人主張派遣討伐部隊是為了傷害蔣先生，您對此有何看法？"

　　"人們後來想，有人為了個人目的企圖傷害蔣先生，但是，緊急會議上沒有人有壞念頭。這種意見是錯誤的。這是關係國家生死存亡的問題。沒有人認為為了保護國家就應該讓蔣先生出事，也沒有人想犧牲蔣先生以贏得一個位置。

　　"值得討論的是馮玉祥。蔣先生出事，馮玉祥繼承他的軍事員會主席的位置。他也許不會利用這一機會來提高自己的地位。但是，從長遠的觀點看，我相信個人目的指引著他。這種自私的傢伙肯定隱藏在馮玉祥一類人裏面，但是，在這個時刻，他們不可能很好地得到表現。如果他們這樣做，他們將處於攻擊之下。"

　　馮玉祥1927年支持蔣介石反共，1929、1933年期間反蔣，1935年12月被南京國民政府任命為軍事委員會副委員長，但是，國民黨對他仍懷著很深的猜忌。緊急會議上，之所以任命何應欽負責指揮軍隊，而不是他，其原因就在這裏。陳立夫的話坦率地道出了對馮的這種猜忌。

　　"馮玉祥之外，是否有人懷著自私的目的？"

　　"龍雲、劉湘一類人，誰知道他們會做什麼！電報來來往往。他們後來致電南京，是得知了南京的決定，可能受了南京意見一致的影響。關於龍雲，我必須多說幾句。在關鍵時刻，他常常不和中央站在一起。

"當然，孔祥熙沒有問題。宋子文剛剛從南方回來，他沒有參加緊急會議。會上，沒有人屬於桂系。桂系中沒有人利用這一機會來提高自己的位置。黃紹竑去看閻錫山，並舉行討論。沒有人認為這種討論是不必要的。由於形勢嚴重，他們一起討論是自然的。那些有武裝的力量，閻錫山、黃紹竑、桂系，必須研究，如果蔣先生在西安丟了性命該怎麼辦。他們必須決定，妥協還是戰鬥。因此，他們之間的討論可以看作好事。"

"黃紹竑是這個時候離開廣西的嗎？"

"是的。不過他、李宗仁、白崇禧經常站在一起。黃到蔣先生這裏來，另兩個人留在廣西。他們希望給人分裂的印象。這樣，如果一個人失敗了，其他人將仍是安全的。這是很聰明的主意。黃紹竑和白崇禧都很聰明，李宗仁趕不上他們。

"我想，編寫西安事變的歷史將特別困難。如果何應欽不提出派遣討伐部隊，他可能被指責為和張學良共謀。如果何應欽更聰明，他在表達自己的觀點時應該有所保留。他可以說，中央告訴他做什麼，他就做什麼。這樣，他將不負責任。他處在一個特別困難的地位上。我充分同情何。就我所知，他不會利用形勢。我為他說了這麼多。我不認為他有任何自私的目的。"

西安事變中，中共方面曾認為何應欽是親日派，"目的在造成內戰，不在救蔣"，甚至說何"實欲置蔣於死地"。陳立夫的這段話，說明國民黨內也有類似的看法。

"關於這一切，您對何應欽談過嗎？"

"沒有機會。後來，他上前線去了。西安事變以後這些年，我們沒有談過這一切。

"蔣先生自己完全同意派遣討伐部隊。他的日記說，當他從端納口中得知南京的計劃時，感到寬慰。南京做得對；否則一切都要完蛋。如果他的日記完全真實，他應該感謝南京的正確決定。實際上，何應欽的行動應該受到嘉獎。"

"您是否和戴季陶談過這一切？"

"是的。很少的幾次。我和他談的就是現在和您談的。我相信南京決定堅決採取軍事行動主要是為了拯救蔣先生。我現在可以說，某些事是絕對真實的。自西安事變以後，戴季陶控制自己，不再大膽說話。羅家倫已經提到這一點。[1]戴先生說，他僅僅是為了拯救蔣先生，但是，某些人不理解他。他很不高興。他不僅不願意大膽地講話，而且，除非蔣先生徵求他的意見，他也不願意向蔣先生建議任何事情。在各種會上，他很消極。他推動我大膽地提出許多重要的問題，例如，降低金價60%的問題。我說：'您自己為什麼不講？'他說：'不想講。我講得太多了，經常被誤解。'他被傷害了。畢竟誰不讀蔣夫人的書！這本書傷害了許多人。我告訴您的關於戴先生的事基於事實。當然，他的消極對我們是損失。"

二、潘漢年和共產國際

談完派遣"討伐部隊"的有關問題後。陳立夫又接著談起潘漢年和共產國際來：

"正如我所說，如果不發燒，我會去西安。我不在西安，有好處。參加12月12日會議之後，回到家裏，當晚無論如何不能入眠，我不斷問自己：我能做什麼？

"第二天早晨，我請潘漢年到我家來，要求他致電共產國際，分析西安形勢。作為共產國際代表，他應該電陳意見，幫助決定政策。我建議他指出，如果蔣先生出了什麼事，其結果將是災難性的。中國將失去抗日的領導人。日本由於企圖征服我們，必然發動侵華戰爭，其後，目標將轉向蘇聯。其結果不僅關係中國的存亡，也將關係蘇聯。我還建議他報告，人們一致反對張學良，支持蔣先生。他同意並且起草了電報，我們將他譯成密碼發出了。此前，為了和共產國際通訊，他將密碼轉交給了我們。

"為了免得周恩來在西安火上加油，次日，我要求潘漢年再次致電共產國際，報告全國一致反對張學良，同時希望共產國際指令周恩來，設法保證釋放

1　羅的紀念戴季陶逝世週年祭的文章，見《中央日報》，1959，題為《戴季陶、何應欽與西安事變》。

蔣先生，至少，指令他不要「加油」。

「第二天，接到了來自共產國際的一份電報，中稱：收到了潘的兩份電報，他對形勢的分析是正確的。共產國際贊同他的觀點，並已按建議致電周恩來。

「我有這三份電報的副本。不幸，1938 年和其他重要文件一起丟失了。」陳立夫補充說。

「共產國際給了中國共產黨一項指令，大意是：蔣先生的安全意味著蘇聯的安全。」陳立夫接著說。

在西安事變後，潘漢年確曾和陳立夫有過聯繫。12 月 19 日，毛澤東致電潘漢年，指示他「向南京接洽和平解決西安事變之可能性，及其最低限度條件」。21 日，又指示潘向陳立夫提出五項合作抗日要求。諶小岑也回憶，曾養甫告訴他，潘漢年已經到了一次南京，他和陳立夫同潘漢年在中央飯店談了一次，交換了解決西安事變的意見。諶小岑又回憶說，潘是以第三國際和中共中央的代表身份來同陳立夫、曾養甫談話的，談話內容是雙方同意西安事變可以在停止內戰、一致對外的條件下和平解決，讓蔣介石回到南京。但是，陳立夫所說，他要潘漢年致電共產國際以及共產國際回電等情節，目前還沒有其他文獻可以證明，尚須進一步研究。

「後來，我們發現，在蔣先生被綁架之後，共產黨報紙表示了極大的滿意，希望張學良殺死他。以後，政策突然轉變。

「若干年之後，蔣夢麟問我西安事變以及我和共產黨談判的情況，我告訴了潘漢年電報的事情。他告訴我，西安事變之後，他去看一個重要的蘇聯人，可能是駐北平總領事。這個俄國人告訴他，蔣先生將會被釋放。蔣夢麟對我說，他經常奇怪，這個俄國人為什麼能說得如此肯定。他說，他現在終於明白了。」

西安事變之初，中共確曾有過懲罰蔣介石的打算。12 月 13 日，中共中央召開政治局常委擴大會議，由毛澤東報告。會議提出，「以西安為中心來領導全國」，「要求罷免蔣介石，交人民公審」，認為「把蔣除掉，無論在哪方面，都有好處」。會後，致電共產國際，報告上述意見。同日，毛澤東、周恩來致張學良電稱：「元兇被逮，薄海同快。」建議張「向全體官兵宣佈蔣氏賣國殘民罪狀」。15 日，毛澤東、朱德、周恩來、張國燾等 15 名紅軍將領致南京國民黨、國民政府電稱："公等而果欲自別於蔣氏，復欲自別於親日派，謂宜立下決心，接收張、楊二氏主張，停止正在發動之內戰，罷免蔣氏，交付國人裁判。"但是，17日以後政策就迅速發生變化。17日，周恩來致電毛澤東及中共中央，提出"為緩和蔣系進兵，使我集中分化南京內部，推廣全國運動，在策略上答應保蔣安全是可以的"。18日，中共中央致電國民黨中央，提出召集全國各黨各派各界各軍的抗日救國代表大會，決定對日抗戰，組織國防政府、抗日聯軍，實現孫中山先生的三大政策等五項要求，電報表示，如能實現，"蔣先生的安全自由當亦不成問題"。19日，中共中央再次召開政治局會議，張聞天提出，當前的主要問題是抗日，並不是對蔣個人的問題，將蔣介石交給人民審判的口號是不妥的。會議產生了兩個文件，即《中華蘇維埃中央政府及中共中央對西安事變通電》和《中共中央關於西安事變及我們任務的指示》，明確提出和平解決的方針。中共中央隨即指示周恩來和潘漢年，在和南京談判時聲明，在有關條件得到相當保證時，"恢復蔣介石之自由"。

12月16日，共產國際執委會曾致電中共中央，內稱："張學良的發動，無論其意圖如何，客觀上只會有害於中國人民的各種力量結成抗日統一戰線，只會助長日本對中國的侵略。"電報要求中共中央"堅決主張和平解決這一衝突"。但是，由於電碼錯誤，無法譯出，中共中央不得不去電要求重發。20日，共產國際才發來了正確無誤的電報。因此，將中共中央對蔣態度的轉變說成是共產國際來電的結果是不確切的。

中共中央對蔣態度的轉變有著多方面因素。12月14日，蘇聯《真理報》發表社論，認為"南京政府方團結國內一切力量向抗日之途邁進行，乃反動派頑強阻遏此種運動，張學良所部叛變之原因，應予此中覓其解釋。"社論並說："張學良固曾有抵抗日本之一切機會，乃彼抱不抵抗主義，不戰而將東北各省讓與日人。現又以反日運動為投機，高抬反日旗幟，事實上促進國家之分裂，淪中國為外國侵略者之犧牲品。"17日，再次發表國際述評，指責張學良，肯定南京政府。在政治局擴大會議上，毛澤東、張聞天都提到這兩篇文章。他們雖然不贊成蘇聯對西安事變背景的分析和對張學良的指責，但在最終確定和平解決的方針時，顯然考慮了蘇聯的態度。

"根據一份情報，蘇聯命令中國共產黨為釋放蔣先生而工作的原因之一是一條新聞：事變之後，希特勒從德國南部的巴伐利亞派出一架飛機去接汪精衛。他擔心中國的形勢，憂慮在張學良和共產黨人之間可能形成公開的聯盟。他希望汪精衛能利用頭班輪船回國。史達林害怕這將使汪精衛重掌權力，中國將接近德國，那將對蘇聯不利。"陳立夫說。

"情報來自何處？"夏蓮蔭畢竟是有經驗的訪問者，接著問。

"我們有情報來源。這條新聞被塔斯社由柏林發往莫斯科。西安事變 3 個月之後，由一個在共產黨內有很高位置的人泄露給我們。我不記得他是誰了。按照他所說，莫斯科指令中共為釋放蔣先生而工作之前，在蔣先生的命運問題上，中共分為兩派。

"我相信希特勒和汪精衛會見的情報是可靠的。這是事實，在和希特勒會見後，汪精衛立即從一個意大利港口乘船回國。"

陳立夫認為蘇聯建議和平解決西安事變是由於塔斯社的一條新聞，未免簡單了些。但是，從蘇聯當時的國內外政策去說明蘇聯和共產國際的態度，無疑是正確的思路。

三、蔣介石回到南京以後

陳立夫在對西安事變得以和平解決的原因作了多種分析以後，接著敘述蔣介石回到南京以後的情況。

"我和其他高級官員到機場歡迎蔣先生，並且跟隨他到他的住所。蔣先生背傷未癒，躺在床上。他要我進去看他。我最關心的是周恩來在西安事變中的態度，第一件事便是問：'周恩來態度如何？'蔣先生說：'不壞！不壞！'我感到很大的寬慰。

"然後，我建議，中央軍各部繼續全線西進，奪取延安，一舉消滅共產黨。——您瞧，我將最高機密都告訴了您。"陳立夫對夏蓮蔭女士說。

"我對蔣先生說，共產黨是虛弱的，不真誠的。您必須走在前面，命令何應欽全線西進，向延安進軍，碾碎共產黨人。按照我對形勢的估計，我們應該立即進攻延安，並且奪取過來。鮑格莫洛夫（當時蘇聯駐華大使，筆者注）已經建議說，如果中共不聽我們的意見，就消滅它！我堅信，如果我們進攻中共，蘇聯將不會反對。當然，蘇聯政策後來改變了，但是，那時候，我們有消滅共產黨的絕好機會。中央軍已經進入潼關，那在事變以前是決不可能的。」

人類歷史上的許多事件都不見於文獻記載，特別是那些二三人相謀於密室的事，因此，當事人的回憶就有著特殊的不可取代的重要性。陳立夫的上述回憶，就屬於這類情況。

「但是，我的建議沒有被接受。蔣先生不說『是』，也不說『不』。當然，蔣先生健康不佳。他太慈善了。他相當熟悉中國文化。由於周恩來在西安事變中的態度，可能使他感到，共產黨真心實意地要抗日，否則，為什麼不利用事變的機會傷害他？他想：『別人對我好，我不能傷害他們。』」

歷史的發展不決定於個別人的良心或願望。蔣介石之所以不再堅持攘外必先安內的反共方針，決定於當時國內外的形勢，把蔣介石沒有接受進攻延安的建議說成是被周恩來所感動，仍然是把複雜的問題簡單化了。

張學良說：楊虎城是西安事變主角 *
——美國所藏張檔新發現

在西安事變中，楊虎城是張學良的親密合作者。我在美國閱讀張學良的口述史及其相關檔案資料時，楊虎城是注意的重點之一。結果，發現部分新資料，有助於西安事變研究的進一步深入。

---

* 原載《炎黃春秋》，2002 年第 11 期；《北京日報》，2002 年 12 月 16 日。錄自楊天石《蔣介石與南京國民政府》，中國人民大學出版社 2007 年版。

一、陪襯？主角？

1956 年 12 月，蔣命張學良回憶西安事變時，曾特別指問楊的情況。當時，張學良的回答是："平心而論，西安之變，楊虎城乃受良之牽累，彼不過陪襯而已。"但是，到了上一世紀九十年代，在回答張之丙姐妹的訪談時，張學良卻說："西安事變就是楊虎城，當然我們兩個人，那是楊虎城不平啊。"又說："那西安事變……那可以說他是主角哇，不過名義是我，我是主角了。當然由我負責任。"從"陪襯"到"主角"，反映出張學良晚年對楊虎城在事變中的作用有新的估計。

根據張學良所寫《西安事變反省錄》，在事變前，楊虎城曾兩次向張學良進言，希望張對蔣介石有所行動。

第一次在 1935 年。當年 10 月初，東北軍第 67 軍 110 師何立中部自延安回防甘泉途中，在大小嶗山受到紅軍第 15 軍團徐海東部伏擊，全軍覆沒，何立中等被擊斃。同月 2 日，蔣介石在西安建立剿匪總司令部，蔣自任司令，以張學良為副。10 月 9 日，蔣、張命楊虎城以所部主力在宜川、洛川一線設防，阻止紅軍向南發展。當時，楊虎城已對"剿共"持消極態度。他向張學良陳述，無錢又無補給，並且發牢騷說："剿匪"等於"無期徒刑"。"以中央軍之數量，東北軍之精銳。皆未能消除共匪，區區如彼之軍隊，能何為乎？"同年 11 月，東北軍第 57 軍 109 師牛元峰部在陝北直羅鎮受到為毛澤東指揮的紅軍圍攻，被俘 5300 人，繳槍 3500 餘支。這兩支部隊先後被殲，編制也就失去，蔣介石並不從兵員、財政上給予補充。張學良覺得這是蔣介石藉剿共消滅異己，曾向楊虎城透露"倦於剿匪"的心情。楊虎城所部在"剿匪"中也受到過相當損失，同樣得不到補充，對蔣介石也有怨氣。1936 年 3 月，高崇民等在西安出版題名《活路》的小冊子，提倡東北人與西北人合作，聯合抗日。楊虎城同意高的主張，便向張學良建議：向蔣公進言，停止剿匪，團結抗日，節省東北軍和西北軍的消耗。

第二次在 1936 年 12 月初。當年 11 月，蔣介石飛抵洛陽，進一步策劃"剿共"。張學良於 12 月 2 日隻身飛洛，向蔣介石進言，要求停止內戰，一致抗日，同時要求釋放上海救國會七君子。雙方發生尖銳衝突。張指責蔣"這樣專制，這樣摧殘愛國人士，和袁世凱、張宗昌有什麼區別"，蔣嚴厲表示："我是革命政府，我這樣做就是革命！""匪不剿完，決不抗日。"在閱兵時，蔣甚至聲色俱厲地聲稱："主張容共者，比之殷汝耕不如！"蔣的頑固態度使張學良"有如涼水澆頭"，對蔣絕望。回到西安後談起有關情況，向楊問計，有何方法可以停止內戰。楊在張立誓抗日後，對張稱："待蔣來西安時，余等可行'挾天子以令諸侯'之故事。"楊的這一想法，已經包含了武力扣蔣的內容，可以說，西安事變的計劃已經成形。後來的西安事變基本上是按照楊的這一思路發動的。

對楊虎城的建議，張學良的最初反映是"愕然"，可見，此前他從未有過類似的念頭。直到張學良向蔣介石進言，一再碰釘子之後，才採納楊議，"決行強諫劫持之謀"。在《西安事變反省錄》中，張學良稱：假如自己當時與何成濬或張群共處，就不會有西安事變發生。可見，楊虎城"造謀"的重大作用。張學良晚年之所以稱楊為西安事變"主角"，當是基於這一考慮。

二、楊虎城的"小傢伙們"

"挾天子以令諸侯"雖出自楊虎城之口，但是，張學良認為楊虎城出身草莽，不會懂得這一歷史掌故，因此，在1957年所寫《坦述西安事變痛苦的教訓敬告世人》一文中，又進一步補充說：

> 在另一方面，我西安剿匪一位重要的夥伴——陝西綏靖主任楊虎城將軍……他非常熱衷抗日而不願剿匪。這是由於他有兩種心情：一為保存實力，一為趨向時髦。我們兩個人雖非故交，短時間卻結為好友，彼此間無話不說，無事不談。在當時，他已竟〔經〕被共匪滲透，是利用他另作一個角色——關於這個問題，我並沒有確實的證據（我寫這篇文字，盡力的十分忠實，除非我記憶上小有差錯。我準備任何人向我挑戰……）現在我已曉得，中共的重要幹部，他的偽大使王炳南，當時是在楊的幕中。

> 我在洛陽歸返西安之後，同楊虎城相談之下，彼此大發牢騷。某一

日，又談這個問題時，我問計於他，他沉吟了一下說："我那些小傢伙們（這是指他的智囊團）倒有一個計策，等待蔣委員長在了西安時，我們不使他離去，我們來一個挾天子以令諸侯"……請注意，他一開口就說"那些小傢伙們"，那證明他背後已有人鼓動他，是利用他來推動我、試探我。

根據張學良的這一回憶，"挾天子以令諸侯"的創意者不是楊虎城，而是他的"那些小傢伙們"，張學良怕別人不明白，還特別加了一個括弧，說明"小傢伙們"就是楊虎城的"智囊團"。這是張學良此前在任何場合都沒有談到過的。

楊虎城的"小傢伙們"是哪些人呢？張學良只談到了中華人民共和國成立後出任波蘭大使的王炳南。王的父親原係楊部高級參謀，與楊私交極好。王在日本、歐洲求學，經費均由楊提供。1936 年 4 月，中共駐共產國際代表團委派王到西安，與楊商談停戰抗日問題。此後，王就住在楊的公館裏。

張學良在和張氏姐妹的談話裏，進一步談到了楊虎城和中共的關係。他說：

> 楊虎城要緊的是王炳南。楊虎城手底下一定比我手底下厲害。不但是文人，還有新城的一個師，差不多都是共產黨。他自己實實在在，他的太太是共產黨。我判斷他的太太就是帶著任務來的……就是當年他的政治部主任……那時候在新城，共產黨的幾個都是女的。
>
> 王炳南實實在在的名義就是楊虎城的秘書……楊虎城很聽他的話。

張學良聲稱，楊虎城"新城的一個師，差不多都是共產黨"，顯然誇大了，但是，楊虎城的夫人謝葆真確係共產黨，在楊軍政治部工作。她是在 1928 年 1 月，經中共黨組織批准，和楊虎城結婚的。

楊虎城和中共的關係比張學良所知還要密切。早在 1927 年冬，楊虎城就要求加入中共。他的部隊政工人員中，即有中共黨員 16 人。1928 年 10 月，楊虎城在日本東京期間，中共中央決定批准楊的入黨要求，指示東京市委辦理，但由於楊很快回國，未能辦理相關手續。1934 年，楊部警衛團有共產黨員 200 餘人。1935 年 11 月，中共北方局南漢宸委託楊的駐北平代表申伯純向楊傳達中共的《八一宣言》。1935 年 12 月，毛澤東、彭德懷派汪峰攜親筆函件會見楊虎城，商談聯合抗日事宜。同月，中共北方局也派王世英到西安和楊虎城會談。1936 年，毛澤東再派張文彬攜函見楊，達成互不侵犯、建立軍事聯絡等三項口頭協定。此後，張文彬即以十七路軍政治處主任秘書名義長駐楊部。西安事變前，在楊虎城身邊工作的共產黨員，除王炳南、張文彬等外，還有米暫沉、宋綺雲、王菊人、申伯純等人。他們都深得楊的信任，參預機密。楊虎城所稱"我那些小傢伙們"，顯指在他身邊工作的共產黨人。

三、張、楊衝突

蔣介石在《西安半月記》載，12 月 24 日夜，"聞楊虎城堅決不主張送余回京，與張爭幾決裂"。在《西安事變反省錄》中，張學良也曾述及：在送蔣離陝問題上，與楊虎城發生歧見，言語急躁，幾乎同楊決裂。但是，《反省錄》所記，仍覺語焉不詳。關於此事，張學良《敬告世人》書有更詳細的敘述。

張首述楊虎城幕中激烈派的態度及楊所受影響：

> 楊虎城的反對蔣委員長返京，那不是出諸他自己，而是出諸楊的幕中滲透份子，煽動楊，說我出賣他。所以當時楊虎城對我說："你是受了蔣夫人、宋子文、端納情感誘惑，有反初衷，你犯了溫情主義，你是同蔣宋兩家有私誼上的關係，可以和平了結。我楊某可是不肯作斷頭將軍的，要幹就幹到底。"

張繼述本人的"氣怒"：

> 我說："這樣的國家大事，豈是私情問題，我們不顧一切的行動，是為了發動要求蔣委員長領導我們抗日，今日已確知抗日前途有著，那麼我們還要蠻幹下去，必使內戰擴大發生，而使蔣委員長失去領導，而走向相反

的方向，那才是真的有反初衷呢！你怕死嗎？你若是怕死，何必要發動這種大膽的叛變行為？我將隻身護送蔣委員長入京，上斷頭台我一人承當，我決不牽連任何人。"

楊、張之間的這一段對話。不見於其他記載，可補西安事變史乘之不足。

端納、宋子文、宋美齡等到達西安後，經過談判，雙方達成停止內戰、一致抗日，改組行政院等協議，但是，蔣介石只同意以"領袖人格"保證，不肯簽字。這樣，在放蔣問題上，西安方面就出現分歧。有的人主張繼續扣蔣，命蔣在西安發號施令；有的人同意放蔣，但堅持蔣必須簽字；還有人則提出，讓蔣在西安對全國作廣播講話。從張學良的上述回憶看，楊虎城最初是反對無條件放蔣的，二人的衝突即由此發生，並且迅速激化。

張、楊激烈衝突之際，周恩來在場。他勸張"小加休息，容他們會議商討商討"。其後，經周恩來說服，楊虎城同意放蔣。關於此，張學良回憶說："他的這一番爭論，經周恩來一說之下，即為平息。"

米暫沉的《楊虎城將軍傳》稱："一時盛傳有楊不同意放蔣的說法。"上述資料證明，張、楊衝突，並非只是"盛傳"，而是的的確確發生過的事實。

西安事變前後國共談判史實訂誤 *
——與陳立夫先生討論

說明：1977 年，陳立夫在其《參加抗戰準備工作的回憶》一文中首次公佈了周恩來致陳立夫、陳果夫函，以括弧注明：民國二十四年九月收到。

* 原載《近代史研究》1996 年第 3 期，其中部分內容曾以《蔣公手著及其致誤真相》為題連載於台灣《中國時報》，全文收入《陳立夫回憶錄討論會論文集》，台北《國史館刊》1997 年 6 月、《新華文摘》1996 年第 9 期轉載。錄自楊天石《蔣介石與南京國民政府》，中國人民的學出版社 2007 年版。

其後，沈雲龍等著文認為，該函作於 1936 年，而非 1935 年。1994 年，陳立夫出版回憶錄《成敗之鑒》，繼續堅持舊說。1995 年 7 月，台灣《傳記文學》發表蘇墱基《周恩來致陳果夫、立夫函年份剖析》，對 1936 年說作了詳細論證。蘇文稱："陳立夫所堅持的二十四年完全是誤記：這個問題至此可以拍板定案，再無爭論餘地了。"然而，1996 年 1 月份，《傳記文學》又發表了陳立夫的文章，引用蔣介石的"手著"及其他材料，再次堅持周函作於 1935 年之說。陳文稱："執行周函有關之大事者為余，年已九十六矣，余記憶力並不衰退，且有其他物證可為余助，蘇君自以為是，宜其所考據者均為似是而非之文件。余若放棄責任，不予以糾正，則歷史之真相，永不彰明，豈不為歷史學家之恥乎！"

筆者是 1936 年說的主張者之一。[1] 1995 年 7 月，筆者為參加美國加利福尼亞州立大學菲士那分校張緒心教授在香港召開的一次討論會，曾作文論述《成敗之鑒》一書中關於周函繫年等問題上的訛誤。1996 年 1 月，讀了陳立夫批評蘇墱基的文章後，又續作一文。現將兩文聯綴為一篇發表。

一、評《成敗之鑒》

1994 年，陳立夫先生出版了他的回憶錄《成敗之鑒》。由於作者長期擔任國民黨要職，多年參與密勿，因此，他的回憶錄的出版立即引起了海內外學人的關注。閱讀之後，感覺該書提供了不少史料和看法，可以作為治中國近代史的參考。可述者如：

中山艦事件發生前蔣介石準備出走時陳立夫的"建言"；

1927 年春國共分裂前夕，陳立夫提議以"打鬥"辦法區分共產黨人；

"調統機構"的建立，國民黨與國民政府的組織，均"學自蘇俄"[2]；

胡漢民的性格與胡漢民被囚事件；

1　參作見拙作《陳立夫與國共談判——讀陳立夫口述歷史之一》，北京《團結報》，1991 年 9 月 28 日；收入拙著《海外訪史錄》，社會科學文獻出版社 1998 年版。

2　《成敗之鑒》，台北正中書局 1994 年版，第 105、152 頁。

西安事變後，陳立夫向蔣介石建議乘機進攻延安，未被採納；

1938 年在漢口對德使陶德曼的建議；

陳立夫與國民黨中央組織部在歷屆選舉中的作用；

國民參政會的成立；

抗戰期間的教育；

等等。它們或為人們提供了前所不知的史料，或為重大歷史事件提供了佐證。有些問題，雖然作者當時感情激烈，但寫回憶錄時卻冷靜而公正地作了敘述，例如，承認 1927 年上海 "清黨" 時，"無辜人民之遭害者更不記其數，言之至為痛心" 等，都是對歷史有責任感的持平之論。[1] 但是，讀後也突出地感到，該書還存在不少問題。

1931 年 "九一八" 事變後，日本帝國主義對中國的侵略有增無減，民族危機日益加深。1935 年，蔣介石為了準備對日抗戰，命令陳果夫、陳立夫兄弟對外解決與蘇聯的關係，對內解決對中共的關係兩大問題。根據蔣介石的指示，陳果夫，特別是陳立夫做了許多工作。這些工作，必將長久地載入中華民族的史冊，但是，檢核《成敗之鑒》的有關記載，卻十分不能令人滿意：不僅過於粗疏簡略，而且訛誤嚴重。

現分幾個問題闡述如下：

（一）周恩來致二陳函的寫作時間

《成敗之鑒》一書說：民國二十四年九月，國民黨軍在陝北一帶圍剿中共的殘餘部隊，延安一帶隨時有被消滅的危險，因此，"周恩來寫信給我大哥果夫和我，希望我們政府不要再圍剿他們，他們願意聽中央，和中央共同抗日。其信經香港黃華表與曾養甫兩同志轉來"。接著，陳立夫在回憶錄中全文引錄了周恩來的信，並以括弧注明 "民國二十四年九月收到"。

信真實無訛，有周恩來的手跡為證，但是，時間並非 1935 年，而是 1936 年。理由如次：

---

1 《成敗之鑒》，第 104 頁。

周函云："分手十年，國難日亟。"周恩來1926年在廣州任國民革命軍政治訓練部特別政治訓練班主任，陳果夫在國民黨中央組織部工作，陳立夫在蔣介石身邊任機要科秘書。同年8月，陳立夫隨軍北伐。12月，周恩來秘密前往上海，任中共中央組織部秘書兼中央軍委委員。至1936年，恰為10年。

周函云："近者寇入益深，偽軍侵綏已成事實，日本航空總站，且更設於定遠營。"偽軍，指偽蒙軍，1936年5月，内蒙王公德穆楚克棟魯普在日本帝國主義者策劃下，成立"内蒙獨立政府"，建立偽蒙軍。8月，偽蒙軍進犯綏遠東北地區。周函所稱"偽軍侵綏"，指此。

周函云："敵方自一方面軍到西北後，已數作停戰要求，今二、四兩方面軍亦已北入陝甘，其目的全在會合抗日。"（按：1935年10月，紅軍第一方面軍到達陝北吳起鎮。）1936年8月，紅軍第二方面軍、第四方面軍到達甘南，準備與第一方軍會師。如果周函作於1935年9月1日，則其時紅軍還沒有進入甘肅呢！

周函云："敵方現特致送貴黨中央公函，表示敵方一般方針及建立兩黨合作之希望與誠意，以冀救亡禦侮，得闢新徑。"1936年8月25日，中共中央致函國民黨中央及國民黨全體黨員，肯定蔣介石在確定對日抗戰方針上的進步，再次呼籲停止内戰，組織全國的抗日統一戰線，抵抗日本帝國主義的進攻，保衛並恢復中國的領土主權。[1] 公函表示：準備在任何地方、任何時候派出全權代表與國民黨談判。周函所稱"致送貴黨中央公函"，指此。該函由毛澤東起草。它並稱："察北日偽軍又大舉向綏遠進攻了。綏遠、寧夏、内蒙、甘肅各地遍設特務機關之後，又在這些地方建立航空總站與分站了。"此正與周函所言"偽軍侵綏"及日本在定遠營設立航空總站的情況相合。

周函云："現養甫先生函邀面敍。"自1935年末，蔣介石指示駐蘇武官鄧文儀和中共駐共產國際代表團接觸後，南京國民黨方面曾通過多條渠道和中共聯繫。1936年8月27日，中共聯絡員張子華（即周恩來9月1日函中所言黄君）自南京到達陝北保安，向中共中央彙報到南京聯絡的情況，同時攜回曾養

1　《中共中央文件選集》(11)，中共中央黨校出版社1991年版，第77—88頁；《毛澤東文集》第1卷，人民出版社1993年12月版，第426—427頁。

甫邀請周恩來赴南京談判的信件及聯絡密碼。[1] 周函所稱“養甫先生函”，指此。

以上種種內證無可辯駁地說明，周函顯作於 1936 年 9 月 1 日，而非 1935 年 9 月 1 日。陳立夫信後所記，顯係事後追記之誤。

（二）1936 年周恩來是否到過上海、南京

《成敗之鑒》一書接著寫道：

> 與中共交涉時，我方代表是我和張沖，中共代表是周恩來。這項談判，必須有第三國際代表參加，那就是潘漢年。他們兩人必須先得到我方的安全保證，始肯來上海。

又稱：

> 為對外必須表示全國一致抗日起見，我們要求他們在戰爭爆發以後，即需發表共同抗日宣言，表示全民一致，其內容須包括下列四點原則：（一）徹底實現三民主義而奮鬥。（二）取消一切反政府之暴動及赤化運動，停止以暴力沒收地主土地的政策。（三）取消紅軍，改編為國民革命軍，受軍事委員會的統轄，擔任抗日戰爭之任務。（四）取消蘇維埃組織，改為行政區，以期全國政權之統一。

再稱：

> 這四項原則，中共當然同意。後來周、潘二人由我們招待至南京居住，由我直接和他們談判，使他們更為放心。經多次磋商，宣言及條件的文字都已大體談妥，周恩來就想回延安覆命。我命張沖陪他去西安，順便往見張學良，由周口中說出，我們雙方共同抗日，大致已有協議，以免張

---

1 《周恩來年譜》，人民出版社，中央文獻出版社 1989 年版，第 319 頁。

學良再唱抗日高調，藉以保存實力。潘則留京、滬續洽，不料事隔幾天，西安事變忽起，當時張沖、周恩來都在西安，外人罕知其原因為何？

陳立夫以上回憶牽涉到較多問題，這裏，首先要考察的是，1936年周恩來是否和潘漢年一起到過上海、南京？

根據現有資料，周恩來當年活動日程如下：

1月：在陝北瓦窯堡，先後出席中共中央常委會議及政治局會議。

2月：佈置李克農等到洛川與張學良會談，到清澗和劉志丹等指揮攻打義合鎮。

3月：到綏德溝口，沿黃河南行，進入山西，聽取中共北方局王世英、張子華和曾養甫接觸情況的彙報；出席中共中央政治局會議。

4月：回瓦窯堡；出席中共中央常委會和政治局會議；到膚施，與張學良會談。

5月：出席中共中央常委會與政治局會議。會見第二次到陝北的張子華，聽取張與曾養甫、諶小岑談判情況的彙報；致函諶小岑，歡迎他到陝北來"商討大計"。

6月：出席中共中央政治局會議及中共中央常委會；由於國民黨軍進攻，指揮部隊撤退到磁窯；月底，赴安塞。

7月：在安塞聽取劉鼎關於東北軍情況的彙報；會見美國記者斯諾。

8月：出席中共中央政治局會議。31日，致函曾養甫表示："蘇區四周□□□□，弟等外出不易。倘兄及立夫先生能惠臨敝土，則弟等願負全責保兄等安全。萬一有不便之處，則華陰之麓亦作為把晤之所。"書發，沒有回音。

9月：1日，致函二陳。22日，再次致函二陳，指定潘漢年為聯絡代表前去談判。28日，張子華自廣州致電周恩來，聲稱曾養甫邀請周恩來到香港或廣州談判，但周恩來只同意以西安為談判地點。

10月：出席中共中央政治局會議；致電張子華，要他轉告曾養甫、陳立夫，中共中央決定由潘漢年進行初步談判。

11月：出席中共中央政治局會議；與毛澤東共同致電張子華，要他轉告陳立夫及曾養甫："只要國民黨方面不攔阻紅軍抗日去路，不侵犯紅軍抗日後方，紅軍願首先實行停止向國民黨軍隊攻擊。"電報提議："國民黨方面，立即下令暫時停止西北各軍向紅軍進攻，雙方各守原防。"電稱：在確保安全的條件下，周恩來可以赴廣州談判。在雙方主要代表未會談前，擬派潘漢年先與陳立夫、曾養甫會談。15日，離保安，先後到河連灣、洪德等地與彭德懷、賀龍等會晤。30日，回保安。[1]

12月：12日，西安事變爆發。15日，偕羅瑞卿、張子華等啟程赴西安。17日到達。

可見，1936年，在西安事變之前，周恩來的活動範圍沒有超出陝北和山西。《成敗之鑑》一書所云"招待至南京居住"，"想回延安覆命"，"命張沖陪他去西安"云云，都並不正確。

1937年3月22日，周恩來應蔣介石之邀，與張沖自西安飛上海，會晤宋美齡，請她將中共中央的談判條件交給蔣介石。隨即由潘漢年陪同，到杭州和蔣介石談判。4月初，回到延安。5月下旬，再飛上海，轉赴南京、廬山，與蔣介石會談。7月7日，和博古、林伯渠再飛上海。13日（或14日），第二次到廬山和蔣介石談判，旋即赴上海，返延安。當年，8月9日，和朱德、葉劍英飛南京，與張沖等談判，直到同月21日，回延安參加中共中央政治局擴大會議為止。陳立夫在《成敗之鑑》中的有關回憶，可能是將兩年中的事實混記在一起了。

（三）關於所謂"四項原則"以及潘漢年、陳立夫之間的談判

陳立夫的上述回憶談到"四項原則"，並稱中共"當然同意"，又稱：西安事變前，宣言、條件已"大體談妥"。情況是否如此呢？答案仍然是否定的。

1936年5月，在和中共北方局代表周小舟談判中，陳立夫確曾與曾養甫商量，並經蔣介石同意後，提出過四項條件：

1　以上日程，據《周恩來年譜》。

（一）停戰自屬目前迫切之要求，最好陝北紅軍經寧夏趨察、綏、外蒙之邊境，其他游擊隊則交由國民革命軍改編。

（二）國防政府應就現國民政府改組，加入抗日份子，肅清漢奸。

（三）對日實行宣戰時，全國武裝抗日隊伍自當統一編制。

（四）希望（共產）黨的領袖來京共負政治上之責任，並促進聯俄。[1]

6月底，7月初，中共北方局代表又曾與陳立夫的代表諶小岑等商定：

（一）參加民族革命之一切武裝力量，不論黨派，在同一目的下，實現指揮與編制之統一。

（二）共方放棄過去一切足以引起國內階級糾紛之活動，國方可承認蘇維埃主要區域在民主政府指揮之下作為特別實驗區。

（三）國方在共方承認全國武裝隊伍應統一指揮與編制的同時，即行停止圍剿，並商定其武裝隊伍之駐紮區域，與以其他國軍同等之待遇。

（四）在共方決意接受國方上述軍事政治主張之原則下，國方執行：1.抗日民族革命之民主自由，但其限度以不反黨國為原則。2.紅軍之駐紮區域採商定方式依雙方之同意而決定。3.蘇維埃政權取消係指蘇維埃之獨立於中央而言，其地方組織形式可適當保留。4.共方之表示與國方所負之義務應在同時實行，其實現方式由雙方協定後實行之。[2]

以上四條，只是雙方代表初步達成一致，並未最後敲定。7月4日，陳立夫將第（二）條修改為：共方如同意國方上述之主張，應於此時放棄過去政治主張，並以其政治軍事全部力量置於統一指揮之下，將第（四）條修改為：國方在共方決意放棄蘇維埃政權的條件下，即以國方為主體，基於民主的原則，改善現政治機構，集中全國人才，充實政府力量，以負擔民族革命之任務。此後，雙方繼續處於協商狀態中。

---

1 《南京方面1936年5月15日提出之談判條件》。
2 《南京方面1936年7月4日二次提出之談判條件》。

11月10日，潘漢年和陳立夫、張沖在上海滄州飯店舉行會談。此次會談，由於潘漢年在第三天就向毛澤東、張聞天、周恩來等寫了非常細緻、具體的書面報告，不僅談判內容、雙方對話，就連當事者的聲音笑貌都有追記。因此，使我們今天對此次談判可以有非常清晰的了解。其過程是：

　　潘遞交周恩來致蔣介石及陳果夫、陳立夫信。陳問潘：是“代表周個人或代表毛”？潘答：“代表整個蘇維埃政府與紅軍，並非代表任何個人”。陳請潘陳述中共方面的合作條件，潘講了中共中央不久前起草的《國共兩黨抗日救國協定草案》的大概，詢問南京方面的意見。陳聲明代表蔣委員長作答覆：“第一，中共既願開誠合作，就不應有任何條件。第二，對立的政權與軍隊必須取消。第三，目前，軍隊可保留3000人，師長以上人員一律解職出洋，半年後召回，按材錄用；黨內與政府的幹部可按材適當分配南京政府各個機關服務。第四，如果軍隊能如此解決，則你們所提政治上各點都好辦。”陳講完後，笑著問道：“這條件恐不易接受吧？”

　　潘漢年當然感到國民黨方面的條件突然變苛刻了，但他也笑著說：“這是蔣先生站在剿共立場的收編條例件，不能說是抗日合作的談判條件。請問陳先生，當初鄧文儀在俄活動，曾養甫派人去蘇區，所談均非收編，而是合作，蔣先生為甚目前有如此設想？大概誤會了紅軍已到無能為力的時侯，或者受困日本共同防共協定之提議，磋商合作條件尚非其時？這樣消耗國力的內戰，眼見一時尚無停止可能，日本乘機進攻之野心當亦繼續無已，南京日來標榜之決心抵抗，未知從何做起？歷史上未見對外對內兩重戰爭可以同時並進，先生以為如何？”

　　聽了潘漢年的回答，陳立夫安靜地閉上眼睛，想了想，輕聲說道：“是的，條件很苛刻，談判恐一時難於成就，不過周恩來如能全權代表軍事出來與蔣先生面談，或者保留的軍隊數目尚可斟酌，如由3000可擴大為1萬之數。無論如何，蔣先生中心意旨，必須先解決軍事，其他一切都好辦。你我均非軍事當局，從旁談判，也無結果，可否請周恩來出來一次？”

　　“如果蔣先生無談判合作之必要，我想他不會來。”潘答。

　　“蔣先生答應，如周出來，他可以和周面談，或者那時蔣先生條件不致太苛也難說。"陳稱。

"那麼要不要把蔣先生所提收編各點同時打電報給裏面呢？"潘帶著一點滑稽笑聲問陳。

"這樣周恐不能來。暫時不提也好，看周到底願不願與蔣先生親自談。"陳考慮之後說。

"這豈不成了我騙他出來？何況正在交戰激烈之際，暫時停戰問題不解決，我想他是無法出來的。"潘稱。

"能否停戰，蔣先生意思要看你們對軍事問題能否接受來解決，而軍事問題，雙方談了必須負責，因此必須雙方軍事直接負責人面談。"陳答。

在陳立夫堅持要周恩來出來談判的情況下，潘漢年試圖改變談話中心，提出為了雙方軍事負責人面商，先談無條件暫時停戰，各守原防，被陳拒絕。彼此長時間沉默之後，張沖提出，如果周恩來肯出來，他負責保障其安全。陳也表示，周的安全沒有問題，建議潘先打一個只提要周出來與蔣談軍隊問題的電報，至蔣所提各點，待覆電再說。

"整個問題的談判恐一時難以成熟，可否就陳先生所管各種政治的群眾運動，以及反政學系、漢奸等局部問題先行談判，以形成將來整個合作的基礎？"為了打破僵局，潘漢年再度轉移話題。

"這樣不可以。"聽了潘的提議，張、陳相視，表示驚異，陳立夫想了很久，回答道，"必須整個來談，並在唯一領袖的意志下進行工作。"他再一次提出，請周恩來出來談判，要潘漢年給周打電報。潘不便固拒，答應了。

張沖送潘漢年走出飯店，他悄悄告訴潘，陳立夫對委員長所提辦法也很失望，他們將盡一切力量促成此事。[1]

潘漢年第一次和陳立夫的談判經過如上。

11 月 16 日，潘漢年應張沖之邀第二次去南京。19 日，陳立夫自洛陽向蔣介石請示歸來，與潘繼續談判。陳稱：蔣堅持原提各點，無讓步可能。他要求潘將蔣所提收編辦法報告陝北，遭到潘的拒絕。潘提議先談暫時停戰辦法，以便雙方軍事長官就近面商一切；陳等則稱如軍隊條件不解決，無從停戰。雙方

---

1 《潘漢年關於與國民黨談判情況給毛澤東等的報告》，《文獻與研究》，1993 年第 5 期。

辯論激烈，潘稱：“如蔣先生堅持繼續剿共甚至聯日反蘇，前途如何？輿情如何？全國人民對蔣先生之稱謂如何，實堪杞憂。養甫先生轉告我們關於合作辦法，關於軍隊一點，離我們所提原則尚遠；今蔣先生所提較養甫先生所講更遠，這從何談起。”陳則稱張子華所述曾養甫意見，純屬子虛。至此談話無法繼續下去了，潘漢年表示準備晚車回上海。當晚，張沖來見潘漢年，婉言陳立夫左右為難，當事雙方繼續努力，並稱，陳還是希望潘將蔣的意見電告陝北。潘稱：“這樣豈不是恩來更不能出來？”張答：陳先生亦如此對蔣說過，但蔣說不妨，周還是會出來的。陳先生以為周如能與蔣面商，條件可斟酌。[1]

12月初，陳、潘之間還談判過一次。陳表示可將保留紅軍的人數由3000增至3萬，其他條件條件不變。12月10日，中共中央致電潘漢年，表示“根本不能同意蔣氏對外妥協對內苛求之政策，更根本拒絕其侮辱紅軍的態度”，堅持“紅軍不能減少一兵一卒，而且須要擴充”，“離開實行抗日救亡任務無任何商量餘地。”[2] 同日，周恩來致電張學良，告以和蔣介石談判情況，表示：紅軍可在抗日救亡的前提下，改換抗日番號，劃定抗日防地，服從抗日指揮；彼方如有誠意，須立即停戰，並退出蘇區以外，靜待談判結果。紅軍決心以戰爭求和平，絕對不作無原則的讓步。[3]

可見，西安事變前，中共與陳立夫之間並未達成任何協定，因而，《成敗之鑒》一書對中共和張學良的指責也就失去根據。

1937年，國共兩黨間經過頻繁談判。7月15日，周恩來起草《中共中央為公佈國共合作宣言》，其中提出：

一、孫中山先生的三民主義為中國今日之必需，本黨願為其徹底的實現而奮鬥。

二、取消一切推翻國民黨政權的暴動政策及赤化運動，停止以暴力沒收地主土地的政策。

---

1 《潘漢年關於與國民黨談判情況給中共駐共產國際代表團的報告》。
2 《周恩來年譜》，第332頁。
3 同上。

三、取消現在的蘇維埃政府，實行民權政治，以期全國政權之統一。

四、取消紅軍名義及番號，改編為國民革命軍，受國民政府軍事委員會之統轄，並待命出動，擔任抗日前線之職責。[1]

此宣言於 7 月 15 日由中共中央交付國民黨。9 月 22 日，國民黨中央社公開發表，第二次國共合作正式形成。

可以看出，除三、四兩條次序顛倒外，《成敗之鑒》一書所提到的"四項原則"正是中共中央宣言所提的四條，但這已經是西安事變發生八九個月之後的事了。

（四）潘漢年與共產國際往來電文問題

《成敗之鑒》又寫道：

事變發生，中央連夜召開緊急會議，其結論如下：（一）對張、楊採取嚴厲態度，依據歷史教訓，凡元首被挾持，中央態度軟弱者，元首必被害，故中央決意討伐。（二）令何敬公主持討伐軍事，迅速入關。（三）其他有助於蔣公出險之一切措施，齊頭並進。我就根據第三項與曾養甫兄商定，立即請杜桐蓀同志趕赴上海約潘漢年來京，次日即令潘致第三國際一電，大意如下："張、楊之叛變劫持蔣委員長，全國軍民均不齒其所為，蔣如有不幸，中國失去抗日領袖，日軍可極容易佔領中國，此將於蘇聯為最不利，國民政府採嚴正之態度，以應此變。"

再次日又去一電如下："昨電諒達，周恩來同志如尚在西安，擬請立即去電令毛澤東及周恩來兩同志影響張、楊，協助蔣委員長出險，此則於中蘇兩國均有利也。"

兩電用密碼（潘之密碼在我處）發出，由南京與莫斯科直通之電台拍發，次日接第三國際覆電大意如下：潘漢年同志：兩電均悉，所見甚是，

1　《中共中央為公佈國共合作宣言》，《周恩來選集》卷上，人民出版社 1980 年版，第 76—78 頁。

已電令毛澤東、周恩來兩同志遵照執行。

這一段回憶中，關於國民黨中央連夜開會的情況，證以留存下來的會議記錄，大體屬實，但是，關於潘漢年的兩通電報以及共產國際的回電則很可疑。

第一，《成敗之鑒》的有關回憶和陳立夫以前的回憶不一致。50 年代，陳立夫接受夏蓮蔭訪問時的回憶是這樣的：

參加 12 月 12 日會議之後，回到家裏，當晚無論如何不能入眠，我不斷問自己：我能做什麼？

第二天早晨，我請潘漢年到我家來，要求他致電共產國際，分析西安形勢。作為共產國際代表，他應該電陳意見，幫助決定政策。我建議他指出，如果蔣先生出了什麼事，其結果將是災難性的。中國將失去抗日的領導人。日本由於企圖征服我們，必然發動侵華戰爭，其後，目標將轉向蘇聯。其結果不僅關係中國的存亡，也將關係蘇聯。我還建議他報告，人們一致反對張學良，支持蔣先生。他同意並且起草了電報，我們將他譯成密碼發出了。此前，為了和共產國際通訊，他將密碼轉交給了我們。

為了免得周恩來在西安火上加油，次日，我要求潘漢年再次致電共產國際，報告全國一致反對張學良，同時希望共產國際指令周恩來，設法保證釋放蔣先生，至少，指令他不要"加油"。

第二天，接到了來自共產國際的一份電報，中稱：收到了潘的兩份電報，他對形勢的分析是正確的。共產國際贊同他的觀點，並已按建議致電周恩來。"我有這三份電報的副本。不幸，1938 年和其他重要文件一起丟失了。"陳立夫補充說。

共產國際給了中國共產黨一項指令，大意是：蔣先生的安全意味著蘇聯的安全。陳立夫接著說。[1]

1　哥倫比亞大學珍本和手稿圖書館藏。

陳立夫講得很清楚，潘漢年的兩通電報和共產國際的覆電副本早在 1938 年就丟失了。因此，50 年代接受訪問時對電文內容只有一個模糊、籠統的回憶，而在 90 年代的回憶時卻有了具體的措辭，人們不得不提出問題，電文從何而來，它的可靠性如何？

　　首先，第一通電報使用了 "叛變"、"劫持" 等字樣，不類潘漢年口吻。

　　其次，第二通電報稱："周恩來同志如尚在西安"。前已論證，西安事變前周恩來根本沒有離開陝北，因此，所謂 "如尚在西安" 云云，只能是陳立夫在錯誤記憶基礎上的虛構。

　　第三，陳立夫在接受夏蓮蔭訪問時，絕口未提毛澤東，何以在第二次回憶時，卻出現了毛澤東？

　　第四，西安事變時，中共中央的 "總負責" 是洛甫（張聞天），負責和共產國際電訊聯繫的也是洛甫。毛澤東只是軍委主席，很難設想，共產國際的電報只 "電令毛澤東、周恩來兩同志遵照執行"，而完全不提洛甫。

　　西安事變後，潘漢年確曾和陳立夫有過聯繫。12 月 19 日，毛澤東致電潘漢年，指示他 "向南京接洽和平解決西安事變之可能性，及其最低限度條件"[1]。21 日，又指示潘向陳立夫提出五項合作抗日要求，表示可在上述條件有相當保證時，"勸告西安恢復蔣介石先生之自由"。[2] 諶小岑也回憶，曾養甫告訴他，潘漢年已經到了南京，他和陳立夫同潘漢年在中央飯店談了一次，交換了解決西安事變的意見。諶小岑又回憶說，潘是以第三國際和中共中央的代表身份來同陳立夫、曾養甫談話的，談話內容是雙方同意西安事變可以在停止內戰、一致對外的條件下和平解決，讓蔣介石回到南京。[3] 但是，陳立夫所說，他要潘漢年致電共產國際以及共產國際回電等情節，目前還沒有其他文獻可以證明，陳立夫回憶的有關電文內容尚難視為信史。

1　《毛澤東年譜》，人民出版社，中央文獻出版社，第 626 頁。
2　同上，第 627 頁。
3　《西安事變前一年國共兩黨關於聯合抗日問題的一段接觸》，《文史資料選集》第 71 輯，中華書局 1980 年版，第 17 頁。

（五）不算離題的話

人類歷史不可能事事都有文字記載。歷史當事人的回憶之所以可貴，就在於它能提供文獻無徵，特別是只有一二人知道的私房資料，此其長處；但是，也正由於文獻無徵，記錯、記亂的可能性極大，此其所短。而一旦記錯記亂，他人不加考察，或者沒有足夠的文獻資料可加考察，那就可能造成謬誤流傳、真相堙沒的後果。因此，歷史當事人在寫作回憶錄時一定要慎之又慎，要盡量利用一切有助於喚起記憶的文獻資料，對涉及的人物、地點、時間，要作必要的考核與考訂。同樣，歷史學家們在使用有關回憶錄時也不可不慎之又慎。

檢核《成敗之鑒》一書中的史實訛誤，有些是並非陳立夫先生親歷，僅憑耳聞或猜想所致，如，北伐時期蔣介石派邵力子去馮玉祥處聯絡，派黃郛去張作霖處聯絡，徐州會議的"三項協定"，北伐軍和平進入北京、天津的原因等，或非事實，或與事實相左，但是，大多數錯誤則由於記憶失真。人的記憶常常靠不住。事隔多年，僅憑記憶，訛誤自然難免。現存國共談判當事人的有關回憶，差不多都有這樣那樣的錯誤；陳立夫先生以九十高齡，回憶自己的早年經歷，自然靠不住的地方會更多。但是，如果在撰寫回憶錄時，能夠查考文獻資料，或請歷史學家說明，上述錯誤是可以避免或減少的。

除史實訛誤外，《成敗之鑒》所披露的內幕史實似乎太少。陳先生稱：他追隨在蔣介石身邊，"參與了很多機要，整整地有 25 年之久"。現在的回憶錄似乎和這一地位不大相稱。陳先生又說：他寫這份回憶錄，"希望能為國民革命史實，提供若干補充說明，也為中華民國史，提供若干真實史料，為歷史作見證"。現在看來，《成敗之鑒》還未能完成這樣的任務。

《成敗之鑒》存在的其他問題尚多，限於篇幅和時間，不擬一一論述了。

據聞，陳立夫先生精力尚佳，是否有可能對《成敗之鑒》作比較充分的修改呢？

二、評陳立夫對蘇墱基君的批評

關於周恩來致二陳函的寫作年份，蘇墱基君《周恩來致陳果夫、立夫函年份剖析》一文言之甚詳，與敝見相合，本已無話可說。及至讀了立夫先生《糾正蘇墱基君對周恩來函時間考據之錯誤》一文後，覺得仍有不能已於言者。

立夫先生說得對，周恩來致二陳函是關係國民政府改變對內對外政策的一份重要文件，關於它的寫作年份，自有認真考據，加以確定的必要。

（一）考訂文件寫作時間最重要的是內證

人所盡知，如果一份文件自身沒有署明寫作年代或所署年代可疑時，最重要的是檢核文件自身，看看它在哪些方面留下了可資考訂的證據和痕跡。周函雖不長，但有關印跡頗多。它們或涉及收信雙方的生平離合，或涉及近代中國的重要時事，都是據以考訂函件寫作時間的可靠證據。這些證據，考證學上稱為"內證"。循此以求，該函的寫作年代本是不難確定的。但是，立夫先生未能注意於此，而要求助於秦孝儀先生；秦孝儀先生又不加深考，舉蔣介石氏所著《蘇俄在中國》所述為證，該書稱：

> 到了二十四年的秋季，陳立夫向我報告，周恩來在香港與我駐香港負責人曾養甫，經由友人介紹見面，希望我政府指派代表與他們商談，而且他只要求從速停戰，一致抗日，無其他條件。周恩來又於九月一日致函陳果夫及立夫，申明中共要求停戰抗日的立場。

蔣氏是當事人之一，他判斷函件作於民國二十四年，於是立夫先生就據以立論了，《糾正》一文稱：

> 由於上述為蔣公之手著，已足以證明周函之來為民國廿四年秋，而非二十五年明矣！

至此，立夫先生似乎覺得已經功德圓滿、真相大明了，然而，人們要問："蔣公手著"就是可信的嗎？

要考訂一份文件的寫作時間，除了"內證"外，考據學也重視文件以外的證據，例如其他文件的記載、當事人或相關人的回憶等，此類證據，稱之為"外證"。陳立夫先生拿出來的就是一種"外證"。然而，"外證"情況複雜，必須具體分析，區別對待。有的有權威性，有的則沒有。如果立夫先生拿出來的是蔣介石 1935 年的日記，或者當年的其他什麼文件，那麼，人們是可以相信，並且從此緘口不言的。然而，立夫先生拿出來的是《蘇俄在中國》，這就不然了。

人的記憶常常靠不住。《蘇俄在中國》寫作於 1956 年，據事件當年已有 20 年之遙，"蔣公"並非超人，同樣有記錯的可能。這樣的"外證"是難以使人信服的。

《蘇俄在中國》並非一本寫得很嚴謹的書，其錯誤隨手可以撮舉。例如，除周恩來致二陳函的寫作時間是錯的以外，關於 1935 年周恩來在香港與曾養甫談判一事也是錯的。人們只要翻檢有關史書，就可以知道：整個 1935 年，周恩來都在長征途中。當年 7、8、9 三個月，則在雪山、草地中跋涉，怎麼可能到香港談判？事實是：1936 年 6 月，潘漢年受中共駐共產國際代表團委派，回國和國民黨談判，途經香港，陳果夫派張沖前往會見，約定聯繫辦法。《蘇俄在中國》一書的錯誤是潘冠周戴了。

立夫先生以為凡"蔣公手著"就可信，這就走進誤區了。

（二）《蘇俄在中國》的執筆人是陶希聖，致誤的原因在於陳立夫本人

是什麼原因造成了《蘇俄在中國》的上述錯誤呢？

1950 年代，立夫先生接受美國哥倫比亞大學東亞研究所夏蓮蔭女士的口述歷史調查時曾有下列問答：

"您是否曾向蔣先生報告，周恩來經過友人的介紹，已和曾養甫打交道，希望政府指派代表和中共談判？"夏蓮蔭問。

"1935 年秋，我派曾養甫去香港。果夫和我告訴他，如果中共表示談判和平的願望，我們準備討論。但是，不能說出這一主意來自蔣先生，而只稱這是我們的意見。我們打算在容共上向前走一步。"陳立夫答。

"為什麼我們選派曾養甫去香港？因為他的同學諶小岑在那裏。實際上，我

們都是北洋大學的同學。諶是湖南人，積極參加'五四'運動，思想略微左傾，雖然不是共產黨，但很親共。他已經逐漸轉變。'五四'運動後，我們一起在《北洋季刊》工作，曾經是好朋友。他在香港做什麼？為報紙、雜誌寫文章。他有共產黨朋友。

"諶了解雙方都願意接觸，經過諶，周恩來和曾養甫獲得了見面機會。共產黨在上海已經失敗，我們摧毀了他們的中央機關，他們發現難以繼續工作。周恩來抵達香港，他們可能接到莫斯科的命令，要求他們和我們合作。"

"曾養甫和周恩來討論得如何？"夏蓮蔭再問。

"我不知道。"[1]

將《蘇俄與中國》的有關段落和立夫先生與夏蓮蔭女士的上引對話加以比較，可以看出，在周恩來、曾養甫香港會談這一問題上，二者除詳略不同外，潘冠周戴的情況完全一模一樣。

"9月1日，周恩來是否給果夫先生和您寫過一封信，重申中共停止內戰，和政府一道抗日的願望？"夏蓮蔭女士繼續提問。

"是的。曾養甫將信帶給了我們。在這封信裏，中共表達了停止內戰、抵抗日本的願望。周恩來很聰明，他寫信給我們弟兄，可能是想，如果他去南京，接觸處於能保證他的安全這一位置的人是必要的。

"我有周這封信的手跡。我的秘書在台灣為我保存著原件。蔣先生在寫作《蘇俄在中國》之前，陶希聖需要這封信，我複製了一份給他。"陳立夫繼續答。[2]

好了，真相至此可以說大白了。《蘇俄在中國》一書是陶希聖協助蔣介石完成的，他應該就是該書的真正執筆者。當他向立夫先生索要周恩來致二陳函時，必然會詢問該函的寫作時間及其前後情況，而立夫先生在為陶希聖複製該函時，也必定會包括信尾立夫先生自己添注的"民國二十四年九月收到"等字樣。至於所謂周恩來、曾養甫香港會談之說，也必然是立夫先生與陶希聖的談話內容之一。

1　美國哥倫比亞大學珍本和手稿圖書館藏，英文打字本。
2　同上。

立夫先生當年向陶希聖提供了錯誤情況，40 年後又用根據自己提供的錯誤情況寫成的書為自己作證，看來記憶真是太作弄人了。

（三）陳立夫赴蘇另有原因，和周恩來致二陳函無關

立夫先生之所以堅持周函作於 1935 年的另一理由是他和張沖的赴德時間。

立夫先生的說法是：在周恩來來函之後三個月，蔣公了解到蘇俄在東方所採取的政策，因此，派他本人和張沖一起赴俄交涉。二人隨程天放大使赴德上任所乘郵輪啟程，準備自柏林轉赴蘇聯。立夫先生考證出：該輪啟航時間為“廿四年十二月廿四日，抵德為廿五年元月，（程天放）呈遞國書為二月二十七日”，因此，周函應作於民國二十四年。

不錯。程天放上任所乘郵輪啟航、抵德等時間均確鑿無誤。但是，蔣介石決定派陳立夫和張沖赴蘇聯辦交涉卻另有原因，與周恩來致二陳函無涉。

蔣介石早有要抗日，必須解決對蘇與對共兩大問題的想法。1927 年 12 月，由於蘇聯駐廣州副領事哈西斯（А. И. Хасис）等參與指揮中共在廣州的暴動等原因，蔣介石決定斷絕和蘇聯的外交關係。1931 年“九一八”事變後，在日本帝國主義的侵略威脅下，蔣介石又逐漸傾向於聯俄制日。1932 年，他派顏惠慶向蘇聯外交人民委員李維諾夫提出兩國復交問題，建議締結互不侵犯條約。1933 年初，日本侵略軍進攻山海關等長城要隘時，蔣介石聯俄制日主張進一步明確。當年 1 月 17 日日記稱：

> 倭寇之所最忌者為我聯俄與派兵入熱二事，而其志在得熱河，建要塞，以防中俄將來聯合攻滿也。我第一步對俄復交，乃與以第一打擊。今復派兵入熱，使其不能垂〔唾〕手得熱，是其第二打擊。總以與俄有關係之點，研究打擊方法，先使其精神受脅然後再與接洽。[1]

這裏說得很清楚，“對俄復交”是打擊“倭寇”的重要辦法之一。1934 年

---

1 《蔣介石日記》，1933 年。

初，蔣介石制訂的"攘外"計劃又規定："聯絡美、俄，厚交英、意"[1]。當年 5 月 5 日日記稱："對俄則聯絡其感情。"[2] 同年秋，蔣介石派蔣廷黻赴蘇訪問。1935 年 7 月，孔祥熙訪問蘇聯駐華大使鮑格莫洛夫，詢問 "蘇聯政府是否打算同中國簽訂互助條約"[3]。同年 10 月 18 日，蔣介石在孔祥熙住宅會見鮑格莫洛夫，詢問蘇聯是否同意簽訂一項 "實質性的真正促進中蘇親密關係並能保障遠東和平的協定"[4]。此後，當蔣介石了解到共產國際和中共駐共產國際代表團的態度後，決定加快聯絡蘇聯的步伐。事情的經過是：

1935 年 7 月至 8 月，共產國際在莫斯科召開第七次代表大會。8 月 2 日，季米特洛夫在會上號召各國共產黨 "在無產階級統一戰線的基礎上建立廣泛的反法西斯人民陣線"。8 月 7 日，中共代表團長王明在會上報告，他在敍述了由於日本帝國主義者 "野蠻進攻" 而造成的中國民族危機之後說：

> 我認為，中國共產黨和中國蘇維埃政府應當發表一項聲明，向一切政黨、團體、軍隊、群眾組織和著名的政治家說明情況，請他們準備參加進去組成一個統一的國防政府。我在這個國際講壇上宣佈，共產黨中央和蘇維埃政府準備在組成這樣一個政府的談判中採取主動，並願與一切不願作亡國奴的人們，在大家都能接受的綱領的基礎上，為了挽救我們的祖國，撇開在其他重要問題上的分歧，共同參加這個政府。紅軍準備戰鬥在這個聯合的軍隊的最前列，與其他軍隊攜手並進，唯一的條件是這些軍隊停止進攻紅軍，真正反對日本帝國主義及其代理人。

同日晚，王明又在會上重申這一呼籲：

> 一切不願作亡國奴的同胞們，一切願意保國衛民的軍官和士兵兄弟

---

1 《蔣介石日記》，1934 年卷首。
2 同上，1934 年 5 月 5 日。
3 《鮑格莫洛夫致蘇聯外交人民委員部的電報》，《近代史資料》總 79 號，北京中國社會科學出版社 1991 年版，第 218 頁。
4 同上書，第 220 頁。

們，一切願意參加抗日救國神聖事業的黨派和團體們，國民黨和藍衣社中一切真正愛國愛民的熱血青年們，一切關心祖國的僑胞們，中國境內一切受帝國主義者及其走狗壓迫的民族（蒙、回、韓、傣、苗、黎等等）的兄弟們，中國共產黨竭誠歡迎你們與蘇維埃政府一起參加全中國統一的國防政府。[1]

同時，王明表示，紅軍準備同 "一切願意手拿武器去救國的軍隊，一切願意參加抗日戰爭的官兵和將領們組成 '抗日聯軍'"。其後，王明又在《共產國際》、《救國報》等處發表了《為反帝統一戰線而鬥爭和中國共產黨的直接任務》等一系列文章。

當時，鄧文儀任中國駐蘇使館武官，他讀到王明的報告和發表在《共產國際》等處的文章後，在回國時向蔣介石提交了一份摘要，於是，蔣介石立即召開高級幹部會議，提出統一全國共同抗日的主張。[2] 同時，蘇聯駐華大使鮑格莫洛夫也向蔣介石表示，蘇聯政府願同南京方面具體談判軍事互助問題。[3] 於是，蔣介石一面命鄧文儀立即返回莫斯科，找王明談話，討論聯合共產黨抗日問題，一面派陳立夫、張沖秘密前往柏林，準備轉道訪問蘇聯，討論和蘇聯的軍事互助問題。

可見，陳立夫、張沖二人 1935 年末赴蘇，與周恩來致二陳函完全無涉。立夫先生將兩件事情攪在一起，並以之作為周函寫作年代的證明，仍然是記混了。

歲月不饒人。在回首往事時，不能過分相信自己的記憶；在寫作回憶錄時，要千方百計地利用檔案文獻資料，並作充分而嚴謹的考證。這就是我們通過討論周恩來致二陳函所應該得出的共識。

至此，關於周恩來致二陳函的寫作年份的爭論是否可以休止了呢！

1　《共產國際有關中國革命的文獻資料》第二輯，北京中國社會科學出版社 1982 年版，第 394、404 頁。

2　《潘漢年與鄧文儀 1936 年 1 月 13 日談判情況紀要》，參見楊奎松《失去的機會》，廣西師範大學出版社 1992 年版，第 4—5 頁。

3　《鮑格莫洛夫給蘇聯外交人民委員部的電報》，《近代史資料》總 79 號，第 224 頁。

孔祥熙所藏西安事變未刊電八十九通 *
——讀孔祥熙檔案

西安事變期間，孔祥熙任南京國民政府行政院代院長，負責處理有關事務。他藏有大量關於事變的電報和檔案，其間頗多外間少見或從未見過的，現從哥倫比亞大學珍本和手稿圖書館所藏縮微膠捲中擇其未刊而重要者介紹如下：

一、《張學良致宋美齡電》（1936 年 12 月 12 日）

張學良發動事變的當日，曾與楊虎城等 19 人聯名致中國國民黨中央執行委員會、國民政府主席林森、各院部會等，提出八項要求；另有張氏以個人名義致孔祥熙電，說明發動事變的苦衷。此外，還有一電致宋美齡，全文云：

蔣夫人賜鑒：

　　學良對國事主張，當在洞鑒之中。不意介公為奸邪所誤，違背全國公意，一意孤行，致全國之人力、財力，盡消耗於對內戰爭，置國家民族生存於不顧。學良以待罪之身，海外歸來，屢盡諫諍，率東北流亡子弟含淚剿共者，原冀以血誠促其覺悟。此次綏東戰起，舉國振奮，介公以國家最高領袖，當有以慰全國殷殷之望，乃自到西北以來，對於抗日隻字不提，而對青年救國運動，反橫加摧殘，伏思為國家、為民族生存計，不忍以一人而斷送整個國家於萬劫不復。大義當前，學良不忍以私害公，暫請介公留住西安，妥為保護，促其反省，決不妄加危害。學良平生從不負人，耿耿此心。可質天日。敬請夫人放心，如欲來陝，尤所歡迎。此間一切主張，元已文電奉聞。揮淚陳詞，佇候明教。張學良叩。文。

---

* 原載《團結報》，1980 年 12 月 22 日、29 日，1991 年 1 月 2 日、5 日、9 日，2 月 13 日、20 日、23 日、27 日、3 月 2 日。錄自楊天石《蔣介石與南京國民政府》，中國人民大學出版社 2007 年版。

本電主旨也在於說明發動事變的苦衷，希望得到宋美齡的理解，其中對蔣介石有激烈的批評，但也有某種回護，例如"不意介公為奸邪所誤"等句，目的在保留轉圜餘地。電報特別表示，保證蔣介石的安全，歡迎宋美齡來陝，對促使宋美齡下決心以和平手段解決事變，顯然有重要作用。

二、《孔祥熙致樊崧甫電》（1936 年 12 月 12 日）

樊崧甫為孔祥熙的"及門弟子"，時任南京中央軍洛陽前線指揮。西安事變後，樊即調集兵力集中潼關，對西警戒偵察，並電孔祥熙、何應欽報告。同日，孔祥熙覆電嘉勉。電云：

> 急。洛陽樊師長崧甫弟勛鑒：
>
> 　　松密。西安事變，吾弟率旅前進，警護偵察，進行神速，足證愛護委座、愛護國家，至佩至慰。兄已密囑敬之兄妥為佈置，星速應援，請安心應付。洛陽治安，尤盼加意維護為要。兄即晚赴京，並以奉聞。文亥。滬寓。

三、《宋美齡覆張學良電》（1936 年 12 月 13 日）

事變發生時，宋美齡正在上海。當夜，她和孔祥熙及蔣介石的澳籍顧問端納匆匆返回南京。此前，南京國民黨中央已決定褫奪張學良本兼各職，交軍委會嚴辦，國民政府並下令拿辦張學良。13 日晨，宋美齡讀到張學良來電，力排眾議，主張對事變不採取"急劇之步驟"，隨即決定派端納及黃仁霖赴陝，查明情況。同日，宋美齡覆電張學良。電云：

> 西安張副司令漢卿兄勛鑒：
>
> 　　奮密。昨在滬上，驚悉西安兵變，即晚來京，接奉文電，深以為慰。吾兄肝膽照人，素所深佩，與介兄歷共艱危，誼同手足。在滬未接電前，

已知其必承吾兄維護，當決無他；來京獲讀尊電，具見愛友之赤誠，極為感慰。惟精誠團結，始足以禦侮抗敵；沉著準備，乃足以制勝機先。介兄自"九一八"以來，居處不寧，全在於此。吾兄久共軍機，鳳所深悉。凡吾兄有所建議，苟利國家，無不樂於採納。介兄以地位關係，不得不加以慎重，藉避敵人耳目。吾兄賢明，當必深諒此意。我國為民主制，一切救國抗敵主張，當取公意。只要大多數認以為可，介兄個人，當亦從同。昨日之事，吾兄及所部將領，或激於一時之情感，別具苦衷，不妨與介兄開誠協商，彼此相愛既深，當可無話不說。否則別生枝節，引起中外疑懼，不免為仇者所快，親者所痛，想吾兄亦必計及於此。至如何安慰部曲，消弭事端，極賴藎籌。介兄一切起居，諸祈照拂，容當面謝，並盼隨時電示一切為荷。蔣宋美齡叩。元。

張學良的來電是善意的、友好的，宋美齡此電也不得不報以同一態度，除對張發動事變表示諒解外，特別強調張、蔣之間的友誼，希望二人"開誠協商"，"只要大多數認以為可，介兄當亦從同"，已經暗示了接受條件，**轉變國內外政策的可能**。後來宋美齡回憶西安事變時曾說："余復以長函致張學良，告以彼等此舉將使國家前途受嚴重之打擊，余深信其魯莽滅裂之舉動，初無斷送國脈、陷害領袖之惡意，應及時自拔，勿貽噬臍之禍。"宋美齡此電同時以書信的形式交端納帶去，所以宋美齡回憶時稱為"長函"。將宋美齡的回憶和原電相較，可以發現，兩者的口吻、語氣有很大的不同。

四、《孔祥熙致張學良電》（1936 年 12 月 13 日）

張學良 12 日致孔祥熙電是打到南京的，他在上海從電話中得悉張電內容後，曾立即覆電張學良，肯定其"愛友愛國"，發動事變事出有因，"或兄痛心於失地之久未收復，及袍澤之環詞籲請，愛國之切，必有不得已之苦衷。"他當時最迫切的是要和張學良建立無線電聯繫，以便談判。電云：

西安張副司令漢卿勳鑒：

　　奮密。返上各電，未知得達否？現弟對於國事，尚有種種意見，丞待奉商。尚希指定電台一處，以便隨時通訊，而免延誤。佇盼電覆為荷。弟孔祥熙叩。元秘。印。

五、《孔祥熙致楊虎城電》（1936年12月13日）

事變初起，孔祥熙不明底細，因此，單獨致楊虎城一電，企圖說服楊，由楊出面說服張學良及諸將領，電云：

西安楊主任虎城兄勳鑒：

　　一密。漢卿兄及兄等公電均奉悉。當此危疑震撼之秋，捨精誠團結無以救亡抗敵。介公自“九一八”以後，居處不寧，全在於此。蓋抗敵準備，無時不縈腦際。吾兄與介公久同袍澤，夙共患難，其一言一動早為吾兄所洞悉，亦為國人所共見。此次西安將領主張，與介公意見，僅有時間之不同，而衷心策劃，初無二致。其所以不願騰諸口說者，當係地位關係，不得不出諸審慎，藉避敵人耳目。吾兄諒必同此見解。漢卿兄及所部將領怵於國難，意或激於情感。惟當此風雨飄搖之際，為共支危局計，不妨開誠協商，以介公之虛懷若谷，當無不盡量容納。倘託名抗敵救亡，而劫持主帥，自起糾紛，則不惟足招棟折榱摧之禍，亦且反為仇者所快，親者所痛，是以救亡始者適以速亡，以抗敵倡者轉以資敵。不義不智，徒貽中外之譏。諸將領素具愛國赤誠，寧能見不及此。吾兄光明磊落，風義夙敦，務乞轉達漢卿兄暨諸將領，動以情感，曉以大義，俾非常事態立予消弭，則功在國家，豈有涯涘。弟今晨范京，正與中央協商，俾內外主張共趨一致，仍祈吾兄益勵初衷，多方疏解，如荷見教，幸隨時電示為禱。弟孔祥熙叩。元秘。印。

本電是打給楊虎城的，因此，對西安事變的譴責用詞較重，例如“劫持主帥"、"不義不智"云云，但是，孔祥熙提出，"不妨開誠協商"，這倒是為解決事變指出了一條正確的道路。

六、《孔祥熙致邵力子電》（1936 年 12 月 13 日）

邵力子時任陝西省主席，12 月 12 日曾列名於張學良、楊虎城等人的聯名通電中。13 日，孔祥熙致電邵力子，望其代為剖白蔣介石的"胸懷"，並關心其起居。電云：

西安邵主席仲輝兄勳鑒：

奮密。漢卿兄及兄等公電均奉悉。此次之變，殊出意外，聞者咸駭。介公自"九一八"以還，無日不作抗敵準備，在準備未完，自不敢輕言啟釁，且以地位關係，一言一動輒為中外所注意，更不得不沉著以將事。我兄追隨介公有年，相知素深，當喻乎此。今與漢卿、虎臣諸兄共事一方，相處既久，當能將介公胸懷代為剖白，自不難共見以誠，轉移變患，諒在蓋籌。介公起居情形，尤望時加愛護，俾釋懸念，並盼見覆是禱。弟孔祥熙。元秘。印。

孔祥熙在這裏又提出了一個原則："共見以誠"，這是正確的。但是，在政治鬥爭中，又是很難做到的。

七、《孔祥熙致劉峙電》（1936 年 12 月 13 日）

劉峙時任開封行營主任，事變後，即率軍西進。13 日，孔祥熙致電劉峙，囑其"就近設法"，營救蔣介石。電云：

開封劉主任經扶兄勳鑒：

斗密。昨據報，西安事變，無任驚駭。頃據黃總團長來電，藉悉我兄已率軍西進，迎衞委座，忠義勇為，至深感佩。現在中央對內對外，業已決定整個辦法，絕不因一時事變稍（涉）張惶。務望我兄就近設法，俾委座得早離險境，是所盼禱，並將現在情形，隨時電示為荷。弟孔祥熙。元秘。印。

八、《孔祥熙致張學良電》（1936 年 12 月 13 日）

上電之後，孔祥熙又有一電：

西安張副司令漢卿我兄勳鑒：

漢密。文亥滬寓電諒達。弟今晨抵京，始獲讀吾兄震電，深以為慰。惟查抗日禦侮，舉國同心，中央同人，初無二致，惟慮倘無充分之準備，徒速國家之滅亡。介公主政中樞，赤忱報國，凡所施設，罔不博採周詢。六中全會決議，非至和平絕望時期，決不輕棄和平；非至最後關頭，決不輕言決裂，實圖存之國策，為整個之主張，然軍事方面，則準備整理，積極進行。蓋必審慎周詳，庶收最後之勝利。衡之民眾袍澤，激於憤慨，發為激烈之主張，僅有時間之不同，決非宗旨之異趣。我兄弼主軍事，鳳贊戎機，對此情形，當所洞悉。弟與我兄，幸託交親，十有餘載，歷共患難，誼若弟昆。此次之事，當必因所部之痛切鄉邦，環詞籲請，激一時之情感，為急切之主張。然介公之於我兄，鳳共艱危，久要契好，對於貴部，精誠愛護，亦邁尋常。兄等有何匡時至計，苟屬有利國家，當無不可從長計議，遽加兵諫，似越恆情。倘竟引起糾紛，國家前途必致不堪設想，將使仇者快意，親者痛心，瞻念前途，不寒而慄。尚冀持以審慎，藉挽狂瀾，言公言私，同深感幸另致介公一電，即煩譯交。弟孔祥熙叩。寒秘。印。

此電原稿通過端納帶往西安，後又通過電台拍發。從電報內容看，本電起草時間為 13 日，但實際拍發時間為 14 日，所以電尾署明為"寒"。長期以來，蔣介石採取"攘外必先安內"方針，對日本侵略，一再忍讓妥協，委曲求全，引起國人的強烈不滿。西安事變的發生，即基於這一情緒。孔祥熙懂得，要和平解決事變，必須先消弭這一情緒，因此，他在電報中努力為蔣介石對日政策辯解，說明他和群眾的要求，"僅有時間之不同，決非宗旨之異趣"。電報對張學良的兵諫有婉轉的批評，但同時又表示體諒，要求張持之以冷靜，從長計議匡時救國各種問題。電報末稱，"倘竟引起糾紛，國家前途，必致不堪設想"，這是很有見識的觀點。後來西安事變之所以能和平解決，正是各派都取同一認識的結果。

九、《孔祥熙致蔣介石電》（1936 年 12 月 13 日）

要和平解決事變，只勸張學良是不行的，還必須同時勸說蔣介石，因此，在拍發上電的同時，孔祥熙又請張學良轉交蔣介石一電，電文云：

張副司令漢卿我兄勛鑒：

漢密。請轉介兄賜鑒：日昨據報，西安兵變，深用懸繫，急於晚車回京。今晨抵京，獲讀漢兄公私兩電，始悉詳情。查抗敵禦侮，國人皆同此心。中樞同人，初無二致。吾兄以一身繫天下之安危，言行開國際之視聽，自不能不周詳審慎而輕有所主張。在諸袍澤，痛鄉邦之淪亡，激一時之情感，主張或近操切，當亦由於愛國之熱忱，衡之事勢，當殊途而同歸，並非有何異趣。兄與漢兄，患難相依，久要契好。中樞之措施，漢兄盡所稔知，此次之事，當出迫不得已，別有苦衷。弟意任何主張，苟利國家，皆無不可從長計議。當此大敵當前，倘使別生枝節，既損前方之士氣，轉授敵人以乘我之機。瞻念前途，實深憂懼，望即洽商漢兄，早弭變亂，以紓國難。弟孔祥熙叩。寒秘二。印。

本電原稿也通過端納帶往西安。它起草的時間與實際拍發的時間均與上電同。它是給蔣介石看的，但又是請張學良轉的，所以必須雙方都能接受，兩不得罪。因此，它既為蔣介石的對日政策辯解，又為張學良的兵諫說情，結論是雙方"殊途而同歸，並非有何異趣"。末云："弟意任何主張，苟利國家，皆無不可從長計議"，雖然與致張學良電詞句相近，但由於是打給蔣介石的，因此，其意味也就很不相同了。

十、《孔祥熙致張學良電》（1936年12月14日）

勸了張學良，也勸了蔣介石，還必須提出解決事變的方案來。當時，張學良駐南京辦事處的電台已和西安恢復電訊聯繫，因此，孔祥熙又致張學良電云：

西安張副司令勳鑒：

斗密。昨電及端諾顧問攜去電稿計達。細繹兄通電所列八項，其中多條，中央決議早已實行，即有尚待商榷之部分，亦不難開誠商洽，由中央決定。至我兄對於介公個人，昨承電示，保證安全，具見愛友至忱，無任佩慰。惟留陝過久，複雜份子，乘機屬入，必陷兄於易發難收之境。萬一危及安全，兄將何以自白？此間及各界人心，均形憤激，愈久則愈難諒解，一旦決裂，則函關以內固糜爛不堪，而國力損失慘重，尤非兄所忍聞。故為兄計，惟有請兄陪伴介公，即日南下，兄等意見即可提出中央，於公於私，莫此為善。至兄個人安全，弟敢以全家身命擔保，決無任何問題。萬一有為難之處，或先派負責人員二人南來，共謀解決方策，或由留陝諸公中一二人，如雨岩、翼如等先隨端顧問返京，以求解決之途逕。如此則兄之主張，既可昭示國人，一切誤解，亦可早日冰釋。此與吾兄一生成敗及國家安危，關係至重。凤承厚愛，敢佈誠悃，務乞三思而圖利之，並盼電覆為禱。弟孔祥熙叩。寒。

孔祥熙當時最擔心的是蔣介石的安全，也擔心發生內戰，因此以全家身命為擔保，要求張學良立即送蔣介石返回南京。當然，他懂得這不是輕易可以做到的，因此，又提出第二方案，即由陝西方面派代表，或允許蔣的隨行人員蔣作賓、邵元沖等隨端納返京協商。他當然還不知道，事變當日，邵元沖因企圖越牆逃走，被士兵開槍擊傷，正好這一天在醫院中去世。

十一、《商震致孔祥熙電》（1936 年 12 月 14 日）

張學良的原警備旅長劉多荃與河南省主席商震關係深切。12 月 13 日，孔祥熙致電商震，建議"選派妥員"，前往西安，通過劉多荃勸說張學良，14 日，商震覆電孔祥熙，聲稱已派劉多荃之弟劉多麟前往。電云：

特急。南京孔院長鈞鑒：

　　元秘電敬悉。△密。漢卿劫持委座，躬冒不韙，乖謬之行，令人髮指。弟因此事之重要，昨已與經扶兄細加商討，首步辦法竟與鈞座所見相同，並已由弟密派劉多荃之弟劉多麟馳往西安，妥為接洽。情形如何，容再奉達。待覆。弟商震叩。寒巳。省機。印。

十二、《孔祥熙致萬福麟電》（1936 年 12 月 14 日）

萬福麟為奉系舊人，長期在東北陸軍任職。1929 年任黑龍江省主席，1931年"九一八"事變後任第 53 軍軍長，駐防保定。14 日，孔祥熙致電萬福麟，勸其利用和張學良的關係進行疏解。電云：

保定萬軍長壽山兄勳鑒：

　　養密。報載吾兄對記者談話，於西安事變表示服從領袖，聽命中央，憂國之忱，溢於言表，循誦之餘，不勝傾佩。介公赤誠為國，數十年如一日。此次綏中之戰，中央抗敵之心，亦足表示於天下。蓋禦侮圖存，中樞同人及介公固已無不人同此心，心同此理。漢卿兄身居中委，對於國家大計如有意見，盡可從容建議中央，何至出以兵諫，徒召糾紛。當此內憂外患交迫之時，詎容更起蕭牆之變。吾兄與漢卿兄相處有年，交誼素篤，尚祈責以大義，動以私情，或漢卿兄別有困難，亦盡可開誠相告。倘能因兄一言，幡然悔悟，護送介公，重返國都，則一切誤會，悉可渙然冰釋，廉、藺之交復見於今日矣。專電奉達，佇盼惠覆。弟孔祥熙。寒秘。印。

十三、《薛岳致孔祥熙電》（1936 年 12 月 14 日 15 時收）

薛岳時任貴州省主席，他曾於 12 月 14 日以川黔將領及全體官兵名義發表通電，激烈攻擊張學良，要求中央"明令討伐"，"共剪兇頑"。同日，又單獨致電孔祥熙，表示"誓以頭顱熱血擁護中央，救護領袖"，但是，他的這封電報卻透露了一個秘密，是"遵令致電詰責"的，電云：

限即刻到。南京行政院代院長孔：

元秘電奉悉。委座一身繫國家民族存亡，年來領導群倫，致力安內攘外事業，凡有血氣，莫不愛戴！而張學良竟敢稱兵劫持，為外寇張目，直欲亡我國家民族，痛恨曷極！岳誓以頭顱熱血擁護中央，救護領袖，不與張逆共戴一天。除遵令致電詰責外，謹此奉覆。職薛岳。寒巳秘。筑。印。

十四、《商震致孔祥熙電》（1936 年 12 月 14 日發，15 日收）

商震除派劉多麟入陝活動外，又致電孔祥熙，建議調兵遮斷西安方面與中共的聯繫。電云：

南京行政院孔院長鈞鑒：

元電奉悉。密。語長心重，無任欽佩。委座既被劫持，院務由公負責，舉國上下，誓竭擁戴之誠。張逆喪心病狂，用心莫測。愚見似應一面設法曉以利害，一面調集師旅，遮斷叛軍、共匪聯絡之路線，促其恢〔悔〕悟。國事至斯，義無反顧。復陳微悃，敬祈垂察。商震叩。寒。印。

本電當時曾發表過，但"曉以利害"以下至"促其悔悟"一段被刪去，當係南京方面不願暴露其軍事策略之故。

十五、《宋子良致孔祥熙電》（1936 年 12 月 14 日 23 時 50 分發，15 日 9 時 30 分收）

宋子良時任廣東財政特派員兼省財政廳長，事變後他努力穩定財政金融。14 日，致電孔祥熙，報告有關情況，並表示，願去西北探視蔣介石。電云：

南京財政部孔部長庸兄賜鑒：

　　良密。此間金融，經弟昨日召集銀錢業會商，盡力維持法幣與毫券比價。今日市面平穩，省行方面終日只售出法幣 90 萬元，港紙經滬方盡量賣出，外匯亦已回跌，堪請釋注。西北事變，群情憤慨。此間財政金融，均已佈置妥當，前途不致發生恐慌。如須派弟至西北探視介兄，丞願前往，任何犧牲，在所不惜。嶺南消息遲滯，尚乞隨時電示一切為禱。弟子良叩。寒。印。

十六、《張學良覆孔祥熙電》（1936 年 12 月 15 日）

張學良發動兵諫，目的在迫使蔣介石抗日，當然不希望擴大事態，孔祥熙既已多次來電表示和平解決的願望，因此，張學良覆電云：

南京孔院長庸之兄勳鑒：

　　元秘、文亥、漢密、寒晨先後奉到。端納來，獲誦尊函，並聆所述，殷殷籌國，至佩藎懷。介公委員長安全無恙，起居如常，特盼釋念。弟等此舉，絕純為實現救國主張，絕無一毫對人私見，尊論救亡須舉國一致，極佩卓見。弟等此舉，正所以要求一致。至對委座，已再四涕泣陳詞，匪惟不蒙采納，且屢被斥責。弟受委座知遇，絕無負氣之理。但委座主張，堅決莫移，已絕對不能否認，故不得已而出此。弟等抗日主張，敢信萬分純潔，決不願引起內爭。如有違反民意，發動內戰者，自當獨負其責。弟等絕不敢多所顧慮，只圖自全，坐視國家民族危亡而不救。瀝膽直陳，詳由端納函達。承詢通電一節，弟子京滬原設兩台，皆可隨時應用，並祈賜以維護，俾資便利。又為各方徹底明了真相計，歐亞飛機之京陝航程，請飭即日恢復，此間必負責保護。救國之願，彼此所同，開誠指示，至所祈禱。弟張學良。刪申。印。

孔祥熙在 12 日致張學良電中曾說：“必須舉國一致，方足以救亡圖存，”本電中張學良明確表示：“弟等此舉，正所以要求一致。”他並特別說明，發動兵諫，並非初心，只是由於蔣介石態度固執，才不得已而有此舉。當時，南京的討伐派們正大肆活動，內戰有一觸即發之勢，對此，張學良嚴正申明：“弟等抗日主張，敢信萬分純潔，決不願引起內爭，如有違反民意，發動內戰者，自當獨負其責。”這就給了某些不顧民族大義，企圖混水摸魚的人以警告。

十七、《孔祥熙致張學良電》（1936 年 12 月 15 日）

孔祥熙急於要知道事變的真實情況，建立和張學良的對話渠道，因此於 14 日電中要求張學良允許蔣作賓、邵元沖先回南京。15 日，再電張學良，重申此意。電云：

張副司令漢卿我兄勛鑒：

斗密。寒電諒達。兄為保衛介公，留居西安，至為感慰。惟雨岩、翼如二兄，俱係文職，與軍事無關，留陝過久。延誤堪虞。且京陝電訊接洽，輾轉須時，而真意所在，仍難盡悉。似不妨先送雨岩諸兄回京，俾將尊意宣達此間，則一切問題，當不難迎刃而解。如何？仍候明教。弟孔祥熙叩。咸秘。印。

十八、《孔祥熙致蔣作賓等電》（1936 年 12 月 15 日）

事變中，蔣介石的隨行人員同時被扣，孔祥熙在與張學良的頻繁聯繫中，不忘致電被扣人員，表示慰問，這是他的細心之點。電文云：

西安張副司令漢卿兄請飭譯轉蔣雨岩、蔣銘三、邵翼如、陳辭修、陳武鳴、陣雪暄、錢慕尹、朱一鳴、萬耀煌、衛煜如諸兄同鑒：

斗密。委座留陝，兄等侍從，瞻企賢勞，無任馳繫，專電奉候起居。弟孔祥熙叩。咸秘。印。

十九、《劉峙覆孔祥熙電》（1936 年 12 月 15 日）

劉峙屬於討伐派。15 日，他覆電孔祥熙，報告軍事佈置情況。電云：

南京行政院孔院長：

元秘電奉悉。密。西安事變，至為痛心。刻第 25 軍尚固守咸陽，職決率大軍西進，現先頭樊軍正進抵華陰，其餘各師均陸續輸送中。中央大計，仍祈賜示，俾便進行為禱！職劉峙印。寒巳。印。

二十、《樊崧甫致馮玉祥、孔祥熙、何應欽電》（1936 年 12 月 15 日）

孔祥熙除致電張學良、楊虎城進行疏導勸解外，又力圖分化東北軍及楊虎城的第 17 路軍，楊部馮欽哉師駐大荔，事變後奉命接防潼關，但馮拒不奉命，派人與樊崧甫聯繫，聲稱 "決不盲從作亂"。此外，第 69 師師長楊澄原、第 105 師師長劉多荃也均派人與樊接洽。15 日，樊崧甫致電孔祥熙等，報告有關情況。電云：

限即到。南京軍委會副委員長馮、行政院代院長孔、軍政部部長何：

　　密。（1）馮軍長欽哉派郭副師長景唐、少校參謀徐恩賢來潼，表示不受偽命真意。現商定對匪軍及奉軍絕對打，對陝軍任收容；不為中央後患。（2）69師楊澄原飭派上尉副官劉安平來潼聯絡，已將進展情形告知。（3）105師師長劉多荃及第1旅旅長唐君堯派該旅參謀長高志恆來潼，使中央設法調解，免除戰事。恐其泄漏軍情，暫行留部，轉送開封，一面函慰劉、唐。（4）現以28師集中華陰，進佔華縣。職樊崧甫。刪已。參戰印。

本電亦存於國民黨"總統府"機要室檔案中，台灣所出《革命文獻》第94輯曾加以收入，但文字及標點均有誤，關鍵文字"現商定對匪軍及奉軍絕對打"，脫落"絕對打"三字，故在此重新刊佈。

二十一、《張學良覆孔祥熙電》（1936 年 12 月 15 日 21 時 50 分發，1936 年 12 月 16 日 8 時 30 分收）

13 日，孔祥熙曾請張學良轉致蔣介石一電。15 日，張學良覆電，已轉呈。電文云：

孔部長庸之兄鑒：

　　漢密。兄上委員長寒、秘二電，業經轉呈矣。特覆。弟張學良。刪西。印。

二十二、《孔祥熙致張學良電》（1936 年 12 月 15 日）

由於通訊堵塞，孔祥熙未能及時收到張學良的覆電，因此，他著急起來了。15 日電張學良云：

急。

西安張副司令漢卿兄勛鑒:

斗密。先後奉上各電,迄未得覆,豈其均未入覽,抑吾兄被人劫持,不得自主,無任馳繫。自吾兄劫持介公以來,中央同人,憤激萬端。然猶以吾兄平日為人,素重信義,不虞其有他故,一再去電勸解,尚冀仍本愛國初衷,送回介公,俾得將尊見提付公議解決,以奠國本,而明心跡。不意時已數日,迄無表示,其將挾介公一人以居奇耶?殊不知國為民主,事決多數,介公現雖為軍政之長官,究屬中央份子之一,在中央固屬愛護介公,而當此外患重重之際,究亦不能置整個民族及國際地位於不顧,將必不能久任吾兄空挾介公一人之質,以貽全民以無窮之禍。此理甚明,寧待贅述。倘吾兄不此之圖,則中央為保持民族生存計,勢不得不棄私情而取公義。萬一不幸,結果所至,不惟兵連禍結,徒損國家民族之元氣,亦恐同歸於盡,立招分崩離析之慘禍。在吾兄以救亡抗敵始,豈不以速亡資敵終乎?以吾兄之明智,縱不為國家民族計,獨不為自身子孫計乎?現在禍機迫切,間不容髮,繫鈴解鈴,惟在吾兄,弟意為今之計,最好吾兄一面嚴飭所部各隊,仍駐原防,聽候商決;一面親送介公至並,弟即邀中央負責同人,前往會商,則任何問題,當不難當面解決。否則,不聽忠告,調隊備戰,一任共黨滋大,則中央斷無坐致滅亡之理。弟與吾兄,相與有年,情感至厚,為公為私,不得不再進忠言,尚希吾兄熟計而慎圖之。如何?仍盼明教為幸!弟孔祥熙叩。咸。

此電起草時間為 15 日,但實際拍發時間為 16 日。由於電訊不通,孔祥熙不能及時與張學良對話、交流,因此產生了種種疑惑,如懷疑張學良被人劫持,不能自主,又懷疑學良"將挾介公以居奇"等等,因此,情緒不免激動起來。電報中,孔祥熙表示:"必不能久任吾兄空挾介公一人之質","中央為保持民族生存計,勢不得不棄私情而取公義",這就是說,南京國民政府準備不考慮蔣介石的個人安全而採取自認為正確的行動了。事實上,這也確是南京討伐派們的主張。然而,孔祥熙畢竟懂得,那樣做的結果必然是:"兵連禍結,徒損國家民族之元氣"，"立招分崩離析之慘禍"，因此，他又冷靜下來，提出了一項新的解決方案：張學良將蔣介石送到太原，孔祥熙親率中央負責同人前住協商。這一方案後來雖因情況變化並未實施，但是，卻表現了孔祥熙為和平解決西安事變而作出的新的努力。

二十三、《錢宗澤致張群電》（1936 年 12 月 15 日）

14 日，端納到達西安，見到蔣介石，並偕蔣遷居高桂滋公館。15 日，端納自西安飛洛，以長途電話向宋美齡報告：蔣介石在飲食起居上受到優禮；張、蔣開始談話；張學良盼望宋美齡及孔祥熙入陝。下面的電報係錢宗澤據端納在洛陽所述向外交部部長張群的報告：

部長張鈞鑒：

衛密。極機密。本日端納顧問由西安回洛，據云：委員長住張學良之旁樓甚安。張要求接受主張，委員長初甚反抗，以後云，無論如何，須回南京方能辦。但對方認無保障，有請求孔部長赴西安之意。總之，內幕情形，似有轉機。謹密陳。職錢宗澤叩。刪西。

二十四、《孔祥熙致張伯苓電》（1936 年 12 月 16 日）

為了對張學良進行疏導，拯救蔣介石，孔祥熙幾乎利用了一切可以利用的關係，下列電報即是一例。

重慶中央銀行，乾密，即刻譯送南渝中學張校長伯苓兄道鑒：

西安事變，舉世震駭。國家命脈所繫至巨。吾兄與漢卿相知甚久，此時一言九鼎，當有旋轉之效。可否即請尊駕逕飛西安，力為勸導，抑先飛京，面商進行之處，敬乞迅賜電覆，無任禱荷！弟孔祥熙叩。銑秘。京。印。

二十五、《張學良覆馮玉祥電》（1936 年 12 月 16 日）

事變當日，張學良、楊虎城曾聯名致電馮玉祥、李烈鈞，說明發動原因，請馮、李"或遠賜教言，或躬親來陝"。次日，張、楊又聯名電馮，再次請其命駕來陝，共決大計。同日，馮玉祥覆電張學良，要求張學良先放蔣介石回南京，馮本人可以約同知交多人，留居陝西作為擔保。本電是對馮電的答覆，電云：

南京馮副委員長煥公賜鑒：

元電敬悉。辱承愛護，感洽肌髓。介公力圖自強，誠人所共知，亦良所深信。惟國事日非，不容自諱。統一僅坐形式，外交不妄〔忘〕妥協。出兵援綏，尤未能傾注全力。在國家未至存亡關頭，尚可從容處理，而今則河山半壁，幾盡淪亡，國勢之危，已如累卵。若猶諱疾忌醫，始終隱忍，則民族立國精神淪喪殆盡，何以為國？何以為人？良等以為國難至斯，事事須求徹底，空談團結，決不能搔著癢處。我公素抱抗日決心，為海內青年志士所共仰，一切言行，尤異凡庸，還乞進一步開誠賜教，俾救國之策得早施行。總之，良等此舉，對事而非對人，介公果能積極實行抗日，則良等束身歸罪，亦為〔所〕樂為。純潔無私，可質天日。他人或有不知，而堅決抗日如公者，應能見諒。至先送介公回京一節，抗日主張及行動未能實現以前，勢難遵辦。我公關懷良等困難，並願為之擔保，具佩隆情。惟良等苦悶，惟在抗日未能及早實施，致國本日危，復興無望，此外私人方面，固無困難可言。擔保一層，尤無必要，蓋良固不憚以七尺之軀，換得主張之實現也。公愛良至厚，良望於公者亦至殷痛切陳詞，敬希鑒察。張學良叩。諫午。印。

馮玉祥當時任軍事委員會副委員長，在南京國民政府的要員中，馮是堅決主張抗日的。但是，在 12 月 13 日覆張學良電中，馮玉祥卻說了一些言不由衷的話，如歌頌蔣介石"力圖自強"，"政治軍事逐漸進步"，"國事已真正統一，

民國亂雲

外交已真正不屈"云云。本電中，張學良反駁了馮的這些說法，強調指出，"國事日非，不容自諱"，要求馮能"進一步開誠賜教"。電中，張學良堅決拒絕了先送蔣介石回京的要求，對馮表示願到陝作為擔保事，張學良表示全無必要。"不憚以七尺之軀，換得主張之實現"等語，充分表現了張學良為國家、民族利益不惜犧牲個人的崇高愛國主義精神。

二十六、《陳儀致孔祥熙電》（1936 年 12 月 16 日）

陳儀時任福建省主席，他堅決主張以軍事力量進攻西安，並切斷中共與西安方面的聯繫。電云：

> 急。南京財政部孔副院長：
>
> 　　咸秘。京電奉悉。奮密。委座安適，至慰。此時最要者：（一）須以極速極大的軍事力量，克服西安，並截斷赤匪與逆軍聯絡路線，庶可救出委座。倘遷延時日，正式赤匪一入西安，張逆必被摒沒落，則危險極矣。（二）指揮必須統一，步伐必須整齊。以上兩項，業已電陳何部長，當荷同意也。陳儀。銑巳。印。

二十七、《孔祥熙致閻錫山電》（1936 年 12 月 16 日）

事變發生後，張學良曾致電閻錫山，請其響應，閻當即召開高級幕僚及重要將領會議。13 日，閻錫山覆電張學良等，提出四個問題：第一，兄等將何以善其後？第二，兄等此舉，增加抗戰力量乎？減少抗戰力量乎？第三，移內戰為對外戰爭乎？抑移對外戰爭為內戰乎？第四，兄等能保不演成國內極端殘殺乎？閻並通過其駐南京代表趙丕廉（芷青）將該電出示孔祥熙。16 日，孔祥熙覆電閻錫山，肯定他所提出的四個問題，告以端納赴陝情況，要求閻電商張學良，先行護送蔣介石至太原。電云：

太原閻主任百公勛鑒：

　　一密。昨上寒電，諒邀尊覽。芷青兄出示覆漢卿電城寒電，語意沉痛，指示國家利害，至扼切要。所質四個問題，尤深欽佩，漢卿等見之，當亦有所感動。昨派端納飛陝，頃據其由洛電稱，介公在彼安全，並謂漢卿自稱，此次舉動，激於一時情感。頗露（自）悔孟浪之意，似此情形，我公如能出任斡旋，或易尋出解決途徑。弟意請我公電商漢卿，先將介公護送至太原，弟當邀同中央負責人前往，一切問題，即在太原開會討論，由公負責保證。鄙見如是，可否？敬候酌奪。我公經驗甚深，此外尚有較好解決途徑，並望統籌見示為感。致漢卿電，倘有需弟聯名之處，即請繫銜拍發。弟孔祥熙叩。刪秘。印。

二十八、《程天放致南京外交部電》（366 號，1936 年 12 月 16 日發，17 日 5 時 15 分收）

程天放時任駐德大使，此電報告德對事變的反映及汪精衛的活動，電云：

　　關於院長事，迭電均奉悉。此次消息傳播後，德輿論均責備張學良而表同情於中央政府，深以中國正在統一進步之中而發生意外為遺憾。各大報尤多著論頌揚院長功績。前數日雖屢載院長噩耗，經使館一再闢謠，知係某方惡意宣傳。已不置信。僑民對此極憤慨，均告以靜候中央解決。惟因事出非常，放對一切交際應酬，均暫託故謝絕。又放奉汪主席電召，定 18 日赴義，館務由譚參事處理，謹聞。旅費容後報。程天放。

二十九、《孔祥熙致張學良電》（1936 年 12 月 17 日）

　　南京方面通過端納得知蔣介石的確切情況後，態度轉趨強硬。16 日，南京國民黨中央政治委員會決議，任命何應欽為"討逆軍"總司令，討伐張學良。同日，南京空軍轟炸渭南等地，向張學良施加軍事壓力。17 日，國民黨中央常務委員會召開會議，委員們紛紛發言，"語殊激昂"，決議貫徹討伐方針。會後，孔祥熙再電張學良：

> 西安張副司令漢卿我兄勳鑒：
>
> 漢密。昨據端納自洛陽電話報告在陝訪晤情形，茲得接誦刪申電，俱悉一切。陝變起後，全國各地公私法團、全軍袍澤，無不憤慨。昨日全國報界宣言，尤足表示各地輿情。尊論要求一致云云，可謂適得其反。且歐美各國輿論，無不一致斥責。英文《泰晤士報》，想兄處當經閱悉。日前蘇俄輿論，亦稱陝變以反日運動為投機，實際為敵作倀。可見無論中外，對兄此舉，皆持反對至言抗日，則陝變適足以搖動綏邊前線之軍心。統帥既被劫持，而徒空言抗戰，天下寧有此理！兄等任何意見，中央采納與否，必先集議討論，然後始可決定。介公個人，並非中央全體。最好兄能伴同介公回京，或至太原，共同計議。且自事變發生以來，弟因與兄素日交好，相知最深，以為此舉動機，或出於一時沖動，稍假時日，兄必幡然憬悟。不意函電信使，至再至三，而反有集中軍隊，準備攻豫情事，幾至令人無詞以對。蓋劫持領袖愈久，吾兄所負責任愈重，且激起民憤愈深。兄縱不為本身計，寧獨不為國家民族計，不為子孫計耶？國家民族之存亡，繫於兄之一念。懸崖勒馬，及此不遲。誼若弟昆，再進忠告，專覆佈意，願聞明教。弟孔祥熙叩。洽秘。印。

事變初起，孔祥熙給張學良的電報，口氣都比較婉轉，本電則不同，"劫持領袖愈久，吾兄所負責任愈重"，"懸崖勒馬，及此不遲"等等，都是以前電報中不曾出現過的。

三十、《孔祥熙致張學良電》（1936年12月17日）

孔祥熙雖然態度轉趨強硬，但仍然盡力爭取和平解決，其方法之一是動員東北軍的故舊及張學良的親人出面勸說。15日，孔祥熙邀前吉林省省長王樹翰

（維宙）由北平來南京，與前東北軍將領王樹常（庭午）聯名致電張學良，表示願入陝晤商。同時二王又致電于鳳至夫人，請其率子女由英國電西安，勸張學良送蔣介石回南京。17日，孔祥熙為二王入陝事致電張學良。電云：

> 張副司令漢卿我兄勳鑒：
>
> 　　斗密。頃晤廷五、維宙兩兄，謂日前擬相約來陝，曾電兄請示行止，迄未奉覆。未審該電已達覽否？如何？盼即電示。弟孔祥熙叩。篠秘。印。

三十一、《宋子良致孔祥熙電》（1936年12月17日9時25分發，同日16時10分收）

蔣介石的安全牽繫著宋氏家族每一個人的心，遠在廣東的宋子良聽說南京方面將派宋子文去陝西，表示"如必須派人前往，無寧弟去"。電云：

> 急。南京財政部孔部長庸兄賜鑒：
>
> 　　良密。西北份子複雜，漢卿為人利用包圍，跋扈橫行，決非情感所能激動。聞中央將派大哥前往調解。此間中央地方軍政當局，僉謂不可，弟意亦然。大哥負國家經濟重任，去而再被挾持，則事態更形嚴重，應付更感困難，必致影響整個國策。如必須派人前往，無寧弟去，此間財政已佈置妥善，金融有季高兄負責，無慮其他。如何？乞電示為盼。弟子良叩。銑。印。

三十二、《孔祥熙覆宋子良電》（1936年12月17日）

南京方面認為，派人入陝是個重大問題，因此，意見歧異，顧慮重重。孔祥熙收到宋子良的電報後，旋即覆電，肯定他的意見，但表示須待自陝釋回的蔣鼎文（福州綏靖公署主任，隨蔣介石赴陝被拘）報告後再定，電云：

急。廣州宋廳長子良弟勳鑒：

　　良密。銑電悉。弟見甚是。現蔣聘三君今抵洛，明晨到京報告，俟得確息續聞。熙。篠秘。印。

三十三、《中行秘書處致孔祥熙電》（1936 年 12 月 17 日 11 時 30 分發，同日 14 時 30 分收）

　　孔祥熙於 1933 年出任中央銀行總裁。該行總行設於上海：它是一個金融機關，但同時也收集情報。下面的電文向孔祥熙報告了端納赴陝情況及四川劉湘的態度與措施，即是證明。

急。南京譚處長轉呈部長鈞鑒：

　　乾密。頃據洛處銑電稱：寒電計達。端納昨晚電，據云：委座與張比鄰而居。委座表示張等要求應提請政府核辦，故張來見委座，更無可言。張談，舉動係部下意思，現僅就前次要求，提出重要者四條，並請部座或宋部長赴陝，再行恢復委座自由等語。

　　又據渝行銑電稱：昨公安局何局長召集中、中、交三行會議，謂奉劉主席電諭，渝市金融，應請三行切實維持，銀幣暫勿他運，撥款萬勿緊縮，以安人心而維金融等語。渝市表面現尚安謐，惟人心不免惶恐。銅元因奸商居奇囤積，價格稍漲。日僑大部分離渝。職等鎮靜服務，一切相機應付，祈釋注等語。

　　又據蓉行銑電稱：本日劉督辦召集各軍將領會議，一致擁護中央對內對外政策，並設法營救委座，態度極為鮮明。省政府並決定竭力維持法幣。又本日省府出示，維持金融，並召集各機關首長及商會宣佈省府切實維持法幣宗旨，討論安定市面金融辦法：（一）令軍警取締投機操縱；（二）由中央、中國、農民三行盡量供應角票及輔幣；（三）又以川洋價漲，影響法幣信用，令領鈔各行，暫停購買硬洋，共維市面等語。

　　又據鄭行銑電稱：鄭陝間明碼電報，今日已通，惟電話尚未通，傳聞委座甚安全，端納顧問前日已返京覆命矣，各等語。謹電轉陳。中行秘書處叩。篠。

金融穩定、市場穩定於經濟穩定、社會穩定至關重要。事變發生後，孔祥熙、張學良等都曾密切注意這一問題，並採取了相應的措施，本電所述四川情況反映出劉湘在這一問題上作出的努力。

三十四、《有田致天津領事密電》（293 號，1936 年 12 月 17 日）

事變期間，孔祥熙擔心日本如加緊侵華，將使張、楊兵諫之舉，獲得國內外同情，並促成中共與張、楊的聯絡；又擔心日本擾亂中國金融，造成物價波動。因此，他極注意日本方面的動態，本電即為其收集的情報之一，電云：

> 中國為防止西安事變勃發後所引起的法幣制度及匯兌的動搖，刻正努力是維。因該件對日亦有最大密切之關係，視市場之推移如何，我方應採之方策，現正慎重交涉中。尚希在華日本銀行，除必要政策以外，積極的助長中國經濟之發展，切勿使之惡化，而加以嚴密的指導是幸（該件已與財政部協商）。

有田，時任日本外相。12 月 16 日，日本首相、海相、外相、陸相等會議，決定對西安事變，"暫時靜觀形勢"。同日，外、陸、海各局長會議，認為"此時對華經濟機構，決有積極援助合作之必要"。本電即發於會後。

三十五、《孔祥熙致閻錫山電》（1936 年 12 月 18 日）

閻錫山接受孔祥熙的調停委託後，決定先行派趙戴文（次隴）、徐永昌（次宸）二人赴陝。18 日，孔祥熙電閻錫山云：

閻主任百公勳鑒：

　　一密。於青兄轉示各電，均悉。弟咸電請公電勸漢卿陪同介公飛晉，一切問題，在太原開會集議。次隴、次宸兩兄飛陝，弟意最好能由兩兄在陝約同漢卿等伴同介公同回太原，尊意想亦謂然。即請轉知兩兄，並電商漢卿照辦為荷。餘情已囑子範代陳矣。弟孔祥熙叩。巧。

三十六、《駐日大使館致南京外交部電》（719 號，1936 年 12 月 18 日發，19 日 3 時收）

事變期間，日本政府決定繼續支持南京政府。18 日，有田根據駐華大使川越茂的電報向內閣作了報告。同日，駐日大使館電告南京外交部云：

　　有田本日在閣議報告，除提及英、德，談要點外，云：根據川越電，略謂：張學良勢孤，除陝甘外，均一致擁護中央。張學良起事原因，仍在促院長抗日，未被採納。又謂，我國對日本靜觀態度咸表好感云云。東日載國民黨政權有安定性，應承應（此字疑衍，筆者注）認，國府在政治、經濟上有統制力。初時有主張對華重新檢討，另樹政策者，至是已漸消滅之。有田對英、德訪，印象似尚良好。此間各報對我政府處置事變迅速穩妥，均表好意。敬陳。駐日大使館。

三十七、《朱鶴翔致南京外交部電》（172 號，1936 年 12 月 18 日發，19 日 17 時收）

朱鶴翔時為駐比利時公使，他向南京外交部報告了日方宣傳及當地部分華僑的反映。電云：

　　連日日方宣傳中國統一假面具完全揭穿，西安事變足以說明日德協定之必要，打破英美迷信云云。已隨時設法駁斥。此間僑民及學生，以綏事正在進展，張學良突有此叛國之舉，予敵人以機會，均極憤懣，紛請代電中央，迅予戡亂並營救院長出險，以息謠諑而定人心。除將連日部電情形宣示，加以安慰外，特奉聞。朱鶴翔。

三十八、《張學良致孔祥熙電》（1936 年 12 月 19 日 5 時 5 分發，同日 18 時 40 分收）

孔祥熙利用東北軍的故舊對張學良做工作，張學良也藉此對毆舊說明發動事變原因，爭取同情和支持。18 日，張學良致電孔祥熙，復述致王樹翰、莫德惠（柳忱）電大意。該電至 19 日才發出。電云：

> 南京財政部孔部長庸之兄勛鑒：
>
> 篠秘電悉。斗密。庭午、維宙兩兄來陝，至所企盼。其來電迄未收見。弟前致維宙、柳忱一電，未審得達否？該電大意，略謂文日之舉，純為積極實現抗日救國主張，如中央確能改變政策，積極領導抗日，行動實現後，用我則願作先鋒，罪我亦願束身歸罪。否則，救亡無方，空言商洽，非弟本意云云。恐前電有失，請兄再將此意轉達庭午、維宙兩兄為盼。再，兄之“寒”、“寒秘三”、“咸秘二”三電均奉悉，倍承關注，尤深銘感。日內子文、墨三兩兄即將來陝，似無庸再由雨岩、翼如兩兄傳達意旨矣。並聞。弟張學良叩。巧亥。機。印。

張學良希望孔祥熙將此電大意轉告王樹常與王樹翰，“救亡無方，空言商洽，非弟本意云云”，實際上是說給孔祥熙等人聽的，意思是要南京政府拿出實際行動來。

三十九、《閻錫山致李鴻文電》（1936 年 12 月 19 日）

18 日，山西省駐南京代表李鴻文致電閻錫山。次日，閻錫山覆電云：

李子範兄鑒：

　　巧酉電悉。我對營救介公出險，應盡力設法，公義私情，均當如是。其他說法，絕對不可有，亦絕對不可談，恐有害於事之成也。山。效申。機。

此電值得特別注意。電中，閻錫山表示了盡力營救蔣介石的決心，同時，堅決反對"其他說法"。這"其他說法"的內容，大有可研究、玩味之處。

四十、《孔祥熙致馮欽哉電》（1936 年 12 月 19 日）

馮欽哉 17 日致電孔祥熙，聲稱楊虎城派代表許海仙來，據稱：此次事變，除楊一人外，十七路軍各官長事前概未與聞。又稱，楊虎城"擁護委座"，"絕對負責保護"。馮並要求孔祥熙"速籌善策，營救委座及虎城"。馮電給了孔祥熙以幻想，19 日，孔電馮，命其與楊設法營救蔣介石。電云：

急。大荔馮軍長欽哉兄勳鑒：

　　嘯密。篠戌電奉悉。陝變發生，舉世震駭，吾兄力持正義，至佩忠忱。十七路各官長事前概未與聞此變，尤見愛國人同此心。虎城兄素重義氣，且夙愛戴介公，當事變初起，弟即意其或為環境所迫，決無其他。今承電示，果如所料。吾兄與虎城兄相知最深，仍希就近設法，俾獲介公一同出險為禱！現在匪氛待靖，中央已任命兄為渭北剿匪司令，並以貴軍給養此後或有問題，已託於院長將月餉攜致。嗣後公私方面如有需弟協助之處，即盼電知。弟孔祥熙叩。效秘。印。

四十一、《孔令侃致孔祥熙電）（1936 年 12 月 19 日）

樊崧甫一面積極主張向西安施加軍事壓力，一面向孔祥熙要官，並通過在財政部工作的弟弟樊光（震初）要錢。但他又不直接找孔祥熙而是向孔令侃提出。19 日，孔令侃致電孔祥熙云：

南京孔代院長鈞鑒：

部密。（1）據樊光報告，謂本來中央命令，派徐庭瑤為潼關前敵總指揮，崧甫當呈商指揮之困難情形，現已委徐為總指揮，樊副之。惟因此次時事緊張，當初委座批該軍部經常費為七千餘元，軍需署縮減為三千餘元，致一切均感困難。希鈞座設法補助若干，以便指揮。（2）副總裁云：今晨公債市場已到上星期之市價，外匯並無賣出一文。人心尚佳，靜待時局轉好。特謹聞。侃叩。皓。

此電電尾有字跡云："奉批，先匯一萬元。原電送國庫司歸卷。"當係承辦人字跡。

四十二、《樊光致孔令侃電》（1936 年 12 月 19 日）

孔祥熙批准先匯一萬元，樊光立即致電孔令侃報告。電云：

上海公館孔令侃兄鑒：

度密。尊致部座電奉悉。關於樊部軍費，已奉諭先匯一萬元，以供臨時支應。嗣後當每月酌予補助，請轉知震初，即電告崧甫，並勗以努力奮鬥。給養補助方面，部座自可協助維護。弟光叩。效。

四十三、《張學良致孔祥熙電》（1936 年 12 月 19 日發，20 日收）

何應欽就任"討逆軍"總司令後，立即開始行動。17 日，中央軍第 28、36、57 等師進入潼關，空軍轟炸三原、富平。面對討伐派們的洶洶氣焰，張學良毫不示弱，19 日電孔祥熙云：

孔院長庸之兄勳鑒：

　　咸、洽兩電均敬悉，□密。前電拍發稍遲，致勞切念，復承拳拳故舊，再三見教，至感。銘三兄到京，想已悉此間真況。中央同人果愛國家、愛介公，自當推人來陝商洽。抗日實現以外，別無所求，更無金錢與地盤思想。區區志願，蘊之已久，決非一時衝動。中央對弟主張如無辦法，勢難送介公返京。弟之部隊，初未前進，而中央軍進入潼關，佔據華陰一帶，反誣此間準備攻豫，抑何顛倒事實之甚耶？如中央必欲造成內戰，弟等亦惟有起而自衛，誰負其責，自有公論也。特覆。弟張學良。效戌。

　　空言無益，一個實際行動比一百句漂亮話有力得多。"中央同人果愛國家、愛介公，自當推人來陝商洽。"張學良的這一要求是合理的，也是無法拒絕的。電中，張學良再次聲明，行動出於抗日，並無其他目的，同時，威武不屈地表示："中央如必欲造成內戰，弟等亦惟有起而自衛，誰負其責，自有公論也。"充分表現出對正義和力量和信心。

四十四、《張學良致蔣鼎文電》（1936 年 12 月 19 日發，同日 22 時 40 分收）

　　為了制止南京討伐派的軍事行動，17 日，張學良通過蔣百里與蔣介石商定，派蔣鼎文攜帶蔣介石致何應欽的親筆信返回南京。張學良對蔣鼎文的東返寄以深切希望，他知道，南京的討伐派們不會善罷甘休，因此，致電蔣鼎文，請其勿因"眾口呶呶遂不盡言"。電云：

蔣主任銘三兄勳鑒：

　　巧亥電敬悉。斗密。此間要求，惟在抗日，委座已表示容納。此種情形，兄已徹底明了，請兄返京，確是誠心誠意，力謀解決此事。若大家能仰體委座之意，為國家著想，使抗日實現，則目際地位立時提高，委座得享千秋萬世之令名，豈不善哉！文日之舉，純為愛國家，愛介公，絕無金錢欲望，但求國家不亡，絕不顧任何犧牲。此情兄已盡知，想到京以後，應不至因眾口呶呶遂不盡言。總之，抗日主張如不能實現，難送委座返京。南京同人如能平一時之忿氣，為整個事體打算，則一切一切，（不）難辦（到）。否則，不顧大局，必欲用武力以對內，須知弟等發動此種驚人大事，豈能視同兒戲！一條生命，早已置諸度外。為自衛計，為保存抗日力量計，絕不憚起與周旋。誰造內亂，誰誤國家，自有天下後世之公論也。弟部並未前進，而中央軍已闖入潼關。是中央早已敵視此間，不惜國家與民命。中央既已不惜，弟等雖惜，亦復何用！國家安危，繫於一念。請兄轉達南京黨政諸公，共審慮之！如尚欲求解決，仍請子文、墨三兩兄即來此間，極為歡迎。否則只好各行其事，各不在我矣！弟張學良。皓至。

本電透露了一個重要信息："此間要求，惟在抗日，委座已表示容納。"電中，張學良特別說了一段話："弟等發動此種驚人大事，豈能視同兒戲！一條生命，早已置諸度外。為自衛計，為保存抗日力量計，絕不憚起與周旋。"這是說給南京的討伐派們聽的，字字鏗鏘有力，擲地有聲，充分表現了張學良的魄力和大無畏精神。此前，宋美齡曾通過端納轉告張學良，孔祥熙因係行政院代院長，不能離職赴陝，建議以宋子文或顧祝同代，因此，電末，張學良對二人表示歡迎。

四十五、《閻錫山致趙丕廉電》（1936 年 12 月 19 日收）

孔祥熙一直希望張學良能將蔣介石送至太原，因此對閻錫山的斡旋寄以希望，決定付以全權處理之任，並決定派黃紹竑赴晉面商。閻錫山本已決定派趙戴文、徐永昌赴陝，得知黃紹竑即將來晉的消息後，命趙、戴暫緩成行。19日，閻錫山致電趙丕廉，告以有關情況，電云：

趙芷青兄。

密。次隴、次宸本定今晨飛陝，因中央派黃季寬兄來晉，已令稍待，與季寬兄面談，藉知京中近情，俾資到陝後之應付。並囑漢卿之代表先行返陝，與漢卿切實說明，必須次隴、次宸能與介公單獨談話，方可前往，以免徒勞往返。山。號〔皓〕。

四十六、《閻錫山致孔祥熙電》（1936 年 12 月 19 日）

孔祥熙請出了王樹翰、莫德惠、王樹常，三人準備在赴陝之前，先行飛晉。19 日，閻錫山覆電孔祥熙，對三人表示歡迎。電云：

南京孔院長庸之兄勳鑒：

　　巧、巧秘兩電誦悉。△密。維宙、柳忱、庭功〔午〕三兄蒞晉，極所歡迎。次隴、次宸本擬今日飛陝，因季寬來晉，擬俟晤談後再行。知注並聞。弟閻錫山。皓午二。機。印。

四十七、《閻錫山致趙丕廉電》（1936 年 12 月 19 日）

閻錫山在即將派人赴陝斡旋之際，突然接到了"中央將領"的來電，反對派人，這使閻頓生疑慮，致電趙丕廉云：

芷青兄鑒：

　　緯密。皓午及未二電均悉。次隴、次宸本日未赴西安，業於皓電告知。漢卿代表到晉，窺其言詞之間，頗有悔禍之意，但尚不能認為確有轉危為安之方。惟中央將領有電我反對派員赴長安者。我認今日介公之安危即國家之安危，轉危為安，非救出介公不可。救介公非攻下長安所能做到。今日營救介公，並非無隙可乘，而難處在無擔當此責任之人，恐難一直進行，不生障礙，希密商庸之兄為盼。再乘（？）元首而言新主，為有效解決之方，歷史上此例很多，但今則不然。黨國初建，介公統馭，非名分問題，乃人的問題也。山。皓酉。

閻錫山曾是 1930 年中原大戰時反蔣的主帥，而且也認為歷史上另立 "新主" 的例子很多，但又認為，當時必須營救蔣介石，"今日介公之安危即國家之安危"，"救介公非攻下長安所能做到"，因此，力主和平解決，指示趙丕廉與孔祥熙密商。

四十八、《何應欽代電》（1936 年 12 月 19 日）

18 日下午 4 時，蔣鼎文回到南京。19 日，孔祥熙、何應欽、宋美齡等會議，作出兩項決定。同日，何應欽將會議結果電告 "討逆軍" 東路集團軍總司令劉峙及各將領。電云：

> 急。南京孔代院長鈞鑒：
>
> 頃致前方劉總司令及各將領一電文曰：皓日下午一時半，孔院長祥熙、居院長正、孫院長科、葉秘書長楚傖、宋委員子文、王委員寵惠、蔣夫人宋美齡、何部長應欽等，在孔院長私邸，會談營救委座之最後辦法，決定如左：（1）准宋委員子文用私人資格名義赴西安營救委座。（2）准許至十二月養日止，暫行停止轟炸。但張、楊所屬各部，在此期間不得向南移動。各該逆部如仍向西安、渭南前進，我空軍即向行動部隊轟炸。以上二項，為最後之容忍。但我軍之集中偵察與攻擊準備，仍須積極進行。不得延誤，希即轉飭遵照等語，特此奉聞。何應欽叩。皓未、鎮二。印。

本電表明，南京領導人終於在營救蔣介石問題上取得了部分共識。但是，值得注意的是，何應欽在電報後半部拖了個尾巴，據此，南京空軍隨時可對張學良、楊虎城的軍隊進行轟炸。

四十九、《宋美齡致張學良電》(1936 年 12 月 19 日)

南京方面決定派宋子文赴陝經歷了一個曲折過程。19 日，宋美齡電告端納，宋子文決定入陝，但其後就 "阻力橫生"，於是，宋美齡又去電取消前訊。其後，宋子文力爭以 "私人資格" 前往，才作出決定。其間，宋美齡有電致張學良云：

> 限即刻到。西安張副司令漢卿兄勳鑒：
> 漢密。子文兄於本年乘容克機飛陝，到希賜洽。蔣宋美齡叩。效。

五十、《孔令侃致孔祥熙電》(1936 年 12 月 19 日 19 時 15 分發，同日 21 時 30 分收)

大概是何應欽代電的後半部引起了關注，杜月笙從吳鐵城處得知消息後，即向孔令侃進言，孔令侃隨即致電孔祥熙。電云：

> 孔代院長鈞鑒：
> 令密。頃由杜月笙面告：吳鐵城得南京確息，謂政府忽又有準備轟炸西安及逆軍之決議。若為安定日人心理之宣傳，則可任其播揚，否則營救委座之企望必將全功盡棄等語。謹轉呈。侃叩。效。

五十一、《張學良致張群電》(1936 年 12 月 20 日 1 時 35 分發，同日 9 時 30 分收)

15 日，張群致電張學良，為解決事變斡旋。20 日，張學良覆電云：

> 南京外交部張部長岳軍兄勳鑒：
> 刪電承示各節，至感關懷。弟之恆率，兄應早知，文電既已揭櫫八

項主張，則八項以外，自無餘事，口是心非，弟不為也。進一步言之，目的惟在積極抗日，八項主張，不過發動抗日必備之條件，果能立時發動全國抗日，則一切自不成問題。弟既發動此舉，一切犧牲，尚何所惜。非至抗日主張實現，殊難送委座南歸。聞中樞諸公多為私人意氣之爭，危詞聳聽，有意內戰，此匪特與弟主張背道而馳，且置國運及介公於不顧，甚非所敢聞也。掬誠奉覆，並請將此意酌向中樞諸公說明為盼。弟張學良。皓亥。機。

本電起草於 12 月 19 日。張群可能懷疑張學良有其他目的，所以張學良在本電中明確聲明："目的惟在積極抗日。"當時，南京討伐派們意氣激昂，擺出一副關心蔣介石和國家民族命運的架勢，本電尖銳地指出，這些人"危詞聳聽，有意內戰"，是真正"置國運及介公於不顧"的人。

五十二、《宋美齡致宋子良電》（1936 年 12 月 20 日）

宋子良曾經要求代替宋子文赴陝，本電中，宋美齡告以蔣鼎文回京後所述情況，並告以宋子文已飛陝。

> 廣州宋廳長子良弟鑒：
>
> 良密。巧電悉。介兄被困，迭派端納、黃仁霖二君前往探視。昨日銘三總指揮回京，得悉介兄安適如常，略以為慰。昨日大哥飛洛，今晨八時飛陝，俟得詳情，再為轉告粵省財政重要，吾弟暫時不必北來，尤望安心處理為盼。美齡。號。

五十三、《孔祥熙致白崇禧電》（1936 年 12 月 20 日）

事變初起，廣西駐西安代表劉仲容曾致電李宗仁、白崇禧，勸其回應。電稱：

此間兵諫事，想已見諸張、楊兩公通電。今後實際救國大計，正待共商，尤盼副座（指白崇禧，筆者注）能乘機來此，共商一切。盼覆。仲容。誕。文。印。

此電為南京當局截獲。20日，孔祥熙致電白崇禧，邀請他來南京"協商大計"，反映出南京當局對廣西方面的戒心。電云：

桂林白委員健生兄勛鑒：

統密。陝變突生，中央決議，軍事由煥章兄及軍事委員會常委負責主持。觀在中央同人盼兄早臨，協商大計。桂省軍務有德鄰兄負責，想兄可以分身北來。即盼早日命駕，共圖匡濟。如行期已定，仍希先覆，俾便歡迎為禱。弟孔祥熙叩。號秘。印。

五十四、《何應欽致閻錫山電》（1936年12月20日）

趙丕廉接到閻錫山19日電後，出示何應欽，何即於20日覆電閻錫山，聲稱"此間將領並無反對尊處派員赴長安者"。電中，何應欽並告以黃紹竑赴晉及飛機發生故障等情，聲稱趙戴文、徐永昌"先赴西安一行亦佳"。電云：

特急。太原閻主任百川兄勛鑒：

密。芷青兄出示皓酉電敬悉。此間將領並無反對尊處派員赴長安者。季寬兄赴晉，未攜有何種具體方案，乃持孫、孔、居、葉、馮、李、朱、程、唐及弟聯名函，請兄全權負責調處，因飛機在汴發生故障，改乘專車赴晉，明日未必能達。為應付事機起見，次隴、次宸兩兄如能先赴西安一行亦佳。如何？請兄卓裁。弟應欽。哿申。秘。

五十五、《居正等致閻錫山電》（1936 年 12 月 20 日）

孔祥熙委託閻錫山出面斡旋一事得到居正、孫科等人的同意。19 日，黃紹竑攜帶居正等公函飛太原，因飛機故障中途改乘火車，所攜公函改由孔祥熙以電報拍出：

特急。太原閻主任百川先生勳鑒：

奮密。屢在敬之兄處得讀尊電，於中央執行紀律之嚴整，介公迅速脫險之計劃，兼籌並顧，至佩藎謀。弟等固兢兢守中央之立場，嚇敢稍離，而於營救介公脫險之心，寤寐未釋。環顧國中，能深識此事之癥結，熟權公私之兩宜者，莫如先生。乞即向漢卿愷切勸導，即日送介公到太原，並敢以弟等一切為先生全權處理之擔保。茲特請季寬兄晉謁面陳。不盡縷□，並候隨時指示。弟居正、孫科、孔祥熙、戴傳賢、張繼、王寵惠、何應欽、葉楚傖（下缺，應為馮玉祥、李烈鈞、朱培德、程潛、唐生智，筆者注）。

五十六、《孔祥熙致閻錫山電》（1936 年 12 月 20 日）

孔祥熙接到閻錫山 19 日電後，即向何應欽查詢，何否認其事。20 日，孔祥熙致電閻錫山，進一步詢問有關情況。電中，孔祥熙並告以黃紹竑行程改變等情。電云：

特急。太原閻主任百川先生勳鑒：

一密。芷青兄出示兄皓電敬悉。詢敬之兄，據云，此間將領並無反對尊處派員赴長安之事，並已有電致兄，想邀鑒及。至該電是否有人具名，請兄查明電告，俾便查究為幸！季寬兄本擬乘機直飛太原，因機至汴發生故障，改乘專車赴晉，明日恐未必能到。同人所致兄函，現以電拍去，想已達覽。中央同人現以全權託兄，請即負責進行，弟等願為後盾。如有見教之處，仍祈隨時電示為荷。弟孔祥熙叩。哿秘。印。

五十七、《閻錫山致何應欽、孔祥熙電》（1936 年 12 月 20 日）

李金洲受張學良、楊虎城派遣與閻錫山商談後返回西安。19 日，張、楊致電閻錫山，再次陳述除抗日外，絕無他圖以及決不造成內戰等意。20 日，閻錫山將張、楊電文轉告何應欽與孔祥熙。電云：

南京何部長敬之兄、孔院長庸之兄：

○密。頃接漢卿、虎臣皓申電：李君金洲返，具述尊意及經過情形，敬悉。洞察愚情，指示周摯，感佩何可言喻。良等願再為公告者，不〔除〕抗日之外，絕無他圖；為抗日而受任何犧牲，在所不惜。予決不造成內戰。茲事體大，動關安危，惟望我公不棄，切實指教。李君定明日返并。並聞。特先電聞。弟山。號午。機。印。

五十八、《孔祥熙致徐永昌電》（1936 年 12 月 21 日 1 時 20 分發）

閻錫山派趙戴文、徐永昌赴陝。21 日，孔祥熙致電徐永昌，加以鼓勵。電云：

太原徐督辦次宸兄勳鑒：

奮密。介公留陝未歸，全國至為觖望。現在百公設法斡旋，請兄與次隴先生同赴西安接洽。以兄與漢卿多年袍澤，相知甚深，此次不辭辛勞，前往一行，當可面晤介公，商承一切，並對漢卿婉加勸解，令其感動，幡然悔悟。如獲隨同介公先赴太原，復與百公詳加商討，自可得圓滿之解決。此行於國家安危關係綦切，舉國上下，屬望甚殷。特電馳候，並祝成功。弟孔祥熙叩。號秘。印。

五十九、《孔祥熙致宋子良電》（1936 年 12 月 21 日）

宋子文於 20 日上午飛抵西安，會見張學良、蔣介石，並通過郭增愷了解到周恩來和中共方面的態度，21 日，回南京報告："介公在陝，確屬安全，漢卿態度，尚可理解，前途頗有開展之望。"當日，孔祥熙致電宋子良云：

廣州宋特派員勛鑒：

　　良密。馬電悉。文弟四時回京，漢卿已有悔悟意，前途頗可樂觀。知注特覆。兄○箇秘。印。

六十、《宋美齡致張學良電》（1936 年 12 月 21 日）

宋子文歸來，宋美齡進一步獲悉蔣介石與西安方面的情況，致電張學良云：

漢卿先生勛鑒：

　　子文兄本午後四時安抵京，知注特聞。蔣宋美齡。箇。

六十一、《張天樞致孔祥熙電》（1936 年 12 月 21 日）

為了利用馮欽哉，分化張學良與楊虎城、東北軍與第十七路軍之間的關係，孔祥熙特派與馮有舊的張天樞赴陝。18 日，張天樞抵達潼關，即與樊崧甫聯繫。21 日，張以"知"為化名致電孔祥熙，報告軍事進展及在西安內部策反情況。電云：

財政部總座鈞鑒：

　　（1）頃晤樊軍長，云：我軍已進佔華州。昨渭南有奉軍二團，被我炸散，死傷千餘。（2）西安城內奉軍，只劉多荃一師，餘為楊之警衛一二旅

暨孫蔚如部。劉為商啟予從小養大者，已派劉之胞弟到西安運用反正。（3）
頃已與欽哉通電話，悉奉軍一營昨日渡河，為馮軍擊退，並定明日派汽車
來潼，迎知赴同。（4）崧甫云：某等乘毅公留陝，將圖攫得軍隊，業在前
方已有相當準備，並謂以後電呈部座，不可對外宣佈，以肪陰謀派之注
意。謹聞。知（張天樞）叩。效。

本電有兩點值得特別注意，一是劉多麟至西安對劉多荃進行策反，一是樊
崧甫所述"某等"乘蔣介石西安被拘之機，"將圖攫得軍隊，業在前方已有相
當準備"等語，反映了南京政府內部，確有"陰謀派"存在。電中所稱"毅公"，
當代指蔣介石。

六十二、《黃濤轉劉文島致孔祥熙電》（1936 年 12 月 21 日 15 時收）

1935 年 1 月，汪精衛在國民黨四屆六中全會上被刺。次年 2 月，赴歐洲治
傷，事變發生，他正在意大利。20 日，駐意大利大使劉文島致電孔祥熙，報告
汪精衛的態度。該電由上海黃濤轉，電云：

南京部長孔鈞鑒：
　　度密。頃接劉大使一電，文曰：密。汪意謂委座未出前，只能兵
圍，不能開火。懇堅持。齊亞諾亦電勸張。島。號。等語，謹轉陳。黃濤
叩。馬。

齊亞諾，意大利外交部長，曾任駐中國代辦，與張學良相識，事變後致電
張稱："汝係吾友，茲若與共產黨聯盟，即成吾敵。中國苟無蔣介石將軍，即不
見重於人。"云云。

六十三、《樊崧甫致孔祥熙電》（1936 年 12 月 21 日 20 時 30 分發，22 日 13 時 10 分收）

樊崧甫除要官、要錢外，又為兒子走後門。電云：

行政院代院長孔：

皓秘電奉悉。松密。鈞鑒〔座〕託於院長攜帶軍餉接濟馮欽哉部，均遵命轉告。小兒元彰，蒙推愛提攜，感極。遵即飭其詣府聆訓。此間奉令停止三日進展，惟華縣駐軍，號晨突圍圖竄，當將全部包圍繳械，華縣已佔領。樊崧甫。號。參秘。印。

六十四、《孔令侃致孔祥熙電》（1936 年 12 月 21 日 22 時發，同日 23 時收）

杜月笙雖然不當權，但積極為營救蔣介石出謀劃策，下列電文即反映出這種情況：

南京孔部長鈞鑒：

度密。頃由杜月笙來電報告，謂據吳鐵城由何部長處得來消息，大約委座可無生命之虞。彼以為中央一方面不遺餘力威脅叛逆，一方面妥為張學良設法，使張於釋放委座後對其安全問題無所顧慮，是為當前要題。

上海市場平穩如常，特聞。侃。馬戍。

六十五、《汪精衛致孔祥熙電》（1936 年 12 月 22 日）

事變發生時，汪精衛正在歐洲。22 日，他覆電孔祥熙，肯定救蔣"雙管齊下辦法"。電云：

孔副院長庸之兄勳鑒：

哿電敬悉。介兄蒙難，諸兄憂勞倍加，弟在遠道，惟有愧憤。急臨之以兵，以奪其氣；居間調停，謀自由之恢復。雙管齊下，辦法至口（此處當缺一字，筆者注）。弟今日啟程。汪精衛。養。

六十六、《孔祥熙致閻錫山電》（1936 年 12 月 22 日）

閻錫山派趙戴文、徐永昌赴陝，需要飛機。孔祥熙與何應欽商量，何答以無機可派，孔祥熙不得不要求西安方面派機。22 日，孔祥熙電閻錫山云：

急。太原閻主任百公勳鑒：

迫密。芷青兄函告：漢卿飛機未到晉，次隴、次宸兩兄需機飛陝。當詢敬之兄，據云：此間無機可派。現已逕電西安，商派一機飛晉備用，特此電達。弟孔祥熙叩。養秘。印。

六十七、《宋子良致孔祥熙電》（1936 年 12 月 22 日 14 時 2 分發，同日 22 時 4 分收）

廣東長期是反蔣基地，因此，宋子良極為重視當地實力派余漢謀、黃慕松的態度，專門做了工作。22 日，電告孔祥熙云：

特急。南京財政部孔部長庸兄鈞鑒：

良密。西安事變之後，此間各界，對於委座安全，深為關切。晨晤余、黃兩公商及，以為國家綱紀，固應整飭；委座安全，切宜顧及。深願中央通權應付，於可能範圍內求解決途逕。已由兩公會電吾兄表示各界竭望營救委座之意。特電奉聞。弟子良叩。養。

六十八、《蔣鼎文致孔祥熙、何應欽電》（1936 年 12 月 22 日 20 時收）

22 日，宋子文、宋美齡、蔣鼎文飛西安。同日，蔣鼎文致電孔祥熙、何應欽，要求將雙方警戒線後移，電云：

南京孔部長譯轉何部長：

　　梯密。夫人暨宋部長等已於 5 時安抵此間，即將部長手書停戰條件交張、楊兩位，轉告前線知照。惟此間同人尚望雙方警戒線均稍向後移，免無知士兵誤會衝突，中央方面最好能將主力撤至華陰附近，華縣仍歸中央軍前線。乞尊裁轉令遵辦。鼎文。養。印。

六十九、《張天樞致孔祥熙電》（1936 年 12 月 22 日 22 時發，23 日 8 時收）

張天樞到潼關後，迅速設計了一套在西安內部製造矛盾，利用楊捕張的計劃，貌似聰明，實則顢頇，完全不了解楊的性格與為人。電云：

財政部總座鈞鑒：

　　旗密。（1）按張、楊平日互相猜忌，楊向為取巧、尚詐、重利害、無定謀之人，如能商於欽哉，運用得宜，似可使其內部發生變化。知意先派人到西安，表示服從楊虎城，說明中央對楊尚能原諒其苦衷，然後派委員向楊商議，以整個十七路軍生死存亡關係，請楊設法拘捕張，歡送沙公回京，再通電全國，表明此次事變，十七路軍完全為被挾持，同時密與中央軍聯絡，解決東北軍。（2）密派妥人分赴西安附近各縣，散佈東北軍將不利於十七路之流言。（3）由鈞座密囑留京東北要員，密電漢卿，勸其捕楊釋沙，以保全東北軍而作回頭之計。因楊在西安特設有無線電台，將〔接〕收各方往來密電，各種密本均能譯。（4）楊先誤欽哉之言，暗得勸張之電，聞不利之謠，或能囑其部下，斷然捕張釋沙。詳細辦法，火車中已有函陳，惟以事關重大，未便輕率，尚祈遵載示遵。如蒙俯准，祈電匯款若干，以資相機運用。款交中國旅行社高茂卿即妥。恐函遲緩，謹再電陳。知叩。效。

本電所稱"沙公"，當亦代指蔣介石。

七十、《孔祥熙致蔣鼎文電》（1936 年 12 月 23 日）

宋子文、宋美齡等抵達西安，孔祥熙認為張學良釋放蔣介石的時機已到，致電蔣鼎文，要求張學良履行諾言。電云：

> 蔣主任銘三兄勛鑒：
>
> 　　梯密。晨電奉悉。關於軍事方面，已由敬之兄電覆，想達。日前漢兄曾言，子文弟如能赴陝，當即能偕同介公回京，想現已至實現時機。介公回京之後，不僅漢兄保衛介公之苦心可大白於天下，而彼等主張自亦不難商討，容納實施。否則，介公留陝，國人皆認其已失自由，即有容納彼等主張之切實表示，亦認為出自脅迫，中央多數主張，決不容接受，即希轉告為盼！弟孔祥熙叩。漾亥。

七十一、《李世軍致秦德純電》（1936 年 12 月 23 日）

當宋子文、宋美齡抵達西安，雙方正進行談判之際，北平冀察政務委員會委員長宋哲元和山東省主席韓復榘突然聯名發出電報，提出三項原則：1. 如何維持國家命脈。2. 如何避免人民塗炭。3. 如何保護領袖安全。宋、韓建議："由中央召集在職人員、在野名流，妥商辦法，合謀萬全無遺之策。"當時，孔祥熙急於解救蔣介石，召開這樣一個會議，將使解救一事推延並複雜化，因此，他命李世軍致電北平市長秦德純，要求秦與宋哲元商量，重新考慮所提建議。

電云：

萬急。北平秦市長紹文兄勳鑒：

　　密。此間今日下午接宋公與韓主席自濟南發出聯銜漾電後，中央負責
諸公，咸認為在此時期，中央表面上雖聲張討伐，而實際則仍積極求政治
途徑之解決，在雙管齊下政策下，庶可以斷絕張、楊與共黨之聯合，而救
介公之安全，亦以求事變之和平妥善解決也。中央諸公面囑世軍，以此意
轉陳宋公，情詞之間頗呈憂色，並謂共匪已派代表周恩來等三人與張、楊
切實合作，而彼等尤以抗日號召，似此情形，如不採取軍事與政治兼顧解
決之方式，則不但無以救領袖，而對內對外，均無以應付，此至危難之關
頭，中央諸公認為漾電發出，將使愛護營救介公之至意，或受延長支離之
影響，良以今日之事，危急萬狀，在惻面盡可謀政治解決之途徑，而表面
上應仍一致擁護中央既定之方式，庶能迅速解決。此當前之大難也。特囑
轉陳委座，對於漾電後段之主張，詳審考慮，並盼見示云云，究應如何說
明，祈鈞示為禱。弟李世軍叩。漾亥。

　　西安事變初起，南京國民黨內部出現討伐與政治解決兩派，經過辯論，逐
漸形成了所謂“雙管齊下”政策，即表面上“聲張討伐”，而實際上“積極求政
治途徑之解決”。由於周恩來、羅瑞卿、許建國等人已於 12 月 17 日抵達西安，
與張學良、楊虎城達成協議，紅軍加入由東北軍、第十七路軍成立的抗日聯軍
臨時西北軍事委員會，更使孔祥熙確認，必須採取“軍事與政治兼顧解決之方
式”。此電對了解南京政府在事變期間的對策有重要意義。

七十二、《黃紹竑致孔祥熙電》（1936 年 12 月 23 日）

　　閻錫山素以圓滑謹慎著稱。決定派徐永昌、趙戴文前往陝西調解，但不久
又改變主意，決定派傅作義前往。當時，張學良、楊虎城、周恩來已經達成一
致意見，準備在與宋子文談判時提出，要求“改組南京政府，排逐親日派，加

入抗日份子"，張、楊並致電閻錫山，徵詢意見，但閻不知如何回答，通過黃紹竑向孔祥熙請示。電云：

孔副院長鈞鑒：

　　養電奉悉。密。（1）百川對營救事願負責進行，現改派傅宜生前往，以抗日將領之立場，說詞較為有力。傅令到并，明可飛往。（2）昨電百川，以子文、銘三到陝，談改組政府問題，詢百川意見。百川極感答覆困難，不審子文兄等在京有無談及在陝商談情形如何，頗為懸繫。（3）近接桂方來電，態度仍冷靜沉默，尚無惡化。（4）鄂主席職務，姑自維實難肩任，懇早日明令發表准辭職。竑叩。敬午。印。

七十三、《張天樞致孔祥熙電》（1936年12月24日0時4分收）

張天樞一面力圖分化張、楊，一面積極收集西安方面的情報。24日，電孔祥熙獻策云：

急。南京財政部總座鈞鑒：

　　旗密。（一）確悉張、楊一方在西安與子文、銘三諸公談判條件，一方嚴令部隊漏夜集中，共軍亦積極向西安推進。就事實觀察，其談判是否誠意，抑或為緩兵之計，大有可慮。（二）西安共黨份子近日愈集愈多，萬一張、楊被其包圍，且夜長夢多，愈醞釀，愈棘手。頃與當局密議，請鈞座速與何部長密商，用快刀斬亂麻之策略，一方積極進攻，以隔離張、楊部隊與西安之聯絡，一方派員與其談判條件，同時用空軍至西安城內，稍作示威，方不至受其誑計耳。前一二日，楊尚有慌亂氣象，自宋到陝，反又堅決。近日沙公每日易地而居，甚可慮也。（三）昨楊電欽，說明其軍事計劃，今早又電約欽哉，擇地晤面，詳談一切，欽均未覆。（四）頃欽哉對知堅決表示，此次事變，如能照我們計劃，和平解決，固為國家人民之福，萬一決裂啟戰，第七軍與楊部作戰，情勢均感困難。若攻擊張部，我軍可有絕大效力。擬祈鈞座向何部長確切密示。總之，欽哉決意不與張、楊公〔共〕事，敬請鈞座早為之謀謹聞。知叩。漾印。

七十四、《許世英致南京外交部電》（733 號，1936 年 12 月 24 日）

許世英時任駐日大使。事變發生後，日本方面產生了重新檢討對華政策的要求，一部分人主張改變方針，改用柔軟手段，誘使中國政府防共排俄。24日，許世英致電南京外交部，就中日關係有所建議。電云：

> 密。日內閣因對華交涉，現可暫事靜觀，樞院不致窮究，年內可以安渡〔度〕。其中央各方對華根本方針，因此時若加激動，恐陷中國於大混亂，在日亦不利，確實放棄武力政策，即關東軍亦決無大舉。華北方面，少數浪人僅藉冀東財力活動，圖造成自治，更難有效。其分別向冀、察、晉、魯進行局部防共協定，同屬投機性質，非中央固定計劃。至內閣本身，因責任，對庶政一新、增稅、電力等案極端不滿，議會開議後 1 月 10 日至未定日之旬日間（本句疑有脫誤，筆者注），必遭強烈攻擊，對華任何問題，同時仍為論難之焦點。軍部不甘屈服，裂痕頗深，勢必力爭。但繼任人選，近衛以養望而成西園寺第二自命，必不輕試。宇垣本以寺內為台柱，寺內因久原真崎事已為少壯軍人所不滿，宇垣本身亦與少壯派有舊隙，然其活動甚力。此時我方要務，在能鞏固中樞，使對中國有對象可與款洽。如能設法使日本各方深知中國對調整確有誠意，失敗係因日深切誅求無厭，軍人在綏，又處處侵略之故，庶幾正其視聽，俾將來可為我國有益之展開。英。

本電末尾批示云："所見甚是，應照此進行。"

七十五、《孔祥熙覆閻錫山電》（1936 年 12 月 24 日）

傅作義 1933 年參加長城抗戰，1936 年又在綏遠抗擊日偽軍，深得人心。閻錫山派傅作義前往陝西調解，孔祥熙自然同意，覆電閻錫山云：

急。太原主任百公賜鑒：

密。季寬兄等抵晉，此間一切情形，想已面達。頃由敬之兄轉示季寬兄來電，亦已祗悉，敬之已有覆電。現中央切盼陝事早獲適當解決，既已託付我公，仍祈大力斡旋，繼續進行為禱。宜生兄如能同行，極所讚佩。進行情形如何，並盼隨時電示為感。弟叩。敬。京寓。

七十六、《孔祥熙致傅作義電》（1936 年 12 月 24 日）

除致電閻錫山外，孔祥熙又致電傅作義，加以鼓勵。電云：

傅主席宜先兄勛鑒：

密。陝變起後，迭接尊電，極佩藎籌。聞兄將偕次隴、次宸、季寬諸兄赴陝，想以吾兄赤誠，導以大義，責以私情，漢卿等必將有所憬悟。現在國事危急，存亡繫於介公一身。能早日回京，大局庶可安定，否則，國家前途實不忍言，漢卿諸人寧能倖免？兄等啟行有期，仍盼先電；續有所聞，尤盼示知。弟孔祥熙叩。敬。京寓。

七十七、《孔祥熙致韓復榘、宋哲元電》（1936 年 12 月 24 日）

宋哲元、韓復榘的聯名通電給了孔祥熙以極大煩惱，除命李世軍通過秦德純做工作外，孔祥熙又直接致電韓、宋二人，電云：

濟南韓主席向方兄、北平宋委員長明軒兄勛鑒：

自密。頃讀兄及明軒兄漾電，仁言利溥，語重心長，承示三大原則，中央亦早具此心，我輩為愛護國家、愛護人民、愛護領袖，自應本此原則，一致努力。尊見謂各地方長官有何意見，皆應陳請中央，統籌公決，尤為破的之論。漢卿計不出此，西安事變所以為舉國所驚痛也。現欲維持國家命脈，避免人民塗炭，非健強政府之力量不可；健強政府之力量，非先整飭國家之紀綱不可；整飭國家之紀綱，尤非先恢復領袖之自由不可。介公為全國公認之領袖，介公一日不出，則紀綱一日不振，人心亦即一日不安。所謂召集會議一節，更將群龍無首，力量分散。兄等現殷殷以領袖安全為念，即祈迅為共同設法，勸促漢卿，早將介公護送回京。對於黨國大計，盡可從長計議，或提前召集國民代表大會，或先開臨時救國會議，不第漢卿主張可以提付討論，請求公決，即任何方面，亦可各抒所見，供備採擇，然後始可集中意志，集中力量，在介公領導之下，整齊步驟，共赴國難。救亡圖存，庶乎有爻。否則西安情勢惡劣，份子複雜，設因夜長夢多，再生變化，即漢卿本人安全亦未必自保，又何能必保介公之安全乎？至於討伐明令，原為明是非，別順逆，平軍民之公憤，示脅從以坦途，而軍隊調遣，尤在促漢卿之覺悟，摭共匪之猖獗，使政治之途徑順利進行，和平之解決早日實現，其維持國家命脈，避免人民塗炭之苦心，與兄等並無二致。兄等公忠體國，主持正義，漾電所述，自當候由中央討論公決。因係知交，特先奉佈腹心。尤有進者，漢卿既以聯俄容共為標榜。

（下缺）

本電中，孔祥熙和盤托出了他的解決事變的方案：通過政治途徑，和平解決，頒佈討伐令，調遣軍隊等等，都不過是一種輔助手段；當前急務是，勸說張學良，護送蔣介石回南京，然後才能考慮召集國民代表大會、臨時救國會議等問題。

七十八、《李世軍致秦德純電》（1936 年 12 月 24 日）

孔祥熙發出上電的同時，又打電話給李世軍，要求李通過秦德純，轉商宋哲元，重新發表談話，說明"漾電"（23 日電）和中央既定政策的關係，實際上要求宋撤回原電中立即召開國是會議的主張。電云：

萬急。北平秦市長紹文兄勛鑒：

　　密。漾亥電甫發出，孔部長在電話語弟云：宋、韓兩公漾電，謀國深厚，用意至嘉，雖有人認為於目前局勢及兩公原意不無相左之處，但在伊個人，認為並不受若何不良影響，不過電已發出，甚盼委座能立即鄭重發表談話，說明漾電係完全本中央應付事變之既定政策，闡明反共救國以及迅速恢復介公安全之至意，以故目前急要之事，為介公早日回京主持大計，至於主張召集在職、在野名流，共議大計，係在介公回京後應有此集思廣益之舉。如能發表如此談話，一則抑制張、楊之氣焰，一則免為日本所藉口，發生種種外交之壓迫。良以張、楊放棄甘肅，與共匪合作，已成事實。此刻唯有在中央一致政策之下，始能應付一切危困之環境云云。孔公殷殷囑咐，謹以陳聞，祈轉呈委座為禱。弟李世軍叩。敬。子。

孔祥熙當時有三怕，一怕張、楊與共產黨合作；二怕日本外交上的壓迫；三怕地方實力派獨出主張，與"中央"不合作。他和李世軍的電話談話惟妙惟肖地透露了這種心理狀態。

七十九、《桂永清致孔祥熙電》（1936 年 12 月 25 日收）

中央軍校教導總隊隊長桂永清是討伐派中的積極份子，還在 12 月 17 日，他即率隊由華縣向赤水西岸進攻；25 日，他又致電孔祥熙，陳述"軍事進展"和談判的關係。電云：

南京財政部長孔鈞鑒：

衣密。並轉呈夫人鈞鑒：箇電敬悉，感奮莫名。張逆狡獪密謀，我以誠求彼以詐，藉和為釀成其奸心，想非至其實力相當消滅時，恐不易就範。逆軍到處劫掠，人民怨恨，我軍士氣旺盛，樂受歡迎。該張逆不敢危害領袖，軍事進展正所以利談判也。現奉令停進在赤水，準備進攻中。桂永清謹呈。印。

八十、《孔祥熙覆桂永清電》（1936 年 12 月 25 日）

孔祥熙並無指揮軍隊權力，接到桂永清電報後，即告以宋美齡已偕宋子文飛陝並說了幾句空泛的鼓勵話。電云：

華縣桂總隊長鑒：

衣密。電悉。夫人於養晨偕宋委員飛陝，省視委座。吾兄率師靖亂，迭奏膚功，誦電極深欣慰，務盼督勵忠勇，迅掃逆氛，早迎委座回京，以慰四海蒼生之望。孔祥熙。有秘。印。

八十一、《孔祥熙致趙戴文電》（1936 年 12 月 26 日）

宋子文、宋美齡到達西安後，形勢急轉直下。12 月 24 日，蔣介石答覆張學良：1.下令東路軍退出潼關以東，中央軍撤離開西北。2.委託孔祥熙、宋子文為行政院正副院長，責成孔、宋與張學良商組府名單，命何應欽出洋。3.釋放愛國七領袖。4.聯紅容共。5.召開國民大會。6.聯俄聯英美。同日，蔣介石又當面答覆周恩來："停止剿共，聯紅抗日，統一中國。"25 日，張學良伴送蔣介石等飛洛陽，次日，抵南京。同日，孔祥熙致電趙戴文，告以此項消息。電云：

趙主席次隴先生勳鑒：

密。宥電奉悉。委座今午由洛抵京，漢卿亦偕來。此間一切，自可在委座指導之下迎刃而解。知注覆聞。弟孔祥熙叩。宥亥。秘。印。

八十二、《駐日大使館致南京外交部電》（744 號，1936 年 12 月 28 日 2 時 50 分發，同日 18 時 55 分收）

西安事變和平解決，日本政府急於了解談判內情及南京政府的今後方針，"有無容共備戰"，"是否繼續剿共"，等等。27 日，駐日使館電云：

592 號電敬悉。院長安旋，日本除極少數方面或不無嫉忌之意外，均為摯誠，普編〔遍〕為東亞大局及我政府鞏固、秩序安寧，表示真摯慶慰之情緒，尤以金融之安定，更為驚佩。今後看法，仍重在有無妥協條件，妥協內容有無容共備戰。一如 724 號電有田所云及，是否繼續剿共。至對中央，不論是否改組，均信其仍必鞏固，而不脫院長之領導。大使館。

西安事變的歷史意義在於，迫使蔣介石和南京國民政府轉變政策，促成第二次國共合作，從而出現了全民抗日救亡的熱潮。從本電可以看出，這正是日本侵略者所最害怕的。

八十三、《戈定遠致孔祥熙電》（1937 年 1 月 12 日 14 時 30 分收）

蔣介石回南京後，態度大變。1936 年 12 月 31 日，審判張學良。次年 1 月 4 日，決定將張 "交軍事委員會嚴加管束"。5 日，行政院通過 "陝甘軍事善後方案"，任命顧祝同為西安行營主任，楊虎城與甘肅省主席于學忠撤職留任。同時，以五個集團軍的兵力進逼西安。1 月 7 日，宋哲元致電楊虎城、于學忠，聲稱 "在今日而言救國，只有精誠團結一途"，勸二人 "遵照中央命令辦理善後"。8 日，楊虎城覆電宋哲元，說明態度與立場。12 日，冀察政務委員會秘書長戈定遠將楊電轉報孔祥熙。

南京財政部孔部長鈞鑒：力密。

　　宋委員長致楊虎城陽電，曾經電陳在案，頃接楊覆電文曰："宋委員長明軒兄勛鑒：陽電敬悉，承注至感。此間唯一主張，始終在積極抗日。漢公前此之不辭鹵莽而留委座於陝者在抗日，繼之不避罪刑而送委座入都者亦在抗日。委座在陝，確曾容納積極抗日主張，事關國信，不容虛構。中央所訂陝甘軍事之善後辦法，遠非委座在陝容納抗日主張之本意，具有陷委座於不信不義之嫌，以言抗日，實不啻南轅北轍。弟與漢公，因主張相同而結合，今漢公被扣，軍隊西迫，弟如放棄主張，即僅就道義論斷，人將謂弟為何如人！兄等熱腸照人，想必不欲竟有友如此。國家艱危至此，精誠團結的如尊論。特我以誠往，人以兵來，人我相形，使兄等處弟地位，能不痛心！兄長城抗戰，增光國家，弟心印嚮往，追塵恨晚，務望以聲應氣求之義，作提攜策應之圖。東望燕雲，實深翹企。弟楊虎城庚戌"等語。敬以奉聞，祈將最近中央對陝甘辦法略示一二為禱。戈定遠叩。文。印。

　　張學良離陝後，楊虎城力擔重任。1月5日，他會同東北軍、十七路軍將領通電，抗議南京政府扣押張學良並兵壓西安，從戈定遠所報楊電中也可以看出他的這一態度與立場。電報中，楊虎城明確表示，陝甘軍事善後辦法與蔣介石所承諾的抗日主張不合，"有陷委座於不信不義之嫌"。由於宋哲元是1933年長城抗戰的將領之一，因此，楊希望宋能夠"提攜策應"，支持西安方面的正當要求。

八十四、《韓復榘致孔祥熙、何應欽電》（1937年1月14日11時10分發，同日15時30分收）

　　于學忠既是甘肅省主席，又是第51軍軍長。他積極支持"兵諫"；張學良離陝時，命于負責指揮東北軍。1月11日，他致電韓復榘，宣佈恢復張學良自由、中央軍撤出潼關等三項要求，希望韓支持。14日，韓復榘將於電轉報孔祥熙與何應欽，電云：

分送南京孔部長庸之兄、何部長敬之兄勳鑒：

自密。頃接蘭州于主席孝侯真電，文曰："西安事變，實有不得已之苦衷，所提主張，意在停止內戰，一致對外，並非走入偏鋒；外傳赤化之說，尤與事實不符，其為故意捏造，不言而喻。自張副司令恭送蔣委員長返京後，已現和平商討之景象。方期集思廣益，共定國是，孰料張副司令留京未返，潼關東撤之中央軍轉而增兵西進，甚至陝甘駐軍亦嚴令限期調動。袍澤聞之，憤慨異常。老子有言：民不畏死，奈何以死懼之！東北軍亡省破家，現所存者只此生命，若並此生命而不許其存在，則死有何懼！中央如欲息事寧人，則下列三事實有提前解決之必要：（一）即日恢復張副司令之自由，可促其返陝；（二）潼關、華縣一帶之中央軍即日東撤；（三）陝甘駐軍照現在位置，暫時不動。至其他問題，或關國家大計，或難即時解決，不妨邀集各方，從長計議，求一全國公正之辦法。現在中央軍明言和平，而暗調大軍壓迫，似此辦法，無異抱薪救火，薪不盡，火不滅，遷延日久，更恐無以善其後。此間共同主張，對政治途徑不拒絕，對武力壓迫不屈服，內部團結堅實，所有一切，已有相當佈置。惟目擊國勢阽危，實不願再見鬩牆之爭，吾兄愛護國家，愛護東北袍澤，倍逾尋常，尚乞鼎力斡旋，指示周行，無任盼感。再蘭垣上月文晚稍有軍事，次日即復原狀，現已安謐如恒"等語，弟未便置復，特電以聞。弟韓復榘叩。寒。印。

八十五、《廣西各界抗日救國會覆電》（1937 年 1 月 17 日）

李宗仁、白崇禧和蔣介石有矛盾，主張抗日，和張學良等早有聯繫。1 月 16 日，李、白二人與劉湘聯名通電，要求制止中央軍入陝，消弭內亂，團結對外。17 日，廣西各界抗日救國會再次通電，要求"採取政治方法"解決善後問題，同時要求蔣介石立即領導全國軍民，發動民族抗戰。電云：

南京中央黨部、國民政府、各省市黨部、各省市政府、各民眾團體、各報館公鑒：

連日報載，中央大軍續向西安壓迫，西北軍民亦嚴陣以待，戰雲密佈，大有一觸即發之勢。消息傳來，不勝憂懼。竊前次西安事變，舉世震驚，卒賴我委座及西北諸將領咸以國家為重，互相諒解，化險為夷。乃旬日以來，中央對於西安抗戰之主張，未能見諸實行，竟復派大兵入陝，重相煎迫，萬一激成變亂，人將謂中央勇於對內，怯於對外，而亡國滅種之慘禍亦不旋踵而至矣！心所謂危，不敢緘默，用特電懇中央，迅行制止入陝部隊，採取政治解決方法，以弭內戰而培國力，並懇委座立即領導全國軍民，發動民族抗戰。尤盼全國同胞，一致主張，以挽危機。黨國幸甚！臨電惶悚，無任盼禱！廣西各界抗日救國聯合會。霰。印。

八十六、《楊虎城致孔祥熙電》（1937 年 1 月 22 日 0 時 5 分發，同日 8 時 40 分收）

根據周恩來的建議，楊虎城、于學忠於 16 日（銑日）發表通電，表示接受南京政府的"革職留任處分"，要求准許張學良回陝，同日，鮑文樾、李志剛、米春霖等攜帶楊虎城的方案飛南京商談，要求以張學良為陝甘綏靖主任，楊虎城為副；陝甘地區由東北軍、第十七路軍、紅軍分駐。17 日，孔祥熙覆電楊虎城，對楊"遵令奉職"，表示"至深佩慰"。19 日，孔祥熙再電楊虎城，認為米春霖等所提要求"似有擬使陝甘特殊化模樣。勢難完全採納"。22 日，楊虎城覆電孔祥熙聲明並無"使陝甘特殊化之意"，同時反駁南京廣播中的"誣衊"。嚴正聲明："在抗日聯合陣線下聯共則有之。"電云：

南京孔部長庸之兄勛鑒：

奮密。皓電奉悉，承注，無任感激。此間前由米代表等攜呈之解決方案，純就事實著想，用供中央採擇，弟愛戴領袖終始不渝，如委座俯察此間之實際困難情形，凡有訓示，弟必竭誠遵辦，努力運用，只求事實上於國家有利，弟個人得失，在所不計。近日京中廣播，語多誣衊。弟始終忠於本黨，在抗日聯合陣線下聯共則有之，但絕非容共，絕非赤化，弟無論何時，絕不拋棄本黨之立場也。肝膽之言，想荷洞察，仍乞隨時指示，藉資遵循，實深感禱。弟楊虎城叩。馬戌。印。

八十七、《樊崧甫致孔祥熙電》（1937 年 1 月 23 日發，24 日 9 時收）

在國民黨將領中，樊崧甫是堅決的主戰派，他曾多次向孔祥熙建議，採取軍事行動。1 月 19 日，孔祥熙致電樊崧甫，詢問 "張、楊、于三人部隊及共軍是否團結一致，政治方式能否解決，或非用兵力不可？" 23 日，樊電覆孔祥熙，促孔 "用兵"。電云：

特急。南京財政部孔部長庸之兄：

皓京秘電奉悉。松密。張、楊、于三部原係同床異夢，近以統馭關係，猜忌頗深，兼之赤匪參入，益呈紛亂狀態。聞現在張、楊各部，分將西安重要輜重移置蒲城、鳳翔，可想見各自為謀之意態矣。擬請迅速用兵，促其分化，一面仍可用政治手腕應付，軍事、政治同時進展，或較易結束。謹覆。樊崧甫。號午。秘。印。

八十八、《孔祥熙致蔣介石電》（1937 年 2 月 4 日）

張學良離陝後，面對蔣介石的軍事壓力，西安內部出現了和戰兩派。以王以哲為代表的東北軍老一代將領支持中共的和平方針，主張通過談判營救張學良，以應德田、孫銘九為代表的少壯派主張為營救張學良，不惜對中央軍作戰。1 月 31 日，楊虎城、于學忠、王以哲、何柱國、周恩來等會議，決定促進和談成功。2 月 2 日，應德田、孫銘九等集會，認為王以哲、何柱國等準備投靠南京政府，決定派人捕殺。同日，王以哲被害。4 日，孔祥熙致電蔣介石云：

杭州蔣院長鈞鑒：

　　勳密。據報，西安叛部內變，孫銘九等竟戕害王以哲等四人。回憶去冬駕留陝時，京中同志激於義憤，當時有一部分主張脅以軍威，用機轟炸，弟等因知叛部份子複雜，誠恐惹起變動，鋌而走險，危及我兄安全，關係黨國前途太馳，堅主對彼等責以大義，曉以利害，動以感情，俾能早日和平解決。復幸天佑中國，吾兄安然脫險，證以西安現狀，回思往事，至今栗栗。陝局善後，想正統籌。竊以為叛部內容複雜，處理稍一不慎，恐致枝節橫生，更難收拾，幸祈垂察。弟。孔。豪。京秘。印。

　　孔祥熙此電，目的在於獻策並表功，但他清晰地道出了事變初起時南京政府內部的分歧，是一份很有價值的歷史文獻。

八十九、《樊崧甫致孔祥熙電》（1937 年 2 月 9 日）

　　少壯派的魯莽行動造成了東北軍的分裂。2 月 3 日，扼守東線的劉多荃師自動撤退，中央軍進駐渭南。劉多荃並召集會議，宣佈接受南京方案，全軍東開。8 日，中央軍進入西安，楊虎城及十七路軍撤到三原。9 日，樊崧甫致電孔祥熙云：

孔部長庸公：

　　松密。本軍先頭部隊昨已到達西安，後繼部隊正在陸續推進，顧主任佳日過此西上，主持行營。本部擬於明後日前往。逆部除城內尚留一小部外，主力已向三原、富平、高陵一帶撤退。楊本人尚在新城，現軍勢已操我手，諒頑強者必能俯首就範，建設西北計劃即可按步實施矣。知注謹聞。樊崧甫叩。佳午。印。

張學良及其西安事變回憶錄 *

張學良的西安事變回憶錄，有文字和口述兩種類型。文字型主要有四種：1. 由蔣經國修改定名的《西安事變反省錄》。2.《雜憶隨感漫錄》中的有關章節。3.《恭讀〈蘇俄在中國〉書後記》。4.《坦述西安事變痛苦的教訓敬告世人》。口述型有兩種：1. 唐德剛的訪談錄。2. 張之宇、張之丙姐妹的訪談錄。以上六種回憶錄分別完成於 20 世紀 50 至 90 年代。今年 7 月，我到美國哥倫比亞大學珍本和手稿圖書館閱讀了新近開放的張學良檔案，本文將以之為據，闡述張學良上述回憶錄的產生經過，同時探討張學良這一時期的思想狀態及其變化經緯。

一、張學良奉命回憶

西安事變是近代中國的驚天動地的事件，但是，他的發動者張學良很快就處於被軟禁狀態，長期保持沉默。張學良就西安事變寫回憶，始於 1956 年 11 月，完全出於蔣介石的命令。

當時，蔣介石已早退守台灣，正在著手寫作《蘇俄在中國》一書（實際由陶希聖執筆），企圖藉此總結和共產黨人打交道的經驗。1956 年 11 月 20 日張學良日記云：

> 老劉前日連夜去台北。今日返，午飯後來余屋，告知我，彼係被總統召見，告他令我寫一篇西安事變同共產黨勾結經過的事實，再三囑咐要真實寫來，並說此為歷史上一重大事件。言後又再告劉囑余要安靜。

老劉，指負責看守張學良的國民黨軍統特務隊隊長劉乙光，是張、蔣之間

---

* 原載《百年潮》，2002 年第 9—10 期。錄自楊天石《抗戰與戰後中國》，中國人民大學出版社 2007 年版。

張學良接到蔣的這一指示後，“百感交集，十分激動，決心不計個人利害，詳述前因後果”，但是，他已多年不再回憶此事，不知由何下筆。當日，他曾向劉乙光談西安事變經過約兩小時，談完又後悔，覺得違背了自己不久前所立“寡言”之誓。這一天晚上，張學良“興奮過甚，前思後想，反覆追思”，一夜未能睡好。

從西安事變送蔣返回南京之日起，張學良已經被蔣介石軟禁了近 20 年。此際，正軟禁於高雄西子灣，處於重重看守中，但是，蔣介石對張還是不放心。1956 年 11 月 13 日，蔣介石單獨召見劉乙光，詢問張學良的讀書、身體及年齡，命劉向張宣佈蔣的兩項禁令：不准收聽中共廣播；不准同警衛人員接近。張聞聽之後，頗有震雷貫耳之感，“反覆思維，深自反省”，決意自 11 月 16 日起，“寡言，讀書，默思”，“死裏求生，改頭換面，作一番復活功夫”。他對西安事變的回憶就是在這種情況下開始的。

12 月 5 日，張學良將西安事變回憶錄寫成，不過，那其實是寫給蔣介石的一封長函，首云：

> 劉乙光同志轉下鈞示，令良將西安事變前後事實，寫一回憶呈閱。聆悉之下，百感交集，惶悚無似。良本下決心，永世不談此事，所以無任何隻字記載存留。而多年來，更不願自尋煩惱，曾自勉連回想亦不再事回想，忽聞斯命，准良將此歷史大事自白，欽佩鈞座之偉大，感激對良之高厚。起而自奮，決心完白坦述，上供鈞座之參考，下垂後人之昭戒。

在長函中，張學良回憶了他和李克農、周恩來等人的聯繫，但聲明發動事變並未和共產黨“徵詢商議”。“如認為西安之變，由於中國共產黨之宣煽，則不如說，由於良之不學無術、魯莽孟浪。” 在寫作前，蔣介石曾通過劉乙光向張詢問楊虎城的情況。張稱：“平心而論，西安之變，楊虎城乃受良之牽累，彼不過陪襯而已。”“至於楊虎城到底同共黨是何等關係，是如何得以結合，良實不知其詳。”

張學良寫這封長函，自稱“主旨在真實”，除記憶上的訛誤外，沒有故意在史實上說假話，但是，長函只寫到他本人發動事變為止，事變發生後的情況，如拘留蔣介石、宋子文、宋美齡來西安和周恩來談判以及周恩來和蔣會面等情況均略而未談，他本人和共產黨的關係也談得很膚淺。張學良怕蔣介石責備，於 12 月 6 日補寫了一段，特別說明：

> 假如鈞座對於某事內容或某人之言談，或另有其他之事，欲詳細知道，請明加指示，再專就該一事詳細陳述，如記憶不清者，再詳為回憶。良補此書者，是惟恐鈞座對某一事件，良或漏書，或欠清楚，認為良有意規避。然內中也有諸事，盡力簡述，或覺於正題無關，或覺此時不當再為提起，並非有不錄真實之意也。

當夜，張學良將長函抄好，於 6 日交給劉乙光，要求務必於當日送達台北。

二、蔣經國要求寫出西安事變的全過程

12 月 10 日劉乙光自台北回到高雄西子灣，向張學良交回長函。據稱，蔣介石不在台北，只見到了蔣經國。小蔣要張學良完整地寫出西安事變全過程，至蔣介石與張學良等離開西安後三日為止。劉並稱：總統的著意之點在，"真實知道共黨是如何的作到了這項工作，以為反共鬥爭研究資料"。張學良聽後，覺得十分為難，日記云："不能不寫真實，又不能不為長者諱。"所謂"長者"，當然是指蔣介石。張學良當夜再四思量，終於找到了一種方法，"真而諱可也"。

蔣經國急於看到張學良的修改稿，於 17 日電催劉乙光到台北。當日，張學良續致蔣介石一函，說明回憶西安事變時的考慮：

> 良未寫事變當時之事，非有他，實有不忍言者：自愧行為過於醜劣，再多關鈞座於良個人者為多，實難下筆；而其中事實，鈞座多已知之矣。鈞座已知之事，俯乞萬死，庶良不再為追述，茲謹就鈞座未知之事，略陳如下。

張學良為"有所不寫"找到的理由是："鈞座已知之事"，何必要我來寫！函中，張學良著重敘述了和蔣在華清池兩次談話之後的衝動心情，很快就轉入自我批判：認為"此事最重要處，是在當事者良之個人"。他檢討自己：1. 滿腹憂患，固執己見，不計利害。2. 對共黨無深刻之研究，無正確之認識。函稱，本人之所以犯錯誤，原因在於：痛恨日本人，"澈〔徹〕底確認彼等非要征服中國不止，無調協餘地，非作殊死鬥不可"；而對共產黨，"總覺得同是中國人，不過是所見者不同，權利之事，今日可為敵，明日在某一目標下又可為友矣"。最後，張學良總結稱：共產黨"善用攻心之策。彼等早在我方浸透，將內部真實的情緒，了若指掌，而後所喊的口號和其行動，皆迎合我方上下之心理，使認為是同道好友，自墮其彀中"。同時，張學良批評國民黨的宣傳，"本主觀之點，室中杜撰，不能對症下藥，所以常鑿枘不入，不起重大作用也。"

張學良所欲為"長者諱"的，正合蔣介石的心意，所以，張學良的西安事變回憶始終是一份缺少關鍵之處的不完整的記錄。

三、蔣介石要求駁斥"成交"說

在西安事變中，宋美齡、宋子文二人曾代表蔣介石和周恩來等談判，達成改組行政院、肅清親日派、中央軍撤兵並調離西北、釋放愛國領袖等 9 項協議。蔣介石也曾在與周恩來會面時表示，要停止剿共，聯共抗日。在這一情況下，西安事變得以和平結束，張學良才主動送蔣介石返回南京。但是，這一經過，蔣介石始終不願公之於世。他的《西安半月記》僅在 12 月 23 日簡單地記載："是日，子文與張、楊諸人會談約半日，對於送余回京事，眾意尚未一致。"對於他本人和周恩來的見面與談話，竟一字全無。

1955 年，郭增愷在香港《熱風》雜誌發表《西安事變感言》一文，對所謂張、楊閱讀蔣的日記後受到感動，因而幡然悔悟一說表示質疑，認為西安事變的解決是蔣與張、楊之間的"成交"，"宋子文和蔣夫人是保證者"，他本人也是"見證人"中的一個。蔣介石對此文很不滿意。1956 年 12 月 18 日，劉乙光到達台北，將張學良的回憶長函面交蔣介石。同月 20 日，蔣即傳喚劉乙光，聲稱"（張學良）對共產黨（的認識）已有進步，我甚安慰。他將來對革命還可以有貢獻。"同時命劉將郭文轉交張學良，要張在回憶錄中加以駁斥："這篇東西（指郭文）對我們倆都有關係，必須有以闡明以示後人。"言談之間，給劉的感覺是，蔣"需要甚急"。

郭增愷何人，張學良已不復記憶；在回憶錄中駁郭，必須說假話，張學良感到"甚難寫，弄的不三不四"。思考再三，張學良僅將回憶修改兩小段，另寫《慨中國文人之無行》一文，中云：

> 有郭增愷其人者，當年在西北公路局任職，為楊虎城之嬖佞。……此人真不知羞恥者。我等當年讀過蔣總統日記之後，自認抗日之事已有著落，追悔孟浪，不明領袖謀國苦衷，恭送總統回京，自動隨從請罪，說不到什麼條件成交，更談不到見證，就是有見證的話，恐亦輪不到該郭增愷名下。

此文重點仍在於論證送蔣返京，出於受蔣日記之感動，而非"條件成交"，企在體蔣之意，維護其"偉大領袖"的形象。同時，張學良並於 12 月 21 日致蔣一函，聲稱讀郭文之後"可氣亦殊可笑"。函云：

> 此人為誰，良誠已忘卻，假如良所知的那人是對，彼乃一小丑角色。他不是共黨，他是屬於共黨尾巴的第三黨，在第三黨中也不是什麼重要者。當年曾為楊虎城嬖幸官僚政客之流亞也。在回憶文中難將其人攙入，茲僅就其胡說之處，針對如上，以證其無的之言，另寫一紙以駁之，未審可用否？

12 月 21 日，張學良將寫好的文與函交給劉乙光，立送台北。與劉約定，如認為不妥，先來一電話，以便準備再寫。

函上，蔣介石沒有再提出新的要求。郭增愷方面，則由張學良在美國的經紀人伊雅格出面斡旋，由張簽付美金支票 6100 元，郭遂不再說話。

四、張學良要求"受訓"

張學良所寫西安事變回憶和對郭增愷文的處理都使蔣滿意。12月24日，蔣將自著精裝《解決共產主義思想與方法的根本問題》及1957年日記本一冊交給劉乙光，作為對張學良的獎賞，同時要劉傳達兩句話："共產黨必敗"，"（張）對反共抗俄，有貢獻處"。張學良得悉後，"中夜反覆自思"，決定給蔣介石及宋美齡各寫一信。次日，張學良將信函交給劉乙光，請他派人送往台北。劉認為信件重要，表示必須本人親送。

國民黨對擔任高級職務的黨員有輪訓制度。張學良在1929年加入國民黨，擔任過中央監察委員、執行委員、政治委員會委員等職。1951年11月，張學良致函宋美齡，"請示黨員歸隊"。1954年10月，劉乙光調台北陽明山受訓，張學良也想爭取受訓機會，曾致函張群，但未有下文。此際，張學良揣摩蔣的意思後，再次向劉表示受訓心願，要劉上達。劉為了避免說錯話誤事，要求張學良寫一份節略給他。1956年12月25日，劉乙光到台北，蔣介石於當夜9點接見。對張的受訓心願，蔣連說好、好。劉追問何時？蔣答：須佈置佈置。同月27日，劉乙光尚未起床，蔣即電話召見。蔣稱：張受訓一事，貿然從事，恐外間之人有些不諒解，甚或引起風潮；或有人對張侮辱，反而壞事，須先有步趨。其辦法是，張先寫一書，敘述個人經歷、抗日情緒，對共產（黨）的觀感等，公開發表，改變外間觀感，然後方可進行。蔣的意思是要張通過親身經歷，公開反共。張學良得知後，情緒激動，一夜未能成眠。次日，情緒更為激動。日記云："早起，蠢性又發，在老劉處大發牢騷。回來胡寫信，後經老劉苦說，趙四亦加勸言。下午睡過，自感矛盾，即決從事反共，又何顧小小顏面問題。總統賜給機會，准我由"九一八"以前寫起，這是何深用意！同時外間是有人懷恨切深。把信改書，囑老劉明早去台北。余稚氣太勝，須力加痛改。"29日，劉乙光向張表示，信中仍有不妥之處，張學良此時情緒已經平靜，立即改寫信件，交劉送往台北，並且寫了兩句詩："昨夜一陣瀟瀟雨，狂風吹去滿天雲。"

五、蔣經國為張學良的回憶定稿

自 1957 年年初起，張學良即遵照蔣介石之命，撰寫範圍更廣的回憶。4 月 22 日完成，命名為《雜憶隨感漫錄》。該稿一部分回憶張作霖，題為《我的父親和我的家世》；另一部分回憶自己，題為《我的生活》。其中涉及西安事變的有《我之與國民黨》與《出洋歸國與管束》兩節。該稿指責中共 "包藏禍心，別有所圖"，讚揚蔣在西安事變中 "剛正嚴厲"，自貶行動魯莽，思想幼稚，可恥而又可笑。張並在致蔣函中聲言，本人對該稿並不滿意，請蔣指示修改之處。23 日，張將該稿交劉乙光送往台北。5 月 1 日，劉自台北歸來，告張已將該稿交蔣經國，等了幾天，沒有動靜。同月 5 日，蔣介石召見劉乙光，聲稱張所寫 "係歷史重要文件"，"有價值，有貢獻"，"如不到台灣，無此文"，要張親筆寫一份。同時，蔣並稱，張前所寫回憶西安事變的函件，須加編整，由張親筆抄寫，交高級將領參考。同日，蔣經國召見劉乙光，聲稱總統已將張的函件交自己修改。5 月 10 日，蔣經國將修改稿及《雜憶隨感漫錄》原件退給劉乙光。張學良收到後發現，蔣經國已將自己去年 12 月 5 日和 17 日寫給蔣介石的函件合併，改為一篇文章，題名《西安事變反省錄》，但內容並無重大變動。

5 月 11 日，張學良按蔣介石要求，開始抄寫《西安事變反省錄》，至 19 日抄畢。自 20 日起，抄寫《雜憶隨感漫錄》。6 月 10 日，蔣經國召見劉乙光。張學良即將《反省錄》抄稿交劉，要他在必要時呈上，請劉同時聲明：張 "不滿意這本，寫的不整齊，假如不急用，請帶回再繕"。劉乙光到台北後，向蔣介石說明張意，蔣稱："留下我研究研究。" 蔣並表示，擬將張遷至較近之處。蔣經國還送了一些芒果給張。6 月 24 日，劉乙光再次被召到台北，蔣經國將蔣介石所著《蘇俄在中國》一書交劉，要他轉交張學良。

6 月 30 日，張學良抄完《雜憶隨感漫錄》。致蔣介石函稱："楷書能力太低，日僅千餘字，又不整齊，時有錯漏，請罪。" 第二天，劉乙光去台北，為張學良選擇新住址，張學良就將信函及書稿一起交劉。

自 7 月 3 日至 14 日，張學良將《西安事變反省錄》，工工整整地又抄了一遍。

六、奉命撰寫《蘇俄在中國》讀後感

蔣介石的《蘇俄在中國》一書在敘述西安事變時採用了張學良回憶的部分內容。1957年8月上旬，蔣介石召見劉乙光，詢問張學良讀過該書沒有。劉答稱：張在未收到此書前已每日在收音機上聽過，收到書後又立即讀了。蔣詢問張讀後"怎麼樣的說法"？劉答："張歎惜未能早讀這樣的書"。在此同時，蔣經國也同劉長談過一次。小蔣提出，張學良可以寫一點讀《蘇俄在中國》的感想，將西安事加進去，以便公開發表。

對蔣經國的意旨，張學良不敢怠慢。8月14日，張學良與劉乙光商量，想請他轉商小蔣，請人幫忙，儘快寫成。他對劉表示，自己"決心做到誠、敬二字，不作鄉愿"。但是，張學良很快又改變主意，決定仍由自己動筆，簡短點，寫成後送蔣經國閱後再定。

8月18日張學良將《恭讀〈蘇俄在中國〉書後記》一文寫成，交給劉乙光。劉重申蔣經國的意見，要張將西安事變寫進去，但張學良卻表示："利用讀總統之著作而來敘述自己的私事"，"不大合宜"。他要求劉先將此稿交給蔣經國一閱，如不合適，拿回再寫，或者逕由蔣經國將西安事變事加進去。張稱："我恐怕時間太久，如果發表，有點失卻時限。"

該稿仍有部分篇幅涉及西安事變。關於延安會談，該稿稱："我當年同周恩來在延安初次會見之時，他那和美言詞今日猶在我的耳中。""他的態度十分誠懇，使我深受感動。"與《西安事變反省錄》不同的是，張學良進一步回憶到了毛澤東，聲稱"毛澤東為加強我的信念，曾經寫了一件東西，親自簽名於其上，表示抗日合作，絕對服從的誠意。"該稿還回憶了所受章乃器、黃炎培、張季鸞等人的影響：

> 當年使我心情激動者，章乃器是其中之一個。有一次，我向他勸募"獻機"捐款。章說："你們若是真為了抗日，我願意連褲子都賣了去買飛機，但是，你們從事內戰，殺害自己的同胞，我絕對的一個銅子也不出。"

有一次黃炎培經過洛陽，去慰勞綏遠的軍隊，我在歡宴的席間，對黃笑著說："黃先生，你們上海各界有點不公平。我們西北駐軍多年辛苦，你們未曾慰問。" 黃立即答曰："你們是剿匪，打內仗，我們不但不願意慰問你們，我們是反對這個內戰，也就是反對你們，誰來慰問你們哪！" 這些言詞和那爽直的態度，使我心中甚受刺激。

關於張季鸞，該稿稱："我同共產黨在陝北的會談，張季鸞是知曉的。這是因為一位過去的共產黨，在我部中服務的政訓處副處長黎天才，曾經告訴我，張季鸞是同情共產黨的，他曾到過莫斯克，寫過頌揚蘇聯的文章，共產黨看張季鸞和戈公振是一樣的人物。所以在當時，在蔣委員長尚未到西安之前，曾同張季鸞詳談過，徵求他對於'停止剿匪，聯合抗日'的意見，他十分贊成，認為蔣公到來，我應當破釜沉舟，痛切陳述。"

這些地方，都是張學良前此回憶西安事變時未曾談到過的。此文經劉乙光送到蔣經國處以後，小蔣只說了一句："放在這裏。"

七、主動撰寫《敬告世人》書

蔣介石父子關心張學良的西安事變回憶，本意在為反共政策服務。1958年3月10日，劉乙光告訴張學良，所寫西安事變回憶已秘密在高級幹部中公佈。劉估計，蔣介石前言張學良受訓，須先有"佈置"，此事可能是"端倪"，要張"應有準備，而無荒疏"。

5月17日，宋美齡突然到張學良的寓所訪問，約談半小時。張稱：對總統我非常想念，渴望看一看他。今日看見夫人，我十分快活，但又悲傷。張並表示："對人生已看透徹，對名祿之心毫無，而罪人受此優渥，十分不安。如仍能於人類與國家有貢獻，則不計一切，只不過今日余已為過去之人，不知能貢獻什麼？" 張的這一番話，旨在探詢自己恢復自由的可能性。宋美齡告訴他，自己即將去美。對張的試探，宋只表示："你從來是一爽直之人，你的話，我一定轉達。"

張學良繼續設法爭取自由。8月3日，他在報上讀到前東北大學秘書長周鯨文的一份反共談話，想模仿著寫篇東西，請劉乙光向蔣經國處"探聽探聽高峰的意旨"，並且"想請一個人幫一幫文字上的忙"。8月4日，張學良早晨六點起床，開始動筆。他聽說蔣介石要南來，想在蔣到達高雄西子灣時遞上去。同月24日，張學良聽說蔣已北返，決定慢慢寫。此時，張已將該文定名為《坦述西安事變痛苦的教訓敬告世人》。他在日記中寫道："如此文字允許公佈，我則今後為一反共戰士矣。"兩天後，文章寫成，交給劉乙光，劉要他簽名以示鄭重。

　　在該文中，張學良稱譽蔣介石是"現代對共產主義鬥爭中唯一的有明見、有經驗、英勇果毅、不屈不撓的一位老戰士"，聲稱自己過去"受了欺騙，受了愚弄，受了利用"，已經"澈〔徹〕底覺醒"，因而要"竭盡綿薄，現身說法，對共產主義者實行口誅筆伐"。

　　在回憶西安事變時，張學良承認自己受到身邊共產黨人的影響。他說："在那時，我左右已有共產份子滲透，而我不自知，以為這些人是抗日愛國份子，對於他們喜悅而加以親信。他們已確實知道我的一切，那自然就是共產黨知道了我的一切。他們不斷地鼓動我立即抗日；慢慢地提出來剿匪是消滅抗日的武力問題；再進一步提出來，要是真正抗日，必須停止剿匪，聯合共產黨。另外共產黨的周邊，'民盟'和'救國會'的份子，對我加以鼓勵和刺激，使我自動的感覺著：對於報殺父的不共戴天之仇，對於雪東北淪陷、世人詬病我'不抵抗'的恥辱，對於國家爭取自由平等，非聯合共產黨而抗日不可。這實在是共產黨對於我施用攻心戰術無比的成功。"張學良還提到楊虎城身邊的共產黨人——"小傢伙們"對楊的影響。關於此，筆者擬另文敘述。

　　9月2日，劉乙光到台北，呈交張文。蔣經國閱後表示"甚為感動，已呈老先生矣"。當時，張學良正鬧眼病，蔣經國要張移住台北治療。

　　10月17日，蔣經國召見張學良。這是兩人第一次見面。張向蔣經國表示："富貴於我如浮雲，唯一想再踐故土耳！"其後，經蔣經國斡旋，蔣介石於11月23日在大溪召見張學良。這次會面，據張學良記載："老先生親自出來，相見之下，不覺得淚從眼出。敬禮之後，老先生讓我進入他的書齋，我說總統你老了！總統也說：你頭禿了！老先生的眼圈也濕潤了。相對小為沉默。"蔣問張近來讀些什麼書，張答以讀《論語》及梁啟超文，蔣稱："好，好，看《論語》是好的，梁氏文字很好，希望你好好的讀些書，返回大陸，你對於國家還能有重大的貢獻。"張學良沉吟之後，問蔣："我可以陳述陳述我的話嗎？"蔣答："可以！可以！"張即向蔣檢討："我先前一直存著一個幻想，誤認共產黨也是愛國份子，希望國共合作了救中國"。"我是幼稚愚魯，我不怨恨任何人，只恨我無識。"張並向蔣表示："我知道我們將來都是會寫在歷史上的，我自己奮勉，不只是為了自己，同時是為了二位。"接著，張聲稱自己"現在讀書有點費力，很想請教一位有道之士。"蔣要張提出人選，張即提出錢穆、陳大齊、勞幹等人。張又問蔣"應該看什麼書"，蔣推薦《大學》和王陽明的《傳習錄》。其後，蔣談到西安事變，聲稱"西安之事，對於國家損失太大了"。張在日記中稱："我聞之甚為難過，低頭不能仰視。"蔣隨後表示："我到高雄，我們再談。"會見結束後蔣並將張送到廊外。

蔣氏父子的先後接見使張學良心頭升起希望。據看守張學良的人回憶，當時張"以為要放了，那興奮的樣子，真是手舞足蹈。"1959 年 4 月下旬，張學良眼疾復發，不能讀書，臥床不眠，曾經胡亂謅了幾首詩：

> 不肖聽人喚，聰明空自負，一覺黃粱夢，懺悟向誰書！
> 空負怨天願，罪孽罄難書。聖明憐未棄，夕陽照征途。

詩中除明顯的悔過語言外，還可以看出，張學良不僅希望蔣氏父子能給予他自由，而且希望出來之後做點事。不過，蔣氏父子並沒有滿足他。6 月 15日，蔣介石到高雄西子灣官邸，召見劉乙光，詢問張學良的近況和身體情形，卻沒有實踐在大溪時和張見面再談的諾言。蔣經國則表示，此行太忙，也許不能來看張，答應贈張汽車一輛。7 月 25 日，張學良與宋美齡長談，宋稱："你的問題，時間還要久啦。須要有忍耐。我認為一切都是上帝的安排，願多作禱告。"

自此，張學良對自由不再抱幻想了。1961 年 6 月 26 日，張學良到劉乙光家，劉告以"1. 受訓事，目前不可能。2. 爾後安靜生活。"張學良在日記中寫下了四個字："金石之言。"

八、《懺悔錄》風波

張學良平靜下來了，但是，1964 年，一件意外的事卻引起了他的激動。當年 7 月 1 日，台北出現了一本題為《希望》雜誌的創刊號，該刊"特載"欄有一篇《張學良西安事變懺悔錄摘要》，內容就是蔣經國定稿的《西安事變反省錄》，只不過作了刪節。同月 7 日，這篇《懺悔錄》又被台北《民族晚報》分段轉載。張學良從報上讀到之後，立即給蔣介石寫信，說明"這個東西可不是我發表的"，"誰發表誰的責任"。蔣介石為此非常生氣，結果，《希望》雜誌被查禁，創刊號全數收回，黑市由每本台幣 10 元漲到 100 元。蔣經國當時已擔任"國防部部長"，《希望》雜誌是小蔣所掌握的軍方政治部辦的。多年以後，張學良對此事的解釋是：蔣經國"在一個軍事會議上公開給他們看，說我這個人，過去說這些事，是一個很大的教訓。有人就偷著把這個信發表了"。張並稱，他和蔣介石之間"暗中約會（定），我們倆應該守秘密的事"。張學良被軟禁之後，他和蔣介石並無多少見面機會，不可能有什麼"暗中約定"。倒是西安事變期間，雙方有過默契：不發表協定及談判經過。1936 年 12 月 27 日、28 日，西安《解放日報》及中共方面相繼公佈了談判中的六條協定，引起宋子文和宋美齡的強烈不滿，批評這一做法"無信義"，兩宋並通過宋慶齡轉告中共代表，"無論如何不得再宣佈他們的談話內容"。看來，張學良的所謂"暗中約定"指的是西安事變時期達成的相關默契。

九、回歸本真

為了恢復自由，張學良按照蔣氏父子的希望，對西安事變說了相當多的懺悔的話，也作了若干反共表態，但是，張學良還是沒有能恢復自由。自此，他就緘口不言了。1975 年，蔣介石去世。1988 年，蔣經國去世。1990 年 6 月 1

日，以"總統府資政"張群為首的 80 位友人在台北圓山飯店為張學良慶祝 90 大壽。此後，張學良基本上恢復了自由。同月 17 日及 8 月 4 日，他兩次接受日本廣播協會電視台訪問，第一次向媒體公開談論西安事變。1990 年 1 月 25 日，他開始接受美國唐德剛教授的訪問。1991 年 12 月 17 日，開始接受美國張之宇、張之丙姐妹的訪問。這時，在對西安事變等問題的看法上，張學良才逐漸回歸本真。

在 90 年代的訪談中，張學良仍對中共經歷的二萬五千里艱難長征表示敬佩，自述當年曾和部下討論："我們都是帶兵的人，誰能夠把這個軍隊帶成這個樣子了？我們試試！""他能這樣子，你不能小看他。你不能，他這夥人怎麼能這樣？"張學良肯定，共產黨得民心，而國民黨不得民心。他說："大部分（民眾）支持它，那厲害。""為什麼共產黨剿不完，就是他得民心，我們不得民心。""把這地方消滅了，那個地方又起來了。"他毫無遮掩地坦率表示："一般人都不知道我的心理，我簡單地說，我可以說我就是共產黨。""我同情他們，不但同情他們，我擁護他們，這是真正我內心……"。

西安事變前張學良和蔣介石有過激烈辯論。對此，張學良回憶說："我跟蔣先生言語衝突就是這個問題。我說你要想剿滅共產黨，你剿滅不了他們。""他們共產黨怎麼能這樣？因為咱們中國的老百姓多數支持他。"又說："（蔣先生）把民眾的力量看得不高，估計得低"，"罵我失敗主義"。我說："我們要考慮，我們自個兒為什麼，我們有這麼大的力量不能把它消滅了？""你消滅不了，應聯合他。"

關於發動事變的動機，張學良自述說："我主要的敵人是日本人，共產黨跟我們爭，那還是中國人。"他說："（蔣）認為在中國能夠奪取他政權的，只有共產黨。我就不同，奪不奪取（政權），共產黨也是中國人。"張學良批評蔣不能容忍共產主義，"思想頑固至極"，甚至藉端納的話批評蔣是"騾子"，"很難把他說服"。這些地方，已經完全和幽禁期間誠惶誠恐，口口聲聲自稱"罪人"的張學良完全不同了，可以說，大體上已經恢復了西安事變時期張學良的本真狀態。蔣介石關了他幾十年，但是，對張學良的思想影響收效甚微。張學良的所謂"懺悔"只是在特殊壓力下的一種自我保護，通過"改頭換面"，藉以

"死裏求生"。

　　不過，關於西安事變的解決過程，張學良仍然堅決不說。當張氏姐妹詢問有關情況時，張學良表示："要知道西安事變怎樣解決的，現在我決不說。""現在都知道了怎麼回事，何必還要我說呢？""何必非要出自我之口呢？""出自我的口就是傷人。""我傷害任何人就是損失我自己人格。"對蔣介石的看法，張學良也不願多說，更不願深說。某次訪談中，張學良批評蔣，剛說了一句："他這人就是為他自己的"，馬上警覺地詢問："你沒有錄音吧？"又一次，張談到"蔣先生很窄小"，準備舉例說明時，趙四小姐插言說："你不要在這講這種話！"張學良也就立即打住，不再往下說了。

　　張學良雖自命新潮人物，甚至被張作霖視為"左傾份子"，但是，他的思想中仍然保有中國傳統倫理的濃烈成分。西安事變後，他在南京一再表示："如蔣先生命我作什麼皆可，他人余不接受。"其所以到了 90 年代還在"為長者諱"，自然還是傳統倫理思想的作用。

第六部分

兩黨聯合，對日抗戰

毛澤東、李富春的一封英文信件

　　哥倫比亞大學珍本和手稿圖書館藏有毛澤東、李富春的一封英文信件，是中美關係史的珍貴資料，現譯出，格式一依原函：

延安，陝西，8. 20. 1938

援華會

促進和平與民主同盟

第 4 街 268 號

紐約，美國

親愛的先生：

　　八路軍衛生部經由艾格尼絲·斯沫特萊小姐得知，7 月份八路軍野戰醫院的綜合費用共 650 美元，必須償還在漢口的紐約花旗銀行，此款現已償還該行。八路軍衛生部同意這一做法。

　　7 月份資助餘款已經兌換為中國貨幣 2571.43 元，正式報告已經寄出。

野戰醫院的一份詳細的初步的報告也已寄出，今後將按月報告有關情況。

八路軍衛生部希望藉此機會表達他們對得到巨大援助的真誠謝意，並且希望這種援助能夠繼續。這種感謝不僅發自衛生部，而且發自所有得到你們很多幫助的傷患。

您的真誠的，致以敬意的

毛澤東（簽字）　　李富春（簽字）

八路軍衛生部

毛澤東（簽字章）　　李富春（簽字章）

當年 6 月 15 日，毛澤東曾寫信給延安《解放》週刊編輯吳亮平，要他代為起草一封信給一位美國 "同情者"，信云：

亮平同志：

接了美國一位同情者的信，我想請你起草一封回信。信內除感謝她外，並說及八路抗戰情形，請她轉告美國兄弟姊妹們多給我們援助，我們和他們是站在一起的。

毛澤東、李富春的英文函件當亦由別人起草。兩封信之間或許存在著聯繫。致吳亮平函中所稱 "美國一位同情者"，或即史沫特萊。

促進和平與民主同盟（League For Peace And Democracy）是當時美國最大的反戰和平組織，擁有 400 萬會員。它曾支持西班牙人民的鬥爭。中國抗戰開始後，該同盟即組織專門的援華委員會（China Aid Council），當時稱為美國援華會，或譯全美援華委員會。該會設總部於紐約，並在各地建立分會 50 餘處。援華會的主要活動為開展抵制日貨運動，舉行反對轟炸中國的示威，組織周遊講演，動員募捐。該會成立不久，即向中國派出兩名醫生、一名護士，同時按月接濟醫藥救濟費用 1500 美元。本函所稱 7 月份的資助，當即指這一筆款項。

宋慶齡為國共合作募集簽名 *

國共第一次合作於 1927 年破裂，其後，兩黨長期刀兵搏殺，但是，隨著 "九一八" 事變後民族危機的日益加深，為團結禦侮，國共兩黨又不得不醞釀第二次合作。其間，國民黨左派宋慶齡、何香凝曾經起了重要作用。現存《宋慶齡、何香凝致吳稚暉函》云：

> 稚暉先生大鑒：
>
> 　　慶齡、香凝等於日前接到共產黨中央委員會致國民黨及國民黨員郵件一封，想先生亦已接同樣郵件矣。茲送上慶齡、香凝等所草就函件一通，素知先生一向遵守先總理臨終遺囑，想必能贊同而一致簽名。現除先生外，已有多人答允簽名，不過欲先得尊名領銜耳。謹此敬頌大安！
>
> 　　　　　　　　　　　　　　　　宋慶齡　何香凝　十月廿日

封面為："面呈吳稚暉先生親啟，宋、何緘。"

此函未繫年。1935 年 8 月 1 日，中共駐共產國際代表團以蘇維埃中央政府和中共中央的名義發表《為抗日救國告全體同胞書》，呼籲全國人民團結起來，停止內戰，抗日救國。1936 年 7 月，蔣介石在國民黨五屆二中全會報告稱："任何國家要來侵害我們的領土主權，我們絕不能容忍"，"假如有人強迫我們簽訂承認偽國等損害領土主權（條約）的時候，就是我們不能容忍的時候，就是我們最後犧牲的時候。"同年 8 月 25 日，中共中央發出《致中國國民黨書》，肯定蔣介石在對日政策上的 "若干進步"，但是，中共中央表示："和平早已絕望，犧牲早已到了最後關頭，除了發動全國人民全國武裝力量的堅決自衛戰爭以外，中國領土主權的全部淪亡是無法挽救的。" 中共中央並表示："我們贊助

---

* 《光明日報史學版》，2003 年 9 月 16 日。

建立全中國統一的民主共和國"，"在全中國統一的民主共和國建立之時，蘇維埃區域即可成為全中國統一的民主共和國的一個組成部分"。中共中央還表示：在國民黨中央及各省黨部中，在中央及各省政府中，在廣大軍隊中，在國民黨的新舊黨員與各級領袖中，已經出現了許多"覺悟與愛國之士"，"中國國民黨人隨時準備同這些國民黨人攜手，組成堅固的民族統一戰線"。本函所稱日前收到的"共產黨中央委員會致國民黨及國民黨員郵件"，指此。

中共中央此函，既寄希望於國民黨中央，也寄希望於國民黨的廣大黨員。9月18日，毛澤東委託潘漢年攜手書到上海，會見宋慶齡，商量組織統一戰線的意見。毛在函中表示，希望宋以國民黨中央委員資格出面活動，同時請宋介紹比較接近的國民黨中樞人員，如吳稚暉、孔祥熙、宋子文、李石曾、蔡元培、孫科等人與潘漢年一談。宋慶齡、何香凝致吳稚暉函的發現，可證毛函深中宋慶齡之意，她的行動既是遵毛之囑，同時又是和潘漢年商量之後的結果。其辦法是：與何香凝合作，起草要求遵守孫中山遺囑，再次實行國共合作的呼籲書，在國民黨中樞人員中徵集簽名，造成聲勢，向國民黨中央請願。

為了爭取一切可以爭取的力量，除吳稚暉外，宋慶齡、何香凝的動員對象還包括張人傑（靜江）、李煜瀛（石曾）、孫科等國民黨要人。現存《李煜瀛致吳稚暉函》云：

> 手示敬悉。靜兄來京一節，已與談及，亦有此意。惟行期尚未確定。
>
> 昨早宋、何兩夫人有代表訪弟，出示二君來函，弟即覆一短函，除簽名外，尚擬有所申述。晚間又作一長函，函稿附上。弟意連合戰線之原則不能不贊成，而內容則有須保留者，未知尊意以為何如？二君來函亦抄奉，其簽名之件，已簽宋、何、孫（哲生）三人，弟曾簽於孫之後。二君代表謂先已至先生處，不遇，弟告以現不在滬。此事大約即與先生日前所談京中之事同一關係也。
>
> 餘容續罄。此頌
>
> 道綏！
>
> 弟煜瀛敬啟。十月廿一日。

附件二紙，關於弟之函稿及此事前途，均請賜教為禱，又及。

日來先生接其函件否，在京中另有所聞否？又及。

函中所稱"靜兄"，指張人傑。據李函可知，上引宋慶齡、何香凝函並非通過郵寄，而是由二人派出代表面訪，以示鄭重。當日，首訪吳稚暉，次訪李煜瀛。李原是國民黨中央監察委員，1927 年曾與蔡元培、吳稚暉等聯名"檢舉"共產黨，堪稱堅決的反共份子。但是，十年不到，在民族危機危迫的情況下，李煜瀛也不得有所轉變。不過，他並不願意完全放棄舊時的立場，這就使他處於某種矛盾地位：一方面認為"連合戰線之原則不能不贊成"，但同時又認為"內容則有須保留者"；一方面在宋慶齡、何香凝所擬呼籲函件上簽名，但又另擬長函，提出這一"連合"的條件。

宋慶齡、何香凝所擬呼籲函件未見。1937 年 2 月，國民黨召開五屆三中全會，宋慶齡、何香凝等 14 人向會議提出《恢復中山先生手訂聯俄、聯共、扶植農工三大政策案》，中云："總理於民國十三年改組本黨，確立聯俄聯共與扶助農工三大政策後，革命陣容為之一新，革命進展一日千里。不幸十六年以後，內爭突起。陣容分崩，三大政策，摧毀無遺。革命旋歸失敗，外侮接踵而來。尤其最近五年間，失地幾及六省，亡國迫於媒睫。"繼云："近半年來，迭次接中國共產黨致我黨中央委員會書函通電，屢次提議國共合作，聯合抗日，足證團結禦侮已成國人一致之要求。最近西安事變，尤足證實此點。雖與本黨向處敵對地位之中國共產黨，亦願擁護統一抗日，我黨更應乘此機會恢復總理三大政策，以救黨國於危亡，以竟革命之功業。"提案人除宋、何外，另 12 人為馮玉祥、張人傑、李煜瀛、孫科、鹿鍾麟、石瑛、張知本、石敬亭、李烈鈞、朱霽青、梁寒操、經亨頤。

根據上引宋慶齡、何香凝、李煜瀛致吳稚暉函及上述提案的內容與提案人分析，我們有理由相信，該提案的初稿就是 1935 年 10 月宋、何二人所擬呼籲函件，只不過根據後來發生的西安事變等新情況稍有修改。

國民黨中有很多人始終不承認孫中山有所謂"三大政策"。14 位提案人中，國民黨左派是少數，李煜瀛等原國民黨右派能在這樣一份提案上聯署，頗為不易；吳稚暉沒有簽名，說明他此時仍不願放棄反共立場。正因為如此，這一份提案並未能為國民黨五屆三中全會所接受。相反，會議宣言攻擊中共"假共同禦侮之口號以相號召"，"實不能以片言之表示，即予置信"，表示要"根絕赤禍"。但是，會議也表示，"今者共產黨人於窮蹙邊隅之際，倡輸誠受命之說，本黨以博愛為懷，決不斷人自新之路"。會議提出"目前最低限度之辦法"四條，以中共取消紅軍，取消蘇維埃政府，停止赤化宣傳，停止階級鬥爭作為談判條件，這就又為國共第二次合作開啟了通道。宋慶齡、何香凝等人的努力還是發生了作用的。

保衛中國同盟與中國 "工合" 運動的珍貴文獻 *

　　哥倫比亞大學圖書館珍本和手稿圖書館藏有宋慶齡英文往來函簡多件。其中一部分，美國聖約翰大學李又寧教授已經作過評述[1]，這裏將全文譯出這些信件，並在李文的基礎上，進一步探討其歷史內容。

　　哥大所藏宋慶齡函件，除個別手跡外，均用保衛中國同盟信箋，英文打字。大部分發於香港。

　　保衛中國同盟 1938 年 6 月 14 日成立於香港，由宋慶齡發起。其目的為動員、鼓勵全世界愛好和平、民主的人士以醫藥、救濟物資供應中國，支援中國的抗日戰爭。列名發起的還有印度尼赫魯、美國保羅·羅伯遜、德國湯瑪斯·曼以及馮玉祥、孫科、宋子文等。宋慶齡任中央委員會主席，宋子文任會長，廖承志任秘書長。鄒韜奮、金仲華、陳翰笙、路易·艾黎、沙爾文·克拉克、諾曼·法朗士、愛潑斯坦、史沫特萊、斯諾、王安娜等均為 "保盟" 成員。在其活動的年代裏，它為中國人民的解放事業作出了巨大貢獻。

---

* 　原載《近代中國史事鈎沉——海外訪史錄》。
1 　《介紹最近發現的幾封孫中山和宋慶齡的信》，《近代史研究》，1991 年第 2 期。

在有關宋慶齡的大量文獻中，哥大所藏只是很小的一部分，但即使是這一部分，也足以充分展現宋慶齡的功績和偉大品格。

一、1938 年 8 月 5 日宋慶齡致哈斯克爾先生

大箇敘述了在為中國徵集捐款時遇到的困難，極有幫助，非常感激。我們得以充分了解，由於敵方的陰險宣傳和反動份子歪曲我們捲入的各種問題，美國公眾普遍冷淡。我們一定盡力工作，在將來為您提供豐富多采的資料和激動人心的呼籲書。

在美國的收穫如此微小，令人十分沮喪。我本來期望很大，其理由，這裏不必說了。

您在劃撥資金給漢口的林博士時碰到了困難。我們組織保衛中國同盟正是為了確實地解決諸如此類的問題。好幾個集團軍都有代表駐在香港，他們也是我們同盟的成員。我們將愉快地按照您的指定，將資金劃撥給某一個集團軍或組織，並從那裏取得收據。請詳細說明您希望資助的處所，以便發送資金。由於可能從漢口撤退，發送或郵寄資金到那裏度是不明智的。我們將愉快地盡一切可能發揮聯絡作用。

我正計劃在最近幾天內飛赴漢口，希望能找到辦法，迅速補救在對外宣傳及與之相關的不足，同時將提出您在信中敘述的某些困難。

具有嚴格保密性質的事務請直接和我聯繫，不必通過我們的辦公地址香港和上海銀行轉。我的地址是：香港 Conduit 路 11 號，2A 房間，宋慶齡夫人。

致以兄弟般的問候！

您的十分真誠的

宋慶齡（簽字）

又及，請儘可能廣泛地分發我們的通告。

本函大部分為英文打字，"又及"以下，為宋慶齡手跡。哈斯克爾

（Haskell），生平未詳，當為美國援華會（China Aid Council）工作人員。我國抗日戰爭爆發後，美國最大的反戰組織促進和平與民主聯盟（League for Peace and Democracy）立即在紐約組織援華會，並在各地建立分會 50 餘個，積極開展援華活動。林博士，原函作 Dr. Lim，當指林可勝，福建廈門人，著名醫學家。多次組織醫療隊，參加抗日醫療救護工作。1937 年 10 月，組織紅十字會救護委員會，任救護總隊總隊長。1938 年任國民政府軍政部衛生行政人員訓練所主任。

宋慶齡寫這封信的時侯，保衛中國同盟成立才一個多月。附言中提到的"通告"當即《保衛中國同盟成立宣言》，該《宣言》聲明：為了加強和擴大國外援華工作起見，所有願意與保盟合作的機構，均可與保盟香港中央委員會取得聯繫。保盟中央委員會可以：（1）成為各機構與其所支援的中國有關方面之間的橋樑；（2）供給各機構消息及有關的建議。宋慶齡要求哈斯克爾盡可能廣泛地分發這份《宣言》，以擴大影響。

從信中可以看到，由於日本帝國主義的陰險宣傳等原因，"保盟"開始時工作時很困難，收效不大，但宋慶齡堅韌不拔，積極改進，力爭以最好的成績奉獻給中國人民的解放事業。

二、1938 年 9 月 8 日宋慶齡致哈斯克爾先生

附寄我們的《新聞通訊》。在我去廣東之前收到您 7 月 12 日極有啟發的來信。出於對您的信任，我不想隱瞞，從大箚中獲得信息是我們海外運動獲得成功所必需的。如果您能不斷地向我個人提供美國的情況，我將十分感激。

實現訪美願望還不可能。我已被選為廣東省海外動員委員會委員，即將再去廣州以保持必要的聯繫。我下面給您的地址是在中國期間的永久地址，請將所有的信件寄到我的私人地址。

感謝您為在精神和物質上援助我們而作出的巨大努力，祝您成功！

您真誠的

宋慶齡（簽字）

（孫逸仙夫人）

2A 房間

Conduit 路 11 號

香港，中國

9 月 8 日，1938 年

《新聞通訊》，保衛中國同盟的英文機關刊物，自 1939 年 4 月 1 日起，初為兩週刊，後為月刊，並增出中文版。據本函，此前當已不定期出版過。

當年 8 月 20 日，宋慶齡離港赴穗，到廣州會見中共中央代表鄧穎超。次日，赴各醫院慰問受傷將士及被敵機轟炸的難民。下旬，向美國世界青年大會發表廣播演講，聲明中國將“拚死的鬥爭，堅持抗戰，直到最後的勝利”，呼籲英、美不要和日本貿易，停止將原料和技術輸給日本[1]。同月 25 日返港。本函所稱廣東之行指此。

宋慶齡非常重視華僑的力量。1937 年 12 月，她支持廣東群眾團體成立華僑抗敵動員總會，任名譽主席。次年 3 月，她與何香凝聯名發表《致海外同胞書》，呼籲華僑支援祖國抗日部隊。本函所稱廣東省海外動員總會，或即華僑抗敵動員總會。宋慶齡發出此信後不久，又再返廣州。當時，華僑抗敵動員總會正在召開第二屆會員代表大會。宋慶齡曾為會議寫作《華僑總動員》一文，要求“加緊華僑中的團結，充實與擴大華僑救國的組織，統一華僑運動的領導”[2]，對於“海外動員”工作，起了重要作用。

三、1938 年 11 月 21 日宋慶齡致顧維鈞

“中國人民之友”法國協會（地址：Irue de Clichy）來信說：願以展覽及義賣中國工藝品的方式為我們募款。耶誕節期間，在倫敦的援華會也在

1　漢口《新華日報》，1938 年 8 月 24 日。
2　《宋慶齡選集》，第 133—136 頁。

做類似的努力，為此，我們已寄去了十大箱的繡品、字畫、象牙、玉及其他中國工藝品。

我們希望，您與法國友人仁慈地合作，容許他們在中國大使館舉行義賣；您和顧夫人，知名的法籍中國之友擔任贊助人。這樣會吸引眾多人群，會保證成功，並有效地宣傳我們的宗旨。明年 1 月，一個類似的義賣將在華府或紐約舉行。何時寄出（義賣的）物品，由何船運載，容後奉聞。這些物品是在香港的所有中國婦女捐贈的。為了避免上稅，這些物品將直接寄到尊處。The Messageries Maritime（法國郵船公司）將免費為我們運送。

謝謝您。

您的非常真誠的

宋慶齡

（主席）[1]

中國人民之友法國協會由法國 52 個和平團體組成，社長赫禮歐（Ed. Herriot），法國社會急進黨總裁，曾任內閣總理，當時任眾議院議長。該會積極支援中國的抗日戰爭，曾舉行多次演講會，呼籲抵制日貨；又曾向國聯大會、法國內閣及外交部上書，要求尊重中國領土完整及主權獨立。該會還曾號召為救濟中國難民捐款。僅據 1938 年 9 月初的統計，捐贈款項即達 50 萬法郎，捐贈人達 2 萬餘之眾。當年 2 月 12 日，該會並在倫敦召開世界援華大會，有歐洲五國代表參加。在倫敦的援華會，指英國援華運動總會，成立於 1937 年 9 月，會長為李斯陶威爾（The Earl of Listowel）爵士，其任務為向中國捐贈醫藥用品、布匹；組織集會講演，抵制與日本的貿易；散發日本侵略的文件等。

"保盟"成立後，宋慶齡即倡議在國外舉行義賣，藉以籌集經費。香港的 5 個婦女團體，全國婦女救援會、中國婦女士兵救濟會、中國婦女俱樂部、中國基督教女青年會、廣東婦女新生活運動委員會等積極回應宋慶齡的倡議，至

---

1 本函用李又寧教授譯文。

1939 年 4 月中旬,共募集中國藝術珍品 4500 餘件,先後在倫敦、巴黎、紐約三地舉行義賣。本函即為與駐法大使顧維鈞接洽義賣而作。

四、1938 年 12 月 2 日宋慶齡致哈斯克爾先生

　　來電敬悉。您同意協助我們舉辦義賣會,十分高興。這次義賣的收益將捐獻給傷兵、戰爭孤兒、難民,他們的總數已超過 6 千萬,我們已無力供養。救援的需要每日都在增加,但我們幾乎得不到來自美國的捐助。

　　現在我正動員中國不同組織的全體婦女,幫助向富人收集捐獻品。我們已成功地得到了若干很有價值的刺繡、磁器、漆器、卷軸、古玩等,全是中國民族工藝。義賣會將能為中國向公眾作出有影響的宣傳。我們正在法國和倫敦進行同樣的努力以募集資金,但是,最有價值的物品將送到紐約。

　　由於我們的書記沙爾文・克拉克夫人休假一月,義賣會的大部分工作落到了我的肩上。這裏有這麼多工作要做,使我無法設想美國之行。我們發出的每一件物品都附有標籤,標明價格,因此,您將了解每一件物品的基本價格。由於它們是免稅的,請盡力爭取最高價格,不要跌價出售。

　　我們希望將這些箱子裝上“總統門羅”號,12 月 23 日啟程,2 月 10 日到達紐約。為了便於免費運輸並免稅,這些箱子將寄給中國駐華盛頓大使胡適博士。我早已寫信給胡博士,請他在貨物到達時派遣代表,或指令駐紐約領事取貨。可否請您和中國領事取得聯繫並派遣一些代表陪同中國領事接收並檢查這些貨物?

　　稍晚一點,當這些物品登記並列表後,將寄給您一封更詳細的信。

　　本函為接洽在紐約舉行義賣而作。沙爾文・克拉克（Hilda Selwyn-Clarke）,香港醫務總監司徒永覺的夫人,“保盟”的名譽書記。“總統門羅”號,原函作 President Mondoe,疑為 President Monroe 之誤。

五、1938 年 12 月 7 日顧維鈞致宋慶齡

11 月 21 日大箚敬悉。對您為救濟我國戰爭難民而作出的高尚努力謹致謝意。在法國，我們已在為同一目標工作，舉行了幾項活動。和美國、英國比較，這裏只有少數人能像上述兩國一樣進行施捨；雖然募集並送往中國的數目不大，但也表達了法國對中國的普遍的同情。考慮到目前為救濟中國戰爭難民的中國物品義賣會正在舉行，因此到下一年早些時侯方可舉行另一次慈善義賣，這樣，我們可以有時間準備並有足夠的間隔以重新引起興趣。按照我們的經驗，美麗的物品能賣得好價格，從而增加義賣的收益。能否告訴我，您何時可以發出義賣的物品？

致以最高的敬意！

您的真誠的
顧維鈞

本函為覆宋慶齡 11 月 21 日函而作。

顧維鈞熱情支持宋慶齡的義賣計劃。由於顧的努力，所有運到法國的義賣物品均獲得免稅。

六、1939 年 1 月 18 日宋慶齡致哈斯克爾先生

我們的秘書已將名義上是寄給駐華盛頓大使胡適的物品目錄寄給了您。這些箱子將於 2 月 10 日到達紐約。我們希望，您將和紐約中國戰災難童委員會取得聯繫，該會的領導人為塞巴斯蒂安·艾爾夫人、穆麗爾·德雷珀夫人、路易士·瑞娜、愛德華·卡特夫人等，她們也是中國人民的朋友，會幫助您舉辦正在發起的義賣會。位於百老匯大街的華昌貿易公司的李國欽博士也會幫助您，他懂得中國古玩，能帶領許多富有的收藏者來參觀展覽。

我剛從鄉下旅行歸來，很快又要離開。以後還要作出南方難民生活條

件的報告。請原諒只能寫這封短簡。祝您在援助我們方面取得成功，並祝新年好！

您的真誠的

宋慶齡（簽字）

本函亦為接洽在美義賣而作。紐約中國戰災難童委員會，美國援華組織之一。

1938 年 3 月 7 日，宋慶齡發表《向全世界婦女申訴》一文，呼籲世界婦女採取措施，援救無數在戰爭中失去了父母的中國兒童。紐約中國戰災難童委員會正是在宋慶齡的這一號召下成立的。李國欽（原函作 Dr. K. C. Li），愛國華僑，紐約華昌貿易公司董事長兼總經理，曾任美國中華協會副會長。

七、1939 年 3 月 28 日索耶小姐致宋慶齡

附寄 3 月 24 日星期五的信，儘管形勢已經改變，但我希望您知道當時我正在想什麼。

星期六，貴國領事館打來電話稱：美國國務院已經通知中國大使館，我國財政部沒有發現允許貨物免稅入境的先例。我不知道，您給大使館打電報是否對此有利，但我相信有此可能。如此巨大數量的一批貨物以“國際優惠”為理由獲准免稅進口，在目前形勢下，可能沒有什麼事情比做到這一點更困難了。如果可能，我計劃在一兩天內去華盛頓，了解真正的困難所在，以及有無改變裁定的希望。Mr. C. Y. Chen 可能和我一起去。

如果裁定不能改變，我們必須交稅，將爭取付得少一點。我需要知道，您能否從運來的物品中將 1830 年前製造的藝術品分出來。按照我們的法律，在任何情況下，此類物品進口都是免稅的。我意識到，這樣做可能對您太麻煩了。如果您做不了這麼多，我們會理解。在這些物品中，如果有明顯的古董，鑒定人會分辨出來的。我們需要儘早得到您收集的證據。

這批物品的領事發貨單寄給大使館了嗎？我們尚未收到。如果我們必

須交稅，那就必須有一份。沒有發貨單而要提取物品，唯一辦法是郵寄一份籠統的保證書，但那樣也必須在 6 個月內接到發貨單。

我們都很遺憾，未能儘早打通我國國務院。不過，面對貴國大使館的請求，我們將事情全部扔給他們，似乎是輕率的。從大使館得到任何信息都是很困難的。

最真誠的

伊蒂絲·O. 索耶

理事

附：3 月 24 日函：

我們很苦惱，不能通過海關及時提取運來的藝術品；更加苦惱的是，我們感覺到，牽連到的有些事較之通常的官樣文章還要嚴重。從胡適博士的秘書那裏。我們得到口頭保證，大使館已經做了所能做的一切。我們相信，直接來自您的電報將鼓勵他們作進一步的努力。我想，我們可以通過有影響的朋友去打通我國國務院，但是，貴國大使館的代表強烈要求我們不要主動做什麼。

在為準備展覽及義賣做了這麼多的工作之後，如果這批物品不能到手，或者被要求和別的組織合辦，那將事實上破壞援華會的威信。毫不誇張地說，我們有數百名有興趣的人在等著這次義賣，他們中的許多人卓越而能幹。推遲義賣自然會減少興趣，但我們相信，如果得到物品，我們將能舉辦一次成功的義賣。

很早以前，我們曾建議中國戰災難童委員會幫助這次義賣，但他們太忙。這是我們為什麼現在不願和別的組織共同發起的真正理由。即將出現的義賣委員會將是一個由傑出人物特別組成的團體。

因為延遲，需要另僱一人，管理機構，推進展覽和銷售。在紐約，此類事情需要高明的技術。花點錢處理更多的事務比只用志願人員弄糟事情好得多。其經費將從收益中扣除，我們希望得到您的批准。為了義賣，這是必需的。我們正試圖向一些有興趣的朋友籌款，以彌補這筆開支，因為我們喜歡儘可能將全部收入都交給您，用之於中國。

我的大部分時間必須用於重組美國援華會，以便通過它的分會及組織新分會的計劃有效率地工作。當然，我也會密切關心展覽和義賣。下週，我們將海運大約一噸已用過但仍完好的外科設備。約值 4000 美元。買新的要花兩倍以上的錢。要求設備和藥品的新呼籲已經發出。如果上述設備無法使用，請立即賜告。

我們正在進行民意測驗以了解當地分會對抵制（日貨）和禁運的態度。到目前為止，援華會的政策僅限於救濟。在下次執行委員會會議上，我們將討論一項政策上的可能轉變。我們的希望之一是做最能幫助中國的事。我們有一些優秀的執行委員會成員，如果我們能獲得進行組織所需的資金，委員會將迅速發展。我們付給工作人員的工資僅可勉強維持生活，我們需要更多這樣的人，以繼續保持已經建立的聯繫並利用正在增長的對中國的興趣。

我希望希爾達·沙爾文·克拉克夫人了解此新的內容，可能直接將信寄給她轉您，因為我不能十分肯定您現在的位址。

索耶（Edith. O. Sawyer），美國援華會理事。運往法國、英國的義賣物品均順利獲得免稅，但在美國則碰到困難。據 1939 年 4 月 15 日出版的《新聞通訊》第 2 期報導："不幸，紐約美國海關至今尚未同意免稅。在華盛頓的中國大使胡適博士目前正在爭取獲得免稅。同時，組織義賣和捐助義賣的各婦女團體在 4 月 6 日的聯合會議上，決定向富蘭克林·D. 羅斯福夫人發去下列電報，求得她的幫助。"該電由宋慶齡領銜。本函反映出美國援華會方面的努力。

當時，美國是日本主要的軍火和軍用原料的供應國，日本從美國的進口數約佔其總進口數的 54%。美國援華會成立後，曾不斷發動抵制日貨運動，同時要求對日禁運軍火、軍需，曾派代表赴華盛頓國會請願。索耶小姐 3 月 24 日函稱："正在進行民意測驗以了解當地分會對抵制和禁運的態度"，顯然是在為新的行動作準備。

八、1939 年 4 月 14 日宋慶齡致顧維鈞

來電敬悉，得知義賣的箱子已轉交中國人民之友社的 Etienne Constant 夫人，非常感謝。

附寄備忘錄一件，當地 "中國工業合作"（CIC）促進委員會要求轉給您，希望得到來自您的信息與合作。

致以最好的祝願！

您的真誠的

宋慶齡（簽字）

1937 年秋，愛德格·斯諾及其夫人海倫·斯諾與路易·艾黎等在上海提出，鑒於中國沿海工業區已經或即將淪於日軍之手，後方工業品十分缺乏，建議採用合作社的方式，在大後方發展小型手工業和半機器工業，生產各種迫切需要的日用品，以支援長期抗戰。宋慶齡積極支持這一倡議。1938 年 8 月，中國工業合作協會總會成立。隨之，工業合作運動（Chinese Industrial Cooperation）在各地興起，簡稱 "工合"。1939 年 1 月，根據艾黎的建議，為了避免重慶方面控制並貪污海外捐款，將之用於 "最急需的地方"，在香港成立中國工合協會國際委員會。宋慶齡任名譽主席。不久，又成立工合香港促進委員會，宋慶齡任主席。其後，宋慶齡即積極在美國、英國、菲律賓、紐西蘭、澳大利亞等地建立工合推進委員會，大力爭取國際援助。本函稱 "附寄備忘錄一件"，"希望得到來自您信息與合作"，顯然，宋慶齡企圖得到顧維鈞的支持，在法國推進 "工合" 運動。

九、1939 年 7 月 25 日宋慶齡致索耶小姐

您盛情經由沙爾文·克拉克夫人轉來的 1102 元支票收到，附寄收據兩張。

據不完全統計，1939 年前後，保衛中國同盟從紐約美國援華會得到的援助額為：美元 4258.81 元，法幣 9556.09 元；從麥迪森、諾坦普頓、費城、德克薩斯等地美國援華會得到的援助額為：美元 1757.27 元，法幣 127.57 元。本函所稱轉來的 1102 元支票當即其中的一部分。

十、1939 年 10 月宋慶齡致亞瑟·柏樸

本函英文本曾刊於 1939 年 10 月出版的保衛中國同盟的機關刊物《新聞通訊》第 9 期，題為《孫逸仙夫人致外國團體的信》，中文本收錄於 1983 年 5 月上海人民出版社出版的《永遠和黨在一起》，題為《給外國機構的一封信》。兩種文本均無收信人，看來當時是寄給許多外國機構和個人的。

亞瑟·柏樸（Arthur Pope），美國救濟中國戰災難童會主席。

由於本函已有中文本，故此處不錄。

十一、1939 年 10 月宋慶齡致普賴斯小姐

普賴斯（Mildred price），紐約美國援華會的執行秘書。本函內容與致亞瑟·柏樸同。

十二、1940 年 5 月 24 日宋慶齡致亞瑟·柏樸

支票收到，收據隨信附上。謹代表我們的委員會向您致以深深的謝意。

我已經得知您對我們工作的巨大興趣。感謝您的不斷支持，它已使挽救無數幼小的日本侵略的受害者成為可能。我去前線訪問六週，剛剛回來，在我訪問過的不同團體中，戰災難童受到我特別的注意。

不久我將寄一封詳細的有關這一問題的信給您。隨信寄去一張戰災難童的快照，它是我在視察旅行中抓拍的。

致以最熱烈的問候！

您的真誠的

宋慶齡（簽字）（孫逸仙夫人）

據有關資料，1939 年前後，美國救濟中國戰災難童會曾向保衛中國同盟捐款 388 美元。本函所稱收到的“支票”，當即該項匯款。

1940 年 3 月 31 日，宋慶齡與宋藹齡、宋美齡自香港飛抵重慶。4 月初，與宋藹齡一起到重慶第一兒童保育元慰問難童。5 日，三姐妹巡視被敵機轟炸的重慶市區。8 日，赴傷兵之友社醫院慰問傷兵。22 日，飛成都視察中國工業合作協會成都事務所，參觀“工合”產品展覽會。5 月 9 日返港。本函所稱“訪問六週”，指此。

十三、1940 年 5 月 26 日宋慶齡致普賴斯小姐

我到內地作了六週旅行，剛剛回來。在那裏，我見到了您的朋友並且收到了您的信息。但我仍然希望得到詳細的回答。

同時，我還必須告訴您，對您為我國戰爭受難者所做的傑出工作，我是多麼感謝！自您參加援助中國委員會以後，巨大的進步明顯可見，至於捐贈品的增加，就不用提了。我已寫了封短信給洛克伍德博士，感謝他幫助在費城成功地舉辦了音樂會。

從現在起，我將更加用心，試著寫一封信去美國。正在討論的婦女問題確實是個問題，不過，像所有問題一樣，它不能表面地加以解決。這需要時間。

致以個人的問候和敬意！

您最真誠的

宋慶齡（簽字）

美國援華會在費城設有分會。在當地舉辦的音樂會,也是向中國提供援助的義演。因此,本函中,宋慶齡除了對普賴斯小姐的出色工作表示感謝外,也順便告訴他,已去信感謝幫助組織義演的洛克伍德(Lockwood)博士。

十四、1940 年 7 月 16 日宋慶齡致普賴斯小姐

附上尊處寄給"中國工業合作協會"的 300 元收據。

S—C 夫人已去碧瑤,您的信將由辦公室秘書轉給她。

當保衛中國聯盟發起中國工業合作協會時,我們的組織還有其他的承諾。當您嘗試募捐時,請記住這一點。更多的人對後一組織感興趣,因此,經常有錢來自各方。

信即將發出,我必須止筆。致以熱烈的感謝和問候!

您的真誠的

宋慶齡(簽字)

S—C 夫人,當指沙爾文·克拉克夫人;碧瑤(Baguio),菲律賓的一座城市,位於馬尼拉之北。

為了廣泛爭取支持,動員菲律賓華僑支援祖國抗戰,宋慶齡曾派斯諾夫婦去馬尼拉組織"工合"菲律賓推進委員會。其後,又在碧瑤建立了同樣的組織。路易·艾黎曾去兩地演講,獲得很大成功。克拉克夫人去碧瑤,當亦為推進"保盟"和工合運動。

本函中,宋慶齡指出,更多的人對"工合"有興趣,"經常有錢來自各方",這是非常正確的。據不完全統計,至 1946 年止,英國"工合"推進委員會對中國"工合"的捐為 10 萬英鎊。美國"工合"推進委員會的捐款為 300 多萬美元,連同港澳、菲律賓、紐西蘭、澳大利亞等地,約計 500 萬美元左右 [1]。

---

1 盧廣綿《抗日戰爭時期的中國工業合作運動》,《文史資料選集》第 71 輯,126 頁。

十五、1940 年 8 月 27 日宋慶齡致普賴斯小姐

捐款拜收，呈上收據。對您的努力，謹表示我們誠摯的謝意。

我已指示會計，在將來更細心地列出捐獻清單，並且向援華會頒發所捐全部金錢和物資的榮譽狀，而不一一給予個人。這確實是由於辦公室打字員的粗心，以致使她登錄了貴會分支的認捐額。

美國戰災難童會參加貴會，這是個極好的消息。我希望您已經收到我為戰災難童出版的專刊，其中提到，在 30 萬以上戰爭難童中僅有 2 萬受到照顧。因此，非常需要為這些日本暴行的無辜受害者尋求資金，建設更多的住宅，特別在西北地方，由於到目前為止，這一問題尚未受到充分注意，要求就更為迫切。

聽到普賴斯小姐關於中國工業合作協會款子的不滿，我很驚訝。我們經常迅速地將款子轉交（中缺）回答說，他們已經從保衛中國同盟的會計那裏收到了全部款子。如果普賴斯小姐能給她的朋友寫一封信，更清楚地說明何項款子我們沒有轉交，事情將會立即得到澄清，因為我們可靠的秘書掌握著所有給中國工業合作協會的支票。

眼下我極忙，短簡乞諒。

致以熱烈的問候！

您的真誠的

宋慶齡（簽字）

保衛中國聯盟由香港大學教授諾曼·法朗士（N. H. France）任名譽司庫，有嚴格的財務管理制度。從本函看，由於打字員的粗心，出現了某些差錯，宋慶齡立即採取措施，加以改進。

十六、1940 年 12 月 7 日宋慶齡致普賴斯小姐

11 月 16 日大箚敬悉。謝謝。附呈我們的司庫寄給您的支票收據兩張。

聽到您的許多活動，我們很高興，對您提到的某些困難，我們也能很好地理解。

沙爾文‧克拉克夫人早已寫信給您，闡明委員會關於醫藥救濟的觀點。保衛中國同盟仍然主要負責國際和平醫院的維持和供應，此項工作，我們不直接依靠（中國紅十字會總會）救護總隊（或美國醫藥援華會）。我記得沙爾文‧克拉克夫人說過，美國醫藥援華會僅提供物資，它的援助主要用於林博士及其救護總隊，這已成為一項主要原則。但是，林博士完全忙於滿足主戰場的需要，除了偶然向游擊隊員或游擊區派遣一個醫療隊外，不能提供更多的幫助，後者要依靠國際和平醫院。

援華團體廣泛直接地以經費支持國際和平醫院之所以仍然非常重要，其原因就在這裏。

關於經由保衛中國同盟為中國工業合作協會所募的款項，我們運用同樣的原則。我們盡量特別支援前線及游擊地區，儘可能地將特別指定為中國工業合作協會的款項用在"游擊單位"及前線地區的特別計劃。中國工業合作協會的一般經費必須分配於他們活動的全部領域，但是特別指定的經費可由在香港的國際委員會（保衛中國同盟之下的）處理，並直接送到我們認為非常重要的地區，是中國工業合作協會應當立即發展的。

我們的難童經費主要用之於西北地方，邊區孤兒院及延安附近的"小鬼"訓練學校。在那裏的兒童，不僅受照顧，而且被訓練去做有用的和建設性的工作。

總之，保衛中國同盟堅持早已得到贊同的政策，首先援助那些不能從一般救濟工作、紅十字會及援助中國組織得益的所有前線及游擊區。

自然，我們希望，貴會將繼續支持此項工作。

目前，游擊區正面臨日軍全面進攻，因此，種種原因說明，他們從海外朋友處得到支持，遠較過去任何時期為重要。

我希望，你們計劃在1月舉辦的美術義賣與展覽能獲得巨大成功，從而在新的一年裏取得更好的工作條件。

您最真誠的

宋慶齡

保衛中國同盟中央委員會主席

國際和平醫院，抗戰初期創建於晉察冀的一所醫院，沒有固定院址，主要為中共所領導的游擊區軍民服務。1938 年，國際和平大同盟世界代表大會在倫敦通過援華決議，其後，宋慶齡即積極和中共方面聯繫，籌備建院。該院由英國援華會捐助建院費，第一任院長為白求恩，第二任院長為柯棣華。宋慶齡對該院一直給予巨大關注和支持。《新聞通訊》也經常報導該院消息。此外，延安保育院也受到宋慶齡的特別關注。

鑒於八路軍、新四軍的條件極為艱苦，因此，保衛中國同盟一直將援助的重點放在中共所領導的解放區。例如，"保盟" 1940 年的援助賬單即記載：國際和平醫院，46878.46 元（港元，下同）；紅十字會醫療救濟會，9639.80 元；八路軍，27411.50 元；新四軍，14990.83 元；中國工業合作社，30616.69 元；戰災兒童，5789.47 元；難民救濟，5511.03 元；魯迅藝術學院，9800 元；抗日軍政大學，923.87 元。在本函中，宋慶齡坦率地向普賴斯小姐通報此點並說明了理由。

十七、1941 年 1 月 11 日宋慶齡致普賴斯小姐

拜領您最近寄來的捐款，呈上收據。

在委員會上部分地宣讀了您的坦率的來信，很受欣賞。大多數您指出的問題是我們的問題。可以奉告的是，我們正在重建我們的機構、成員，並且堅決在廣闊的基礎上推進我們的政策，以適應需要和形勢。

詹姆斯·伯特倫先生現在是我們的發言人，他將回答大箚中有關問題。不過，他和我都正可怕地忙於在本月舉行音樂舞蹈演出會。我們經常好像處在奔跑中。如果不是因為財政運動，繼之以《新聞通訊》，兩星期之後，我肯定將專注於您的問題。

同時，請接受我熱烈的新年祝福和對您獻身於我們共同事業的感激。

您的真誠的

宋慶齡（簽字）

本函發於九龍。詹姆斯‧伯特倫（James Bertram）或譯傑姆斯‧貝特蘭，英國人，1932 年考入牛津大學。1937 年來華，曾秘密去延安訪問毛澤東。1938 年—1939 年任《先驅報》、《衛報》駐華特派員。1941 年任英國駐重慶大使館新聞參贊。他曾在"保盟"的《新聞通訊》上發表《關於國際和平醫院的報告》、《同日本攤牌》、《紀念白求恩》等文。

為救濟戰爭難童，保衛中國同盟中央委員會曾於 1940 年 10 月 18 日在香港半島旅館舉行過音樂舞蹈演出會，著名舞蹈家戴愛蓮和上海市立樂團歌手斯義桂等參加演出，獲得成功。1941 年 1 月 22 日，同盟又與援助昆明醫院委員會共同發起，在香港皇家劇院舉行演出會，所得收入用以援助國際和平醫院及遭到嚴重轟炸的昆明醫院。戴愛蓮、斯義貴再次參加了演出。

十八、1941 年 2 月 18 日宋慶齡致普賴斯小姐

1 月 28 日大箚給我們帶來了好消息，貴會在紐約成功地為中國獲得了大量救濟物資。如果您能指令將他們運到香港，我們將非常感激。

由於日本人佔領了惠州附近的道路，從香港經過廣東北部到達內地的通道現在不能開放。我們希望這只是暫時的，通道將能迅速開放。目前，我們在仰光沒有代理人，這條路線又遠，而且經過滇緬路運送救濟物資還需要特別的安排。在這兩條路線中，香港—廣東要快得多。

我注意到，您剩下了一些聖誕卡。如果可以儲存起來，請留待下一年使用。

由於中國人民力量的強大和公眾輿論以及人民武裝的形成，中國的內戰暫時得到阻遏。我感到，我們的外國朋友，此地的和海外的，已經為促進統一戰線所做的或將要做的努力，仍然是一個重要的因素。我們都感激在紐約的朋友迄今為止所做的一切。

您提出的與菲希頓先生談話有關的四個問題我已轉交陳翰笙博士，請他回答。我想，在下一封信裏，他會回答您。

最近，我們增加了同盟工作機構的人員，並且建立了更多的工作部門。沙爾文·克拉克夫人負責與歐洲國家的通訊，陳翰笙博士將處理和美國朋友的通訊。

致以熱烈的祝福！

您的真誠的

宋慶齡

孫逸仙夫人，主席

1941年1月上旬，國民黨當局製造皖南事變，抗日統一戰線面臨著破裂的危險。14日，宋慶齡與何香凝、柳亞子等聯名致電國民黨中央，譴責事變，要求國民黨和蔣介石"撤銷剿共佈置，解決聯共方案，發展各種抗日實力，保障各種抗日黨派"。在國內外愛國、民主力量的反對下，這次事變未發展為更大的風潮。2月15日，"保盟"的《新聞通訊》發表《統一戰線繼續存在》一文，報導事變真相，說明局勢已經緩和，要求國內外一切民主力量繼續努力，維護國內、國際反侵略統一戰線。本函為向美國友人通報有關情況而作。

當時，在"保盟"中央委員會的領導之下，建立了四個小組委員會：諾曼·H.法朗士領導的財政委員會、麥克斯·比克頓領導的運輸委員會、鄒韜奮領導的宣傳出版委員會、瑪麗恩·苔德莉領導的促進委員會。本函稱"建立了更多的工作部門"，即指上述各機構。

聖誕卡，1939年、1940年，"保盟"都製作了具有中國藝術特色的聖誕卡，委託美國援華會等友好組織出售，收入全部用於救濟中國的戰爭難童和傷病員。函中所稱聖誕卡，指1940年所製。

十九、1941年3月6日宋慶齡致普賴斯小姐

我想知道，您是否已經見到了愛德格·斯諾，他正在紐約。我樂意將

他作為保衛中國同盟的創始人介紹給您。毫無疑問，您早已熟悉他在援助中國工業合作運動方面所做的各種工作。

作為中國人民的朋友，他可能易於同意在美國發表講演。如果在援助中國委員會主持下他有某些講演的機會，我們將很感激，他能向美國公眾說明同盟的目標和活動。

茲答覆您 2 月 28 日天翕中詢回的項目。D1 與 D2 在香港買不到。我們的辦公室有關於價格的資料，引錄如下

繃帶用品，40 碼（yd）長，36" 寬，每捲港幣 5.3 元

橡皮膏，7"×1yd，每羅港幣 72 元

安全別針，每羅港幣 35 分

脫脂棉，每箱 224 磅，港幣 224 元，或每磅港幣 0.75 元

紗布，40yd×28"，港幣 4.5 元

棉布，作繃帶、包裝等用，40yd×36"，港幣 8.6 元

棉布，作小袋用，40yd×36"，港幣 6 元

一般地說，如果您收到了此類捐贈，望運至香港，我們再轉運內地。當您指定捐款用於製造此類物品時，我們將安排在此購買此類物品並轉運內地。中國工業合作協會下屬的任何單位都能製作繃帶、脫脂棉花及紗布。

凱思琳·霍爾小姐是一位負責公眾健康的護士，她在山西南部的紅十字會裏做了一年多醫療工作，成績突出。最近回故鄉紐西蘭，途經香港。您可以想起，她是和白求恩博士一起在五台山工作的朋友中的一個。

根據她的報告，現在在山西和河南有 14 個孤兒院，4491 個兒童，五分之二是女孩。她們急迫需要的是醫藥、衣服、食物、教育用品與房屋。

目前，生活費到處都在飛漲，但是，兒童的食品補助卻因為缺乏經費而無法增加。現在，負擔一個兒童的食品和其他開銷至少需要中國貨幣 1元。匯率是 18 元中國貨幣兌換 1 美元。

由於需要撫養的兒童不斷增加，幾個孤兒院雖早已找到經費，但都不夠。根據霍爾小姐提供的情況，我可以愉快地說，這些孤兒院在條件允許時能很好地工作。食品、教育用品之外，醫藥是緊迫的需要。眼病、一般

兒童瘡、抓傷、跌倒，還有夏季疾病的藥物供應不足。來自半飢餓或飢餓地區的兒童需要魚肝油和維他命 B 產品。

我知道，在邊區的孤兒院得到當地政府的財政支持，但是，這種支持太不足了，僅能維持每日最貧乏的食品，包括小米、麵條、饅頭和黃豆。另一方面，護士和教師的數量似乎差不多。每 8 至 10 個兒童有一名護士。我知道，這些教師和護士在延安的師範學校和醫藥學校受過訓練，他們中的有些人畢業於抗日大學。

那些孤兒院進行簡單的初等教育，包括讀、寫、算術、唱歌、體育和政治教育。耶誕節在信徒的家裏慶祝。中國新年（今年 1 月 27 日）一般受到重視。兒童節（4 月 4 日）和雙十節（中華民國國慶）放假。教育設備如積木、粘土、可塑材料等供應不足。通常的玩具不需要。

由於霍爾小姐的報告，我對於那些孤兒院進行一般的衛生訓練獲得印象。孩子們被教以一般的健康和環境衛生習慣。什麼時侯才能得到牛痘和血清的供應，使當地政府的防疫站能給孩子們種牛痘和免疫？

希望您已經收到了我 2 月 18 日的信。與英文版一起，同盟正在這裏出版中文版半月刊《新聞通訊》。

致以友好的問候！

您的真誠的

宋慶齡

孫逸仙夫人，主席

1941 年 1 月，斯諾在香港從宋慶齡與廖承志處得悉皖南事變情況，曾向美國發出急電，公佈事變真相，導致美國政府中止一筆新貸款的談判，國民黨政府因此取消了斯諾的採訪權，迫使斯諾返回美國。本函中，宋慶齡希望普賴斯小姐為斯諾提供機會，向美國公眾介紹 "保盟"。

凱思琳·霍爾（Kathleen. Hall），教會護士，1939 年 12 月以中國紅十字會外籍人士後備隊員的身份赴山西工作，1941 年初因病回國醫治，途經香港時，向 "保盟" 提交了一份長篇報告。該報告詳細敘述了中國西北部人民飢餓和缺醫缺藥的狀況，也介紹了在八路軍總部、國際和平醫院以及各地孤兒院所見。出於對孤兒們的關懷和愛護，宋慶齡在本函中特別為他們提出了救援要求。

二十、1943 年 4 月 17 日宋慶齡致普律德小姐

李約瑟博士給我帶來了您的短簡，從而得知您在紐約活動的部分情況，很高興。上週我在貴國大使館時，一位朋友提起，他聽說，您試圖控制在紐約的"工合"美國推進委員會。我笑了，評論說："這必然是聯合對華救濟會那裏來的。"他點頭，我們兩人都大笑起來。後來，我向他敘述了"保盟"和這個聯鎖組織打交道的經歷以及現在的僵局。

當我寫到這裏的時侯，我想知道，貴處是否已經有人試圖會見蔣夫人，聽她如何談論路易。我想，羅斯福夫人能在這方面給予很多幫助。

盧廣綿上週給我打了電話。他大為改變，甚至提出將杭立武（陳立夫的人）增補進委員會。

您讀了特迪·懷特關於河南饑荒的報告（《時代》，5 月）嗎？它提供了真相和該地區可怕的情景。大批災民正在湧入寶雞，"工合"可以救濟他們。不幸的是，路易的努力被擋住了。他被勸說呆著，完全不要動。說實在的，沒有什麼事比這更使人喪氣的了。

這封信必須立即發出。請代我問候佩（Pey）、高洛克（Galack）小姐、巴布科克（Babcock）夫人。致以最好的祝願並望不要泄氣（我也正在試著這樣做）。

宋慶齡（簽字）

本函發於重慶，為宋慶齡親筆，左上角並有 Strictly personal（絕對個人的）等字。

收信人普律德（Ida Pruitt）出生於山東煙台，在中國度過幼年時期，後回美國讀書，畢業後再來中國，任職於北京協和醫院。抗日戰爭爆發後到上海，與路易·艾黎、斯諾等共同發起"工合"運動。1938 年到香港，任"工合"國

際委員會秘書。後被宋慶齡派回美國，組織"工合"美國推進委員會，邀請羅斯福夫人任名譽主席，普律德自任秘書，為支援中國抗戰做了大量工作。晚年執教於美國賓州大學。著有 *A Daughter of Han, The Autobiography of a Chinese Working Woman*（漢族的女兒，一個中國勞動婦女的傳記）等書。

聯合對華救濟會（United China Relief），或譯救濟中國難民聯合委員會，由美國對華醫藥救助委員會、勞工對華救濟委員會、中國婦女救國會、對華緊急救濟委員會等團體組成。以羅斯福之子西爾多·羅斯福為主席。該會也為支持中國抗戰做了大量工作。但該會與美國各地紳、商、資本家及保守派工會領袖關係密切，當時中共領導的武漢《新華日報》曾發表文章稱："這一團體有很多弱點，他們在組織上排擠進步份子合作與參加，又該會並不注意群眾的組織與團結，僅作運動的發動與號召。"[1] 從宋慶齡此函看，聯合對華救濟會與"工合"國際委員會及推進委員會之間存在著矛盾。宋慶齡領導的"工合"運動主要援助中共及八路軍與新四軍，這可能是聯合援華會對"工合"和普律德不滿的主要原因。

路易，指路易·艾黎，紐西蘭作家、詩人。1927 年來華。抗戰期間，積極支持宋慶齡成立保衛中國同盟，宣導工業合作運動。盧廣綿（函中作 Lu Kwang-mian），原在華北從事棉業合作工作，抗戰爆發後到上海參加全國農業調整委員會，旋又參加胡愈之等人發起的星一聚餐會，與路易·艾黎及斯諾夫婦相識。不久，投入"工合"運動。杭立武（函中作 Han Lih-wu），安徽滁縣人。畢業於金陵大學，先後留學美、英兩國。時任三青團中央幹事會候補幹事。後曾任教育部常務次長。

"工合"運動受到國民黨政府，特別是 CC 系的嫉視。不少"工合"工作人員被捕，甚至被害。1942 年末，國民黨政府宣佈解除路易·艾黎的"工合"技術顧問職務，企圖迫使他離開中國，其理由是：艾黎在洛陽與共產黨員共同搞陰謀，利用蔣夫人的錢使瑞金的八路軍有所依靠，為新四軍製造草鞋[2]。本函詢問普賴斯，美方是否已有人會見宋美齡，聽她如何談論路易，當即為此。本函

1　漢口《新華日報》，1938 年 7 月 27 日
2　路易·艾黎《"工合"運動記述》，《文史資料選集》第 71 輯，105 頁。

又稱：盧廣綿"大為改變，甚至提出將杭立武（陳立夫的人）增補進委員會"，可以曲折地反映出 CC 系對"工合"運動所施加的壓力。

特迪・懷特（Teddy White），希歐多爾・懷特（Theodore White）的昵稱，中文名字為白修德，1938 年畢業於哈佛大學。1939 年至 1945 年任美國《時代》雜誌駐重慶記者。1943 年，河南發生大災荒。《大公報》因報導了有關情況，被國民黨政府勒令停刊 3 天，懷特隨即決定偕英國《泰晤士報》記者前往採訪。同年 5 月，懷特在《時代》雜誌 5 月號發表文章，報導了當地因為嚴重飢餓而出現人吃人現象的可怕情景，並且嚴厲批評了國民黨政府的腐敗和救援工作效率的低下[1]。當時，"工合"西北辦事處設在寶雞，本函反映出路易・艾黎曾準備動員"工合"予以救濟，但受到國民黨當局的阻撓。

信中，宋慶齡勸普律德不要灰心，自己也將同樣做。在當時的條件下，宋慶齡儘可能地為救濟河南災民做了許多事。當年 5 月 15 日，在重慶發起賑災足球義賽。其後，又通過美國援華會的幫助，聯合對華救濟會取得 5 萬美元捐款[2]。

張學良三次請纓抗日[*]

——近世名人未刊函電過眼錄

張學良發動西安事變，志在團結國內愛國力量，共同抗日。事變後，張學良被"嚴加管束"，軟禁於浙江奉化，但是，他抗日之志不泯。在奉化期間，他曾對來訪的部將于學忠等表示："除對日作戰外，決不想再統軍。"當年 7 月，盧溝橋事變爆發，華北危急。18 日，張學良致函蔣介石，要求蔣給以殺敵機會，函云：

1　參閱希歐多爾・懷特、安娜・雅各著《風暴遍中國》，解放軍出版社 1985 年版，第 175 頁—190 頁。
2　宋慶齡《從香港到重慶》，《永遠和黨在一起》，上海人民出版社 1983 年版，第 36—42 頁。
*　原載《光明日報》，2003 年 1 月 14 日。錄自楊天石《抗戰與戰後中國》，中國人民大學出版社 2007 年版。

盧橋衝突，日漸擴大，日本軍人之兇焰，肆行無厭，真令人髮指！良知鈞座鴻謀，早有成竹，萬一不幸，中日問題，必須以兵，俯乞鈞座賜良殺敵之機，任何職務，任何階級，皆所不辭。能使我之血，得染敵襟，死得其願矣。如蒙鈞座之允諾，良生當隕首，死當結草，鈞座俯臨華夏，決不令匹夫一志之不得伸。臨書惶悚，不知所云，俯乞鑒宥。

信中，表現了張學良對日本侵略者的切齒痛恨，也表現了他殺敵衛國的急迫心情。張學良原是軍事委員會副委員長，是僅次於"蔣委員長"之下的"副座"，但他表示，只求血染敵襟，死得其願，職務、等級，均不在考慮之列。信是送到蔣介石手上了，但杳無回音。

西安事變中，宋子文作為蔣介石的代表與張學良、楊虎城及周恩來等談判，終於達成協議，使事變和平解決。張學良被軟禁，宋子文覺得有愧於心。盧溝橋事變爆發後，宋子文即積極向蔣介石進言，要求釋放張學良，使之為抗戰效力。7月30日，宋子文致函張學良云：

弟時時思欲與兄晤談，而在目前情形之下，不能須臾離滬。國難如此，正一致禦侮之時，弟已切請委座恢復吾兄自由，俾為國效力。弟在此數日內，必抽暇來溪口與兄面敘也，

同年8月13日，淞滬抗戰爆發，蔣介石親赴昆山前線指揮，宋子文再次向蔣介石進言。這次，蔣介石居然同意了，宋子文很高興，於9月22日致函張學良云：

許久未通音問，實因無善足告，非敢對兄忘情，度邀亮照。兄事，弟對介公陳說之電不下數十通，最近在昆山晤謁，並以國難極度嚴重，急宜起用吾兄，及時效力為言，已得介公俞允。頃蔣夫人來函，亦經提及，大云出山，指顧間耳！

從盧溝橋事變起，時間不過兩個多月，但宋子文向蔣介石陳述起用張學良的電報已達數十通，可見，宋子文用力之勤。因為宋函有"頃蔣夫人來函，亦經提及"一語，所以張學良收到宋函後，即給宋美齡寫信，希望通過"夫人路線"比較快地解決問題。首云："入世以來，除先嚴時加訓誨外，扶持愛護者，只有委員長一人，感激之深，銘心刻骨。良恪守夫人前在妙高台之訓，惟委員長之命是遵，所以居山以來，每日以閱書看報檢束身心為事，外間事一概不聞不問。"當年 4 月 10 日，宋美齡曾在奉化妙高台邀請張學良、于鳳至夫婦午餐，臨行前，宋美齡單獨召張學良談話，聲稱"彼深知余為 gentleman，不過性急躁須改"云云。函中所言"妙高台之訓"，指此。接著，張學良轉入正題：

　　惟自中日戰事爆發以來，家仇國難，時縈於心，恨不能捨命捐軀，以抗強敵，是以前此有請纓雪恥之舉。近兩月中，每日注意鍛煉身心，以備委員長之驅使，期為民族而犧牲，不敢自圖安逸，苟全性命於世間。良受委員長之優容厚待，有如家人。委員長運籌決策，夙夜焦勞，凡屬同袍，皆各效其能，以為抗戰之助力。良處此時勢，詎敢妄有希冀，捫心自問，實有難安心者耳！否則飽食暖衣，山居優遊，亦或人求之所不得。夫人聰慧過人，諒能洞鑒良之心緒也。

這一段話寫得很婉轉，但國難期間，願為民族犧牲，而不願"飽食暖衣，山居優遊"的心情表達得很明確。同時，張學良並致宋子文一函，要他將上函轉給宋美齡。函云：

　　我二人愛如手足，親如同胞，心心相印，兩地情同。兄對弟之關切，我心深知，弟非木石也。頃上蔣夫人一書，弟之情緒，統見其中，兄請酌可否呈遞。良見我同志皆能殺敵救國，而家仇國難萃於一身如我者反山居優遊，衷心時刻難安，想兄當可鑒及也。臨書迫切，企盼好音。

蔣介石雖然在宋子文面前表示，同意起用張學良，但很快就後悔，通過宋美齡轉告張學良，要他"好好讀書"。這是張學良第一次請纓抗日的情況。

1938 年，張學良遷移湖南沅陵，住在鳳凰山。6 月 1 日，湖南省主席張治中得到蔣介石允許，到鳳凰山探視張學良，張學良將事先寫好的請纓書交給張治中，託他轉呈蔣介石，同時另抄一份給劉乙光，請劉轉交戴笠，請其幫忙。這封信沒有流傳下來。

此次請纓，仍無回音。

張學良第三次請纓是在同年 11 月 9 日。當日，戴笠到鳳凰山。晚餐後談話，張學良從戴笠口中得知"抗戰中真情不少"，張學良聽後"悲喜交集"。此前戴笠對東北流亡人士有所照顧，張學良頗為所感，覺得戴笠"可稱一朋友"。戴笠臨行前，張學良交給他一封致蔣介石的信，中云：

> 雨農兄來山，欣聞鈞座雖在夙夜辛勞之中，身體精神兩健，深為快慰。此非只鈞座自身，乃中華民族之幸福也。學良山居如恆，竭力對於知識及身體，盡能修養，惟一念及我同志、同胞們在抗戰中各能盡其天職，罪孽深重如學良者反安居後方，每一思及，衷心如焚。學良非有所希及，為良心所驅使，謹為陳述。

因為已經碰過兩次釘子，所以張學良已經不願提出什麼要求，僅強調同志、同胞在抗戰中"各能盡其天職"，而自己"安居後方"，良心上無法平靜，那意思還是要求上前線。

張學良在接受美國張之宇、張之丙姐妹訪問時談到："我跟蔣先生寫過兩三封信，我當營長、團長都願意，跟日本打。他也沒答應。" 又說："我願犧牲就是了。" 證以上述信函，張學良的有關回憶是準確的。

蔣介石為什麼"不答應"呢？張學良說："我也明白蔣先生不讓我抗日。一旦我出來抗日，蔣先生的領導權，我就拿過來大半了。不但老百姓，甚至中央軍隊我也會影響。" 張學良一出來，是否會將蔣介石的領導權"拿過來大半"，不一定，但張學良重新掌握一支武裝，即使是一支抗日武裝，也是蔣介石不能放心的。

報國無門的苦惱 *

——讀張學良幽居日記

在美國哥倫比亞大學所藏張學良檔案中，日記是很重要的一部分。現存張氏日記，始於 1937 年 1 月 1 日，終於 20 世紀 90 年代，是研究張學良生平的重要資料。這些日記，特別是他在抗戰時間的日記，充分顯示出張學良的愛國主義激情。張學良曾自稱 "愛國狂"，此言確非虛語。

一、執戈衝鋒成夢想

1936 年 12 月 31 日，南京高等軍事法庭審判張學良，判處有期徒刑 10 年，褫奪公權 5 年。審判後，張被移送孝陵衛孔祥熙宅。這天是除夕之夜，張學良夢中過年，有兩位東北老鄉來訪，訴說國破家亡之苦，三人相對涕泣，張學良不覺哭出聲來，被看守喚醒。次日元旦，張學良日記云：

> 呀！廿六年的元旦了！不只失地未復，而國權日衰，就是我今日之處境，百感交集。但我是中國人，我是個丈夫，悲憤是無用的，只有不顧一切，衝出一條血路，打倒我們的仇敵日本帝國主義，然後國事有復興的機會。

同月 13 日，軍統局派劉乙光等護送張學良到溪口。同年 7 月，盧溝橋事變爆發。18 日，張學良致函蔣介石，要求蔣給以殺敵機會，不論官階、職務，只要能血染敵襟，死得其願，但蔣介石要張學良 "好好讀書"，不予批准。張學良只能在奉化山中猜測日寇對華北可能採取的措施，如，成立自治政府，在察哈

---

* 原載《百年潮》，2002 年第 12 期。錄自楊天石《抗戰與戰後中國》，中國人民大學出版社 2007 年版。

爾、綏遠、內蒙等地成立“大元國”，以防共名義，與華北偽組織訂立協定，繼而又想到華南狀況以及將來的中日結局，憂憤不能自已。當時，抗日烽火已在華北、淞滬等地燃燒，張學良再也無法安坐，9月18日日記云：

> 9月18日，啊呀，又到“九一八”了！六年中我作了些什麼？悲慘忍痛，過了六年。今天中日戰爭展開，而我安居山上，凡我同志多去肉搏，我不能執戈為民族去衝鋒，報家國之仇。“九一八”我失卻衝鋒機會，那是我的罪惡，忍耐點吧。不怨天，不尤人，自勵身心，以備國家需用年的時候，你能擔起一個任務……

次日為中秋佳節，張學良等在妙高台賞月會餐，張學良內心痛苦，喝得酩酊大醉。日記云：“此時惟酒可以解去苦悶，希望對日戰勝。我在此賞月賞桂，要大大痛飲一回。”

日軍在進攻上海同時，多次倚仗空中優勢，狂轟南京。9月16日，出動飛機50餘架。19日，再次出動30餘架。20日，張學良滿懷仇恨地在日記中寫道：“奪我土地，殺我同胞，襲我首都，再加以殺父之仇，真無法同倭寇戴天了！！”22日，國民黨中央通訊社發表《中國共產黨為公佈國共合作宣言》，次日，蔣介石發表《對中國共產黨宣言的談話》，國共第二次合作正式確立。張學良非常高興，24日日記云：“共產黨宣言，服從三民主義，一致禦侮。蔣先生已發表談話，抗敵前途之一大快事也。抗日方有真實的統一。今日可證之也。”但是，張學良高興未久，就得到保定失陷的消息，張學良轉喜為憂，直到當夜兩點，輾轉不能成眠。25日日記云：“保定失守，憂憤萬分。憂華北局勢，憤華北將領，何以如此之可恨！該殺！”10月25日，中國上海守軍在經過艱苦奮戰後，被迫撤至蘇州河以南陣地，但第八十八師五二四團謝晉元部八百壯士奉命堅守閘北四行倉庫，掩護主力撤退。張學良聞訊，非常讚賞謝部的“死戰”精神，在日記中寫下了“可嘉”二字。

10月，張學良奉命自溪口遷安徽黃山，到達黃山後又奉命遷江西萍鄉。12月14日晨，張學良聽到電台廣播，蔣介石命南京衛戍長官唐生智退出南京，立即推測到南京已經陷入敵手，日記云："那末，南京陷入小鬼之手了，痛哉！！！"

雖然戰局不斷惡化，但是張學良仍存有希望。12 月 31 日，又是一年除夕，張學良日記云："一年過去了！這一年中，個人及國家，風雲變化，全是劃時代的。現抄一句吉祥話，祝明年中華民國國運亨通，打倒帝國主義，完成自由解放。"

二、"大好河山難住腳"

1938 年初，張學良奉命遷移湖南郴州，再次開始顛沛流離的旅行，1 月 2 日，張學良在途中賦詩一首：

> 剡溪別去又郴州，四省馳車不久留。大好河山難住腳，孰堪砥柱在中流？

古人云："聞鼙鼓而思將帥"。從離開溪口始，張學良的腳印已經踩過浙江、安徽、江西、湖南四省，但是，仍然收不住腳，自然，張學良希望能有人砥柱中流，支撐戰爭危局。2 日，張學良一行抵達郴州郊外蘇仙廟。3 日，張學良下山遊覽當地的溫泉和池塘，非常喜歡，不禁想起故鄉，賦詩云：

> 眼前風景雖好，其奈家山淪陷，返鄉無日何！

據有關人士回憶，蘇仙廟期間，張學良曾凝視地圖，自言自語地說："東北這塊地方，現在不知道成了什麼樣子了？"這一段回憶可以幫助人們理解詩中的感情。

3 月 16 日，張學良讀韜奮的《萍蹤憶語》，其中寫到殖民者對黑人的壓迫，黑人與白人乘車時必須"分座"，張學良由此想到日本在南滿東洋車中實行的"分座"制，豈不同黑白分座一樣嗎？當日日記云："國未亡，日本小鬼早已用劣等民族看我，不把小鬼此種心理打倒，中、日安有和平之望乎？”同月，中、日兩軍在山東台兒莊會戰。4月6日，李宗仁所部殲敵1萬餘人。張學良於9日從報上看到消息，興奮地寫道：“（此）為抗戰九個月來第一次大勝利，更使人快意者是將板垣、磯谷兩個王八旦打敗了。”接著，又傳說中國軍隊收復濟南，張學良高興地寫下了“快活極了”四字。

台兒莊戰役後，日軍調整戰略，將兵力集中到華中戰場，企圖攻取武漢。4月18日，張學良奉命遷居湖南沅陵鳳凰山。這是當地的一座小山，狀似鳳凰，山上建有古剎，風景宜人。在這裏，張學良的生活是安適的，但他卻常常自責：“國難家仇集於一身的我，當此時期，而駐此清快處所，心中愧殺，但又奈何乎！”他仍然渴望有機會報國殺敵。6月1日，湖南省主席張治中得到蔣介石允許，到沅陵探視張學良，張學良將事先寫好的請纓書交給張治中，託他轉呈蔣介石，同時另抄一份給劉乙光，請劉轉交戴笠，請其幫忙。結果，仍然石沉大海。

報國無門，壞消息卻不斷傳來。10月22日，張學良得知廣州失陷，深為中國軍人難過，日記云：“呀！中國軍人該死，我也是中國軍人，也是不肖之一，思之不知容身於何地！”26日，又得知漢口失陷，心中更加悲痛，日記云：

> 今年以來未有如此之悲痛者。從抗戰以來，失陷多地未有如此之難過者。思今後，想往昔，五衷如焚，竭力自制這一極端懦弱現象，但一時仍不能止！痛哉！！！難道中國人必須要一度為亡國奴乎？不能！不能！不能！我也不肯！不願作奴隸的人們！聯合起來吧！！我們必須拿我們的血來洗這個恥辱。

11月9日，戴笠到鳳凰山，晚後暢談，張學良得知抗戰中真情不少，不禁悲喜交集。戴笠對東北流亡人士有所照顧，使張學良頗懷感激。當日，張學良託戴笠轉呈蔣介石一函，再次表示參加抗戰的意願。

為了阻止日軍進攻長沙，蔣介石密令張治中於必要時焚毀市區，實行“焦土抗戰”。11月2日，日軍侵佔岳陽，長沙警備司令酆悌匆匆下令點火，全城被焚十分之九，居民被燒死 2 萬餘人。16 日，戴笠再到鳳凰山，談起長沙放火情況。張學良深為不滿，日記云："長沙當局，彼時之張惶失措，沿途之慘，又怨又氣。抗戰不敗於敵，乃敗於自己也。"

中日之戰，中方屢敗，其原因固在於雙方在國力、軍力上的差距，但國民黨政權的腐敗與政策失當亦是原因之一。"敗於自己"，張學良的這一結論有其深刻性。

1938 年除夕，張學良從無線電中聽到南京日偽電台的隆隆鐘聲，又羞又氣，但轉念一想："此聲雖可敲碎我們的心，但是也可以警醒睡人們的迷夢吧！"

三、以"九一八"作為個人一年之始

汪精衛早就對抗戰失去信心。1938 年 12 月，汪精衛等自重慶出逃，發表"豔電"，主張接受日本首相近衛文麿的"三原則"。1939 年元旦，國民黨中央決議，永遠開除汪的黨籍。次日，張學良日記云："汪氏之為人行動，不只丟國民黨的臉，也丟中國人的臉。但其人如此，其客觀條件早已將他完成了，不過今天更顯著些罷了！中央黨部已將汪永開除黨籍，不過晚了一點。"

很快又到了"九一八"。這一天，對於張學良說來，可謂創痛馳深。一聽到那首著名的抗戰歌曲："'九一八'，'九一八'，從那個悲慘的時候⋯⋯"張學良的心中就為之酸痛。他決定將這一天作為他個人的一年之始。其理由有三：第一，就世界來說，張學良認為，這一天"日本野心的軍閥之一彈"，震盪了全世界，打破了國際條約，暴露了國聯無能，接連著德、意"法西斯的瘋狂，滅亡了幾個國家，殘殺了多少人民。可是在另一方面，使全世界認清了侵略者的真面目，辨明了法西斯的本質，反侵略者奮起，為世界史造一新階段。"第二，就中國來說，張學良認為："我中國喪失土地、生命、財產，其慘其苦，筆之為之心痛！但是，另一方面，深刻刺激了國人的惰性，警醒國人的沉昏，加強團結，各階層群起抗敵，給中國有史以來開了一個新紀元。"第三，就張學良自己來說："在責任上，為國家民族負重大之罪惡，在個人名譽上、聲望

上、經濟上，一切之一切受無限的損失。可是，另一方面，改變了我的環境，改變了我的思想，能使我了解了人生，使我認識了些真理，也可以說使我由污濁的深淵躍出，給我開了一個新生命。"一直到1946年，張學良才將個人的一年之始改回到元旦。

張學良的幽居生活很清閒，但是，愈清閒，張學良愈加不能自安。9月27日，張學良試寫了一首新詩：

> 人家都在那裏打仗，
> 咱"國難家仇"的人，
> 靜坐塘邊來釣魚，
> 呵！"戎馬半生"已經三十年了！
> 年近四十，再幹一幹"蠹書蟲"兒。

國難家仇，戎馬半生，竟然只能靜坐釣魚，做"蠹書蟲"兒，張學良心情之苦悶，可想而知。

四、"凡有利於國家民族問題，用我的頭全可以"

汪精衛被開除黨籍之後，國民黨軍統局局長戴笠曾派人趕到越南河內，企圖將他除掉，不料錯殺汪的助手曾仲鳴。這以後，汪即轉赴上海，招降納叛，積極籌備建立日軍卵翼下的偽國民政府。9月5日，成立偽中央黨部，原東北軍將領鮑文樾出任偽中央委員。10月11日，戴笠到張學良寓所，要求張學良利用和鮑的舊關係，致鮑一函，請其幫忙剷除汪精衛。張覺得義不容辭，立即答應，並且聲明："凡有利我民族國家問題，用我的頭全可以，其他不必說了。"戴笠又談到于學忠，怕他繼起投敵。張學良保證，此人決不會當漢奸。他按照戴笠意思，分別作致鮑文樾、于學忠等人函，統交戴笠。10月12日，張學良日記云："但願除此漢奸，為民族國家去一大害，我盡一點小小職務。假如雨農叫我去執行，我全願意。那個王八旦，頭號漢奸，人人得而誅之！"11月26

日，南寧失守，中國對外交通線被切斷。張學良估計這是汪精衛向日軍所獻之策，在日記中憤怒地寫道："汪兆銘這混賬，為要證實他的投降理論，不惜‘賣身投靠’，向敵獻策——攻我西南國際交通線。也許南寧失守，這東西在那得意呢？他那〔哪〕裏曉得，他正給自己加工趕造棺木哪！"

1940年1月，參預汪精衛集團對日談判的高宗武、陶希聖自上海出逃香港。22日，香港《大公報》公佈了日本提出的《日支新關係調整綱要》，既揭露了日本侵略者的面目，也揭露了汪精衛之流的賣國醜態。26日，張學良日記云："汪精衛之賣國協定，被高、陶宣佈，我讀過之後，對於汪之無恥和只要錢，不值得再加批判。關於日人之毒辣，我也不驚奇。"所見既多，經驗愈深，對敵偽，張學良已經進入"橫眉冷對"的境界了。

五、終於盼到了勝利

對於一個志在報國的人來說，其痛苦莫過於不能有所作為了。1939年12月11日，張學良又寫了一首新詩：

現在我有血無處流，
有精力無處去使；
只有武裝我的頭腦，
充實我的體力——
以待國家民族需用我時。

詩中可見，張學良雖痛苦，但仍存有希望，渴望在未來的某一天為國效勞。

幽居中，張學良不忘時事，不忘讀書。1940年1月，有人從貴陽給他帶來一些刊物，其中有一份《反攻時與潮》，內有好幾位東北老鄉的文章。張學良讀後十分興奮。21日日記云："並不是我狹窄的地域觀念，因為我聽到這些不甘作奴隸的東北人底呼聲，——也代表著不甘作奴隸的中國人底呼聲，使我心中說不出來有一種快愉，我意味著，這是中國前途的光明。"4月4日，宋子文來，告訴他"抗戰有辦法"，也使他高興了很久。但是，當年的"九一八"，張學良仍處於痛苦中，日記云："一到這個日子，心中總是難過。想把它忘了，又忘不掉。等到中華民族解放自由那天，也許到了這一天的心緒就不同了吧！"

1941年1月初，國民黨發動皖南事變，中共參政員董必武、鄧穎超等拒絕參加國民參政會。3月2日，董、鄧等致函參政會，要求國民黨當局立即停止向共產黨的軍事進攻，立即停止全國的政治壓迫。同月10日，張學良見到消息，憂心如焚，日記云："中國內部又將分裂，痛心！痛心！余曾為促中國之統一，犧牲權利，犧牲性命，皆所不惜，而今日正在對外抗戰之時，不幸再要分裂，何只余一人痛心乎！"不過，大敵當前，國共雙方都還比較克制，張學良所擔心的分裂局面沒有出現，抗日統一戰線得以繼續維繫。

同年12月7日，日本偷襲珍珠港。次日，英、美對日宣戰，太平洋戰爭開始，國際反法西斯聯盟隨之形成。此後，戰局逐漸變化，好消息也逐漸多起來。1943年10月，張學良讀報，見到"英、美宣佈撤銷在華治外法權"的消息，幾乎不敢相信，日記云："現在無確實消息，以待後證。"直到第二年1月，張學良看到正式消息，才在日記上記道："中英、中美廢除在華特權，已正式換約，報紙昨已公佈。"晚清以來，中國被迫與列強簽訂了大量不平等條約。為了廢除這些條約，無數仁人志士呼號奔走，甚至斷頭瀝血，均無成效。八年抗戰中，中國軍民以艱苦卓絕的鬥爭，抗擊日本侵略，終於迫使英、美相繼宣佈，廢除在華特權。張學良的有關日記雖然只有寥寥數語，但其興奮可以相見。

1945年，盟軍反攻，日軍已呈劣勢，國民黨當局開始策反偽滿及汪偽集團部分人員。2月6日，戴笠致電張學良，要張致函偽滿洲國張景惠、臧士毅及投降汪偽的鮑文樾等人，勸他們棄暗投明。張學良當即遵囑寫了11封信，說明"盟軍迫近柏林"，"日本之必敗，路人皆知"，"公等真危矣。進退無據，雖死無光，即欲終身夷狄，亦無可投之國。"張學良要求張景惠等人在中國軍隊反攻之時立功自贖，"振臂一呼，促敵速亡，斷敵歸路，使其片甲不回"。函稱，這樣做之後，"國人對往事有以諒解，政府可以寬容"，"切勿以過去問題徘徊躊躇，坐失良機"。戴笠收到這批信後，認為份量過重，不便挾帶，給張學良送去兩丈白絹，命張重寫。張學良一一照辦。4月25日，又按戴笠要求，補寫了 7 封絹書。

　　同年 8 月 8 日，蘇聯對日宣戰，百萬紅軍進入中國東北。15 日，日本天皇宣佈無條件投降。28 日，張學良日記云：＂見報載，已佔領東三省各大城，可以說完全東三省佔領了。＂30 日日記云：＂政府批准八月四日的《中蘇盟好條約》……此條約不能算是完全平等。在中國立場上說，近百年來對強大國家所定的條約，這個可以說是較強人意的條約。＂9 月 18 日，張學良在日記中高興地寫道：＂今天天氣十分清朗，今年更比往年大不相同，我雖然還不能自由地走上我的故土，可是我的故土是在壓迫之下而得到了自由。雖然故鄉的老鄉們受到了日寇的奴化，可是十四年的教訓，使得多少老鄉們改換他們的頭腦，促成了他們自發的精神。我衷心期待著解放了的故鄉煥然一新。＂張學良等了又等，終於等來了抗日戰爭的勝利，還鄉有期了！

　　然而，張學良清醒地認識到，中國不會自此太平。1946 年元旦張學良日記云：＂＇九一八＇的問題雖然是有了結局，可是東北尚未得到自由解放，那塊土裏還是埋著大量的炸藥，不曉得哪一天它還是會爆發的。可是，不只東北喲，中國全國還不是一樣嗎！＂當時，東北人民對張學良表現出異常的熱情，使張學良慚愧不已。1 月 3 日日記云：＂＇九一八＇的事變，判斷的錯誤，應付的錯誤，致成＇不抵抗＇，而使東北同胞水深火熱 14 年，今天他們反而對我如此的熱誠，這可真叫我太難過了！＂

　　1 月 31 日，政治協商會議閉幕。會議通過和平建國綱領，確認政治民主化、軍隊國家化、黨派平等合法、用政治方法解決政治糾紛等原則。2 月 1 日，中共中央發出《關於目前形勢與任務的指示》，認為政協已獲重大成果，＂從此中國即走上和平民主建設的新階段＂。2 月 5 日，張學良日記云：＂政協完成，和平建國綱領甚好，但願不要只成為一張好的文獻文章。但無論如何，中國總算有進步。＂張學良沒有想到的是，政治協商會議的決議很快就被撕毀，張學良本人也在不久之後轉遷台灣，繼續漫長的幽居生活。

六、張學良的自我鑒定

張學良是個複雜的人物。古人云："蓋棺論定。"張學良已經蓋棺了，但是華人世界中關於張的評價卻分歧頗大。1948 年 5 月 9 日，張學良思考自己的前半生，日記云："自覺自己還有一點優點：1. 良心秉正，每遇大事，總是把國家和大眾利害為思慮的主點，把自己的利害置之度外。2. 富貴不淫，威武不屈，否則早成了滿洲土皇帝；因之上不愧天，俯不怍人。"通讀張的幽居日記之後，應可承認，他的上述鑒定不是自詡之言。

吳開先等與上海統一委員會的敵後抗日工作 *

抗日戰爭，除了戰場上硝煙瀰漫的廝殺，還有隱秘深藏的敵後地下鬥爭。關於前者，史家已多有研究；關於後者，至今尚少論述。茲就台北 "中研院" 朱家驊檔案所藏，參以 "孤島" 時期的上海報紙，闡述國民黨系統在上海地區的部分敵後工作情況。

一、上海黨部委員紛紛變節，蔣介石大為震怒

上海於 1937 年 11 月淪陷。1939 年，汪精衛自重慶逃出後，於 5 月 8 日抵達上海，即以之為基地，大肆鼓吹 "和平運動"，緊鑼密鼓地籌備組織偽國民黨和偽國民政府。蔣介石認為 "上海陣地不能丟"，計劃加強上海工作。[1] 當時，國民黨雖在上海設有地下市黨部，但由於原書記長蔡洪田、常務委員汪曼雲率先變節，為虎作倀，一時間，除主任委員、原暨南大學教授童行白等二三人尚能

* 原載台北《傳記文學》1997 年 7 月號，修訂稿發表於《民國檔案》，1998 年第 3 期。錄自楊天石《抗戰與戰後中國》，中國人民大學出版社 2007 年版。

1 吳紹澍《記上海統一委員會》，《文史資料選輯》第 29 輯，第 82 頁。

保持氣節外，其他委員和職員居然攜帶卷宗、印信，集體投逆。[1] 這種情況，使蔣介石大為震怒。6月7日，蔣介石手令國民黨中央秘書長朱家驊等人稱："上海黨部實在無成績表現，其無能力與無辦法可知，應特別設法改良為要！"[2] 13日，陳立夫也致函朱家驊，建議"集商改進方案"。[3]

重慶國民黨中央很快決定派候補中央執行委員鄭亦同去上海，以中央組織部代表名義負責考察當地黨務。8月23日，鄭亦同致電朱家驊報告：上海黨務既無下層基礎，上層幹部"變節者變節，消沉者消沉"，必須"徹底改組"，方能"重奠革命之基礎"。他並推薦，以中央組織部副部長吳開先擔當此任，其理由是，上海的這幫動搖失節之輩，與吳"有甚深切之歷史關係"。只有請他出馬，才能"多盡勸導之責，或於殘局不無小補"。[4]

吳開先出生於上海近郊的青浦，畢業於上海法科大學，其後曾先後擔任國民黨上海市黨部組織部長、常務委員會主席等職，可以說是上海通。鄭亦同推薦他回滬主持地下工作，不無道理。

二、正邪、忠奸、人鬼的搏鬥

1939年8月28日，吳開先抵達上海。當時，汪精衛正在上海極司非爾路76號召開"國民黨第六次全國代表大會"，組織偽國民黨。一場正與邪、忠與奸、人與鬼的搏鬥正在上海灘上展開。

報紙是社會喉舌，可以造輿論，洗腦筋，影響和左右人心。汪精衛、周佛海等都是國民黨內的文化人，長期做宣傳工作，自然深諳此點。他們到上海後，一面通過《中華日報》鼓吹"和平運動"，一面威脅、恐嚇各抗日報刊。6月17日，汪偽武裝特務襲擊《導報》館，迫使該報停刊。同時，投降汪偽的原國民黨特務丁默村、李士群等則以"中國國民黨鏟共救國特工總部"名義，向

<hr />

1 李子孝《致朱秘書長函》，（1939年）5月24日。朱家驊檔案，台北"中央研究院"藏，以下所引資料凡未注出處者，均同。
2 蔣介石《機秘（甲）第2895號手令》。
3 陳立夫《致朱驊先函》。
4 鄭亦同《致驊先秘書長電》。

上海各抗日報刊負責人投遞恐嚇信，聲稱如再發現有反汪、擁共、反和平之記載，"決不再作任何警告與通知，即派員執行死刑"。7月22日，汪偽特工夜襲《大晚報》社。8月30日，暗殺《大美晚報》副刊《夜光》版編輯朱惺公。其後，暗殺事件即層出不窮。

在抓報紙的同時，汪偽又大力抓學校。其辦法是拉攏部分教育界敗類成立所謂上海市教育委員會，遊說各校校長發表擁汪通電。9月2日，上海女子大學校長吳志騫因致函《中美日報》，痛斥汪精衛的"和平"謬論，宣稱"頭可斷，志不可屈"，被汪偽特務暗殺。[1] 接著，大海中學校長聶海帆也遭到毒手。其後，各校校長紛紛接到前述"鏟共救國特工總部"的恐嚇信，聲稱如再堅持不肯參加"反共和平運動"，"執迷不悟，甘心附共"，將以同樣手段對付。[2] 因此，一部分校長、教導主任們不得不表態擁汪。[3]

吳開先離開重慶時，攜有蔣介石致虞洽卿等人函5件，孔祥熙致上海銀行界李銘等人函十數件。吳開先抵滬後，即與蔣伯誠分頭訪問或宴請上海各界頭面人物，特別是工商界巨頭，傳達抗戰國策。在淪陷兩年之後，上海人士突然見到了這兩位來自重慶的舊相識，因此，一時頗為興奮。8月31日，吳開先致電陳果夫、朱家驊等稱："環境雖確甚惡劣，然事尚可為，決以最大之努力挽此頹勢。"[4] 9月10日，蔣伯誠、吳開先又聯合致函朱家驊稱："汪逆失敗，在滬利用敵人之金錢，威脅利誘，無所不為。對忠實同志屢加殺害，喪心病狂，較之暴敵，尤為殘酷。惟汪逆無論金錢、暴力，如何兇殘，但是非猶在，清議尚存，順逆忠奸之辨，孩童皆知。故無論黨內黨外，忠貞不二、持正不阿之士，所在皆是。"函件表示，上海潛在力量非常廣大，將廣泛聯絡各界及各民眾團體，"使全滬民眾不為利誘，不為威屈，造成強固之不合作運動，以為消極之抵抗。"[5] 後來的事實表明，蔣、吳二人的這些壯語雖沒有完全實現，但在打擊敵偽方面還是做了一些工作。

---

1 參見《吳志騫來函表白》，《中美日報》，1939年8月29日。

2 《中美日報》，1939年9月12日。

3 錢俊瑞等《汪偽在上海各界活動的真相》，黃美真等編《汪精衛國民政府成立》，上海人民出版社版，第242—247頁；參見展鴻圖《忠奸搏鬥中的教育界》，《新華日報》，1939年1月19日。

4 吳開先《致果公、立公、楚公、騮公、厲公、庸公、布公電》。

5 蔣伯誠、吳開先《致騮兄秘書長函》，1939年9月10日。

汪偽和日寇很快就得知吳開先已經返回上海並重建地下組織。9月9日，汪偽《中華日報》刊出吳開先到滬的消息。同時，丁默村懸賞5萬元捉拿吳開先。9月19日，日方制訂應予撲滅的中國秘密機關計劃，首列"吳開先集團"。[1]

三、成立上海敵後工作統一委員會

到達之後不久，蔣伯誠、吳開先很快發覺，上海地下市黨部的被破壞情況，遠比原來估計的嚴重。二人函告重慶稱："市黨部因二三叛徒破壞，無異臨陣倒戈，牽動甚大。"主任委員童行白雖然艱苦撐持，但人面過熟，險遭敵偽暗殺，行動、居處，都極感困難，因此，已不能留滬工作，市黨部必須根本改組。函件同時也提到，上海原有特工組織，均已崩潰，應即統一力量，重加組織，派遣重要人員來滬主持。函稱："叛徒一有制裁，則同志之勇氣自增，而觀望之徒有所顧忌，更不敢為非作歹矣！"[2]當時，重慶方面在上海從事地下抗日工作的系統有好幾個，政出多門，互不相關。9月30日，吳開先再次致函朱家驊，說明中央在滬工作人員尚未取得密切聯繫，"工作既未集中，經費尤為奇缺"。他要求朱家驊報告蔣介石，"將全滬工作化零為整，以堅強之組織與敵偽相抗"。[3]

1940年夏，吳開先返渝彙報工作，國民黨中央採納吳開先、杜月笙等人建議，決定組織上海敵後工作統一委員會，以杜月笙、蔣伯誠、戴笠、吳開先、吳紹澍為常務委員，以杜月笙為主任委員，吳開先為書記長。同時，改組上海市黨部，以吳紹澍為主任委員，兼三青團上海支團主任。統一委員會成立後，吳開先指定杜月笙留在上海的管家萬墨林為總交通，以原中央通訊社上海分社主任馮有真等人為專員。[4]在上述五個常務委員中，杜月笙和戴笠都不在上海，因此，統一委員會的工作主要由吳開先、蔣伯誠、吳紹澍三人負責。

上海統一委員會成立後，部分國民黨人和文教界人士紛紛變節的情況得到

---

1 《第十三軍工作要領》

2 《致驊兄秘書長函》，1939年9月10日。

3 吳開先《致驊公函》，1939年9月30日。

4 吳紹澍《記上海統一委員會》，《文史資料選輯》第29輯，第82頁。

扭轉，上海市黨部、三青團上海支團的工作呈現起色。"孤島"的報紙不斷出現上述組織的宣言、公告，街頭也不時出現國民黨系統散發的抗日傳單。

四、爭取失足份子，穩定動搖份子

在汪精衛的追隨者中，有一部分是鐵杆漢奸，有一部分則是一時失足者。吳開先到上海後，所做的第一件工作就是爭取失足份子，制止文教界正在蔓延的附逆趨勢。1939 年 9 月 11 日，吳開先致函朱家驊說："抵滬後，對丁逆所脅持份子已救出周斐成、張詠春、蘇頑大、顧蔭千、柴子飛等十餘人，均為租屋，另行居住；盲從而悔悟願歸者亦有封光甲等十餘人（均為中小學校長）。"[1] 這可以說是蔣伯誠、吳開先等到滬後的最初成績。

1940 年 1 月初，在萬墨林的策劃下，高宗武、陶希聖二人離開汪偽集團，出走香港。蔣伯誠、吳開先即於 7 日致電朱家驊，要求迅速向蔣介石彙報，轉命駐港工作人員"聯絡撫慰，以拆汪偽團體"。[2] 14 日，朱家驊批示將電報抄送蔣介石的侍從室，同時指示："汪逆正謀傀儡登場之際，忽與其重要幹部兇終隙末，我方自可及時利用。"[3]

高、陶到香港後，在杜月笙等策劃和支持下，向報界公開了汪偽和日本所簽訂的賣國密約，並陸續發表了《致大公報函》、《新中央政權是什麼》等討汪文章。以此為契機，全國各地紛紛掀起討汪運動。1 月 23 日，吳紹澍對記者發表談話，通過滬報公開聲討汪精衛的賣國行為。談話特別提出："汪之末日已至，日人之政治陰謀已窮"，號召"受汪逆一時誘惑者，從速猛醒，戴罪圖功"。[4] 同時，吳開先則分別致函附逆份子。函稱：

> 慨自汪逆叛國，匿跡滬西，謬倡和平，行同盜匪。影響所至，環境日

1　朱家驊檔案。
2　蔣伯誠、吳開先《致朱部長驊兄電》。
3　朱家驊《條諭》。
4　《黨部主委吳紹澍氏在香港發表談話》，《大美晚報》，1940 年 1 月 23 日。按吳紹澍當時實在上海，談話稱"在香港"，係為迷惑敵人。

惡，生活日高，全滬人士，咸蒙其害。諸君或被利誘，或遭威脅，雖不能與"認賊作父"、"為虎作倀"者同日而語，要亦信念不堅，交友不慎，有以致之。在先或惑於謬論，或醉於利祿私圖，執迷不悟，莫可理喻，方今高、陶遠走，密約揭露，諸君雖不與謀，亦屬附和，務望及時憬悟。

函末，吳開先並號召失足份子刺殺汪精衛："若能刺逆來歸，將功贖罪，我中央不特不咎既往，且將厚事賞賚也。"該函於 28 日在上海《申報》、《新聞報》、《中美日報》、《大美晚報》等多家報紙同時刊載。[1]

高宗武、陶希聖公佈汪日密約後，汪偽集團極為狼狽，偽國民黨中央秘書長陳春圃狡辯說：高、陶所公佈的密約是"日人片面提出之條件"，"並非最後折衝之結果"。[2] 27 日，在吳開先等勸導和安排下，偽社會部秘書程寬正等 15 人決定反正，脫離汪偽控制。31 日，程寬正等發表公開函件，反駁陳春圃的狡辯，說明"自高、陶宣佈密約，乃知所謂'和平運動'，實漢奸運動之變相。"[3] 其後，程寬正並發表長文，揭露丁默村等脅迫他落水並逼他參加汪偽"六大"的經過。[4] 周樂山等也發表文章，譴責汪精衛"假和平之名，行屈膝之實"。[5] 2 月 6 日，吳紹澍致電葉楚傖、朱家驊稱，自吳開先發表文告後，"奸偽內部頓呈動搖"，"滬市人心殊見興奮"，云云，[6] 雖有誇大成分，但確係事實。

除分化敵人，爭取失足份子外，統一委員會又嚴密注視上海頭面人物的動向，特別注意監視動搖份子，及時採取措施。

汪精衛等成立偽府前後，多次誘脅虞洽卿出任偽職。統一委員會得到消息，立即緊急集議，決定假冒吳鐵城名義致電虞洽卿，聲稱："奉總裁諭，上海情形複雜，安全堪虞，請即來渝。"1940 年秋，虞洽卿離開上海，經香港轉赴重慶。[7] 統一委員會的此一舉措，有效地防止了虞洽卿為敵所用。

1　各報文字小有不同，此據《中美日報》。
2　《中華日報》，1940 年 1 月 23 日。
3　《程寬正等跳出火坑，公開函質》，《大美晚報》，1940 年 1 月 31 日。
4　《從禍水中躍登彼岸》，《大美晚報》，1940 年 3 月 20 日。
5　《周樂山等公開函》，《大美晚報》，1940 年 3 月 19 日。
6　吳紹澍《致楚公、驊公電》，1940 年 2 月 6 日。
7　吳紹澍《記上海統一委員會》，《文史資料選輯》第 29 輯，第 86—87 頁。

　　1941 年 12 月 8 日，日本偷襲珍珠港，向英、美宣戰，佔領上海租界。黃金榮受日偽誘惑，準備出任租界維持會會長。統一委員會故伎重演，送去一份蔣介石具名的電報，表示對黃近況的關念，詢問其身體狀況，勸其多加養息，23 日，吳開先致電朱家驊，報告這一做法，電稱："此老如能懸崖勒馬，而不為敵用，對於滬上一切，或究可稍好也。"[1] 結果，在整個抗戰時期，黃金榮和日寇雖有周旋，但始終沒有出任偽職。

　　上海有巨大的人力資源，為敵所用，將極大地不利於抗戰。上海統一委員會爭取失足份子，穩定動搖份子的工作雖然無法完全阻遏少數敗類的投敵，但對分化敵人，限制敵偽利用上海的人力資源，顯然有一定作用。後來，吳開先在回憶中曾不無自豪地說："終汪逆之世，上海所有銀錢業較知名之士，無一敢冒不諱而參加敵偽之金融組織者。"[2]

五、肅反、鋤奸

　　為了對付汪偽的恐怖政策，蔣伯誠、吳開先於 1939 年 9 月 5 日致電朱家驊，告以"汪逆恐怖政策，日益加厲"，要求"速派妥員來滬，主持肅反工作，鼓勵民氣，堅強陣線。"[3] 其後，軍統上海區先後處置了汪偽特工總部大隊長趙剛義、機要處副處長錢人龍、青幫大亨張嘯林、偽上海市長傅筱庵等人，起到了部分鎮懾作用。

　　資料顯示，重慶方面曾企圖通過上海統一委員會暗殺汪精衛。同年 11 月 14 日，蔣伯誠、吳開先致電朱家驊稱："賜電奉悉。囑破壞汪逆偽組織事，弟等不避艱險，多方設施，政治方面，曾向平方策動反汪，已見成效。現仍積極進行。滬上各方，在弟等聯絡及監視之下，各界均亦不敢勾結參加。"同電並稱："行動方面，曾積極計劃，俟機實施，惟逆賊防衛嚴密，不易接近為慮。"[4] 電報所稱"向平方策動反汪"，指的是利用華北漢奸集團反對汪精衛，製造其內

1　吳開先《致驊公電》，1941 年 12 月 23 日。

2　吳開先《抗戰期中我所見到的杜月笙先生》，恆社編《杜月笙先生紀念集初集》，1952，第 18 頁。

3　蔣伯誠、吳開先《致驊公電》。

4　同上。

部矛盾。所稱"行動方面",則顯指暗殺汪精衛。

　　上海統一委員會暗殺汪精衛的計劃未能實行,但是,在偽南京國民政府成立之前,他們還是處置了幾個小漢奸。2月28日,在吳紹澍等指揮下,上海同日發生三起暗殺案:日偽《新申報》記者許申,偽京滬、滬杭甬兩路黨部委員薛顯揚,上海市商會委員馬少荃遭到槍擊。不過,許申未能致命,而馬少荃則當時並無顯著附逆行跡,統一委員會對他採取行動,主要是嚇唬,促使他離開上海,轉赴重慶。

六、推行崇尚廉恥運動

　　蔣伯誠、吳開先到上海後,除聯繫各界頭面人物外,還曾聯絡了部分民眾團體。1939年10月,在蔣、吳等鼓勵和支持下,上海工商、教育、慈善等各界人士組織上海市民廉恥運動委員會,發起崇尚廉恥運動,其內容為:"自己立誓,不與聞無恥之事業,不受無恥之金錢,共同對無恥之徒,口誅筆伐。"[1]12月12日,委員會發表宣言,號召"孤島市民,刻苦淬礪,堅忍奮鬥,以復河山。"[2]此後,陸續發表《告教育界同仁書》、《敦勸金融界書》、《勸告婦女界書》、《告上海市民書》、《告工友書》等文件,宣導"守廉厲節,圖強發奮,雪恥復仇"。[3]1940年3月11日,廉恥運動委員會發佈宣傳要點,指責汪偽曲解孫中山的言論以行其奸,嚴肅聲稱:"凡曲解三民主義者,不但為總理之叛徒,且為千秋萬世之罪人。"[4]29日,汪偽成立漢奸政府前夕,廉恥運動委員會再次發佈宣傳要點,尖銳地提出一系列問題:"你接受無恥金錢嗎?你參加無恥事業嗎?"[5]30日,汪偽政權成立之日,委員會又發表文告,提出"應益堅氣節"。[6]這些,顯然都具有批判民族敗類、砥礪氣節的作用。

　　廉恥委員會後來曾發展到各業各界,在上海活動了很長一段時期。

1　《申報》,1939年10月17日。
2　《申報》,1939年12月12日。
3　《申報》,1940年1月1日。
4　《申報》,1940年3月11日。
5　《申報》,1940年3月29日。
6　《大美晚報》,1940年3月30日。

在統一委員會活動期間，上海工商、知識各界的群眾工作有一定發展。當時發端於重慶的"春禮勞軍運動"、"節約勞軍救難運動"、"一元救難運動"等，都曾得到上海市民的積極回應。其中"春禮勞軍運動"，上海各團體原擬募集代金 50 萬，20 天不到，各業認捐額即達 60 萬。[1]

當然，上述群眾運動是多種社會力量，包括共產黨在上海的地下組織共同推進的結果，但其中有統一委員會的努力則是無疑的。

七、揭穿汪精衛偽造民意的鬼把戲

在汪偽之前，日本帝國主義先後培植了華北、華中兩個漢奸集團。汪精衛等自重慶出逃之後，日寇即準備以之為中心，成立統一的漢奸政府。1940 年 2 月，汪偽開始製造"還都"輿論，謀劃在南京成立偽府。其手段之一是偽造民意。當月，《中華日報》以上海 100 多個同業公會的名義發表"擁護和平通電"，藉以欺騙社會。為了揭穿汪偽玩弄的鬼把戲，國民黨上海市黨部分別動員各同業公會登報否認。3 月 19 日，上海醬園業、古玩業、地貨業、雜糧油餅業等同業公會首先在《申報》發表啟事，聲明"本會以維護同業為職志，越此範圍，概不預聞。"在此基礎上，《申報》並進一步刊登消息，說明《中華日報》所登啟事，"其中 65 個，係未經正式成立，甚至根本無此名稱者，其中 41 個，已陷停頓者，至於確有此種名稱而在活動中者，對於此事，事前實一無所聞。"[2] 自此，各種否認聲明絡繹不絕。至 3 月 30 日，各同業公會發表聲明者達 150 餘起。各界發表聲明者每日數起。[3] 這些聲明，有力地揭穿了汪偽的鬼蜮伎倆。

八、反對成立偽府

汪偽集團在一再延期之後，決定於 3 月 30 日"還都"。為了加緊反汪鬥

---

1 《申報》，1940 年 2 月 22 日。
2 《捏名通電，各公會均否認》，《申報》，1940 年 3 月 21 日。
3 蔣伯誠《致驥兄密電》。

爭，三青團上海支部於 29 日通電全國，聲稱：“我國人心未死，公義尚存，豈能容此無恥巨奸，靦顏人世，以貽民族之羞！”[1] 同日，上海市各區黨部督率全體黨員上街張貼標語，進行了一次突擊宣傳。據報導，南京路商業區，以至曹家渡、徐家匯等地區，“均有大量小型彩色討汪傳單散發”，“人行道上之電杆木上，均有極整齊之討汪標語張貼。”[2] 後來，吳開先曾回憶說：“每年元旦或國慶日，均由黨部工作同仁在先施、永安、大新諸公司之遊樂場上，擲下大批紙質國旗黨旗，以喚起民心。汪偽組府時，並印大批傳單說明汪之漢奸行為，以昭告國人，亦由高處擲下。”[3]

3 月 30 日，汪偽為了製造氣氛，盜用英、法兩租界華人納稅會名義，以紀念台兒莊戰役為名通知各商店懸旗。上海市黨部得知這一消息，立即商請各晚報刊登消息，揭穿陰謀，並加印《大美晚報》8000 份，調動學生 50 人分頭送報，並向各商店說明。因此，當日除外灘日本銀行及虹口、滬西一部分商店外，英、法兩租界內絕無一家商店懸旗。[4] 同日，上海學生協會、上海學生討汪運動總會等紛紛發表宣言，聲稱：“現在更偉大、更艱巨的反汪任務，放在我每肩上來了，我們只有更英勇更堅決地發揚我們的傳統，擔負起我們的使命，集中我們的火力，萬眾一心，從日寇汪偽的進攻中發動全面決死的總反攻。”[5] 當日，3 萬學生舉行全市大罷課。各校學生在風雨中分別舉行討汪宣誓：“余誓以至誠，決不參加偽組織，以最大之決心，打倒賣國組織，並否認賣國密約，決以全力擁護中央，擁護抗建國策。”[6]。會後，各校宣傳隊到租界各馬路散發反汪傳單，高呼反對成立偽府口號，因此，被捕數 10 人。這是淪陷區的一次大規模的群眾性行動，發生了較大的影響。當日，蔣伯誠即致電重慶，報告有關情況。4 月 2 日，朱家驊覆電表示滿意。電稱：“滬市討汪工作，由兄主持，頗著績效。原電已譯呈總裁鑒核，仍請督導諸同志加緊進行。”[7]

1 《三青團上海支部通電全國討汪》，《大美晚報》，1940 年 3 月 29 日。
2 《本市學生反對偽組織》，《大美晚報》，1940 年 3 月 30 日。
3 《滬上往事細說從頭》，台北《傳記文學》，1987 年 12 月號。
4 《致朱家驊電》，1940 年 3 月 30 日。
5 端木衣虹《大上海青年反法西斯鬥爭底繪卷》，《新華日報》，1941 年 11 月 30 日。
6 同上。
7 朱家驊《覆蔣伯誠電》。

九、宣示抗戰國策，拒絕德國人轉達的日本和平條件

日軍侵華，原以為可以在短時期內滅亡中國，但是，卻陷入了中國人民持久抗戰的泥潭中。日本侵略者不得不通過多種渠道向重慶國民政府誘和，以求取得在戰場上無法得到的東西，從侵華戰爭中拔出腳來。

1940 年 10 月 15 日，德駐華使館代辦密告蔣伯誠與吳開先：日本華北軍司令長官多田駿等對汪精衛甚為輕視，認為中日問題非與蔣介石洽商，無法解決。德代辦稱：日方現應以優越之條件給予中國政府，但日方亦應有所得。德代辦暗示，德國將以第三國姿態出面保證實行。蔣、吳二人沒有堅決表示拒絕，同意將談話經過報告蔣介石。朱家驊對此不滿，覆電稱："此次抗戰，中途言和，可招亡國之禍。""戰事擴大，正我所期待。英、美合作既成，則共同制日，步步加緊，對我援助，日有進步，前途希望愈增，我抗戰亦勝利愈近，此時我方決不可稍動搖。"[1]

德國企圖再次調停中日戰爭的消息很快為英、美得知。10 月 26 日，吳開先以中央駐滬人員名義對英、美記者發表談話："中日戰爭，非俟日本有真誠之覺悟，放棄侵略之決心，達到委員長所提恢復中國領土之完整，國家之獨立、自由，則任何和平方法，余知中央決不願予以考慮也。"[2] 朱家驊認為這一談話"頗為得體"，於 29 日覆電表揚，電稱："欲謀世界秩序之恢復，和平之重見，各國必先聯合，共同制日。我三年餘抗戰，對世界，尤其太平洋有關各國，貢獻良多。此後當更盡最大之努力剷滅此世界禍首也。"朱家驊指示，如外國人繼續詢問，即按上述意思回答。[3]

1941 年，太平洋戰爭爆發。同年 12 月，日軍佔領上海英、法兩租界，統一委員會的工作轉入隱蔽待機，但是，日方仍然多次輾轉向吳開先表示謀和之意。1942 年 2 月上旬，德國海通社社長美最時會見吳開先，轉達日方求和意圖，打聽中方條件。吳開先答以"我方現在絕無謀和之意，條件無從談及。"12

1　朱家驊《覆蔣伯誠、吳開先》。
2　吳開先《致朱部長騮公》。
3　朱家驊《覆吳開先電》。

日，美最時再次約見，出示日本海軍方面的五條意見，主要內容為：1. 日本承認中國尚未擊敗，希望避免繼續流血，願接受中國之和平條件。2. 中國應盡速參加東亞新秩序，取得其應得之地位，則中、日兩國，將為亞洲之兩平等國家。3. 日方決定大權，掌握在東京二三領袖手中，日本海軍與之有最接近之聯繫，因此中國無須與其他日人談判。4. 此次機會，稍縱即逝，望中國方面及早圖之。有了前次的教訓，這次吳開先的回答就乾脆了：中國已在二十六國宣言上簽字，不能單獨媾和，"事無百一之望"。[1] 24 日，朱家驊覆電，指示稱："我國單獨抗戰，四年有半，百折不撓，已獲勝利基礎。""太平洋戰事發生以來，我一躍而躋為四強之列，為世界大戰中之主角，同時亦為世界各民族共認之領導者，國際地位既已提高，此乃千載一時萬不可失之良機，正宜及時加緊努力，以竟全功，斷無中途言和之理。敵在太平洋上初期勝利，本為意中之事，最後勝利仍屬於我，敵必慘敗，已無疑義，今其謀和之心愈切者，亦為此也。"朱家驊並稱："德人建議，弟意不宜轉陳，因總裁必大生氣也。"[2]

十、統一委員會工作的停頓

1942 年 3 月，吳開先被捕。5 月 6 日，統一委員會的秘密電台被破獲，吳紹澍避居宜興西南的張渚。此後，又適逢蔣伯誠中風，因此，上海統一委員會的工作陷於停頓。除營救吳開先外，就沒有做過多少事了。

自吳開先等到上海敵後工作到吳開先被捕，前後不到 3 年。在此期間，吳開先等始終沒有能將上海的敵後工作真正統一起來，其工作範圍也僅限於工商界、新聞界、教育界，和社會下層缺少聯繫。同時，他們還有和共產黨鬧磨擦的一面，反映出國民黨雖一面聯共抗戰，一面仍不能忘情於反共。但是，吳開先等人和上海統一委員會的主要鬥爭矛頭是指向日本侵略者和汪偽集團的，因此，基本上應予肯定。

1　吳開先《致騮公電》。
2　朱家驊《覆吳開先電》。

打入日偽內部的國民黨地下工作者 *

　　打開《民國人物詞典》，有兩個人物，一為江蘇吳縣人陳中孚，1938 年任南京偽維新政府行政院長梁鴻志顧問，1941 年任汪偽國民政府委員，後又任汪偽國民黨中央監察委員。一為安徽望江人何世楨，1939 年任汪偽國民黨中央執行委員會常務委員，曾被重慶中央宣佈開除黨籍，明令通緝。按二人職位，理應列入漢奸行列。但是，此二人在抗戰勝利後都沒有受到懲罰。不僅如此，何世楨還在上海參預接收日偽財產。1948 年並被選為行憲國民大會代表。這就奇了。

　　翻查有關檔案、文獻，二人也確乎有 "劣跡"。如：1939 年 9 月 15 日，何世楨曾致電蔣介石等稱："國家民族已至最危急時期，黨既不能成為有主義、有精神之黨，政府亦復不能為負有責任、有能力之政府，全國人民已陷於水深火熱之中，諸公猶以國家民族為孤注一擲，將置國家民族於萬劫不復之境，此則誠可痛心疾首長太息者也。深望諸公幡然悔悟，以大無畏精神向國人公開謝罪，光明的主和，切實團結全國國力，共為光榮和平之奮鬥。" 此電刊於汪偽《中華日報》，當時，汪精衛等人正在上海全力 "主和"，何世楨在電報中卻要求蔣介石和重慶方面 "幡然悔悟"，放棄抗戰方針，"向國人公開謝罪"，"共為光榮和平之奮鬥"。這不是明顯的漢奸言論嗎？據說，何世楨還曾租用飛機在上海及重慶上空散發此電。他們在抗戰勝利後何以未受到懲罰呢？

　　1996 年，我在台灣所藏朱家驊檔案中讀到了葛覃、吳任滄、騰珂三人寫給重慶方面的一份報告，專談何世楨、陳中孚情況，部分解答了我的疑問。

　　一、1938 年秋，陳中孚、何世楨奉孔祥熙、于右任、居正三人囑咐，探討 "中日和平途逕"。適值陳立夫派陳惠到上海作 "重要政治情報工作"，經藤珂介紹，與陳、何聯繫，"便中偵察日方對華政治動向，隨時報告中央"。陳惠在

* 　原載《抗日戰爭研究》，1999 年第 1 期。錄自楊天石《抗戰與戰後中國》，中國人民大學出版社 2007 年版。

上海組織民眾黨，出版《民力》週刊，公開反對汪精衛，同時與陳中孚、何世楨聯手，打擊汪精衛的"和平運動"。後陳惠被汪方通緝，被迫離滬。

二、汪精衛初到上海時，首先拉攏陳中孚、何世楨，計劃在廣州組織偽國民政府，為陳、和拒絕。同時，北方的王克敏、南方的梁鴻志也多方誘迫何世楨參加偽府，許以司法院長高位和 20 萬元的經費。陳、何態度未定，騰珂等多方勸阻，二人遂加以拒絕。

三、1939 年，汪精衛到北平，企圖勾結吳佩孚。陳、何得到消息，立即北上，勸吳以國家為重，不要受汪精衛的愚弄，吳遂拒絕與汪會晤。汪精衛聯吳失敗後，回上海組織中山學會，旋改稱"中央黨部"，準備成立偽國民政府，陳、何即組織中國新同盟會相抗。汪精衛在上海召開偽國民黨第六次全國代表大會，推何世楨為主席團成員，繼又推為偽國民黨中央常委，許諾何為立法院長，均遭拒絕。因此，汪精衛非常痛恨何世楨。當重慶國民黨中央宣佈開除何世楨黨籍之時，汪精衛也在上海襲擊了何主持的持志學院。

四、汪精衛到上海後，向日方誇耀，重慶國民政府五院院長、張發奎、陳銘樞等都同情他的和平主張，但所言不驗；而且陳、何也不肯與汪合作。日方因此感到，汪沒有解決時局的能力。陳、何乘機策動日方，"欲謀和，非向中央進行不可，否則徒受汪愚"。汪政權之所以一再喧嚷，而遲遲不能建立，與陳、何的策動有關。陳、何不僅運用日方倒汪，而且不時運用南北兩個偽政權刁難汪精衛。汪精衛政權之所以難產，此一重要原因。

五、1939 年春，日本軍部小野寺來華，與陳、何續談和平，陳、何再次提出："汪無解決時局能力，欲謀和惟有求諸中央。"小野寺贊同這一觀點，立飛東京，與近衛、平沼商量；再返滬，向陳、何稱：日方要人多數贊同與重慶方面談判，任國府指定地點，重慶、昆明、桂林、新加坡、小呂宋（馬尼拉）均無不可，近衛或平沼均可參加。其他如軍部的適原、海軍的野村中將、現任海軍司令津田中將均持同一主張。日方人員多次向陳、何表示："如中央有意談判，則日方條件均可從優，否則惟有支持汪政權矣！"

六、自高宗武、陶希聖在香港發表日汪密約後，海內大嘩。陳、何表示："即無日汪密約，吾人亦不與汪合作；有此賣國協定，更非倒汪不可！吾人之中國新同盟會與和平救國會亦準備結束。"

七、1939 年 3 月初，陳、何向騰珂等表示：現在日方的松岡洋右一派，如石井、小川等及日海軍宇垣大將等發表新主張，高唱解決中國問題，除東北四省既成事實外，餘均無條件恢復七七事變以前狀態。此說在日本國內甚為有力。軍部的小野寺、適原，海軍之野村、津田、岩村等，均持同一主張。彼等尤其反對支持汪政權，使之成為中日和平的障礙。北平的熹多、南京的原田、武漢的村杉也堅決反對支持汪政權。何稱：陳中孚擬於汪政權成立後，開始其倒汪活動。屆時，汪政權的弱點即將全部暴露，陳、何將聯合日方海陸軍中之反汪派，推倒米內內閣，促成宇垣、松岡洋右、小野寺等之抬頭，並向日方之政黨、議會發動倒汪攻勢，從而轉變日方支持汪偽政權的國策，俾向吾人就範。"吾人更一面在抗戰軍事予以若干次重大打擊，一面支持日方反汪份子之活動，以擾亂其侵華陣容，則抗戰之前途不難於有利之條件下達到中央預期之目的也。"

函末，騰珂等建議，恢復外交部駐滬辦事處，派專人主持，聯絡陳、何，使之"作有利於中央之活動"，"發動對日之外交攻勢"。同函並稱："汪偽政權成立期近，陳、何效力中央，頗具誠意，時機迫切，稍縱即逝。"

從騰珂等人的報告看，陳中孚、何世楨是有意打入敵人內部的國民黨的特殊工作人員，其主要目的是作倒汪活動。一方面在"和平"陣營內作汪精衛的反對派，一方面支持日本人內部的反汪派。一言以蔽之，阻撓和破壞汪精衛組織偽政權。

筆者的這一判斷並不是孤證。吳紹澍在《記上海統一委員會》一文中回憶說："上海持志大學校長何世楨與李擇一、陳中孚與日寇也有勾結，而同汪精衛偽組織並不合流，卻想另搞一套。當時統一委員會對何也發出了警告。何就託人解釋，說與重慶有聯繫。"可見，何世楨、陳中孚是打著"和平運動"旗幟的反汪派。上海統一委員會是國民黨在上海的地下抗日組織，吳紹澍是它的主要成員之一，其回憶自然比較可靠。

何世楨、陳中孚原來都屬於以胡漢民為首的西南派，是堅決的反蔣份子。他們是如何轉而成為重慶方面的特殊地下工作者呢？關於此，胡道靜老人等回憶說："抗日戰爭爆發後，何的持志學生徐明誠，時任軍令部東南辦事處即上饒辦事處主任，勸何以國家利益為重，對蔣拋棄過去的個人恩怨，與日方接觸，以了解日方動態，利用各方關係和他們之間的矛盾，為民族戰爭作出貢獻。何接受了這意見。因而何到了重慶，接受我調查單位之請，返回上海，與日偽秘密接觸，從而探知敵方很多秘密。1939年9月，重慶政府發佈對何的通緝令，使他更受日偽之信賴。何世楨在抗戰期間成為提供敵方情報最多貢獻的人員。"

這段回憶清楚地說明了，重慶方面派何世楨回滬從事秘密工作的情況。陳中孚是何世楨的搭檔，其情況當亦類似。

何世楨不僅為國民黨工作，而且也為共產黨工作。胡道靜等又回憶說：何世楨秘密擔任國際問題研究所駐上海的負責人。中共地下黨利用何的關係在汪偽周佛海的中央儲備銀行搞到一個透支戶，組織公司，實質上是新四軍的後勤供應站。因此，1979年上海市公安局在何世楨的復查結論中明確寫道："何歷史上與我黨組織有過關係，曾做過有益於人民的工作，是有貢獻的。"

胡道靜等還回憶說："何世楨與阜豐麵粉廠廠長孫伯群有親戚關係，在孫廠內的住宅內設立秘密電台，另一秘密電台設在何的家中。在杭州亦有一秘密電台設在何的學生勞鑒劭家中。有一時期，上海居民糧食緊缺，何曾請孫伯群設法弄一些麵粉幫助地下工作人員生活。"

除在"和平運動"中反汪外，1944年，何世楨還曾和近衛文麿的弟弟水谷川忠麿等聯繫，介紹徐明誠代表重慶方面和日方談判，提出要求日本全面從中國撤軍等三項條件。日方稱之為"何世楨工作"。同年9月29日周佛海日記云："徐某來，半年前曾見過一次，據云係渝軍令部東南辦事處下之負責人，奉軍令部電令向日海軍接洽者，提出前記之和平條件三項。蓋日海軍前曾由何世楨傳達，擬倒東條內閣以對渝表示誠意，而東條果倒，故內地電徐經何提出也。"據此可知，何世楨確曾在日方內部工作，挑動其內部矛盾。

何世楨、陳中孚的經歷都很複雜。關於何，筆者所知略多：他於"文革"期間被隔離審查，寫過幾十萬字的交代材料。1972年10月13日撤銷隔離，同月17日去世。關於陳，則所知極少。他大概後來去了美國，組織第三種力量。

還要談一談陸玄南。《朱家驊先生年譜》稱："（民國二十八年）此時佈置南京地下黨部，發現委員陸玄南同時擔任偽組織的南京市黨部委員，因他事前沒有向中央報告用兼偽組織的職務作掩護的手續，既格於規定，先生不得不將他免職。但他免職之後仍能一秉初衷，繼續為中央工作，非常出力。結果被汪偽組織發現逮捕，壯烈就義。"顯然這也是一位忠貞的愛國者。他的實際職務是南京市地下黨部成員，公開職務則是汪偽國民黨南京市黨部委員，為此，他受到重慶方面的處分，最終則犧牲在地下工作的崗位上。

　　我曾見到過陸玄南寫給重慶方面的幾份秘密報告，知道他化名鍾平，在南京"專任汪方之反間及情報工作"，"盡量離間，使其內鬥"。他最初在汪偽"中央通訊社"工作，後來偕同其他兩個同志混入偽南京市黨部。他曾利用特殊身份在當地組織了 12 個地下工作小組，也確曾向重慶報告過汪偽集團的許多情報，例如，其 1939 年提供的情報就有：汪偽新政權成立延緩，汪防範、戒備情形，汪派人員之摩擦益甚，汪建立武力情形，最近汪外交動向等。不過由於資料不足，他在南京的全部工作及其被捕犧牲情形，一時還難以厘清。

漢奸末日審判記 *

　　中華民族富於愛國精神，日寇侵華期間，廣大軍民英勇抗戰，創造了無數頂天立地、可歌可泣的英雄事跡，但是，也有少數敗類，靦顏事敵，為虎作倀，墮落成為漢奸。抗戰勝利後，國民政府為了伸張國法，懲處奸邪，進行了長達年餘的對漢奸的審判。

---

*　原載台北《歷史月刊》，1996 年 9 月號。錄自楊天石《抗戰與戰後中國》，中國人民大學出版社 2007 年版。

一、天網恢恢

南京偽政權的頭號漢奸汪精衛早在 1944 年 11 月即病斃日本。1945 年 8 月日寇宣佈無條件投降後，偽國民政府代主席陳公博即倉促召集會議，宣佈解散，至此，南京偽政權徹底倒台。漢奸們自知末日將到，惶惶不可終日。偽考試院院長陳群當即服毒自殺。陳公博在觀望形勢，自感不妙後於 8 月 25 日攜帶妻子及偽國民政府秘書長周隆庠、偽安徽省長林柏生等 7 人逃往日本。其他漢奸或設法改變身份，或奔走權門，或銷聲匿影，企圖逃脫或減免罪責。

抗戰後期，周佛海等少數漢奸發現形勢不妙，便見風使舵，千方百計地和重慶國民政府接上關係。當時，國民政府為了分化和利用敵人，曾經應允他們戴罪圖功。抗戰勝利時，由於這一勝利來得很突然，國民政府遠在四川，而中共所領導的八路軍和新四軍則深入敵後，因此，國民政府一度採取權宜之計，委任並責令周佛海等人負責維持地方治安。但是，在國民政府的勢力到達長江下游地區，京滬一帶已順利在握時，國民政府便展開行動，以各種方式緝拿漢奸，歸案法辦。古語云："天網恢恢。"往日仗勢為非、不可一世的漢奸們大部分成了瑟縮待罪的囚徒。

1946 年，對漢奸的審判陸續在各地展開。4 月 3 日，偽新民會副會長繆斌率先受審，8 日，被叛死刑，5 月 21 日執行，成為第一個受審並伏法的漢奸。接著，陳公博、周佛海、褚民誼、陳璧君等一一被推上審判台。

二、陳公博明正典刑

陳公博原任國民黨中央民眾訓練部部長。1940 年追隨汪精衛投敵，曾任偽中央政治委員會委員、立法院長、軍事委員會政治訓練部部長。1940 年 5 月、1943 年 3 月兩次作為偽國民政府特使訪問日本。1944 年 11 月，汪精衛病死後，陳公博任偽國民政府代理主席、國防最高會議主席、行政院院長、軍事委員會委員長，成為繼承汪精衛的頭號漢奸。

1946 年 3 月 18 日，江蘇高等法院對陳公博提出起訴，罪狀共 10 條：1. 締結密約，辱國喪權；2. 搜索物資，供給敵人；3. 發行偽幣，擾亂金融；4. 認賊作父，宣言參戰；5. 抽集壯丁，為敵服役；6. 公賣鴉片，毒化人民；7. 改編教材，實施奴化教育；8. 託詞清鄉，殘害志士；9. 官吏貪污，政以賄成；10. 收編偽軍，禍國殃民。4 月 5 日，江蘇高等法院對陳公博進行公開審判。

陳公博被捕後，即書寫《八年來的回憶》，為汪偽政權辯護，聲稱"南京政府五年半中，可以說無日不與日本鬥爭。" 接到起訴書後，又精心起草《答辯書》，聲稱他本人"對汪先生的行動是反對的"，企圖減輕罪責。4 月 12 日，江蘇高等法院宣佈："陳公博通敵謀國，圖謀反抗本國，處死刑，褫奪公權終身。全部財產，除酌留家屬必須生活費外，並予沒收。"宣判後，陳妻李勵莊不服，以陳公博在 1940 年就與軍統局取得聯繫為理由，聲稱"被告雖降身忍辱於偽組織，而其秘密效忠中央之事實不可淹沒"，申請復判。5 月 16 日，最高法院駁斥了李勵莊的要求，核准原判。6 月 3 日，陳公博被處決。

三、周佛海倖免一死

周佛海原任國民黨中央宣傳部長。1938 年 12 月隨同汪精衛叛逃。歷任汪偽國民黨中央執行委員會常務委員、財政部長、中央政治委員會秘書長、行政院副院長、軍事委員會副委員長、上海市長等職。

1946 年 10 月，首都高等法院以"與汪兆銘勾結敵寇、秘密媾和，共同組織偽國民政府"，"濫發紙幣，擾亂金融，供給敵人金錢物資"等罪名提出起訴，其律師章士釗等則提出，周曾向中央投誠自首，並曾接受戴笠命令，設計剷除敵偽特工頭子李士群等，要求減刑，周本人也聲稱："被告參加所謂和平運動，行為容或錯誤，但是動機確是在救國家"。同年 11 月 7 日，首都高等法院判處周佛海死刑。判決書稱："（被告）在國家危急之秋，脫離抗戰陣營，私通敵寇"，"只圖逞個人政治之野心，不顧國家民族之存亡"，"縱樹微功，難掩巨過"。判決後，章士釗等及周妻楊淑慧申請復判。1947 年 1 月 20 日，最高法院宣佈堅持原判。

同月 25 日，陳果夫、陳立夫致函蔣介石，認為周在抗戰勝利前一年能依照第三戰區的預定計劃，在京滬一帶暗中佈署軍事，使得“勝利後江浙兩省不致盡陷於共黨之手，國府得以順利還都”，“不無微功”，希望免其一死。同年 3 月，蔣介石致函司法行政部，證實 1945 年 6 月，曾命戴笠轉告周佛海：“如於盟軍在江浙沿海登陸時能回應反正，或在敵寇投降後能確保京滬杭一帶秩序，不使人民塗炭，則准予戴罪圖功，以觀後效”。3 月 27 日，國民政府明令減刑，改判周佛海無期徒刑。1948 年 2 月死於獄中。

四、褚民誼依法槍決

褚民誼是汪精衛的連襟。1932 年汪精衛任行政院長時，褚民誼任秘書長。1939 年，汪精衛在上海召開偽國民黨六全大會，褚民誼被推為中央監察委員會常務委員，後任偽中央黨部秘書長。汪精衛組織偽國民政府後，褚民誼任行政院副院長兼外交部長。其間，一度出任偽政權駐日大使。1945 年 7 月，調任偽廣東省省長兼廣州綏靖主任、保安司令。

被捕後，褚民誼也寫過一份題為《參加和運自述》的自白書，詭稱之所以叛國投敵，目的在保全國家，保障淪陷區人民，動機“單純簡潔，殊不自以為有罪”。1946 年 4 月，江蘇高等法院在起訴書中指責褚民誼“首奉汪逆之命”，與偽維新政府、偽臨時政府商洽改組偽國民政府，是除汪精衛以外的“叛國元兇”。同時指責褚在任偽外交部長期間與日寇訂立《中日基本條約》、《中日同盟條約》，發表《中日滿宣言》等罪行。褚民誼拒不認罪，反稱：“蔣先生是主張抗戰救國，汪先生是主張和平救國，彼此主張不同，而救國則一。”同月 22 日，江蘇高等法院宣佈對褚民誼處以極刑。5 日，褚妻陳舜貞聲稱：褚“深入虎穴”，目的在援助處於水深火熱之中的淪陷區人民，要求復審。29 日，最高法院駁回陳舜貞的請求。8 月 23 日槍決。

五、陳璧君終身監禁

陳璧君是汪精衛的老婆。曾任國民黨中央監察委員。1938 年 12 月隨汪精衛自重慶出逃。後任汪偽政權中央政治委員會委員、偽國民黨中央監察委員、廣東政治指導員。江蘇高等法院在起訴書中指責其有操縱粵政，斷絕抗戰物資來源，與汪同惡共濟，主持華南特工情報，用人行政，一切仰敵鼻息等四條罪狀。起訴書稱："終汪逆之身，凡偽政府所有背叛中央、獻媚敵寇之詭計，被告無不從旁贊助。"

審判中，陳璧君傲慢驕橫，聲稱汪精衛主和"目的亦在救國"。同時，矢口否認主持華南偽特工一節。判決時，法院駁斥了她的"和平救國"的謬論，但也因證據不足，撤銷了對她主持華南特工的指控。4 月 22 日，陳璧君被判無期徒刑。

判決後，陳璧君表示不服，但她表示絕不上訴，因為上訴結果不會兩樣。其女汪文恂聘請律師申請復判，被駁回。此後，陳璧君即被長期監禁，1959 年 6 月，死於上海監獄醫院。

六、王揖唐裝病鬧庭

王揖唐原是段祺瑞的心腹死黨。1937 年 12 月，王克敏在日本帝國主義扶植下，在北平組織"中華民國臨時政府"，王揖唐任常務委員、內政部總長等職。汪偽南京國民政府成立後，王揖唐任考試院長。1940 年 6 月，王揖唐繼王克敏之後任偽華北政務委員會委員長。1943 年，因漢奸集團的內部矛盾，被迫辭職，僅保留汪偽國民政府委員一項頭銜。

戴笠在北京藉宴客逮捕漢奸時，王揖唐正在醫院裏養病，但不久即逮捕歸案。審判時，王假裝病重，要人用帆布床他抬上法庭。他一言不發，拒絕回答任何問題。法院當局不得不宣佈，如不開口答訊，將視同缺席審判，依法制裁。這使他不得不改變策略。當時，審判長何承燁曾在他的手下當過法官訓練所教務主任，於是他便當庭聲稱，何不配審他，對何說："你趕快給我迴避，讓政府另換法官審訊，我王某自會語語吐實，有的是話要說。"第二天，王揖唐又在報上刊登啟事稱："如謂揖唐係大漢奸，則該審判長為揖唐統治下之小漢奸。今以小漢奸而審大漢奸，天下後世其謂今日為如何世耶！"

在開庭的同時，王揖唐又聘請律師出庭辯護，並向南京國民政府檢舉何承焯。後來，河北高等法院另行派人審理，判處王揖唐死刑。王不服，兩次上訴。1948 年 9 月，南京最高法院復議，維持原判。同月 10 日，王揖唐在北平第一監獄被處死。

七、梁鴻志伏法上海

梁鴻志原是安福系政客，在日本華中派遣軍的卵翼下，於 1938 年 3 月 28 日在南京成立"中華民國維新政府"，梁任行政院院長。汪偽南京政權成立後，梁任監察院長。汪死後，改任立法院長。

抗戰勝利後，梁鴻志四處避匿，均感不是安全之計，被迫投案。他在自白書中承認"對於國家立場，未經兼顧，此自是個人之昏憒糊塗，不能辭免罪責者也"，但是，他旋即又起草辯訴書，對自己的罪行一一作了解釋。1946 年 6 月，上海高等法院公開審理梁案。梁鴻志除聘請多名律師為自己辯護外，又多方收集有利於己的證據，企圖倖免。25 日，上海高等法院判處梁鴻志死刑。梁及其家屬不服，向南京最高法院上訴。10 月 24 日，最高法院核准原判。執行時，梁在遺囑中聲稱："此乃佛語所謂前生罪孽。"他並對檢察官說："我是懂法律的，執行時間未免太快！"

八、周作人鐵窗十年

周作人原係魯迅之弟，"五四"以後著名的新文化運動作家。自 1939 年起，歷任偽北京大學教授、文學院院長、華北政務委員會常務委員兼教育督辦、東亞文化協會會長等職，是著名的文化漢奸。

1946 年 6 月，首都高等法院對周作人提出起訴，指控他擔任偽職期內：聘請日人為教授，遵照其政府侵略計劃，實施奴化教育，推行偽令，編修偽教科書，成立青少年團，以學生為組織訓練物件，啟發其親日思想等罪狀。周作人則聲稱他參加偽組織的動機是"維持教育，抵抗奴化"，"前後六年，無日不與敵方興亞院及偽新民會在爭持磨擦之中"，要求宣告無罪。庭審時，法官斥以"身為人師，豈可失節"，同時責問他為何擔任華北政務委員會常委等偽職。據《申報》報導：周作人"期期艾艾，對答之間頗感尷尬，但仍東拉西扯"，最後，"於汗流浹背下狼狽還押"。由於周作人是著名的文化人，因此，不少人為他請求輕減。11月16日，首都高等法院判處周作人有期徒刑14年。判決後，周作人認為量刑過重，上書自辯稱："雖任偽職，並無罪行。" 1947年12月，最高法院復判稱："申請人雖因意志薄弱，變節附逆，但其所擔任之偽職偏重於文化方面，究無重大惡行。"因此改判有期徒刑10年。

九、永遠釘在恥辱柱上

除上述諸人外，被處死刑的重要漢奸還有：偽行政院秘書長陳春圃、宣傳部長林柏生、內政部長梅思平、陸軍部長葉蓬、特工總部主任丁默村、冀東防共自治政府主席殷汝耕、華北政務委員會委員長王蔭泰、間諜金璧輝（川島芳子）等。被判無期徒刑的重要漢奸有：偽行政院秘書長周隆庠、司法院長溫宗堯、中央黨部秘書長羅君強、最高法院院長張韜、華北政務委員會財務總署督辦汪時璟等。被判有期徒刑的有：偽司法行政部次長汪曼雲、考試院長江亢虎、教育部長兼外交部長李聖五等。

總計，至1946年10月，國民政府共起訴漢奸30185人，其中判處死刑者369人，判處無期徒刑者979人，有期徒刑者13570人。至1947年底，起訴人數增至30828人，科刑人數增至15391人。此外，由於中共統治區也同時進行了大量的懲奸活動，因此，實際受到審判和懲處的漢奸將大大超過此數。

中華民族最重氣節。自古以來即有"寧為玉碎，不為瓦全"之說。那些橫眉怒對外敵，雖粉身碎骨不改丹心的民族英雄們長期受到人們的敬仰，而屈身事仇、賣國求榮的敗類們則永遠被人民唾罵。日寇侵華期間，投敵的漢奸們雖情況各異，原因有別，有些人，早年還有過頗為光榮的革命歷史，但是，他們昧於民族大義，在關係個人出處的大關節上失腳，結果，"立身一敗，萬事瓦裂"。汪精衛、王克敏等雖然幸免刑責，但是，難逃歷史的斧鉞。他們和其他漢奸一起，將永遠被釘在歷史的恥辱柱上。

溥儀要求參加蘇聯共產黨 *

偽滿洲國覆滅後，溥儀倉皇出逃，於 1945 年 8 月在瀋陽被蘇軍逮捕，解往蘇聯赤塔。這時，他最怕的是落到中國人手裏，以為那樣必死無疑。他想：如果落到外國人手裏，可能還有一線生望。蘇聯和英、美是盟邦，不妨先在蘇聯住下來，然後設法遷往英、美作寓公。

主意既定，溥儀便為此努力。據他本人回憶，在蘇聯五年期間，口頭不算，曾三次上書蘇聯當局，申請永遠居留。溥儀的這些上書，他本人沒有存稿，因而不見於其口述歷史《我的前半生》，但是，卻被俄羅斯史學家找到了。有關情況，莫斯科 1992 年 10 月出版的《珍聞》雜誌作過報導，1997 年 12 月，台灣《傳記文學》發表了該報導的中文譯本。據該文可知，1945 年 12 月末，溥儀上書斯大林云：

> 我十分滿意，承蒙貴國政府之垂顧和不殺之恩，悉心照料，賴以存活於蘇聯境內，安然無恙，為此讓我再次深表謝意。不揣冒昧，斗膽提出，請求貴國政府允許我永遠留住在蘇維埃社會主義共和國聯盟的境內，這將是我完善自己科學認識的最好機會。我真心願意學習蘇聯的社會主義，同時，也要學習其他的科學。

---

* 原載《百年潮》，1998 年第 2 期。錄自楊天石《抗戰與戰後中國》，中國人民大學出版社 2007 年版。

由於該文從俄文譯出，因此，並非溥儀原文。

關押期間，溥儀曾組織"皇室馬列學習小組"，成員除他本人外，還有他的兩個姪兒和弟弟溥杰。每天早晚各學習一次，每次一個小時。早晨學聯共黨史，晚上學《真理之聲》。關於這一點，可以從《我的前半生》得到部分印證。該書云："為了我們學習，收容所當局發給了我們一些中文書籍，並且有一個時期，叫我的弟弟和妹夫給大家照著本子講《列寧主義問題》和《聯共黨》。"

令人意想不到的是，溥儀不僅申請留居蘇聯，學馬列，而且竟要求參加蘇聯共產黨。據當時給溥儀當翻譯的格奧爾基·佩爾米亞科夫回憶："他當然被拒絕了。"不過，溥儀並不明白他何以被拒絕。

"共產黨中連一個皇帝都沒有嗎？"他向蘇聯內務部官員提問。

"沒有。"蘇聯內務部官員回答。

"真遺憾。我頭一個加入就好了。"

為了達到留居蘇聯的目的，表現其進步，溥儀真可謂"使盡渾身解數"了。

歷史和歷史人物的性格都極為豐富多彩，它所衍生的各種情節、細節、人物的語言和行為方式常常既有其普遍性，又有其獨特性；既有規律可尋，而又出人意表。就求生、討好、力圖減輕罪責等方面來說，溥儀的行為反映出某一類人共同的性格，但是，身為戰犯而企圖加入蘇聯共產黨，這又只能是久居深宮、不知世事的溥儀的獨特行為。誰也不會想到這位皇帝竟是這樣：既聰明，又愚笨；既可笑，又可氣。

從這裏，是否能悟到將歷史人物寫"活"的某些道理呢？

* 總統就職典禮

第七部分

國民黨在大陸統治的崩潰及其政權遷台

蔣孔關係探微 *

──讀孔祥熙檔案

在美國哥倫比亞大學珍本和手稿圖書館所藏孔祥熙檔案中，保存著致蔣介石的幾封信，看來是孔祥熙本人認為很重要的文件。

其一為：

> 敬密陳者：弟自由歐奉召返國，參加國難工作，倏逾半載。遵命擔任行政，亦已四月。初抵漢時，正值前方軍事失利，後方極形恐慌，難民流離於途，傷兵到處滋事，救濟不及，安置無方，人心浮動，怨言叢生，大局幾有不可終日之勢。而中央機關之西遷，或川，或湘，或武漢，辦公地點既無一定，負責長官亦多分散，政務更有停頓之虞。為安定後方，鎮靜人心起見，經竭力設法，約集來漢，乃將中央組織稍事整理，協助地方政府解決傷兵、難民問題。嗣我兄以軍事繁要，堅辭院務，籌劃改革中央行

---
* 原載《民國檔案》，1992 年第 4 期。錄自楊天石《抗戰與戰後中國》，中國人民大學出版社 2007 年版。

政機構，以謀政院與軍會之調整，雖蒙詢及芻蕘，迄未妄參末議，對於提出改組辦法，因而未曾過問。改組之議既定，以人事問題徵及於弟，自維材輊任重，本不敢承，故再三辭謝，乃我兄推誠相與，懇切責勉，弟以時值國家艱危，我兄憂勞逾恒，遂不得不暫承其乏，冀我兄專心軍事，求取抗戰之勝利。所幸抗戰初起，中央即有決議，黨政軍統歸我兄領導，而政院諸務，早有成規可循，曹隨蕭後，自亦不必另有主張，另有政策。惟數月以來，外間或不加察，責弟無主張、無政策，在非常時期，更無特別辦法。實則以黨治國，一切大計均須取決於黨，聽命領袖，而抗戰時期，最重意志統一，政策一貫，尤不容個人隨便發表主張，致涉分歧。故切盼全國代表大會及中央全會早日開幕，有所指示。茲既先後舉行，決定《抗戰建國綱領》，則此後政治益臻穩定，軍事愈易撐柱，財政亦籌有辦法，且弟多年以來，即主張為統一政令、集中力量起見，政治軍事大權應歸我兄一人主持，去歲出國前並有長函向我兄建議，將軍委會改組，國防部隸於政院，由我兄以院長兼總長。此次大會通過我兄為本黨總裁，主持一切，尤與弟之平素主張相同。

目下前方軍事好轉，黨政軍權宜即乘時統歸我兄總攬，庶幾德威普照，軍民共仰，指揮便利，策應敏捷，於國家前途及抗戰前途裨益實多。弟近來身體多病，精力遠遜於昔。前為我兄分勞，應付難局起見，暫任行政，尚能勉強支持，如使長負重責，深懼自誤誤國，既負我兄推許之意，亦累我兄知人之明。極盼允卸仔肩，俾得稍事休養，或另畀閒散職務，以便從容效力。倘我兄仍不願自兼院務，或由岳軍代理，亦頗穩妥。至財政一席，子文如能擔任，更為駕輕就熟。弟秉性率直，遇事認真，或不免獲罪於人。長財數年，幸賴我兄信任，雖有謠謗，均置不理，始能放手做去，即近來稍有成就，亦係我兄指導之力。就積極方面言，因整頓舊稅，舉辦新稅，為國庫增加數萬萬元；就消極方面言，因購置消費躬親核實，為國庫亦節省數千萬元。均有數字可查。至於改善幣制，整理公債，活潑金融，扶助工商，以及廢除苛雜，治水防災，直接間接，無形中為國家所增之富力，想亦有相當之數目。且自信經手事項，公私分明，絲毫不苟，差堪告慰於我兄。過去雖因嚴屬取締交易所操縱投機，並在整理公債時期不肯徇情，致受人攻擊，發生謠謗，曾經審計部派員祕密查賬數月之久。其結果中行方面並未發現錯誤，財部方面亦只因暫記賬為查賬者所吹求質詢，但該項支出均係奉有我兄手條，先行墊付，待補手續者，一經核對解釋，亦無問題。現在屬行預算制度，主計、審計，又復組織嚴密，一切收支必經種種手續，更不待言。

弟去秋在德，乘便診療宿疾，時期未滿，即奉我兄疊電召歸。匆匆返來，又因國難嚴重，未敢休息。近復忙碌數月，益感精力不及。惟前以國家情景欠佳，未敢提及下忱。今幸行政組織大致妥貼，戰事前途又形好轉，而財政亦籌有辦法。弟之去留，當不致影響大局。現擬提出辭呈，自不能不先商我兄。披瀝直陳，敬祈垂察。倘承不以畏難見責，尤為感幸。專肅，恭請鈞安！

弟孔祥熙謹啟。四.二十五日.

孔祥熙於 1937 年 3 月以特使身份被派赴英國參加英皇喬治六世的加冕禮，其後，陸續訪問意大利、捷克、瑞士、德國、法國、比利時、美國，祕密訂購軍火武器及汽油等物資。盧溝橋事變發生後，蔣介石指示他"在國際方面多所接洽"，又再赴巴黎、柏林談判。同年 10 月，奉蔣介石之召回國。12 月 13 日，南京被日軍攻陷。次年 1 月，為建立戰時行機構，國民政府實行改組，孔祥熙被任命為行政院長。本函稱："由歐奉召返國，參加國難工作，倏逾半載，遵命擔任行政，亦已四月"，知此函作於 1938 年 4 月 25 日。

當年 3 月 29 日至 4 月 1 日，國民黨在武昌召開臨時全國代表大會，通過《抗戰建國綱領》，選舉蔣介石為國民黨總裁，汪精衛為副總裁。同月 6 日，在漢口召開五屆四中全會。函中所稱全國代表大會及中央全會，指此。

在國民黨的高級官僚中，孔祥熙是最受蔣介石信任的一個。其原因，從本函可以窺見：一是孔對蔣絕對忠誠，以蔣之主張為主張，決不和蔣爭權，也決不和蔣標新立異。本函稱："弟多年以來，即主張為統一政令，集中力量起見，政治軍事大權應歸我兄一人主持。"又稱："政院諸務，早有成規可循，曹隨蕭後，自亦不必另有主張。"這自然是十分投合蔣介石的胃口的。二是善於理財。1933年宋子文撂挑子的時侯，國庫僅存現金300餘萬元，而月支出則達2200萬元。宋子文曾認為，三個月之後，國民政府的財政就要垮台。但孔祥熙接任後，採取各種措施，迅速積聚起大量財富，保證了蔣介石的各方面需要。本函所稱："就積極方面言，因整頓舊稅，舉辦新稅，為國庫增加數萬萬元；就消極方面言，因購置消費，躬親核實，為國庫亦節省數千萬元"，應是事實。三是不顧財務制度，蔣介石要錢就給。本函所稱"為查賬者所吹求質詢"的"暫記賬"，都是只憑蔣介石的"手條"，就照付不誤的。這是孔和宋很不同的地方。

孔祥熙擔任行政院長後，頗為部分人所不滿。王世杰1938年2月12日日記記載："近來中外人士對中央信託局（孔為董事長）購買軍火，指摘殊甚，謂有不少舞弊情事。宋子文似亦有電告知蔣委員長。"3月4日日記云："近日外間對於孔庸之長行政院，王亮疇長外交，頗多不滿。昨聞傅斯年君（國防參議會委員）曾以長函致蔣先生，指責孔、王甚力。"孔祥熙致蔣介石函中也說："數月以來，外間或不加察，責弟無主張、無政策，在非常時期，更無特別辦法"，可見這種不滿的強烈。在2月12日的國防最高會議上，孔祥熙曾為中央信託局作過辯解，但並未能遏制這種不滿。於是，他便以退為進，於4月25日上書蔣介石，一方面要求辭職，聲稱"極盼允卸仔肩，俾得稍事休養，或另界閒散職務，以便從容效力"；一方面力辯自己的"無主張、無政策"乃是因為在蔣介石領導之下，"曹隨蕭後，自不必另有主張"；同時則大談自己多年來理財的"成就"和公正廉明，目的在於反駁輿論對自己的批評，爭取蔣介石的信任。果然，蔣介石見信後，即命陳布雷將信退給孔祥熙，並表示"慰問鼓勵"。這樣，一場反孔風潮還沒有來得及掀起來就被壓下去了。

其二為：

主席鈞鑒：

弟病中聞有將財政部外匯管理委員會結束，所餘工作改由中銀行執行之議，再四思維，竊認為應請重行考慮者有以下幾點：

（一）按歐美各國外匯自由買賣時期，業務則統歸中央銀行調劑，但實

民國風雲

535

行外匯管理後，則多在財政部設立專管機構，處理審核手續，而業務則由中央銀行主管。如德、意、伊蘭、加拿大、智利、巴西、阿根廷及其他南美諸國，皆採此制。其他如英國、印度、紐西蘭等國由財政部授權中央銀行管理外匯者，亦各在中央銀行內另設機構，不與普通業務互相混合。蓋審核、業務兩種業務之應分別辦理，猶會計、出納之應分開也。分開則可收互相監察之效，合併則權力有過於集中之嫌也。

（二）我國管理外匯之執行，因英、美封存法令與我國有關係，而美國財部外貿局所頒佈之《特許法令》第 58 項及第 75 項皆指明我國外匯管理委員會為合作執行之機關。按此項法令予我國管理貿易及資金之流動，頗多便利，而外國商人則認為不便。因此美方對此項法令久有放任傾向。今外匯管理委員會改組消息傳來，聞已有非正式表示，擬取消此項合作辦法而圖便利彼國商人也。

（三）查外匯管理委員會成績尚佳，若非確有必要，現似不必更改，否則恐外人認為不穩定之表現。如以為現有機構不足勝任，則可視諸工作之需要而加強，似不應重起爐灶也。

總之審核與業務理應分開。如必欲將二者皆歸中央銀行處理，亦應在中央銀行之內特設審核委員會，聘請行外有關人事參加，方為妥善。因此事關係重大，影響國際合作，故直陳所見，以備參考。是否有當，尚乞鈞裁。

此函未署年月。中國外匯本取自由買賣制度，1938 年 2 月，日本侵略者指使北平偽組織設立銀行，發行無擔保、不兌現的紙幣，強迫人民行使，妄圖套取外匯，這樣，中國政府就不得不逐漸建立外匯管理制度，規定外匯售結買賣，須在政府所在地的中央銀行辦理，其他非政府指定銀行，不得買賣外匯。同月，財政部指定中央銀行總行辦理外匯審核事宜。次年 4 月，成立外匯審核委員會。1941 年 8 月，成立行政院外匯管理委員會，孔祥熙任主任委員。1943 年 12 月，外匯管理委員會改組，隸屬財政部。此函當作於此後。

其三為：

介兄主席鈞鑒：

敬陳者：頃閱報載，美政府決派馬歇爾將軍繼赫爾利將軍使華，在此內外情勢艱困之時，此舉於外交姿態上殊屬有利，深為慶慰。

憶赫爾利將軍使華年餘，貢獻極多，有助於中美邦交者非淺。其出任之經過情形，弟在美時曾應羅斯福總統之請，徵詢意見，除當時簡略電陳外，茲再摘陳如下，用備參考。

自史迪威將軍召回，及高斯大使辭職後，中美邦交阻礙頗多。弟奉派駐美代表，公私運用，極費苦心。對繼任人選，如不得其當，誤解更多，影響大局更甚。在當時情形，實須熟悉我國情形，同情我國困難，而富有軍事專才，兼有政治頭腦者為最適宜。弟於羅氏徵詢意見時，即經表示上述意願，立場所限，自不便擅舉人名。羅氏即以華萊士、納爾遜諸人見詢，弟則反覆僅表我方之意願，微露如能就賀浦金斯及赫爾利兩人擇一任之。羅以賀難遠行，遂即以赫君任命。（下缺）

此函原稿未署時間。函稱："美政府決派馬歇爾將軍繼赫爾利將軍使華。"知此函作於 1945 年 11 月。

1944 年 6 月，重慶國民政府派孔祥熙赴美出席國際貨幣基金會議，蔣介石並任命其為私人全權代表。不久，國民黨在豫湘桂戰役中大潰退，大片國土淪於敵手，中外震驚，駐華美軍司令兼遠東戰區參謀長史迪威通過美國政府，要求取得指揮中國戰區作戰部隊的全權，加劇了和蔣介石的矛盾。於是，蔣介石指示孔祥熙會晤羅斯福，要求給予三個月的佈置時間。孔祥熙接電後，在會晤羅斯福時表示，一旦中國的軍隊由外國人指揮，士氣民心必將大受影響。孔祥熙要求召回史迪威，另簡賢能。羅斯福接受孔祥熙的意見，改以魏德邁為美軍駐華司令兼中國戰區統帥部參謀長，同時派赫爾利為私人代表。10 月，又任命赫爾利代替高斯任駐華大使。孔祥熙此函現存部分即反映這一情況。

其四為：

介兄主席鈞鑒：

敬陳者：抗戰勝利，宇宙重光，此皆鈞座堅苦卓絕、精誠感召有以致之也。弟以衰病之軀，早擬回滬養息，兼理家務。嗣以全會召開在即，身為革命黨員，追隨總理及鈞座，獻身黨國者幾四十年。際茲本黨大業垂成，本屆全會缺席去滬，恐惹誤會，乃決緩行。現在大會業經閉幕，不久擬即束裝就道。憶二十年來，在鈞座領導護持之下，服務黨國，勉分勞怨之任，若干任務難副殷望，由於能力之不及，與夫環境之艱難，乃雖心餘力拙，仍難見效，致勞鈞慮，實深愧憾。顧目今國家環境，內外艱危，實較抗戰時期為尤甚。惟信在鈞座領導籌謀之下，必可迎刃而解，統一進步之新中國自可指日而待也。

當今之勢，我國際地位已躋於五強之列，責任自亦加重，苟國際間運用得法，外獲世界之重視，內則我黨人犧牲奮鬥所求之三民主義、五權政府之終極目標，亦可加速順利完成。近聞指示，極佩藎籌，實我國億萬年幸福之所繫，忝屬舊僚，實深欽敬。所竊以自慰者，當抗戰時期，重荷青睞，謬膺輔弼之選，自問竭忠盡智，不敢偷閒。今任務勉達，體力日衰，此時休養，度我餘年，實拜鈞座之所賜，感何可言！山居靜養，檢討往事，愧貢獻之毫無。惟憶任內凡所施措，均本福國利民之義，絕無為個人私利之念，區區赤心，早邀洞鑒。今後以在野之身，從事社會事業，聊盡國民之職。諸如燕京、銘賢諸校，中美文化、邊疆服務、孔學會、慈幼協會等機構，均關社會福利，亦即本黨終極目的所在。過去所需經費，均由弟私人籌措，雖有若干事業如孔學會、慈幼會等曾由鈞座名譽領導，並承鈞兄由國庫酌予協助，弟以深體國家艱難，迄未請撥。今後事功更艱，深望鈞座指導提倡，使之發揚光大，以竟全功。他如國家興革，弟以從政多年，或有一知半解之見，足供鈞座參考，苟有垂詢，仍當盡我愚忠，本知無不言、言無不盡之義，仰答知遇於萬一。

留稟恭陳，以代踵辭，伏維垂鑒，敬請鈞安！弟祥謹啟。

此函原稿亦未署時間。函稱："抗戰勝利，宇宙重光。"又稱："本屆全會，缺席去滬，恐惹誤會，乃決緩行。現在大會業經閉幕，不日擬即束裝就道。"

據此，知此函作於 1946 年 3 月 17 日國民黨在重慶召開六屆二中全會之後。

1944 年初，國內反孔之聲大盛。同年秋，羅斯福通過宋子文轉達提議，要求中國政府更換軍政部長和財政部長。11 月，孔祥熙自美致電蔣介石，請辭財政部長職務，同時保薦政務次長俞鴻鈞接任。同月，蔣介石照准。1945 年 5 月，孔祥熙再辭行政院副院長職務。7 月，自美返國。此後又陸續辭去中央銀行總裁和中國農民銀行董事長等職務。至此，蔣、孔之間的親密關係結束，孔祥熙在中國政治舞台上的作用基本消失。本函反映出孔祥熙失意後的種種複雜心情。他雖有滿腹牢騷，但仍然表示要忠於蔣介石，"仰答知遇於萬一"。

其五為：

介兄鈞鑒：

拜別來美，轉瞬經年。因知吾兄國事勞神，日理萬機，未敢多擾清聽，致疏函候，至以為歉。然對吾兄懷念之誠，無時或已也。當弟抵美之時，此間人士因受共黨宣傳，對我誤解頗深。美友紛來探詢，弟鑒於情形惡劣，不容坐視，乃一面向各方解釋，一面聯絡議院友好，促成援華政策。幸於去年能在國會通過援華議案。當時正值競選總統，共和黨對我尤表熱誠。不幸共和黨失敗，民主黨當選。弟於選舉之後，即與杜總統及馬國務卿晤談數次。杜氏雖對我表示同情，惟以各方牽制甚多，國會雖曾通過援華議案，而國務部執行方面仍多留難。環境因人事使然，實亦莫可如何。自吾兄引退以來，國內情形每況愈下，使此間愛我人士灰心。蓋援華問題必須我方自身有辦法方能推動，此美人所謂天助自助者也。

吾兄自參加革命，二十餘年來，繼承先總理遺志，努力奮鬥，功在民國。抗戰八載，全國在兄領導之下，協力支持，舉世欽敬，名列四強，誠非偶然。不幸勝利以還，政府措施錯誤甚巨，因一誤而再誤，以致士無鬥志，民有二心，功敗垂成，為黨國，為吾兄，實為痛心。我國戰後措施之錯誤，據愚見所及，約有三點。因感於前車之失，可為後車之鑒，因敢為吾兄列陳之：

一、我國幣制應於勝利之後立即改革。當時國幣發行不過一千七百億，而國庫外匯尚有十億美元，除可收回抗戰舊幣，換發建設新幣外，尚可餘存一億美元之多，可以留作發行準備及建設生產之用。當時如能將幣制整頓穩定，不自已貶值，當可維持信用，則資金不致逃避，物價不致騰漲，工商業可以發達，國外貿易可以推廣，僑匯可以源源而來，國庫收入不致太失平衡，人民安居樂業，赤禍不致蔓延。殆至去年秋間，我國外匯已告枯竭，對外貿易及國內生產相差過巨，而於此時貿然換發金圓券，既無充分準備，又未增加生產，且強徵民間黃金外匯，不顧商情成本，限價勒售，強迫執行，凡此種種，均大失人心，嗣後金圓券又自行貶值，一至不能維持而有今日之經濟崩潰。此失策者一也。

二、勝利之後應立即恢復生產。所有日人之工廠，理應利用，不使停頓。不幸因政府接收人員彼此爭奪，致使停止生產，機器損壞，原料散失，對國計民生損失奇重。本國既無生產，自不得不仰給於外國，因而外匯逐日消耗。此亦經濟崩潰之又一原因也。

三、中俄條約原無必要，但一經簽訂，則使蘇俄在東北及內外蒙古享有特權，故能充分武裝中共，擾亂吾華。此實中共軍事日強之主因，亦即我政府之失策也，

以上三點，不過事之近因，而考其遠因，實由於群小干政，蒙蔽元首，結黨營私，忌賢妒能，爭權奪利，失德喪良，而結果吾兄代為受過，言之痛心。目今中外明達人士尚以為欲救中國脫離赤禍，非有吾兄出山領導不為功。且我國憲法亦無總統辭職之條文，惟吾黨同志是否能捐棄成見，團結合力擁戴，瞻望前途，曷勝翹企！弟年老衰弱，無力報效。惟祈為國珍重，舉賢任能，完成革命建國之大志。弟以為人能自知自改，方不失革命之精神。數十年來追隨左右，甚感知遇，早擬本忠諫之誠，瀝膽直陳，惟以吾兄明察秋毫，必已洞悉，且恐有人發生誤會，未能遽啟。然一片忠誠，如梗在喉，一吐為快。茲乘三妹返國之便，冒陳瀆聽，祈垂察，實所企禱。肅此敬請鈞安！

此函原稿亦未署時間。1947 年秋，孔祥熙因得家人自美來電，稱宋靄齡癌

症嚴重，匆匆離滬赴美。本函稱："拜別來美，轉瞬經年。"又稱："目今中外明達人尚以為欲救中國脫離赤禍，非有吾兄出山領導不為功。"據此，知此函作於 1949 年 1 月蔣介石宣佈"引退"之後。

為了挽救瀕於滅亡的國民黨政府，美國國會於 1948 年 4 月 3 日通過一項"援華法案"，向蔣介石集團提供四億六千多萬美元的援助。根據本函，孔祥熙在通過這一法案的過程中起了作用。這是人們前所未知的材料，可補史乘的不足。

孔祥熙寫作本函的時侯，國民黨政府敗局已定。本函除勸告蔣介石出山，從幕後走到幕前外，主要目的在於總結失敗教訓，為蔣介石制訂新的施政方針提供借鑒。函中提出的未能及時進行幣制改革等三點，並沒有揭示出國民黨政府失敗的根本原因，但它論及的財政失策、接收大員們的"彼此爭奪"，以及"群小干政"、"結黨營私"、"爭權奪利"等情況，卻也為人們研究這段歷史提供了一份當事者的有權威的證言。

蔣介石雖然在美國及國內反孔勢力的壓力下，於 1945 年甩開了孔祥熙，但是繼任的宋子文、翁文灝、孫科、何應欽以及財政部長王雲五等人，卻再也作不出孔祥熙當年的成績。1967 年 8 月孔祥熙在美國去世之後，蔣介石曾親自寫了一篇《孔庸之先生事略》，認為孔創造了"中國財政有史以來唯一輝煌之政績"。中云："當其辭職之後，國家之財政經濟與金融事業，竟皆由此江河日下，一落千丈，卒至不可收拾。"這是對宋子文等人的批評，也隱約表示了對甩開孔祥熙的後悔。

豪門之間的爭鬥 *

——讀宋子文檔案

　　宋子文檔案藏於美國斯坦福大學胡佛研究所，大部分重要且機密度較高者目前尚不開放，我所讀到者只是已開放的一小部分，但即使是這一小部分，也已令我收穫不小。

　　錢昌照先生解放前曾長期在資源委員會工作，和宋子文關係密切。他曾在回憶錄中談到，宋和孔祥熙一向不合，鉤心鬥角，但其具體情況，卻談得很少，使人頗感不足。我在宋子文檔案中，發現了部分電稿，生動地反映出宋、孔之間的矛盾，有助於人們了解這兩家豪門之間的爭鬥。

　　1941 年 1 月 3 日宋子文致錢昌照電云：

　　　　此間各項借款十日內可辦妥，飛機事亦有相當成功，此後是否留美繼續工作，或赴英辦理借款，抑回國，正須考慮，以弟觀察，介公仍被孔等愚弄，回國亦無意義，即平衡委員會弟亦不擬參加，一切聽委座及孔等決定。

　　宋子文自 1928 年起擔任南京國民政府財政部長，和上海大銀行家、商界人士之間建立了密切聯繫，在以財力支持蔣介石和南京政府方面立下了汗馬功勞。1932 年 4 月，任行政院副院長兼財政部長，成為僅次於蔣介石、汪精衛的顯赫人物。但是，1933 年 10 月，宋子文因不滿蔣介石的猛增軍費，濫發公債，和蔣介石發生衝突，憤而辭去職務，蔣介石改以孔祥熙任行政院副院長兼財政部長。自此，孔日益得到蔣的信用，宋、孔之間的矛盾也因而滋生、展開。1940 年 6 月，蔣介石為爭取美援，派宋子文以私人代表身份赴美談判。本電發

* 　原載《團結報》，1992 年 3 月 11 日。錄自楊天石《抗戰與戰後中國》，中國人民大學出版社 2007 年版。

止的意見。電中所云"介公仍被孔等愚弄"等語，反映出對孔祥熙的強烈不滿。

1月6日，錢昌照覆電宋子文云：

> 弟與孟餘先生均認為最近國際政治中心在華盛頓，有暫時留美的必
> 要。中、英、美遠東合作及派遣專家等事，在華盛頓接洽較為方便。國內
> 政局尚未至明朗化，除非介公電催速回，屆時加以考慮外，似不必遽作
> 歸計。

錢昌照和顧孟餘商量的結果是，宋應該暫時留美，其理由一是華盛頓地位
重要，便於開展外交活動，一是"國內政局尚未至明朗化"，這是句潛台詞豐
富、耐人尋味的話。

宋子文辭職後，除掛名全國經濟委員會常務委員外，沒有其他官職，主要
從事金融、企業活動，但他仍然渴望涉足政壇。然而，當蔣介石仍然信任孔祥
熙的時候，他的進身之途是不會暢通的。前電所云"回國亦無意義"，即是此
意；本電所云"國內政局尚未至明朗化"，亦與此有關，說得直白一點，那就是
孔祥熙尚無下台跡象也。

孔祥熙接替宋子文後，一直官運亨通。除了財政部長一職穩如磐石外，行
政院副院長、代理行政院長、行政院長等位置輪流交替。這時，他正官居副院
長，成為院長蔣介石的副手。但是，孔祥熙政聲不佳，國民黨中也有一部分人
希望宋子文重新上台。2月12日，張沖致電宋子文云：

> （一）俄方對新四軍事變初甚關心，因恐引起內亂。（二）俄方已派一
> 新總顧問到渝，前總顧問回國，與事變無關。（三）葉劍英回陝調整，尚未
> 返；周恩來在此，鈞座可電其努力斡旋。（四）俄方飛機、軍火已半數到
> 華，餘在運輸中。下月開全會，鈞座能回國否？

張沖，字淮南，浙江樂清人，國民黨第五屆中央執行委員。曾代表國民黨

與中共秘密談判，又曾以考察蘇聯實業團副團長名義赴蘇，爭取蘇援。全會，指國民黨五屆八中全會。本電中，張沖只是一般地詢問宋子文是否返國出席全會，下一通電報就說得很明白了。3月23日電云：

> 中共以中央未採納共黨十二條辦法，暫不出席中央所召集一切會議，但周恩來與委座間仍直接商洽調整，大體安靜。八中全會或提付討論。鈞座如出面贊襄委座，則此事易得一解決之道。黨內國內對鈞座屬望皆甚殷。

1941年1月6日，國民黨軍突襲北撤的新四軍，製造了震驚中外的皖南事變。11日，周恩來向張沖提出抗議。20日，中共提出十二條解決辦法。28日，中共中央向張沖再次提出臨時解決辦法十二條。由於國民黨拒絕接受，毛澤東等中共參政員拒絕出席3月1日在重慶召開的國民參政會。張沖維護國共合作，希望與共產黨關係較好的宋子文能“出面贊襄”蔣介石，主持政務，緩解國共合作危機。“黨內國內對鈞座屬望皆甚殷”云，反映了國民黨內一部分擁宋派的呼聲。

對宋子文屬望甚殷，孔祥熙的位置就難以坐穩了。4月6日，古達程致宋子文電云：

> 頃見孔夫人致蔣夫人函，堅決反對俞鴻鈞調任外次，並擬請委座任鈞座為駐美大使。

俞鴻鈞，廣東新會人，曾任上海市長，時任中央信託局理事。在宋氏家族中，宋藹齡並非黨國要人，但經常操縱金融，干涉政務，不但孔祥熙唯命是從，宋美齡也常聽命於她，本電即說明了她干政的情況及其渠道。值得注意的是，宋藹齡任命宋子文為駐美大使的建議，頗有文章。4月7日，宋子文覆電古達程云：

> 孔夫人又擬支配政治，甚為明顯。委座對弟究竟如何？應否回國，以

光甫，指陳光甫，上海商業儲蓄銀行經理。抗戰期間，曾被國民政府派赴美國簽訂桐油借款、滇錫借款、鎢礦借款等協定。宋子文此電稱："孔夫人又擬支配政治"，可見前此此類情況已不止一樁。在封建社會裏，臣下要經常研究皇帝的情緒和意向，以便"仰體聖意"；宋子文志在掌握中樞，不願屈就駐美大使一職，但他的升沉榮衰，完全取決於蔣介石個人，因此，必須研究"委座對弟究竟如何"。

在覆電古達程的同時，宋子文又致電錢昌照云：

> 微電敬悉。古達程魚電可索閱；各方對孔不滿。孔有無放棄財部，交光甫代理意？再弟已請高斯來渝時與兄詳談。

高斯（C. E. Gauss），美國外交官。曾先後在上海、天津、濟南、廈門等地任領事、總領事等職。宋子文要倒孔，必須扳倒他的財政部長一職，故此電詢問"孔有無放棄財部意"。當時，美國政府已決定派高斯出任駐華大使。宋子文要求高斯與錢昌照詳談，可能亦與此有關。

錢昌照很快就回答了宋子文的問題。4月10日電云：

> 就弟所知，孔無放棄財部意。各方對孔不滿由來已久，但介公迄無決心根本改組政府耳。孔夫人建議任先生為美大使顯有作用，其目的當在鞏固孔之地位也。承介紹高斯至感，來華後當隨時與之洽談。

在國民黨政權中，孔、宋都是理財幹將，但宋子文辦事講究手續，蔣開條子向財政部要錢，他要問一問做什麼用，有時就不買賬，而孔祥熙則決不問長問短，要錢就給。因此，宋、蔣之間常有矛盾，宋子文曾發牢騷說："做財政部長無異做蔣介石的狗"，而孔、蔣之間，則比較和諧。儘管"各方對孔不滿"，但孔仍可以在行政院和財政部的寶座上繼續坐下去。不過，儘管孔得到蔣的信用，但對宋仍有很強的戒備心理。此電揭示了宋藹齡建議宋子文出任駐美大使的目的在於"鞏固孔之地位"，正是這種戒備心理的表現——將宋子文"外放"，孔在國內不就少了一個競爭對手了嗎？

古達程也很快就回答了宋子文的問題。4月10日電云：

> 委座對鈞座現極信賴。惟孔在參政員及全會各中委前竭力攻擊鈞座，幸各人咸知孔之為人，多不直其所為。八中全會鈞座未回國，在美任務若未終了，此時似不宜回。是否有當，尚乞鈞裁！光甫尚未聞有新活動，敬覆。
>
> 孔在參政會及大會之言詞，尚盼詳告。

4月12日，古達程覆電云：

> 孔趁開會時機，輪流宴請參政員及中委，席間每以鈞座為攻擊對象。誣衊棉麥借款及平準基金之辦理不善。又謂鈞座未盡量利用國際局勢，致美方援我不能徹底云云。

棉麥借款，指1933年宋子文與美國政府簽訂的合同，規定美國貸款5000萬美元給中國政府，用以購買美國的棉花和小麥。平準基金，指1941年4月宋子文與美、英兩國政府簽訂的平準基金協定及借款合同，規定美國貸款5000萬美元、英國貸款500萬英鎊以幫助中國政府保持匯率的穩定。對這兩項談判及合同中的不當之處，自然可以批評，問題是批評的時機和目的。

4月25日，平準基金借款合同正式簽字，宋子文致電蔣介石云：

> 文奉命來美，經十月之苦幹，賴鈞座督促，於今得告一段落。關於平準基金事，聞有人於八中全會及參政會向各委員對文相當施攻訐，幸鈞座明察，勿以為罪。本日起對維持法幣問題，悉聽財政部措置，文未便再參末議矣！

這裏說的"有人"，正是指的孔祥熙。面對孔的咄咄逼人的進攻，宋不得不回敬一拳。不過，考慮到孔祥熙"聖眷正隆"，宋子文不願明言。電中，宋子文表示不願對維持法幣問題發表意見，"悉聽財政部措置"，含蓄而委婉地暗示了他和孔祥熙之間的矛盾。

6月初，國民政府內定俞鴻鈞任財政部次長。同月3日，宋子文致電古達程云：

> 兄前電稱孔夫人反對俞鴻鈞任外次，今俞忽任財次，究竟內幕如何？

6月5日，古達程覆電云：

> 俞鴻鈞在信託局極得孔夫人賞識。反對俞任外次，恐他人奪其幹部；極力薦為財次，以便充分利用。該項命令於孔夫人抵渝之翌日，即行發表，並以奉聞。

信託局當時在香港辦公，其主要任務是向外國購買軍火，它是孔氏家族聚斂財富的重要渠道，由孔祥熙的大兒子孔令侃出面主持，俞鴻鈞則是重要幹將。本電說明宋藹齡對信託局的重要作用，也說明了她在當時國家政治生活中的作用。不讓俞鴻鈞當"外次"，俞就不能當；推薦俞當"財次"，俞就一定當得上；而且任命狀還必須在宋藹齡自港飛重慶的第二天發表。宋藹齡的力量，可謂大矣哉！

宋子文倒孔，不便親自出馬。6月15日，錢昌照致宋子文電云：

> 李石曾先生抵渝，弟已將一年來政治內幕詳告，並共同斟酌晤蔣時應持之態度。

李石曾是國民黨元老，他是有資格對蔣介石進言的，19日，李石曾電告宋子文云：

介公兩次晤談，函件已交，尚無機會及於具體問題，惟曾一再約弟往住黃山，俾利靜談，彼時或為較好之機會。

黃山，指當時蔣介石在重慶的官邸。李石曾雖是元老，但他也不敢造次，而要等待"較好之機會"，然而，宋子文卻沒有信心了。23 日，他覆電李石曾稱：

最近孔在重慶，爪牙密佈，幾有清一色之勢。今春大會，有人建議改組政府，介公謂君等以某某貪婪，故有此舉，然代之者其為爭奪政權，亦可想而知云云。意似指弟而言，領袖之不諒如此，益增悚愧。但我輩一本赤忱，為民族、為國家，只有不顧一切，努力盡我個人之職責。介公處茲環境，先生前電黃山談話，恐難有徹底之效果耳！

今春大會，指五屆八中全會，當時確實有一部分人"建議改組政府"。王世杰日記就記載，3 月 21 日，張群自成都來，和他商量"改組政府事"，要求在全會後更動財政部等部人選。張群並表示，將向蔣介石面述。然而由於蔣介石袒孔，未能成功。所以王世杰 4 月 3 日日記又云："此次全會，外間切望財政部長人選有更動，會畢，竟無更動徵象，外間不免失望。"此電表明，宋子文也是失望者之一。至此，宋藹齡建議任宋為駐美大使，孔祥熙在國民參政會參政員及國民黨中委面前"竭力攻擊"宋子文的目的，就一清二楚了。

在孔、宋矛盾中，錢昌照支援宋子文，因此，經常向宋提供國內情報。8 月 4 日電云：

孔謂先生氣量狹小，又謂在外接洽，碎屑零星，光甫謂上兩次桐、錫借款成功，全靠彼與摩根索私人關係，此次先生在外接洽，希望極小云云。

摩根索，美國財政部長。抗戰期間，蔣介石盼望美援心切，派宋子文赴美，說明他對此的重視，孔祥熙一再貶抑，說穿了，無非是怕宋子文的名聲蓋住自己，動搖寶座罷了。

對於孔祥熙的蜚短流長，宋子文自然極為惱火。當年 8 月，中國銀行副經理貝祖詒企圖赴美，想通過宋子文斡旋。28 日，宋子文覆電云：

> 孔對弟嫉視有增無減，是以兄來美之議，以另籌善策，託他人提出較妥。

1942 年 3 月 16 日，宋子文再電宋漢章、貝祖詒云：

> 孔對行及本人，蓄意摧殘，已非一朝一夕之故。其人虎頭蛇尾，兩兄不必過慮。但我行內部，如有侵害社會、自私自利之徒，亟當不待外間指摘，隨時自行察辦。所謂西北助長囤積，本行在該區共放款若干？西北貨棧案、油餅廠及豫豐等事，內容如何？希即詳細電告，交光華加碼密轉，以便檢討，決定今後方針。請告外間，本行港滬損失奇大，決非意欲以零星剝削抵償也。至於總處統籌管理，嚴加督導，乃我輩尋常應辦之事，即請特別注意。

宋漢章，中國銀行總經理。光華，指倪光華，宋子文在國內的機要發報員。中國銀行原來實際為張嘉璈所有，1935 年宋子文出任該行董事長，掌握該行及附屬企業豫豐紗廠等大權。他聯合交通銀行、商業銀行等，執金融界牛耳，隨時計劃取孔而代之，而孔祥熙則力圖加強中央銀行的地位，削弱中國銀行的地位和影響。從本電可以看出，孔祥熙抓住中國銀行及其附屬企業業務中的一些問題，企圖搞垮中國銀行及宋子文本人。"蓄意摧殘，已非一朝一夕"云云，說明孔、宋之間長期傾軋，已經成了冤家對頭了。

孔、宋之間的爭鬥持續很久。錢昌照 1943 年 3 月 25 日電宋子文云：

> 糧食會議無特別重要性。孔薦郭任首席，似可不與之爭，惟以後如有重要會議，則必須力爭。為國家前途著想，即傷介公及孔感情亦所不顧。

糧食會議，當指世界糧農會議；郭當指郭秉文，江蘇江浦人，曾任財政部次長。此電表現出孔、宋之間權力角逐的熾熱。"即傷介公及孔感情亦所不顧"，很有點準備決戰的架勢了。

果然，到了 1944 年初，馬寅初帶頭發表文章，指斥孔祥熙大發國難財，CC 系、政學系等繼起；一時反孔之聲甚高。12 月，蔣介石起用宋子文為代行政院長。1945 年 5 月，行政院改組，宋子文正式任行政院長。7 月，孔祥熙退出政界，孔、宋之間的權力爭鬥以宋子文的勝利告終。不過，應該說明的是，這次蔣介石之所以決心拋棄孔祥熙，起用宋子文，除了國內反孔勢力的活動外，很重要的原因還是美國人羅斯福說了話。否則，蔣介石大概還是下不了決心的。

關懷張學良全家 *
——讀宋子文檔案

在西安事變後張學良被囚禁的日子裏，宋子文曾經給了張學良全家以關懷。這一方面，美國胡佛研究所所藏宋子文檔案也有反映。

1941 年夏，張學良患急性盲腸炎轉為腹膜炎，不得已開刀割治。7 月 11 日，戴笠致電尚在美國的宋子文報告。12 日，宋子文覆電云：

> 漢卿割治經過良好，甚慰。務請逐日電示病情，並祈飭屬慎護為禱！

同日，宋子文又致電張學良慰問，電云：

---

* 原載《團結報》，1992 年 3 月 14 日。錄自楊天石《抗戰與戰後中國》，中國人民大學出版社 2007 年版。

項聞兄患盲腸炎，割治經過良好，稍慰懸念。尚祈格外珍衛。已請雨農逐日電告尊況。嫂夫人安吉勿念。

雨農，指戴笠；嫂夫人，指于鳳至。張學良被囚後，即由于鳳至相伴，流轉各地。1940 年，于鳳至積鬱成疾，患乳癌赴美就醫，得到宋子文的關照。電末，宋子文並稱："未敢通知嫂夫人，恐焦念過度，有礙健康。"這一段文字在發報前被宋子文刪去，當係擔心張學良反過來憂慮于鳳至的健康之故。

宋子文和戴笠之間有著特殊密切的關係，他要戴笠"逐日電示病情"，戴笠不敢怠慢，17 日於貴陽覆電云：

震電奉悉。漢卿先生由盲腸炎潰爛變為腹膜炎，經割治後現已平復。自昨日起熱已退清，精神甚佳。委座對漢卿先生病極關心。晚當慎護一切，請勿念。聞公盛暑過勞不適，至念，敬祝健康。晚笠。筱。貴陽叩。

不知道是由於醫療條件不好，還是什麼原因，張學良的病並未如戴笠所稱迅速"平復"，而是又惡化起來，不得不第二次開刀。8 月 17 日戴笠於重慶致宋子文電云：

漢卿先生創口膿尚未清，已續行開刀，但無妨礙，乞勿念。

張學良這一病，瀝瀝拉拉，拖了好幾個月。1942 年 1 月 26 日，宋子文致戴笠電：

漢兄病況，盼示。

從這短短幾字中，不難看出宋子文自始至終對張的關懷。

在張學良患病期間，他的長子張閭珣在倫敦得了精神病，8 月 20 日，宋子文致電駐英大使顧維鈞云：

> 漢卿長公子馬丁，入牛津精神病院。其弟在倫敦，請詢病狀，可送美否？請示覆。

22日，顧維鈞覆電宋子文：

> 馬丁在醫院，一時尚不能出。醫曾證明，有精神病，恐到美不便。其弟在飛機廠事忙，昨甫獲晤。彼以暫留就醫為宜，並擬辭去飛機任務，可專照顧乃兄。倘在美預為商洽，特許登岸，彼當伴送。漢卿夫人函遲未覆，祈代致歉，容另告。

當時，于鳳至夫人的健康狀況也不好，因此，宋子文和張學良的女兒張閭瑛商量後，決定對于鳳至保密。11月12日，宋子文致電戴笠云：

> 漢卿長子，入倫敦神經病院。因張夫人病，迄未復元，商得其女同意，暫不轉達。聞漢卿現在重慶，不知確否？近體何如？請兄將此事，先告四小姐，酌量情形通知漢卿。其夫人心神亦頗煩亂，最好有一信來，以資安慰，盼示覆。

宋子文既要關心被囚禁的張學良，又要關心身患重症的于鳳至，可謂用心良苦。

同年12月4日，張閭瑛結婚，宋子文於3日致電戴笠，要他轉告張學良，電云：

> 漢卿女公子函告，得母同意，於本月4日與陶鵬飛君結婚，請便中轉達。

在張學良寂寞的囚禁生活裏，這大概是一絲安慰吧！

張漢卿兄：尊夫人胸癌，今日開刀割治，經過極好，知注特聞。

本電字數不多，但同樣表現出宋子文對張學良夫婦的情誼。

排擠駐美大使胡適 *
——讀宋子文檔案

抗戰時期，國民政府急需美援。1938 年 9 月，蔣介石任命胡適為駐美大使，企圖藉他的名聲開拓對美外交。1940 年 6 月，蔣介石又任命宋子文為駐美私人代表，負責爭取美援。初時，二人合作尚好，但不久，宋子文對胡適的不滿就逐漸增多。他多方運動，力圖免掉胡適的駐美大使一職。

1940 年 10 月 14 日，宋子文致電蔣介石稱：

> 欲得美國之援助，必須萬分努力，萬分忍耐，決非高談空論所能獲效。際此緊要關頭，丞需具有外交長才者使美，俾得協助並進。否則，弟個人雖竭其綿力，恐不能盡如鈞座之期，弟所以提議植之，即為此耳。

植之，指施肇基，浙江杭州人。曾一度使英，三度使美，出席過巴黎和會與華盛頓會議，又曾做過外交部總長、外交部部長等職，是有名的職業外交官。從電文看，宋子文此前已經向蔣介石提過以施代胡的建議，此電不過進一步申說理由。"決非高談空論所能獲效" 云云，顯指胡適而言。胡適出任駐美大使後，經常發表演說和講話，比較注意爭取美國公眾和輿論的支持，這當然是宋子文所看不上的。

---

* 原載《團結報》，1992 年 3 月 18 日。錄自楊天石《抗戰與戰後中國》，中國人民大學出版社 2007 年版。

宋子文的習慣和特長是和上層人物交往、談判。12月3日,他致錢昌照電云:

> 進出口銀行部分,五千萬以礦產償還,詳細條件尚在磋商中。適之和藹可親,惟實際上不能發生助力。

胡適是學者,討論借款的"詳細條件"之類自非所長,不過,宋子文不滿胡適還有更深層的原因。1941年1月3日,宋子文再致錢昌照電云:

> 惟胡大使非但不能為助,且恐暗中冷淡,諸事均唱獨腳戲。

在孔祥熙、宋子文二人中,胡適對孔祥熙印象不錯,宋子文擔心胡適助孔,因此對胡有戒心。"暗中冷淡"云云,怕胡適在宋子文的對美談判中暗中掣肘之謂也。

錢昌照同意宋子文對胡適的看法,曾在1月6日覆電中表示:

> 適之能力薄弱,弟等早已料到不能為助也。

不過胡適自有胡適的優勢,在蔣介石周圍也有些人出頭為胡適說話,因此,蔣介石沒有採納宋子文的建議。其後,宋子文便改取迂迴戰術。

他先是聘請施肇基到美任中國物資供應委員會副主任,負責處理美國援華物資。同時,通過錢昌照,動員國民黨元老李石曾出面進言,1941年6月16日李石曾、錢昌照致宋子文電云:

> 關於更動大使事,弟等觀察最近政治環境,認為更動適之一點或可不成問題,但如率直的提出植之,恐不易立刻得到介公同意。蓋因介公一向對植之感想平平,而離華前未能來渝一行亦稍感不快也。弟等磋商結果,此事似可以下列方式之一與介公接洽。(一)由瀛向介公婉達先生意旨,

希望植之能擔任駐美大使，俾一切得順利進行。一則由於植之已在赴美途中，二則由於植之與美朝野甚為熟悉也。（二）皆不提出植之，僅由瀛暗示介公，新派之駐美大使必須與先生絕對合作，故其人選最好與先生一商。以上兩種方式，究以何者為宜，請即電覆。

儘管施肇基多年從事外交，使美時間長達十餘年之久，但蔣介石對之“感想平平”，而且赴美前居然不到重慶向蔣介石請訓，因此，李石曾對向蔣介石進言就很躊躇了。

6月22日，德軍進攻蘇聯，國際局勢發生急劇變化。宋子文敏感地意識到，在美的外交任務愈益加重。25日，致電李石曾云：

（一）蘇德已決裂，美參戰期又更迫，此間外交異常活躍，實為我國之最好活動機會。（二）我國處茲環境，應有得力之外交使節駐美，與弟徹底合作，始可完成委座之使命。（三）適之外交工作情形，前請先生詳陳委座，想已洞悉。（四）蘇德宣戰，嗣後中、英、蘇俱在軍貨貸借案內要求協助，粥少僧多，競爭在所不免，弟非有得力之外交上協助，不能有滿意之效果。（五）前奉委座東電，謂高斯奉其國務卿命，對委座表示，以後與其政府有關各電，皆請用正式手續云云。弟在此情形之下，更非有外交上徹底合作無能為力。再四思維，為國家前途計，實以植之兄任駐美大使為宜，盼即向委座婉陳為禱。

宋子文也有自己的難處：他是以蔣介石私人代表的身份在美活動的，然而美國人不吃這一套，通過其駐華大使表示，“請用正式手續”，他又不願與胡適合作，因此，只有再次要求任命施肇基為駐美大使。

鑒於李石曾6月16日電所表現的猶疑態度，7月5日，宋子文再電李石曾：

時局變幻萬端，緊張日甚，我國在美外交亟待調整，務乞催促委座早日裁定，俾利進行，毋任企盼！再此事不必與復初商洽。

復初，指郭泰祺，湖北廣濟人。時任外交部長。宋子文要李石曾繞過外交部，直接催促蔣介石。其間，蔣介石曾多次電令宋子文，直接和羅斯福會談。7月6日，宋子文致電蔣介石，再次提出以施代胡問題。7日，又一次致電李石曾：

> 日昨介公送電，囑向總統直接商辦外交重要事項，因此提出植之事更為迫切。昨已電陳介公，請索閱原電。文完全為工作著想，個人固無所要求。辦理特別外交，必須予我便利。萬一不蒙諒允，只可株守本職，循分盡心而已。

蔣介石架不住宋子文的多次要求，同意以施代胡。7月12日，宋子文致電蔣介石稱："仰蒙俯允，尤感藎籌"。他要求迅速發表明令：

> 長此以往，不但文不能盡責，有負委任，適之亦屬難堪，唯有懇請毅然處置，迅予發表。

在以施代胡問題上，宋子文要李石曾不必與郭泰祺商量是有考慮的，果然，郭泰祺不贊成宋子文的意見，在蔣介石面前力諫，於是蔣介石收回成命，以施代胡之議再次擱置。8月22日，宋子文致電錢昌照：

> 兄見甚為贊同，弟前請介公予我以政治上名義；又退一步，請任植之為駐美大使，均無非為推進國際之活動，未蒙接納，只有謹守範圍，自治其分內應辦之事，免於越俎之嫌耳！

從本電看，由於屢請不准，宋子文已經相當喪氣，準備"謹守範圍"，不再提什麼要求了，然而事實並非如此。

1941 年 7 月，宋子文和美國陸、海軍參謀本部商談，由美國派遣軍官團來華，充當蔣介石的顧問，同時援助中國軍火 7.4 億美元。這當然是有利於中國抗戰的好事，但美國國務院擔心引起日本反感，態度消極，遲遲不能決定。在此情況下，宋子文致函羅斯福催詢。8 月 20 日，羅斯福覆函，同意派遣軍官團赴華。宋子文自覺做了件大有光彩的好事，將羅斯福的覆函逕交中央通訊社發表。這樣，就將中美之間的絕密談判公之於世，宋子文隨即受到批評。9 月 4 日，宋子文致電錢昌照云：

> 江電悉。適之屢次不顧事實，覥顏自我宣傳，弟殊不屑與之爭辯。此次羅函本不願公佈，因恐淆亂聽聞，有礙日後工作，故爾發表。嗣後自當注意，並請兄暨孟餘兄隨時加以補救為感！

可以看出，宋子文不僅在對美外交中"唱獨腳戲"，完全甩開胡適，而且感情上也憎惡胡適了。尤其不應該的是，居然為了爭功，不惜泄露外交機密。孔祥熙批評宋子文"氣量狹小"，信然。

宋子文始終不曾放棄以施代胡的念頭。1942 年 4 月 3 日錢昌照致電宋子文云：

> 東電奉悉。介公為安插與果夫、立夫有關係之徐恩曾，故將彭調開，先生恐無從助力。至調植之事，弟認不易辦到。蓋政府中不乏為適之說話之人，而介公對植之感想仍不甚佳也。

彭，指彭學沛，時任交通部政務次長。當日，蔣介石將彭免職，而代之以徐恩曾。從本電可以看出，國民黨用人，一要靠關係，二要靠領袖印象，蔣介石對施肇基"印象不佳"，所以始終得不到重用。

宋子文對胡適的排擠使一些知情人深感不滿。1941 年 4 月，周鯁生致函王世杰，批評宋子文"在華盛頓遇事專擅，不顧體統，頗使適之不快"。同年 7 月 16 日王世杰致函胡適，認為宋子文"有能幹而不盡識大體"，希望胡適以"寬大"態度"善處之"，胡適雖然日子不好過，精神苦悶，但倒確能做到以"弘大度量"，寬恕地對待宋子文。1942 年 5 月 17 日，他致函翁文灝、王世杰二人，聲稱"半年來絕不參與機要，從不看出一個電報，從不聽見一句大計"。又稱："我忍耐至今，我很想尋一個相當機會，決心求去。我在此毫無用處，若不走，真成'戀棧'了。"

同年 8 月 15 日，蔣介石決定免去胡適的駐美大使職務，以魏道明繼任。

宋子文與戴笠之間 *
── 讀宋子文檔案

宋子文和戴笠關係密切，戴笠籌建中美合作所時，許多器材都是通過宋子文在美國購買的。這一方面，宋子文檔案中有許多資料。我在美期間因時間關係未能一一收集。這裏介紹的是反映宋、戴關係的另外幾通電報。其一為：

> 宋部長：一、馬寅初發表救蔣殺孔滅宋之謬論，已押往前線服務。二、晚奉命兼任財部緝私處長。固辭不獲，只得勉就。雨叩。真。

此電發於 1940 年 12 月 11 日。字數雖不多，但卻包含著豐富的內容。

抗戰期間，馬寅初在重慶大學擔任商學院院長，多次抨擊官僚資本。1940 年 5 月 29 日，馬寅初在重慶社交會禮堂發表演講，指斥"擁有大量資產的達官們"，"大囤其貨，大發其國難財"。他要求徵收發國難財者的財產稅。事後蔣介石召見重慶大學校長葉元龍，責問說："你知道馬寅初在外面罵行政院長孔祥熙嗎？他罵孔祥熙就是罵我！"蔣表示，要同馬寅初談談。同年 11 月 10 日，

* 原載《團結報》，1992 年 6 月 10 日。錄自楊天石《抗戰與戰後中國》，中國人民大學出版社 2007 年版。

馬寅初應黃炎培之邀，在重慶實驗劇院再次發表演講，要求豪門權貴拿出錢來支援抗戰，他說："有人說委員長領導抗戰，可以說是我國的民族英雄，但是照我看，只能說是家族英雄。因為他包庇他的家族親戚，危害國家民族啊！" 11月24日，他第三次發表演講，重申"請發國難財的人拿出錢來"的要求。戴笠電所稱"救蔣殺孔滅宋之謬論"，當即指上述演講。12月6日，馬寅初正在用早餐的時候，被憲兵以最高當局請去談話為名逮捕，旋即聲稱"派赴前方研究戰區經濟情況"，將馬寅初押送貴州息峰集中營監禁，戴電所稱"押往前線服務"云云，指此。

為了平息輿論對豪門權貴的不滿，蔣介石於逮捕馬寅初的前後，下令在財政部成立緝私處，以戴笠兼任處長。戴笠和宋子文關係密切，自然要向宋報告這一任命。

宋子文接電後，於12月13日覆電云：

> 馬博士神經病可笑，惟國內經濟情形之嚴重可想而知。兄就緝私處，須防範，勿為中傷。

宋子文雖然受到馬寅初的抨擊，但當時主持行政院和財政部工作的是孔祥熙，因此，對馬寅初，只淡淡地說了句"神經病可笑"，而對國內經濟情況則表示了憂慮。戴笠不為孔祥熙所喜，在選擇緝私處處長時，孔祥熙意在楊虎，任命戴笠完全是蔣介石的決定，因此，宋子文又叮囑戴笠："須防範，勿為中傷。"防範誰呢？自然是孔祥熙。

宋子文檔案中，還有一通戴笠的電報，文云：

> 即面呈宋部長賜鑒：梗電奉悉。（一）晚意公有回國必要，惟公返國後對美種種交涉，似有一資望能力均優之大員能代公負責為妥。（二）吾駐美大使易胡為魏，國內各方感想不佳，美國旅華人士聞亦有不滿，乞公注意及之。（三）在此抗戰時期，外交部工作實甚重要。日俄恐不免一戰。蘇對我最近表示頗好，惟英方為印度對我感想不佳。領袖對派駐（代理？）事，

實難兼顧。（四）國內經濟問題日行嚴重，領袖對民生必需品有管理決心，對公務人員與軍警生活問題圖定量分配。惟在行政院部長以上諸公對領袖之政策，大都無實行決心。（五）上陳諸問題均與公此行有關，晚亦甚望公能於此時回國一行也。謹電密陳。

此電發於 1942 年 9 月 24 日。戴笠通過本電向宋子文彙報了多方面的問題，可見戴對宋的忠誠，也可見二人之間的關係非同一般。1941 年 12 月初，太平洋戰爭爆發，中國成了英、美的盟國。宋子文因對美交涉有功，於同月被蔣介石任命為外交部長。但是，由於對美交涉繁重，宋子文仍停留美國，直到收到了戴笠的這通電報後，才毅然束裝歸國，於此也可見宋對戴的信任。

此外，宋子文檔案中還有幾通電報。1943 年 4 月 20 日致貝淞蓀電云：

> 諫電悉。雨農商借國幣兩百萬元，可照辦。

9 月 10 日再致貝淞孫電云：

> 青電悉。雨農兄經濟困難，希詢需銀若干，即照數接濟，毋須先期電告。弟返渝仍住怡園。

貝淞蓀，即貝祖詒，中國銀行副經理。1943 年 2 月，宋子文再到華盛頓與羅斯福會談。此後，又訪問加拿大、英國。此二電均發於國外。短短的幾個月內，戴笠兩次向宋子文告貸，宋子文均慷慨解囊，"希詢需銀若干，即照數接濟"云云，簡直慷慨得令人吃驚。如果不是關係特殊，決不可能出現這種狀況。

傅斯年攻倒孔祥熙 *

——讀台灣所藏傅斯年檔案

　　孔祥熙是民國政壇上的著名不倒翁。他於 1928 年任南京國民政府工商部長，1933 年任行政院副院長兼財政部長。1938 年，升任行政院長。一直官運亨通，步步青雲。但是，以 1939 年 11 月改任行政院副院長為轉機，開始走下坡路。至 1945 年，遂轟然倒下。

　　孔祥熙的倒台，當然是他自己及其家族多行不義以及失寵於美國人的結果，但是，也和傅斯年等人的一再抨擊、反對有關。其具體經過，過去由於資料較少，不得其詳。今據台北 "中研院" 歷史語言研究所所藏傅斯年檔案，作一探索。

　　傅斯年的討孔，涉及對貪污、腐敗現象的治理問題，總結有關歷史經驗，當不無意義。

一、1938 年，傅斯年首次上書蔣介石，抨擊孔祥熙

　　傅斯年檔案中，有一通致蔣介石的函件，未署年月，但據王世杰日記，知為 1938 年 2 月末或 3 月初之作，距孔祥熙出任行政院長不過兩個月。[1] 在現存傅斯年攻孔各函中，時間最早。

　　函件一開頭就指出，抗戰以來，全國將士、官民 "正在為民族生存作空前之奮鬥"，"國步艱難"，但是，外交、行政卻未能發揮效能。傅斯年分析其原因，認為關鍵是 "負責之人另是一格"，"作來一切若不相似"。[2]

---

* 原載《百年潮》，1997 年第 4 期。錄自楊天石《抗戰與戰後中國》，中國人民大學出版社 2007 年版。

1　《王世杰日記》（1938 年 3 月 4 日）云："近日外間對於孔庸之長行政院，王亮疇之長外交，頗多不滿。昨聞傅斯年君（原國防參議會委員）曾以長函致蔣先生，指責孔、王甚力。" 見《王世杰日記》手稿本，台北 "中央研究院" 近史所 1990 年版，第 1 冊，第 197 頁。

2　傅斯年檔案，2—611。按，《胡適來往書信選》據胡適檔案收入此件，但誤係為 1939 年，文字亦有缺漏。

傅斯年此函分兩部分。第一部分陳述孔祥熙 1937 年出使英國，祝賀英皇加冕時的情況，歷舉英國外相艾登、財政專家李滋羅斯等人對孔祥熙的批評，以及孔本人"舉止傲慢，言語無禮"的事例，說明孔祥熙擔任行政院長，不利於爭取英、美的財政援助。次述孔祥熙聽任小兒子指揮財政部大員，小女兒管理機要電報，以致物議蜂起的情況，說明"似此公私不分，未有近代國家可以如此立國者"。

傅函的第二部分批評當時的外交部長王寵惠，說他"絕不努力，絕不用心"，"毫無精神，鮮談正事"。但是，傅斯年批評王寵惠，還是為了批評孔祥熙。傅斯年認為，王寵惠之所以表現如此，乃在於孔祥熙"指揮自決"，過於專權，使外長等於秘書、跟班。函件說：

> 孔氏無權不攬，無事不自負，再積以時日，恐各部皆成備位之官，不只外交失其作用而已。

函末，傅斯年保證："其中絕無虛語，皆有人證、物證，斯年負其一切之責任。"

傅斯年上書之後，孔祥熙曾於 4 月 25 日上書蔣介石，要求辭職，但為蔣介石慰留。[1]

二、傅斯年聯名上書，多方面說明孔祥熙不能擔任行政院長

第一次上書無效，傅斯年不肯甘休，醞釀再次上書。不過，這一次不是個人行動，而是與人連署了。

1938 年 7 月 6 日，國民參政會第一屆大會在武漢召開。會前，傅斯年即以參政員資格積極活動，製造輿論。[2] 孔祥熙聽到風聲，因此在參政會報告時特別

1　參見拙作《蔣孔關係探微》，《民國檔案》，1992 年第 4 期。
2　《王世杰日記》（1938 年 7 月 3 日）云："國民參政會參政員到漢者已甚眾。彼等有對孔庸之長行政院極表不滿，而思提案攻擊者。"

賣力，企圖討好參政員。[1] 但是，傅斯年等仍於 7 月 12 日致函蔣介石，從才能、信望、用人、友邦觀感等各個方面論證，孔祥熙不足以擔任行政院長一職，共五條：

第一條陳述，就中國官場應付技巧言，孔祥熙可稱超群的上等人才，然而，對建設近代國家、主持大政的良規大義，卻毫無所知。[2]

第二條陳述，孔祥熙縱容夫人、兒子聚斂金錢，奢侈、豪華，"實為國人所痛惡"。

第三條陳述，孔祥熙用人唯親，凡山西同鄉及舊時同僚，都優為安插。

第四條陳述，孔祥熙國際輿論不佳，難以得到援助。

第五條陳述，孔祥熙以孔子後裔自負，而"持身治家"，每多"失檢"。

函件最後，傅斯年等要求蔣介石為抗戰前途計，"審察事實，當機立斷"，免去孔祥熙的職務，以慰四海之望。

蔣介石事前就知道傅斯年在醞釀聯名上書，很不高興。書上，自然沒有結果。[3]

三、第三次上書，52 人聯名，向孔祥熙發動猛烈進攻

1938 年 10 月 28 日，國民參政會第一屆第二次會議在重慶召開。

會前 4 天，在國民參政會談話會上，傅斯年等發表激烈的抨擊孔祥熙的談話，得到許多人同情，於是，決定再次聯名上書蔣介石，繼續討孔。會議推 7 人起草。同月 27 日談話會定稿。函件要求嚴格考核掌握國家要政的大員們的功過與聲名，分別晉升或罷退。函件特別嚴厲地批評了抗戰以來的外交和財政，認為所有"遲緩、疏忽、懈怠，以及人事糾紛"等等問題及其損失，都在於有關官員的不稱職。函件最後畫龍點睛地將責任歸結到孔祥熙身上：

---

1 《王世杰日記》（1938 年 7 月 11 日）云："參政員中對於王、孔兩公頗多微辭，故兩公發言特別詳盡，以冀減少反感。"

2 傅斯年檔案，2—611。按此函曾收入《胡適來往書信選》（下）附錄三。

3 《王世杰日記》（1938 年 7 月 3 日）云："蔣先生聞之甚不悅。"

即如行政院長之大任，在平時已略如外國之首相，在此時尤關於戰事之前途。若其人一切措施不副內外之望，則國家之力量，因以減少者多矣！[1]

說孔祥熙"一切措施不副內外之望"，言詞之激烈，否定之徹底，可以說無以復加了。

時值抗戰艱難時期，傅斯年等考慮到蔣介石的心理，在函中特別說明，為避免滋生"誤會"，故"密陳左右"，不在參政會上討論，也未向外人泄漏。函稿宣讀完畢，眾人紛紛簽名。

30日，孔祥熙出席參政會作財政報告，受到嚴重質詢。會後舉行茶會，孔祥熙故作姿態，"專說笑話"，眾人更加不滿。[2]當日簽名者迅速增加，計胡景伊、張君勱、左舜生、傅斯年、褚輔成、張瀾、羅文幹、錢端升、羅隆基、梁漱溟、梅光迪、張申府、王造時、馬君武、許德珩、梁實秋等52人。

10月31日，傅斯年等將函件密封後，送國民參政會秘書處轉呈蔣介石，但幾天後就被退回。當時，蔣介石因主持軍務，不在重慶，傅斯年等不知蔣介石所在，便託馬君武持函返桂，轉赴湖南衡山面呈，同時又抄了一份副本，通過有關渠道送呈蔣介石。

胡適不贊成倒孔，但傅斯年的上述文章，仍被胡適稱為"打孔家店妙文"。[3]

四、參政會上多次開炮，孔祥熙失去行政院長職務，改任副院長，成為人人可得溺之的"溺尿桶"

參政會是具有代議性質的民意機關，參政員有權對政府各級官員提出質詢。現存傅斯年檔案中，保存有好幾件在參政會時的質詢稿，可見傅斯年對於孔祥熙的不妥協的戰鬥精神。其中，傅斯年抨擊尤烈的是財政人員的風紀。

1　傅斯年檔案，1—657。
2　《王世杰日記》第一冊，1938年10月30日。
3　《胡適致傅斯年函》，1939年10月8日，《傅斯年來往書信選》，打字本。

如，財政部次長徐堪夫人使用外交護照，攜帶行李數十件經過美國舊金山時，因發現若干過於貴重的物件，和海關發生爭執。傅斯年據此提出："查高級官員之妻，似不當用外交或官員護照；又此時捆載赴美，未知與節約運動有無不合？"

又如，財政部所屬鹽務總署總辦朱廷祺崇拜"老祖"，每日請壇扶乩，且在署中提倡。傅斯年據此提出，"未知孔部長是否注意及此？"

再如，當時財政部在香港等地有不少冗員，虛靡國帑，傅斯年提出："未知是否皆有任務？"[1]

同年，因物價暴漲，通貨貶值，傅斯年再次提出《慎選行政院長、財政部長案》，要求蔣介石撤去孔祥熙的職務。提案指出：近兩三月之間，財政部每次公佈一項辦法，必然繼之以法幣的暴跌。提案尖銳地提出：

> 民怨沸騰，群倫失望。似此情形，未知何以策將來？何以定人心？何以固抗戰之根本？

提案要求蔣介石及國防最高委員會仔細考慮行政院長、財政部長的人選，"務求官得良才，政致清明。"[2]

蔣介石終於不能不考慮傅斯年等人的意見，但因適值桂南戰役開始，日軍圖謀進攻廣西南寧，蔣介石不願意政局變動過大。1939 年 11 月，國民黨召開五屆六中第七次全會，孔祥熙改任行政院副院長，開始從權力高峰上跌落下來，威信大損。關於此，傅斯年次年致胡適函曾說："若說有無效力，誠然可慚，然非絕無影響，去年幾幾幹掉了，因南寧一役而停頓耳，故維持之者實倭寇耳！至少可以說，他以前是個 taboo（禁忌），無人敢指名，今則成一溺尿桶，人人加以觸物耳！"[3]往日聲勢煊赫的孔祥熙竟成了人人得而溺之"溺尿桶"，真是威風掃地了！

1　傅斯年檔案，N2-3.doc。
2　同上，1—642。
3　《胡適往來書信選》（中），第 480 頁。

五、傅斯年繼續抨擊，孔祥熙失去財政部長職務

孔祥熙改任行政院副院長後，仍然兼任財政部長及中央銀行總裁，因此，傅斯年照舊攻孔不止。

1940 年 8 月 14 日，傅斯年致函胡適，說明不能不攻孔的理由：1. 孔之為私損公，毫無忌憚。2. 孔之行為，惰人心，損介公（指蔣介石，筆者注）之譽，給抗戰力量一個大打擊。3. 貪贓枉法，有錢愈要錢，縱容其親黨無惡不作，有此人當局，政府決無希望。4. 孔一向主張投降，比汪（精衛）在漢、渝時尤甚。5. 一旦國家到了更危急的階段，不定會出何岔子。6. 為愛惜介公，不容不反對他。傅稱："我一讀書人，既不能上陣，則讀聖賢書所學何事哉！"[1]

1941 年春，傅斯年因病住院，後在重慶歌樂山休養。當時，孔祥熙曾問人說："聽說傅斯年病的要不行了！"為了證明自己未死，傅斯年抱病出席參政會。同年 12 月，日軍進攻香港，重慶國民政府派飛機去營救社會名流和學者，但許崇智、陳濟棠等要人均未接到，卻接到了孔祥熙 "一大家"，以及纍纍箱籠，還有幾隻狗。消息於次年 1 月爆出，昆明學生組織倒孔運動委員會，數千人大遊行，高喊 "打倒孔祥熙"。傅斯年得知，極為興奮，致函胡適說："'人心之所同然者，義也。' 這次不能說是三千里遠養病之病夫鼓動的罷！"[2] 同函並指責財政管理者："泄泄沓沓，毫無覺悟"，自前年冬，到去年夏，不到一年，中央銀行、中央信託局，業務減了甚多，而人員加了三倍！

1944 年，重慶國民政府為了加強戰時物資管制，計劃設立物資統監本部，有任用孔祥熙出任該部長官的可能。6 月 5 日，傅斯年致函蔣介石稱：就經濟局勢言，此事如同孤注一擲，不得不求其必成，但如人事不變，其結果很可能僅是 "孔副院長更加一官"。[3] 函上，該部終於沒有成立。

同年 9 月 5 日，國民參政會三屆三次會議開幕。第二天，財政部次長俞鴻鈞代表孔祥熙作財政報告。傅斯年帶頭開炮，要求 "辦貪污首先從最大的開

1　《胡適往來書信選》（中），第 479 頁。

2　同上，第 544 頁。

3　傅斯年檔案，1—45。

刀"。[1] 他提出四大問題：

一是孔祥熙及其家族經營商業問題。他說："'法之不行，自上犯之'，'官之失德，竊賄彰也'，所以應自上層起。"他一一列舉孔氏家族所設祥記公司、廣茂新商號、裕華銀行等企業後指出：所有孔氏之各項營業，已成立聯合辦事處，設於林森路裕華銀行三樓，並以其家人為總經理。他要求調查：1. 祥記公司、廣茂新商號等等機構是否合法？2. 這些公司借款囤積操縱之事。3. 徹查並公佈裕華與國家銀行歷年往來賬目。4. 政府要員私用其地位經營商業之影響。

二是中央銀行問題。傅斯年稱："中央銀行是一謎"。"山西同鄉多"；梁子美、郭景昆，是孔祥熙的"義子""；"私人用款，予取予求。"

三是美金儲蓄券舞弊問題。傅斯年稱：市場忽有忽無，但中央信託局局員、中央銀行屬員卻可以提前買到；孔家某氏竟"自分五萬"！

四是黃金買賣問題。傅斯年稱："裕華（銀行）在今春發了大財。"[2]

傅斯年的這些責問，尖銳激烈，以致王世杰在日記中寫道："參政員傅斯年等責問孔部長極厲，並涉及許多私人問題（私人經商，以及濫用公款等問題）。"[3]

同年 11 月，孔祥熙免兼財政部長，由俞鴻鈞接任，但是，他的行政院副院長一職則仍然未變。22 日，傅斯年致函蔣介石稱："昨讀報紙，知政府局部改組"，"聞此消息，如聞打一大勝仗，兩夜為之不眠，友朋中有為之泣涕者"。但是，傅斯年也指出："以目下最低之需要論，似尚有一著，留而未下。若下，則此次改革之效至為彰明；不下，恐此次改革之分量減少甚多矣。"[4] 傅斯年明確表示：此著，就是孔祥熙還當著副院長。函中，他竭力說明，當時整理財政的急務是：整理稅收、懲治貪污、增加效能、更易首長、清理大事件，孔祥熙副院長一職不變，俞鴻鈞有職無權，將無法工作。

1944 年末，傅斯年致函蔣介石，於外交、內政多所建議，在內政部分，傅

1　《國民參政會紀實》續編，重慶出版社 1987 年版，第 527 頁；參見《中華民國大事記》(5)，中國文史出版社版，第 127 頁。
2　傅斯年檔案，1—647。
3　《王世杰日記》第四冊，第 394—395 頁。
4　傅斯年檔案，1—48。

斯年再次提出高級官員經營商業，利用政治力量為自己謀利等嚴重問題，認為其危害遠過於直接性的貪污。他把這種情況，稱之為"失官箴"。函件說：

> 欲矯下層之弊，仍必先澄上層之源。上層之弊，未可直言其貪污，然失官箴之處，則甚矣！以影響論，直接性之貪污，為害固遠不逮間接性之失官箴。

傅斯年舉例說：孔氏家族開辦的"祥記公司"的招牌已高掛重慶林森路多年。又如中國農民銀行掛牌出售黃金，一般人買不到，而孔氏家族經營的裕華銀行卻得以大量購進，高價售出，"此一波折，國家失去不少黃金，裕華得數萬萬元之淨益"。傅斯年由此不點名地批評孔祥熙包庇下屬，竭力掩護。他說："往事不待論，今財政部正有若干重大地方機關舞弊事件，一本其'大事化小，小事化無'之原則處理之。"

函中，傅斯年要求"裁併一切駢枝機關"，特別強烈要求"澈〔徹〕底禁止官吏及其家屬兼營商業"。函末，傅斯年提出：人事改革為事業改革之本，要求蔣介石抓緊時機，"以人事之改革一新中外之耳目，而以事務之澈〔徹〕革隨之"。[1]

這回，傅斯年等人的意見起作用了。1945 年 5 月，蔣介石決定另覓行政院副院長人選。5 月 31 日，國民黨六屆一中全會根據蔣介石提議，選舉宋子文、翁文灝為行政院正副院長。

六、窮打猛追，揭發貪污大案

孔祥熙丟掉行政院副院長一職，猶如冰山崩塌。1945 年 7 月，傅斯年出席國民參政會第四屆第一次大會，進一步提出國庫局貪污案，導致孔祥熙最後失勢。

1　傅斯年檔案，1—40。

1943 年，財政部將 "1942 年同盟勝利美金公債" 交中央銀行國庫局分發各地銀行發行，總額美金 1 億元，折合國幣 20 億元。1943 年 10 月 15 日，財政部函知國庫局停售該項債票，所有未售出的債票約 5000 萬元，悉數由中央銀行業務局購進，但國庫局局長呂咸及熊國清等人卻在孔祥熙的支持下，利用職權，以低價套購，謀取暴利。據估計，貪污數達國幣 26 億 4 千 7 百餘萬元。[1] 1944 年春，國庫局的幾個青年人多次向重慶國民政府某機關密告，某機關雖然派人調查，但卻查而不辦。在此情況下，幾個年輕人便向參政員求助。

在參政會上，傅斯年就此案作了口頭質詢，另一參政員陳賡雅即以準備好的一份提案相示，其中數目、證據具在，要求大會討論，送請政府嚴辦。傅斯年遂立即簽名，領銜提出。

傅斯年此次提案共有 21 人連署，題為《徹查中央銀行、中央信託局歷年積弊，嚴加整頓，懲罰罪人，以重國家之要務而肅官常案》，案稱："歷年以來，以主持者特具權勢，道路雖嘖嘖煩言，政府並無人查問。""其中層層黑幕，正不知幾許。" 傅斯年等提出：1. 徹查。由政府派定大員，會同專家、監察院委員、參政會公推代表（必為參政員）徹查中央銀行、中央信託局積年賬目與事項，有涉及犯罪嫌疑者，分別輕重，一律移送法院或文官懲戒委員會。同時，此項徹查人員，得接受人民呈訴。2. 改組。傅斯年等提出，使中央銀行改隸財政部或行政院，取消中央信託局，將其業務移交戰時生產局。在取消以前，仍須徹查有關賬目。兩機構的歷年主持者，應對其主持下產生的 "眾多觸犯刑章之事" 負責，一齊罷免；有牽涉刑事者，應一併送交法院。[2] 傅斯年等人的提案經參政會審查，作了局部修改後通過。在會上，傅斯年慷慨激昂地聲稱："似此呂咸、熊國清之輩，如不盡法懲治，國法安在！" [3] 發言最後，傅斯年表示：這番話不僅在會場以內負責，而且在會場以外也負責。願親到法庭對簿。傅斯年的這番話使全場振奮，掌聲雷動。

儘管傅斯年等人的提案受到歡迎，但參政會主席團主席王世杰卻以 "恐被

1　陳賡雅《孔祥熙鯨吞美金公債一幕》，《孔祥熙其人其事》，中國文史出版社 1990 年版，第 146 頁。
2　《國民參政會第四屆第一次大會記錄》，國民參政會秘書處編印，第 60、183—184 頁。
3　羅加倫回憶《傅孟真先生年譜》，台北傳記文學出版社 1979 年再版，第 55 頁。

人藉為口實，攻擊政府，影響抗戰前途"為理由，要求陳、傅等人自動撤銷此案，另行設法處理。陳布雷也出面表示："一經大會討論，公諸社會，恐使友邦更認為我們真是一個貪污舞弊的國家，對抗戰不繼續予以支持，那末，影響之大，將不堪設想。"[1] 在此情況下，傅斯年等被迫同意不向大會正式提出此案。7月17日，傅斯年會見揭發此案的兩位青年，拿到了全部證據。傅勉勵揭發者說："諸君愛國熱誠，極可佩。我雖前已同意不在大會提，但此事總當使其發生效力。"[2]

重慶國民政府雖然想竭力捂蓋子，但是，也有人竭力想把案子捅開。重慶地方法院向中央銀行函詢此事，最高法院也準備立案偵辦，要傅斯年提供證據和材料。7月25日，重慶國民政府免去孔祥熙中央銀行總裁和四行聯合辦事處兩項職務。30日，行政院改組。這一切使傅斯年高興之至。

8月1日，傅斯年致函夫人俞大彩："老孔這次弄得真狼狽。鬧老孔鬧了八年，不大生效，這次算被我擊中了。國家已如此了。可歎可歎！"他決心把這場官司打到底，對夫人說："這一件官司（國庫局），我不能作為密告，只能在參政會辦。此事我大有斟酌，人證物證齊全。你千萬不要擔心。把老孔鬧掉，我至為滿意。"[3] 次日，最高法院檢察長鄭烈致函傅斯年，要傅提供幫助，信中說："滿腔熱血，不知灑向何地？此事如得公助，巨憝就擒，國法獲伸，為公為私，當泥首雷門以謝也。"[4] 8月8日，國庫局的幾位職員致函傅斯年稱：據聞，"委座已與先生說情，國庫局貪污案已了，不知可確否？"函件希望傅斯年"繼續努力，為民眾宣達任命，務使此案在法院中水落石出。"[5] 當日，傅斯年向參政會提交了一份說明書，同時錄呈國庫局幾位青年的密告信。他表示，所有各節，均經詳核，確信其為真，待法院辦理此案時，當偕同幾位青年出庭作證。[6]

傅斯年等人的提案經參政會通過後，其經歷是：國防最高委員會決定"密

1　陳慶雅《孔祥熙鯨吞美金公債的內幕》，《孔祥熙其人其事》，第147頁。
2　《傅斯年在本屆參政大會中提案及詢問有涉中央銀行國庫局舞弊事說明書》，傅斯年檔案，1—660。
3　《傅斯年致俞大彩》，王汎森、杜永勝編《傅斯年文物資料選集》，台北傅斯年先生百年紀念籌備會1995年刊行，第120頁。
4　《鄭烈致傅斯年》，《傅斯年文物資料選集》，第121頁。
5　《國庫局同人致傅斯年》，《傅斯年文物資料選集》，第126頁。
6　《傅斯年在本屆參政會大會中提案及詢問有涉中央銀行國庫局舞弊事說明書》。

送國民政府核辦"；國民政府轉發行政院；行政院"密交財政部核辦"。1946 年
2 月，財政部報告稱："各行局人員如發現，或據報有貪污瀆職等情事，本部均
經派員嚴查，分別懲辦；如有觸犯刑章並移送法院辦理。" 至於傅斯年提案中
的派員徹查要求，則稱"似無必要"。幾句官話，將蓋子嚴嚴實實地捂起來。[1] 後
來據說有關人員退還了贓款，但其內情就無法得知，也無從查證了。

　　民主和法治是治理腐敗的必要條件。孔祥熙的倒台，國庫局貪污案的曝
光，和抗戰時期國民參政會這一特定的民主形式的存在有關，但是，當時參政
會的民主權力是極為有限的，司法又不能獨立，蔣介石控制著包括黨權、政
權、軍權在內的各種最高權力，為了護衛豪門利益，自然不可能按傅斯年等人
的要求徹查。

七、主張沒收孔祥熙家產

　　孔祥熙雖然倒台了，繼起的宋子文也沒有好多少。看來看去，傅斯年逐漸
對國民黨和蔣介石絕望起來。

　　1947 年 3 月 23 日，胡適致函傅斯年，認為蔣介石有"決心改革政府之誠
意"。28 日，傅斯年覆函胡適，對此表示懷疑，函云："現在改革政治之起碼誠
意，是沒收孔、宋家產，然蔣公在全會罵人仍言孔、宋不貪污也。孔、宋是不
能辦的，CC 是不能不靠的，軍人是不能上軌道的。"[2] 一個腐敗的政權自然不可
能徹底反腐敗。應該承認，傅斯年此時的頭腦要比胡適清醒，不過，他仍然和
蔣介石站在一條船上，不願意也不曾想到要走開。這是傅斯年的悲劇。

1　《國民參政會第四屆第一次大會決議案行政院辦理情形報告表》，行政院秘書處編，1946 年 2 月版，第
　　120 頁。
2　《胡適來往書信選》（下），第 190 頁。

南京政府崩潰時期的陳光甫 *
——讀陳光甫檔案之一

陳光甫是近代中國著名的銀行家，江浙金融資產階級的領袖人物。他一生創建了兩個重要企業——上海商業儲蓄銀行和中國旅行社，都卓有成就。他曾以財力支持過蔣介石和南京國民政府。在中國抗戰的關鍵年代裏，曾受命赴美談判，爭取援助。在戰後國民黨政權風雨飄搖之際，他又曾出任國府委員。他的檔案現藏於美國哥倫比亞大學珍本和手稿圖書館。本文將根據該檔案中的未刊日記、函箚及其他資料，考察南京政府崩潰時期的陳光甫的活動及其心態變化過程，從而揭示這個特定時期給予一個資產階級代表人物的影響。

一、南京政府改組與張群遊說

1947 年 2 月，經濟危機席捲了整個國民黨統治區，物價猛漲。金價每兩從法幣 30 萬元漲到 110 萬元，美元與法幣的兌換率從 1 美元兌換 6700 元漲到 1 美元兌換 1.7 萬元。人們普遍感到，生活的壓力愈來愈難以承受。

1944 年冬，宋子文利用人們對孔祥熙家族貪污腐敗的不滿，在美國人的支持下，取代孔祥熙成為行政院長。1946 年 2 月，任用親信貝祖詒為中央銀行總裁。當時，中央銀行擁有黃金儲備 560 萬兩，連同其他外匯，總值 8.58 億美元。宋子文為了控制物價，維持法幣，大量拋售黃金和外匯。結果，僅僅一年光景，中央銀行的庫存黃金減到 260 萬兩，連同其他外匯，總值 3.64 億美元，減少了一多半。1947 年 2 月 15 日，中央銀行根據蔣介石的命令，宣佈停售黃金。於是，物價繼續猛漲，金融大亂。蔣介石傷心地對宋子文說："我把財政經濟交給你管，不料你竟弄得如此之糟心！" [2] 16 日，監察院決定派員赴上海徹

---

* 原載《近代史研究》，1992 年第 4 期。錄自楊天石《抗戰與戰後中國》，中國人民大學出版社 2007 年版。
2 經濟資料室編《宋子文豪門資本內幕》，光華書店 1948 年 12 月版，第 60 頁。

572

查，隨後迅速提出了對宋子文的彈劾案。28 日，蔣介石改組中央銀行，任命著名的銀行家張嘉璈（公權）為總裁。3 月 1 日，宋子文被迫辭去行政院長一職，蔣介石決定改組政府，內定以政學系首領張群為行政院長。張群隨即展開了緊張的組府、組閣活動。

鑒於國民黨一黨專政的局面早已為人們所深惡痛絕，同時，經濟危機又已嚴重威脅著國民黨政權的生存，因此，這次改組政府，既要網羅一些小黨派領袖和在公眾中有威望的無黨派人士，又要羅致在金融工商界有影響的資產階級代表人物。陳光甫這兩個條件都具備，於是，便成了張群心目中首要的網羅對象。

1947 年 3 月 18 日，張嘉璈的妹妹朱夫人邀請陳光甫與張群共進午餐。19 日，陳光甫日記記載說：

> 我去了。這是一次愉快而親密的聚會。我們談啊，談啊，一直談了三個鐘頭。張群是一個善於雄辯的人，有時有說服力。他直接了當地告訴我，此次到上海，僅僅為了說服我參加政府。
>
> 他說，蔣主席派他來，只為了一個特殊而單純的目的，勸我出任國民政府委員。蔣主席形成了某些現實的、穩固的思想，並且企圖尋找名聲好的人來加強政府。到目前為止，只有極少數人有資格被考慮，包括胡適、胡霖、莫德惠和我。[1]

陳光甫並不是第一次聽到這個消息。兩天以前，張嘉璈早已出面動員過。當時，陳光甫表示拒絕。張嘉璈和張群同屬政學系，二人關係密切。顯然，張嘉璈動員無效之後，張群親自出馬了。

"我希望您不會真如傳說一樣成為新任行政院長。"陳光甫試探性提問。

"不！"張群回答。"我必須出任。我和黨有 40 年的密切關係。我的情況和你們大不相同。你們是黨員，或者不是黨員，而我，和蔣主席有 40 年的關係。

1　原文為英文。陳光甫日記大部分為英文，小部分為中文，不一一注明。

當他要求我的時候，我不能拒絕。"張群於 1908 年由保定陸軍軍官學校保送日本留學，進入日本陸軍士官學校，在這一年加入同盟會，在此前後，與蔣介石相識，至此，差不多 40 年了。

"你要大力幫助我和新政府。"張群繼續說："如果你同意參加改組後的國民政府委員會，將來，你會被派往美國，擔負財政方面的使命。"[1] 1936 年、1938 年至 1940 年，陳光甫曾兩次以財政部高等顧問身份被派往美國，接洽借款，均告成功。但是，這一年，陳光甫已經 67 歲了。張群好像估計到陳光甫會以不勝負擔為理由拒絕似的，特別應許說：新的崗位將不會帶來過多的麻煩，全部要做的事只是兩週去南京參加一次會議。

"這完全是一個爭取人們支持的問題。"張群直率地說："我們需要廣泛的支援。這就是為什麼必須有你和胡適一類人參加的原因。"

"爭取人們支持是重要的。"陳光甫評論說，"但是，政策更重要。您的新政府將採取什麼政策？進行無止境的戰爭直到共產黨人被打垮和肅清，還是現在就停止戰爭？抑或政府設定一個有限的目的，達到之後就停火？"抗戰勝利後，人們普遍渴望和平，不希望國共兩黨之間再起刀兵，但是國民黨卻調集大軍，進攻東北、鄂東、豫南等地的解放軍。1947 年 2 月，南京國民政府通知中共駐南京、上海、重慶三地擔任聯絡和談判的工作人員，限於 3 月 5 日前撤回延安，內戰有再次全面爆發的危險。

"是的，有限制。"張群答道："在肅清津浦路、平漢路並重新通車之後，政府將再次謀求和平。"1946 年 12 月末，蔣介石曾密令各部，規定翌年上半年的作戰目標是，"打通隴海、津浦、同蒲、平漢與中長鐵路諸線，肅清冀、魯、晉、陝等地境內股匪"，張群這裏告訴陳光甫的計劃顯然大大縮小了。

"儘早停火更好。"陳光甫不希望打內戰。他對張群強調指出，國家經濟受到內戰的巨大打擊，有垮台的危險。

張群的兩位前任孔祥熙和宋子文都是因治理經濟無方而倒台的。張群出任行政院長，嚴峻的經濟形勢自然是他必須首先考慮的問題。他告訴陳光甫，政

---

[1] 以上對話均見陳光甫日記，下同。

府準備發行一種新的貨幣。但是，陳光甫對此不以為然，他告訴張群，在這個節骨眼兒上，這將是困難並且是無效的。

"政府的軍費怎樣？有無限制？"陳光甫深知，造成國民黨政府經濟危機的主要原因是擴軍備戰，任意增加軍費。另一天，陳光甫從別處聽說，蔣介石在下兩個月裏需要 2 萬億元，這是任何理財能手都無法滿足的。陳對張群強調指出，關鍵是解決經濟問題。

陳光甫還對張群說。"對於新政府說來，另一個重要問題是重視國際政策。在新體系裏包括親美份子，清楚地顯示了政府傾向美國，但是不能忽視蘇聯。政府應該表現出，對兩個國家都持友好態度。"

陳光甫還提出了一些其他問題："您有無便捷的門路通向蔣主席？"張群作了肯定的回答。"您如何找到馬歇爾？您認為能和馬歇爾共處，並且在觀察問題上或多或少地取得一致嗎？"張群的回答也是肯定的。馬歇爾於 1945 年 12 月受美國總統杜魯門派遣，以特使身份來華調處國共糾紛。1947 年 1 月，調處失敗，馬歇爾快快回國，但回國後即升任國務卿。陳光甫認為，在華盛頓沒有任何人能像馬歇爾一樣影響美國的外交政策，特別是討論中國問題的時候。陳光甫並建議張群，同時兼任財政部長，以便於和馬歇爾談判。

1938 年至 1940 年，陳光甫在美接洽借款，曾得到駐美大使胡適的密切配合，因此，當張群提到，可能為財政方面的使命派陳赴美國時，陳建議再度任命胡適出使華盛頓。他說："這是最重要而且最關鍵的崗位中的一個，胡適能博得美國官方和公眾兩方面的尊敬。在美國，他是友好的源泉。美國人相信他。如果派他去華盛頓，他將殫精竭力地工作。"

"至於我自己"，陳光甫附帶說："我將樂於和胡適合作，嘗試再次尋求美國的經濟援助。作為老朋友，我將準備承擔您認為對我適合的任何緊急任務。"

談話中，張群沒有暗示陳光甫，戰爭將會立即停止，軍費將被限制。陳光甫得出的印象是，政府改組之後，在政策方面將不會有任何根本的改變。因此，陳光甫告訴張群："在任何時間，任何場合，我將盡個人之力幫助您，但是，我將不參加國府委員會，不能以國府委員的身份盡職。"

二、胡適 —— 自動出面的說客

在張群之後，胡適繼續充當說客。不過，他並非出於張群授意，而是自動出面。

蔣介石要改變一黨專政的形象，拉攏胡適參加政府自然是個好辦法。

1947 年 1 月 15 日，蔣介石與傅斯年談話，擬請胡適出任國府委員兼考試院長。胡適希望保持在野的獨立地位，聲稱不入政府則能為政府之助力，一再力辭。3 月 13 日，胡適到南京參加中華教育文化基金董事會年會，蔣介石兩次召見。他同意胡適不當考試院院長，但一定要胡適作為無黨派代表參加國民政府委員會。19 日，胡適到上海，住國際飯店，陳光甫來訪，二人之間有過一次長談。這次長談，有位偶然在座的年輕人作了記錄。

胡適首先敘述了他和蔣介石的會見：

> 我在南京，蔣先生找我去吃飯，他就對我說，不是不體念我的地位，非到國家不得已的時候，不會堅持要我出來的。他對我這樣說，要我參加這次改組，態度很誠懇，頗使我為難。後來要離開南京，蔣先生又召見我，堅囑我勉為其難，出任國府委員，並且說，只要來南京開開會，不會怎樣影響北大的工作，如果不能每次到會，來幾次也可以。

胡適接著說明了這次改組的背景：

> 這次改組當然是美國有極大的關係，當時馬歇爾在華，就口口聲聲地說，希望中國的自由份子出頭。他倒底還是洋人，不明了中國情形，到處談話的時候，舉出胡適之、胡政之、莫德惠來作為中國今日自由進步的份子。我們在北平也見過面，他對我說："自由份子應該請出來參加政府改組。胡博士，你當然應該頭一個出來。" 所以這次政府對於改組人選的考慮，顯然的，很受馬歇爾的影響。

　　中國封建傳統深厚，清朝統治者、北洋軍閥、南京蔣介石集團都不喜歡民主、自由。他們有時候也要搞一點民主、自由的擺設。但是，骨子裏酷愛的是專制和獨裁。南京政府末期，舊的一套愈加不行了，他們不得不加點新東西。不過，可悲的是，這點新東西還是洋人逼出來的。

　　二次大戰結束後，美國一直勸說蔣介石放棄一黨專政，擴大社會基礎，接納自由主義份子，按照西方的模式改組政府。馬歇爾、司徒雷登不斷地和自由主義份子談話，敦促他們行動起來，組成"單一的自由主義的愛國黨派"，"對政局施加影響"。[1] 馬歇爾等企圖利用自由主義份子抵制中國共產黨，同時敦促國民黨進行改革，並對國民黨注入活力。1947 年 1 月，馬歇爾離華時並稱："情勢之挽救，唯有使政府中與小黨派中之自由份子居於領導者的地位。"[2] 蔣介石要爭取美國的援助，不能不敷衍美國人。當年 3 月開始的南京政府改組正是馬歇爾意旨的部分體現。

　　馬歇爾的提名沒有包括陳光甫，胡適感到不滿，認為馬歇爾對中國的事情還是"十二分的隔膜"。他熱烈支持陳光甫參加政府改組，勸陳說：

> 　　如今聽到，政府有意思要你老大哥參加改組，我倒真覺得膽壯得多。光甫先生，我認為你對於國府委員這件事倒是值得考慮的；當今的問題，最嚴重的還是經濟問題，如果我胡適之懂得經濟，懂得財政，沒有問題的，我一定參加。

　　抗戰期間，陳、胡二人合力在華府爭取美援，這一段經歷，不僅對陳光甫來說是難忘的，對胡適也同樣如此。胡適認為，當時情況的嚴重不亞於抗戰初期，力勸陳光甫"就範"。他說：

> 　　今天是國家的緊要關頭，嚴重的程度可以和抗戰初期相比。在當時，不得已，政府把你找出來，到美國去。在今天，情形也還是如此。正如蔣

1　*Foreign Relation of the United States,* 1946, Vol. 10, *The Far East China,* 1972, p.633.
2　《中美關係資料彙編》第 1 輯，世界知識出版社 1987 年版，第 700 頁。

先生說，非得政府萬不得已的時候，不會堅持要我們這班人出來。你和我，都還有點本錢，所以政府要向我們借債。抗戰初期，情形那樣的困難，政府不得不向我們借債，渡難關；在今天，也還是如此，向我們借用我們的本錢。從責任一方面看，我們是應該就範的。並不是跳火坑，沒有那樣嚴重。

當時，國共談判決裂，內戰的烽煙燃起，中國的前途決定於兩大黨派之間的血與火的角逐。胡適看出了這一點，他稱之為“國家的緊要關頭”。儘管胡適的政治信念與價值觀和國民黨並不一致，但是他寄希望於國民黨的改革。他自信像他和陳光甫一類自由主義份子還有影響力，“都還有點本錢”，他要用這點“本錢”幫助蔣介石。

按照 1946 年 1 月通過的政治協商會議的決議，國民大會應在內戰停止、政府改組、訓政結束、《憲草》修正完成之後才能召開。同年 11 月，國民黨不顧中國共產黨和民主同盟的反對，悍然召開國民大會，通過了一部“人民無權，獨夫集權”的《中華民國憲法》，這次會議遂被稱為“制憲國大”。南京國民政府於 1947 年 1 月 1 日宣佈，該憲法於同年 12 月 25 日施行。胡適據此慫恿陳光甫說：“這次參加政府改組，只是暫時的、短期的。在今年 12 月 25 日，憲法施行，整個的政府要改變，制度也要更改，充其量，國府委員的壽命只有 9 個月，所以，形勢並沒有像跳火坑那樣嚴重。”

胡適完全明白，蔣介石要陳光甫出來，除了裝點門面外，還要利用陳和美國的關係爭取美援。他說：

當年你我在華府替政府做事，我們真是合作，因為你和我同是沒有半點私心，一心一意地做我們的事。這次政府要你出來，擔任國府委員，也許還要請你再去美國多跑幾次，打通美國這條路。財政部的人是變了，不過財政部和進出口銀行都還有你的老朋友在。還有一點，不但政府是要向我們借債而要我們出來，而且請我們參加政府是最容易的，最便宜不過的，我們不會有任何條件的。

1946 年 11 月的 "制憲國大" 曾有中國青年黨和中國民主社會黨的代表參加。這兩個黨以此為條件向國民黨要官要權，鬧得頗為不堪。胡適談起青年黨，尤其是民社黨來，連連搖頭。

胡適接著按自己的理解為陳光甫分析了當時的國際、國內形勢。他說：

> 今天的大局，或者可以這樣看法：從整個世界的形勢來說，如今是美、蘇對峙的局面，民主政治和集權政治的抗衡，沒有，也不會有真正的和平；所有的只是武裝和平 —— Armed peace。這是大宇宙（Macrocosm），而中國是小宇宙（Microcosm），情形也一樣。最多只能做到一種國共對峙下的武裝和平，做不到一般人所希冀的真正和平和統一。唯一的希望是由這雙重的武裝和平中慢慢的產生一種方式，而運用這種方式逐步取得真正的和平。

胡適認為：當時世界上的政黨只有兩種。在英美，政黨的組織要 Loose（鬆散）得多。黨員人數究竟有多少，沒有人知道，碰到選舉時，黨員的 Vote（選票）和黨員的數目不會相符，常常會 Cross the party line（越出黨的行列），而投票擁戴他們自身認為滿意的候選人。在蘇俄，政黨組織極嚴密，有很濃的 Indoctrination（灌輸），黨員應以黨為至高無上，對黨綱絕對遵守，對領袖絕對服從。胡適聲稱：孫中山是受過英美思想熏陶的人，他樹立國民黨，原意要建立一個英美式的政黨。但是，同時，他又看到蘇俄共產黨組織之嚴密，於是有民國十三年的改組，希望採取共產黨的優點。孫中山的最終目的還是要創立一個類似第一種的政黨，採取第二種政黨的部分作風只是一個過程，一種辦法，於是才有先訓政而後憲政之說。

1946 年 1 月的政治協商會議協議實際上否定了國民黨長期奉行的一黨專政政策，它是中國和平民主力量的一次重大勝利。會後，國民黨一方面企圖在實際上推翻或篡改政協協議，一方面則將政協的部分主張、口號接過來，裝點獨裁統治。3 月 1 日至 17 日，國民黨召開六屆二中全會，宣稱批准政協協議。1947 年 3 月 15 日，國民黨召開六屆三中全會，蔣介石聲稱，就要 "實行憲政"，"貫徹我們結束訓政，還政於民的夙願"了。胡適看不出這只是個騙局，以為他夢想多年的"民主政治"就要實現了，興奮地對陳光甫說：

> 這次在南京召開的國民黨三中全會，正是針對著這個問題，會中最重要的題目就是訓政結束，憲政開始。從國民黨本身的立場上來說，就是放棄這許多年所掌握的政權，亦就所謂還政於民。要一個政黨吐出他已有的政權，不是一件容易的事，因為這是反自然的。政黨的目的是要取得政權，而不是放棄政權。所以這一次國民黨的還政於民，實在是有史以來，中外政黨史上從來未有的創舉。

胡適實在是太天真了。蔣介石聲稱"還政於民"，嘴上說得誠然漂亮，然而何曾真正實行過！不要說"還政於民"，1949 年初他宣佈引退，讓李宗仁"代行總統職權"，又何曾讓李宗仁真正地"代"過。

國民黨內有一幫頑固份子，他們不理解蔣介石的苦心，連口頭上、紙頭上的"還政於民"也不贊成，1946 年 11 月的"制憲國大"開得烏煙瘴氣。胡適回憶說：

> 我相信蔣先生對於這件大事，他是有誠意，而且也有決心的。記得我在南京開國民大會，那真是個雞群狗黨，什麼樣的人都有的聚會。國民黨的極右、頑固份子，猖獗非凡，有幾天看情形簡直黯淡得很，蔣先生找這班人去，又是痛罵，又是哀求，希望他們要認清國大的意義，這樣才能有最後通過的憲法，而這憲法在大綱上是維持政治協商的原議的。這次在南京，蔣先生召我去見他，他也反覆申述他還政於民的苦心。談話中，我曾對他說，他的一大錯誤就是在抗戰初期盡力拉攏政府中一般無黨無派的人如翁詠霓、公權、廷黻等人入黨。蔣先生對於這一點也認錯。從那天的面談，我相信他對於結束訓政、開始憲政的態度，是非常誠懇的。

胡適看出並且承認，"制憲國大"是個"雞群狗黨，什麼樣的人都有的聚會"，這是他老實的地方，但是，胡適還是太天真了，即使翁文灝、張嘉璈、蔣廷黻等幾個人抗戰初期不被拉入國民黨，南京政府裏有了這幾位"無黨無派"的人士，難道就是"實行憲政"、"還政於民"了嗎？

胡適非常欣賞西方國家的兩黨制。1945 年 8 月，胡適在紐約時，曾經給毛澤東寫過一封信，希望中共能"痛下決心，放棄武力，準備為中國建立一個不靠武裝的第二政黨"。他對陳光甫說：

> 現中國最大的悲劇就是缺少一個第二政黨。我曾寫過一封信給毛澤東，力勸他領導中國共產黨做一個像美國的共和黨、英國的保守黨一樣的在野黨，這就是一個觀念上的錯誤，我沒有認清共產黨的本質，它根本是一個性質完全不同的政黨，要它變成英美式的在野黨是不可能的。

接著，胡適笑著說："中國今天缺少一個由陳光甫 finance（財政支持）胡適之領導的政黨。"

胡適批評馬歇爾對中國的事情"十二分的隔膜"，其實，要求共產黨成為國民黨統治下的"在野黨"，或者，由陳光甫、胡適之一類自由主義份子出面組織一個"在野黨"，都同樣表現出對中國的事情"十二分的隔膜"。

三、"美國這條路非打通不可"

胡適本擬 3 月 20 日乘機返平，然而飛機因雨停航，胡適不得不折返國際飯店。他託人帶話給陳光甫：

> 請你看見光甫先生的時候對他說，如果到美國去，在那裏有郭泰祺先生，是他 Pennsylvania（賓夕法尼亞）的老同學，還有劉鍇，他們都可以像我當時在華盛頓一樣的幫他忙。

郭泰祺，號復初，湖北廣濟人，曾任南京國民政府外交部次長、部長，多次代表中國出席國聯會議。劉鍇，廣東中山人，曾任外交部常務次長。當時二人都在美國，胡適相信他們可以幫助陳光甫獲得美國的支持。

胡適講了抗戰時期與陳光甫在美國借債時的一段故事：

是 1938 年 10 月底，我們正在華府商談借款的事，消息傳來，廣州失守（10 月 21 日），緊接著就是漢口淪陷（10 月 25 日）。當然我們覺得很憂慮，心裏非常不痛快。就在那天下午，我正在雙橡園家裏，財長毛根韜有電話來，約我和光甫先生晚飯後八點多鐘去他家 Have a drink together（一起喝點什麼）。我們約定先在雙橡園一同吃飯，飯後同去財長家裏。我們一進他家，就覺得空氣很異樣，財部的要員都在。毛根韜的書記 Miss Klotz 手裏拿著紙和鉛筆，好像有公事要辦的一樣。財長看見我們，就說，借款的事已經成功了，羅總統也已經 OK 了。順手又指著桌上的紙張，那就是借款協定的草案，接著說，這兩天中國的消息不好，希望這筆借款可以有強心針的作用。現在只剩下最後一件事，總統要知道中國政府是否仍堅持抗戰到底的原議。

這突如其來的好消息，真令我們又興奮，又驚異。稍坐一下，我們就匆匆告別。本來是應約去喝杯酒的，可是根本既沒看到酒，也沒喝到一滴酒。只一人喝了一杯冷開水。美國政府要幫助我們，怕這兩天戰事失利的消息太餒人了，所以給我們這一帖興奮劑。

和毛根韜話別後，馬上拍電報去重慶，報告經過，並要求政府繼續抗戰的 Reassurance（再保證），好給羅總統一個答覆。

就這樣，向美國借款的命運大致定了。

1938 年 9 月，陳光甫抵美。10 月 6 日，胡適到華盛頓駐美使館視事。二人立即合作，向美國政府洽商以桐油作抵押，換取美國的借款。最後，經羅斯福批准，達成借款 2500 萬美元的協定。這是抗戰開始後美國對中國的第一次經濟援助，因此，陳光甫、胡適都特別興奮，蔣介石也致電胡適表揚，聲稱"借款成功，全國興奮。從此抗戰精神必益堅強，民族前途實利賴之"。多年以後，胡適舊事重提,意在鼓勵陳光甫出任國府委員,重赴美國爭取援助,挽救處於危機中的南京政府。

陳光甫聽人轉達胡適的話和這段故事時,一面聽。一面搖頭,笑著說:"不成,不成,今天的情形和當年也大不同了。"他接著解釋道:

（一）環境不同。當年去借款,在美國方面是財長毛根韜,我和他有1936年白銀協定的經驗,而我之去借款是由於他的建議（毛氏本人是一個以個人為出發點的人,所以這幾年來,我和他只做到朋友,談不到深交）。國內一方面,在家有孔庸之當家,要給我便利不少。我和他雖然也說不上是深交,可是我們是老朋友,他相信我,讓我放手去幹,牽制也較少,成功的機會也比較大。

（二）美國政局的不同。當年借款,正是羅斯福執政。他為人有遠見,有卓識,有打算,有通盤計劃。他知道要中國為世界民主國家向獨裁武力集團繼續抗戰,美國就非得想辦法接濟援助不可。至於用〔哪〕一種方式,決定多少數量,那是另一件事。所以借款給中國是不違反他對華政策的基本原則。

今天中國再向美政府借款,對象可不同了。一方面有 Truman-Marshall 的 Team（杜魯門－馬歇爾的合作）,一方面有共和黨多數的國會。現任美國政府的對華政策幾乎完全決於國務卿馬歇爾一人,而他在離華調停失敗,對我們政局的聲明,很顯然的,是美國對華政策的基石。要打通 Truman-Marshall 這條路,就得顧慮到他的聲明所舉出的幾點條件不可。另一方面,要取悅於共和黨操縱的美國國會,我政府勢不得不取消大部分的統制,尤其和美國商業相抵觸的管制,以求迎合共和黨傳統的經濟政策。

（三）自己本人地位的不同。如果再唱去美國談借款的戲,我在這齣戲的地位和上次迥異。上次,我是主角,胡大使是配角（很好而重要的配角）;而這次如果舊調重彈,主角是張岳軍、胡適之,而我只能配合他們把這齣戲唱起來。

陳光甫最後說：

> 這些是幾點主要的不同，可是，從國家一方看，美國這條路非打通
> 不可！

可以看出，陳光甫所說的幾點不同並不和胡適的意見對立，只是對形勢作了一些比較和分析。顯然，胡適的話打動了陳光甫，他準備出來"唱去美國談借款的戲"了。

然而，後來陳光甫又有點猶豫，在上述談話記錄上寫了幾行字："現在中國情形不好。美國人有一點覺得我們政府是法西斯，打仗後又不知上進，自己人打自己人。"抗戰期間，陳光甫赴美請援，是為了打擊日本帝國主義，現在赴美請援，則是為了幫助國民黨"自己人打自己人"。陳光甫這裏才隱約地接觸到了問題的實質。當時，執政的美國總統杜魯門屬於民主黨，陳光甫擔心第二年共和黨人要上台，"恐怕美國有大變動，軍人要抬頭"，因而，他認為，赴美借錢或派往談借款的人"必須帶有政治色彩之人方為合格"。

在和胡適談話之後，陳光甫決定出任國府委員。胡適自己本來也準備接受，但後來博斯年勸他，不要往"大糞堆上插一朵花"，胡適聽了他的話，託詞身為北大校長，國府委員是特任官，不宜兼任，拒絕了。

四、成為國府委員之後

張嘉璈出任中央銀行總裁後，面臨的第一個困難是政府的巨大財政赤字。據估計，當年南京國民政府短缺經費將達法幣 10 萬億元。怎麼辦？開動機器印鈔票。老資格的銀行家張嘉璈、陳光甫都懂得，這個辦法極為簡便，但卻極為危險。張嘉璈和陳光甫、李銘商量後，決定發行公債。由於法幣早已失去信用，張嘉璈將新公債定名為美金公債和美金短期庫券。前者發行 1 億元，以外幣或金銀購買，以外匯還本付息，後者發行 3 億元，按牌價以法幣折合美元購買，還本付息時按當時美元牌價付給法幣。陳光甫積極支持張嘉璈的這一措

施。3 月 31 日，他帶頭表示，上海商業儲蓄銀行願購買美金公債 100 萬元，以為提倡。這一舉動，可以看作是陳光甫對國民政府改組的一份禮物。

　　1947 年 4 月 17 日，蔣介石在南京宣佈改組後的國民政府委員會名單。在 29 名委員中，國民黨 17 席，青年黨、民社黨各 4 席，社會賢達 4 席。陳光甫與莫德惠、王雲五、包爾漢赫然同列為社會賢達。蔣介石宣稱，這就是"多黨之政府"了。同月 23 日，國民政府委員會舉行第一次會議，通過行政院各部會人選，在 26 人中，非國民黨員佔 9 人。陳光甫從上海來，參加了這次國府委員會會議。當晚，他興奮地對王世杰說："國民黨今日自動取消一黨專政，可說是一種不流血的革命。"

　　然而，這種換湯不換藥的政府改組既不能解決國民黨面臨的嚴重政治危機，也不能解決日益嚴重的財政危機。鑒於美金公債、美金短期庫券的銷售額都不會很大，所以，南京國民政府的目光主要盯在美援上。4 月下旬，外交部長王世杰提出，直截了當，要求美國政府提供 10 億美元的援助。陳光甫覺得王世杰的胃口太大，4 月 28 日，他對張嘉璈說："此時情況與戰時情形迥異，大量財經援助，恐不可能。" 1946 年 4 月，馬歇爾曾致函蔣介石，聲稱中國和平統一有望，為促進中國的經濟復員及發展，美國進出口銀行準備對中國國營事業及民營企業提供 5 億美元信用貸款，作為向美國採購物資、器材之用。陳光甫建議，不如就此題目繼續做文章，說明該款之五六成，將用以在美購買棉花、麥子、肥料，其餘四五成，用以購買急需的交通器材。陳光甫並提出，前者可由紗廠、麵粉廠組織代表團，後者可由交通部派代表，一切照商業借款手續辦理，張嘉璈問陳："如果政府希望閣下赴美一行，有無可能？"陳答："可任代表團團員之一。"

　　4 月 29 日，陳光甫寫了封英文長信給張嘉璈，全面地闡述了他對爭取美援的意見，其大略為：

　　1. 目前向美政府進行政治借款的可能性，殊屬渺茫，其理由是，政府剛剛改組，績效如何，必須經過時間證明，方足使美政府有所認識。其次，經濟方面，中國無論財政、金融，均去安定甚遠。

　　2. 中國經濟急需復員，而非興建。最主要者為不斷獲得原料供應，使現有工廠繼續開工，提高民眾就業機會，緩和惡性通貨膨脹，吾人應遵照美國進出口銀行的願望，使此項貸款，基於自力償還原則，而運用於各項計劃。

陳光甫含蓄地表達了他對國民黨堅持內戰的不滿，他說：兩年前，美國政府曾希望中國在經歷了戰爭殘破局面之後，轉變為遠東的一種安定力量，但是，現在形移勢換，此一希望已成泡影，而代以懷疑與失望。因此，陳光甫力主由中國企業界代表出面洽商此項貸款。信中，陳光甫並就談判之前的準備工作提出了許多意見。30 日，陳光甫又補寄了兩份資料給張嘉璈：一份是他所擬的貸款談判節略，一份是貸款還本付息表。

王世杰不同意陳光甫的意見，他對張嘉璈說："就政治觀點而言，仍應（對美國政府）作較大之要求，且看對方反應再說。" 5 月 7 日，國府委員會舉行第二次會議。當晚，陳光甫再次面晤王世杰，說明此項美援必須是 "純商業性借款"，王世杰仍然不同意陳光甫的意見，說是 "即令前後予所能借貸者是一種商業貸款，此時亦不能不以政治理由為建議之根據"。他一面向蔣介石建議，任命陳光甫為政府代表，赴美求援；一面電令駐美大使顧維鈞，直接向馬歇爾提出 10 億美元貸款要求。5 月 9 日，顧維鈞電告王世杰，馬歇爾 "亟欲予我借款，只候一適當機會，現我政府已擴大改組，可說機會已到"。顧稱，困難在於美國財政部等有關方面擔心中國局勢未定，想知道此次政府改組後，能否確實保障借款用於中國經濟，"不為黨方阻撓，致我政府新政不克貫徹"。12 日晨，張嘉璈將顧維鈞報告內容轉告陳光甫。同日，陳光甫致函張嘉璈，再次陳述對爭取美援的意見。

陳光甫稱，馬歇爾在杜魯門政府中，對經濟援華，有一言九鼎之勢，因此，必須先對他說明：1. 政府今後的政治方向；2. 翔實披露經濟的嚴重危機，同時提供切實而合理的計劃。他說："今日我國之經濟情況，已瀕絕境：物價不斷上漲，早已引起人心不安；搶米風潮，學生罷課，工人聚眾遊街抗議，層見疊出；社會秩序，殊難維持。" 但他又認為，只要在兩三個月內運入大量物資，問題不難解決。對於王世杰推薦他赴美談判一事，陳光甫表示感謝，但他表示，王世杰本人最為合適。信中說："赴美談判事項，不只局限於工商經濟方面，它包括整個國策，若非對於政治全局有深切認識之大員主持，難以勝任。

愚意除王外長外，實難覓合格人物。"

陳光甫之所以不願去美國談判，除了在借款數額、性質上與王世杰有分歧外，主要是他感覺到，美國政府、商界中都有不少人認為南京國民政府得不到民眾擁護，對中國政治與軍事現狀流露出愈來愈多的不滿，不願在無把握的情況下提供援助。7月4日，王世杰約陳光甫談話，詢問他是否願意赴美談判借款，陳態度模糊。當日，王世杰在日記中寫道："一月以前，彼尚熱心，現則又現猶疑之意，蓋美國對政府之態度不佳使然。"

陳光甫既不願去美國談判，他所能做的便是核定外匯匯率了。

當時，由於法幣大幅度貶值，各方競相搶購外匯，導致黑市外匯猖獗，美元對法幣的兌換率愈來愈高。為了穩定匯率，張嘉璈於8月18日成立外匯平衡基金委員會，以陳光甫為主任委員。但是，這個委員會並無任何基金，要穩定匯率根本做不到，於是，只能核定。每天早晨，中國、交通兩家國家銀行、花旗、滙豐兩家外資銀行的代表共4人，根據國內物價、出口貿易和黑市匯率等情況，商定當天的匯率，然後，由陳光甫召集平衡基金各委員和中央銀行的外籍顧問審核。這是件很難討好的工作。由於黑市匯率高，委員會定低了，沒有人願意出手外匯；定得接近黑市，又會造成物價上漲。委員會從成立到結束，9個月之中，共調整匯率18次，從1美元兌換法幣3.8萬元漲到1美元兌換44.4萬元，還是遠遠落在黑市匯率後邊。

在赤字愈來愈大、物價狂漲不已的情況下，蔣介石曾於1948年1月下旬召見陳光甫，陳表示：1. 美援多少，現時不必計較，一經開始，可徐圖增加；2. 政府支出，必須減少；3. 對於財政金融，不必過於悲觀，致亂步驟。等等。這些意見，有的純粹是空話，有的根本做不到。由於國民黨堅持內戰，經濟狀況早已病入膏肓，任何高手都無能為力了。

同年3月29日，國民黨召開"行憲國民大會"。4月，蔣介石、李宗仁分別當選為總統、副總統。5月22日，成立總統府。其後，翁文灝取代張群出任行政院長，俞鴻鈞取代張嘉璈出任中央銀行總裁。這樣，陳光甫的國府委員、外匯平衡基金委員會主任等頭銜就自然取消，他的新頭銜是立法院交通委員會召集委員，這是個閒職，沒有多少事可做了。

五、安排退路

翁文灝內閣被稱為“行憲內閣”。它一上台，物價更以前所未有的速度狂漲。美元 1 元兌換法幣 400 萬元，銀元每枚值法幣 200 萬元，米每石 2000 萬元。8 月 19 日，南京政府頒佈《財政經濟緊急處分令》，宣佈自即日起，以金圓券代替法幣，限期收兌人民持有的黃金、白銀、外匯，限期登記管理本國人民存放國外的外匯資產，規定全國各地各種物品及勞務價格。為了強行推行此令，蔣介石任命俞鴻鈞、張厲生、宋子文為上海、天津、廣州三個經濟管制區的督導員，派蔣經國到上海任協助督導員，有行政及警察指揮權，企圖以政治高壓手段克服經濟危機。9 月 6 日，蔣介石又在南京擴大紀念週上宣佈，各大商業銀行必須在本月 8 日以前將所有外匯自動存入中央銀行。第二天，蔣特派專人赴滬，強迫商業銀行交出全部外匯。

《財政經濟緊急處分令》加劇了國民黨政權和廣大人民的矛盾，也加劇了它和上海金融資產階級的矛盾。蔣經國到上海坐鎮時，陳光甫認為自己的銀行要完了，惶惶不可終日。但是，經濟問題不是用政治高壓手段所可以解決的。一時貨物奇缺，交易停頓，黑市猖獗，各地紛紛發生搶購風潮，南京政府不得不宣佈取消限價，准許人民持有黃金、白銀和外幣。11 月 4 日，蔣經國辭職，緊接著財政部長王雲五、行政院長翁文灝相繼辭職。11 月 26 日，孫科出任行政院長。

南京政府不僅經濟上全面崩潰，軍事上也一敗再敗，到了不可收拾的地步。11 月 2 日，人民解放軍佔領瀋陽，遼瀋戰役結束。同月 6 日，華東、中原人民解放軍發起淮海戰役，先後殲滅黃百韜、黃維兵團。30 日，蔣介石命令杜聿明放棄徐州，率部突圍，但杜隨即陷入解放軍的重重包圍裏。

上海的資本家們坐不住了，紛紛飛往香港，觀察風向，安排退路。12 月初，陳光甫也到了香港。

陳光甫到香港後，深居簡出，不見報館中人，也不見政界人物。但是，《大公報》還是發表了有關消息，在陳光甫頭上，還加了“江浙財閥”與“浙江財團領袖”等字樣，這使他很不舒服。12 月 4 日，他在日記中寫道：

查此項名稱之由來，乃日本人所創造。當國民軍北伐之時，中、交兩行墊付軍費，頗具努力。而銀行主持人如張公權、錢新之、周作民、吳鼎昌、李馥蓀等，皆為留日學生，日本工商金融界聯絡吾國銀行家，有時亦邀余在內。自中、交兩行增加官股後，其大權已握於政府之手。即所謂南三行、北四行者，其內部亦各自獨立，不受任何人之支配，雖有每週之聚餐，亦僅談談人事之待遇與應付政肘之法令而已。並不若美國摩根集團等等，可以指揮投資途徑，性質完全不同。共產黨以此項名稱有刺激性，不問其內容如何，竟沿用日本人之稱謂，而一般記者亦不之察，常用江浙財團、四川財團、廣東財團等名詞以刺激人心也。

江浙金融資產階級是影響中國現代政治、經濟的一股重要力量，它可不可以稱之為"財閥"或"財團"，多年來一直是學者們爭論的問題。陳光甫的這段日記也是一家之言，可供參考吧！

香港報紙左傾的多。住了幾天後，陳光甫感到，當地報紙對於有錢人逃難到此並不同情，甚且取攻擊態度。宋漢章、卞伯眉等銀行家到此後，都銷聲匿跡，不敢聲張。這種情景，使陳光甫感到，有類於清末遺老紛紛逃難至上海、青島一般。

香港當時已經很繁榮。街道整齊，工商業發達，資產階級財力雄厚。陳光甫認為，這是由於"英人政存寬大"，"地方官員辦事精神"，加上居民奮鬥，"運用天才"所致。他在日記中寫道。"吾見香港，並非要看其居民之享受，街市之繁榮，而見其太平。太平二字，吾將在何處求之乎？"反過來，他對於國民黨政權更加不滿了，又在日記中寫道："中國政府近年處處消滅人民的創造力，私人企業不發達。"雖然只有寥寥兩句，但卻反映出一個重大的歷史轉變，曾經支持國民黨政權的江浙金融資產階級轉為它的批判者了。

上海商業儲蓄銀行在香港設有分行。陳光甫對香港進行了考察，又和分行負責人談話後，認為由於通貨膨脹，內戰不息，上海與長江一帶分行已無法發展，香港分行將是唯一維持業務的重心，因此，又制訂了一份雄心勃勃的發展計劃，準備覓地建屋，開設新的分行，中國旅行社亦同時進行，此外，還要經營房地產業。陳光甫估計，"三四月之後，上海富家必來此，需要房子，有利可圖"。

12月5日，香港英文報紙 Morning Post 登載了"中共及各團體"的一份宣言，聲稱共產黨取得政權之後，允許私人經營事業。陳光甫感覺宣言內容和濟南解放後的情況一致，內心略感安慰，認為自己的事業尚可維持一短期，但方針必須配合新的社會環境。這樣，他就打銷了原定在香港住下的計劃，決定將家留在上海暫時不搬了。他在日記中寫道："一來搬家費事，二來共黨政策不擾動做生意的人，不反對中外私人事業，不依照俄國鐵幕政策。我住上海，與香港有何不同？"12月6日，他制訂了一項近期計劃：1.家不搬，仍住上海。2.往台灣一行，看看時局。3.時局不好仍回香港。4.時局好仍回上海。5.香港房子要準備。

有時，陳光甫想起1927年的情景，又有點緊張。12月12日，他在日記中寫道："寧漢分裂之時，漢口共黨政府主動組織各業工會，清算鬥爭，頗有令人難以終日之苦。"他又進一步設想共產黨進入上海之後的情景："共黨號稱為人民解放軍，先從工人主政入手，即如銀行方面，首先驅逐經理，由工役組織委員會，開始清算，其時我還是在上海好，還是不在上海好？此一套工夫，我頗難欣賞，故還是不看見的好，其所以不要看原因，乃是太覺幼稚。"陳光甫認為：社會主義在分配，而分配得法乃在生產。在他看來，中國生產政策試辦有成效者唯有上海的辦法。他列舉了12條：1.鼓勵投資，保護投資。2.合理工價。3.鼓勵外人來華投資及其技術。4.外匯自由，不加管理。5.外人可在長江內河航行，藉此我們向他學習管理辦法，亦可限制中國人跋扈，公務員倡狂，如此真真為人民服務。6.政治方面，各省自治，自由發展生產，不受中央控制。7.行政多用外國人，減少官樣文章及不負責行為。8.速辦學校，教育公務員而成文官 Civil Service，切切不可用黨治學堂去辦。9.幣制獨立，換而言之，即是不用發行彌補赤字。10.裁兵，以省下之錢做救濟難民工作。11.大學由人民辦，小學、中學為強迫教育。12.此外一切新花樣、新議論，嚴禁宣傳，嚴禁不負責任之演講，以免人心騷動。陳光甫的上述意見，有正確的部分，也有不正確的部分，它們代表了一個金融資本家的要求和設想。陳光甫自誇："如此做法，五年內即有成效。"

陳光甫在香港沒有呆多久，即因事回到上海。

六、拒絕參加"上海人民和平代表團"

香港報紙透露的中共對私人企業的政策使陳光甫略感安慰，他決定保留上海的家，自己儘可能堅守上海，直到非走不可的時候。但是，剛進入 1949 年沒幾天，淮海戰役就勝利結束，國民黨軍隊被殲達 50.5 萬人。這樣，京滬一帶就完全暴露在人民解放軍的攻擊範圍之內，陳光甫又有點坐不住了。他制訂了一份個人應急計劃，準備在必要時和妻子一起出走香港，在那兒安家，然後去新加坡、曼谷、仰光、菲律賓、美國等地旅行。他已向南京政府申請了護照，並且在設法取得去馬尼拉的簽證。

然而，就在這一時刻，發生了新情況。

1949 年 1 月 21 日，蔣介石宣佈"引退"，由副總統李宗仁代行總統職權。22 日，李宗仁發表聲明，宣稱"將以高度之誠意與最大之努力，謀取和平之實現"，"關於中共方面所提八條件，政府願即開始商談"。他並稱："為集思廣益，眾擎易舉，宗仁更已分電邀請全國各黨派及社會上愛好和平人士，共同贊助。"為了試探中共方面的反映，李宗仁決定動員幾位在全國公眾中有影響的人士，組成"上海人民和平代表團"前往北平，在南京政府和共產黨人之間搭橋。在這幾位人士中間，就有陳光甫。

1 月 24 日，李宗仁命劉仲容持函赴滬，面見陳光甫，函云：

> 蔣公引退，弟出膺艱巨，勉維現局。現決以最高之誠意，盡最大之努力，促成和平之實現。惟茲事體大，尚待共籌。吾兄高瞻遠矚，必有嘉謨。茲特派劉仲容兄代表趨詣，面達鄙意。卓見所及，希不吝惠示，並盼即日命駕入京，俾得朝夕承教，至所企幸。

劉仲容（1913—1980），湖南益陽人。早年在莫斯科中山大學學習，其後長期任李宗仁、白崇禧參議。抗戰期間，參與發起中國民主政團同盟。抗戰勝利後，又積極為國共和談奔走。劉仲容抵滬後，還沒有來得及會晤陳光甫，就接到急電趕回南京，此函遂由章士釗轉交。

1月30日，李宗仁再次派甘介侯赴滬，重申邀請之意。函云：

> 和平為全國人民一致之呼聲，政府亦決以最高誠意，謀求和平之實現。唯前途艱巨，尚待各方共同努力，始克共濟。為民請命，諒荷同情。茲倩甘介侯兄代表前來，面陳鄙悃，敬希鼎力支助，俾速其成。餘情統由甘介侯兄詳述不備。

甘介侯，江蘇寶山人，清華大學畢業，其後又就讀於美國威斯康辛大學、哈佛大學。長期從事外交工作。曾任南京國民政府外交部常務次長。這時，已成為李宗仁的親信，因此，被派到上海遊說陳光甫等人。

1月31日，李宗仁又偕邵力子、程思遠等赴滬。當日上午，在中國銀行召見社會賢達及各界名流，出席者有顏惠慶、章士釗、冷遹、江庸、陳光甫等20餘人。行政院長孫科、副院長吳鐵城等也參加了召見。關於這次召見，陳光甫在日記中寫道：

> 當夏曆新年之際，代總統李宗仁要求我參加人民和平代表團去北平，目的是尋求和平，但並不需要和共產黨人談判和平條件。更確切地說，其主要任務是使在北平的共產黨領導人認識人民的苦難以及實現和平的迫切需要。代表團不代表官方，它將為政府的正式代表團與赤色份子的談判鋪平道路。
>
> 我試圖拒絕。我的理由是，我是銀行家，一個資本主義制度的代表；在政府和共產黨人處於戰爭狀態的時候，我曾兩次被作為工具去華盛頓為政府尋求財政援助；我通常被認為是親美份子。
>
> 當代總統自南京飛滬，作短暫的然而是戲劇性的訪問時，我提出了上述理由。

召見之後是午餐。餐後，李宗仁邀請邵力子、顏惠慶、梅貽琦、冷遹、章士釗、江庸、張嘉璈、陳光甫等少數人座談，討論派黨代表團去北平的問題。李說，計劃中的代表團是“和平攻勢”的一部分，目的是向世界證明他對和平的渴望，從而贏得他們的同情和支持。這個使團可以稱為“敲門使團”——敲開和平之門，希望得到共產黨人的回應，打開門，從而為兩黨之間的談判鋪平道路。李並附帶說，司徒雷登大使已經讓他了解，雖然沒有蔣，但華盛頓仍將支持政府。

李宗仁最後幾句話激起了陳光甫的強烈興趣。一段時期來，陳光甫聽到了好幾項消息。一項消息說：張群見過蔣介石，蔣透露，5 年之內不打算出國，準備留下，隱退，獻身於黨的改造，並且訓練國民黨的新人。據說，蔣希望建設一個一元化的、恢復活力的黨，如果現在的和平努力歸於失敗，就在李的後面支持他和共產主義戰鬥。陳光甫並被告知，這項消息已經傳給了李。陳光甫聽到的另一項消息是，張群即將回到四川，恢復原職，擔任指揮部總指揮官，張嘉璈正計劃配合此舉在西南各省建立一種地方貨幣系統。陳光甫還聽到，美國政府採取的姿態是，將不援助共產黨中國。

將這些消息和李宗仁所述聯繫起來，陳光甫似乎感到，李宗仁計劃派遣和平代表團去北平時，他的眼光注視的是華盛頓，希望這一行動將招致美國更多的財政援助。換句話說，和平攻勢實際上是為了爭取美國並且藉此延長他的政治生命。

陳光甫讚賞李宗仁依賴美國的立場。他認為，美國在中國的國家生活中扮演著十分重要的角色，沒有美國的援助，上海的商業，包括他自己的銀行早就破產了。在他看來，司徒雷登的話意味著，美國可能對一個反共的沒有蔣的中國政府，或是對聯合所有派別包括共產黨在內的某種“聯合政府”增加援助。當時，南北之間的麵粉和煤炭的交換還在繼續，但是，陳光甫感到，由於共產黨人取得北平，這種交換可能停止。陳光甫認為，其結果將是悲慘的：北平人民缺乏食物，上海電力公司因缺乏燃料停止發電，整個城市將癱瘓。

基於上述考慮，陳光甫認為：如果代表團能促進和平臨近，從而導致某種類型“聯合政府”的產生，那將有益於千百萬人民，如果代表團未獲成功，至少也會帶來美國人的同情和援助，這種援助，過去已經證明，它有益於千百萬人民。因此，儘管陳光甫估計，代表團不會做成任何事情，並且他本人已經表示拒絕參加，但他仍然認為，和平代表團是有價值的，為了拯救上海和千百萬人民，他應該為和平作出努力，這樣一想，他又傾向於赴平一行了。

31 日晚，國民黨中央社宣佈："李代總統決定，推請此間無黨派之社會領袖顏惠慶、章士釗、冷遹、陳光甫、江庸等 5 人以私人資格即飛北平，與中共方面接觸，即請推派代表，指定地點、時間，洽商和平。"

但是，思來想去，陳光甫還是決定不參加代表團。2 月 3 日，他寫了一封信給李宗仁，說明他的決定。同時，他又要求吳忠信去南京為他作出解釋。

陳光甫致李宗仁函如下：

> 前聆賜教，欣幸何似！承囑北訪呼籲，仰徵致力和平，無微不至。弟屬國民，敢不勉竭綿薄，供效馳驅。惟茲事體大，涵義微妙，人選如何，實成敗所繫。弟一生從業商業銀行，與英美關係較深，且曾廁身立法委員，如濫竽其中，轉授對方藉口之柄，將恐有礙進行。除面派禮卿、介侯兩兄分別代為轉達外，謹此奉陳，敬乞諒察。

七、和李宗仁討論經濟問題

由於陳光甫拒絕參加，冷遹又因江蘇省議會開幕在即，不克分身，"上海人民和平代表團"的人選不得不有所變動。2 月 6 日，南京政府方面宣佈，代表團由顏惠慶、章士釗、江庸、凌憲揚（滬江大學校長）、歐元懷（大夏大學校長）、侯德榜（永利化學公司總經理）等 6 人組成，代表團之外，邵力子、甘介侯以私人資格參加。甘介侯根據李宗仁的意思宣稱，代表團的唯一任務為"敲門"，"敦促中共迅速指派和平代表，並決定和談之時間、地點，以便政府代表團前往開始和平商談。"7 日，中共方面廣播稱："如果上海顏惠慶、章士釗諸先生是以私人資格前往北平參觀，並於國是有所商談，則北平市長葉劍英將軍準備予以接待"，如果按甘介侯所說前來"敲門"，則"和平商談的準備工作尚未做好，目前無從談起。"廣播稱甘介侯是從事和平攻勢的政治掮客，他只有資格在南京、上海一帶出賣其以"和平攻勢"為招牌的美國製造的廉價商品，人民的北平不歡迎這種貨色。廣播並稱："對不起，請止步。如果甘介侯竟敢混入北平販賣私貨，則北平人民很可能把他驅逐出境。"代表團原訂 2 月 8 日飛平，這樣只好臨時改期。

李宗仁從北平方面得悉，中共對陳光甫不參加代表團"有點兒失望"。為了動員陳光甫，並且討論日益嚴重的上海經濟問題，2 月 8 日，李宗仁再次飛滬。

抵滬後，李宗仁立即在黃紹竑寓所召見陳光甫、張嘉璈、錢新之、徐寄頤等上海資本家並共進午餐。召見情況，陳光甫記載如下：

> 我參加和平代表團去北平的問題再次被提出來。在我們互相問候之後，代總統立即重新提出他的要求。他說，他在北平的代表送來消息，由於我不去北平，共產黨人有點兒失望。因此，代總統要求我根據這一情況重新考慮。我很為難，但是，我告訴李代總統，我真正看不出改變我的決定的理由。他是個好人，不想過分勉強我。

召見主要討論經濟問題，李宗仁要求陳光甫、張嘉璈等告訴他，應該做什麼。當時，蔣介石正在秘密下令將上海庫存金銀秘密運往台灣和廈門，因此，座談首先涉及這一問題。陳光甫記載說：

> 公權是我們的代言人，詳細地講了當前的經濟形勢。他將這一問題分為兩部分。當地和全國。他說，實際上現在已經沒有什麼根本的解救辦法，不過，作為一種治療方法，應該要求中央銀行將其金銀保存在上海。當財政部長決定發行金圓券時，公權提出過此點。結果，同意將金銀交由一個委員會保管。他說，這一步是必要的，並且是反對將金銀運往南方的好理由。

陳光甫同意張嘉璈的意見，他進一步補充說：

中央銀行大約現存 4500 萬銀元，按照戰前的匯率計算，大約相當於 1500 萬美元。兩個星期以來，由於物價飛漲，金圓券這種現在的法幣早已瀕臨崩潰。在此意義上，金圓券將立即喪失它作為交換手段的價值。部分米商早已拒絕接收金圓券，相當大的一部分公眾將失去支付能力。我們可以想像，當人民無力購買基本生活用品時，情況將多麼嚴重。

陳光甫繼續說：

最嚴重的問題是，上海附近地區大約有 20 萬士兵，這將是麻煩的根源，他們為飢餓所迫，將開始搶劫，從而使全市陷入混亂。這樣，儘管實際上共產黨人尚未入侵，上海也將很容易地崩潰，並且在事實上瓦解。

陳光甫建議，要求中央銀行通過指定的銀行拋售銀元，以之作為吸收紙幣、控制物價的辦法。所有與會者都同意陳光甫的意見。

但是，陳光甫認為拋售銀元只是一個臨時的辦法。他說：永久性的、根本性的解決辦法必須依靠美國的援助。這種援助可以在政府嚴格地改組並且贏得人民的信任之後開始。從華盛頓獲得援助要比嚴格改組政府容易得多。對此，與會者也都表示同意。

黃紹竑參加了全部討論並且同意陳光甫拋售銀元的意見。他說，這一步驟將首先加強士兵的戰鬥精神，這是非常非常重要的。

午餐很精緻。優質的白蘭地酒打開了陳光甫的話匣子。他告訴李宗仁：代總統現在的職務吃力不討好，而且坦率地說，不可能保持很久，終究必須離開這個位置，因此，必須利用機會，做自認為最有利於國家和人民的事情。他鼓勵李宗仁，無所畏懼，勇往直前，只要自認為正確的事就做。

陳光甫並向李宗仁建議，每週舉行新聞發佈會，讓世界知道他的意圖和活動。陳說：此項發佈會此前在中國還無人舉行過，值得一試。"關於現在中國的代總統，世界知道得太少了。代總統每週召集新聞發佈會將很好地解決這一問題。世界將更多地知道李宗仁是怎樣一個人，反過來，李宗仁將擁有全世界的聽眾。"

當日下午，陳光甫去顏惠慶家參加會議，討論去北京的和平代表團可以做的事情。甘介侯在座。他希望陳光甫重新考慮不去北平的決定，陳的回答仍然是否定的。甘問為什麼，陳答：赤色份子宣稱，如果代表團希望參觀北平，不準備討論和平條件的話，他們將願意接待。我不喜歡共產黨的這種廣播。

這時，章士釗，代表團成員之一，將陳光甫拉進另一個房間說，他已經收到北平的電報，大意是，共產黨人渴望陳參加代表團，陳光甫再次向章說明了不參加的理由。

陳光甫說：上海的財政形勢變得如此嚴重，如果我參加代表團，共產黨人自然希望從我身上取得如何使上海經濟成功運轉的主意。事情到了今天這種狀態，眼前沒有解決的辦法。我的意見是，我們所有的財政問題只能依靠美國的財政援助，說得更明確些，我們必須有美元。人們似乎還不了解，過去兩年，我們從美國大致得到了 15 億美元的援助。正是由於這種援助，上海，事實上，中國才得以存在。這是我的真誠的信念。由於赤色份子持續不斷地攻擊"美帝國主義"，我不能想像，我如何能愉快地和共產黨人談話。這條路線可能受到莫斯科的影響。不過，這是很明顯的，在共產黨人和我之間，缺乏走到一起並且進行討論的共同基礎。如果我和代表團一起去北平，我當然會說出我的信念——除了美援外，我看不出有任何解決的辦法。

陳光甫還對章士釗說：如果共產黨人對上述僅僅是綱要性的闡述有興趣，他可以打一個電報給我，我將赴平。

會上，侯德榜、凌憲揚、歐元懷也表示，不參加代表團。歐元懷並聲稱：共產黨既採取如此姿態，在如此關鍵時刻，他沒有空閒去做諸如此類的事情——浪費時間在北平參觀。

歐元懷的話激起了陳光甫的反共情緒，他立即離開了會議。

八、何以不去北平

2月13日，由顏惠慶、章士釗，江庸、邵力子組成的"上海人民和平代表團"終於啟行了。龍華機場上人頭攢動，盛況空前。邵力子笑眯眯地對記者說："敲門是用在門尚未開的時候，我們卻是去推開那個僅是虛掩著的門，我們希望的是和平之門大開啊！"說得大家都笑了。

2月14日，陳光甫在日記中再次說明了他為何不和顏惠慶等同行的原因。他說：兩個星期之前，當他首先得知組織代表團的提議時，他的反應是50%願意去，50%不願意，甚至可以說，略微多地傾向於去。最後之所以決定不去，可能受到朋友們的影響，不過，主要出於個人考慮。陳光甫說：他不是一個年輕人，退休計劃早已醞釀。去年，政府幾次和他商量，要他擔任這種或那種公共職務。每次，他都試圖拒絕。雖然這些努力並未完全成功，但卻值得重視，他有可能過一種退休生活了。他認為這些有限度的成功使他有可能實現個人自由。例如，拒絕不希望擔任的工作，不想說什麼的時候能保持緘默，希望走動的時候能離開上海，等等。他寫道："一個人可以聲稱反對國民政府，但至少，在它的下面，我已經享受並且實現了這種或類似的個人自由。"陳光甫對即將面臨的共產黨人充滿了恐懼，擔心可能失去他的上述自由。他說："正是這些思想，使我決定迴避任何和共產黨人見面的機會。如果我和代表團一起去北平，那末，我將使自己捲入，從而中斷退休計劃。"

陳光甫並稱，他正在考慮離開上海，以避免捲入代總統領導的現政府。他寫道："愈來愈清楚，共產黨人將來到並佔領上海。與其說我不喜歡他們的革命，毋寧說是因為我的個人考慮。"

在日記中，陳光甫還記載了幾個朋友對他的勸告。

一個姓文的將軍（音譯）說：和平難於實現，代表團的工作注定沒有結果。如果陳隨代表團前去，將可能遭到共產黨人的攻擊。

胡適也勸陳光甫不要去。他說，除了顏惠慶可能是例外，其他人都不是重要人物，和他們一起去不值得，代表團將不會有任何收穫。

另一天，喬治葉來看陳光甫，聽到陳拒絕去北平後很高興，告訴陳，不要和政治糾纏在一起。在中國，政治將長期混亂。——陳代表著兩家成功的企業——上海商業儲蓄銀行和中國旅行社。不應該使自己捲入，從而損害了這兩家企業發展的機遇。

陳光甫寫道：

> 我感謝這些和別的朋友們，他們關心我的幸福。在他們的勸告和鼓勵下，當李代總統 2 月 9 日來到上海要求我重新考慮的時候，我才能作出明確的答覆。
>
> 對於那些不了解我的人來說，通常的意思是，在接受去北平的提議上，我太"滑頭"了。是的，"滑頭"，在上海方言中不是一個褒義詞，它的意思是見風使舵，利用形勢以達到自私的目的。我要在日記中澄清這一點，我不像他們想像的那樣"滑頭"，如果不是因為我的朋友們，我可能完全不了解形勢的錯綜複雜和後果，接受去北平的提議。

九、看到了國民黨失敗、共產黨勝利的必然性

上海人民和平代表團於 2 月 14 日飛抵北平，陸續與葉劍英、聶榮臻、董必武、羅榮桓、薄一波諸人共同或個別洽談。22 日，應邀赴石家莊中共中央所在地會晤毛澤東、周恩來。24 日返平。27 日帶著毛澤東給李宗仁的信飛返南京。4 月 1 日，南京政府所派和平代表團張治中、邵力子等一行抵達北平。同月 15 日，雙方達成《國內和平協定（最後修正案）》8 條 24 款。中共代表宣佈，南京政府必須於 4 月 20 日前表明態度。4 月 20 日，國民黨中常會發表聲明，拒絕接受《國內和平協定》，和平談判破裂。

4 月 21 日，谷正綱、潘公展、趙棣華自溪口回上海，由杜月笙以請吃茶的名義邀請上海資本家座談。這幾個人"帶來蔣先生的話"，其內容據陳光甫記載，大致是："北伐時上海這班人幫他的忙，如今重新表示感激；今後如北伐時一樣，還要希望我們這群人（顏駿人、錢新之、我等）幫他的忙。如今和談決

裂，共產黨對內無 Principle（原則），對外要走親蘇的路線，與過去外交中立，不親蘇也不親美的政策不合。如今要決心破壞 20 年來國民黨的政績，而所提的條件直似無條件投降，不能接受。和既不能，只有繼續作戰。蔣本人表示決不出來，全力支持李德鄰。"

會上，谷正綱並提出口號："拚命保命，破產保產。"

北伐時期，陳光甫等上海金融資本家曾以財力支持過國民革命軍；"清黨"時期，陳光甫等又曾以財力支持過蔣介石反共；谷正綱提出"拚命保命，破產保產"，無非是要陳光甫等再次拿出錢來支撐國民黨的殘局，然而，時代不同了。

陳光甫沒有吭聲，他知道自己情緒不好，說出話來不會好聽，心裏在想：

> 今日之爭非僅國民黨與共產黨之爭，實在可說是一個社會革命。共產黨的政策是窮人翻身，土地改革，努力生產，清算少數份子……所以有號召，所以有今天的成就。反觀國民黨執政 20 多年，沒有替農民做一點事，也無裨於工商業。

陳光甫是中國資產階級的代表人物。從這一頁日記可以看出，連他心中也積鬱著對國民黨的深刻怨憤，並且，連他也看出了共產黨勝利的必然性。這一事實雄辯地說明，中國歷史上天翻地覆的時代快要來到了。

會議開得很冷清，說話的人不多，也沒有新意見。

蔣介石的 "慰問" 與北平的邀請 *
—— 讀陳光甫檔案之二

1949 年春。

解放軍於 4 月 21 日橫渡長江。23 日，佔領南京，降下了 "總統府" 大門上空飄揚多年的 "青天白日滿地紅" 旗幟。解放軍官兵人不卸甲，馬不離鞍，風捲殘雲般地掃蕩長江下游三角洲上的殘敵，迅速完成了對上海的包圍。

4 月下旬，陳光甫丟下了苦心經營多年的上海商業儲蓄銀行和安樂舒適的家，匆匆逃到香港。一個月之後，上海解放。

當時，像陳光甫一樣逃到香港的上海資本家頗不乏人。蔣介石覺得這是一批可以爭取的力量。於 6 月底派 "戡亂建國動員委員會" 秘書長洪蘭友攜帶他的親筆信到港 "慰問"。信謂：

> 當北伐之時，上海工商各界一致擁護贊助，政府得力頗多，此次退出上海，政府未能為工商界安排，聞受損甚大，殊為抱歉，派洪來慰問。倘工商界有需政府協助之處，當為辦理云云。

7 月 2 日晚，杜月笙為此在寓所設了兩桌筵席，邀請潘公展、吳開先、宋漢章、錢新之、周作民、石鳳祥、王啟宇、唐星海、吳坤生、劉鴻生、楊管北、陳光甫等出席。大多是上海資本家，也有少數 CC 份子。浙江實業銀行總經理李銘接到了請帖，但沒有出席。席間，首由洪蘭友致詞。他聲稱：

> 蔣總統與李代總統意見已趨一致，頗為融洽。今後政治上有團結之重心，一切俱轉好象。軍事上現在中共供給線拉長極遠，千里運糧，已背

---

* 原載《團結報》，1992 年 5 月 2 日，略有修訂。錄自楊天石《近代中國史事鉤沉——海外訪史錄》，社會科學文獻出版社 1998 年版。

《孫子兵法》，為兵家所大忌。而且中共佔領上海，問題甚多，背上此大包袱，足夠其頭痛。政府已擬有作戰計劃，切實佈置，中共頓兵，所以不敢輕進。

當時，蔣介石正在乞求美國出動兵艦封鎖大陸各海口，因此，洪又稱：

> 外交上美國對於封鎖共區海口一事，覆文謂遇有損失，須照賠償云云。彼既只談賠償，事即好辦，封鎖可順利進行。英國態度雖然強硬，亦不至採取干涉行動。

洪並稱："第三次世界大戰不久必將發生，是以政府可得最後勝利。" 洪蘭友之後，原《申報》董事長、上海市議會議長潘公展，原上海市社會局局長吳開先接著講話。由於蔣介石信中有上海工商界"受損甚大"一類的話，因此吳開先要求台灣方面"最好首先做幾件事情，有所表現，不至像過去之徒託空言，方可告慰於在座諸位"。陳光甫覺得這一天晚上，只有吳開先的話"尚堪動聽"。他最反感的是洪蘭友說的一套，當日在日記中寫了一長段駁論：

> 政府向來予人以"空心丸"，不知已有若干次，受者深知其味，今又再來一次，未免難受。洪述各點，皆不符於實情，蔣、李（宗仁）兩人之隔閡甚深，當競選副總統時，蔣自居於家長身份，屬意孫科，而李競選成功，蔣極不滿，從此即不融洽。蔣退位後，李出任代，毫無實權，蔣仍暗中指揮，例如白崇禧擬就防禦計劃，需要宋希濂部隊合作，白親到廣州與何應欽面洽。何當與宋通電話，告以應遵照白之計劃辦理。宋答尚未接到彼之命令。何又告以此乃本人以行政院長兼國防部長之身份所發命令，宋仍答以須待彼應得之命令。何放下聽筒，與白相對無言。又如胡宗南守西安有部隊20萬人，其時中共尚未向之進攻，胡接蔣令退守漢中，西安各界勸胡勿退，謂漢中缺糧，而西安可得供應，胡仍照撤。胡之撤防交由馬步芳接收，馬因不能及時趕到，告胡稍遲一星期再行，胡亦迫不及待，急遽

撤守。迫馬步芳與中共接戰，共軍後退時，胡部又復進駐。如此情形，何能抗共！兵法首重攻心，其次攻堅。今不聞籌謀如何攻心之法，而指揮更不能統一。退位者仍握權不放，使當政者莫能展佈，實談不到轉好現象。

這裏所說的"退位者仍握權不放"，指的正是蔣介石。對於洪蘭友所稱"中共補給線過長"問題，陳光甫認為，"中共組織頗好，有其刻苦耐勞之精神，亦不難有克服之方"。這樣一分析，陳光甫覺得洪所稱軍事上、政治上俱有辦法云云，實不足信，只有對於"第三次世界大戰爆發在即"問題，陳光甫不能拿得很準，但他問過這幾天正在香港的美國華人領袖李國欽，李稱，紐約的看法，近20年間或不至發生。這樣一想，陳光甫覺得，這不過是國民黨人的幻想和期望而已。

1948年9月，南京國民黨政府發行金圓券，強制收購金銀、外幣時，蔣介石也在南京發表過一次談話，痛斥上海金融界、工商界"只知自私，不愛國家"，嚴令各銀行在兩天內將全部外匯資產移存中央銀行，不得稍有隱匿。對蔣介石的這次談話，陳光甫記憶猶新："辭令嚴厲，有若瘋狂"，"令人難堪，亦令人不解"。但是，曾幾何時，蔣介石又派洪蘭友"慰問"來了。思前想後，陳光甫頗有啼笑皆非之感。他在《日記》中寫道：

> 此皆出於蔣一時之衝動。蔣於國事，無論懂與不懂，一切必須親為裁決，不旁諮博詢，不虛心下問，信任佞人，致成今日之局面。

陳光甫這裏偏重個人責任，並沒有正確說出國民黨在大陸失敗、"致成今日之局面"的真正原因，但是，江浙金融資產階級長期支持、信任蔣介石，陳光甫的這頁日記說明，蔣介石立腳的地塊動搖了。

在洪蘭友抵港前後，北平方面也在爭取陳光甫。

和陳光甫談論第三次世界大戰問題的李國欽原是長沙人，畢業於倫敦皇家礦業學校，獲得礦冶工程師學位。1915年歸國，在湖南從事採礦事業。其後，歷任華昌礦務公司紐約總辦事處經理、華昌貿易公司董事長兼總經理、北京政府財政部及農商部駐紐約代表等職，長期生活在美國，和美國官方及工商各界均有廣泛聯繫。這時，正在香港通過章士釗的關係，想赴北平會晤毛澤東。章士釗積極為之聯繫，並擬動員陳光甫、李銘二人同行。7月1日，陳光甫日記云：

> 昨天6點半左右，章士釗和我約定，他和他的第二個妻子一起來，問我是否準備和 K. C. Li（李國欽）一起赴北平。他說，他已經向李提出建議，有李銘參加也很好。我告訴章，現在，我不能作這次旅行。他說，毛澤東正在等待他的關於我們三人能否北上的電報。我既已拒絕，章希望知道，將用什麼理由回答毛。我解釋說，理由很簡單。我現在還有營業機構在尚未被共產黨人"解放"的地區。如果我赴平，將被蔣主席理解為一種敵對行動，他將很可能對我們在重慶、成都、昆明、廣州和台灣等地的分支機構搞點動作。章聽了我的解釋後說，這是一個很好的理由，他將打電報告訴毛上述大意。我必須說，章的話聽起來很像毛在香港的特別代表。
>
> 我提醒章，此地天氣過熱，李銘和我，很可能去日本觀光。

儘管陳光甫並不熱心前往北平，但他卻很希望李國欽能夠成行，並且希望通過李，在中國共產黨和美國等西方國家之間建立聯繫。他對章士釗說：

> 李是一個充滿色彩的人。他可能希望處於這樣的位置 —— 在他回到紐約之後，能告訴他的朋友們，他在中國見到了毛澤東，我更認為，比起李銘、侯德榜和我來，李是最適於和毛接觸的人。我們在中國都有商業利益。不像李一樣能夠以中間派的身份說話。作為一個商人，他最能使毛認識到一項受到西方民主國家援助的工業化計劃的重要，李可以告訴毛，如何實現這一計劃。由於李在紐約和華盛頓的各種關係，如果共產黨人希望和西方一起前進並且為得到他們的承認而進行談判時，李最有資格成為新政權的代言人。

陳光甫長期反對共產黨，害怕共產黨，但是，新中國的誕生已經如日之東升一樣，成為不可改變的事實，他又在為新中國設計了。陳向章士釗建議，中國共產黨建立的政府如果名為聯合政府，那就應該包括像李國欽這一類的人，以便驅散西方國家的懷疑。他可以擔任外交部長或駐華盛頓的大使，這樣，就會逐漸贏得西方國家的信任。章士釗同意陳光甫的意見，但認為李不會接受此類提議。陳光甫卻不這樣想。

章士釗告訴陳光甫，毛澤東將樂於見到他。陳認為，這不會是毛的主意，而是章對毛的建議。這次談話使陳光甫感到，章正在動員他認為有價值的人為共產黨人效力。

當晚，陳光甫舉行家宴，參加者有李國欽、侯德榜、張嘉璈、李銘等。陳光甫聽說，侯德榜第二天早晨就要乘輪赴津了。章士釗曾計劃安排一架飛機，但未能實現。

7 月 4 日晨，陳光甫接到了留守的上海商業儲蓄銀行總經理伍克家打來的電報，其中包含著黃炎培的電報，轉述了周恩來對陳光甫的勸告，電云：

> 利孝和兄轉世丈：歸自北平。先悉兄已離滬。臨行恩來兄囑為勸駕早歸，共為新中華努力，其意甚誠，特為轉達，不久通航，丞盼握談。炎培。東。家。

同日，陳光甫覆電伍克家，請伍代他表示對黃炎培的感謝，說明因健康原因不能歸去。電文如下：

> 上海家弟，接孝和兄轉台電洽悉。兄因頭暈，在港診治，醫囑尚須長期療養。任老盛意，極深紉感，即煩代為轉申謝恫是荷。綬。

此電說明，儘管陳光甫的思想感情發生了若干微妙的變化，但是，他對於回到大陸仍然顧慮重重。

當時，北平方面正在籌備召開中國人民政治協商會議，商討新中國建立的各項大計，中國共產黨自然希望陳光甫這樣有影響的銀行家歸來，共襄盛舉。1949 年 9 月 12 日，李濟深派李紹程攜函赴港，面見陳光甫，函云：

> 邇近人民革命軍事空前勝利，全國各地完全解放指日可期，百年來帝國主義所予中國經濟發展之桎梏，已因封建主義與官僚資本主義統治崩潰而告解除。今後新中國經濟建設，將在中共毛主席領導之下，由人民共有的國家資本，和民族工商業的私人資本，分工合作，有計劃有步驟地促進民族產業之發展，新民主主義之實現。新中國經濟建設根本方針，係以公私兼顧、勞資兩利政策，達發展生產繁榮經濟之目的。凡有利國計民生之私營經濟事業，均堅決保護，鼓勵積極經營及扶助其發展。對於產業金融界諸耆宿及以往有經驗的企業經營專家，尤能望推誠合作，共策進行。
>
> 人民政治協商會議，即將集會於北京，商討成立人民民主聯合政府，並規劃中國政治、經濟、文化建設方案，久欽先生領導民族工商業界，夙著勳猷，今後國家經建大業，需助正殷。特就李紹程同志南來之便，略貢所知，祈能命駕北來，共商一切，則集思廣益，眾擎易舉，未來經濟建設進展之順利，蓋可預卜也。

當時，中共的許多統戰工作是通過民主人士來做的，因此，這封信不應該看作是一種私人行為，而是代表了中共方面對陳光甫的爭取。函中所稱堅決保護“有利國計民生之私營經濟事業”，願與“產業金融界諸耆宿及以往有經驗的企業經營專家”推誠合作等，也正是中共的政策。這封信多少打動了陳光甫，10 月 31 日，陳光甫覆函李濟深云：

> 久別時念，居恆閱報，仰見勳猷懋著，彌切欽敬。日前李紹程兄來，交到惠函，詳示各節，諸承盛意，紉感無既。弟與紹程兄晤談一切，均經奉悉。惟以在港養痾，因失眠症頗覺嚴重，且耳鳴頭暈，其病源尚未查出，仍在繼續就醫中，一俟健康稍復，即行北上聆教。辱荷垂注。除託紹程兄代為面達外，謹此佈覆。

此函雖聲明病源待查，繼續就醫，但表示"一俟健康稍復，即行北上聆教"，顯然，在北京的邀請面前，陳光甫怦然心動了。原稿中還曾有"自維雖屆衰年，顧一生致力於服務社會，此志不懈，自當為新中國效微勞以竭餘力"等語，更表現了中華人民共和國的誕生在陳光甫心中所激起的波瀾。但是，陳光甫考慮再三，還是把這幾句話勾掉了。

北京方面感到了陳光甫的變化。11月10日，章乃器致電林仲容，邀請陳光甫、李銘等人北上。11月11日，陳光甫覆函云：

> 弟年近七旬，精力就衰，4月間因療養方便來港就醫，頭暈耳鳴之病源尚未查出，復有失眠，病態嚴重，是以逗留在港，未能即離。迭荷友好邀約，均無法應命，心中至為歉悵。惟望健康稍復，即行首途，屆時自當訪候聆教。

這封信和覆李濟深函的態度一樣，對於北上邀請，不拒絕，但也不準備在近期就道。

就在此際，上海的商業儲蓄銀行在業務中發生了一些問題，和人民政府之間出現衝突。11月19日，陳光甫約李紹程吃飯。他在日記中寫道：

> 此事現在要通天，講一個道理。我想共黨人士的作風亦是如此，但滬行人員已存恐懼之心而軟化，迭次來電云：我方有責任，並意賠千數，冀可早日了事。具此心理，何能折服對方。可慮！

這段記載看來，陳光甫不滿意滬行人員的"軟化"對策，他要"通天"，據理力爭。

此事的具體情況及後來的發展，現在還不清楚，但陳光甫北上的念頭，大概從此放棄了。

1950年10月，有兩個自稱"潘忠堯、張惠農"的人來訪，二人攜帶著具名周恩來的一封信，內稱要在香港辦一份報紙，希望陳光甫幫助。函云：

久仰渠範，彌切欽遲。國步維艱，胥憑英傑作中流柱，共挽狂瀾，翹首雲天，咸盼出岫。潘忠堯、張惠農同志因公赴港，特著晉謁崇階，希予延見，代為致意。伊等擬在港籌設日報一所。惟創辦伊始，尚望海外賢達，時賜匡助，使此文化事業，俾底於成，黨國前途，實深利賴。

這封信所用為“中央人民政府政務院用箋，共兩頁，手寫，並有簽名，但均非周恩來手跡；簽名下蓋有“周恩來”印章一方。其中“黨國前途，實深利賴”等語，不像中共和周恩來的語言。現在看來，大概是台灣方面對陳光甫政治態度的一次試探。

1954 年，陳光甫在觀望幾年之後，終於去了台灣，在台北成立上海商業儲蓄銀行，並於 1976 年 7 月 1 日病逝在那裏。

李宗仁的索權逐蔣計劃 *

一、一份“極機密”文件

在美國哥倫比亞大學珍本和手稿圖書館所藏張發奎檔案（微卷）中，有一份標明“極機密”的文件。稍加研究，便可以發現，它是 1949 年李宗仁任代總統後制訂的一份秘密計劃。

文件共 8 頁，以毛筆寫成，分甲、乙、丙、丁四部分。甲部分為目的，共四條：

（一）統一事權，集中力量。

（二）改革政治，刷新陣容。

---

* 作於 1991 年。

（三）建立和穩定革命根據地。

（四）抗拒與肅清腐化與惡化勢力。

乙部分為"方針"，分"急進的作法"與"緩進的作法"兩項。所謂"急進的作法"共六條：

（子）對 × 表示一明確的態度，務使其將全部資本交出（包括政權、軍權、財權及一切金銀、外匯、物資、軍械等），最好能促其出國。

（丑）徹底驅除在粵之一切頑固份子（或停止其活動）並改組國民黨。

（寅）廢除以黨統政之制度。

（卯）改組國防部。

（辰）加強兩廣合作，以兩廣為中心，樹立革命根據地。

（巳）改革政治，肅清一切貪污無能自私之份（子），重整革命陣營。

這六條中最重要的是第一條，所謂"對 × 表示一明確的態度"，其中的 ×，指的乃是蔣介石。文件接著敘述採取"急進"作法的理由，共五條：

（子）× 之原則既決不肯輕易放手，不如與之作具體的最後談判，使之無法推諉。

（丑）必須迅速處理一切，才能爭取時間。

（寅）必須徹底改革，才能爭取民心與國際援助。

（卯）必須徹底改革，才能肅清內部一切矛盾，達到集中與統一。

（辰）必須徹底改革，才能破滅 × 再起之幻想。

其後，文件敘述"顧慮與困難"，也是五條：

（子）與 × 破裂，無法獲取其擁有之資本。

（丑）× 可能即調兵入粵，以圖鎮壓。

（寅）目前軍政費無法自給。

（卯）立法院頑固份子之勢力甚大，仍可能利用立法院牽制政府。

（辰）兩廣兵力不足以應付共軍或 × 軍之侵入。

以上各處的 ×，也均指蔣介石。

文件提出的"緩進的作法"共三條：

（子）對 × 作較溫和之表示，仍請其將全部軍政權及資財交出，以便統一指揮。

（丑）對頑固份子逐漸隔離。

（寅）一切改革措施，均採緩進，使力量充實、基礎較穩固後再進行上述"急進的"各項辦法。

文件的制訂者認為，取"緩進的作法"理由如次：

（子）希望誘致 × 交出若干資本。

（丑）× 或可不至即派兵入粵。

（寅）對 × 不即時決裂，留有斡旋餘地。

但是，文件的制訂者又認為，這種作法也有其弊端：

（子）時機迫切，不容許獲得逐漸改善之機會。

（丑）由於 × 之高度警覺性，決不肯交付全部資本（甚至一部分亦不可能）。

（寅）由於 × 之高度警覺性，可能仍派兵入粵。

（卯）不能即時有所表現，無法爭取民心，提高士氣。

（辰）與 × 不絕緣，不能獲得國際之信賴與援助。

（巳）無堅強明朗之態度表現，新的份子不能號召集結，反動份子無法肅清。

文件的制訂者在比較權衡之後，認為"急進的作法"可能收到"預期的效果"。

文件最後部分為"一般值得研究的實際問題"，計六條：

> 1. 兩廣兵力如何充實（包括肅清土共問題）？
>
> 2. 財政問題如何解決？
>
> 3. 以黨統政之制度如何廢除（包括非常委員會）？
>
> 4. 立法委員如何爭取？
>
> 5. 與 × "攤牌" 之方式如何？
>
> 6. 對中共之戰略部署。

文件未署日期，也未說明起草人姓名及有關情況。

二、文件形成的背景及其產生經過

1949 年 1 月，蔣介石宣佈"引退"，由李宗仁代行總統職權，但蔣在"引退"之前，即在人事上作了種種佈置，同時下令將國庫中大量黃金、白銀和外匯移存台灣。"引退"後，仍然以國民黨總裁身份掌握著種種實權。因此，李宗仁就職後，事事遭到掣肘。他曾命行政院將運往台灣的國庫金銀及外匯運回一部分備用，但有關人員拒不奉命。他企圖改變長江防務佈局，撤換指揮將領，但無法執行。這樣，李宗仁的左右就經常發牢騷："我們管不了，就交還給蔣吧！總統不過是代理，一走就可以了事的。"張治中見此情況，便動了勸蔣介石出國的念頭，以便讓李宗仁放手做事。他徵得李宗仁等同意後，於 3 月 3 日偕吳忠信訪問溪口。見蔣後，蔣劈頭第一句就說："你們的來意是要勸我出國的，昨天的報紙已經登出來了！"又說："他們逼我下野是可以的，要逼我亡命就不行！下野後我就是普通國民，哪裏都可以自由居住，何況是在我的家鄉！"說得張治中開不得口。

張、吳溪口之行雖然沒有成效，但要求蔣介石出國的呼聲卻日漸公開化。

3月12日，南京《救國日報》居然以《蔣不出國則救國無望》為大字標題，發表評論。當時，南京代表團正在北平與中共代表團進行談判，李宗仁感到，有蔣在，勢難接納和議。4月9日。李宗仁召集白崇禧、程思遠、邱昌渭等人會議，認為蔣、李只能有一人主政，如果蔣不出國，李就應當辭去代總統；維持現狀，和戰均將無望。4月12日，李宗仁委託居正、閻錫山赴溪口，面交蔣介石一函，聲稱如蔣不採取步驟，終止目前的混亂局勢，則他自己唯有急流勇退，以謝國人。14日，蔣介石通過張群傳話，邀請李宗仁、白崇禧赴杭州面談。

　　形勢發展出人意料地快。4月20日，和談破裂，華東野戰軍陳毅所部迅速渡過長江。22日，蔣介石再邀李宗仁及何應欽、白崇禧、張群、吳忠信、王世杰等在杭州會談。會前，白崇禧對李宗仁說："今後局勢，如蔣先生不願放手，則斷無挽回餘地。蔣先生既已引退下野，應將人事權、指揮權和財政權全部交出。" 李宗仁正準備在會上與蔣介石"攤牌"，白崇禧的話正合李宗仁的心意。李宗仁完全沒有想到，會議卻通過了一項提議，在國民黨中央常務委員會之下設立非常委員會，以蔣介石為主席，李宗仁為副主席，"凡政府重大政策，先在黨中獲致協議，再由政府依法定程序實施"。李宗仁滿肚子不高興，快快返回南京。當時，行政院等政府機構已經遷移廣州，但李宗仁決定不去。23日，李宗仁偕程思遠、邱昌渭、李漢魂等人飛抵桂林。當日，李宗仁決定派程思遠去漢口接白崇禧返桂，派邱、李二人去廣州會見美國公使銜參贊路易斯·克拉克（Lewis Clark）及張發奎。

　　克拉克當時在廣州主持美國大使館駐廣州辦事處。他對邱昌渭說："美國已對蔣介石失去信心，即將重訂對華政策。目前國民黨政府要求美國立即援助，情勢上實不可能，除非有事實顯示，李代總統確實是一個堅強有力的領導者，蔣介石確實不再干預政治，才能逐漸轉換美國人的視聽。" 其後，克拉克並親赴桂林，和李宗仁談了5個小時。

　　張發奎在李宗仁就任代總統後被任命為陸軍總司令。李宗仁託李漢魂、邱昌渭帶了一封信給他，函稱：

和談因中共不能改變其武力征服全中國之企圖，終告破裂。刻共軍已渡江，威脅京滬，此實為本黨及國家生死存亡之最後關頭，非革新無以圖存，非團結無以自救。吾兄愛黨心切，憂國情殷，知必具有同感。弟因廣州住所尚待修飾，兼以連月勞煩，須稍事休息，擬在桂勾留幾日後即來穗面商種切，共策進行。茲囑伯豪、毅吾兩兄代表趨詣，面達鄙恟，諸惟鑒照。

李漢魂於 1949 年 3 月初到南京任總統府參軍長，後任內政部長，他向張發奎訴說了到南京工作後的苦衷："在最高控制之下，致全局的人事及軍事，殆俱不能調整，政治亦難改革，全部之守江計劃，同時不能實施，坐令對共無法阻止。"29 日，張發奎飛往桂林。他勸李宗仁做出抉擇，或者公開聲明，他的出任總統只是一場滑稽戲，然後辭去總統職務，請蔣復位，或者從蔣介石手中奪過全部權力，組織戰時內閣，爭取美國的支持。5 月 1 日，張發奎飛返廣州。

據程思遠回憶，張發奎返抵廣州的當天中午，白崇禧、張發奎、程思遠三人在馬仲孚家裏午餐，張談到：

> 在桂林時曾由李宗仁約李品仙、甘介侯、韋永成、韋贊唐、黃雪村、李新俊、尹述賢等同他會談兩次，由黃雪村記錄，最後訂定甲、乙兩案，甲案要蔣出洋，乙案要蔣交出權力來。

張並強調指出，無論實行甲、乙兩案中的任何一案，必須清除廣州陣營裏的 CC 份子。程思遠的這段回憶寫於 1980 年，記憶不可能完全準確，但是，所謂甲、乙兩案及 "促蔣出洋"，"要蔣交出權力來" 等等，正與上述 "極機密"文件相合，因此，可以判明，該份文件乃是 1949 年 4 月 29 日至 5 月 1 日張發奎飛桂時的產物。它反映出當時李宗仁等的企圖索權、逐蔣、以兩廣為基地反共。

三、又一份秘密文件

政府在廣州，代總統卻在桂林，這總不成局面。5月1日晚，白崇禧訪問何應欽。二人認為，李宗仁不願來廣州，是因為對杭州會談的結果不滿意，決定請居正、閻錫山出面勸解。同晚，國民黨中常會舉行臨時會議，決定推吳鐵城、李文範赴桂，催促李宗仁來粵主持政務。5月2日，白崇禧、居正、閻錫山、李文範等連袂飛桂。當晚會談，形成了一份《談話記錄》，全文如下：

（一）自宗仁代行總統職權後，鑒於頻年戰禍，民苦已深，弭戰求和，成為舉國一致之渴望，而以往政府一切軍事、政治、經濟之失敗，其根因所在，即由於政治之不修明，貪污腐化，遍於全國，遂造成今日民怨沸騰，士氣消沉，全盤糜爛之惡果。故自主政之日起，為順從民意，針對時弊，決以謀取和平與革新政治為當前兩大急務，以冀有所匡救。詎料時經三月，雖殫精竭力以赴，而事與願違，終致毫無成效。和談失敗，固由於中共所提條件過於苛刻，然我方內部意志之不統一，步驟之不能一致，如政府謀和措施之不能執行，未能示人以誠，亦不能不承認為一重大因素。至於革新政治一端，終以形格勢禁，因之三個月來之努力，悉已付諸虛牝，此皆由於宗仁德薄能鮮，不克建樹事功，實應首先引咎自責者。

（二）現共軍已渡過長江，首都淪陷，滬杭危急，局勢已臨萬分嚴重之最後關頭。基於以往三個月來事實證明，宗仁難繼續膺此艱巨，更自信在此情形之下，決無轉危為安之能力。為今之計，與其使宗仁徒擁虛位，無俾實效，莫若即日起，自請解除代總統職權，仍由總裁復位，負責處理一切，俾事權統一，命令貫徹。宗仁身為國民黨員，與總裁久共患難，決不敢存臨危退避之心，仍當竭盡協助之能力，並擬以副總統之資格，出國從事國民外交活動，爭取國際援助。此種辦法，在國際上固不乏先例，而依據目前之局勢，亦確乎有此需要，同時宗仁既可獲得為國家效力之機會，亦可與總裁之工作收分工合作之效。

（三）如總裁堅持其引退之初志，必欲宗仁繼續負責，根據過去三個月來失敗之經驗，為保障今後政府之命令能徹底貫徹，達到整飭部隊、革新政治之要求，完成吾人反共救國之使命，則有數事必先獲得總裁之同意並實行者，茲分列於次：

（1）憲法上規定關於軍政人事及凡屬於總統職權者，宗仁應有絕對自由調整之權。

（2）所有前移存台灣之國家銀行金銀外匯，請總裁同意由政府命令運回。

（3）所有移存台灣之美援軍械，請總裁同意由政府命令運回，配撥各部使用。

（4）所有軍隊一律聽從國防部之調遣，違者由政府依法懲處。

（5）為確立憲政精神，避免黨內人事糾紛，應停止訓政時期以黨御政之制度，例如最近成立非常委員會之擬議，應請打消。所有黨內決定，只能作為對政府之建議。

（6）前據居覺生先生由溪口歸來報告，總裁曾表示，為個人打算，以去國愈快，離國愈遠為最好，現時危事急，需要外援迫切，擬請總裁招攜懷遠，俾收內外合作之效。

（四）以上六項，必須能確切做到，宗仁始能領導政府，負責盡其最後之努力，否則唯有自請解除代總統職權，以免貽誤黨國。

文件原件共四頁，油印，用墨筆標有"密"字，亦見於哥倫比亞大學珍本和手稿圖書館張發奎檔案。

上述文件表明，李宗仁經過深思熟慮，並與各方商談，決心將"極機密"文件付諸實施，不僅索取全部權力，而且要求蔣介石"去國愈快，離國愈遠為最好"，言詞雖溫和、婉轉，而態度則相當堅決，可以視為對蔣介石的一紙通牒。

《談話記錄》產生，同日，李宗仁再次致函張發奎，函稱：

日前節旆范桂，暢敍為慰。覺生、百川、君佩三先生降止，數度晤談，備審種切。關於弟之意見，除已面告覺生先生等外，茲經作成《談話記錄》一份，油印數份，特伴函奉上一份，即希察閱是幸！敬之兄處亦付去兩份並託其以一份派專機送呈蔣總裁核示矣。餘情均倩覺生兄等轉告。

據此，可知這份記錄天壤間只有幾份，一份給了張發奎，兩份給了當時的行政院長何應欽，其中之一由專機送給了蔣介石。

四、蔣介石的答覆

5月3日，蔣介石在上海見到了李宗仁的《談話記錄》，非常生氣，立即覆函何應欽，要求何轉達李宗仁及國民黨中央諸人。信中，蔣介石要求李宗仁"蒞臨廣州，領導政府"，說明他本人"無復職之意"，對於李宗仁六項要求中的前四項，蔣介石一一表示同意。他說：

（1）總統職務既由李氏行使，則關於軍政、人事，代總統依據憲法有自由調整之權，任何人不能違反。

（2）前在職時，為使國家財產免於共黨之劫持，曾下令將國庫所存金銀轉移安全地點；引退之後，未嘗再行與聞。一切出納收支皆依常規進行，財政部及中央銀行簿冊具在，盡可稽考。任何人亦不能無理干涉，妄支分文。

（3）美援軍械之存儲及分配，為國防部之職責。引退之後，無權過問，簿冊羅列，亦可查核。至於槍械由台運回，此乃政府之許可權，應由政府自行處理。

（4）國家軍隊由國防部指揮調遣，凡違反命令者應受國法之懲處，皆為當然之事。

對於李宗仁要求中的第五項，蔣介石也並不表示反對，只說：非常委員會之設立，為4月22日杭州會談所決定，當時李代總統曾經參與，且共同商討其大綱，迄未表示反對之意。今李既欲打消原議，彼自可請中常會覆議。對於要求他出國的第六項，蔣介石堅決反對，他說：且在過去，彼等主和，乃指我妨障和平，要求下野。今日和談失敗，又責我以牽制政府之罪，強我出國，並賦我以對外求援之責。如果將來外援不至，中又將負妨害外交，牽制政府之咎。國內既不許立足，國外亦無法容身。中為民主國之自由國民，不意國尚未亡，而置身無所，至於此極！他並稱，自引退以來，政治責任雖告解除，而革命責任自覺無可逃避。凡李宗仁有垂詢之處，無不竭誠答覆，但決不敢有"任何逾越分際，干涉政治之行動"。函末，蔣介石表示：

> 今日國難益急，而德鄰兄對中隔膜至此，誠非始料之所及。而過去之協助政府者，已被認為牽制政府，故中惟有遁世遠引，對於政治一切不復聞問。

蔣介石此函於 5 月 5 日以專機送到廣州。6 日，國民黨中常會舉行臨時會議，推閻錫山、朱家驊、陳濟棠三人赴桂迎接李宗仁。李宗仁向蔣介石提交《談話記錄》，目的在索取權力，蔣介石既已答應了六條中的前四條，李宗仁覺得面子掙到，目的已基本達到。8 日，李宗仁飛廣州，繼續履行代總統職權。後來的事實表明，他仍然是個空頭，蔣介石並未交出任何權力，也並未"遁世遠引"，而是積極活動，多方安排，在作復職的準備。

蔣介石"復職"與李宗仁抗爭 *
——讀居正藏劄及李宗仁檔案

蔣介石退守台灣後，急於恢復"總統"職位，從幕後走到幕前。但是，"代總統"還在美國就醫，並無交出權力之意。於是，蔣、李之間再次展開了一場鬥爭。

1950 年 1 月 20 日，台灣"監察院"致電李宗仁，催其回台，語多指責，

---

* 原載《團結報》，1992 年 12 月 2 日、9 日。錄自楊天石《抗戰與戰後中國》，中國人民大學出版社 2007 年版。

實際上是對李宗仁意向的一次"火力偵察"。同月29日,李宗仁以"代總統"名義,覆電台灣"監察院",聲稱病體尚須休養,不能立即返台。2月2日,再覆一電,聲稱"赴美就醫未廢政務,接洽美援,仍可遙領國是。"2月4日,台灣《中央日報》、《掃蕩報》、《中華日報》等同時發表社論,向李開火,要求"蔣總裁"復出,"綰領國事,統率三軍"。其間,居正曾託女兒帶給李宗仁一函。2月6日,李宗仁覆函居正,函稱:

覺生先生勳右:

病中承令愛惠臨,並攜來手教,欣慰無似。自弟出國療治胃疾,不意轉瞬間,西南半壁竟遭赤匪席捲,舉世震駭,群情悲憤。今國軍孤懸台瓊,既無餉械,復乏外援。聞美國政府對我總裁成見極深,曾一再聲明,不以軍事援助台灣,今更公開嘲罵。在此情形下,吾黨負責同志應警惕國家之危亡,不再感情用事,權衡利害,改弦更張,以挽回既失之民心,俾友邦對我增加信心,樂於相助。倘仍固步自封,一意孤行,逆料美國民主黨主政期間,有效援助決無希望,則反攻大陸,掃蕩赤氛,更為空談,即希冀固守台瓊,勢亦難持久。言念及此,不寒而慄。凡有血氣、愛黨憂國之士,諒有同感。

日前接監察院電,對弟似有誤會,頗為惋惜。察其言外之音,別有作用,醉翁之意,路人可知。本黨廿餘年來政治暗潮中,此種現象履見不鮮,固不足怪。際茲國脈如縷,民不聊生,且政情複雜,積弊已深,雖思革新,與民更始,無奈障礙橫生,阻力重重,名為元首,實等傀儡,尸位素餐,如坐針氈,有何留戀權位之足云!每感螻蟻無能,難勝重任,早擬引退以謝國人。無如再四思維,弟若下野,依法由行政院長代行職權,為時僅限三月,今既無法召開國大,選舉總統,則代理如逾三月法定期間,即為違憲。或曰可敦請蔣公復職。殊不知弟所代者為總統職權,而非蔣公本人,國家名器,何能私相授受!譬如宣統遜位後貿然復辟,國人群起聲討之。專制帝皇,尚不能視國家為私產;蔣公首倡制憲,安可自負毀憲之責!弟何忍為個人安逸計,而陷本黨於創法始而毀法終。少數同志倡斯說者，不僅毫無憲法常識，抑且故意歪曲理論，以亂視聽，實屬荒謬，貽害至深。國事敗壞至此，誠非偶然也。先生明達，未卜以為然否？

弟創口雖已平復，惟元氣大傷，尚須修養一個時期。現正與美國朝野接洽反共復國計劃。蓋美國雖對我政府現狀、措施表示不滿，然在其反蘇政策下，並未放棄中國。事在人為，宜群策群力以圖之。國家前途，尚大有可為也。

紙短情長，筆難盡意。敬祈不遺在遠，時賜教言，以匡不逮。專此順叩動安！

李宗仁拜啟。二月六日。[1]

12 日，台灣"監察院"指責李宗仁滯留美國，遙控台灣政局，決議提請"國民大會"彈劾。13 日，國民黨中央非常委員會委員聯名致電李宗仁，促其返台。次日，李宗仁覆電，以醫囑不能遠行為理由拒絕。15 日，李宗仁的私人代表甘介侯到華盛頓會見駐美"大使"顧維鈞，聲稱：李宗仁對來自台灣的攻擊十分惱火。如果蔣停止誹謗，李就回台，商討如何把權力交給他；如果蔣繼續和李搗亂，李自有回擊的武器。

18 日，李宗仁託孔祥熙轉告蔣介石，最好以和解方式安排交回總統職位，否則他就不客氣，公開反對蔣復職。21 日，國民黨中央非常委員會致電李宗仁，限其三日內返台，否則放棄"代總統"職務，如不照辦，則由蔣介石復行"總統"職務。同日，李宗仁再電台北"總統府"秘書長邱昌渭，聲稱"個人地位無所留戀，惟必須採取合理合法途逕，以免違憲之咎。國事至此，安可再生枝節，自暴弱點，以快敵人"。函稱：

希兄與各方接洽，從速尋求於憲法上說得過去之方法，仁自可採納。若圖利用宣傳，肆意攻擊，則仁當依據憲法，公告中外，於國家，於私誼，將兩蒙其害。

---

1 美國國會圖書館居蜜博士贈。

23 日，國民黨中央非常委員會決議，請蔣介石復職。於是，李宗仁就決定攤牌了。28 日，李宗仁寫了一封公開信給蔣介石。哥倫比亞大學珍本和手稿圖書館保存著該信的英文本，現據英文本回譯於下：

親愛的將軍：

我很遺憾，不得不告訴您一項消息：自我來美就醫以來，您周圍的那些不負責任的人就陰謀篡奪憲法賦予總統的權力。無論根據憲法原則，或是根據人情，我都不能相信這些不斷來自不同渠道的報告。

我的健康恢復期已滿，正在準備回國，出乎意料地從文件中得知，您宣佈將於 3 月 1 日恢復總統職位。

您應該記得，您於 1949 年 1 月 21 日引退後，我即根據憲法規定，接管總統職務。所"代"者為總統職權，並非閣下個人。更進一步說，您自引退後，已經成為一個普通公民，和總統職權沒有任何關係。不經過國民大會選舉，您沒有合法的理由再次成為中國的總統。同樣，除非國民大會決定，授予我的權力也不能由任何個人或任何政府機構以合法理由廢除。

您的高壓的、獨裁的行為不能被憲法證明為正確，也不會為人民所贊同。在歷史的關鍵時刻，您的巨大的錯誤將極大地影響我國的命運。袁世凱的下場將是您的殷鑒。

為了保護歷經許多困難而制訂的憲法，我代表全體中國人民嚴重警告您，不要甘冒海外民主世界之大不韙。

李宗仁

又，依據中國憲法，如果現職人員必須辭去 —— 在這樣的情況下，我沒有任何意見 —— 法律沒有規定，引退的蔣介石總統可以復職，但是卻規定由行政院長執行總統職權三個月，在此期間，召集國民大會，選舉新總統。

我極不願意敘述下列情況：自我來美就醫以來，蔣介石將軍及其親密的追隨者，如著名的 CC 系利用我缺席的機會，陰謀篡奪我的政治權力。

我一時不在國內成了 CC 系無理攻擊的藉口。然而，沒有一部憲法規定可以反對一時缺席的國家元首。威爾遜總統有幾個月不在美國，逗留在戰後的歐洲。最近，菲律賓總統也像我一樣來美就醫。

不僅如此，我們是內閣制政府，總統只有有限的權力和責任。在總統缺席期間，政府和立法院、行政院可以很好地發揮作用。通向民主的道路沒有播撒玫瑰花。在中國，為民主而鬥爭的 40 年來，我們為引進憲法進行了兩次艱難的努力：一次，被想當皇帝的袁世凱破壞了；另一次，就是現在，將要被想成為獨裁者的蔣介石所破壞。

上週五，休養期已滿，我準備回國。於是，選擇了這個時侯來進行這一狡詐的冒險行動。

只有真正的民主思想才能有效地和正在擴展的共產主義潮流鬥爭。在我們和共產主義鬥爭的時侯，這一對民主制度的完全背叛將引起深深的痛惜。作為中國的合法的國家元首，我有責任領導我國人民保衛我們的憲法。

3 月 1 日，蔣介石在台灣發表文告，宣佈復職。同日下午，李宗仁在紐約舉行記者招待會，發表了一項聲明（原文為英文）：

在中國為成為民主國家而鬥爭的時刻，傳來了一項不幸的、令人震驚的消息 —— 台灣方面公告，蔣介石將軍已經宣佈 "恢復" 中國總統職位。

人們記得，1949 年 1 月，蔣介石將軍辭去總統職位，成為普通公民。他在引退後的兩個公開聲明中宣佈，五年中，他將不使自己捲入政治，也許將避開下屆總統選舉。（中國憲法規定總統任期 6 年。）為什麼在這樣一個時刻，他認為適宜於使自己不經過選舉就成為總統，這是令人驚奇的。

這是荒謬的，超出想像的，一個普通公民能宣佈自己成為國家總統。這樣，蔣介石將軍就向世界暴露了一個可悲的事實，作為獨裁者，他能將國家視為自己的私產，可以根據興致拋棄或者撿起。

蔣介石將軍引退時，我依照為人民所接受的中國新憲法的規定，被迫繼承這一空缺。在美國，有過非常類似的情況，副總統杜魯門繼承了羅斯福的空缺，直到下屆選舉。

在中文裏，"代"的意思是指，我的任職時間為從上屆選舉到下屆選舉，它永遠不能被解釋為，代替即將離職的已不再做任何事情的前任總統。

在民主的歷史上，蔣介石的復職是最嚴重的違法行為。他為了自己的目的，在他的聲明裏有意曲解了中國憲法第 49 款。[1]

當晚，李宗仁收到蔣介石的電報，蔣要李以副總統的身份作他的專使，在友邦爭取外援。1949 年 5 月，李宗仁曾要求蔣介石出國爭取外援，企圖將他逐出中國的政治生活；曾幾何時，現在輪到蔣介石報一箭之仇了。

還在當年 1 月下旬，台灣方面就得悉杜魯門和國務卿艾奇遜準備邀請李宗仁到華盛頓商談中國事務，非常緊張。當月 31 日，"外交部"部長葉公超致電駐美"大使"顧維鈞，要他"密探實情及美方意向"[2]。2 月下旬，李宗仁派甘介侯赴華府拜會艾奇遜，接洽會見時間。同月末。杜魯門決定在 3 月 2 日邀請李宗仁到白宮便餐，艾奇遜、顧維鈞、甘介侯作陪，台灣方面更為緊張。3 月 1 日，台灣"外交部"打給顧維鈞一通"最速"電，電稱："蔣總統已於今晨十時視事，2 日白宮宴會，李代總統僅能接受副總統待遇，希遵辦並電覆。"[3] 3 月 2 日，再電顧維鈞，指示說："李副總統如係以副總統身份赴白宮宴會，自應陪往；如竟以代總統身份前往，應不陪往。"[4] 當日上午，在記者招待會上，有人問杜魯門，將按什麼身份接待李宗仁，杜魯門答："作為中國的代總統。"記者又問，他是否知道蔣介石已經復職時，杜魯門答，他一直沒有同蔣直接聯繫。在下午的宴會上，杜魯門稱李為"總統"，連"代"字也沒有用。宴會結束後，出現了一個饒有意味的細節。杜魯門帶著李宗仁到小客廳談話，顧維鈞本欲跟進，卻被艾奇遜拉住。艾一面表示要和顧在大客廳談話，一面將甘介侯推進小客廳，讓他充當杜、李之間的翻譯[5]。這一切，使李宗仁、甘介侯風光之至。

蔣介石非常關心白宮招待李宗仁的情況，特別是杜魯門如何稱呼李宗仁，

1 李宗仁檔案，哥倫比亞大學珍本和手稿圖書館藏。
2 同上。
3 顧維鈞檔案，哥倫比亞大學珍本和手稿圖書館藏。
4 同上。
5 《顧維鈞回憶錄》（7），北京中華書局 1988 年版，第 606 頁。

是否稱他為"代總統"等等，當晚就指令葉公超向顧維鈞了解。顧維鈞據實作了報告並作了分析。他致電王世杰說：

> 今日白宮午餐招待，國務院曾先告我，純係交際，並非正式，故並無招待代理元首之特別表示，一切談話未及我內部政治問題，故尚稱融洽。惟今後美方態度仍宜注意[1]。

顧維鈞畢竟是個老外交，他不認為美方的表現有什麼特別異常的地方。李宗仁心裏明白，但故弄玄虛。次日，李宗仁致電邱昌渭、居正、于右任、閻錫山、何應欽、張群、王寵惠、陳誠、等人稱：

> 仁昨到華府。事前顧大使已奉台方令通知國務院，仁僅以副總統名義代表蔣先生往聘，但杜總統向記者宣稱，仍以代總統地位對仁。招待午宴席間，與杜總統及國務卿、國防部長暢談甚歡，舉杯互祝，三人均稱仁為大總統。餐後，杜單獨與仁談話，不令顧參加。內容未便於函電中奉告。[2]

當時，蔣介石已在台灣掌握實權，而李宗仁孤身在美，杜魯門是不會真正支持一個光杆司令的。在和李宗仁單獨談話時，杜魯門說：一切都了解，來日方長，務必暫時忍耐。杜並勸李，和他保持接觸[3]。顯然，這是杜魯門在承認蔣介石之前對李宗仁作精神上的安撫。這些，李宗仁自然未便"奉告"。果然，3月2日下午晚些時候，白宮新聞發佈官聲明說：國務院收到了蔣介石復職的正式通知，美國承認蔣是中國政府的首腦。又稱：杜魯門無意決定"誰是中國總統這一重要的外交問題"云云[4]。

附記：本文所引李宗仁致居正函及致邱昌渭、居正等電報，均係美國國會圖書館居蜜博士賜贈，謹此致謝。

1　李宗仁檔案，哥倫比亞大學珍本和手稿圖書館藏。
2　居蜜博士贈。
3　《李宗仁回憶錄》（下），廣西政協 1980 年版，第 1036 頁。
4　《顧維鈞回憶錄》（7），第 612 頁。

50 年代香港和北美的第三種力量 *
——讀張發奎檔案

　　1952 年，香港地區出現了一個秘密組織，名為中國自由民主戰鬥聯盟（簡稱戰盟）。它的發起人有張發奎（前國民黨高級將領）、張君勱（中國民主社會黨主席）、顧孟餘（前北京大學教授，國民黨改組派重要成員）、童冠賢（前國民黨政府立法院長）、張國燾（前中共領導人之一，後被開除）、李微塵（自由知識份子）等。其成員共約二三百人，分佈於香港、北美、日本、澳洲、印度以及中國大陸地區。它以第三種力量自居，是個反對蘇聯、反對中國共產黨，也反對台灣蔣介石集團的秘密政治組織。

一、"戰盟"提倡"自由化"的五項原則

　　戰盟存下來的主要文件有《中國自由民主戰鬥聯盟宣言》（張君勱起草）、《中國自由民主戰鬥同盟籌備期間之組織綱要》（童冠賢、李微塵起草）、《中國自由民主戰鬥同盟公約》、《中國自由民主聯盟生活公約》（張國燾起草）等，其中最重要的是第一項。

　　《中國自由民主戰鬥同盟宣言》是一項政治宣言。它表達了這個組織的政治觀點和社會理想。其矛頭首先指向斯大林統治下的蘇聯。宣言稱："人類歷史正進入 20 世紀這個自由、民主、文明的新時代，而背逆時代潮流的新奴役制度，卻在蘇聯創建起來，以阻礙人類社會向前的發展。斯大林利用近代進步的科學和組織技術，配合帝俄殘暴專制的傳統，使這個新的奴役制度控制了整個俄國，統治了整個東歐。"它繼稱："今日人類的歷史任務已經很明顯的在終止這

---

* 　原載《近代中國史事鈎沉——海外訪史錄》，社會科學文獻出版社 1998 年版。錄自楊天石《抗戰與戰後中國》，中國人民大學出版社 2007 年版。本文為提交 1990 年在美國華李大學召開的 "20 世紀中國的在野黨" 國際討論會的論文。英文稿發表於 *Road snot taken*, West view Press, 1992。

反常的局勢，制止克里姆林宮的病狂人物及其傀儡們的罪行，徹底摧毀今日正在威脅人類的新奴役制度。"[1]很顯然，這裏所說的"新奴役制度"乃是指當時按照蘇聯模式建立起來的社會主義國家。

《宣言》提出了五項原則：1.人類最主要的活動目的，在於獲得自由個人生活的自由與人格發展的自由。2.人類思想之所以進步，文化之所以發展，得自互異的多方面的發展，統制文化，統制思想，只能凍結人類創造的活力，窒息人類發展的生機。3.自法、美革命以來，民主精神和民主制度已經成為人類政治發展的主潮，無論任何形態或假藉任何名義的獨裁，任何主義下的極權制度都違反著這主潮和傾向。4.私有財產與人類文明同時俱來，迄於今日，私有財產制度在原則上還有其存在的理由；各個人保持有限度的私產與平均財富之政策實可並行。5.國家的職司，對內在於調協人民間的利害，使之趨向大體上的和諧，保證國人安康；對外在於調協國與國之間的關係，維護國人利益。

根據這五條原則，《宣言》指責中國共產黨強迫中國人民信奉"斯大林所曲解的馬克思主義"，強行將中國社會"劃分為互相對立的階級"，強行"摧毀文化傳統"，強行推行向蘇聯"一邊倒"的政策。在此基礎上，它又提出了"十二條原則"，從政治、經濟、外交、思想文化等各方面反對中國共產黨的主張和政策。在政治上，它提出要推倒中共所謂的"一黨專政與極權主義"，"實現人民主權，各黨並立，崇尚法治"；在經濟上，它主張"自由與管理配合"，"保障自耕農"，"推行合作經營制度"，"鼓勵人民在國家協助下，普遍集資，自行經營，勞資合作，實行民主企業制"；在思想文化方面，它提出，"保障學術研究自由，反對任何黨派統制思想"。一言以蔽之，它全盤提倡自由化。

二、後台、總部、領導、成員及其活動

戰盟是在美國部分人士支援下組織起來的。據張發奎回憶，當他1950年流亡香港時，前嶺南大學校長香雅閣博士（Dr. Henry）表示要見他。二人在香

1　張發奎檔案，哥倫比亞大學珍本和手稿圖書館藏，本文所引文件及信函，均同。

港旅社見面。香雅閣詢問張發奎，是否在領導大陸反共產黨人的游擊戰爭。香雅閣並稱：許多美國人和中國人都感到，如果張發奎能站出來，將能團結華南人民。香雅閣同時表示了對蔣介石的不滿，認為他過於專制。談話中，張發奎表示：有主義、有聲望的人應該建立一個新的秘密團體，形成一種新的力量；為了未來的工作，應該訓練年輕人。關於這一團體的成員，張發奎提到了顧孟餘、童冠賢、張國燾、李璜、李微塵、伍憲子，香雅閣提到了張君勱和許崇智。這以後，張發奎、許崇智共同會見了香雅閣，香雅閣稱："在我回到美國以後，將訪問華盛頓，可能碰到某些人"，"如果事情有所發展，我將寫信給你們"[1]。

幾個月之後，一個美國人帶著香雅閣的信來到香港，自稱不代表美國政府，而代表美國人民。這個美國人，據程思遠先生回憶，名為哈德曼。他對張發奎說，此次到香港，完全是為幫助建立第三勢力，並稱，美國人準備在菲律賓的海軍基地中撥出一個小島來供使用[2]。其後，哈德曼又介紹張發奎、許崇智會見了另外兩個美國人。其中一人曾是陳納德的部下，第二次世界大戰期間在昆明和南寧的空軍基地工作；一個是年輕人，看起來是助手。他們詢問張、許二人，誰是香港的民主力量，應該做什麼，美國人民將如何幫助你們？張、許二人向這兩個美國人提供了一份計劃。兩個美國人表示，我們無權決定，必須提交美國人民批准。二人並稱，可以提供金錢資助。此後，戰盟及其主要成員即在美國資助下進行活動。它的後台，應是美國中央情報局。

戰盟設執行委員會。委員 11 人。其中伍憲子、顧孟餘、張發奎三人為常務委員。後來，伍憲子因訪問台灣被開除，由張君勱增補。執行委員會下設組織、財政、政治、軍事、宣傳等部。當時，張君勱還在印度，他聲稱認識馬歇爾，希望通過馬歇爾更好地了解美國，並且希望馬歇爾能夠幫助戰盟。張發奎和兩個美國人商量後，決定派張君勱去美國。1952 年 3 月，張君勱自印度抵達香港，和張發奎等進行了兩週周左右的討論，然後經日本赴美。自此，張君勱即成為戰盟在美國的外交代表。他曾出面，在美國司法部為戰盟登記。

1　The Reminiscences of Chang Fa-K'uei，哥倫比亞大學珍本和手稿圖書館藏。
2　程思遠《政壇回憶》，廣西人民出版社 1983 年版，第 211 頁。

戰盟的總部在香港。1952 年 5 月，顧孟餘因香港政府不允許在港從事政治活動，離港赴日。其後，戰盟曾準備將總部遷往日本，但未能實現。

戰盟的主要成員是知識份子，不少人是教師，也有少數學生、工人和商人。它的基層組織是小組。香港一地約有十幾個小組。

戰盟的主要活動是文化宣傳。它擁有四個刊物：《獨立評論》（顧孟餘主編）、《再生》（張君勱主編）、《中國之聲》（張國燾主編，1952 年 9 月以後由李微塵主編）、《華僑通訊》（主編不詳）。此外，它並贊助、支持幾種報紙，還曾準備編輯叢書，開辦大學。戰盟的另一項活動是聯繫華僑。它曾派人分赴澳洲、印度等處，企圖在華僑中擴大影響。

戰盟也曾企圖聯絡亞洲反共力量，並曾企圖以越南為基地。1954 年 9 月 23 日，張發奎致函張君勱，內稱："如能得吳庭琰氏同意，誠為最好良機"，"吾兄與吳"交厚"，一言九鼎，倘能促成，不但可助越吳反共，而吾人亦可藉彼之助，奠反共復國之業"。張發奎還曾和韓國駐南越公使崔德新聯繫，支援他組織所謂"中、韓、越三國軍事同盟"；函稱：倘由此三國軍事同盟逐步演化而為自由亞洲同盟，以與自由世界配合呼應，則蘇俄侵略野心之戢止中共政權之削弱，固易如反掌矣！"據說，戰盟還曾派人到大陸進行地下活動。

三、內部矛盾及其結束

戰盟一成立即矛盾重重。

首先是意見分歧。1. 在成立時間上。1952 年 10 月 10 日，張君勱在美國發表了戰盟宣言，正式宣告戰盟成立，顧孟餘認為過於匆忙，戰盟成立為時尚早。這成為二人之間矛盾的發端。2. 在對台灣蔣介石集團的態度上。伍憲子因訪台被開除，但台灣召開"國民大會"時，仍有不少戰盟成員赴會。顧孟餘更提出："台灣政治雖有許多不滿人意之處，但它此時，在國際間尚是自由中國的象徵"，應該"支持並鼓勵台灣國民政府對共產黨之間的鬥爭"。顧的意見受到張君勱等人的反對。

其次是經費困難。1953 年，戰盟要削減《中國之聲》的經費，張國燾即退出戰盟。第三是大陸和台灣都反對。特別是日內瓦會議後，新中國的國際威望日益提高。戰盟日益失去人心。1954 年 7 月 5 日張君勱函云："一二年來，台灣專以毀戰盟為事。經周氏（指周恩來，筆者注）日內瓦會議之後，即勱再去印度、印尼、馬來，欲求昔日之得華僑歡迎而亦不可得。"這封信是戰盟當時困難處境的生動寫照。

最後是美國政府態度不積極。1955 年 2 月 23 日張君勱函云："美國政府以援台為事，同仁中盼望勱稍有收穫，其奈至今渺茫，毫無事實可言。"這樣，戰盟主要成員的勁頭也就一天天減弱下來。

台灣方面一直企圖滲入戰盟，因此，顧孟餘懷疑戰盟內部有奸細。1953 年 10 月 31 日，顧孟餘致函張發奎，要求徹底改組。1954 年 1 月 1 日，顧致函張發奎、童冠賢，認為戰盟"以往表現不好"，要求在組織內部肅清間諜、一切破壞份子、一切投機政客、個人出風頭、妄言妄動者。同月 31 日，顧再次致函張發奎，要求戰盟停止活動。他認為，當時"只宜由少數穩健可靠同志，相互作精神上之聯繫，而不可為形式上之組織；只宜作事實與理論上之研究，而不可為公開之號召"。同年 3 月下旬，張發奎派童冠賢赴日，和顧孟餘商量戰盟改組問題，顧孟餘要求改名中國自由民主同盟，提出改組意見七條。張君勱同意顧孟餘清除內奸的意見，但反對改名，反對停止活動。他說："旗號一旦樹起，不應退縮。"張發奎同意顧孟餘的七條改組意見，但對改名一事持懷疑態度。8 月 18 日、27 日，張發奎等在香港集會，決定"徹底改組"，成為聯合性的組織，但保留戰盟名義。會議並決定成立改組籌備委員會，負責改組事宜。9 月 8 日，顧孟餘覆函張發奎，認為"今茲決定，與當時所商根本不同，弟不得已只得退出公司，以後一切概不負責"。隨後，張君勱也在美國宣佈退出戰盟，並去美國司法部撤銷登記。

至此中國自由民主戰鬥同盟遂宣告結束。它只存在了兩年多。

50 年代北美和香港地區的第三種力量還有以李宗仁為首的中國國民黨復興同志會，以李大明為首的中國民主立憲黨，以譚護為首的洪門致公總堂，以謝澄平為代表的自由陣線，以陳中孚為代表的中國民主大同盟。他們在 1954 年曾聯合組織自由中國民主政團同盟，但影響和作用都很小。

附錄

宋教仁佚箚六通鈎沉

陳旭麓同志主編的《宋教仁集》輯錄相當豐富，但仍有缺漏。茲就管見，增補較重要的佚文數篇，略加考訂和分析。

一、致李、胡二星使書

此箚發表於 1908 年 10 月 12 日新加坡出版的《中興日報》。李，即李家駒。胡，即胡惟德。兩人於 1907、1908 年先後出使日本，故稱星使。全文為：

李、胡二星使執事：

敬啟者：某愚不幸，素持與政府立於不兩立之主義。曩者，"間島"問題之起，某以公等政府諸人昏聵無知，將坐使日人攘奪我十數萬里之地。政府固所反對，然國家領土，國民人人當寶愛之。吾人今日既未能獲與外國交涉之權，則不得不暫倚政府。

又我所悉該問題情事，既較多於公等政府諸人，則尤不宜袖手含默。

故費數月之功，著《間島問題》一書，發明〔現〕該地確為中領之證據，欲以為政府外交援助。又以某素為公等所目為黨人者，若遽自貢獻，必受峻拒，而反無益於事，故又委曲設計，介於敝同鄉之曾為李公舊屬許孝綬氏（此君非某同主義者，實為憲政黨員，幸勿誤會），以達李公之前。幸為李公採納，抄送外部；外部得此，果大有所資於談判，向〔而〕獲斥退日人之口實。因是且有電欲招致某，謂有面詢之要。適有來自北京之友人貽書勸某，謂項城外相實有非常之志，曷藉此陰與握手（此人與李公有舊，其與項城之關係，李公當亦知之，其與某手箚尚在敝處也）。某聞此亦既躍躍有入虎口之意。既而事為中日報章所播，道路紛紛，謠謗交作。某之怨家，或謀以是陷某，故某有所警戒，乃取消前議，決計不去。前此對李公謂須政府出鉅款購秘密證據書，方可赴召者，亦不過欲攫取政府金錢，以為吾黨用之術也（欺詐之罪，幸未成立，尚祈原宥）。

惟是某雖未去，而事既有形，公等或曲解某意，謂某實有所希冀，亦有難料。又悠悠之口，不揣其實，謗聲之加，在所不免。吾黨作事，固不求人諒知，然不有以釋於公等，則將謂吾黨之人有遺行矣。今某不勝大願，懇請胡公即將此官費挖除，並革去留學生之名，以示與公等斷絕關係之義，以袪公等之曲解。摺子一冊，已奉繳於貴署會計課，乞為檢納。噫！人各有志，不必相強，笑我置我，豈所計及！惟此心能見白於此，則惟行吾志可矣！

抑某更有請者：李公學問非外交材，而惟頗長厚，某亦深佩。胡公持節有年，對外之政度不甚諳。今後其各善自努力，以輔弼公等之政府。際此立憲維新之會，各位官祿，固亦大切，然愛惜國土，保持利權，勿使同胞後日有失噉飯之所，亦食人之食者事人之事之義也。二公勉之哉；手肅，敬候起居不宣。某頓首。

《中興日報》在發表本箚時介紹說：“湖南人宋教仁，為著名之革命黨，曾在東京倡辦《二十世紀之支那》。去年遊歷滿洲，著《間島問題》一書。清政府方與日本交涉間島問題，非常棘手。及得此書，如獲拱璧，即以各種證據反駁日使，日政府至今尚不能決答，其書之價值可知矣。"又說："袁世凱、那桐等謂宋有大才，特電駐日使李家駒，令致意宋某，使即來京助理間島交涉，當與以不次之擢用，宋拒絕之。及新任日使胡惟德來，奉袁、那等命，力求宋赴京重用，敦促再三，宋大憤，移書李、胡二使，辭甚決絕。"按，胡惟德接替李家駒使日，時在 1908 年 8 月 1 日。[1] 據此可知本箚必作於此後的一兩個月內，或即作於《中興日報》發表此箚前不久。

1907 年，日本為侵略我國東北，擅自派人率領憲兵在圖們江北岸我國領土上設立派出所。同時，製造假證，提出所謂"間島"問題，否認中國對該地的主權。8 月 24 日，清政府外交部表示：間島係日人強立名目，其地為延吉廳所屬，確係中國領土。9 月，清政府任命陳昭常為吉林邊務督辦，吳祿貞為幫辦，勘查界務。

宋教仁 1907 年春去東北進行革命活動時，對延吉地區作過詳細考查。為了揭穿日本侵略者的謊言，他進一步收集資料，以數月之力寫成《間島問題》一書。該書資料豐富，證據確鑿，當時任外務部尚書的袁世凱得到此書後，準備調用宋教仁參加對日談判，宋教仁也準備藉此打入清政府，並索取一筆酬金作為革命活動的經費。此事因故未成，宋教仁便寫此信向李、胡二人說明原委，表示其革命立場，並交還留學生官費摺子。

宋教仁是革命黨，以推翻清政府為職志，但是，在"間島"問題上又不能袖手旁觀。從保衛祖國領土出發，他毅然著書、獻書。本箚正反映了宋教仁在這一問題上的愛國主義立場和光明磊落的態度。

關於宋教仁和清政府聯繫的經過，以往有人回憶說：宋為窮困所迫，將稿子請覃理鳴介紹，求售於某學社，未被接受。有某翰林賞識此書，願出百元買下，宋不允。適值袁世凱在京，因欲查明延吉情況，令駐日公使楊樞物色留日吉林學生二人擔任此項工作。楊從某翰林處得知宋著，便從覃理鳴處取出原稿，將內容摘要電告袁世凱，袁極讚許云云。[2] 在這裏，宋教仁是被動的。《致李、胡二星使書》說明，在整個過程中，宋教仁"委曲設計"，是主動的。其過

1　據《前出使日本大臣李家駒奏報交卸使事日期摺》，《清光緒朝中日交涉史料》卷 74。
2　《辛亥革命回憶錄》第 6 集，第 38—39 頁。

程是經由許孝綬轉達李家駒，再由李家駒抄送清政府外務部，完全和楊樞無關。

值得注意的是，本箋提到，有"來自北京之友人某"，此人和袁世凱有關係，他聲稱"項城外相實有非常之志"，建議宋"陰與握手"。據樊光回憶，也有人對陶成章作過類似的工作。他在所撰《章炳麟、陶成章合傳補充》中說：

> 當時袁曾派一人至東京考查政治，故意與煥卿先生邂逅相識，與先生攀談時恭順有禮。其人袁姓，廣州人。……（他）說：吾與項城皆崇煥子孫，公論之仇至今猶新，項城素仰我公大才，常謂旋轉乾坤之壯舉，惟與我公圖之。我公曷與我同詣京師，與項城面謀機宜，則天下可定，百姓之福也。並謂：如暫時不能晉京，我公需要經費，不論巨細，項城必願為助。[1]

遊說宋教仁的和遊說陶成章的不一定是一個人，但兩件材料都說明，袁世凱此時確實在東京革命黨人中有所活動。

二、致吳玉章書

本箋作於 1911 年 9 月 1 日，1913 年 4 月 16 日以手跡影印於上海《中華民報》。全文為：

玉章吾兄大人足下：

> 滬上別後，未作一字，吾兄安抵鄉關，近況如何，念念。此間自前月初集議數次，決定組織中部總會，已經成立，與其事者計川、滇、鄂、湘、閩、浙、江、皖等省，皆有其人，南京軍界亦稍有組織，刻下惟以經費支絀，不能推行耳。茲特將章程呈覽左右，一切詳情，當由亞休君面述。
>
> 川中之事如何辦法，尚乞吾友與諸君籌商進行為幸。辦報一事，集

---

1 《文史資料未刊稿》。

議數次，亦以無款，仍難實行。南洋所辦之報爾後亦無消息，東京更不能籌款。川省不乏熱心之士，不知可以設法否？亦乞吾兄謀之。果得數百金者，即擬冒險往東開辦也。此間通信處，要函則請寄上海海關造冊處潘訓初收閱，於裏面加封與弟等名便可，普通函寄《民立報》為是。但君由粵釋歸，歸後恐亦諸多不便。若能得款辦報，請其往東為此，何如？餘不盡敘，敬候

近安

弟譚人鳳　宋漁父　頓
七月九日

本箚發表時宋教仁已被袁世凱派人刺殺，吳玉章在跋語中說：

辛亥三月二十九，廣州敗後，同逃滬上，圖再舉，珊與張君懋隆擔任川事，此函即宋君專人送至川者，張君去歲此時亦已被害於粵，今宋君又遇刺，檢點遺墨，不禁泫然。

據此可知此函雖與譚人鳳連署，而實為宋教仁手筆。

1911 年 7 月 31 日，宋教仁、陳其美、譚人鳳等在上海成立同盟會中部總會，決定將起事地點轉移至長江中下游地區。本箚即作於該會成立後一個月。

宋教仁、吳玉章都曾參加當年春天的廣州起義，從吳跋中可以知道，他們於起義失敗後在滬共同計劃再舉，決定由吳玉章、張懋隆承擔四川方面的事務。信中，宋教仁告以中部總會已經成立，並寄去章程："川中之事如何辦法，尚乞吾友與諸君籌商進行為幸。"顯然是重申前議，並要求吳玉章在四川建立中部總會的分支機搆。

現在中部總會的資料中設有辦報方面的計劃，本箚說明，它曾企圖在東京創辦一份報紙，並物色人選。信中說："但君由粵釋歸，歸後恐亦諸多不便。若能得款辦報，請其往東為此，何如？"這裏所說的但君，指但懋辛，他也是"三二九"起義的參加者，事敗被捕，不久釋放。

宋教仁給吳玉章寫信的時候，四川保路運動正進入火熱階段，罷市、罷課風潮席捲全省。宋教仁及時地注意到了四川，這是其高明之處。但是，東京辦報計劃卻脫離了國內正在迅速發展的鬥爭實際。

三、與楊德鄰君書

本函作於 1912 年 1 月 11 日，發表於次日上海《民立報》，全文為：

《民立報》轉楊德鄰君鑒：

現有緊要事相商，乞即來寧游府西街二號門牌一晤，宋教仁叩。真。

楊德鄰字性恂，湖南長沙人。1905 年留學日本，學習政法。曾參加國會請願運動，1911 年因受其弟楊篤生蹈海事件的刺激，轉向革命。本函稱："現有緊要事相商"，可能是指建立法制院事。

四、與雷奮等書

本函發表於 1912 年 1 月 23 日《民立報》，全文為：

《民立報》轉雷奮、楊蔭杭、孟森三先生鑒：

法制院事，經緯萬端，非大賢相助為理不辦。請屈來寧。張季直先生亦大讚之。

宋教仁叩

雷奮，江蘇松江人。楊蔭杭，江蘇無錫人。孟森，江蘇武進人。三人都曾留日學習法政，歸國後雷奮成為預備立憲公會的重要份子，孟森成為江蘇諮議局議員，都和張謇關係密切。

1912 年南京臨時政府成立後，孫中山即積極籌備設立法制局，以便制定各項法律、命令。1月12日,孫中山派人向參議院提議建立法制局,得到通過,隨後孫中山任命宋教仁為法制局局長,湯化龍為副局長。本函即作於此後。值得注意的是:通過本函及上函,可以看出,宋教仁計劃邀請的法制局成員,大都是原立憲派份子,表現出一種新的政治傾向。

五、致孫毓筠電

本電發表於 1912 年 4 月 19 日上海《民聲日報》,與譚人鳳連署,全文為:

安徽孫都督鑒:

　　合肥李仲仙先生為吾國唯一政治大家,吾黨備極欽佩。襄〔曩〕督三迤,政績炳然。昆垣光復,通電各路統將,釋兵歸順,保全滋大,滇民至今感之。貴省有此偉人,地方果有公論,方當一致推崇,俾匡危局。乃聞在皖財產,竟為少數無意識者倡議攘奪,恣意支配,殊屬狂悖妄為!公有執行法律、維護秩序之責,務請嚴令取消,加意保護,以彰公〔功〕過。臨電憤憤,翹盼覆示。

譚人鳳、宋教仁

李仲仙,指李經羲,安徽合肥人,李鴻章之姪。1909 年任雲貴總督。1911 年 10 月,昆明起義時,被革命軍俘虜,提出"可殺不可辱"、"保護其眷口回籍"等要求,被蔡鍔、李根源等人禮送出境。臨行前,要求革命黨人准其提取 4 萬多兩白銀的存款,路過河口時,又強行提取公款 3000 元。其後遷居上海。他和他的兒子劣紳李國松在合肥的家財則被廬州軍政分府查抄。本電即為此而發。

李經羲是清朝官僚。在任時,"除作官要錢外,則無所為"[1]。被禮送出境後,又向清政府致電效忠,聲稱:"力盡援絕,不能挽救,罪應萬戮。"[2] 就是這

1　孫種因《重九戰記》,《辛亥革命》(六),第 246 頁。
2　《宣統三年十月十六日雲貴總督李經羲致內閣請代奏電》,同上書,第 246 頁。

樣一個人，宋教仁等卻譽為"政治大家"和"偉人"，認為安徽地方應當"一致推崇，俾匡危局"。同時，對革命黨人查抄其財產的行為則斥之為"狂悖妄為"，實在糊塗得可以。

六、覆昌明禮教社函

本函發表於 1912 年 6 月 5 日上海《神州日報》。全文為：

> 吳、完、毛、章諸先生左右：
>
> 　　來示誦悉。吾國自前清末造，禮教陵夷，識者早有人心世道之憂。管子云，禮義廉恥，國之四維。四維不張，國乃滅亡。古之善治天下者，未有不以正人心、端教化為本，而覘國勢者，即於此卜隆替焉。今之世風，壞亂極矣，在民彝物則之理，未嘗或息於人心。有人焉出而維持之，鼓舞之，則觀感自異。諸君子概念及此，力扶綱常，下以固地方根本之圖；即上以彌行政機關之缺，是誠名教之偉人，而僕之所瓣香禱拜者也。所擬簡章，均極妥善，即祈力籌進行，無任歡迎翹企之至。
>
> 宋教仁頓首

吳，吳簡綸；完，完志平；毛，毛蔚雲；章，章組壁。四人均為昌明禮教社住社臨時幹事。

昌明禮教社，籌備於 1912 年 4 月，成立於同年 5 月 7 日。社址在上海。發起人為伍廷芳、徐紹楨、譚人鳳、范光啟、李鍾珏、楊士琦、呂志伊等 19 人。該社宣言書稱："吾國綱常名教，肇自軒轅。至宣聖誕生，而禮樂大備……司馬遷、韓退之，朱晦庵、王陽明諸先輩竭力維持，故數千年神聖不可侵犯之禮教，至此日益昌明。"又稱："美雨歐風，固貴群相櫛沐；蛇神牛鬼，未免出乎範圍。"該宣言書指責當時自由戀愛、家庭革命等風氣為："假自由而不談道德，藉平等以玩視服從。錯認方針，桑中結約；妄生理想，葉上題詩。演革命

於家庭，滅澌孝悌；詡改良於社會，顛倒衣裳。"[1] 因此，該社聲稱 "以維持禮
法，改良風俗，普及教育，開通民智為宗旨"。[2] 由於復古守舊的傾向過於明顯，
5 月 7 日成立會時推舉呂志伊修改簡章，宣稱 "以研究中外禮法，改良社會風
俗，普及人民教育為宗旨"[3]。

辛亥革命前後，復古主義思潮喧囂一時。除地主階級頑固派外，若干革命
黨人也參預其中。例如昌明禮教社的發起人，不少是同盟會的中堅份子，便是
一證。這種狀況，突出地說明了部分革命黨人文化思想的落後性，也突出地說
明了中國封建倫理綱常的根深蒂固。宋教仁出於何種原因支持昌明禮教社，固
然尚待研究，但它至少說明了，在反對封建文化方面，宋教仁還缺乏必要的堅
決和敏感。

宋教仁受過陽明心學的嚴重影響，本函所述 "民彝物則之理，未嘗或息於
人心" 等，完全是陽明學的語言。

1　《神州日報》，1912 年 4 月 25 日。
2　同上，1912 年 4 月 30 日。
3　同上，1912 年 6 月 7 日。

策劃編輯　李　斌
責任編輯　思　思
裝幀設計　a_kun
書籍排版　何秋雲
書籍校對　栗鐵英　席若菲

書　　名　民國風雲

著　　者　楊天石

出　　版　三聯書店（香港）有限公司
　　　　　香港北角英皇道 499 號北角工業大廈 20 樓
　　　　　Joint Publishing (H.K.) Co., Ltd.
　　　　　20/F., North Point Industrial Building,
　　　　　499 King's Road, North Point, Hong Kong

香港發行　香港聯合書刊物流有限公司
　　　　　香港新界荃灣德士古道 220–248 號 16 樓

版　　次　2022 年 10 月香港第一版第一次印刷
　　　　　2024 年 6 月香港第一版第三次印刷

規　　格　16 開（170 × 230 mm）656 面

國際書號　ISBN 978-962-04-5046-4